# A ÓPERA NA FRANÇA

*Supervisão Editorial:* J. Guinsburg
*Revisão:* Olga Capalcclio
*Capa:* Adriana Garcia
*Produção:* Ricardo W. Neves
Raquel F. Abranches

| HISTÓRIA DA ÓPERA | # A ÓPERA NA FRANÇA |

Dados Internacionais de Catalogação na Publicação (CIP)
(Câmara Brasileira do Livro, SP, Brasil)

Coelho, Lauro Machado
  A ópera na França / Lauro Machado Coelho. --
São Paulo : Perspectiva, 2009. -- (História da ópera)

  Bibliografia.
  1ª reimpr. da 1. ed. de 1999.
  ISBN 978-85-273-0186-2

  1. Ópera - França 2. Ópera - França - História
I. Título. II. Série.

09-02320                              CDD-782.10944

         Índices para catálogo sistemático:
         1. França : Ópera : Música : História
                      782.10944

1ª edição – 1ª reimpressão

Direitos reservados em língua portuguesa à
EDITORA PERSPECTIVA S.A.

Av. Brigadeiro Luís Antônio, 3025
01401-000 – São Paulo – SP – Brasil
Telefax.: (011) 3885-8388
www.editoraperspectiva.com.br

2009

*Para Rina,
ontem, hoje e sempre*

*Sweet sounds, oh, beautiful music, do not cease!*
*Reject me not into the world again.*
*With you alone is excellence and peace,*
*Mankind made plausible, his purpose plain.*
*[...]*
*This moment is the best the world can give...*
*Reject me not, sweet sounds! oh, let me live...*
*A city spell-bound under the aging sun,*
*Music my rampart, and my only one.*

EDNA ST.-VINCENT MILLAY

# Sumário

Prefácio .......................... 13

SÉCULOS XVII E XVIII: BARROCO E CLASSICISMO ................... 15

As Origens ....................... 17

Jean-Baptiste Lully ................ 23

Depois de Lully ................... 31
   Pascal Colasse 31, André Destouches 31, Marin Marais 32, Marc-Antoine Charpentier 33, André Campra 36, Michel Pignolet de Montéclair 37, Jean-Joseph de Mondonville 38, Jean-Marie Leclair 38, Jean-Joseph Mouret 38

Jean-Philippe Rameau .............. 41

O *Opéra-comique* .................. 49
   Antoine Dauvergne 51, Jean-Jacques Rousseau e a *Querelle des bouffons* 51, Michel Blavet 52, Egidio Duni 53, François Philidor 53, Pierre Monsigny 54, Nicolas Dezède 55, Martini 55, André Grétry 56, Nicolò Isouard 59

Gluck em Paris ................... 61
   Piccini 74

Os Seguidores de Gluck ............ 81
   Antonio Sacchini 81, Antonio Salieri 81

DO FIM DO SÉCULO XVIII À PRIMEIRA METADE DO SÉCULO XIX: PRÉ-ROMANTISMO E ROMANTISMO .... 87

Da Revolução ao Império ........... 89
   François Gossec 89, Nicolas Dalayrac 90, Charles-Simon Catel 93

Luigi Cherubini ................... 97
   Henri Montan Berton 100, Jean-François Le Sueur 103, Étienne Méhul 104

Gasparo Spontini .................. 107
   Michele Carafa 115

O *Grand-opéra* e o Romantismo ...... 117

As Precursoras do *Grand-opéra* ...... 123
   *La Muette de Portici*, de Daniel Auber 123
   *Guillaume Tell*, de Gioacchino Rossini 126
   *La Juive*, de Jacques Halévy 129

Jacques Meyerbeer ................ 131

Os Epígonos do *Grand-opéra* ....... 141
   Félicien David 141, François Benoist 142, Louis Niedermeyer 142, Casimir Gide 142, Aimé Maillart 142, François Bazin 143, Louise-Angélique Bertin 143, Marco Aurelio Marliani 143, Théodore Labarre 143, Louis Clapisson 144, Johann Burgmüller 144, Pierre Dietsch 144, Józef Poniatowski 144

Hector Berlioz ................... 147

O *Opéra-comique* .................. 161
   François-Adrien Boïeldieu 161, Daniel Auber 162, Louis Hérold 164, Adolphe Adam 166

O *Opéra-lyrique* .................. 169
   Ambroise Thomas 169, Charles Gounod 172, Jacques Offenbach 181

SEGUNDA METADE DO SÉCULO XIX: PÓS-ROMANTISMO, REALISMO, INFLUÊNCIA WAGNERIANA ....... 185

A Ópera Após 1870 .............. 187
   Georges Bizet .................. 191
   Léo Delibes.................... 209
   Ernest Reyer .................. 213
   Camille Saint-Saëns ............ 215
   Édouard Lalo ................. 221
   Victor Massé 223, Ernest Guiraud 224, Benjamin Godard 224, Isidore de Lara 224, Émile Paladilhe 224

Jules Massenet .................. 225
Os Naturalistas .................. 239
   Alfred Bruneau ................ 243
   Gustave Charpentier ........... 247
   Silvio Lazzari.................. 253
A Influência Wagneriana ........... 255
   Vincent d'Indy................. 257
   Ernest Chausson ............... 263
   Albéric Magnard ............... 267
   Emmanuel Chabrier............. 271
A Passagem do Século ............ 283
   Louis Bourgault-Ducoudray 283, Charles-Marie Widor 283, Arthur Cocquart 283, Alexandre Georges 284, Paul e Lucien Hillemacher 284, Henri Busser 284, Samuel Rousseau 284, Georges-Adolphe Hüe 284, Pierre de Bréville 285, Gabriel Pierné 285, Paul Vidal 286, Camille Erlanger 286, Xavier Leroux 286, Joseph-Guy Ropartz 287, Alfred Bachelet 287, Georges Witkowski 288, Charles Levadé 288, Francis Casadesus 288, Déodat de Séverac 289, Henri Rabaud 289, Omer Letorey 291, Joseph Canteloube 291, Antoine Mariotte 291, Marcel Labey 292, Max d'Ollone 292, Henri Février 292, Jean Nouguès 292, Raoul Laparra 292, Paul-Émile Ladmirault 293, Gabriel Dupont 293, Jean Cras 293, Gabriel Grovlez 294, Philippe Gaubert 294, Paul Le Flem 294, Michel-Maurice Lévy 294, Francis Bousquet 294

SÉCULO XX: DE DEBUSSY AO *GRUPO DOS SEIS* ................ 295

O Início do Século XX ............. 297
   Claude-Achille Debussy ......... 299
   Paul Dukas.................... 317
   Gabriel Fauré ................. 323
   Maurice Ravel ................. 329
   Albert Roussel ................ 335
   Reynaldo Hahn ................ 339
   André Messager................ 343
   Georges Enesco ................ 347
   Outros Nomes ................. 351
   Ernest Bloch 351, Maurice Emmanuel 351, Louis-François Aubert 352, Roger Ducasse 352

Na Encruzilhada das Novas Tendências: *O Grupo dos Seis* ................ 353
   Arthur Honegger .............. 357
   Darius Milhaud ............... 365
   Francis Poulenc ............... 375
Jacques Ibert..................... 387
Henri Sauguet.................... 389

Em Torno do *Grupo dos Seis* ....... 391
   Claude Delvincourt 391, Georges Migot 391, Henri Martelli 391, Jean Rivier 392, Marcel Delannoy 392, Emmanuel de Bondeville 392

Tradição e Ecletismo ............. 393
   Henri Tomasi 393, Jean Françaix 396, Henri Barraud 397, Claude Arrieu 398

Bibliografia...................... 401

# Prefácio

Este livro teve seu ponto de partida em anotações de aula preparadas para um curso de História da Ópera que ministrei, entre 1988 e 1990, na Oficina Cultural Três Rios – a atual Oficina Oswald de Andrade, ligada à Universidade Livre de Música –, em São Paulo. Faz parte de um projeto mais ambicioso: o de estudar, em volumes separados, as diversas fases de evolução do gênero.

Nasceu como uma série de capítulos dentro do que, de início, fora planejado como um volume único. Depois, foi-se ampliando e ganhou vida independente. Centra-se no desenvolvimento da ópera na França, das origens até os compositores que, nas décadas de 1930/1940, trabalharam em torno do chamado *Grupo dos Seis*.

Interrompe-se aí essa viagem pela História da Ópera Francesa pois, por uma questão metodológica, a fase contemporânea será tratada num volume à parte, dedicado ao estudo comparativo do desenvolvimento, dos problemas e dos caminhos que se abrem ao drama lírico na arte de nossos dias. "Sempre ouvimos dizer que a ópera tinha morrido", comentava recentemente o compositor americano William Bolcom, "e no entanto ela nem sequer está doente". É a vitalidade desse gênero, hoje mais do que nunca florescente, que desejo abordar, sincronicamente, em trabalho posterior.

Procurei fazer com que o livro, assim como o curso, se tornasse acessível ao público mais diversificado, o que significou restringir a terminologia técnica a um mínimo indispensável e renunciar ao uso de exemplos musicais, que só teriam sentido para o leitor especializado. Da mesma forma, como o disco é a melhor forma para que se trave conhecimento com as obras descritas, enumerei, em cada capítulo, as gravações existentes em disco (Lp, CD) e vídeo (cassete, *laser disc*). Preferi mencioná-las no corpo do texto, onde havia a possibilidade de relacioná-las com a análise que estava sendo feita, a estabelecer uma discografia seca no fim do volume. Alguns dos álbuns mencionados não se encontram imediatamente disponíveis; mas é importante consigná-los, pois poderão, eventualmente, ser localizados em sebos, lojas de saldos ou coleções particulares.

Além disso, com o advento do CD, muitas dessas gravações, que estavam fora de catálogo, estão sendo remasterizadas e voltando à circulação, não raro com qualidade sonora muito superior (é o caso da *Hérodiade* do selo Rodolphe, de som muito melhor do que o antigo álbum de Lps da MRF). Gravadoras como a Chant du Monde têm lançado, em anos recentes, registros pertencentes a arquivos das rádios francesas, o que possibilitou o contato direto com partituras como o *Sigurd*, de Reyer, sobre a qual, até bem pouco tempo, só se tinha informações livrescas.

O que a caverna de Ali Babá dos arquivos de rádio já liberou é ínfimo em relação ao que ainda está guardado, como o demonstra Danièle Pistone em seu *Théâtre Lyrique Français 1945-*

*1985* (pp. 23-36): num levantamento infelizmente longo demais para ser transcrito neste livro, ela indica tudo o que foi gravado pela Radiodiffusion Nationale entre 1945-1974. Baseia-se em dados fornecidos pelos Services de Conservation et de Documentation de l'Ortf. E constata que as operetas de Offenbach, Lecocq e Messager foram as obras mais freqüentemente transmitidas pela rádio nesse período. Verdi vem em quarto lugar, Mozart em sexto, seguido por Massenet e Puccini – um desmentido àqueles que acreditavam estar em declínio o prestígio do autor do *Werther*.

Será, provavelmente, mera questão de tempo dispormos no mercado de raridades como *Le Jardin sur l'Oronte*, de Bachelet, ou *Le Silence de la Mer*, de Tomasi. Referências pontuais a esses registros são feitas, sempre que necessário, nos capítulos dedicados a cada autor.

Essa discografia, evidentemente, não pode ter a pretensão de esgotar o assunto. Sou o primeiro a ter a consciência de que, nessa pesquisa, é inevitável muita coisa me escapar – até mesmo porque a rapidez dos lançamentos no mercado internacional faz com que esse tipo de inventário, nem bem terminado, já se tenha desatualizado. Fica aqui, portanto, desde já, o meu pedido de desculpas por qualquer tipo de lacuna ou imprecisão, e o agradecimento ao leitor que, gentilmente, se prontificar a apontar-me esses deslizes e a ajudar-me a saná-los.

Lugar muito amplo, desusado neste tipo de obra, foi aberto, na Bibliografia deste volume, aos ensaios estampados nos folhetos que acompanham as gravações. Entre esses artigos, há com freqüência material crítico e histórico da melhor qualidade. Além disso, esses são textos de acesso relativamente fácil, para o interessado em ampliar suas informações.

Lamentando não dispor de espaço para mencionar, um a um, todos os seus nomes, agradeço aos ex-alunos da Oficina, que me acompanharam pacientemente durante aqueles três anos de curso. O interesse, a dedicação e o carinho com que me cercaram desempenharam papel fundamental no processo de nascimento deste livro e encorajaram-me a levar adiante o projeto maior de, em outros volumes, cobrir as demais áreas da História da Ópera.

Cabem, neste ponto, outros agradecimentos. Em primeiro lugar, e de forma muito especial, à Editora Perspectiva, que acreditou no projeto e se propôs a bancar a divulgação de um trabalho que, em termos editoriais brasileiros, é inédito. Em seguida a Renato Rocha Mesquita, amigo de sempre, a todo instante disposto a vir em meu socorro com seus conhecimentos, seu bom gosto, seu infalível senso crítico. E também à minha mulher, Rina Bogliolo Sirihal, e à amiga Elba Fernandes, pela cuidadosa leitura que fizeram dos originais e as sugestões que me deram visando a torná-lo mais claro e de leitura mais fluente. Elba ofereceu-me também preciosa ajuda no levantamento das indicações disco e videográficas.

*Lauro Machado Coelho*
1989-1999

# Séculos XVII e XVIII: Barroco e Classicismo

# As Origens

A ópera chega à França relativamente tarde: não se transforma em instituição permanente, nesse país, antes de 1671. E nessa data já se integrara firmemente aos hábitos teatrais nos demais países da Europa Ocidental.

*Dafne*, o marco inaugural do gênero, estreara em Florença durante o Carnaval de 1597. Sua partitura, hoje perdida, era de Jacopo Peri, sobre um poema de Ottavio Rinuccini. Ambos pertenciam à Camerata, como se intitulava o grupo de intelectuais patrocinado pelo jovem mecenas conde Giovanni de' Bardi. A nova proposta de *dramma per musica* logo ganhou o favor das cortes italianas, espalhando-se por Roma, Mântua, Verona. E desde 1637, com a inauguração, no bairro veneziano de San Cassiano, do teatro mantido pela família Tron, deixou de ser uma atividade exclusivamente cortesã: tornou-se também um espetáculo público, que despertava a paixão das mais variadas platéias.

Não demorou para que se difundisse fora da Itália. Os países de língua alemã foram os primeiros a importá-lo: desde 1618, óperas italianas foram cantadas nos principais centros austríacos. E a primeira dessas composições em língua alemã – hoje também perdida –, que o compositor Heinrich Schütz e o poeta Martin Opitz tinham adaptado da *Dafne* de Peri e Rinuccini, fora encenada em Torgau, em 1627.

Mas na França – cujos teatros, desde meados do século XVI, eram monopolizados pela tragédia em versos e o balé – a ópera demoraria a se impor como uma forma independente, com regras específicas. O balé, porém, que entre os franceses sempre gozou de imensa popularidade, desempenharia papel fundamental no processo de gênese da ópera local, contribuindo para ela com elementos que, ao longo do tempo, se integrariam à sua estrutura.

Em 1581, uma obra essencial tinha constituído um marco na história do teatro musical francês: o *Ballet Comique de la Reine*. Criação coletiva dos intelectuais pertencentes à Académie, que se formara em torno do poeta Antoine de Baïf com o objetivo de resgatar os valores da Antigüidade greco-romana, esse balé fora composto para a cerimônia, no Petit Palais Bourbon, do casamento do duque de Joyeuse com Mlle de Vaudemont. Tinha números musicais escritos por Lambert de Beaulieu e Jacques Salmon, e concepção coreográfica do italiano Baldassare de Belgioioso – que, em Paris, afrancesara o seu nome para Balthazar de Beaujoyeulx.

Baseando-se nos *balletti conviviali* de seu conterrâneo Bergonzio di Botta, que já demonstravam rudimentares preocupações com a continuidade do espetáculo de dança, Beaujoyeulx elaborou o primeiro balé narrativo da História do Teatro, com uma intriga seqüencial em que os números dançados, as canções e passagens corais eram interligados por breves diálogos, contando a história de

Circe, a feiticeira, rainha das metamorfoses, personagem de predileção dos poetas naquela fase do Barroco. Elementos decorativos campestres e a presença das divindades rústicas estabeleciam o vínculo entre esse balé e a tradição italiana da *favola pastorale* – de que o *Orfeo* (1480), de Angelo Poliziano, é o mais famoso exemplo –, uma das ancestrais da ópera propriamente dita.

Mas é somente durante o reinado de Luís XIII, e de seu filho e sucessor Luís XIV – ambos apaixonados pela dança a ponto de participarem pessoalmente, como bailarinos, de espetáculos montados no palácio –, que o balé dramático francês se desenvolverá plenamente. Tem fim, dessa forma, a voga dos *ballets mascarades*, um tipo de festa cortesã muito comum no reino de Carlos IX e Henrique IV. Mera colagem de números sem ligação alguma uns com os outros, eles não raro descambavam para o erotismo puro e simples. Ficou famoso, por exemplo, um *ballo* promovido pela rainha Catarina de Médicis em seus aposentos particulares, em que suas damas de companhia improvisaram coreografias de desabrida sensualidade.

Com a ida para a França de Maria de Médicis, que se casou com Henrique IV, já se tinha começado a assistir a um tímido renascimento do balé cortesão, em que os números de dança eram interligados não por diálogo falado, mas por recitativos e canções – um modelo que, nos reinados seguintes, floresceria consideravelmente. Nessas partes cantadas, desde muito cedo, começa-se a perceber a influência do estilo monódico de escrita vocal proposto pela Camerata florentina, em que se evitam as texturas polifônicas e a ornamentação muito elaborada, de modo a assegurar ao ouvinte uma compreensão mais clara do texto.

Concorreu muito para essa influência a visita a Paris, em 1600, de Ottavio Rinuccini, o libretista de Peri, que conhecera bem a soberana em Florença. Ao voltar a seu país, em 1604, Rinuccini já organizara a viagem à França de um outro membro da Camerata: o cantor e compositor Giulio Caccini, que trouxe consigo a sua filha, a celebrada cantora Francesca Caccini, conhecida como *La Cecchina* (a Ceguinha), devido a um defeito de nascença.

Henrique IV, entusiasmado com a sua voz e seu estilo expressivo de canto, pediu-lhe que ficasse um pouco mais em Paris, depois que seu pai retornou à Itália. A prova de que o austero tom declamatório das canções de Caccini impressionou muito bem os músicos franceses está em bailados narrativos como *Le Ballet d'Alcina* (1610) ou *Le Ballet des Argonautes* (1614), em que o texto falado é substituído por um recitativo melódico de estilo muito contido. Essas peças são resultado do empenho do Chevalier de Luynes, organizador dos entretenimentos reais, que contava com a colaboração de Pierre Guédron, compositor de vigorosa criatividade.

Os italianos, por sua vez, gostaram tanto do que viram na França que levaram consigo, para seu país, a fórmula do balé cortesão francês. Este daria, na Itália, frutos a meio caminho entre a dança e a ópera, como *Il Ballo delle Ingrate*, de Claudio Monteverdi, estreado em Mântua em 1608. Na própria França, contudo, esse surto de renovação coreográfica seria de curto fôlego: em 1621, Guédron e De Luynes morreram, e o cargo deste último foi ocupado pelo avarento duque de Nemours, decidido a gastar muito menos com os dispendiosos divertimentos cortesãos. Nemours recorreu aos serviços de Antoine Boesset, músico competente mas sem qualquer interesse pelo teatro; e o resultado foi o retorno à fórmula convencional dos *ballets mascarades*.

Porém, um outro caminho abrira-se para que a monódia da Camerata atingisse Paris, com a visita a Roma, em 1633, do músico amador Pierre de Nyert, membro da legação francesa junto à Santa Sé, chefiada pelo marechal de Crequey. Cativado pela expressividade das novas técnicas italianas de canto, com as quais se familiarizou através de montagens de ópera a que assistiu no palácio da família Barberini, De Nyert decidiu-se a adaptá-las à arte francesa da canção. Voltando a Paris em 1638, colaborou nesse sentido com Bénigny de Bacilly, autor das *Remarques sur l'Art de Bien Chanter* (1639), tratado em que se propõe a aclimatação à música francesa do *belcanto* italiano; e com Michel Lambert, compositor jovem e promissor que, no futuro, teria considerável influência sobre Lully, o fundador da ópera nacional francesa.

Avalia-se o que as inovações italianas significaram para os músicos franceses pelo que diz o rev. pe. Marin Marsenne em seu *Traité d'Harmonie*, publicado em 1636:

> Os italianos observam, em suas narrativas, várias coisas das quais os nossos músicos estão privados, porque eles representam, tanto quanto podem, as paixões e os afetos da alma, as fraquezas do coração e diversos outros sentimentos, de tal forma que se tem a impressão que de fato foram atingidos por essas paixões que, cantando, estão representando; enquanto os nossos Franceses contentam-se em agradar o ouvido de seu público usando, em suas canções, uma suavidade constante, o que as impede de ter energia. Nossos músicos parecem ser tímidos demais para introduzir, na França, esse estilo de canção, embora sejam tão capazes de realizá-lo quanto o são os italianos.

Opinião compartilhada por André Maugars, o mais famoso executante de viola da gamba da época, que esteve em Roma em 1639 e escreveu: "O canto italiano é mais animado do que o nosso: eles têm certas inflexões de voz que nós desconhecemos; é verdade que fazem suas passagens improvisadas de forma mais rude do que nós, mas, hoje em dia, estão começando a corrigir esse defeito". Em seguida, Maugars elogia "um cavalheiro francês" – cujo nome não menciona, mas que é provavelmente De Nyert – "que conseguiu reconciliar o método Italiano com o Francês". E presta tributo ao "grande Monteverde" [*sic*], descrevendo-o como "um dos maiores compositores do mundo", pois "descobriu uma nova maneira de compor que é simplesmente admirável".

A um outro italiano deve-se a introdução, na França, do novo gênero mediterrâneo de teatro musical. As primeiras óperas são cantadas em Paris por iniciativa do cardeal Giulio Mazarino (1602-1661), que exerceu, entre 1642-1661, o cargo de primeiro-ministro. Mazarino tinha sido educado, em Roma, pelos padres do Oratório de São Felipe Neri – onde, em fevereiro de 1600, fora estreada a *Rappresentazione di Anima e di Corpo*, de Emilio de' Cavalieri, marco inaugural do gênero dramático de tema sacro, em geral apresentado em forma de concerto e que, em homenagem ao convento onde fora criado, passou a chamar-se "oratório". Estudos avançados com os jesuítas do Colégio Romano puseram Mazarino em contato com as famílias Colonna e Barberini, da alta nobreza eclesiástica, que desempenharam papel preponderante na difusão da ópera naquela cidade. Apaixonando-se pelo novo tipo de espetáculo, Giulio participou dos trabalhos de encenação, no Palazzo Barberini, em 23 de fevereiro de 1632, do *Santo Alessio*, de Stefano Landi. Primeira ópera com assunto religioso, seu libreto era do cardeal Giulio Rospigliosi que, em 1667, se tornaria papa com o nome de Clemente IX.

Em 1634, Mazarino foi trabalhar, na França, com o primeiro-ministro de Luís XIII, Armand Jean du Plessis, cardeal de Richelieu, por indicação do papa Urbano VIII, a quem prestara eficientes serviços diplomáticos. Foi de tal utilidade para Richelieu que, em 1641, este o fez cardeal e, no ano seguinte, antes de morrer, indicou-o como seu sucessor. Após a morte do rei, em 1643, Mazarino ganhou a confiança da regente, Ana da Áustria, ao organizar a resistência contra a Fronda (1648-1653), guerra civil desencadeada por aristocratas rebeldes durante a minoria de Luís XIV. Tendo assim garantido a transmissão regular do poder ao príncipe herdeiro, Mazarino consolidou também, enormemente, seu poder pessoal. A conseqüência, no plano cultural, foi o aumento da influência italiana, que já não era pequena desde os tempos das duas rainhas Médicis: Catarina (1519-1589) e Maria (1573-1642).

Desde o fim de 1642, Mazarino convidou companhias italianas de ópera a se apresentarem em Paris. Entre os artistas que as integravam, havia nomes muito populares em Roma: o soprano Leonora Baroni e o *castrato* Atto Melani. Era o momento em que, na Europa, impunha-se a predileção do público – que nunca seria grande na França – por esses estranhos cantores, emasculados antes do início da adolescência para conservarem a voz pura e muito aguda de sopranista. Em *Histoire des Castrats*, Patrick Barbier lembra que Melani foi também agente diplomático de Mazarino que, em 1657, nomeou-o "fidalgo da Câmara" e o enviou em missão junto à Eleitora da Baviera.

O primeiro registro que se tem é de 4 de março de 1645: a *Gazette de France* refere-se à "apresentação de uma peça italiana na Grande Salle e de um balé dançado por vários nobres da corte". Foi Melani quem, a pedido de Mazarino, promoveu nesse mesmo ano a vinda de uma enorme trupe, com orquestra, coro, solistas, cenários, o corpo de baile do coreógrafo Giovanni Battista Balbi e as elaboradas maquinarias de Giacomo Torelli, um dos mais competentes criadores de efeitos especiais: as tempestades, naufrágios e terremotos com que se deliciavam os freqüentadores das superluxuosas montagens dos teatros venezianos. Esse grupo apresentou, em 14 de dezembro de 1645, na sala do Petit Bourbon, *La Finta Pazza* (A Falsa Louca), de Francesco Paolo Sacrati, com texto de Giulio Strozzi. A história é a de Aquiles que se esconde entre as mulheres para tentar escapar de ir lutar na guerra de Tróia. Apesar das críticas dos nacionalistas, contrários à importação de um gênero teatral estrangeiro, e dos que acusavam Mazarino de onerar os cofres públicos já abalados pela guerra civil, o interesse despertado foi o suficiente para justificar a vinda de novas produções.

O *Egisto* de Giovanni Faustini, com música de Pier Francesco Cavalli – o maior nome da ópera veneziana depois da morte de Claudio Monteverdi –, foi cantado em fevereiro de 1646. Trechos como a cena do sonho do protagonista ou o "Lamento de Climene", sobre uma longa linha cromática descendente, foram muito apreciados. Em 2 de março de 1647 estreou, sob uma chuva de protestos dos opositores, um monumental *Orfeo* encomendado por Mazarino ao compositor Luigi Rossi, músico da corte dos Barberini, e ao poeta Francesco Buti, que o cardeal nomeara organizador de seus entretenimentos. Havia mudança de cenário em palco aberto, o uso de maquinaria para sugerir chuva, vento, batalhas e uma cavalgada pelos ares. Os inimigos tentaram convencer-se de que a platéia tinha-se entediado. Mas as filas na porta do teatro e os comentários entusiásticos da *Gazette de France* a essa "merveilleuse pièce récitée en chantant", não deixam dúvidas quanto ao sucesso do espetáculo.

Em abril de 1654, Carlo Caproli apresentou *Le Nozze di Teti e Peleo*, na qual um dos papéis coreográficos foi brilhantemente dançado pelo próprio Luís XIV. Curiosamente, entre os dançarinos estava outro jovem italiano destinado a, em breve, desempenhar papel fundamental na História da Música francesa.

Giovanni Battista Lulli vivia no país desde 1646, trazido de Florença pelo duque de Guise, para servir de *garçon de chambre* no palácio de Mlle de Montpensier, a prima do rei. Na época desse espetáculo, ele já afrancesara seu nome para Jean-Baptiste Lully, a forma como haveria de tornar-se conhecido na historiografia musical.

A boa acolhida dada a essas encenações fez com que, em 1660, fosse encomendado a Cavalli um *Ercole Amante*, para comemorar o casamento de Luís XIV com a infanta Maria Teresa da Espanha. Mas a ópera, extremamente trabalhosa – como o demonstra a excelente gravação feita por Michel Corboz para o selo Erato –, não ficou pronta a tempo para a cerimônia, em 9 de junho de 1660. Em seu lugar, foi necessário exibir *Il Serse*, já estreado por Cavalli em Veneza, em 1654 (de que também existe a gravação de René Jacobs/Harmonia Mundi). Como era costume em Paris, música adicional – uma abertura, seis entradas de balé e intermédios entre os atos – foi acrescentada. Lully, que, a essa altura, já começava a se tornar conhecido como compositor, foi encarregado de fazer esse trabalho. Foi o primeiro contato desse músico, até então voltado para as produções de música de balé e as funções cerimoniais da corte, com o palco de ópera. As apresentações do *Serse*, de 22 de setembro a 5 de dezembro de 1660, não obtiveram o mesmo sucesso dos espetáculos anteriores; mas Mazarino insistiu em reprisá-lo em janeiro de 1661, empenhando-se pessoalmente em sua preparação. O esforço, entretanto, abalou a sua já precária saúde e ele morreu, em 9 de março.

Num primeiro momento, a ópera italiana pareceu ameaçada de extinção na França. Nicolas Fouquet, superintendente das Finanças – protetor das artes e dono de uma imensa fortuna, que lhe permitiu construir o luxuoso castelo de Vaux –, acreditava poder substituir Mazarino. Mas Jean-Baptiste Colbert, outro íntimo colaborador do falecido cardeal, e que estava destinado a ser o reorganizador da economia francesa no início do reinado de Luís XIV, denunciou ao rei os gastos excessivos feitos pelo superintendente. O próprio soberano, irritado com uma ostentação de riqueza que rivalizava com a da Coroa, mandou prendê-lo, em 1661, e encarcerou-o na fortaleza de

Cenário de Gaspare e Carlo Vigarini para o *Ercole Amante*, de Cavalli, encenado no Théâtre des Tuileries, de Paris.

Pignerol, onde ele morreria em 1680. A queda em desgraça de Fouquet acarretou a expulsão de Torelli, Melani e todos os italianos detestados pelos opositores de Mazarino. Parecia que a ópera de Cavalli nunca seria ouvida em Paris; mas o rei insistiu em que ela fosse montada na inauguração do novo Teatro das Tulherias, uma enorme construção prevista para abrigar sete mil espectadores.

*Ercole Amante* – que fora concebido para a cerimônia do casamento real – só pôde ser cantado em 7 de fevereiro de 1662, após o luto por Mazarino; e, a essa altura, a rainha já tinha seu primeiro filho. Ao contrário do que se esperava, a apresentação foi um fiasco; e a excelente música de Cavalli não teve culpa nenhuma por isso. O portentoso teatro era um desastre acústico, e as máquinas instaladas por Gaspare Vigarini, que substituíra Torelli, produziam um barulho infernal, o que dificultava a audição da refinada música do italiano. E o público, na verdade, nem estava se importando muito com isso, pois deu muito mais atenção às elaboradas entradas de balé escritas, como de hábito, por Lully, e contando com a participação do próprio Rei Sol – o que aumentou o interesse do público por elas.

A música de Lully, a essa altura, estava em alta: em 30 de julho do ano anterior, seu *Ballet des Saisons*, que é um marco na História da Dança francesa, arrebatara a platéia parisiense. Escreve Robert Donnington em *The Rise of Opera:*

> Essa obra é notável por não incluir nenhuma das árias ou recitativos que estavam na moda. O estilo de recitativo que escreve para esse balé ainda é mais simétrico do que o do flexível recitativo francês que, mais tarde, desenvolverá para as suas óperas. Por enquanto, é uma solução de compromisso de transição muito bem-sucedida.

E no entanto *Ercole* não merecia esse desinteresse. O Prólogo, com seu Coro dos Rios, em oito partes, e uma seqüência de árias, duetos, trios e até mesmo um quarteto solista, já traz o modelo do que será, no futuro, o prólogo laudatório das óperas de Lully (e, nesse sentido, difere da função que tinha essa introdução nas óperas italianas, onde servia para dar à ação da ópera uma dimensão moralizante, através da discussão, por figuras mitológicas ou alegóricas, do que se veria a seguir). As sinfonias, no início de cada ato, já contêm o germe da estrutura a ser desenvolvida, mais tarde, por Lully, no que chamamos de "abertura francesa". No ato II, cena 6, há uma belíssima cena de sonho cujas árias, delicadas e lânguidas, e intervenções corais são pontuadas por um *ritornello* que não ficaria deslocado em uma ópera de Lully. E a elaborada cena final é construída sobre um coro em oito partes que constantemente se divide em dois coros em quatro partes para, depois, unirem-se de novo. Um estudo atento dessa partitura demonstra, portanto, o quanto Lully, nos estágios iniciais de sua carreira, se inspirou na técnica dramática de Cavalli para desenvolver a sua própria. O velho compositor italiano, entretanto, irritado com o decepcionante resultado dessa estréia, voltou para a Itália, deixando o campo aberto à personalidade forte de seu compatriota. A ele estaria reservada a missão de criar a ópera nacional francesa.

# Jean-Baptiste Lully

Em casa de Mlle de Montpensier, prima do rei, aonde fora levado, aos treze anos, para ajudá-la a aperfeiçoar seu italiano, Lully (1632-1687) iniciou a carreira de músico como violinista. Filho de um ferreiro florentino, seus estudos de violão e violino tinham sido, a princípio, diletantes. Descoberto pelo Chevalier de Guise, Lully caiu nas boas graças de Michel Lambert, de quem já mencionamos a colaboração com Pierre de Nyert na adaptação das técnicas italianas para compor as *chansons de cour.*

Lambert, além de protetor, foi seu sogro: Lully casou-se, em 1662, com sua filha Madeleine, que lhe deu seis filhos (os três rapazes seguiram a carreira do pai, tornando-se músicos da corte). Com Lambert, Lully estudou composição e iniciou-se na arte da escrita de música vocal e instrumental. Aprendeu também a dançar e, em 1653, apresentou-se no *Ballet Royal de la Nuit* ao lado de Luís XIV, que tinha 14 anos. O jovem rei simpatizou com ele e nomeou-o Compositeur de la Musique Instrumentale de la Chambre, encarregado de fornecer peças de circunstância, como as numerosas sinfonias a serem executadas durante a cerimônia do real despertar, fanfarras para desfiles militares ou danças para os bailes do palácio (a música vocal, nessa época, estava a cargo de Lambert, Robert Cambefort e Antoine Boesset).

Enquanto esse empreendedor italiano naturalizado – que, aos 23 anos, já era o *batteur de mesure* (regente) da orquestra do palácio – fazia sua vertiginosa ascensão, a ópera francesa dava seus hesitantes primeiros passos. A curiosidade despertada no público pelos espetáculos estrangeiros levara o organista Michel de la Guerre a escrever, em 1657, a primeira ópera com libreto em francês: *Le Triomphe de l'Amour sur des Bergers et Bergères*, uma "comédie avec des chansons" do poeta cortesão Charles de Beys, cuja partitura se perdeu. Abriu-se, assim, caminho para a primeira obra de sucesso, escrita por Pierre Perrin e Robert Cambert.

Ela não tinha título, mas como foi estreada, em 1659, num teatrinho improvisado no castelo de Issy, ficou conhecida como *La Pastorale d'Issy*. A entusiástica acolhida que lhe foi reservada pelo público fez com que Perrin e Cambert obtivessem o *privilège royal* – a indispensável autorização do soberano, que tinha, por lei, a tutela de todas as salas de espetáculo do país. Ambos puderam assim fundar, em 1669, a Academia Real de Música, "para apresentar e cantar publicamente Óperas e Representações musicais em versos franceses, comparáveis e similares às da Itália".

Mas os trabalhos, nessa que seria o embrião da atual Ópera de Paris, foram a princípio confusos e prejudicados por intrigas políticas e incompetência administrativa. Depois de abandonar pela metade uma *Arianne ou Le Mariage de Bacchus*, em cinco atos, Perrin e Cambert optaram por um drama pastoral,

*Pomone*, composto às pressas, em menos de três meses – pois Luís XIV já começava a impacientar-se em ver os resultados –, e estreado em 3 de março de 1671, num teatrinho improvisado na Salle du Jeu de Paume de la Bouteille. O Prólogo, o ato I e fragmentos do ato II, que sobreviveram, demonstram, por sua fragilidade melódica e falta de impacto dramático, por que a *Pomone* foi um fiasco.

Nova tentativa, a *Pastorale Heroïque des Peines et des Plaisirs de l'Amour* (1672), saiu ainda pior e levou a Academia à bancarrota. Perrin, que acreditara poder solucionar seus problemas financeiros casando-se com uma viúva idosa e rica, enfiou-se num atoleiro judiciário depois que ela morreu, e perdeu seus últimos tostões defendendo-se dos parentes de sua esposa, que contestavam seu direito a ficar com a herança. Quando Perrin e Cambert foram à falência, Lully viu nisso sua grande chance. Não se sabe exatamente quanto pagou pelo *privilège royal* – alguns de seus biógrafos o acusaram de ter-se aproveitado da situação para adquiri-lo por uma ninharia; – em todo caso, com seu dinheiro, os dois desastrados diretores da Academia puderam livrar-se da prisão por dívidas.

Começa aqui uma nova etapa da carreira de Lully. Nos anos anteriores (1664-1671), a colaboração com Molière fizera com que amadurecesse estilisticamente, adquirindo crescente domínio da forma dramática. Tinha sido ele o autor da música de acompanhamento para os *divertissements* com que se encerram *Le Mariage Forcé, La Princesse d'Élide, L'Amour Médecin, Georges Dandin, Monseigneur de Pourceaugnac, Les Amants Magnifiques, Le Bourgeois Gentilhomme* e outras. E no ano do fiasco da *Pomone*, marcara outro tento junto ao público parisiense com *Psyché*, escrita por Molière, Pierre Corneille e Philippe Quinault que, em 1671, converteria numa *tragédie en musique*, transformando os diálogos em recitativos.

Mestre em farejar para que lado soprava o vento, combinação perfeita de talento musical, tino comercial e habilidade para as intrigas cortesãs, Jean-Baptiste Lully, que até bem pouco tempo antes era partidário da idéia de que o francês não se prestava para o canto lírico, percebeu, de repente, ter chegado a hora da ópera em francês. E se alguém tinha de responsabilizar-se por isso, haveria de ser ele. Com *Cadmus et Hermione*, sobre libreto de Quinault, estreada em 27 de abril de 1673 no Jeu de Paume du Bel-Air, Lully abriu um capítulo novo na História da Música francesa.

Dessa data até 1686, escreveria quatorze outras óperas, nas quais o modelo da *tragédie lyrique* seria fixado: *Alceste* (1675), *Thésée* (1675), *Atys* (1676), *Isis* (1677), *Psyché* (1678), *Bellérophon* (1679), *Proserpine* (1680), *Persée* (1682), *Phaëton* (1683), *Amadis* (1684), *Roland* (1685), *Acis et Galatée* (1686), *Armide* (1686) e *Achille et Polyxène* (1687, esta em colaboração com seu aluno Pascal Colasse). À exceção de *Bellérophon*, cujo texto é de Thomas Corneille e Bernard de Bovier de Fontenelle, todos os seus libretos são de Philippe Quinault; mas mesmo esta, cantada no Palais Royal em 31 de janeiro de 1679, partia de uma tragédia escrita por Quinault em 1665.

O apogeu da carreira social de Lully ocorrera em 1660, quando convenceu Luís XIV a nomeá-lo *secrétaire du Roi*, título que, na época, conferia nobreza a seu detentor. O filho de uma pobre família florentina estava coberto de honrarias e bens materiais ao morrer, em 1687, em consequência de um curioso "acidente de trabalho": ao reger, em 8 de janeiro, o seu *Te Deum*, feriu o pé com o pesado bastão com que batia no chão para marcar o compasso. A gangrena se instalou, e ele morreu em 22 de março.

Enraizada na rica tradição do teatro falado francês do período clássico, a *tragédie lyrique*, tal como fixada por Lully, vai distinguir-se da ópera italiana por dar ao texto uma importância tão grande quanto à música. "Meu recitativo é escrito para ser falado", dizia ele, sem rodeios. Como o teatro de Racine e Corneille, ela se caracteriza pela imitação dos modelos clássicos greco-romanos; pela lei da separação dos gêneros, que proscreve a inserção, comum no início do Barroco, de interlúdios cômicos dentro de intrigas sérias; usa o alexandrino e tem uma estrutura fixa em cinco atos; respeita a regra das "três unidades", de tempo, lugar e ação, pretensamente atribuída à *Arte Poética* de Aristóteles; e segue a convenção da *bienséance*, isto é, daquilo que "cai bem", que é de bom tom, proibindo a exibição do que é considerado violento e de mau-gosto (como nas peças de teatro falado, todas essas situações eram narradas por uma das personagens, em vez de serem mostradas no palco).

Para isso, foi fundamental a colaboração de Lully com Quinault (1635-1688), dono de um clássico senso de forma e mestre no elegante uso da palavra. Quinault partiu do modelo dos libretos de Francesco Buti para Cavalli; mas domesticou o excesso de efeitos que tornava difusas e sobrecarregadas as produções da Escola Veneziana: seus textos são mais coerentes e tecnicamente seguros. "A História poucas vezes apresentou parceria de compositor e libretista tão prolongada e bem-sucedida", comenta Robert Donnington em *The Rise of Opera*. E, de fato, a dupla Lully-Quinault merece ser posta, na História da Ópera, ao lado de nomes ilustres como os de Mozart-Da Ponte, Verdi-Boito ou R. Strauss-von Hofmannsthal.

> Ambos compartilharam a ambição de criar um tipo de ópera adequado não só ao gênio francês mas também à corte francesa, com todas as suas pretensões à glória heróica e ao brilho social. A lisonja era um elemento essencial; a grandeza era uma condição necessária; a paixão podia ser baixa ou elevada, desde que a sua escala de representação permanecesse épica; amor e ódio, dever e inclinação pessoal, nobreza e vilania poderiam lutar pela supremacia, mas sempre numa linguagem de impressionante retórica e através de ações de uma urgência heróica.

À tragédia falada em que se inspiram, Lully e Quinault acrescentam ainda um Prólogo – herdado da ópera italiana – com figuras alegóricas, e com um objetivo preciso: glorificar o soberano. Nada há em comum, no seu modelo, com a ópera da Escola Veneziana, que visava a agradar a um público popular e pagante; e nem mesmo com a ópera cortesã, tal como ela tinha sido praticada em Florença, Mântua ou Roma, discutindo, em linguagem elevada, os temas comuns à filosofia neoplatônica. A ópera francesa era composta para um único indivíduo, considerado a personificação do gosto estético de toda uma nação.

O que a ópera de Lully refletia, através de suas personagens sempre imponentes, nobres e convencionais, eram o gosto e a personalidade do homem mais poderoso do mundo. A ópera francesa, em seu ponto de partida, era única e exclusivamente *l'opéra du Roi*. E, nesse sentido, tornam-se diametralmente opostas as experiências italiana e francesa – o que faria com que, no futuro, essas duas escolas operísticas trilhassem caminhos divergentes.

Essa oposição era, no plano cultural, conseqüência da própria realidade política. Como a Itália ainda não existia, nessa época, enquanto país unificado, havia, em seus diversos centros autônomos, uma ebulição quase anárquica de busca de formas novas, e uma paixão pela música que atingia todas as classes sociais. Veneza, Mântua, Florença, Bolonha, Roma, Bérgamo, Milão, Nápoles, cada uma dessas grandes cidades tinha tradições próprias, artistas, mecenas, teatros e tendências muito diferenciadas.

Já na França, praticamente toda a atividade artística concentrava-se em Paris e Versalhes, como parte, desde os tempos do cardeal Richelieu, do culto ao poder absoluto do soberano. A conseqüência disso no futuro, entretanto, é que nenhum dos grandes centros italianos de produção musical, por mais sólidas que fossem as suas tradições, conseguirá exercer o magnetismo de Paris, que, no século XIX, funcionará como um grande foco de convergência para todos os artistas desejosos de se afirmarem no campo da ópera.

"O caráter fundamental da ópera francesa, no século XVII, pode ser definido como *convencional*", afirma Donald Jay Grout em sua *Short History of the Opera*. "Não a aspiração à originalidade, mas a criar, de um modo supremo, efeitos universalmente aceitos" (o que está diretamente ligado ao espírito cartesiano francês do século XVII e à sua busca fundamental da *media res*, o princípio clássico do equilíbrio).

> Por isso, nada havia de surpreendente nos acordes, nos intervalos ou nas modulações: tudo mantinha-se dentro dos limites da moderação, evitando-se a violência ou os extremos da paixão. Em seus melhores momentos, a ópera francesa do primeiro período era solene, nobre e cheia de dignidade. Nos piores momentos, podia ser estéril e estereotipada, pálida e aborrecida. Considerada somente do ponto de vista musical, é menos atraente, para o público moderno, do que a ópera italiana do mesmo período; mas considerada globalmente e em seu contexto histórico, tem características

que fazem com que sustente o confronto com a ópera italiana.

A principal conquista de Lully foi o desenvolvimento de um recitativo adaptado às características próprias da língua francesa: predominância das oxítonas; alternância de vogais longas e breves mais do que variação de acento tônico; presença de nasais e de guturais muito peculiares. Esse recitativo foi modelado no estilo de declamação do teatro falado. "Se quiserem cantar bem a minha música", dizia Lully, "vão ouvir a Champmeslé" – referindo-se a Marie Desmares de Champmeslé, famosa atriz da Comédie Française cuja dicção, diziam, tinha sido treinada pelo próprio Jean Racine.

Baseado na estrita observação do estilo silábico – uma nota para cada sílaba do texto – e utilizando uma técnica de flutuação do tempo que permite ao cantor acompanhar os ritmos verbais como se estivesse declamando os versos, esse recitativo opôs uma linha melódica sóbria e simples ao gosto italiano da época pela melodia sobrecarregada de ornamentos, *roulades* e vocalises. Em *Splendeur de la Musique Baroque*, comenta Roland Goldron:

> Lully trouxe à linha vocal francesa essa mesma simplificação de que são testemunho as linhas nítidas e nuas de Versalhes comparadas a uma fachada italiana da escola de Bernini, em que tudo é movimento e sobrecarga decorativa.

E Romain Rolland, citado por esse mesmo autor, assinalou o fato de que "o ideal que reina no conjunto dessa declamação musical é mais oratório do que dramático, dominado pelo despotismo da técnica oratória daquela época, com seu amplo e lento desenrolar, seus períodos simétricos e suas cadências pomposas". Na construção desses monólogos, de fato, às vezes pode-se identificar a mesma empostação retórica e solene dos sermões do padre Jacques Bossuet, o mais célebre orador religioso do século. A regularidade de construção desse recitativo pode, é claro, torná-lo às vezes monótono. Mas posto a serviço de boa poesia permite muita diversidade de emoções e naturalidade de dicção.

Quanto à ária, ela não constitui, em Lully, um "número" separado, como já acontecia na ópera da Escola Veneziana, e como, no século seguinte, o imporia a Escola Napolitana com seu modelo ternário de *aria da capo* (de forma A.B.A., cuja primeira seção, contrastada a uma segunda, de tom diferente, é em seguida repetida integralmente). Na ópera barroca italiana, essa ária se dissociava inteiramente da escrita muito sóbria do recitativo seco (com acompanhamento de cravo), reduzida a alguns acordes padronizados, apenas para dar o suporte harmônico à declamação.

A ária de Lully, ao contrário, está disseminada entre os recitativos e emerge deles gradualmente, quando a temperatura dramática começa a aumentar, tornando-se necessário um momento de expansão lírica. São árias breves, de fraseado irregular, acompanhando as inflexões naturais do texto falado – e, portanto, sem as melodias simétricas e exuberantes da ópera italiana. Desde a sua primeira ópera, encontramos esse modelo em "Belle Hermione", o monólogo em forma de rondó com que, no ato V, Cadmus lamenta a perda de Hermione, envolta numa nuvem por Juno, enciumada com a atenção que Júpiter dá a essa bela mortal.

Não há coloratura: os *agréments* ou ornamentos – trilos, apojaturas, *roulades*, melismas variados – não se aplicam a trechos extensos do texto; são indicados por um "x" colocado acima de determinadas notas para que, sobre elas apenas, incidam os enfeites improvisados pelo cantor, de acordo com o repertório de recursos de que disponha. Isso faz com que a interpretação varie muito, em questões de detalhe, de um cantor para outro. Comparem-se, por exemplo, as duas gravações da *Alceste* que J.-C. Malgoire fez com o grupo La Grande Écurie et La Chambre du Roy: a de 1975, com Felicity Palmer (CBS); e a de 1993, com Colette Aliot-Lugaz (Montaigne), no papel título – e verifiquem como diferem a leitura que uma e outra fazem de cada ária.

Palavras como *lancer, briller, monter, descendre* são convencionalmente ornamentadas com efeitos de descritivismo vocal – saltos de intervalo, tonalidades maiores luminosas, escalas ascendentes ou descendentes – que sugiram seu significado. Dessa forma, por intermédio do aprendizado, com Lambert, dos princípios recebidos de P. de Nyert, Lully rea-

Cena do *Phaëton*, de Jean-Baptiste Lully, representando em Versalhes em 1683. Abaixo, desenho da maquinaria para o carro do sol, utilizada nessa ópera.

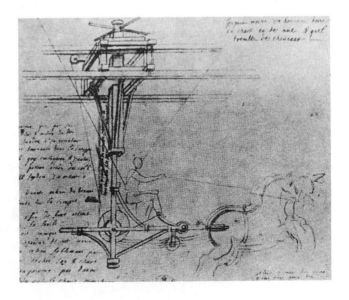

tava com as idéias que formavam a base das teorias da Camerata florentina, e que tinham presidido à própria gênese da ópera. É a mesma técnica de ilustração musical do sentido da palavra que encontramos nosariosos de Monteverdi e Cavalli.

Ao cantor francês não era necessária formação técnica tão rigorosa quanto a de seu colega italiano. Mas precisava de cuidadosa preparação teatral. Com o tempo, entretanto, a faca demonstraria ter dois gumes: esse aspecto declamatório do canto francês, mais próximo do teatro falado – e que, na origem, visava a obter maior naturalidade na emissão do texto – tenderia aos poucos para um tipo muito especial de exagero. Os cantores seriam levados a forçar a voz, a exagerar na dicção e gesticulação, procurando compensar, com recursos histriônicos de caracterização, a ausência dos atrativos do *belcanto* à italiana. As distorções surgidas ao longo do século XVIII fariam com que, no início do XIX, se usasse a expressão depreciativa *la mode de l'aboiement* (a moda do latido) para criticar o tom gritado da interpretação na velha escola francesa.

São freqüentes, nas óperas de Lully, cenas sem função dramática rigorosa, mas que visam a criar um efeito cênico empolgante: sacrifícios, combates, descida dos deuses à terra, cenas infernais, funerais, procissões e cortejos. Para esses grandes momentos – como a tempestade com que se encerra o ato I da *Alceste* –, ele contava com a colaboração de maquinistas trazidos de Veneza e chefiados por Carlo Vigarini, filho e herdeiro do Gaspare, que perturbara, com o barulho de seus cabos e roldanas, a estréia do *Ercole Amante*; e também de um competente cenógrafo como Jean Bérain. Herança dos *ballets* dos séculos XVI e XVII e das montagens super-elaboradas do teatro veneziano, esse lado espetaculoso da ópera versalhesa já traz em si o embrião do que será, no século XIX, o *grand-opéra* parisiense.

Muito importante é o papel dado ao coro, ultrapassando a função que ele tivera com os mestres venezianos ou romanos. Seu exemplo será seguido e, ao longo do tempo, espaço considerável será sempre reservado, na ópera francesa, às intervenções corais. É fundamental o papel da massa coral, por exemplo, em *Thésée*

(Saint-Germain-en-Laye, 11.1.1675) – em especial no ato V, cercando o poderoso monólogo "Ah, faut-il me venger", em que Medéia decide pôr fogo no palácio para desforrar-se do marido, que a está traindo com a jovem Aeglé. E "Nous devons nous animer d'une ardeur nouvelle", no ato I de *Atys* (Saint-Germain-en-Laye, 10.1.1676), tornou-se tão conhecido que Henry Purcell usou sua melodia num *trumpet tune*.

Da mesma forma, as entradas de balé, intercaladas nas seqüências dramáticas para amenizá-las ou comentá-las, vão tornar-se uma das características mais marcantes da ópera apresentada na França; tanto assim que a sua obrigatoriedade forçará os compositores de outras nacionalidades a prever, para a exibição na Ópera de Paris, números opcionais de dança não-existentes na partitura original (será o caso, por exemplo, das versões especiais de suas óperas que, no século XIX, Verdi preparará para a execução no Palais Garnier).

A orquestra de Lully divide-se em dois grupos. O *petit choeur*, o contínuo que acompanhava os cantores, tinha cordas graves, teorba e cravo, com violino, flauta e oboé solistas, para os *obbligatos*. *Le grand choeur*, usado nos ritornellos, sinfonias e números de dança, compreendia cordas em cinco partes – os *Violons du Roi*, que ele tornara famosos em toda a Europa –, com o acréscimo de flauta, oboé, *taille* (oboé tenor), *cornemuse* (gaita de fole) e flauta de Pan para as cenas pastorais; fagote e *krumhorn* para reforçar os conjuntos; trompas e tambores nas passagens de caráter marcial.

Um belo exemplo desse último caso é a "Marche pour le Combat", do *Amadis* (Palais Royal, 15.1.1684), em que Quinault troca a mitologia grega pelos romances de cavalaria. Seu libreto parte da tradução que Nicolas d'Herberay des Essarts fez do *Amadis de Gaula*, de García Rodríguez de Montalvo (1492). O tom épico perpassa também, no ato II dessa ópera, o monólogo "Dans un piège fatal son mauvais sort l'amène", em que o feiticeiro Arcalaus anuncia a intenção de emboscar o herói, na floresta, para vingar a morte de seu irmão Ardan Canile.

O recitativo de Lully é sempre instrumentado (*mesuré*), com acompanhamento do contínuo. Nesse ponto, a ópera francesa difere muito da italiana, em que o recitativo seco, acompanhado pelo cravo, predominará até a reforma gluckiana, na segunda metade do século XVIII; e se manterá até muito mais tarde no domínio da comédia: em 1840, Verdi ainda o utilizará em sua frustrada *Un Giorno di Regno*. A declamação de Lully é solene e nobre, mas sempre expressiva, emoldurando de modo muito eficiente os trechos cantados, que emergem dela com naturalidade. Um exemplo perfeito é o solilóquio "Enfin il est en ma puissance", na *Armide* (Palais-Royal, 15.2.1686). Nele, a feiticeira do poema de Torquato Tasso regozija-se por ter conquistado o cavaleiro cristão Rinaldo. Rachel Yakar faz muito bem o papel na gravação de Philippe Herreweghe com La Chapelle Royale (Erato, 1983) – prejudicada, contudo, por cortes substanciais, que chegam a eliminar todo o ato IV.

São comuns as sinfonias descritivas, evocando tempestades, alvoradas ou até mesmo estados de espírito, como os "Songes agréables et songes funestes" do *Atys*, baseado no Livro IV dos *Fasti*, de Ovídio. No ato III, a deusa Cybèle, que se apaixonou pelo mortal Atys, o adormece, submetendo-o a uma seqüência de sonhos e pesadelos, para fazê-lo desistir de sua namorada terrestre, Sangaride. A forma como as cordas e flautas se alternam, para sugerir as imagens contrastantes que passam pela cabeça do herói adormecido, é memorável. Igualmente forte é o desenlace dessa ópera: enfeitiçado por Cybèle, Atys apunhala Sangaride, apesar das infrutíferas tentativas do coro de detê-lo: "Arrête! Arrête, malheureux!"... "Atys lui-même fait périr ce qu'il aime". Ao perceber o que fez, Atys tenta matar-se, mas a deusa o impede, transformando-o numa árvore. Num final que contradiz a tradição do final feliz obrigatório, só resta à frustrada divindade lamentar a perda do homem que desejava. No selo Harmonia Mundi há duas gravações com William Christie (1987) e P. Herreweghe (1990).

As formas de dança mais comumente utilizadas nas entradas de balé de Lully são o minueto, a gavota e a chacona. Dessa última, há exemplos muito desenvolvidos, para encerramento de atos, no final do *Amadis* e, principalmente, no ato V do *Roland* (Versalhes, 8.1.1685), muito livremente adaptado do *Orlando Furioso*, de Ariosto. A rainha Angélica, de Cathay (o nome que, no século XVII, dava-se à China), é cortejada pelo cavaleiro Roland, mas ama em segredo o soldado Medoro. Ela decide fazer dele o seu rei, fugindo juntos para Cathay. A chacona, de proporções desusadas para a época, está sendo tocada durante a festa nupcial, quando Roland descobre ter sido preterido (ou seja, Lully amplia a função de mero entretenimento do *divertissement*, tornando-o parte integrante da ação). Diante dessa revelação, Roland enlouquece; e só recupera a razão quando a fada Logistille o consola com sua música e o convence de que os feitos heróicos são mais importantes do que o amor (conclusão muito de acordo com o princípio, comum na tragédia clássica francesa, da predominância da razão sobre a emoção).

Contribuição fundamental de Lully para toda a História da Música barroca é a fixação do modelo da abertura francesa. Originando-se na *canzona* instrumental e na *sonata da chiesa* italianas, ela expande a forma rudimentar *lento/allegro* dos prelúdios com que se iniciavam as óperas da Escola Veneziana. As aberturas de Lully têm um início lento, solene e majestoso, sobre um tema binário, a que se segue uma segunda seção mais viva, sobre tema binário ou ternário. E terminam numa seção fugada, com um efeito de *allargando* que retorna ao estilo da introdução. Essa estrutura evoluirá para o molde tripartite *lento/allegro/lento*; e há de se opor ao modelo *allegro/lento/allegro*, desenvolvido, a partir de Alessandro Scarlatti, pela Escola Napolitana. Esses dois modelos de abertura terão grande voga no Barroco Tardio, durante a primeira metade do século XVIII. Lully sabia do efeito que essas brilhantes aberturas tinham sobre o público, e sempre as tocava duas vezes, antes do Prólogo e do ato I.

A abertura francesa terá enorme influência fora da França. Será praticada, em Hanôver, por Agostino Steffani (1654-1728) e, em Hamburgo, por Reinhard Keiser (1674-1739) – ambos de fundamental importância para a formação de Haendel como operista. E este a utilizará com freqüência no início de suas *opere serie*. Mas não é só no domínio da ópera que a abertura francesa se imporá. O hábito de Lully de fazer executar as seções instrumentais de suas *tragédies lyriques* como peças orquestrais independentes impressionará muito os seus discípulos alemães Johann Sebastian Kusser, Georg Muffat e Johann Fischer. Estes levarão essa prática para seu país e dela surgirá o modelo da suíte barroca – também chamada genericamente de abertura – a que J. S. Bach e Telemann darão carta de nobreza: uma seqüência de danças sempre precedidas por uma brilhante peça introdutória no estilo francês. Escreve Robert Donnington:

> Há, na música de Lully, e em especial em suas harmonias, uma espécie de inspirada obviedade, que talvez não tenha a mesma estatura da de Haendel mas é, pelo menos, da mesma natureza. [...] Podemos quase sempre prever o rumo que a harmonia vai tomar e as próprias surpresas permanecem dentro dos limites da convenção. Mas essa relativa previsibilidade (que em Lully só muito raramente torna-se banal) tem os seus aspectos gratificantes. Tudo se encaixa tão perfeitamente bem! A lucidez musical não poderia ser maior. É claro que as coisas só soam óbvias depois de terem sido feitas; mas o talento capaz de realizá-las assim não é nem um pouco óbvio. O efeito é conseguido estabelecendo, no espírito do ouvinte, expectativas muito nítidas, e nunca as desapontando, mesmo quando a música se afasta delas por alguns compassos, para depois satisfazê-las de modo ainda mais conclusivo, através de uma cadência que foi deliberadamente retardada. Os contrastes introduzidos desta e de outra maneira não são extremos; mas são suficientes. A descrição musical de caracteres e situações é, na maioria dos casos, reticente; mas o toque é seguro e há uma interiorização de sentimentos maior do que a textura, de aparência uniforme, ostensivamente revela.

Lully transformou a ópera francesa numa instituição do Estado; e isso foi, ao mesmo tempo, uma qualidade e um defeito. Defeito, porque tendeu a perpetuar formas que se justificavam sob o clima intelectual e estético do reinado de Luís XIV mas que, depois de Lully, em mãos menos talentosas, tenderam a congelar-se em fórmulas vazias. Mas qualidade, no sentido de que, sem essa codificação rigorosa, talvez a ópera francesa, diante da maré de impacto do modelo italiano, tivesse – como aconteceu durante quase dois séculos nos países de língua alemã – se diluído, não chegando a adquirir características próprias. A esse italiano naturalizado deve-se, paradoxalmente, o fato de a França ter sido, nessa fase, o único país a possuir uma produção operística independente, em nada tributária das receitas mediterrâneas.

É importante assinalar, além disso, que o modelo de ópera por ele estabelecido – e que corresponde muito naturalmente à personalidade francesa – vai fixar alguns elementos fundamentais que serão comuns, em maior ou menor grau, a toda a ópera produzida nesse país:

– a preocupação com a declamação clara e realista, com ornamentação discreta, diferindo, nesse ponto, da tendência italiana ao canto florido;

– a tendência a concentrar o trabalho musical mais elaborado fora da ação, ou seja, naquelas pausas da trama em que se pode fruir a música mais livremente, sem ser necessário concentrar-se na compreensão da intriga (divertimentos, entradas de balé, sinfonias descritivas e, no futuro, interlúdios, cenas dançadas etc.);

– e a preferência, muito cartesiana, por ações dramáticas objetivas, comedidas e racionais, por oposição, ao mesmo tempo, ao desabrido passionalismo italiano e ao gosto germânico pelo mistério, o sobrenatural ou a especulação metafísica. Em autores tão diferentes entre si quanto Rameau, Berlioz, Meyerbeer ou o Debussy do *Pelléas et Mélisande*, encontraremos esse tipo de postura.

A fama de Lully fez com que ele se tornasse, inclusive, personagem de ópera: protagonista do *Lully et Quinault* (1812) e da *Jeunesse de Lully* (1846), de Larochejagu, ele é uma das figuras evocadas por André Grétry em *Les Trois Âges de l'Opéra* (1778). Durante muito tempo, das óperas de Lully só havia gravações de trechos instrumentais – aberturas, sinfonias, suítes de dança – ou de árias isoladas. Hoje, além dos registros mencionados no corpo do texto, encontram-se: trechos de *Cadmus et Hermione*, com Raymond Leppard (Philips, 1964, relançado em 1989) e com Paul Goodwin (Harmonia Mundi, 1991); trechos do *Thésée* com R. Straight (RCA, 1973); trechos de *Isis* com J.-F. Paillard (Erato, 1972); trechos do *Amadis* com Peters e o Collegium Aureum (Harmonia Mundi, 1966); e a integral do *Phaëton*, com Marc Minkowski e Les Musiciens du Louvre (Erato, 1994). Em vídeo, há a montagem do *Atys*, com W. Christie, e *Armide* numa montagem de 1987 da University of Western Australia.

# Depois de Lully

Colasse, Destouches, Marais, Charpentier, Campra, Pignolet de Montéclair, Mondonville, Leclair, Mouret

Alguns compositores tentaram, depois do desaparecimento de Lully, preservar a fórmula que ele criara. Seu discípulo Pascal Colasse (1649-1708), a quem o mestre encarregava de escrever as partes de orquestra, e que colaborara com ele em *Achille et Polyxène*, aplicou seu modelo em *Thétis et Pélée* (1689), mas de maneira rígida e convencional. Chegou a ser acusado de ter incorporado às suas dez óperas música tirada de manuscritos que Lully deixara incompletos. Mas isso não o impediu de gozar do favor real: Luís XIV o nomeou *Maître de Musique* em 1683, e músico da câmara real em 1696. Mas o retumbante fracasso de *Polyxène et Pyrrhus*, em 1706, o abalou tanto que ficou com as faculdades mentais perturbadas.

## Destouches

Mais qualidades teve André-Cardinal Destouches (1672-1749). Lecerf de la Viéville conta que esse membro da nobreza, alistado desde 1692 no regimento dos Mosqueteiros do Rei, apaixonou-se de tal forma pela ópera que abandonou a carreira militar para ir estudar com André Campra. Sua pastoral *Issé*, com libreto de Antoine Houdar de la Motte, cantada no palácio de Fontainebleau, em 7 de outubro de 1697, foi muito admirada por Luís XIV. Além de presenteá-lo com 200 luíses de ouro, o rei nomeou-o inspetor-geral da Académie Royale de Musique (1713). E, em 1728, Destouches tornou-se diretor dessa instituição.

Ao Rei Sol agradou particularmente o Prólogo, onde Júpiter congratula Hércules por ter trazido a paz à Grécia com seus doze trabalhos. Terminada essa louvação obrigatória, contava-se uma historinha simples, baseada no clássico clichê do travestimento por amor. Apolo disfarça-se de pastor e, com o nome de Philémon, declara-se à ninfa Issé. Depois, pede ao oráculo que lhe diga que o Deus do Sol está apaixonado por ela; e fica encantado quando ela afirma preferir o seu namorado mortal. Revela-se a ela, então, em toda a sua glória e leva-a consigo para o Olimpo. O melhor momento de *Issé* é o monólogo "Funeste amour", em que a protagonista lamenta ter inspirado ao deus um amor indesejado: no acompanhamento, Destouches junta às cordas, alternadamente, flauta doce e flauta transversal, para representar as hesitações e mudanças de estado de espírito da personagem.

O apoio do rei foi agradecido com o *Amadis de Grèce* (Opéra, 26.3.1699) – cujo libreto Nicola Haym traduziu, em 1715, para o *Amadigi* de Haendel. No Prólogo, o poeta, Houdar de la Motte, compara as proezas do herói ibérico às de Luís XIV (com vantagens para este, naturalmente); em seguida, relata sua rivalidade com o Príncipe da Trácia pelo amor de Niquée, filha do rei de Tebas. O gosto barroco pelo sobrenatural manifesta-se na figura de Mélisse, a feiticeira que vem trazer a Amadis a mensagem de que os deuses estão do seu lado. Os ritmos irregulares e a orquestração com instrumentos graves, usados para retratar Mélisse, são os traços mais marcantes de uma partitura onde Destouches está visivelmente tentando ampliar os limites do idioma de Lully – o que o situa como o elo entre este e Rameau.

A partir de *Omphale* (Opéra, 10.11.1701), sente-se a preocupação em construir cada ato pensando na estrutura do conjunto. Surpreendentemente, De la Motte não faz, no Prólogo dessa ópera, o usual panegírico ao rei: mostra, em vez disso, Juno pedindo a Apolo que fira Alcides (Hércules), que a desprezou – ou seja, o prólogo já está integrado na ação, ao contrário do que acontecia habitualmente. A intriga não difere muito da de outras óperas do período. Alcides e seu amigo Iphis estão ambos apaixonados por Omphale, rainha da Lídia. Ajudada pela feiticeira Argine, ela faz o herói compreender que deve renunciar ao seu amor, para que possa unir-se a Iphis, a quem prefere. A intervenção da bruxa oferece a Destouches, uma vez mais, a oportunidade para efeitos cênicos espetaculares.

Mas o mais importante é a forma como o compositor trabalha com o recitativo herdado de Lully, aproximando-o ainda mais das inflexões da fala. O que faz, em trechos como o monólogo de Omphale, "Digne objet d'une flamme éternelle" (ato III), ou o de Iphis, "Quoi!, je vis malheureux!" (ato IV), prenuncia o estilo de arioso que, dois séculos mais tarde, Debussy usará no *Pelléas et Mélisande*. A reprise dessa ópera, em 1752, levará Friedrich von Grimm a publicar, no *Mercure de France*, a *Lettre sur Omphale*, que detonou a chamada *querelle des bouffons* – a polêmica entre os partidários da ópera de estilo francês e os defensores dos modismos italianos – de que falaremos mais adiante.

As aquisições de *Omphale* prosseguem em *Callirhoé* (1712), *Télémaque et Calypso* (1714) e *Sémiramis* (1718). Para a primeira delas (Opéra, 27.12.1712), Pierre-Charles Roy foi buscar, em Pausânias, a história de Coreso, sacerdote de Baco, a quem o oráculo de Pan diz que, para salvar seu povo de uma epidemia, ele tem de sacrificar sua mulher, Callirhoé, ou aceitar morrer em seu lugar. A demonstração de amor que ele dá, ao preferir imolar-se no lugar dela, agrada aos deuses, que lhe permitem viver. É desusada a mistura de estilos, manipulada com muita habilidade: as cenas no templo, com escrita coral cerrada, têm o tom elevado da tragédia; mas quando Coreso procura o oráculo no campo, a ambientação bucólica sugere ao compositor o uso das técnicas muito mais leves da pastoral.

## Marais

Todas essas pesquisas valeram a Destouches a acusação de estar se desviando da "pureza" do modelo lullysta. Mas, decerto por contar com a aprovação do soberano, ele prosseguiu no caminho que se traçara, conseguindo inclusive a adesão de músicos esclarecidos, como Marin Marais (1656-1728). Durante muito tempo, o conhecimento da obra de Marais ficou restrito a especialistas. Mas o inesperado sucesso do filme *Tous les Matins du Monde* (1992), de Alain Corneau, sobre a fase em que ele era aluno do violista Augustin d'Autrecourt, sieur de Sainte-Colombe, provocou um "modismo Marais" e verdadeira enxurrada de gravações das obras desses dois compositores.

Entre essas gravações, está a da *Alcyone* (1706), de Marais, com Les Musiciens du Louvre regidos por Marc Minkowski (Erato). O libreto de Houdar de la Motte narra como a protagonista se apunhala, por acreditar que seu amado, Ceyx, rei da Trácia, foi morto por Peleu, que também a deseja. Durante uma tempestade, Netuno a ressuscita e promove sua união com Ceyx. Essa evocação do temporal fez escola: é precursora de peças como as *Quatro Estações*, de Vivaldi, que visam a representar sonoramente os fenômenos naturais. E na medida em que a borrasca corresponde à irritação de Netuno com a maldade de Peleu, ela já anuncia também, a distância, o clichê romântico que fará coincidirem as explosões emocionais e os distúrbios da natureza. Na seqüência final, de resto, Marais utiliza recursos muito mais realistas do que o estilizado descritivismo de seus predecessores.

É de se desejar que se resgate, através do disco, suas outras tragédias: *Alcide* (1693), escrita em colaboração com Louis, o filho de Lully; *Ariane et Bacchus* (1696) e *Sémélé* (1709) – pois, em Marais, já temos o prenúncio do que será o estilo galante do início do século XVIII. Por sua leveza de toque e pelo uso que faz do cromatismo e de intervalos inesperados, para sugerir mudanças bruscas de estado de espírito, esse lullysta demonstra ser musicalmente mais ousado do que seu modelo.

## Charpentier

Mas o maior seguidor de Lully foi Marc-Antoine Charpentier (1634-1704), autor também de uma abundante e refinadíssima produção sacra. Porém, só depois da morte de Lully, que exercia sobre os palcos parisienses dominação despótica, esse aluno de Carissimi pôde encenar suas óperas profanas. Até então, ele se limitara a escrever música incidental para peças de teatro – de que falaremos mais adiante – e pastorais ou idílios que, por não serem inteiramente cantados, escapavam às restrições impostas por Lully, que não queria competidores na Académie.

E no entanto Charpentier causara sensação, em 25 de fevereiro de 1688, ao montar, no Collège Louis-Le-Grand, *David et Jonathas*, uma *tragédie lyrique* que o jesuíta padre François de Paule Bertonneau extraíra de fontes bíblicas (como se tratava de espetáculo amador, no quadro das atividades escolares, isso também escapava aos regulamentos lullystas). Como era costume entre os jesuítas, a ópera foi encenada de uma forma que, para nós, hoje, parece rebarbativa: entre o Prólogo e o ato I, foi encenada uma tragédia em latim, em cinco atos, contando a história do rei Saul até o ponto onde começa a ação descrita por Bretonneau, centrada na batalha dos israelitas com os filisteus, durante a qual Saul e Jônatas morrem. O texto desse *Saul* se perdeu, mas a sinopse detalhada que se conservou demonstra que, unido às duas horas da ópera, ele devia formar um espetáculo insuportavelmente longo.

A originalidade de *David et Jonathas* começa no Prólogo, que não contém as costumeiras louvações ao monarca: entra diretamente na ação, mostrando Saul, que vai consultar a pitonisa de Endor, para saber o resultado da batalha. Ela invoca a sombra do profeta Samuel, e este prevê as desventuras que o rei terá de enfrentar. Como a tragédia falada explicava em detalhes os acontecimentos, Charpentier pôde abrir mão das cenas de exposição, com recitativos, e aumentar os números cantados. Alguns deles são excepcionalmente longos para os padrões da época. A seqüência em forma de rondó, no ato I cena 1, em que os guerreiros e pastores recebem Davi vitorioso sobre Golias, dura cerca de dez minutos.

Nessa ópera está claramente delineado o poder de caracterização do Charpentier que, mais tarde, comporá a *Médée*. A despedida de Davi e de seu amigo Jônatas, a cena da morte deste último e do rei Saul são escritas com uma sóbria emoção. As modulações inusitadas que o compositor utiliza, envolvendo tonalidades raras para o seu tempo, como o sol bemol maior, dão ao Prólogo, na caverna da bruxa, uma atmosfera sinistra, sobrenatural (só Purcell conseguirá, no século XVII, um efeito semelhante em *Dido and Aeneas*). E à aparição de Samuel é dado um tom sepulcral pelo acompanhamento com quatro instrumentos graves não-especificados. Não há balé, pois isso não seria adequado em uma representação dentro de um colégio religioso; no mais, o idioma da *tragédie lyrique* versalhesa é perfeitamente transposto para um tema sacro.

A ressurreição de *David et Jonathas*, em 1981, com o elenco da Ópera de Lyon e a Orquestra Barroca do English Bach Festival, cativou a platéia pela modernidade de sua música. O selo Erato tem um registro desse espetáculo, dirigido por Michel Corboz. Ele constitui um importante documento histórico, embora não tenha o rigor musicológico e, sobretudo, a intensidade dramática do que William Christie regeu, em 1988, para o selo Harmonia Mundi.

Christie, nascido na Inglaterra, é o líder do grupo Les Arts Florissants – assim batizado em homenagem a Charpentier. É o título de um idílio (também existente no catálogo da Harmonia Mundi) composto em 1686 para a corte de Marie de Lorraine, duquesa de Guise. A Christie, um dos grandes especialistas atuais na música francesa dessa fase, devemos ainda registros da *Médée*, de *Andromède* (1682), da pastoral *Actéon* (1685) e da música de cena para a última comédia de Molière, *Le Malade Imaginaire* (1673).

Charpentier não tem, certamente, o mesmo senso teatral de Lully; mas seu idioma musical, fortemente influenciado pelos cantabiles italianos, é mais variado e sutil: tem grande liberdade melódica, habilidade contrapontística, ousadia harmônica e muito mais riqueza na ornamentação e no colorido instrumental. A firmeza da escrita, a variedade estilística, a força da expressão e a diversidade da orquestração dão a Charpentier um lugar absolutamente à parte na música francesa de seu tempo.

Seis anos após a morte de Lully, ele conseguiu montar, na Académie, a sua *Médée,* com libreto de Thomas Corneille, o irmão mais novo do célebre dramaturgo. A estréia foi em 4 de dezembro de 1693, tendo no papel título Marthe Le Rochois, uma das cantoras prediletas de Lully. A encenação nesse teatro oficial fez com que Charpentier tivesse de acrescentar à ópera o Prólogo de praxe, sem qualquer relação com a intriga da peça, celebrando a recente vitória de Luís XIV contra a Inglaterra e a Holanda. A Vitória, a Glória e a deusa Belona, da Guerra, descem dos céus para cantar os sucessos militares do soberano. O desnível entre essa introdução e o corpo da tragédia é, neste caso, inevitável.

Posta de lado essa concessão aos hábitos do tempo, *Médée* tem um vigor, uma audácia melódica que faltam às óperas de Lully. E que é beneficiada pelo fato de Thomas Corneille não perder tempo com os antecedentes: quando a ação começa, Medéia já sabe que está sendo traída por Jasão. O músico tem, portanto, ao longo dos cinco atos, mais espaço para desenvolver, com extrema ousadia, a personalidade da mãe carinhosa e compassiva, em choque com a da esposa altiva, magoada, cheia do desejo de vingança.

Ousadia que já se faz sentir na violência do acompanhamento, sobre uma figura rítmica martelada pelas cordas, no primeiro monólogo, em que Medéia promete: "S'il me vole mon coeur, si la princesse y règne, / De plus grands efforts feront voir / Ce qu'est Médée et son pouvoir". Esse furor apaixonado contrasta com a doçura e tristeza com que, no ato II, cordas e flautas emolduram a súplica da mãe preocupada com seus filhos: no "Princesse, c'est sur vous que mon espoir se fonde", ela pede inutilmente a Creusa que renuncie a Jasão.

A escrita "marcial" dos oratórios de Carissimi marca o impetuoso monólogo "C'en est fait, on m'y force", do ato III, em que a feiticeira, cheia de cólera, decide vingar-se de sua rival. E é impressionante o efeito dos dois solos de Medéia, com um sombrio acompanhamento das cordas graves, inseridos no *divertissement* do fim desse ato, em que a Vingança e o Ciúme dançam com uma multidão de figuras infernais (uma vez mais um caso em que o divertimento não é apenas decorativo e, sim, parte integrante da ação).

Ao perfil impiedoso da mulher traída e humilhada contrapõe-se o da delicada Creusa, retratada no prelúdio ao ato IV, de refinado cromatismo, escrito para duas flautas, dois violinos e baixo contínuo. O dueto de amor que ela canta com Jasão, logo depois, é de uma sensualidade pouco comum na contida ópera francesa dessa época. A fragilidade de Creusa torna, assim, insuportável a cena do ato V, que descreve seu sofrimento, consumida pelo vestido envenenado com que a feiticeira a presenteou. E é lancinante o dueto de amor e despedida de Jasão com a noiva agonizante, "Hélas!, prêts d'être unis par les plus douces chaînes", que já foi chamado de "um *Liebestod* avant la lettre" (em referência à cena final do *Tristão* e *Isolda* de Wagner). Justamente por sua ousadia, *Médée* desagradou a um público habituado ao estilo muito mais convencional de Lully. Após a estréia, ela foi representada apenas uma vez, em Lille, em novembro de 1700. E teve de esperar até março de 1985, quando foi gravada por William Christie.

Embora não pertença estritamente ao domínio da ópera, uma obra que, por sua extrema originalidade, merece ser detidamente estudada aqui é a música de cena para *Le Malade Imaginaire,* de Molière. "Comédie mêlée de musique et de danse", *O Doente Imaginário* foi estreado em 10 de fevereiro de 1673, no Théâtre du Palais Royal. Sete dias depois, seu autor, que se encontrava gravemente doente mas, ainda assim, insistira em interpretar o papel principal, morreu durante a quarta representação.

Para compor a música de cena, Molière escolheu Charpentier, pois rompera com Lully, em dezembro de 1671, após sua última colaboração: *La Comtesse d'Escarbagnas,* estreada no teatro da corte de Saint-Germain-en-Laye. Como Molière acreditava que a comédia seria encenada em Versalhes, preparou para ela um prólogo elaborado, a *Eglogue en Musique et en Danse*, cheia das habituais louvações ao soberano, em que se intercalam árias, entradas de balé e coros proclamando: "Faison aux Echos redire mille fois:/ Louis, Louis, Louis est le plus grand des Rois". A página mais interessante desse Prólogo é a brilhante abertura, em que Charpentier demonstra ter o perfeito domínio do estilo de escrita lullysta.

O primeiro intermédio, entre os atos I e II, é uma pequena comédia burlesca, cantada em italiano e falada em francês, em que Polichinelo vem fazer uma serenata para sua amante, Toinette, criada em casa do hipocondríaco Argan. Mas é interrompido, primeiro pelos violinos da orquestra, com os quais tem uma irritada altercação, pois estes insistem em tocar em seu lugar; e depois, por um grupo de músicos e dançarinos. Muito antes do tcheco Jíri Benda, que se tornou famoso no século XVIII com a sua *Ariana na Naxu*, Charpentier intui a forma do melodrama, o gênero teatral em que, a um texto falado, dá-se um acompanhamento instrumental contínuo. E extrai, da confrontação entre um ator e a orquestra, uma inesperada ampliação do espaço cênico.

Na quinta cena do ato II, surge um "petit opéra impromptu" (operazinha improvisada), artifício engenhoso imaginado por Molière para que Cleante e Angélica, que estão apaixonados um pelo outro, tenham a possibilidade de se declarar, interpretando o casal de pastores Tircis e Philis. E o fazem descaradamente, diante de Argan, o pai de Angélica, que não suporta Cleante, e de Thomas Diafoirus, o médico charlatão que ele escolheu como futuro genro.

O segundo intermédio, entre os atos II e III, permite a Charpentier explorar sua veia exótica, pois é um divertimento de tom carnavalesco, em que "vários Egípcios e Egípcias vestidos de Mouros executam Danças entremeadas de Canções", como pede Molière em seu libreto de 1673. Mas o ponto culminante do espetáculo é a *Cérémonie des Médecins*, uma cena de farsa escrita em latim macarrônico, em que se simula a entrega a Argan do título de Doutor pela Faculdade de Medicina. Durante o teste de admissão, a cada problema médico que lhe é proposto, o candidato a bacharel tem sempre a mesma resposta: "Clysterium donare, postea seignare, ensuitta purgare". E a cada repetição dessa bobagem, o coro de falsos acadêmicos o aclama: "Bene, bene respondere: dignus, dignus est entrare in nostro docto corpore". O texto hilariante é emoldurado por uma música extremamente viva, com alguns detalhes bem-humorados: por exemplo, o uso de um pilão de boticário como um dos instrumentos de percussão da orquestra.

As draconianas limitações a toda produção musical para a cena que não fosse de sua pena, que Lully conseguira habilmente extorquir de Luís XIV, fizeram com que, a cada reprise do *Malade Imaginaire*, Charpentier tivesse de cortar e readaptar sua música de cena. A irritação transparece na observação que ele acrescenta, em 1685, à página de rosto de seu manuscrito: "*Le Malade Imaginaire*, rajusté autrement pour la troisième fois" (remendado de outra maneira pela terceira vez). Com isso, esse compositor ultrameticuloso, que classificava cuidadosamente seus escritos em cadernos numerados, não incluiu essas peças na coleção de manuscritos que, hoje, está na Biblioteca Nacional de Paris. Só em 1980 o musicólogo americano John Powell as encontrou entre a "miscelânea autógrafa" deixada por ele, e as recompôs pacientemente, a partir de fragmentos recolhidos em diversos locais. E em abril de 1990, William Christie gravou, para o selo Harmonia Mundi, essa obra, que é um dos maiores testemunhos do talento original de Charpentier.

Dos últimos anos do século XVII até 1733, quando estréia *Hippolyte et Aricie*, a primeira ópera de Rameau, assiste-se à passagem da pompa e formalismo, que caracterizavam o estilo Luís XIV, para a *galanterie* e o rococó, típicos do período da Regência do Duque de Orleans e de Luís XV. A música refletirá o processo que, paralelamente, está ocorrendo na literatura, com o teatro de Marivaux, e nas artes plásticas, com a pintura de Watteau, Boucher e Fragonard.

A solenidade da *tragédie-lyrique* será totalmente desbancada pela frivolidade do *opéra-ballet*, derivação do antigo *ballet de cour*, que já não se preocupa mais em ter uma ação dramática coerente e contínua: basta-lhe dispor de um tema comum que relacione frouxamente as entradas de dança umas com as outras. É assim com o mais típico exemplo do gênero, *L'Europe Galante*, estreada no Opéra em 24 de outubro de 1697.

## Campra

Seu autor, o provençal André Campra (1660-1744), filho de um cirurgião de origem piemontesa, era mestre de capela em Notre-Dame e, em virtude de sua condição sacerdotal, assinou inicialmente a partitura com o nome de seu irmão Joseph, contrabaixista na orquestra da Académie. Precaução inútil, pois esse segredo de Polichinelo logo foi descoberto e divulgado numa canção popular, em que se dizia:

> Quand notre archevêque saura
> l'auteur du nouvel opéra,
> de sa cathédrale Campra
> décampera.
> Alléluia!*

Campra nunca chegou a abandonar inteiramente o serviço da igreja, ao qual dedicou uma obra volumosa, de alta qualidade; mas o sucesso dessa primeira tentativa encorajou-o a dedicar-se abertamente ao teatro profano, estreando *Le Carnaval de Venise* em 28 de fevereiro de 1699. E em 1700, animou-se a apresentar, com o próprio nome, a tragédia *Hésione*. Compôs ao todo 43 *opéras-ballet* (*Aréthuse ou La Vengeance de l'Amour, Le Triomphe de Vénus, Les Amours de Vénus et de Mars*) e *tragédies-lyriques* (além de *Hésione, Iphigénie, Idoménée, Didon* e, principalmente, *Tancrède*, de uma firmeza de escrita que já prefigura Rameau).

Com libreto de Antoine Danchet baseado na *Gerusalemme Liberata*, de Torquato Tasso, *Tancrède* trata dos amores desse cavaleiro cristão pela princesa sarracena Clorinda, uma história que apaixonou Monteverdi e Lully, Gluck, Rossini e Dvorák. Há traços originais na partitura: o uso da voz de baixo para os três papéis masculinos – quando a tradição pedia que o herói fosse um contratenor; e as filigranas de instrumentação – por exemplo, a forma como, trançando o som das flautas ao dos violinos, Campra sugere toda a perturbação de Tancredo ao entrar na floresta encantada. O Ensemble Vocal e Instrumental de Provence, regido por C. Zaffini, gravou trechos dessa obra, em 1987, para o selo Pierre Vérany; e, em 1990, a gravadora Erato lançou a integral de J.-C. Malgoire.

Em *Iphigénie en Tauride* (Opéra, 6.5.1704), Campra terminou um trabalho que Henri Desmarets deixara inacabado, ao ter de fugir do país, em 1699, devido a um escândalo de alcova. O Prólogo e algumas árias apenas são de sua autoria. Mas *Idoménée*, que Antoine Danchet adaptou da tragédia homônima de Crébillon pai (1703), é uma outra contribuição sua de peso para o repertório sério. A tempestade, o naufrágio, a rivalidade entre pai e filho pelo amor de Illia, a personagem de Electra, apaixonada pelo príncipe Idamante – elementos inexistentes na tragédia original – dão a Campra a possibilidade de escrever cenas de grande efeito, monólogos em que as personagens discutem seus conflitos íntimos, e cenas para o coro, que comentam os acontecimentos à moda grega. Em 1780, foi esse o libreto adaptado por Giambattista Varesco para *Idomeneo*, a melhor *opera seria* de Mozart. Do *Idoménée* de Campra existem as gravações de J.-C. Malgoire (Erato) e William Christie (Harmonia Mundi).

Sua ópera mais conhecida é *L'Europe Galante*, com prólogo alegórico e quatro partes em que, a pretexto de descrever as variantes da forma de amar na França, Espanha, Turquia e Itália, ele alinha uma seqüência de canções, danças e efeitos cênicos de estilos contrastantes, sem unidade muito rigorosa. "O Francês é mostrado leviano, indiscreto e coquete", explica, em sua introdução, o libretista, Antoine Houdar de la Motte, "o Espanhol fiel e romântico, o Italiano fino, ciumento e violento e, por fim, exprime-se, tanto quanto o teatro o permite, a altivez e dignidade dos Sultões e os arroubos de suas Sultanas".

O pretexto para esse retrato das paixões pelo mundo afora é dado, no Prólogo, pela discussão entre Vênus e a Discórdia sobre a personalidade de Luís XIV, na qual a guerra e o amor entram em conflito. No Epílogo, a Discórdia reaparece para dar a mão à palmatória: o amor é sempre mais forte.

---

\* Quando nosso arcebispo souber quem é o autor da nova ópera, Campra dará o fora de sua catedral. Aleluia!

Reatando com o gosto especificamente francês pela coreografia, que presidira a cem anos de *ballets de cour*, compositor e libretista esticam o *divertissement* que comparecia nos finais de ato da *tragédie-lyrique*, fazendo com que ele venha para primeiro plano e a intriga ocupe o mínimo de espaço possível. A origem familiar de Campra o predispõe a contaminar as formas típicas do teatro francês com a influência mediterrânea, inserindo em suas peças cançonetas em italiano e usando melodias adaptadas do folclore napolitano ou siciliano para as *ariettes* com texto em francês. A gravação de Gustave Leonhardt (Harmonia Mundi, 1978) já existiu no catálogo nacional, em Lp, e deve ter sido remasterizada em CD.

Numa obra imensamente popular como *Les Fêtes Vénitiennes* (1710) – cuja comunicabilidade se confirmou quando foi recriada, em 1975, no Festival de Aix-en-Provence, terra natal do compositor –, é visível o decalque de alguns maneirismos de Alessandro Scarlatti: modulações livres, abundância de apojaturas, gosto pelos acordes de sétima diminuída, alterações cromáticas repentinas e, sobretudo, uma escrita vocal super-ornamentada, que nada mais tem a ver com os austeros princípios originais de Lully. Após um Prólogo intitulado *Le Triomphe de la Folie sur la Raison dans le Temps du Carnaval*, o libreto de Antoine Danchet conta três histórias independentes, uma em cada ato: *La Fête des Barquerolles, Les Sérénades et les Joueurs* e *L'Amour Saltimbanque*. As personagens são os estereótipos da *Commedia dell'Arte*. Escreve Philippe Beaussant num ensaio sobre o compositor publicado na revista *Le Monde de la Musique*:

> A Campra não faltam nem grandeza, nem nobreza, nem senso do trágico, nem religiosidade, mas ele traz à música uma massa mais leve, uma substância mais fluida, cânticos mais fluentes, danças mais ágeis, maior elegância e encanto. Isso tem a ver com ele mesmo, com sua personalidade, mas também com seu tempo: na encruzilhada do século do Rei-Sol com o do Rei Bem-amado, Campra consegue aliar à majestade de um a graça do outro.

O início do século XVIII é, para a ópera francesa, um período de crise e de polêmica. Entre 1700-1715, a Académie montara 27 *tragédies-lyriques* de estilo lullysta – ainda que desfiguradas por um excesso de balés e de cenas de efeito muito artificiais – contra dez *opéras-ballets*. Mas essa situação modifica-se drasticamente entre 1716 – ano seguinte ao da morte de Luís XIV, guardião dessa forma oficial de fazer teatro musical – e 1740. Às 21 apresentações de *tragédies-lyriques*, a maioria delas apenas reprisando obras antigas, corresponderam 41 *opéras-ballet* ou *comédies-ballet*, de factura medíocre e repetitiva, produzidas em série por autores cujos nomes, hoje, não passam de rodapés nos manuais de História do gênero. É o caso de François Collin de Blamont (1690-1760) que, nos balés-heróicos *Les Fêtes Grecques et Romaines* (1723) e *Les Caractères de l'Amour* (1738), limita-se a aplicar mecanicamente os clichês em moda na época.

## Montéclair

O que não impede que ainda haja, nesse período, partituras interessantes a serem redescobertas. É o que tentou demonstrar William Christie, em 1993, com sua gravação da *Jephté* (Les Arts Florissants, Harmonia Mundi), de Michel Pignolet de Montéclair (1667-1737), autor da pioneira *Méthode Facile pour Apprendre à Jouer du Violon*, publicada em 1712. Montéclair era um renomado executante de *basse de viole*, o antepassado do contrabaixo, que aprendera a tocar durante viagem feita à Itália, no séquito do príncipe de Vaudremont; e foi o introdutor desse instrumento na orquestra do Opéra, em 1701.

*Jephté* (1732), com libreto de Simon-Joseph Pellegrin, tem importância histórica: foi a primeira ópera de tema bíblico a ser encenada na Académie. Rameau admirava particularmente o coro "Tout tremble devant le Seigneur", que admitia tê-lo influenciado no seu *Samson*. A imaginação de Montéclair como orquestrador faz com que, em *Les Festes de l'Été* (Opéra, 1716), crie um modelo de "cena de caça", com trompas soando fora do palco, que será, à distância, a base de inspiração para a *Chasse Royale* dos *Troianos*, de Berlioz. Essa ópera-balé apresenta também inovadores trechos em antífona, entre instrumentos graves e flautas doces divididas em até cinco partes; e coros acompanhados e *a cappella* que se revezam.

## Mondonville

Marc Minkowski também fez importante trabalho arqueológico ao exumar *Titon et l'Aurore* (1753), sobre libreto de Antoine de la Motte e do abade De la Marre. Seu autor é Jean-Joseph Cassanéa de Mondonville (1711-1772), protegido de Mme de Pompadour, que lhe obteve o cargo de responsável pela música da capela de Versalhes a partir de 1744, e pelos Concerts Spirituels entre 1755-1762. Sua carreira de operista começou mal, com *Isbé* (1742); mas Mondonville se recuperou com *Le Carnaval du Parnasse* (1749), que atingiu sessenta récitas.

Durante a *querelle des bouffons*, ele marcou um tento para os defensores do modelo francês. O rigor dramático com que Mondonville conta a história da deusa Aurora, que se apaixona por um simples pastor – amor que se mantém mesmo depois de Éolo, deus do vento, fazer Titon envelhecer prematuramente, para vingar-se por ter sido desprezado por ela – prefigura a reforma da ópera que será em breve empreendida por Gluck. O trabalho seguinte, *Daphnis et Alcimadure* (1754), tem a curiosidade de possuir um libreto em dialeto do Languedoc, que o próprio compositor escreveu.

A ousadia de compor, em 1765, uma nova partitura para o *Thésée* de Quinault, musicado por Lully, foi vista com um certo agrado, quando ela estreou no teatro da corte de Fontainebleau; mas o público do Opéra se rebelou, em 1777, exigindo, na quarta récita, que fosse substituída pelo original. A fidelidade a Lully levava a platéia a virar deliberadamente as costas às qualidades de Mondonville, ignorando o seu senso teatral e a escrita variada, que vai das canções de vaudeville ao estilo ornamentado da coloratura italiana, das antigas danças francesas a uma instrumentação que demonstra familiaridade com o desenvolvimento da sinfonia na Alemanha.

## Leclair

Citemos, finalmente, a redescoberta, por John Eliot Gardiner (Erato), de *Scylla et Glaucus* (1746), a única ópera de Jean-Marie Leclair (1697-1764). Circunstâncias misteriosas cercam a morte desse talentoso violinista, cujas apresentações nos Concerts Spirituels atraíam grande público. Suspeita-se que tenha sido apunhalado por seu jardineiro, a mando de Mme Leclair e do sobrinho do compositor, de quem ela seria amante; mas as condições reais de seu assassinato nunca foram elucidadas.

O libreto de François d'Alberet baseia-se no episódio das *Metamorfoses* em que Ovídio conta a lenda da ninfa Scylla, transformada em rochedo pela feiticeira Circe, enciumada com o amor que o pastor Glauco tem por ela. Como a pedra se ergue ao lado do desfiladeiro de Charibdis, surgiu daí a expressão proverbial "de Scylla para Charibdis", que se usa quando o indivíduo se encontra entre duas opções igualmente difíceis. O texto é original, pois termina tragicamente, contrariando o final feliz obrigatório, de praxe na época. O desenlace já é, aliás, previsto no Prólogo: o sacrilégio das Propétidas, culto de guerreiras espartanas que negam a divindade de Vênus, é punido pela deusa, e elas são convertidas em pedra, como acontecerá mais adiante com Scylla. O Leclair operista sofre forte influência de Rameau: tem a mesma força e riqueza harmônica sem, contudo, ser um papel-carbono. Como era de se esperar, a escrita para violino tem destaque especial, e o balé revela uma sensibilidade especial para os ritmos e os gestos.

## Mouret

Jean-Joseph Mouret (1682-1738) ainda está à espera de quem o redescubra. Era ele quem escrevia a música para os suntuosos espetáculos que a duquesa do Maine organizava, entre 1714-15, em sua propriedade de Sceaux, perto de Paris. O realismo das personagens, o tom coloquial dos diálogos e as melodias vivas garantiram o sucesso de *Les Fêtes ou Le Triomphe de Thalie*, ópera-balé estreada na Académie em 1714. Os pedidos do público de que *O Triunfo de Tália* voltasse à cena o encorajaram, em 1742, a propor à direção do teatro *Les Amours de Ragonde*, que já fora levada em Sceaux em 1714 e tinha a mesma espontaneidade – da qual não está ausente um sabor reminiscente do folclore de Avignon, onde Mouret nascera. É ele, aliás, o

A sala oval do Opéra Royal de Versailles, construído em 1770 pelo arquiteto Gabriel.

autor da primeira ópera francesa com libreto em dialeto: *La Provençale*, de 1722, muito antes da experiência de Mondonville. Mas o afastamento do realismo, que o diferenciava de seus contemporâneos, e o retorno às rançosas fórmulas mitológicas tornaram mais banais *Les Amours des Dieux* (1727), *Le Triomphe des Sens* (1732) e *Les Grâces* (1735). O mesmo acontece com suas tragédias, *Ariane* (1717) e *Pirithoüs* (1723), ambas desapontadoramente rígidas.

Os próprios defensores teóricos da tradição perdiam rapidamente terreno para os que esposavam idéias novas, vindas de fora. Em 1704, tomando como paradigma as óperas de Charpentier, o musicólogo Jean-Laurent Le Cerf de la Viéville de Fréneuse desenvolvia, na *Comparaison de la Musique Italienne et de la Musique Française,* o ponto de vista de que a melodia não deve deformar as cadências naturais do texto poético. Para ele, Quinault purificara o libreto da ópera francesa, expurgando-o das banalidades comuns na ópera italiana. Mas a tais idéias que a essa altura já soam conservadoras, opõem-se, por exemplo, as do abade François Raguenet: no *Parallèle des Italiens et des Français* (1702), ele é partidário de que os valores puramente musicais – melodia, harmonia, timbre, ritmo – tenham prioridade absoluta sobre a expressão dos sentimentos; e isso reflete uma tendência muito típica da *opera seria* italiana que, nessa época, exerce domínio hegemônico sobre os teatros europeus. A ópera francesa só sairá dessa situação de impasse a partir de 1733, com as reformas de um novo mestre.

# Jean-Philippe Rameau

O renovador do modelo lullista de *tragédie lyrique* chega tarde à ópera. "Comecei a freqüentar o teatro com doze anos", dizia ele, "mas só comecei a trabalhar na Ópera de Paris quando tinha cinqüenta e, assim mesmo, ainda não me sentia pronto". Ao estrear *Hippolyte et Aricie* (1733), sua primeira contribuição importante para o gênero, Rameau (1683-1764) já era muito respeitado como organista, cravista e teórico: seu *Traité d'Harmonie* – que é para a teoria musical o que o *Discours de la Méthode* de Descartes é para a filosofia – surgira em 1722. Dois anos depois, publicara as *Pièces de Clavecin*, marco na história do cravo e, em 1730, um volume de cantatas. Mas nada havia, em suas composições prévias, que pudesse preparar a platéia para o poder dramático e a complexidade de escrita de sua primeira ópera.

*Hippolyte*, para a qual o libretista Simon-Joseph Pellegrin utilizou tanto o *Hippolytos* de Eurípedes quanto a *Phaedra*, de Sêneca e a *Phèdre*, de Racine, não é, porém, sua primeira experiência dramática. Rameau já tinha escrito pequenas peças para os teatrinhos de variedades da feira Saint-Germain, dos quais falaremos em outro capítulo. E, naquele mesmo ano, iniciara uma *tragédie-lyrique* com libreto de Voltaire, intitulada *Samson*, que abandonara após terminar os atos III e V e o balé, por considerar polêmica a mistura de sagrado e profano no texto do filósofo – o que é uma pena, pois era um dos melhores libretos que teria musicado (Saint Saëns e Frédéric Lemaire o estudariam detidamente, no século seguinte, quando estavam trabalhando no *Samson et Dalila*). A música, porém, seria reaproveitada, em 1749, no *Zoroastre*.

Desde o início, Rameau espantou a seus contemporâneos por sua ousadia. "Nesta ópera, há música suficiente para compor outras dez", disse Campra, ao ouvir, a 1 de outubro de 1733, a estréia do *Hippolyte* na Académie Royale de Musique. Para ele, a ópera "tinha semi-colcheias demais" – comentário semelhante ao do imperador austríaco José II, mais tarde, de que o *Rapto do Serralho*, de Mozart, "tinha notas demais").

Ao lado de quem o aclamava como "l'Orphée de la Musique", houve também quem achasse a partitura demasiado complexa, antinatural, numa só palavra, "barroca" – Rameau teve a dúbia honra de ser um dos primeiros a quem essa designação foi aplicada de forma pejorativa. Mas, numa fase de desagregação do estilo operístico nacional, os *lullystes*, defensores da tradição, que o atacavam, não percebiam que ele era um fiel intérprete dos ideais de Lully e Quinault nas 25 óperas que escreveu.

O libreto de Pellegrin lhe permite criar um Teseu nobre e generoso, que se exprime numa linguagem sempre elevada, de amplos contornos e ricas harmonias. Os pontos altos de seu papel são as duas invocações a Netuno e a forma como, no final, ele aceita resignadamente o seu castigo. Fedra, embora menos sutilmente construída do que na tragédia de Racine, é uma apaixonada encarnação do ciúme e do remorso. Embora inicialmente antipática, conquista nossa compaixão com a oração a Vênus e sua confissão de um amor culpado que, por ser feita diante de seus cortesãos, constitui um dos momentos mais trágicos na ópera pré-romântica. Comparado com ela, o par de inocentes enamorados do título é bem pálido.

O segundo Trio das Parcas, no ato II – quando elas predizem a Teseu, que desceu ao Hades para tentar resgatar um amigo morto, que ele sairá do inferno, mas o reencontrará ao chegar em casa – é muito famoso por seu ousado uso de progressões enarmônicas; tão inovador que, na estréia, os músicos exigiram o corte de boa parte dele. Notáveis são também a sinfonia com que, no ato I, Rameau evoca a tempestade e, no III, a descrição das águas do mar que fervem quando Teseu pede a Netuno para castigar Hipólito – neste caso, representadas pelas cordas e fagotes divididos em oito partes. Dificuldades de execução e críticas fizeram Rameau preparar uma edição revista, que estreou em 11 de setembro de 1742. Isso fez com que uma de suas tragédias mais humanas e comoventes não fosse, por muito tempo, valorizada no mesmo nível de suas outras obras. A gravação de J. C. Malgoire (CBS) perde muito por basear-se nessa edição de 1742; mesmo usando uma orquestração editada por Vincent d'Indy, o antigo registro de Anthony Lewis (Oiseau-Lyre), com a fantástica Fedra de Janet Baker, aproxima-se mais do original. A melhor opção é o álbum de William Christie, lançado em 1997 pela Erato.

Os assuntos de Rameau são, de um modo geral, mitológicos e legendários. Em várias cenas, ele dá muita importância ao coro e aos números dançados. Seus recitativos têm notação acurada, percebendo-se neles nítida influência das pesquisas de André Cardinal-Destouches – de que falamos no capítulo anterior – sobre a declamação decalcada nos ritmos naturais da fala. E as árias são curtas e ornamentadas de modo sóbrio e funcional, sem os derramamentos que, na época, caracterizavam a *aria da capo* de modelo italiano.

Embora, a princípio, tenha desconcertado o público, que o acusou de "italianismo", Rameau acabou se impondo como o compositor que levou a seu mais alto grau de realização o modelo de Lully – ao qual supera, de resto, por seu conhecimento superior de harmonia e técnica da modulação; pela maior riqueza de colorido de sua orquestra (ele é o primeiro na França, por exemplo, a introduzir nela a clarineta); e pela naturalidade com que funde canto, dança e trechos instrumentais. Suas formas têm também fôlego mais amplo, e esquemas harmônicos e contrapontísticos mais variados.

Rameau contribuiu, mais do que qualquer outro, para fazer da ópera versalhesa "esse espetáculo completo ao qual todas as outras formas de arte cênica aspiram". A expressão é do coreógrafo Serge Lifar, um dos responsáveis pela célebre remontagem de *Les Indes Galantes*, na Ópera de Paris, em junho de 1952, sob a regência de Maurice Lehmann, com a edição preparada por Maurice Dukas e Henri Busser – e que surpreendeu o público contemporâneo pela atualidade de seu rendimento teatral, dando início a todo um processo de redescoberta da obra operística de Rameau.

As árias desse compositor traem às vezes a simpatia que ele não consegue esconder pelos modelos italianos muito ornamentados, embora com um tom pessoal de muita elegância: é o caso de "Tristes apprêts", no *Castor et Pollux*; ou de "Fra le pupille", na entrada italiana das *Indes Galantes*. Este é um *opéra-ballet* de estrutura muito aparentada à da Europe de Campra, e foi estreado no Opéra em 23 de agosto de 1735. O libreto de Louis Fuzelier explora, em um Prólogo e quatro entradas de balé, as diversas modalidades do amor em países exóticos: *Le Turc généreux*; *Les Incas du Pérou*; *Les Fleurs, fête persane* e *Les Sauvages* – referindo-se, neste último caso, aos nativos das colônias francesas na América.

O texto de Fuzelier, muito criticado na época, dá caráter distinto a cada entrada, e as torna verossímeis ao suprimir as convencionais intervenções do *deus ex-machina*, comuns na ópera barroca. O interesse visual vem dos locais exóticos que escolhe e dos cerimoniais nativos que essas paisagens possibilitam – antecipando, à distância, o gosto francês tanto pelas montagens exuberantes do *grand-opéra* quanto pelo exotismo, que fará furor durante o século XIX. Mostra também a interação entre o ocidental e as culturas ditas primitivas, sem deixar de frisar o caráter de "bom selvagem" – em alta na filosofia na época – dos aborígenes americanos que, segundo acreditavam os iluministas, viviam no *état de nature* evocado por Rousseau.

A resposta de Rameau a esse desusado material é soberba e a ópera está entre as suas melhores produções. Na segunda entrada, o trecho que vai do terremoto provocado pelo príncipe Huascar, para provar à sua irmã Phani que os deuses desaprovam sua paixão pelo espanhol Carlos, até o final, quando o azteca, incapaz de impedir que Phani parta com seu amado, provoca nova erupção e é soterrado pelos rochedos, é uma seqüência contínua de 350 compassos, em que vozes e orquestra se entrelaçam com extraordinária veemência. A violência da personalidade do guerreiro azteca é desenhada com uma aspereza digna dos melhores momentos do *Hippolyte*.

No restante, o que impressiona é a variedade das danças e da escrita vocal. Na última entrada, Rameau reutiliza uma peça de cravo, *Les Sauvages*, de 1725, baseada numa dança de peles vermelhas a que assistira, quando eles foram trazidos a Paris pelos exploradores que tinham atingido suas terras. As três versões existentes – J.-C. Malgoire, com La Grande Écurie et La Chambre du Roy (Columbia); Jean-François Paillard com a orquestra e coro de Valence (Erato); e William Christie com Les Arts Florissants (Harmonia Mundi) – dão uma visão satisfatória das *Índias Galantes*.

Mas, em outras peças, esse virtuosismo de escrita cede lugar a uma sobriedade de expressão que já prenuncia o despojamento de Gluck. Um bom exemplo é a famosa "Lieux funestes", cantada pela personagem-título de *Dardanus*, no ato IV, quando seus inimigos o põem na prisão para impedi-lo de libertar a Frígia de um monstro marinho mandado por Júpiter, e de obter, com esse ato heróico, a mão de Ifísia, filha de seu desafeto, o rei Teucro.

Com libreto de Charles-Antoine Le Clerc de la Bruère, *Dardanus* estreou em 19 de novembro de 1739. Criticado por sua intriga demasiado fantasiosa, foi totalmente revisto – Rameau reescreveu inteiramente os atos III a V – e reapresentado em 23 de abril de 1744 e em 15 de abril de 1760. Mas a primeira versão, cujas intervenções do sobrenatural já prenunciam o gosto pré-romântico pelo fantástico, tinha algumas das páginas mais inspiradas de Rameau: a cerimônia do ato I em que Teucro faz aliança com seu inimigo Antenor, para lutar contra Dardanus, e lhe oferece como penhor a mão de Ifísia; e a do ato II, em que o mago Ismenor, a quem Ifísia foi pedir ajuda, demonstra seus poderes provocando um eclipse total. Os monólogos angustiados de Ifísia e a cena em que Dardanus mata o monstro são Rameau da melhor safra.

O excesso de elementos fantasiosos, em todo caso, enfraquecia o conjunto pelo seu tom pueril. Com a eliminação desses exageros, La Bruère deu ao drama maior interesse humano. Na versão definitiva, a ação concentra-se mais nas emoções conflituosas das personagens, embora isso signifique perder algumas páginas de música excepcional: entre elas a seqüência do sonho, no ato IV, em que Vênus visita Dardanus na prisão e lhe diz que ele será capaz de matar o monstro. Mas os atos I e II, com suas elaboradas cerimônias, ficaram intactos, assim como o monólogo da prisão, com seu extraordinário *obbligato* de fagote, em fá menor.

Apesar de sua evidente superioridade musical, não foi a versão original a escolhida quando a Schola Cantorum reviveu a ópera em forma de concerto, em 26 de abril de 1907 – porque não há uma edição confiável nas *Oeuvres Complètes de Rameau*, publicadas por Saint-Saëns entre 1895-1924. Por isso, também a revisão é utilizada por Raymond Leppard em sua gravação de *Dardanus* (Erato).

Onde o contraste entre Rameau e Lully é mais evidente – e isso desde a primeira ópera desse reformador – é no uso dos coros. Mais numerosos e diversificados, eles têm um brilho contrapontístico que os equipara aos das óperas e oratórios de Haendel: haja vista a complexidade de uma página como "Brillant soleil", a cena da adoração do Sol pelos Incas, na segunda entrada de balé das *Indes Galantes*. Por outro lado, é extremamente importante a sua contribuição, no plano instrumental, para o desenvolvimento da ópera como um todo, pois ele foi um dos primeiros a utilizar, na abertura, material temático que vai reaparecer no corpo da obra – um procedimento que só vai se sistematizar com o Romantismo alemão. O tema inicial, em sol maior, da abertura de *Castor et Pollux*, por exemplo, volta no final da ópera, transposto em lá maior, na cena da apoteose dos dois irmão semi-deuses.

Na escolha de seu assunto – a amizade dos gêmeos Castor e Pollux, um mortal, o outro imortal – o libreto de Pierre-Joseph Justin Bernard é desusado, pois a ópera francesa, na época, privilegiava as intrigas sentimentais, desdenhando os entrechos mitológicos por considerá-los fora de moda. Apesar disso, *Castor et Pollux*, estreada no Opéra em 24 de outubro de 1737, teve acolhida tão triunfal que, revivida em 1754 e 1764, passou a ser considerada a maior de todas as obras de Rameau para o palco. Em 1754, passou por extensa revisão, em que se suprimiu o Prólogo alegórico que, originalmente, comemorava a Paz de Viena (1736), na Guerra da Sucessão Polonesa. Esse Prólogo foi substituído por um novo ato I; comprimiu-se o III e o IV em um só e abreviou-se grande parte do recitativo, o que tornou o libreto mais conciso e eficiente. As páginas mais importantes, porém, ficaram: o coro de lamentação "Que tout gémisse", pela morte de Castor em batalha; a ária "Tristes apprêts", que Berlioz tanto admirava, e na qual Telaira sugere a Pollux que peça a Júpiter a ressurreição de seu irmão; e o nostálgico monólogo de Castor, "Séjour de l'éternelle paix". A música adicionada tampouco é de nível inferior à original. O monólogo de Pollux, "Nature, amour" é substituído por um hino à amizade, "Présent des dieux", cuja graça e vivacidade não fazem suspeitar que seu autor já tinha 70 anos quando o escreveu. Tanto o *Castor et Pollux* de Nikolaus Harnoncourt, com o Concentus Musicus (Teldec, 1972) quanto o de Charles Farncombe (Erato, 1981) ou o de William Christie com Les Arts Florissants (Harmonia Mundi, 1982) são cuidadosas reconstruções musicológicas, com instrumentos originais.

O gosto de Rameau pela experimentação não faz com que se limite a reproduzir sempre a receita da abertura francesa criada por Lully. Às vezes, opta pelo esquema oposto, o italiano, como em *Zoroastre*, com libreto de Louis de Cahusac, estreado no Opéra em 5 de dezembro de 1749. Nele, a abertura orquestral que substitui o Prólogo costumeiro apresenta outra novidade: a sugestão, com temas de caráter contrastante, da oposição entre os sofrimentos do povo, oprimido pelo tirano Abramane, e a esperança que lhe é trazida pela pregação de Zoroastro, rei da Báctia. Essa abertura ternária, *allegro/adagio/allegro*, já se avizinha do estilo das primeira sinfonias clássicas pelo modo como desenvolve os temas; pela textura mais espessa da instrumentação; e pela forma nitidamente contrastada que assumem as suas três seções, como se já fossem três mini-movimentos sinfônicos interligados. De *Zoroastre*, existe a gravação, um tanto pálida, de Sigiswald Kuijken, com La Petite Bande e o Collegium Vocale de Gand (Harmonia Mundi, 1983). No Brasil, circulou, na década de 80, na coleção *Mestres da Música*, da Nova Cultural de São Paulo, um Lp de trechos do *Zoroastre*, com Richard Kapp à frente da Orquestra de Câmara de Hamburgo, que me parecia bem mais satisfatória.

Como em Lully, são freqüentes nas óperas de Rameau as sinfonias descritivas que evocam auroras, temporais, terremotos, ou preenchem os momentos vazios, como os em que a ação se interrompe para a descida dos deuses à Terra. Algumas delas são de um grau enorme de elaboração: a cena da tempestade, na primeira entrada das *Indes Galantes*, por exemplo. Rameau também mantém e enriquece a tradição do balé entremeado à intriga, usando, com muita desenvoltura, entrelaçamentos de danças em ritmos binários (gavota, bourrée, rigaudon, tambourin, contredanse) ou ternários (sarabanda, chacona, minueto).

No Prefácio à sua gravação de *Castor et Pollux*, o regente e musicólogo Nikolaus Harnoncourt escreve:

> Apesar de seu conhecido tradicionalismo, Rameau descobriu e até mesmo inventou todo um arsenal de novos meios de expressão, que introduziu na música pela primeira vez. Escreveu óperas conformes à antiga tradição francesa, mas que dão a impressão de terem uma música muito moderna, até mesmo de vanguarda. É provável que nelas encontremos o elo que há tanto tempo se procurava entre o Barroco e o Classicismo. Por sua riqueza e audácia, a harmonia de Rameau está muitas décadas à frente da evolução posterior. Considerando a instrumentação de seus trechos orquestrais, dos coros e sobretudo dos acompanhamentos, encontramos várias

Cenário de P. Machi, inspirado em Piranesi para a cena do cárcere de *Dardanus*, de J.-P. Rameau.

Cena de *La princesse de Navarre*, de Rameau, representada em Versalhes em 1745 (gravura de C. N. Cochin fils).

autênticas invenções. Os instrumentos de sopro que, na música barroca, só eram empregados em alguns de seus registros ou como solistas, são freqüentemente tratados por Rameau em pilhas de acordes independentes, técnica que se acreditava só ter sido inventada por Gluck trinta anos mais tarde. Dessa forma, Rameau podia, sobretudo nos acompanhamentos, praticar uma pintura sonora extremamente naturalista; afinal de contas, "imitar a natureza" sempre foi um princípio fundamental da estética musical francesa no século XVIII. Na tempestade do ato V de *Castor et Pollux*, raios, trovões, relâmpagos, todos os fenômenos naturais são expressos através de violentos tremolos das cordas, ásperos acordes dos instrumentos de sopro e notas fortemente acentuadas. Esse sombrio quadro de tempestade transforma-se, pelo efeito de uma pintura sonora quase romântica, numa alegre paisagem ensolarada: dos seis instrumentos de sopro que pintavam os relâmpagos e trovões, sobra apenas uma flauta melodiosa – o céu se aclara e Júpiter desce dele docemente.

Descontadas as diferenças estilísticas individuais e os recursos ligados à evolução técnica da orquestra, os procedimentos de Rameau não estão muito distantes dos que serão utilizados por Beethoven na tempestade da *Pastoral*, por Rossini na abertura do *Guilherme Tell* ou por Berlioz na cena da caçada dos *Troianos*. Também o uso que ele faz do oboé, para o qual é o primeiro a escrever numa tessitura que o força a alçar-se até o lá agudo, é radicalmente moderno, e situa-o como o ponto de partida para uma série de procedimentos de escrita orquestral que virão mais tarde.

Chamemos ainda a atenção para o fato de que *Castor et Pollux* foi escrito em 1737, época em que Bach e Haendel ainda compunham cantatas e oratórios totalmente ligados ao espírito do Barroco Tardio; e em que as pesquisas da orquestra-laboratório de Stamitz, em Mannheim – que desempenharão papel fundamental na evolução da música sinfônica do Classicismo – ainda estavam em embrião. Com isso, pode-se medir a extrema importância do gênio de Rameau para a História da Música.

Se as suas óperas não chegaram a ter a coesão dramática das de Lully, é porque ele foi freqüentemente negligente na escolha de seus libretos, muito ingênuos – *Les Indes Galantes* – ou excessivamente fantasiosos: *Dardanus*. Ainda assim, se pensarmos que a *opera seria* italiana da época não passava de uma seqüência de árias *da capo* interligadas por recitativo seco, a variedade formal de suas construções dramáticas é muito maior. Ela tem, como assinalou seu biógrafo Jean Malignon, "uma postura arquitetônica, com seus jogos refinados e complexos de proporções e perspectivas elaboradas, que parecem imitar os jardins desenhados por Le Nôtre para Versalhes"– ao contrário das óperas italianas baseadas nos libretos de Metastasio, cujo plano é absolutamente linear.

Hoje em dia, é possível conhecer muito bem a obra de Rameau, que está amplamente representada no catálogo internacional. Além das gravações já citadas no corpo do texto, um painel diversificado de sua produção é oferecido pelo:

*Anacréon* de William Christie (Harmonia Mundi);
*Les fêtes d'Hébé* ou *Les talents lyriques* de R. Leppard (EMI), J. E. Gardiner (Erato) e W. Christie (HM);
*La princesse de Navarre* de Nicholas McGegan (Erato);
quatro gravações do *Pygmalion*, com Gustav Leonhardt e Christie (ambas HM), McGegan (Erato) e Hervé Niquet (Fnac Music/ WMD);
*Naïs* de McGegan (HM);
*La guirlande* ou *Les fleurs enchantées* de Wahl (Nonesuch);
*Platée* de Hans Rosbaud (EMI), Nikolas Kraemer (Cala) e Marc Minkowski (Erato);
*Le temple de la Gloire* e *Les paladins*, ambas com Malgoire (CBS);
*Zéphyre* de Wallez (IPG);
*Nélée et Myrthis* de Christie (IIM);
*Zaïs* de Leonhardt (HM);
e *Les Boréades* de F. Brüggen e de Gardiner (ambas Erato).

São as seguintes as óperas de Rameau transmitidas em programas da Radio France e conservadas nos arquivos da ORTF, à espera de eventual autorização para lançamento comercial: *Acanthe et Céphise* (1971), *Les Boréades* (1964), *Dardanus* (1964), *Les Fêtes d'Hébé* (1958 e 1962), *Hippolyte et Aricie* (1950, 1963 e 1972), *Les paladins* (1968), *Platée* (1956 e 1961), *Les surprises de l'amour* (1964), *Les sybarites* (1962), *Le temple de la Gloire* (1955) e *Zoroastre* (1964). Não fica descartada a possibilidade de que algumas delas possam ser garimpadas nos selos pirata europeus e americanos.

# O *Opéra-Comique*

Dauvergne, Jean-Jacques Rousseau e a *Querelle des bouffons*, Blavet, Duni, Philidor, Monsigny, Dezède, Martini, Grétry, Isouard

Em 1661, ano de sua morte, o cardeal Mazarino tinha autorizado a instalação, em Paris, do Théâtre Italien, que encenava comédias nessa língua, mas com cenas interpoladas em francês. Esses espetáculos, de estilo muito livre, entremeavam constantemente à ação números cantados e dançados. Quando o teatro foi fechado, em 1697, por ordem de Luís XIV, os italianos deixaram o país. Mas os numerosos artistas franceses que vinham trabalhando com eles transferiram-se para teatrinhos precariamente instalados em barracas, que funcionavam nas feiras do subúrbio de Saint-Germain, entre fevereiro e abril, e de Saint-Laurent, entre agosto e setembro.

O *drame forain* apresentava espetáculos de variedades, de estrutura frouxa, com grande quantidade de paródias. Suas cenas curtas eram renovadas com freqüência, em função dos acontecimentos políticos, sociais ou culturais do dia-a-dia, que se queria satirizar. Daí o nome genérico, dados a esses espetáculos, de *vaudeville*, palavra de etimologia duvidosa mas que, muito provavelmente, é uma corruptela da expressão *les voix de la ville*, "as vozes da cidade". As tentativas da Comédie-Française de coibir os teatrinhos de feira foram infrutíferas: quando ela os proibiu, por exemplo, de usar diálogo falado interligando as canções, os teatrinhos de feira passaram a substituí-lo por estrofes escritas em cartazes que eram exibidos à platéia. A essa altura, os *vaudevilles* já atraíam a atenção de escritores como René Le Sage (1668-1747), o autor da novela picaresca *Gil Blas de Santillane*, que se dispôs a contribuir com textos para eles.

Assim mesmo, só em 1715, após a morte de Luís XIV, que sempre se opusera à existência de salas dedicadas a espetáculos vulgares, esses grupinhos mambembes puderam unificar-se no Théâtre de l'Opéra-Comique, que continuou a montar os mesmos *vaudevilles* frouxamente amarrados a que se assistia na praça pública. Muito cedo, porém, a casa começou a sofrer a concorrência do Nouveau Théâtre Italien, cujas montagens eram mais cuidadas. A direção do teatro teve, assim, de preocupar-se em arranjar colaboradores competentes.

O mais importante deles foi o libretista e empresário Charles-Simon Favart (1710-1792), hábil autor de paródias que faziam enorme sucesso, como o *Arlequin-Dardanus*, de 1739, em que zombava da retorcida intriga da ópera de Rameau. O gosto crescente do público por essa modalidade de teatro musical não demoraria a fazer surgir a rivalidade entre os seus artistas e os que continuavam a dedicar-se às *tragédies-lyriques* e *comédies-ballet* tradicionais. Essa animosidade latente explodiria em polêmica aberta, em 1752.

Coincidindo com a remontagem, na Académie de Musique, da *Omphale* de André-Cardinal Destouches, exemplo acabado da ópera que respeitava os ditames lullystas, realizou-se, em Paris, a turnê de uma companhia italiana de ópera bufa, que cantava pela primeira vez, na capital francesa, a *Serva Padrona* de Giovanni Battista Pergolesi (1710-1736). O contraste entre duas obras, de factura e espírito diametralmente opostos, desencadeou a chamada *Querelle des bouffons,* a primeira das polêmicas que iriam tornar-se tão comuns na História da Ópera francesa. Mas antes de tratarmos da *querelle*, é necessário abrirmos um parêntesis para situar a pequena obra-prima de Pergolesi, marco fundamental no desenvolvimento do genêro bufo, e que exercerá influência muito grande sobre o próprio *opéracomique* francês.

Desde 1683, surgira em Nápoles o costume de, no intervalo entre os atos de uma *opera seria*, intercalar cenas cômicas soltas, para distrair a platéia enquanto os cenários eram trocados. A origem desses números isolados, autocontidos, eram os duetos cômicos que Scarlatti costumava inserir em suas óperas, para romper de vez em quando a tensão dramática. Esse procedimento, herdado do teatro veneziano do início do Barroco, vigorou na Escola Napolitana até a reforma da *opéra seria* feita por libretistas como Apostolo Zeno, Silvio Stampiglia e Metastasio, que optaram pela separação dos gêneros, nos moldes clássicos aristotélicos.

Mero entretenimento, esses *sketches* não tinham, a princípio, relação alguma uns com os outros. Depois, teve-se a idéia de dar seqüência a essas cenas, formando com elas uma pequena história, uma minicomédia que prosseguia de um intervalo para o outro. Foi por isso que essas comediazinhas receberam o nome de *intermezzi*. Com o tempo, finalmente, para poupar ao espírito do público a inevitável confusão de ter de assistir a duas histórias paralelas, passou-se a agrupar esses *intermezzi* no final da *opera seria*. Surgiu, assim, como um gênero autônomo, a ópera bufa com estrutura em dois atos, reminiscente dos dois intervalos que havia entre os três atos normais da *opera seria*.

*La Serva Padrona*, de Pergolesi, não foi o primeiro desses *intermezzi*; mas foi o primeiro a ter um grau de elaboração que fez dele um modelo e um ponto de partida para a evolução ulterior do gênero cômico. Cantada pela primeira vez em 28 de agosto de 1733, nos intervalos entre os atos de *Il Prigionier Superbo*, do próprio Pergolesi, acabou fazendo mais sucesso do que a ópera principal. O texto de Gennarantonio Federico, contando a história simples e ingênua da empregada que seduz o patrão ranzinza mas rico, fazendo com que de serva ele a converta em patroa, retoma um libreto escrito por Pietro Pariati, em 1708, para o *Pimpinone* de Tommaso Albinoni. Este, por sua vez, tinha sido traduzido, em 1725, por Philip Prätorius e Wolfgang Werner, para outro *intermezzo* do mesmo nome, cuja música fora composta por Georg Telemann.

Somente a espontaneidade da inspiração de Pergolesi, o frescor de suas melodias e a facilidade com que caracteriza as duas personagens explica ter ficado o seu *intermezzo* – embora ele seja o mais recente dos três em data – como o marco inaugural da comédia, ainda hoje freqüentemente gravado e encenado, enquanto os outros dois permanecem como uma curiosidade, familiar apenas para os iniciados. Em todo caso, é fascinante a comparação entre eles. O de Albinoni foi gravado por Claudio Scimone para o selo Italia; o de Telemann, por Helmut Koch, para o Philips; quanto ao de Pergolesi, há apenas o embaraço da escolha: Renato Fasano com os Virtuosi di Roma; Franzjosef Maier com o Collegium Aureum, ou o registro de Pál Németh para a Hungaroton são opções muito satisfatórias dentre as várias existentes (registre-se também, no Brasil, a existência de um filme dirigido por Carla Camuratti, documentando uma encenação da ópera que ela fez em Belo Horizonte, em 1996).

Apesar de suas diferenças, esses três *intermezzi* têm características comuns, que serão decalcadas em uma infinidade de obras do mesmo gênero, compostas em toda a Europa nos anos seguintes. Estrutura muito econômica, com apenas dois cantores – uma soprano e um baixo (em Pergolesi, há ainda um mímico que faz um criado); – predominância de tonalidades maiores e andamentos rápidos, que dão um tom alegre e despreocupado à ação; repetição de melodias breves, de sabor popular, fáceis de guardar; uso, no canto, de acentos dinâmicos geradores de efeitos cômicos caricaturais; presença, nas árias para o baixo bufo, de silabato do tipo *scioglilingua* (quebra-língua), cantado a toda a velocidade e exigindo do cantor uma grande agilidade de emissão (cria-se, assim, uma tradição cômica, a da ária virtuosística para baixo bufo, que vai prolongar-se, no futuro, com o Osmin do *Rapto do Serralho*, o Bartolo das *Bodas de Fígaro*, ambas de Mozart; o Bartolo do *Barbeiro de Sevilha* ou o Don Magnifico da *Cenerentola*, ambas de Rossini; o Dulcamara do *Elisir d'Amore* ou a personagem título do *Don Pasquale*, ambas de Donizetti).

Os *intermezzi* trabalhavam – e essa será a sua grande contribuição para a História da Ópera – com temas simples, quotidianos, e personagens reais, palpáveis, observados no dia-a-dia, sem aquela estilização das figuras nobres e distantes da *opera seria* do Barroco Tardio. Firma-se, a partir daí, uma vertente de realismo que oferecerá uma alternativa ao sobrecarregado artificialismo do melodrama barroco. Tanto assim que é dessa modalidade de teatro cômico que se desenvolverá, mais tarde, o teatro burguês pré-romântico, que desaguará no drama sério do Romantismo. Não é de se espantar, portanto, que a novidade dessa concepção teatral despertasse, em Paris, tanto interesse da platéia comum; e que fosse veementemente rejeitada pelos que praticavam o tipo diametralmente oposto de ópera.

## Dauvergne

O aclimatador do modelo pergolesiano à França foi Antoine Dauvergne (1713-1797). Violinista da orquestra do Opéra e diretor desse teatro entre 1766-1790, ele foi também, a partir de 1755, compositor da *Chambre du Roi*. William Christie e a Cappella Coloniensis gravaram, em 1993, para o selo Harmonia Mundi, seu pioneiro intermezzo *Les Troqueurs*, estreado no Opéra Comique em 1753, três meses antes da publicação da *Lettre sur la Musique Française*, de Jean-Jacques Rousseau. O libreto de Vadé baseia-se no conto de La Fontaine em que dois jovens, Lubin e Lucas, insatisfeitos com Margot e Fanchon, as noivas com quem estão para se casar, decidem trocá-las. Essa fábula (i)moral, em que se percebe uma antecipação do *Così Fan Tutte* mozartiano, termina quando Lucas, desnorteado com o mau humor de Margot, roga ao amigo que tudo volte a ser como antes e lhe seja devolvida a sua cordata Fanchon.

O ritmo vivo, o ágil recitativo que Dauvergne utiliza em lugar do diálogo falado, as melodias simples e fáceis de cantar, o realismo na observação de tipos psicológicos verossímeis testemunham a mudança na sensibilidade e no gosto que, em meados de 1750, já preparava o caminho para o Pré-Romantismo. Christie, que tem contribuído muito para a redescoberta de todo um repertório barroco e clássico francês, acerta em cheio ao tirar do fundo do baú este importante precursor de Grétry. O prestígio angariado com *Les Troqueurs* e *La Coquette Trompée* (1753), com libreto de Favart, encorajou Dauvergne a se embrenhar pelo domínio sério com *Enée et Lavinie* (1758), *Canente* (1760), *Hercule Mourant* (1761) e *Polyxène* (1763). Mas em nenhuma delas encontrou a espontaneidade de tom das duas primeiras óperas. Em *La vénitienne* (1768), Dauvergne voltou à comédia com resultados bem mais apreciáveis.

A *Querelle des bouffons* – assim chamada por serem os argumentos cômicos o estopim da disputa – opunha o *parti du Roi* ao *parti de la Reine*. Ao lado de Luís XV e de sua favorita, Mme Pompadour, estavam os nobres, intelectuais e músicos conservadores, que defendiam as tradições da escola francesa. Os argumentos em favor de uma fórmula nacional de ópera baseavam-se na opinião de Rameau, em resposta aos que pretendiam que a melodia tivesse ascendência sobre a harmonia:

> Desde que se queira experimentar o efeito do canto, torna-se necessária a sustentação da harmonia, de que ele depende; pois é nessa harmonia que reside a causa do efeito, nunca na melodia, que não passa de um produto das combinações harmônicas.

## Rousseau

O campo adversário agrupava, em torno da rainha, a polonesa Maria Leczinska, os jovens intelectuais enciclopedistas: Denis Diderot, d'Allembert e Jean-Jacques Rousseau, o autor da mencionada *Lettre sur la Musique Française*, que se entusiasmavam com a naturalidade italiana e a escrita mais direta e singela das óperas bufas mediterrâneas. O que esse grupo propunha era a estrutura menos rígida do que chamavam de *comédie mêlée d'ariettes*, comédia com pequenas árias entremeadas.

O filósofo Rousseau (1712-1778), autor do *Contrato Social*, que era também um compositor diletante – autor dos verbetes sobre Música para a *Encyclopédie* –, é responsável pelo texto e música da pequena comédia que servirá de estandarte aos italianistas do *parti de la Reine*. Estreada em 18 de outubro de 1752, no palácio de Fontainebleau, *Le Devin du Village* tem uma história deliberadamente ingênua: à jovem Colette, preocupada com a possibilidade de perder o amor de seu namorado Colin, que lhe parece negligente, o "adivinho da aldeia" recomenda que finja indiferença para reconquistá-lo; e a Colin, o velho diz que a menina apaixonou-se por outro. Essa dupla tática surte efeito, e os dois se reconciliam.

A estrutura do *Adivinho de Aldeia* é linear: as *ariettes*, de factura muito simples, são interligadas por diálogo falado, com a inclusão ocasional de duetos e trios. Estava colocada a pedra fundamental do *opéra-comique*, ao qual estaria reservado um futuro muito rico, e cuja influência, fora das fronteiras francesas, seria, como veremos, considerável. Prova do sucesso dessa operazinha de Rousseau é que Favart logo se apressou em fazer dela uma paródia, que seria o ponto de partida para um *singspiel* – a versão alemã da *comédie mêlée d'ariettes* – escrito, em 1768, por um menino de doze anos: *Baśtien und Bastienne*, de Wolfgang Amadeus Mozart. Da única ópera de Rousseau existem as gravações de Henri Dunand (CBS), Roger Cotte (La Voix de son Maître) e René Clemenčić (Teldec).

Muito pouco ficou das demais composições de Rousseau. A ópera-balé *Les Muses Galantes* chegou a ser estreada, provavelmente em 1745, na Résidence de la Pouplinière, em Paris; mas a partitura se perdeu. Existe, em manuscrito, apenas uma entrada de balé alternativa, *Hésiode*, escrita a pedido do duque de Richelieu, visando a uma encenação na corte que não chegou a se realizar. Quanto ao *Pygmalion*, levado na prefeitura de Lyon em maio de 1770, sabe-se hoje que, à exceção de dois números, a partitura é da autoria de Horace Coignet, amigo de Rousseau. Ele pretendia, com essa *scène lyrique*, pôr em prática uma idéia que ficou no nascedouro: a de que a música descrevesse as ações ou pensamentos das personagens antes mesmo que as palavras os revelassem. Curiosamente, nas *Consolations des Misères de ma Vie* (1781), o filósofo afirma que Gluck teria sido o único capaz de realizar essa concepção.

## Blavet

Neste contexto, registremos também a importância de *Le Jaloux Corrigé*, do flautista Michel Blavet, com libreto de Charles Colle, cantado no castelo de Berny, numa récita privada, em 18 de novembro de 1752. Ao ser encenado no Opéra, em 1º de março do ano seguinte, em programa duplo com *Le Devin du Village*, essa historinha do homem doentiamente ciumento, a quem a namorada dá uma lição para demonstrar-lhe que não tem razão de duvidar da sua fidelidade, ajudou a consolidar os pontos de vista do *parti de la Reine*.

A gravação de J.-Fr. Paillard (Erato, 1954) o demonstra: Blavet segue à risca o modelo do intermédio de Pergolesi, fazendo alternar árias e recitativos, que não têm a empostação declamatória francesa, mas tentam imitar, ainda que toscamente, o estilo *secco* italiano. No final, faz-se uma concessão aos hábitos gauleses incluindo um *divertissement* com os inevitáveis números de dança. Esta é a única incursão de Blavet fora dos limites convencionais. Suas demais obras para o palco – a comédia-balé *Floriane ou La Grotte des Spectacles* (1752), o balé heróico *Les Jeux Olympiques* (1753) e a ópera-balé *La Fête de Cythère* – misturam aplicadamente o receituário de Lully e Campra.

De pouco adiantaram os doutos argumentos dos conservadores contra o que consideravam uma forma espúria e vulgar de expressão músico-dramática. A desenvoltura do *opéra-comique* logo conquistou um público muito fiel e, a partir da proposta rousseauista, de inspiração italiana, desenvolveu-se e atingiu a maturidade com os autores seguintes:

## Egidio Romualdo Duni

O nome de Duni (1708-1775) já se impusera em Parma, onde era músico da corte, com *La Caseina* e *La Buona Figliuola*, sobre libretos de Carlo Goldoni. Por encomenda do duque de Parma, seu patrão, compôs em 1756, com texto em francês, *Le Caprice Amoureux ou Ninette à la Cour*. O sucesso desse *opéra-comique* o decidiu, no ano seguinte, a ir tentar a sorte em Paris, onde conquistou o público com *Le Peintre Amoureux de son Modèle* (libreto de Louis Anseaume). A mistura dos estilos italiano e francês daria resultados muito felizes em *La Fille Mal-gardée ou Le Pédant Amoureux* (1758), *L'Isle des Fous* (1760) ou *L'école de la Jeunesse* (1765).

Duni deu à ópera ligeira francesa uma substância que ela não tinha. Contrariando a praxe do tempo das *comédies foraines*, que não passavam de colagens de canções populares já existentes, adaptadas a textos novos, foi o primeiro a escrever música inteiramente original para os *vaudevilles*, e a utilizar números de conjunto – duetos, trios, quartetos – ao lados dos *couplets*, as canções estróficas para solistas. Em algumas de suas 22 comédias em francês, as personagens têm uma intensidade de expressão que as eleva acima do meramente frívolo. E, com ele, começa-se a observar um fenômeno que distinguirá o *opéra-comique* francês da ópera bufa italiana: seus enredos tenderão para o sentimental e, às vezes, para o patético – isto é, o não-trágico – mais do que para o francamente cômico.

O resultado disso é que, no futuro, a expressão *opéra-comique* designará apenas uma *forma* e não, obrigatoriamente, um gênero ou conteúdo. Será uma peça cantada em que os números são interligados por diálogo falado em vez de recitativos (característica da ópera propriamente dita). É o que explica um fato ao qual será necessário prestar atenção: no futuro, obras que nada têm de engraçado, ou que podem até ter desenlace muito trágico – como a *Carmen*, de Bizet, ou a *Manon*, de Massenet – serão qualificadas de *óperas-comiques* apenas porque, em vez de recitativos, têm diálogos falados como ligação.

## François-André Danican Philidor

Membro de uma família de músicos, Philidor (1726-1795) foi aluno de Campra, de quem recebeu uma sólida formação, que o transformou no primeiro compositor realmente erudito de *opéra-comique*. Optou, de resto, por essa carreira, ao fracassar no projeto de tornar-se mestre de capela em Versalhes. Além disso, o seu talento de mestre enxadrista, autor de *L'Analyse du Jeu d'Échecs* (1748) e criador de jogadas que levam o seu nome, parecia predispô-lo naturalmente a uma certa visão "matemática" da escrita musical, o que se evidencia no rigor de seu tratamento das relações harmônicas e tonais. O bom gosto melódico, a rica palheta orquestral e a facilidade para escrever harmonias imitativas de efeito cômico valorizam as suas melhores produções.

*Blaise le Savetier* (Opéra-Comique, 9.3.1759), que Michel-Jean Sedaine extraiu do *Conte d'une Chose Arrivée à Château-Thierry*, de Jean de La Fontaine, lançou o seu nome como compositor. A vivacidade da música frisa muito bem a malícia da história da virtuosa mulher de Blaise, o sapateiro, que o liberta de uma dívida absurda fingindo deixar-se seduzir pelo agiota. Essa fábula, que opõe a corrupção burguesa às virtudes do povo, numa linha de pensamento tipicamente rousseauísta, apresenta traços originais: o melhor deles é o dueto em que Blaise, cantando em falsete, imita a voz da mulher.

Sedaine foi ainda mais ousado na crítica, em *Le Jardinier et Son Seigneur* (Opéra-Comique, 18.2.1761), onde a mulher do jardineiro, comentando a tentativa do nobre, seu patrão, de seduzir-lhes a filha, diz: "Esses senhores têm um só dedo para fazer-nos o bem, e nove para fazer-nos mal". Mais inócuo é o libreto de François-Antoine Quétant para *Le Maréchal Ferrant* (Opéra-Comique, 22.8.1761), uma brincadeira sobre amores desencontrados, extraída de um dos contos do *Decameron*. A partitura vale por seus efeitos de melodia descritiva: o ruído do martelo na bigorna do ferreiro, que é a personagem título; o chicote do cocheiro e o relinchar de seu cavalo; o som do carrilhão na igrejinha da aldeia.

A evocação de uma tempestade em alto mar é o ponto alto de *Le Sorcier*, escrito por Antoine Poinsenet (Comédie Italienne, 2.1.1764). O feiticeiro do título é o disfarce usado por Julien para assustar o camponês Blaise e convencê-lo a desistir de casar-se com Agathe, por quem o jovem está apaixonado. Como prêmio de consolação, Blaise casa-se com a mãe de Agathe. Marc Soustrot gravou, em 1980, para o selo Arion, essa ópera que passa para a história como um marco: foi a primeira vez que o público parisiense exigiu que o compositor viesse, juntamente com os cantores, agradecer os aplausos no final da estréia.

Em 27 de fevereiro de 1765, a Comédie Italienne assistia à estréia da ópera mais famosa de Philidor, *Tom Jones*, que Poinsenet e Sedaine extraíram do romance de Henry Fielding. O órfão trambiqueiro só consegue casar-se com a aristocrata Sophia Wester, a quem ama, quando se descobre que ele é de nobre linhagem. Há experimentações desusadas para o gênero, como um quarteto de empregados bêbados, em forma canônica, sem acompanhamento orquestral; e um septeto, no fim do ato III, que é um típico concertato psicológico, de corte mozartiano, em que cada personagem expressa sua reação pessoal diante dos fatos (numa época em que esse tipo de *morceau d'ensemble* era escrito em uníssono – isto é, com todas as personagens externando a mesma emoção – essa página é muito inovadora). Destacam-se também a ária de caça do pai de Sophia, "D'un cerf dix cors", com virtuosístico acompanhamento de trompas; o dueto "Ah, mon père!", em que Sophia enfrenta a ira de Wester, quando este descobre que ela está namorando Tom; ou a longa ária da moça, "Respirons un moment", na cena da taberna, no ato III.

Em 1767, Philidor quis também tentar a *tragédie lyrique*, estreando, no Opéra, em 24 de novembro, *Ermelinde, Princesse de Norvège*, que Poinsenet adaptara de um libreto italiano, *Ricimero, Rè di Vandali*, de Matteo Noris. Há boas passagens nessa ópera, de melodias bem italianadas, que fez ainda mais sucesso ao ser apresentada, dois anos depois, numa versão revista intitulada *Sandomir, Prince du Danemarck*. As comédias do final da carreira – entre as quais *Les Femmes Vengées ou Les Feintes Infidélités* (Comédie Italienne, 20.3.1775), retomando a colaboração com Sedaine – não têm a mesma verve das anteriores, mesmo porque, a essa altura, Philidor dedicava-se mais ao xadrês do que à música, atividade que desempenhava principalmente na Inglaterra, onde era muito requisitado para participar de competições. Impedido de voltar para Paris ao começar a Guerra dos Sete Anos, morreu em Londres em 31 de agosto de 1795. Mas foi lá que ele estreou, em 1779, *Carmen Sæculare*, baseado em poemas de Horácio, originalíssimo oratório profano, incomum para o século XVIII.

## Pierre Alexandre Monsigny

Embora fosse músico amador, Monsigny (1729-1817) tinha um talento melódico natural. *Les Aveux Indiscrets* (As Confissões Indiscretas, 1759) e *On ne s'Avise Jamais de Tout* (Nunca se Pensa em Tudo, 1761) – cujo libreto, de Sedaine, foi uma das fontes inspiradoras do *Barbier de Séville* de Beaumarchais – trabalham com a forma simples da *comédie mêlée d'ariettes*. Suas primeiras obras, de resto, destinavam-se aos teatros de feira de Saint-Germain e Saint-Laurent, com intrigas muito simples envolvendo disfarces, enganos, mal entendidos e reconciliações.

Mas, a partir de *Le Roi et le Fermier* (1762), preocupou-se em conseguir uma maior unidade estrutural. O libreto de Sedaine, tirado da peça *The King and the Miller of Mansfield*, de Robert Dodsley, joga com temas popularizados pelos filósofos do Iluminismo: as virtudes naturais da gente comum, o direito à liberdade e à igualdade, e o ideal de que o país seja governado pelo "déspota esclarecido", capaz de tratar humanamente os seus súditos – essa é a lição que o rei, personagem principal da ópera, aprende no contato com o fazendeiro do título.

Com *Le Déserteur* (Comédie Italienne, 6.3.1769), o conteúdo musical das óperas de Monsigny torna-se ainda mais complexo. A comédia anterior já possuía páginas muito elaboradas, como um septeto ou o trio para sopranos com que se abre o ato III. Mas a história do soldado Alexis, que decide desertar porque acredita que Louise, sua noiva, casou-se com seu primo Bertrand e, por isso, é preso e condenado à morte, apresenta uma fusão, sem precedentes no gênero, de elementos sérios e cômicos. Em vez de uma ária, é num sóbrio recitativo acompanhado que Alexis anuncia sua resolução de desertar, que põe em andamento a máquina dramática. E a sua captura é a ocasião para um enérgico quarteto de guardas.

No ato II, Louise e seu pai visitam Alexis na prisão e lhe explicam o mal entendido. O trio em que comentam ternamente seus sentimentos é interrompido por intervenções bufas de Montauciel, preso por bebedeira na mesma cela que o jovem. Depois da ária "Je ne déserterai jamais", a mais famosa de Monsigny, em que Alexis manifesta seu arrependimento, o ato termina com um dueto bufo, que juxtapõe duas árias separadas, cantadas por Bertrand e Montauciel. No ato III, cheio de suspense, Alexis está para ser enforcado, quando Louise chega trazendo o perdão que foi pedir ao rei. A Radio France transmitiu duas vezes *O Desertor*, em 1962 e em 1971; esses dois registros estão preservados nos arquivos da ORTF e, um dia, poderão ser lançados comercialmente (se já não estiverem circulando clandestinamente em discos pirata).

Nesta ópera e nas seguintes, *La Belle Arsène* (1773) e *Félix ou L'Enfant Trouvé* (1777), Monsigny introduziu uma novidade formal ao estabelecer relação temática entre os coros finais e o material ouvido na abertura. Comparado com Philidor ou Grétry, seus recursos não raro são repetitivos, a linguagem harmônica é muito simples e a instrumentação, pobre. Mas essa técnica intuitiva, às vezes deficiente, é compensada pelo dom do melodista e por um legítimo talento dramático, que lhe dá poder de convicção.

Nomeado Inspecteur Généraux des Canaux pelo governo de Luís XVI, Monsigny parou de compor. Perdeu o emprego quando chegou a Revolução, e as economias que acumulara lhe foram confiscadas. Teria morrido na miséria se o Opéra-Comique não lhe tivesse destinado uma pensão anual de 2 400 francos.

## Nicolas Alexandre Dezède

Não se sabe nem o local nem a exata data de nascimento desse compositor, que pode ter sido alemão ou holandês. Seu nome aparece grafado como Dezaides, Desaides, Desaide e De Zède, em documentos da época. Hoje já está definitivamente desacreditada a hipótese de que era filho natural de Frederico II, da Prússia. Com base na data de sua morte, 1792, e na idade provável que teria, o musicólogo Antoine Pougin situa seu nascimento entre 1740-1745 (citado por Elisabeth Cook no *Viking Opera Guide*).

A primeira notícia que se tem dele é de 1772, com *Julie*, que será imitada por Dalayrac (ver no capítulo "Da Revolução ao Império"). Em *L'Erreur d'un Moment ou La Suite de Julie* e *Le Stratagème Découvert* (ambas de 1773), *Les Trois Fermiers* (1777) e *Blaise ou Babet ou La Suite des Trois Fermiers* (1783), Dezède desenvolveu um estilo de graça e frescor muito naturais. Não foi feliz na tentativa de escrever obras sérias: *Péronne Sauvée* (1783) e *Alcindor* (1787) foram totais fracassos, porque o que lhe convinha eram as intrigas leves e a instrumentação colorida das romanças reminiscentes do teatrinho de feira.

## Martini

Esse era o pseudônimo de Johann Paul Aegidius Schwarzendorf (1741-1816), cognominado "Il Tedesco". Nascido em Freystadt, na Baviera, instalou-se em Paris em 1764. *L'Amoureux de Quinze Ans ou La Double Fête* (1771) valeu-lhe o título de "le doyen des vaudevilliers". *Le Droit du Seigneur* (1783) apresenta estruturas tonais mais complexas e um uso mais elaborado da orquestra, do coro e das cenas de conjunto. Martini tentou também o gênero sério: *Henri IV ou La Bataille d'Ivry* foi encenada em Londres e na sua Alemanha natal; a tragédia *Sapho* (1794), com diálogos falados como se fosse um *opéra-comique*, chegou à centésima récita. As operas de Martini estão hoje totalmente esquecidas, mas não a sua canção mais famosa, *Plaisir d'Amour*, que diz:

> Plaisir d'amour ne dure qu'un moment,
> chagrin d'amour dure toute la vie!

## André Ernest Modeste Grétry

O compositor mais conhecido, neste grupo, é Grétry (1741-1813). Seu primeiro sucesso, *La Vendemmiatrice* (*A Vindimadora*, 1759), foi obtido em Roma, onde estudava com o padre Martini. Belga de nascimento, tornou-se amigo de Voltaire, que o conhecera em Genebra, onde conseguira encenar *Isabelle et Gertrude* (1766), um *opéra-comique*. Entusiasmado com seu talento, o filósofo convenceu-o a instalar-se em Paris, onde ele chegou em 1767. A primeira das cinqüenta óperas de todos os gêneros que compôs ali foi uma homenagem ao amigo: encomendou ao enciclopedista Jean-François Marmontel um libreto baseado no conto *L'Ingénu ou Le Huron* (Comédie-Italienne, 20.8.1768). A riqueza italianada da melodia, a fidelidade com que sua linha vocal capta as sonoridades naturais da língua valorizaram muito a história do "bom selvagem", o indígena canadense que vai para a costa da Bretanha e a todos cativa com suas virtudes de generosidade e heroísmo. A falta de preconceitos européia, porém, não ia tão longe: no final, é necessário que se descubra a origem francesa e aristocrática do índio hurão, para que ele possa se casar com uma nobre, Mlle de Saint-Yves.

Ideais igualitários, desde que num contexto estritamente europeu, são o que Marmontel defende em *Lucile*, estreada na Comédie-Italienne em 5 de janeiro de 1769. O burguês Dorval não quer que a protagonista se case com seu filho, pois descobriu que ela foi adotada pelo rico Timante e, na realidade, é filha do camponês Blaise. É Timante quem o convence do contrário, alegando que "pensar com nobreza enobrece o mundo inteiro". Vários dos números dessa ópera tornaram-se muito populares: o monólogo "Ah!, ma femme", em que Blaise luta com sua consciência, sem saber se deve ou não confessar a verdade a Dorval; a ária "Ah!, ma belle maîtresse", expressando a angústia de Lucile e, principalmente, o quarteto final, "Où peut-on être mieux qu'au sein de la famille?", uma entusiasmada descrição musical da felicidade doméstica, cantada em torno da mesa, na manhã seguinte às bodas de Lucille com Dorval *fils*.

A obra mais bem-sucedida de Grétry é *Zémire et Azor*, uma versão encantadora da história da Bela e a Fera, de que existem uma boa gravação no selo EMI/Angel, regida por Edgard Doneux, e um vídeo de Liège (1987), com Gless, Herbillon/Alan Curtis. Marmontel baseou-se no conto de Jean-Marie Le Prince de Beaumont e na peça *Amour pour Amour*, de P.-C. Nivelle de la Chaussée. A ópera, cantada no palácio de Fontainebleau, em 9 de novembro de 1771, para comemorar um casamento na família real, fez enorme sucesso.

*Zemira e Azor* marca um esforço consciente de expansão da forma do *opéra-comique*: tem quatro atos em vez dos habituais três – o único precedente era *La Fée Urgele* (1765), de Egidio Duni – e há um balé no ato III, imitando as praxes da ópera séria. A partitura está cheia de páginas de um fluente melodismo, num estilo rococó que condiz com o artificialismo do conto de fadas. O que não impede o retrato muito sensível do medo e do desespero, mas também do amor e da coragem que tornam a personagem muito distinta.

A abertura descreve a tempestade durante a qual Sander, o pai de Zemira, refugia-se num castelo que parece abandonado, sem saber que ele pertence a Azor, estranha figura meio homem meio animal. A *ariette* do ato II, cena 2, "Rose chérie", com que Zemira agradece ao pai a flor, que ele roubou no jardim da Fera para lhe trazer de presente, e sua virtuosística "La fauvette avec ses petits", dão grandes chances à soprano. Em contraste, a ária de Azor, no início do III, "Ah!, quel tourment d'être sensible", exige muita delicadeza de interpretação. E todo o ato IV é construído com sábia progressão dramática: tendo percebido que ama Azor, apesar de seu aspecto repulsivo, Zemira cria coragem e declara-se a ele, fazendo, com isso, desaparecer o feitiço que o transformara num monstro. Pela força regeneradora de seu amor, ele volta a ser um belo príncipe.

As mesmas qualidades de escrita confirmam-se em *La Caravane du Caire* (1784) que, em sua época, foi muito popular. O libreto de Étienne de Chedeville, fiel à moda da *turquerie*, tem um entrecho semelhante ao do *Rapto do Serralho* mozartiano: Zelima, escravizada por um paxá, é libertada pelo aristocrata Saint-Phar, que a ama. O selo Ricercar tem, desse *opéra-comique*, a gravação de Marc Minkowski.

Em 1759, Grétry conheceu Thomas Hales, um aventureiro irlandês que, para pagar suas dívidas, propôs-se a escrever-lhe dois libretos. Sob o pseudônimo de Hèle, entregou-lhe duas obras-primas da lírica bufa, baseadas em peças de compatriotas seus: *The Judgement of Midas*, de Kane O'Hara; e *The Wonder: A Woman Keeps a Secret*, de Susannah Centlivre. Eram textos em prosa, que tiveram de ser versificados em francês, o primeiro por Louis Anseaume, o segundo por Frédéric Levasseur.

Em *Le Jugement de Midas*, que teve estréia privada no Palais Royal, em 28 de março de 1778, Apolo é condenado a vir para a terra, pois andou espalhando mexericos a respeito de Júpiter. Vai trabalhar para o fazendeiro Palémon e começa logo a fazer a corte às suas duas filhas. Mas elas estão noivas de Pan, um lenhador muito rústico, que só canta melodias de *vaudeville*, e de Marsias, um pretensioso pastor que se expressa sempre num ornamentado estilo de ópera séria barroca. Quando ambos resolvem fazer um concurso de canto, cujo vencedor ganhará as meninas, Midas, o prefeito da aldeia, é chamado como juiz. Mas é castigado com orelhas de burro por não dar o prêmio ao deus da Música. Apolo, no final, ignorando o resultado do concurso, leva as duas garotas para o Olimpo, e todos louvam a sua música (na realidade, a de Grétry).

Essa mistura de mitologia e realidade contemporânea tem um ácido conteúdo de crítica de costumes, e a bem dosada fusão da sátira mais elegante com tiradas ultra-irreverentes não tem paralelo nos libretos franceses da época. O mesmo acontece com *L'Amant Jaloux ou Les Fausses Apparences*, que influenciaria muito Beaumarchais e Lorenzo da Ponte, o libretista de Mozart. Sua estréia também foi num espetáculo privado, de corte, no palácio de Versalhes, em 20 de novembro de 1778. Don Alonzo deseja casar-se com a jovem viúva Leonora – embora o pai desta, Don López, não queira que ela contraia novas núpcias, para não levar embora a fortuna herdada do falecido marido. Alonzo tem horríveis ciúmes do oficial francês Florival, até descobrir, ao cabo de muitos qüiproquós, que ele está apaixonado, na realidade, por sua irmã, Isabella, a melhor amiga de Leonora. A partir desse momento, Florival e Alonso tornam-se aliados e, juntos, conseguem vencer a resistência de Don López. A música reflete a ironia do texto e tem *finales* de ato extremamente bem-elaborados.

Há gravações de ambas. Do *Julgamento de Midas*, um disco de trechos, com Zollman (coleção *Musique en Wallonie*, 1978) e a integral de Gustav Leonhardt (Ricercar, 1989). Do *Amante Ciumento*, o registro de Edgar Doneux (Pathé Marconi/EMI, 1978).

Grétry fez várias incursões pouco convincentes no domínio sério: tentativas como *Amphitrion, Andromaque* ou *Céphale et Prccris* foram frustradas, porque a veia trágica nada tinha a ver com ele. Um de seus projetos mais ambiciosos, porém, foi *Richard Coeur de Lion*, estreado na Comédie-Italienne em 21 de outubro de 1784. O libreto de Sedaine, extraído da *Bibliothèque Universelle des Romans*, conta como o fiel trovador Blondel ajuda a libertar o rei da Inglaterra, encarcerado na Áustria, após a Terceira Cruzada, por ordem de seu irmão João Sem Terra, que não deseja vê-lo retornar a Londres e reassumir o trono. Ao compor o "Miserere" do *Trovatore*, Verdi talvez tenha-se lembrado da cena em que Blondel canta, diante da janela da prisão, a ária "Une fièvre brûlante", e Ricardo lhe responde de dentro da cela.

*Ricardo Coração de Leão* tem importância histórica por ser uma das precursoras da ópera de resgate, gênero que se tornará muito popular na virada do século XVIII-XIX, e de que falaremos mais adiante. Já contém, também, o embrião da técnica do tema recorrente, nas nove vezes em que, ao longo da partitura, reaparece, com instrumentação inteiramente modificada, a melodia da "febre ardente", cantada por Blondel ou retomada pela orquestra (Beethoven admirava tanto esse trecho que escreveu sobre ele uma série de variações). Outros números que merecem menção: o lamento de Ricardo, "Si l'univers entier m'oublie"; o dueto "Un bandeau couvre les yeux"; o trio do ato III, "Le gouverneur pendant la danse" e os alegres *couplets* "Et zig et zig et zog, quand les boeufs vont deux à deux", cantados, nesse ato, durante a festa no castelo de Leopoldo da Áustria, o carcereiro de Ricardo, interrompida pelo ataque dos amigos do rei, que vêm libertá-lo.

Outra página célebre é "Ô Richard, ô mon roi, l'univers t'abandonne", de ressonâncias proféticas, cinco anos antes da Revolução de 1789. Cantada em 2 de outubro desse ano, no banquete do regimento da guarda de Versalhes, essa ária despertou uma inquietação que, três dias depois, resultou no movimento popular que literalmente arrancou Luís XVI, a rainha e o delfim de seu refúgio fora de Paris e os arrastou de volta para a capital. Já há um pressentimento nítido da sensibilidade pré-romântica nas romanças do *Richard*; em especial em "Je crains de lui parler la nuit", cantada por Marguerite, a amante do rei. Tchaikóvski a cita no ato II da *Dama de Espadas*, quando a velha Condessa, ao voltar do baile, relembra nostalgicamente a juventude e a beleza perdidas, por meio dessa ária, que era muito popular na época em que ela morou em Paris.

Há, do *Richard Coeur de Lion*, no catálogo EMI/Angel, uma gravação de 1977, assinada por Doneux. O mesmo álbum contém o já mencionado registro de *L'Amant Jaloux*. Em 1994, o selo Nuova Era lançou a gravação de Fabio Neri, com alunos recém-formados do Conservatório Claudio Monteverdi, de Bolzano.

Mas ainda está para ser resgatada do esquecimento outra obra apreciável de Grétry, o *Guillaume Tell*, com libreto de Sedaine, estreada no Comédie-Italienne em 9 de abril de 1791. Aclamada como um exemplo típico do espírito revolucionário, que se reconhecia na história da luta do herói suíço contra o opressor austríaco Gessler, ela foi proibida pela censura imperial. Foi cantada em Nova Orleans, nos EUA, em 1817; mas Paris só voltou a ouvi-la em 1828 e, assim mesmo, numa versão muito mutilada. O *Guilherme Tell* de Grétry tem interesse histórico, na medida em que é precursora da utilização, na partitura, de material folclórico. Em suas *Mémoires*, o compositor conta como, durante uma visita a Lyon, recolheu melodias que lhe foram cantadas por oficiais suíços. Isso dá autenticidade e frescor à recriação do clima alpino da história.

A gravação ao vivo de Vizioli, lançada em 1989 pelo selo Nuova Era, tirou do esquecimento *Denys le Tyran, Maître d'École à Corinthe*, que Grétry escreveu para o Opéra (23.8.1794), sobre libreto de Sylvain Maréchal. Deposto pelo republicano Timoleão, Dionísio, o Jovem, tirano de Siracusa, fugiu para Corinto, onde abriu uma escola. Mas a forma ditatorial como trata os alunos o denuncia; e ele acaba sendo reconhecido, pois guarda na bagagem seu antigo diadema. O povo, indignado, expulsa-o dali. Trata-se de uma fábula política de significados evidentes, típica dos anos de Revolução, cuja ingenuidade é frisada pela música deliberadamente simples escrita por Grétry. Há muito bom humor na música do coro infantil, de alunos da escola: "Alpha, béta, gamma" tem uma leveza e um ritmo contagiante que prenuncia a moderna comédia musical; e um leve tom irônico permeia a ária heróica de Timoleão, no último ato.

Nos arquivos da ORTF, há gravações de programas da Radio France, que poderão um dia vir a ser lançados comercialmente, com as seguintes óperas: *L'Amant Jaloux* (1962), *L'Épreuve Villageoise* (1963 e 1971), *La Fausse Magie* (1967 e 1973), *Richard Coeur de Lion* (1961 e 1962), *Le Tableau Parlant* (1952, 1963, 1972) e *Zémire et Azor* (1961 e 1964). Existe a possibilidade de que alguns desses registros circulem, na Europa ou EUA, em discos pirata.

Grétry tinha consciência clara de suas qualidades e defeitos. Bom melodista, era capaz de conceber temas graciosos e, não raro, inesperadamente inventivos, como é o caso da ária de Azor. Tinha habilidade em adequar sua linha de canto às inflexões do francês falado, e seu senso das necessidades de palco era instintivo. Mas reconhecia possuir sérias deficiências na área harmônica e contrapontista, responsáveis às vezes por uma pobreza de concepção um tanto cansativa. O que não impede que, em suas melhores obras, tenha uma espontaneidade e um frescor que compensam essas imperfeições.

Uma curiosidade: Grétry tinha uma filha, Angélique-Dorothée-Lucie, nascida em 1772, que revelou precoce talento para a composição. Em julho de 1786, aos treze anos de idade, ela estreou, no Opéra-Comique, *Le Mariage d'Antonio*, que seu pai a ajudara a orquestrar. E em março do ano seguinte, apresentou *Toinette et Louis*. Usava o nome artístico de Lucile Grétry, tomado de empréstimo à ópera do pai que fizera tanto sucesso em 1769. A carreira dessa compositora foi, porém, interrompida pela morte prematura, em 1790, aos 18 anos.

## Nicolò Isouard

Maltês de nascimento, Isouard (1775-1818) foi aluno de Pietro Alessandro Guglielmi, cuja *Sposa Fedele* (Veneza, 1767) ainda era muito popular na virada do século. Iniciou a carreira em Florença, aos dezenove anos, com *L'Avviso ai Maritati* (1794), que foi encenada em Madri, Lisboa, Bolonha e Dresden. Em 1799, mudou-se para Paris, onde o estilo leve e ritmado das melodias napolitanas agradava muito, e estreou bem, naquele ano, com *Les Tonneliers*. O público gostava muito de *Michel Ange* (1802), *Les Rendez-vous Bourgeois* (1807), *Cendrillon* (1810) e *Joconde ou Les Coureurs d'Aventures* (1814); mas ele acabou sendo suplantado por Boïeldieu (de quem falaremos em outro capítulo). O libreto de C. G. Etienne para a sua *Cendrillon* foi uma das fontes utilizadas por Jacopo Ferretti, em 1817, para a *Cenerentola* de Rossini. A ópera séria *Flaminius à Corinthe* (Opéra, 1801) foi um total fracasso. Mas *Aladin ou La Lampe Merveilleuse* (1822) foi muito bem recebida e tem importância histórica (a esse respeito, ver o capítulo sobre o *Grand-opéra*). Foi, entretanto, uma ópera malfadada: Isouard morreu antes de terminá-la; e A. M. Benincori, que a completou, morreu também dias antes da estréia.

# GLUCK EM PARIS

## Piccini

No final da década de 1770, uma nova polêmica opondo concepções antagônicas da composição operística dividirá as opiniões da intelectualidade parisiense. Desta vez, a reedição da *Querelle des bouffons* envolverá um músico alemão que, desde 1771, estava na capital francesa, e cujas reformas foram de fundamental importância para a evolução da ópera como um todo. Mas, para compreender o papel desempenhado na ópera francesa por Christoph Willibald Gluck (1714-1787), na fase final de sua carreira, é indispensável termos uma idéia clara do alcance de suas inovações em relação ao então predominante modelo italiano da *opera seria* barroca. Recuemos, portanto, ao período de formação desse filho de um guarda florestal boêmio.

Foi bastante eclética essa formação: em Praga, onde viveu entre 1732 e 1736, Gluck travou contato com as óperas de Johann Adolf Hasse, ortodoxo aplicador dos princípios metastasianos; e em Viena, foi instrumentista na corte do príncipe Ferdinand von Lobkowitz. Em casa desse nobre austríaco, familiarizou-se com o estilo mais antigo de Antonio Caldara e conheceu pessoalmente Metastasio (cujo verdadeiro nome era Pietro Trapassi). O *poeta cesareo*, o mais prolífico libretista do Barroco Tardio, foi o autor de muitos textos musicados simultaneamente por vários compositores. Basta dizer que o próprio Gluck seria o último a pôr em música, em 1741, o já surrado *Artaserse*, de que existem nada menos do que quarenta versões diferentes. Nessa época, o jovem fez também amizade com um outro mecenas, o conde Melzi, que financiou seus estudos, em Milão, com Giovanni Battista Sammartini, que lhe abriu os horizontes para o que havia de mais atual em termos de escrita sinfônica.

Até 1752, Gluck foi um compositor de óperas convencionais, sem nada que as distinguisse da avalanche de *opere serie* produzidas na época. Revista, hoje, à luz das obras da maturidade, sua primeira ópera de que sobreviveu parte da música – *Demofoonte* (Milão, 1743) – já faz pressentir o estilo enérgico do futuro. Fora isso, não havia maiores sinais de que dispusesse de um talento invulgar, tanto assim que, em 1746, quando foi tentar a sorte em Londres com *La Caduta de' Giganti*, mereceu de Haendel um comentário desdenhoso: "Esse tal de Gluck sabe tanto contraponto quanto o Waltz" (era esse o nome do cozinheiro do autor do *Messias*). Ainda assim, o experiente colega aconselhou-o a rever a orquestração da *Queda dos gigantes*, "para impressionar as orelhas londrinas" e, de fato, com a introdução de trombones e outros instrumentos de sopro, a música agradou mais.

Não há, em discos, nenhuma documentação desses primeiros anos como autor de *opere série*. Em *L'Innocenza Giustificata*, de que existe uma gravação ao vivo (G. Catalucci, 1991, selo Bongiovanni), ainda há exemplos de *aria da capo* de estilo metastasiano; mas essa ópera já é de 1755, da fase de transição em que a rígida estrutura dramática do Barroco Tardio está se convertendo na forma mais livre da *serenata* ou da *festa cortesã* (uma tendência que se manifesta desde 1747, com *Le Nozze d'Ercole e d'Ebe*, escrita para uma cerimônia de casamento em Pillnitz, perto de Dresden).

Uma gravação da *Semiramide Riconosciuta*, por exemplo, ajudaria a avaliar o quanto, nessa fase imatura, já estavam em embrião as idéias reformistas do futuro. Nessa ópera de 1748, escrita para comemorar o aniversário da imperatriz Maria Teresa, e também para a inauguração do Burgtheater, as árias seguem o modelo metastasiano; mas já têm uma variedade de forma que prenuncia as criações do futuro.

Em 1750, um fato veio mudar radicalmente as condições para o desenvolvimento da carreira de Gluck: ao casar-se com Marianne Pergin, a filha de um rico banqueiro vienense, ele adquiriu uma estabilidade financeira que lhe proporcionou a independência artística. Não se sentindo mais obrigado a fornecer aos teatros aquilo que o gosto do momento exigia, pôde finalmente permitir-se trabalhar para si mesmo, e a sua criatividade começou a aflorar.

Os primeiros sinais de mudança já se percebem no *Ezio* (Praga, 1750) e na *Clemenza di Tito* (Nápoles, 1752) – em que usa o mesmo libreto de Metastasio que, em 1791, será adaptado por Caterino Mazzolà para Mozart. Trata-se ainda do modelo convencional da *opera seria*, com a seqüência interminável de *arie da capo* interligadas por recitativo seco. Mas há um cuidado muito maior na escrita orquestral, nobreza na inspiração melódica e sobriedade no uso da ornamentação. Gluck já não cede mais aos exageros virtuosísticos que eram a regra nesses dias de declínio do Barroco, em que o compositor ficava à mercê dos caprichos dos cantores, que exigiam a inclusão de cadências caudalosas, nas quais pudessem exibir seus talentos canoros para auditórios complacentes. O próprio Metastasio, espantado com as novidades que fluíam de sua pena, teria declarado: "È un giovanne di sorprendente ardore... ma pazzo!" Doido, sim, se quisermos julgá-lo pelo metro convencional; mas caminhando a passos largos para uma revolução, como se pode perceber pelo vídeo da montagem da *Clemenza* em Lausanne, regida por J.-C. Malgoire.

Gluck gostava muito do que fizera na *Clemenza*: tanto assim que, em 1779, reaproveitou a música da ária "Se mai senti spirarti" em "Ô malheureuse Iphigénie", da *Iphigénie en Tauride*. E a seção intermediária dessa *ária da capo* transformou-se no coro "Contemplez ces tristes apprêts", da mesma ópera escrita para Paris. A respeito da ária da *Clemenza* em sua versão original, Berlioz conta, em suas *Memórias*, uma história curiosa: ela teria sido mostrada por seus alunos a Francesco Durante, um dos criadores da Escola Napolitana, como um exemplo típico do trabalho de um *asino tedesco* (um asno alemão). E o famoso professor teria respondido: "Não há regra alguma que justifique estas harmonias. Mas só um gênio teria pensado nelas".

Outra influência fundamental para a evolução do estilo de Gluck veio, a essa altura, justamente da França. Em 1755, o superintendente de música da corte austríaca, conde Giacomo Durazzo, levou para Viena uma companhia parisiense de *opéra-comique*, que ali permaneceu, cercada de sucesso, até 1764. Agia assim por instigação do chanceler Wenzel Kaunitz, interessado em todo tipo de aproximação entre a Áustria e a França – uma série de jogadas diplomáticas que culminariam, em 1770, no casamento da princesa Maria Antonieta, filha da imperatriz Maria Teresa, com o Delfim que, quatro anos depois, seria coroado rei com o nome de Luís XVI. Para reger os espetáculos dessa companhia, Durazzo escolheu Gluck, entusiasmado com *Le Cinesi*, uma *azione teatrale* que o compositor apresentara à corte, no outono de 1754, no Schlosstheater.

Metastasio escrevera essa descontraída *Opernserenade*, em 1735, para Antonio Caldara. A historinha ingênua de três garotas chinesas que namoram às escondidas um rapaz recentemente chegado da Europa e, para impressioná-lo, encenam papéis de óperas que estão na moda, é o único exemplo de texto cômico deixado pelo *poeta cesareo*. Das *Chinesas* existem duas gravações: a de René Jacobs para o selo Harmonia Mundi, e a de

Lamberto Gardelli para o Orfeo. Este catálogo dispõe, ainda, do registro feito por Bugaj de uma outra serenata: *La Danza*, um *componimento drammatico pastorale* com texto de Metastasio, simples diálogo entre uma garota sedutora e seu namorado ciumento, produzido para uma festa de corte em Laxenburg, em 1755.

O contrato assinado com Durazzo incumbia Gluck, além de reger os espetáculos da companhia estrangeira, de converter também as árias relacionadas com acontecimentos especificamente franceses em outras que se referissem à realidade vienense de seu tempo. Não demorou para que quase todas as árias originais das óperas apresentadas tivessem sido substituídas por outras, que ele mesmo compunha. E daí a pouco, Gluck estava escrevendo os seus próprios *opéras-comiques*, totalmente independentes do modelo parisiense. Essa foi uma aprendizagem extremamente proveitosa, pois ensinou-lhe a musicar um texto em estilo silábico e a adequar a melodia ao ritmo natural dos versos, curtos e coloquiais.

Era o contrário do que acontecia nas ultra-ornamentadas *arie da capo* barrocas, em que as palavras eram freqüentemente distorcidas, comprimidas, espichadas ou submetidas a um sem-número de repetições muito artificiais, para calçar o sapato estreito do desenho melódico simétrico, em geral concebido previamente e depois adaptado ao texto. Na *opera seria* de estilo italiano, diametralmente oposta ao modelo lullysta versalhês, o poema era um mero suporte para a melodia e a coloratura, que o tornavam, a maior parte das vezes, praticamente incompreensível. O que não tinha muita importância, pois como as intrigas das óperas eram muito parecidas umas com as outras, não havia problema em não se entender o que os cantores diziam.

No *opéra-comique*, ao contrário, compreender as palavras era essencial e, por isso, os intérpretes tinham de emiti-las de maneira extremamente clara. Ao fazer esse trabalho, Gluck pôde dar-se conta das vantagens que havia em cantar um texto que o espectador podia entender: o espetáculo ganhava, com isso, muito maior consistência dramática. Ele dominou tão bem essa técnica que o próprio Simon Favart, o mestre da paródia, quando esteve em Viena, elogiou a precisão com que aprendera a acompanhar a prosódia do francês. Impressionou-o a música do alemão para *La Fausse Esclave* e *L'Île de Merlin ou Le Monde Renversé*, sobre libretos de Louis Anseaume, ambas estreadas em 1758; tanto que escreveu para ele *La Cythère Assiégée*, cantada no Burgtheater no ano seguinte (curiosamente, em 1775 Gluck faria, desse texto cômico, uma versão revista para Paris, na qual haveria de inserir música de outras obras suas, inclusive da recém-composta *Iphigénie en Aulide*).

Muitas das óperas compostas para essa companhia retomavam libretos redigidos para outros compositores. *L'Ivrogne Corrigé*, de Jean-Louis Laruette, fora aclamada em Paris um ano antes de Gluck reapresentá-la no Burgtheater, em 1760. Nessa farça no estilo de Molière, o beberrão Mathurin planeja casar sua filha, Colette, com um companheiro de botequim; mas Cléon, o namorado da moça, o faz desistir do projeto submetendo-o a uma mascarada de demônios que o persuadem de que tem de afastar-se da taverna. A histórica gravação de René Leibowitz, para o extinto selo Nixa, é de 1951.

Mais veloz ainda foi a composição de *Le cadi dupé*. O original de Pierre-Alexandre Monsigny estreou, em Paris, dois meses antes de a versão de Gluck subir à cena do Burgtheater, em dezembro de 1761. O prestígio do alemão, à frente da companhia francesa, fizera com que o libreto de Pierre-René Le Monnier lhe fosse previamente enviado, para que a nova ópera pudesse ser apresentada simultaneamente nas duas capitais. Inversamente ao que acontecera com a *Cythère*, o tema de uma das árias do *Cadi* foi reutilizado, mais tarde, na cena da discussão entre Agamêmnon e Aquiles, na *Iphigénie en Aulide*. Da história do juiz ludibriado, extraída das *Mil e uma Noites*, há a gravação de Otto Suitner, feita para o selo Electrola em 1976; seu elenco reúne grandes nomes da época: Anneliese Rothenberger, Helen Donath, Nicolai Gedda e Walter Berry.

Mas o maior sucesso cômico de Gluck, e também o que tem grau mais refinado de elaboração, é *Les Pèlerins de la Mecque ou La Rencontre Imprévue*, aclamado no Burgtheater, em 7 de janeiro de 1764, dois anos depois da estréia do *Orfeo*. O libreto era de Louis Hurtaut

Dancourt, um ator que tinha vindo para Viena em 1755 e, depois, passara uns tempos na corte de Frederico, o Grande, da Prússia, onde ficara conhecido como "o Arlequim de Berlim". *Os Peregrinos de Meca ou O Encontro Imprevisto*, baseada numa novela de Lesage, insere-se na moda da *turquerie*, típica do século XVIII. Observa-se nela o mesmo fascínio pelas coisas do Oriente, que gera, entre outras, as *"entrées turques"* no divertimento do *Burguês Fidalgo*, ou nas *Indes Galantes*; que inspira obras literárias como as *Lettres Persanes* de Montesquieu e o *Zadig* de Voltaire; e influencia até mesmo o mobiliário setecentista, em que são freqüentes os ornamentos de origem asiática.

O próprio Gluck tinha regido, com muito gosto, em Viena, o *Turc Généreux* (1758), de Joseph Starzer. E além de *Le Cinesi* e do *Cadi dupé*, escrevera para a corte o balé *Les Turcs et les Corsaires* (1759), cheio das percussões exóticas, dos ritmos em 2/4, dos efeitos de escrita em uníssono, dos galopes de escalas e das justaposições harmônicas "ingênuas" que o ouvido europeu associava ao som das orquestras de janízaros que vinham do vizinho Império Otomano. A história dos *Pèlerins* não difere muito da de outras *"turqueries"*, como *O Rapto do Serralho*, de Mozart. O príncipe Ali, de Basra, destronado por seu irmão, erra pelo mundo afora, acreditando que Rezia, a sua amada, morreu de tristeza porque seu pai, o sufi da Pérsia, não permitiu que eles se casassem. No Cairo, por fidelidade à memória da namorada, ele resiste às tentativas de sedução de Balkis, Dardané e Amine, as criadas da favorita do sultão Achmet. Mas ao descobrir que essa favorita é Rezia, cuja morte foi apenas simulada por seu pai, Ali tenta fugir com ela, ambos disfarçados de peregrinos que vão para Meca. Eles são traídos e denunciados, contudo, por um calênder, um derviche mendigo que se oferecera para ajudá-los. Mas o generoso sultão que – acredite quem quiser – nunca chegara a possuir Rezia, pois respeitava o seu pudor, perdoa-os ao dar-se conta do amor puro que sentem um pelo outro, e permite que se unam (essa atitude de "déspota de bom coração" prolonga um comportamento típico de personagem de *opera seria*, que encontraremos, no domínio da comédia, até o final do século XVIII).

Há, de saída, nos *Peregrinos de Meca*, um traço extremamente original: o tratamento musical do casal de apaixonados, num estilo elevado, de *opera seria*, para frisar sua condição nobre em relação às demais personagens. Assim, por exemplo, uma ária como "Je chérirai jusqu'au trépas", de Ali, tem um rebuscamento de tessitura e de combinações instrumentais, feitas com solos de violino, corne inglês e fagote, sobre cordas em *pizzicato*, que é incomum num *opéra-comique* – e antecipa o de "Dies Bildnis is bezaubernd schön" com que Tamino, na *Flauta Mágica* de Mozart, manifesta encantamento ao ver o retrato de Pamina. O estilo "turco" é reservado para as cenas cômicas, como a da primeira conversa de Osmin, o criado do príncipe, com o calênder, escrita num jargão que imita uma mistura de italiano com árabe, e lembra muito a Cerimônia Turca do final do *Burguês Fidalgo*. O Osmin de Gluck, aliás, já é um antecessor do de Mozart no *Rapto*. Quanto às árias com que as criadas tentam seduzir Ali, estas são do mais puro estilo ligeiro francês, decalcadas em ritmos de dança.

Igualmente original é o uso humorístico dos clichês de *opera seria*, na seqüência em que Ali e as três moças visitam o ateliê de Vertigo, um pintor que, ao lhes mostrar seus quadros, descreve-os sonoramente, com grande quantidade de virtuosísticas onomatopéias: um grupo de músicos italianos tocando; uma cena de batalha; "uma torrente impetuosa jorrando do alto da montanha" e, por oposição, uma plácida paisagem "com um riachozinho bem claro e nítido, que corre e serpenteia na planície sorridente". Por outro lado, não está ausente a lisonja de praxe aos soberanos. Depois que Achmet os perdoa e liberta, Ali celebra seu gesto com as palavras: "Em todo lugar onde reina um soberano generoso e justo, encontra-se a felicidade", dirigidas à imperatriz, que estava na sala. Dos *Pèlerins de la Mecque*, existem duas gravações: a de John Eliot Gardiner para o selo Erato, e a de Leopold Hager para o Orfeo. No que se refere à edição da partitura, ambas são idênticas; mas diferem no texto utilizado e, conseqüentemente, em algumas de suas soluções dramáticas. A ver-

Encenação da *Ifigênia em Táuride*, de Gluck, no Teatro alla Scala de Milão, em 1956, com Maria Callas no papel título. Os cenários são de Nicola Benois, a direção de Luchino Visconti, a regência de Carlo Maria Giulini.

Frontispício da edição parisiense da ópera *Orfeu e Eurídice*, de C. W. Gluck, publicada em 1774.

são Gardiner é mais fiel, por utilizar os diálogos da estréia.

O próximo passo para a formação de um estilo individual veio do domínio, não da arte lírica, mas da música para dança. Em 1761, Gluck foi convidado a compor um balé em que aplicasse os princípios formulados, um ano antes, pelo coreógrafo francês Jean-Georges Noverre (1727-1810), e que estabeleciam o modelo do *ballet d'action*, com uma relação muito mais estreita entre o gesto e a melodia que o acompanha. O resultado foi *Don Juan*, que se constrói não com a habitual seqüência de formas fixas preestabelecidas – gavotas, chaconas, minuetos etc. –, mas com números livremente concebidos, em função das etapas da ação que vai ilustrar. A importância disso é fundamental: compondo o *Don Juan*, Gluck adquire a consciência daquilo que, hoje, nos parece óbvio, mas que se perdera durante o apogeu da ópera de estilo metastasiano, submissa a regras intrincadas e imutáveis: a forma não pode preceder o conteúdo; ao contrário, tem de nascer, de ser logicamente deduzida da própria matéria a ser narrada. Ao compor o *Don Juan*, Gluck ainda não sabe que está dando o primeiro passo rumo às reformas que, em breve, efetuará no modelo italiano de ópera de assunto sério.

Essa reforma estará, naturalmente, relacionada com a própria mudança na atmosfera intelectual, com a emergência do espírito neoclássico, que caracterizará a segunda metade do século XVIII. O Barroco tinha sido uma época de ordem, autoridade, formalismo e idealismo. Com o Iluminismo setecentista, assistiremos à reação racionalista, cientificista, de uma filosofia marcada pelos conceitos da dúvida sistemática e da experimentação, que terá também as suas conseqüências no plano estético. Na *Nouvelle Héloïse* (1760) e no *Émile* (1762), Jean-Jacques Rousseau pregava o gosto pela espontaneidade e pelas coisas simples, e o retorno àquilo que chamava de "o estado natural". Do ponto de vista formal, essa busca da espontaneidade vai manifestar-se na maneira sóbria, discreta e direta com que os artistas passam a se expressar, rompendo com os rebuscamentos gongóricos, com os maneirismos rococó dos períodos precedentes. Uma vez mais, é no ideal apolíneo de nobreza e equilíbrio da Antigüidade greco-romana que eles vão buscar modelos e inspiração.

Uma influência teórica importante, nesse sentido, será a de Johann Joachim Winckelmann, cuja *História da Arte Antiga* (1764) parte justamente de um estudo das artes plásticas greco-romanas para formular uma filosofia da arte aplicável a todas as manifestações do espírito humano. "A beleza é atingida", diz ele, "quando as características particulares e individuais são subordinadas ao plano geral da obra"– rejeitando-se, assim, tudo o que fosse excessivamente individualista, em favor da universalidade, que é um dos objetivos primordiais do espírito clássico. "Cria-se, desse modo", concluía Winckelmann, "uma obra ideal, que transcende o pessoal e tem uma nobre simplicidade e uma calma grandeza na harmonia de suas proporções".

Não é possível dizer se Gluck conhecia diretamente os livros de Winckelmann. Mas sabemos que estudou detidamente os escritos de Francesco Algarotti, que conheceu Winckelmann em Roma e baseia-se em suas idéias para escrever o *Saggio sopra l'Opera in Musica* (1755), em que faz a crítica dos excessos da ópera do Barroco Tardio. Algarotti não só expôs suas concepções no plano teórico como as pôs em prática num libreto: uma *Iphigénie en Aulide* sintomaticamente escrita em francês, que se inspirava na austeridade musical e flexibilidade cênica da *tragédie lyrique* como ponto de partida para a reação contra o modelo metastasiano. Em lugar da fórmula consagrada na *opera seria*, em que improváveis mudanças de humor desenredam uma situação complicada, no libreto de Algarotti as personagens aceitam o seu destino, e só a intervenção divina impede o conflito que parecia fatal.

O libreto de Algarotti nunca chegou a ser musicado. Mas inspirou outros (entre eles o da primeira ópera parisiense de Gluck, anos mais tarde). O primeiro resultado concreto de suas teorias foi a tradução de libretos franceses para o italiano, em óperas montadas na corte dos Bourbon, em Parma, cujo diretor era o francês Du Tillot. O compositor da corte era Tommaso Traetta, o autor de um *Ippolito ed Aricia* traduzido da primeira ópera de Rameau (e utilizando, inclusive, algumas de suas danças). Cito Traetta, neste contexto, porque Gluck entrou em contato com a aplicação que ele fazia das idéias de Algarotti, ao ver, em 1761, no Burgtheater, de Viena, a sua *Armida* (com libreto em italiano que Durazzo e Migliavacca tinham traduzido da peça de Quinault, escrita para Lully em 1686, que o próprio Gluck, curiosamente, haveria de readaptar, mais tarde, em Paris).

Bebendo a sua inspiração em Algarotti – que estendia suas idéias à própria arquitetura e sustentava que os teatros deveriam ser expurgados de seus excessos decorativos, readquirindo a simplicidade das formas greco-romanas –, Traetta buscou efetuar a síntese musical e dramática das formas francesas e italianas – tendo, nesse ponto, influenciado Gluck. Só não é, porém, considerado o pai da ópera "reformada" porque a sua produção é irregular, recaindo com freqüência nos velhos chavões da *opera seria*. O ensaio de Algarotti e as óperas de Traetta fornecem, em todo caso, a fonte teórica e prática da ideologia da reforma que, na década de 1760, Gluck estava a um passo de realizar.

E esse passo foi dado, em 1761, quando ele conheceu, em Viena, o poeta italiano Ranieri da Calzabigi (1714-1795), líder da revolta neoclássica contra os rígidos e artificiais libretos metastasianos. Numa carta de 1781 ao jornal parisiense *Mercure de France*, o compositor admitiria: "Se minha música teve algum sucesso, é meu dever reconhecer que o devo, em parte, a Calzabigi. Por mais talento que um compositor tenha, não comporá senão música medíocre se o poeta não suscitar nele o entusiasmo sem o qual a produção artística é frágil e inconsistente". Quando se pensa no resultado da colaboração de músicos e poetas como Monteverdi e Busenello, Lully e Quinault, Mozart e Da Ponte, Verdi e Boito, Richard Strauss e Hofmannsthal, vê-se o quanto de razão há nas palavras de Gluck.

A influência de Calzabigi foi extraordinária: ajudou-o a encontrar o exato equilíbrio entre texto e música; e convenceu-o a eliminar tanto as árias de bravura sem justificativa dramática quanto o monótono recitativo seco, em favor de uma linha musical sóbria e contínua. O primeiro resultado desse trabalho em conjunto foi o *Orfeo ed Euridice*, estreado em Viena em 5 de outubro de 1762. A abertura, sem qualquer ligação temática com o corpo da obra, e o final feliz obrigatório, com a intervenção divina, ainda estão ligados às convenções barrocas; bem como a escolha de um contralto masculino, o *castrato* Gaetano Guadagni, para fazer o papel de Orfeu (em 1774, para Paris, onde o público não aceitava os *castrati*, Gluck transporia a parte para tenor – ela existe, em gravação, com Nicolai Gedda, regida por Louis Froment; fez-se também, posteriormente, a transcrição para barítono agudo, gravada por Dietrich Fischer-Dieskau com Karl Richter; mas neste caso, os resultados são bem menos convincentes).

A trama é simplificada até o limite da austeridade. É a primeira vez que uma ópera de assunto sério conta uma história tão simples, envolvendo apenas três personagens – Orfeu, Eurídice e, no final, o Amor –, um esquema que, antes, só existia na cantata dramática ou no *intermezzo* e, portanto, infringia a exigência metastasiana de que houvesse no mínimo seis personagens. Todos os elementos acessórios da intriga são eliminados; o texto é claro, sem as metáforas sobrecarregadas com que se comprazíam os poetas barrocos; e a música adere naturalmente ao formato do texto, sem violentá-lo. As árias são curtas, só têm *da capo* quando isso é rigorosamente justificável e são interligadas por um *recitativo stromentato*, acompanhado pelas cordas, que estabelece uma continuidade melódica maior. Os duetos são mais freqüentes e, no final, há um trio, rompendo com aquela monótona fieira de árias e recitativos que tornava tediosa a maioria das *opere serie*. A ornamentação é usada de forma muito parcimoniosa, apenas quando serve para reforçar certos estados de espírito; e as partes corais e dançadas somente surgem quando são exigidas pela ação – como no coro dos amigos de Orfeu que lamentam a morte de Eurídice; ou na cena em que o poeta, com sua lira, doma as Fúrias na porta do Inferno. A dança frenética desses seres infernais, uma das páginas mais arrebatadoras da partitura, contrasta fortemente com a placidez do balé dos Espíritos Bem-aventurados, depois que Orfeu consegue entrar nos Campos Elísios.

No futuro, curiosamente, o trecho mais discutido e rejeitado pelos adeptos das reformas gluckianas será justamente a ária mais famosa da ópera, "Che farò senza Euridice?", que Orfeu canta logo depois que ela volta a morrer, pois ele infringiu a proibição de olhar para ela enquanto estão saindo do reino infernal. A ária foi criticada por ser em tom maior (o que não é infreqüente no Barroco, como o atesta "He was despis'd and rejected", colocada no momento mais trágico do *Messias* de Haendel) e por ter um tom mais de resignação do que de desespero, como seria de se esperar. O crítico parisiense Boyé chegou a dizer – e não sem razão – que, se fossem trocadas as palavras da tradução francesa, "J'ai perdu mon Eurydice", por "J'ai trouvé mon Eurydice", a música se prestaria perfeitamente para expressar sentimentos de felicidade. Esse é um resquício das praxes barrocas: o uso indiscriminado de moldes melódicos, sem a preocupação em adequá-los à natureza dos sentimentos que ilustram; e é bom que se frise que isso persistirá, na música italiana, até Rossini, que usa exatamente os mesmos galopes tanto nas óperas bufas quanto nas sérias. Esse traço arcaico, porém, não impediu a ária de se transformar num dos pilares do repertório de contralto. Inserida na linhagem dos grandes lamentos operísticos, a que pertencem os da Arianna e da Penélope monteverdianas, ou o da Dido de Henry Purcell, ela ostenta uma das mais radiosas melodias de Gluck. E uma versão em vídeo, como a do Festival de Glyndebourne, regida por Raymond Leppard, demonstra de que forma uma grande cantora-atriz, como Janet Baker, pode contornar, com pura intensidade dramática, esse obstáculo formal.

Em todo caso, mesmo os mais ferrenhos adversários de Gluck, como o seria mais tarde Jean-Jacques Rousseau, teriam de admitir que, em momentos como a tripla interjeição lançada por Orfeu, no início da ópera, chamando em vão o nome de sua mulher desaparecida, há um efeito perturbador, conseguido com os meios mais descarnadamente econômicos. O único paralelo que se encontra, em termos de austeridade da forma e de concentração emocional, é o das tragédias de Racine, *Bérénice*, por exemplo, ou *Phèdre*, escritas no século anterior.

*Orfeo ed Euridice* está muito bem representado em discos. Pierre Monteux com Risë Stevens/Hilde Güden; Henri Tomasi com Delille/Féraldy; Renato Fasano com Verrett/Moffo; Georg Solti com Horne/Lorengar; Herbertvon Karajan com Jurinac/Sciuti; Riccardo Muti com Baltsa/Marshall; Charles Mackerras com Forrester/Stich Randall; Václav Neumann com Bumbry/Rothenberger; Ervin Lukács com Hamari/Kinces; Leopold Hager com Lipovsek/Popp são ótimas opções tradicionais. O encontro, por acaso, no arquivo da Rádio da Holanda, de um fita gravada em 1951, permitiu recuperar a interpretação do grande contralto britânico Kathleen Ferrier, embora a regência de Charles Bruck e a Eurídice de Greet Koeman estejam abaixo do padrão habitual dessa cantora, prematuramente desaparecida.

Hans Rosbaud com Simoneau/Danco e Louis de Froment com Gedda/Micheau gravaram a versão francesa para tenor de 1774. Karl Richter com Fischer-Dieskau/Janowitz gravou a versão de 1762 mas com um Orfeo barítono. É o mesmo cantor da versão Ferdinand Leitner, com Söderström. Heinz Panzer com Hofmann/Conwell fez, em 1982, uma estranha adaptação da linha de contralto à voz de um *Heldentenor*. Vale a pena conhecer, no selo Capriccio, a gravação de Hartmut Haenchen, de uma grande autenticidade musicológica, valorizada pela excelente interpretação do contralto masculino Jochen Kowalski. Instrumentos originais são também usados por Sigismund Kujken num *Orfeo* com o contratenor René Jacobs (Harmonia Mundi); por Frieder Bernius, com Nancy Argenta e o contratenor Michael Chance (Sony); e por J. E. Gardiner, com Ragin/McNair (Philips).

Esse último gravou também, na Ópera de Lyon, com Barbara Hendricks e Anne Sofie von Otter (EMI), uma curiosidade: a versão que Berlioz, ajudado pelo jovem Saint-Saëns, editou em 1859 para Pauline Viardot (ela inclui a cadência que Berlioz, Saint-Saëns e Viardot escreveram a seis mãos para a ária "Amour, viens rendre à mon âme", que encerra o ato I). Ao vivo, no Festival de Aix-en-Provence, existe a versão de Joseph Lamarca (Sonpact); e a Bongiovanni tem dois registros de valor histórico: Ebe Stignani em São Francisco (1956) e a versão para tenor com Gedda-Sutherland/Bonynge (1967). O vídeo do Festival de Glyndebourne traz Janet Baker/Raymond Leppard;

e o da Ópera de Paris, em fevereiro de 1988, regido por sir Charles Mackerras, é cantado em francês por Marilyn Horne.

O passo adiante dado com *Orfeo* não significa que Gluck tivesse condições imediatas de deixar para trás, de uma vez por todas, as praxes tradicionais. A própria *Rencontre Imprévue*, como vimos, é de 1764, dois anos depois da primeira ópera reformada. E as funções de compositor da corte exigiam de Gluck que continuasse produzindo obras num gosto convencional, para cerimônias palacianas. Mas a experiência do *Orfeo* marca decididamente tudo o que será escrito daí em diante. O compositor Karl Ditters von Dittersdorf descreve, em suas *Memórias*, a reação estupefata do público de Bolonha, ao ouvir pela primeira vez, no Teatro Communale, em 14 de maio de 1763, *Il Trionfo di Clelia*, sobre texto de Metastasio, cujo libreto Gluck adaptara para que tivesse grande quantidade de recitativo acompanhado interligando árias de factura bem mais sóbria do que o público estava habituado a ouvir nas *opere serie* barrocas.

Entre o *Orfeo* e a *Alceste*, cerimônias de corte inspiraram-lhe *azioni teatrali* no velho estilo, misturando elementos da reforma – importância do coro, números de dança freqüentes, árias mais curtas e sóbrias, instrumentação expressiva – a resíduos de coloratura tradicional interligados por *recitativo secco*. Para o segundo casamento do arquiduque José, em 1765, Gluck musicou o *Parnaso confuso*, de Metastasio. Apolo e as musas Erato, Euterpe e Melpômene têm de preparar um espetáculo para celebrar as bodas reais às margens do Danúbio. Mas passam o dia discutindo e rejeitando idéias e, quando chega a manhã da cerimônia, nada está pronto. Ainda assim, o deus assegura às musas que tema tão vasto e glorioso quanto um casamento na corte há de inspirá-las, e a *azione teatrale* termina com um coro confiante. Concebido como um pretexto para a participação de membros da família real no espetáculo, o *Parnaso confuso* foi regido pelo futuro imperador Leopoldo e os quatro papéis foram interpretados pelas arquiduquesas, filhas da imperatriz, que eram sopranos bem-dotados. A estréia foi em Schönbrunn, no dia 24 de janeiro de 1765.

Seis dias depois, no Burgtheater, era apresentada, comemorando o mesmo evento, *Telemaco ossia L'Isola di Circe*. O libreto de Marco Coltellini adaptava, ajustando-o às características da ópera reformada, o texto que Carlo Sigismondo Capeci escrevera em 1718 para Alessandro Scarlatti. A história de como o filho de Ulisses o resgata, e à sua tripulação, da ilha onde a feiticeira Circe os transformara em árvores (e não em porcos, como na *Odisséia*), é tratada de forma absolutamente híbrida. Talvez por isso Gluck, que a considerava um experimento, nunca chegou a publicá-la. Em compensação, saqueou-a desenvoltamente, transferindo material dela para outras obras.

Muita coisa do *Telemaco* foi parar em *Le feste d'Apollo*, cujo texto texto foi-lhe preparado em 1769, por Calzabigi e Carlo Innocenzio Frugoni, para o casamento da arquiduquesa Maria Amália com o infante Ferdinando de Parma. Reminiscentes do antigo *opéra-ballet* francês à maneira de Campra e Rameau, essas *Feste* têm um Prólogo alusivo ao matrimônio real e três atos autocontidos – como se fossem um filme de episódios autônomos: *Philemon e Baucis*, *Aristeo* e um *Orfeo* que é uma versão compacta da ópera de 1762. A estréia foi no Teatrino della Corte, de Parma, em 24 de agosto de 1769.

Além disso, a invocação de Telêmaco ao pai, cujo paradeiro ele desconhece, seria reaproveitada na cena inicial da *Iphigénie en Aulide*; e a abertura e partes substanciais do ato III reapareceriam na *Armide*, de 1777. A principal ária de Circe, "S'a estinguer", já tinha sido importada de *Antigono*, um drama metastasiano escrito em 1756 para o Teatro Torre Argentina, de Roma (ali, ela se intitulava "Perchè se tanti siete"). Depois de passear pelo *Telemaco*, essa ária encontrará a sua forma definitiva como "Je t'implore et je tremble", na *Iphigénie en Tauride*, em 1779.

Não custa, aliás, abrir um parêntesis para assinalar que Gluck, como todos os seus contemporâneos, reaproveita abundantemente suas próprias composições (uma prática que ainda será freqüente em Rossini, no início do século XIX). A melodia da ária "Che puro ciel" surge, pela primeira vez, com o nome de "Se povero il ruscello", no *Ezio* (Metastasio, Carnaval de Praga, 1750), e passa pelo *Antigono* antes de aterrisar definitivamente no *Orfeo*. A maior parte do *Ezio*, de resto, já vinha de *La Contesa de'Numi*, de 1749. Em 1767, reencontraremos "Ecco alle mie catene", a grande ária de sua personagem título, convertida no monólogo de Hércules, da *Alceste*. Em novembro de 1752, para o San Carlo de Nápoles – muito distante de Praga – Gluck reciclou o *Ezio* numa *Clemenza di Tito* (o mesmo libreto que, em 1791, será remusicado por Mozart), que é, decerto, seu exemplo mais bem-acabado de *opera seria* metastasiana. Mas, nessa *Clemenza*, há uma ária original, "Se mai senti spirarti", de estrutura *da capo*, que aparecerá desmembrada na *Iphigénie en Tauride*: a primeira seção converte-se na ária "Ô malheureuse Iphigénie" e a segunda, no coro "Contemplez ces tristes apprêts". E assim por diante: os exemplos desse tipo de remanejamento são muito numerosos.

Ao publicar, em 1769, a partitura de sua segunda colaboração com Calzabigi, a *Alceste*, estreada em Viena em 26 de dezembro de 1767, Gluck acrescentou-lhe um *Prefácio* que é um verdadeiro manifesto de sua reforma. Mas é interessante observar que não se trata de um conjunto de propostas teóricas e sim do balanço de uma experiência em andamento há oito anos, da pausada reflexão sobre os resultados de um trabalho prático. "Minha intenção", diz ele, "foi a de purificar a música dos abusos que dominaram a ópera italiana, em virtude da vaidade dos cantores e da complacência excessiva dos compositores, fazendo com que a mais bela das artes se tornasse ridícula e aborrecida. Tentei trazer os músicos de volta à sua verdadeira missão de servir à poesia, intensificando a expressão da emoção, limitando a música à sua real função de apoio do texto, sem que ela sufoque essa ação com o uso de ornamentos supérfluos".

A posição polêmica do reformista o leva, naturalmente, neste Prefácio, a assumir a posição extremada de querer limitar a música "à sua função real de apoio do texto". Mas na prática, ele mesmo já tinha encontrado, antes mesmo de essa página ter sido escrita, o ponto de equilíbrio para a música e a poesia, eterna questão que polarizará o debate entre poetas e compositores. Do Salieri de *Prima la musica e poi le parole* (1786) ao Richard Strauss de *Capriccio* (1942), eles discutirão incansavelmente a qual das duas deve caber a primazia, para chegar inevitavelmente à resposta óbvia: a perfeição reside no harmonioso casamento das duas. E *Alceste* é um exemplo desse tipo raro de casamento.

Desde a abertura, cuja substância musical relaciona-se estreitamente com o clima trágico da história que vai ser contada – a da rainha que se oferece para morrer em lugar de seu bem-amado marido Admeto e, depois, é resgatada do Inferno pelo heroísmo de Hércules – percebe-se o grau de maturidade atingido por Gluck. Já existe, nessa peça, um procedimento que vai se tornar comum no compositor: o de encadear diretamente a coda da abertura com os primeiros acordes da ópera propriamente dita, integrando-a assim ao corpo do drama. Um passo adiante foi dado, além disso, no sentido de conferir mais flexibilidade ao *declamato espressivo*, acompanhado pela orquestra, para dissimular ao máximo a separação entre os recitativos e os números fechados, escritos com grande austeridade – em especial os amplos coros, muito solenes.

Uma cena como "Fatal divinità", do ato I – hoje mais conhecida em sua versão francesa de 1777, "Divinités du Styx" – já prenuncia a típica ária heróica do início da ópera romântica, exibindo um fôlego e uma bravura que nada mais têm em comum com o decorativismo convencional da ária barroca (um ponto que, de resto, fica muito claro desde a ária de entrada de Alceste, no ato I, "Il duol che opprime", de uma total intransigência em sua recusa a entregar-se aos exibicionismos vocais). Entre as grandes herdeiras oitocentistas da invocação de Alceste às divindades infernais, uma das mais ilustres será, sem dúvida alguma, "Abscheulicher, wo eilst du hin?" (Cruel, para onde vais?), o monólogo de Leonora na versão definitiva do *Fidélio* de Beethoven, de 1814.

Não é preciso ir tão longe, porém, para encontrar as influências da Alceste: elas estão logo ali, no *Idomeneo*, de Mozart, e um pouco mais adiante na *Medéia*, de Cherubini, ou na *Vestal*, de Spontini. E nessa figura de heroína nobre e forte, cujo sofrimento está coberto de dignidade, encontramos a semente da personagem feminina redentora que desabrochará no Romantismo.

A versão vienense de 1767 da *Alceste*, com texto em italiano, seria traduzida para o francês, em 1776, e refundida para adaptar-se ao gosto francês, o que – apesar de a ação permanecer a mesma – a transformaria numa obra fundamentalmente diferente. O abandono total do recitativo seco, a supressão de certas cenas corais, em que havia a intervenção de corifeus, e a redução de outras para que nelas fossem incluídos recitativos ou árias afastou a obra do modelo da tragédia grega para aproximá-la do teatro moderno de análise psicológica. Estreitou-se também o vínculo com a *tragédie lyrique* francesa através da inserção de balés, que correspondiam ao gosto do público parisiense.

Gluck aceitou, na revisão de 1776, críticas feitas por Jean-Jacques Rousseau. O autor do *Devin du Village* observara que as árias em várias seções, embora musicalmente esplêndidas, retardavam a ação; e o *divertissement* com que o retorno de Admeto do Inferno é saudado era dispersivo. Na versão francesa, o compositor cortou diversas repetições, suprimiu árias de personagens secundárias e incluiu, no ato I, o monólogo de Alceste, "Non, ce n'est pas un sacrifice". Perdeu-se um pouco da grandeza de estatuária que havia nos imponentes quadros estáticos da versão italiana; mas ganhou-se certamente em dramaticidade.

Em 1776, todo o recitativo passou a ser *mesuré* (acompanhado pelas cordas) e a orquestração ganhou densidade nova, em especial nas cenas infernais, de um estilo ainda mais intenso que as do *Orfeo*. É com a sonora escrita para as madeiras e trombones, na versão francesa da *Alceste*, que a orquestra romântica, com suas texturas mais espessas e seu tratamento característico dos coloridos mais sombrios, dá seus primeiros passos. Na forma como os instrumentos, ao acompanhar a ária "Ombre, larve, compagne di morte", representam as vozes das divindades infernais, que respondem à oferta de Alceste de ser sacrificada no lugar do marido, já há a antecipação de um procedimento narrativo que será típico do comentário orquestral romântico.

A orquestração, entretanto, conserva seu caráter funcional e simbólico, como no *Orfeo*. Ao mundo normal, às situações não-excepcionais corresponde a orquestra padrão da época (cordas, flauta, oboé, trompa e fagote, além de trompetes e tímpanos ocasionais). O corne inglês dá um tom choroso às cenas de lamentação, e o *chalumeau* (o oboé pastoril) aparece nas cenas que se passam no além. O trombone, comparecendo em ambas as situações, faz a ligação entre os sentimentos tristes de Alceste e o outro mundo. Na *Flauta Mágica*, Mozart parece ter-se lembrado também da forma como Gluck usa a flauta grave para colorir as marchas rituais.

A revisão francesa tornou-se a versão de referência da ópera, como o atesta a discografia: à exceção do inglês Geraint Jones, que, em 1956, escolheu gravar o texto original de 1767, todos os outros álbuns contêm – mesmo quando a língua escolhida é o italiano – a partitura revista, com maiores ou menores adaptações ou cortes. Da *Alceste* existem nove gravações:

Ettore Panizza/Rose Bampton (1941, EJS);
René Leibowitz/Ethel Semser (1950, Oceanic/CDM);
Carlo Maria Giulini/Maria Callas (1954, Melodram);
Geraint Jones/Kirsten Flagstad (1956, Decca);
Johann Hye-Knudsen/Flagstad (1957, Eklipse);
Georges Prêtre/Consuelo Rubio (1962, EMI);
Vittorio Gui/Leyla Gencer (1967, GOP);
Gianandrea Gavazzeni/Gencer (1972, Foyer);
Serge Baudo/Jessye Norman (1982, Orfeo);
Isokosky/Thielitz (1990, Capriccio).

Esses registros exibem grandes intérpretes do papel: Semser, capaz de explorar muito bem o lado grandioso da personagem; Flagstad, melhor no registro radiofônico dinamarquês de 1957 do que em estúdio, um ano antes; e Gencer, cheia de musicalidade apesar da pouca familiaridade com o estilo clássico. Mas nada supera a experiência de ouvir Maria Callas, em 1954, no Scala, regida por Carlo Maria Giulini. Antes só existente em discos pirata de som asqueroso, essa gravação histórica foi remasterizada em CD pela Melodram, com resultados bastante razoáveis (embora se deva alertar o leitor de que ainda é um disco de som problemático). Em vídeo, existem as montagens de Stuttgart (1987) com Dunja Vejzovic/Eschenbach, e de Amsterdã (1993) com Lechner/Ostman.

A colaboração seguinte de Gluck com Calzabigi, *Paride ed Elena*, foi cantada em 3 de novembro de 1770, como parte das suntuosas comemorações da visita, a Viena, de Leopoldo, o grão-duque da Toscana, irmão do imperador José II. Em setembro, enquanto Gluck trabalhava nessa partitura, Calzabigi já tinha preparado, às pressas, com Johann Adolph Hasse, uma *Piramo e Tisbe* de que participou a recém-descoberta Katharina Schindler, soprano de voz e aparência bonitas, para o qual foi escrito também o papel de Helena. Era grande a curiosidade do público em relação a essa nova obra da dupla Calzabigi-Gluck: a coreografia era de Noverre; Páris seria feito pelo popularíssimo *castrato* Giuseppe Millico; e todos desejavam rever fräulein Schindler em um papel de maior porte, na medida de suas potencialidades. Além disso, em outubro, uma remontagem da *Alceste* tinha feito um sucesso que só fizera aumentar o prestígio da dupla.

Mas, contra todas as expectativas, a acolhida foi bastante contida. O mordomo-mor príncipe Johann Josef Khevenhüller-Metsch que, em seu *Diário*, faz uma colorida crônica do dia-a-dia na corte de Schönbrunn, atribuiu a frieza ao "ungleichen und in etwas wunderlichen Gusto" da obra – seu "estilo desigual e um tanto estranho". É compreensível: *Paride ed Elena* é ainda mais radical do que *Orfeo* na concisão de sua proposta dramática. Não tem ação externa alguma e, de forma absolutamente estática, retrata apenas os conflitos internos das personagens. Nela, Calzabigi reata com uma característica típica da tragédia clássica francesa, a da ação interiorizada, do debate íntimo que prescinde de qualquer peripécia externa, e que tem na *Bérénice* de Racine seu exemplo mais genial. D. J. Grout chega a dizer que, no plano da História da Ópera, a falta de ação externa de *Páris e Helena* só terá paralelo, no século seguinte, no *Tristão e Isolda* de Wagner.

Páris vai a Esparta conferir se Helena – cujo amor lhe fora prometido por Afrodite em troca de ele lhe dar o pomo da discórdia, declarando-a assim a mais bela das deusas – é realmente a mais bela das mortais. Ao vê-la, fica perdidamente apaixonado e tenta convencê-la a fugir com ele. A princípio, Helena resiste, pois está prometida em casamento ao rei Menelau (na tradição homérica, ela já era a esposa de Menelau, a quem abandonou; Calzabigi modificou esse fato em respeito pela grã-duquesa, cujo puritanismo era notório). Mas é aos poucos seduzida pelo troiano, que em sua empreitada é ajudado por um jovem visitante da corte, Erasto – na verdade, o deus Eros em disfarce, enviado por sua mãe para obter a união dos dois. Quando Helena cede, Palas Atena, a padroeira dos gregos, aparece em cima de uma nuvem, furiosa com a ofensa que será feita ao noivo da espartana, e promete vingar-se destruindo Tróia. Mas Eros garante que ele e Afrodite continuarão a proteger os dois amantes, e estes, confiantes na força de seu amor, partem em direção ao seu destino.

A intervenção das divindades ainda é um resquício barroco. Mas a integração música/texto, aqui, é ainda maior do que nas óperas precedentes: o contraste que o poeta traça entre as personalidades dos protagonistas e os costumes de seus povos é claramente expresso pelo compositor, através de meios especificamente musicais. Os recitativos de Helena são "espartanos", de um corte austero, contido, e só à medida que o amor a domina é que suas melodias vão-se tornando mais soltas e flexíveis. O asiático Páris, ao contrário, canta desde o início melodias sinuosas, sensuais, apaixonadamente belcantísticas. Quando, no ato III, depois de ter assistido a uma competição atlética, Helena lhe pede que a faça ouvir uma canção da Frígia, o príncipe troiano entoa, na ária "Quegli occhi belli", uma declaração de amor tão direta que ela tenta inutilmente interrompê-lo três vezes seguidas e, depois, retira-se perturbada do pátio onde se realizam os jogos. Essas interrupções dão à ária uma estrutura flexível, extremamente original para seu tempo. Originalidade que se observa também na segunda cena do ato II, a do primeiro encontro de Páris e Helena. A ária "Della paterna regia", em que ela se refere, em tom irônico, às muitas beldades que o príncipe terá deixado suspirando por ele em Tróia, vai sendo comentada por Páris e Erasto até transformar-se em um trio. E o dueto "Sempre a te sarò fedele" (V, 4), em que Páris e Helena afirmam sua confiança no amor, constrói-se sobre o tema da seção final da abertura – um passo à frente na prática, que será a regra durante a plenitude romântica, de utilizar, na introdução sinfônica, material melódico a ser reouvido no corpo da ópera.

O fracasso da estréia fez com que *Paride ed Elena* ficasse esquecida por muito tempo. A única gravação existente, a de Lothar Zagrosek com Ileana Cotrubas e Franco Bonisolli, só foi feita em 1986, para o selo *Orfeo*. A decisão de transpor o papel de Páris para voz masculina não foi de todo feliz. Além da pouca familiaridade de Bonisolli com o estilo clássico, um tenor não tem a agilidade necessária para realizar os ornamentos que, no século XVIII, se exigia da acrobática voz de *castrato*. Um contralto habituado a esse repertório teria, certamente, obtido melhor rendimento – o que não impede que o álbum da Orfeo seja a inestimável documentação de uma obra por muito tempo injustamente negligenciada.

Desiludido com o fracasso, Calzabigi deixou a Áustria em 1771. Tinha chegado a hora para Gluck também procurar novos ares. Em Viena, sua música era agora friamente recebida e, passada a fase de estabilidade de seus primeiros anos de casamento, os problemas financeiros começavam a bater-lhe à porta. Ele fizera amizade com François Lebland du Roullet, adido da embaixada da França que, ao ser chamado de volta ao seu país, convidou-o a ir com ele. A proposta era tentadora: os anos de trabalho com a companhia de *opéra-comique* o tinham habituado a conviver com os franceses; Paris tinha uma vida musical menos conservadora; havia a possibilidade de conseguir a proteção de sua antiga aluna de canto, a arquiduquesa Maria Antonieta, que, em 1770, casara-se com o herdeiro do trono; e Du Roullet oferecia-lhe uma perspectiva imediata de trabalho, dando-lhe a musicar um libreto de boa qualidade, que escrevera sobre tema grego. Gluck fez as malas e rumou para Paris.

Em 19 de abril de 1774, estreava na capital francesa a *Iphigénie en Aulide*, que representa mais um passo adiante em relação à *Alceste*: é uma ópera de ação contínua e não uma série de quadros relativamente auto-contidos e justapostos. Seu ritmo é enfático, a declamação muito tensa e marcada, as árias breves e firmemente inseridas numa linha musical em que são freqüentes os números de conjunto. A respeito dela, escreveu o musicólogo inglês setecentista Charles Burney, percebendo muito bem a revolução estrutural que propunha: "É raro poder-se obter bom efeito de uma ária de Gluck extraindo-a de seu contexto e cantando-a sozinha. O conjunto da ópera é como uma cadeia cujos anéis, uma vez destacados, tornam-se quase sem significado". E um crítico francês da época, o abade Arnaud, referindo-se à nobreza do monólogo do sacerdote Calchas, "Au faîte des grandeurs", não teve mãos a medir: "Com uma ária assim", disse ele, "seria possível fundar uma religião!"

Testemunhos da época relatam que, durante os ensaios, *le chevalier* Gluck teve de "se comportar como um sargento" para conseguir que os cantores funcionassem também como atores. Eram, todos eles, de primeira – a soprano Sophie Arnould, o tenor Joseph Legros, o barítono Henri Larrivée, o que a ópera francesa tinha de melhor naqueles tempos –, mas não estavam acostumados a que lhes fizessem tantas exigências interpretativas.

A orquestração, principalmente no que se refere aos instrumentos de sopro e de percussão – é a primeira vez que a grande caixa é usada na orquestra de ópera –, é de um refinamento ainda maior do que nas obras precedentes. Onde isso melhor se revela é na abertura, uma das mais belas de Gluck, cuja coda liga-se também diretamente ao início do ato I. É construída sobre os temas que serão ouvidos no decorrer da ação – o que faz dela um modelo para o Weber do *Freischütz*, paradigma romântico da abertura que sintetiza a intriga através do entrelaçamento das melodias que serão usadas na partitura; – e é "de uma solidez grandiosa na escolha de seus motivos", como diria dela Wagner, que preparou uma revisão da ópera em 1846.

Os números corais e de dança são muito bem integrados, os solos vocais são breves e livremente estruturados. Du Roullet baseia seu libreto na *Iphigénie* de Racine, em que a personagem título casa-se com Aquiles. Elimina as personagens secundárias de Ulisses e Ériphile; traz para o palco acontecimentos que, na peça, são apenas descritos, para poder confiar ao coro uma participação mais ativa; e abre espaço aos *divertissements* dançados. Literária e musicalmente, esta ópera vai-se constituir num modelo fielmente seguido por vários músicos posteriores: Grétry em sua *Andromaque* (1780), Salieri em *Les Horaces* (1786), e um epígono menor de Gluck, Jean-Baptiste Lemoyne (1751-1796), na que é a sua ópera mais satisfatória, a *Phèdre*, de 1786.

Infelizmente, foi a edição wagneriana, cantada em alemão, que Kurt Eichhorn escolheu gravar, para a RCA, com Anna Moffo e Ludovic Spiess. Mas o selo Erato tem o registro de uma apresentação de 1990, com o texto original, na Ópera de Lyon, regida por John Eliot Gardiner, muito preferível do ponto de vista musicológico. De interesse histórico é o álbum *Orfeo d'Or* com Karl Böhm no Festival de Salzburgo de 1962.

A sobriedade e a nobreza de estilo de Gluck vinham ao encontro da preferência instintiva que boa parte do público francês tinha pelo estilo formal e majestoso das tragédias de Lully e Rameau. Aqueles mesmos freqüentadores da Academia que, na época da *Querelle des bouffons*, tinham-se alinhado com o *parti du Roi*, aclamaram as obras desse alemão, que correspondiam tão plenamente a seus ideais estéticos. Mas isso não acontecia, é claro, sem uma boa dose de dissensão entre as fileiras do partido contrário. Já no dia seguinte à estréia da *Iphigénie*, Maria Antonieta escrevera à sua irmã Maria Cristina Josefa: "Foi um grande triunfo, minha querida Cristina, e eu fiquei muito emocionada. Não se fala de outra coisa. Todos os espíritos estão em ebulição. Não dá para acreditar: há discussões, querelas, como se se tratasse de uma controvérsia religiosa. Na corte, todos tomam partido e discutem asperamente; e na cidade, a polêmica é ainda mais viva".

Não demorou para que o sucesso da *Iphigénie*, do *Orphée et Eurydice* (1774), com o papel transposto para tenor, e principalmente da tradução francesa da *Alceste* feita por Du Roullet em 1777, esquentasse a polêmica. Dessa vez, os gluckistas terçavam armas com um agitado grupo de intelectuais liderado pelo escritor Jean-François Marmontel, que elegia como o ideal do perfeito operista o italiano Niccolò Piccinni (1728-1800), chegado aquele ano a Paris. A acalorada disputa entre gluckistas e piccinnistas foi o ápice da "revolução favorável ao prazer do ouvido e aos progressos da arte musical" que, nas palavras de Marmontel, a França estava vivendo naquele momento.

Tendo deixado Nápoles em virtude da desgastante rivalidade com Pasquale Anfossi, o pobre Piccinni acabou tornando-se o pivô de uma outra briga em Paris, onde fora precedido pela fama de sua ópera bufa *Cecchina ossia la Buona Figliuola Maritata* (1760). O libreto de Carlo Goldoni baseava-se num romance sentimental de grande sucesso na época, *Pamela or Virtue Rewarded* (Pamela ou a Virtude Recompensada), do inglês Samuel Richardson. A humanidade que Goldoni e Piccinni infundiram aos tipos cômicos tradicionais deu tanta popularidade à ópera que, em Roma, surgiu uma verdadeira "moda da Cecchina", várias lojas adotando o seu nome. Em 1779, *Cecchina* já tinha sido cantada da Irlanda à Rússia e – coisa raríssima na época – até mesmo em Pequim.

Um jovem marquês apaixona-se por sua criada Cecchina; mas a família do rapaz, que não deseja seu casamento com uma plebéia, é industriada pelo cavaleiro Armidoro, noivo de Lucinda, a irmã do marquês, a montar uma trama contra a garota. Eles convencem o marquês de que Cecchina está apaixonado pelo camponês Mengotto, e fazem com que, enciumado, ele a expulse de seu castelo. É Mengotto, que ama Cecchina mas não tem a menor esperança de ser retribuído, quem a protege da perseguição de Armidoro. É ele também quem acaba descobrindo que a moça é, na realidade, Mariandel, a filha perdida do nobre coronel alemão Tagliaferro. Com isso, perde-se o traço mais original do romance de Richardson, o casamento de um fidalgo com uma jovem de berço humilde; mas, nos termos da moral da época, o homem de bom coração que é Mengotto pode levar Cecchina de volta ao castelo, demonstrar ao marquês que ela foi vítima de uma conspiração e, removidos todos os obstáculos sociais, promover a união dos dois.

O cavaleiro Armidoro já prenuncia o surgimento do anti-herói romântico, que não hesita diante de coisa alguma para chegar a seus objetivos. A cena do sonambulismo de Cecchina, acompanhada de flauta, contrabaixos em *pizzicato* e cordas em surdina, constitui um exemplo interessante de transposição de uma situação típica de ópera séria para o domínio do melodrama sentimental (Bellini deveria tê-la em mente ao compor sua

*Sonnambula*). Além disso, *La Cecchina* apresenta, do ponto de vista formal, uma novidade muito importante para a evolução ulterior do gênero: o finale do último ato em forma de rondó, com um tema recorrente que unifica as suas diversas seções. Esse é um passo decisivo em direção aos finais de ato com estrutura sinfônica complexa, como os que, pouco mais tarde, serão escritos por Mozart, e de que o finale do ato II das *Bodas de Fígaro* é um exemplo acabado. A gravações de Bruno Campanella (Nuova Era) e Gianhigi Gelmetti (Fonit-Cetra) demonstram as qualidades da única ópera italiana de Piccinni a ainda ser lembrada.

Chegando a Paris, Piccinni fez sucesso imediato com *Roland* (Académie Royale, 27.1.1778), cujo libreto Marmontel adaptara do que Quinault tinha escrito em 1685 para Lully. A partitura é um bem-sucedido exemplo da fusão de dois estilos opostos de ópera: as árias têm cantilenas generosamente italianadas, mas o recitativo adere obedientemente aos ritmos da declamação teatral francesa e há a inclusão dos *divertissements* obrigatórios. A ária de Roland, "Je me reconnais", tornou-se muito popular; e a sua cena de loucura, construída sobre uma série de pequenas unidades temáticas, que correspondem à rápida sucessão de sentimentos contraditórios, é uma página inegavelmente muito bem escrita.

Menos entusiástica foi a acolhida a *Atys* (Académie, 22.2.1780), igualmente adaptada por Marmontel do texto de Quinault (1676) para Lully; o que é pena, pois trata-se da melhor ópera escrita por Piccinni durante sua estada na França. Marmontel remanejou o texto original suprimindo o Prólogo laudatório, comprimindo a ação em três atos, eliminando personagens secundárias e cortando recitativos e danças supérfluas de modo a abrir espaço para as árias e conjuntos em que o expansivo estilo mediterrâneo de Piccinni pudesse se espraiar. A página mais original é o vasto quarteto com que a ópera se encerra, que se estende por duzentos compassos. Na versão original, o final era trágico: enciumada porque Atys a despreza, a deusa Cybèle o enlouquece e ele mata Sangaride, sua namorada; ao perceber o que fez, desesperado, ele se suicida. Como esse desenlace foi mal recebido pelo público de 1779, Piccinni o revisou em 1783, e o sucesso foi maior; mas o final feliz é muito artificial e insatisfatório.

O fato de tanto Gluck quanto Piccinni estarem reutilizando, simultaneamente, antigos libretos de Quinault pôs mais lenha na fogueira da polêmica: não só havia quem condenasse esse procedimento, considerando-o "sacrílego", como ele acabava se prestando a comparações desvantajosas. Foi o que aconteceu com a *Armide*, de Gluck, estreada em 23 de setembro de 1777. Os adeptos de Piccinni proclamaram a superioridade do *Roland*, composto um ano antes, sem se dar conta de que o italiano imitara discretamente o estilo do rival alemão, escrevendo uma ópera em que curtos ariosos e recitativos acompanhados fluíam constantemente.

*Armide* está longe de ter a unidade das óperas anteriores: as cenas corais, por exemplo, são nitidamente inferiores. Mas refinam-se os poderes de caracterização de Gluck no retrato do conflito psicológico entre o cruzado Renaud e a feiticeira Armide, extraído da *Gerusalemme Liberata* de Torquato Tasso. Árias como "Enfin il est en ma puissance" ou "Le perfide Renaud me fuit", em que a maga expressa sentimentos opostos de vitória e de angustiada sensação de derrota emocional, são de absoluta exatidão dramática, como o demonstra a boa gravação de David Hickox no selo HMV. Uma vez mais, o uso da orquestra é muito seguro, tanto nos trechos instrumentais que se intercalam com a ação – por exemplo, a gavota, que se tornou apreciada peça independente de concerto –, quanto no acompanhamento do canto, em que há preciosos achados, como a combinação de cordas, flauta e oboé para comentar a cena do sonho de Renaud.

Gluck sabe explorar ricamente os variados coloridos do oboé; e, como na *Iphigénie*, metais e percussões participam com muito destaque. Os mais modernos recursos da orquestra são utilizados para representar os sentimentos contraditórios de Renaud na ária "Plus j'observe ces lieux", do ato II. Berlioz elogiou entusiasticamente o final que Gluck acrescentou ao ato III, em que Armida pede ao Ódio que castigue Renaud por não amá-la. E a cena final, em que Armida – como Circe no *Telemaco* – destrói suas obras mágicas, contém um episódio sinfônico que haveria, mais

Cenário de François-Joseph Bélanger para a estréia parisiense da *Alceste*, de C. W. Gluck (1776): sala do trono com nuvens.

Gravura do século XVIII reproduzindo uma cena da *Alceste*, de Gluck.

adiante, de inspirar o encerramento orquestral do *Mosè*, de Rossini.

A ópera, porém, tem seus problemas: ritmo demasiado lento e um ato IV desnecessário – contando as aventuras de dois cavaleiros que vêm resgatar Renaud enfeitiçado –, pois retarda a ação. Além disso, devido à rapidez com que Gluck teve de trabalhar, a ópera está cheia de auto-empréstimos, trechos inteiros tirados do *Telemaco*, do balé *Don Juan* e de vários *opéras-comiques*.

Estimulado por seus defensores, Piccinni concordou, ingenuamente, com a proposta do empresário De Vismes de que tanto ele quanto Gluck musicassem a mesma peça: a *Iphigénie en Tauride*, baseada na tragédia de Claude Guymond de la Touche (1757), que fez muito sucesso nos palcos franceses até o início do século XIX (em suas *Goethe-Vorlesungen/ Conferências sobre Goethe*, de 1877, Hermann Grimm afirma que, durante muito tempo, a peça francesa era preferida à do grande poeta alemão). Mas ao voltar a Paris, em setembro de 1778, após uma viagem a Viena, já trazendo na bagagem a partitura pronta da nova ópera, Gluck usou de seu prestígio junto à corte para conseguir que as duas estréias não fossem simultâneas. Sua *Iphigénie*, com libreto do jovem e talentoso Nicolas-François Guillard – o melhor que ele jamais teve a musicar – foi um triunfo ao subir à cena, em 18 de maio de 1779. Os reformistas tinham ganho a partida.

Mas a última pá de cal foi atirada, em 1781, quando Piccinni insistiu em montar a sua versão. Por melhor que fossem algumas de suas páginas isoladas, ela era muito inferior à ópera mais perfeita de seu rival. E foi seriamente prejudicada pelo fato de a soprano que fazia o papel-título ter subido ao palco bêbada – o que os impiedosos parisienses não perdoaram: logo surgiu a paródia *Iphigénie en Champagne*.

O principal problema da ópera de Piccinni é a mediocridade do libreto de Alphonse du Congé Dubreuil, que nem uma revisão feita por Pierre-Louis Guingené conseguiu remediar. Além disso, num momento em que Gluck está empenhado em integrar árias e recitativos de modo a dar ao discurso musical maior continuidade, Piccinni retrocede para a velha estrutura dos *pezzi chiusi*, os números fechados com recitativo acompanhado. Isso não impede que haja, em sua partitura, momentos convincentes, como se pode avaliar pela gravação ao vivo de Donato Renzetti, com Silvia Baleani, que existe no catálogo da Fonit-Cetra. São muito bem escritas árias como a da loucura de Orestes, "Cruel! et tu dis que tu m'aimes", na cena 5 do ato III, em que o uso do trombone cria uma atmosfera sobrenatural; ou o espetaculoso final da ópera, com o monólogo de Diana, "Quittez cet horrible rivage".

Funciona muito bem a idéia de, após a tempestade mandada pelos deuses com que se encerra o ato I, uni-lo, sem interrupção, ao ato seguinte: seu acorde conclusivo de dó maior é a dominante da tonalidade de fá maior com que o II se inicia. E o trio cantado por Ifigênia, Orestes e Pílades já prenuncia a técnica mozartiana do *concertato* psicológico, o tipo de cena de conjunto em que várias personagens expressam sentimentos discordantes, através de linhas melódicas diferentes, mas harmonicamente unificadas. Ainda assim, é desvantajoso para Piccinni o confronto com a outra *Iphigénie*.

O italiano conseguiu, em todo caso, recuperar-se com *Didon* (Marmontel, Teatro do Castelo de Fontainebleau, 16.10.1783), em que Antoinette-Cécile de Saint-Huberty brilhou como a personagem título. Mantida no repertório do Opéra até 1823, *Didon* mostra com que habilidade Piccinni tinha assimilado as lições de seu rival alemão, para expressar, em árias construídas com movimentos curtos e contrastantes, a multiplicidade de sentimentos de suas criaturas: a agitação violenta de Dido em "Hélas, pour nous il s'expose" (ato III), quando ela percebe que não conseguirá resistir à paixão que sente por Enéias; ou o dilema do herói, dividido entre a emoção e o dever em "Au noir chagrin qui me dévore", a patética ária em dó menor com que se abre o ato II. Nesses passos e, por exemplo, no uso do trombone para a cena da aparição do fantasma de Anquises, pai de Enéias, que vem lhe lembrar o compromisso de recriar, no Lácio, a Tróia destruída pela guerra, Piccinni antecipa alguns procedimentos que Berlioz – profundo conhecedor da ópera do século XVIII – utilizará em seus *Troianos*.

Mas o gosto do público estava mudando. *Diane et Endymion* (1784) e *Pénélope* (1785) foram semifracassos; *Clytemnestre* (1787) sequer chegou a ser encenada. Quando a Revolução começou, Piccinni voltou para a Itália, onde foi aclamado como uma celebridade internacional. Emplacou um último sucesso com *Griselda* (San Samuele de Veneza, 8.10.1793); mas as filiações jacobinas de seu genro o fizeram cair em desgraça com as autoridades venezianas. Após quatro anos de prisão domiciliar, Piccinni voltou para Paris, em 1798, e terminou a vida como um modesto professor do Conservatório.

Mas não foi só Piccinni quem entrou em declínio. Depois do sucesso da segunda *Iphigénie*, Gluck foi vítima da concorrência consigo mesmo. O público esperava uma repetição dessa ópera magnífica e deu gélida acolhida a *Echo et Narcisse*, que ele escrevera paralelamente à sua obra-prima. O vídeo da montagem de René Jacobs em Schwetzingen (1987), também lançada em CD pela Harmonia Mundi, revela que ela tem inegáveis encantos, mas é de um estilo pastoral àquela época já obsoleto. O compositor inclusive reutilizou nela música originalmente escrita em 1755 para a serenata *La Danza*; a comparação pode ser feita por meio da gravação dessa obra de início de carreira, realizada pelo polonês Tomasz Bugaj para o selo Orfeo. Desiludido com esse fracasso e já com a saúde bastante alquebrada, o compositor abandonaria Paris e, em seus últimos dias, nada mais escreveria.

*Iphigénie en Tauride*, contudo, é o coroamento de sua obra, sua criação mais perfeita do ponto de vista da capacidade de retratar as emoções de suas personagens. Numa ópera em que o recitativo é substituído por um arioso constante, é extremamente eficiente a declamação, em que virão mirar-se as gerações futuras. Árias como "De noirs pressentiments", de Thoas, no ato I, com seu acompanhamento num ritmo *ostinato*; a comovente "Ô malheureuse Iphigénie", da protagonista; o dolorido desabafo de Orestes, no ato II, "Le calme rentre dans mon coeur"; ou o "Unis dès la plus tendre enfance", em que Pilades proclama sua amizade por Orestes, têm um elevado nível dramático.

A orquestra nunca foi tão expressiva, seja nos trombones que pontuam o coro das Fúrias no ato II, seja nas percussões que dão extrema urgência à selvagem Dança dos Citas no ato I – único trecho de dança em toda a ópera, e de rigorosa justificativa dramática. Quanto à abertura, de tempestuosa concisão, ela não é uma peça de concerto destacável, mas uma enérgica entrada direta na ação, consolidando um exemplo que, no século seguinte, será seguido por muitos compositores.

E mais: agora que a ruptura com as antigas formas da *opera seria* é coisa resolvida e passada em julgado, Gluck pode até dar-se ao luxo de reutilizar moldes obsoletos, que lhe são úteis. É o caso do monólogo da loucura de Orestes, "Dieux qui me poursuivez", de um furor já pré-romântico: ele o escreve como uma compacta *aria da capo* porque o esquema repetitivo dessa forma o ajuda a sugerir o caráter obsessivo do homem dominado pelo remorso, que fica remoendo idéias dentro da cabeça. *Iphigénie en Tauride* processa, assim, a reconciliação da ópera barroca com a ópera reformada do Classicismo, ao mesmo tempo que lança para o futuro um modelo heróico que será o ponto-de-partida para Cherubini, Spontini e Spohr, para Beethoven, Weber e Berlioz, e até mesmo para o jovem Wagner.

De resto, já existe em embrião, em Gluck, um procedimento que só será plenamente desenvolvido por Wagner na segunda metade do século XIX: a função da orquestra como a responsável por uma narração paralela que não só complementa, mas às vezes contradiz a das palavras e da linha vocal. Na cena 3 do ato II, por exemplo, sentindo-se apaziguado, Orestes canta: "Le calme rentre dans mon coeur! Mes maux ont donc lassé la colère céleste?" (A calma volta ao meu coração! Terão meus males cansado a cólera celeste?). Mas o que o agitado acompanhamento instrumental sugere é que essa serenidade é enganosa e muitos outros sofrimentos ainda estão por vir.

Curiosamente, na mais perfeita de suas óperas de tema sério, é muito grande a quantidade de material reutilizado de outras obras. O balé *Semiramide* (1765) fornece a base para a música das Fúrias; as árias mais longas de *Ifigênia* vêm da *Clemenza di Tito* e do *Antigono*, via *Telemaco*. Desta última, após uma passagem por *Le Feste d'Apollo*, vem a grande ária de Orestes. E a cena inicial origina-se de *L'île de Merlin*, o *opéra-comique* de 1758. A incorporação de árias de estilo italianado dá à caracterização das personagens uma expansividade maior do que tinham as da primeira *Iphigénie* ou as da *Armide*. Parece termos voltado à vibração intensa da *Alceste*. Mas a maturidade de escrita atingida permite a Gluck integrar essas páginas, pertencentes a uma fase bem recuada de sua produção, a uma moldura global que é tipicamente francesa, sem que haja disparidades entre uma e outra. É extraordinária a naturalidade com que a linha de canto passa do recitativo à cantilena ou às melodias corais.

A segunda *Iphigénie* nunca perdeu a popularidade. No início do século XIX, era o papel preferido de Alexandrine Branchu, que Berlioz chamava de "la tragédie lyrique incarnée". O autor dos *Troianos* recomendou-a vivamente ao regente inglês sir Charles Hallé, que fez dela uma célebre montagem em Manchester (1860). Richard Strauss a editou e "modernizou" para uma apresentação em Viena (1900), embora não de forma tão radical quanto Wagner com a primeira *Iphigénie*. Maria Callas com Carlo-Maria Giulini (Milão, 1957), Rita Gorr com sir Georg Solti (Edimburgo, 1961) e Régine Crespin com Georges Prêtre (Opéra, 1965) foram as maiores intérpretes do papel em meados deste século.

A idade do registro não tira o valor de referência da gravação de Carlo-Maria Giulini, feita no início dos anos 50 para o selo Urania, com Leopold Simoneau, Robert Massard e Patricia Neway. Têm igual valor histórico o de Milão (1957), com Callas, Cossoto/Sanzogno; o de Munique (1965) com Jurinac, Wunderlich, Prey/Kubelik; e o do Colón de Buenos Aires, com Crespin, Massard, Chauvet/Sebastian. A versão Lorengar, Bonisolli/Gardelli, da Orfeo, é estilisticamente sofrível. De maior autenticidade musicológica e mais fáceis de encontrar são os registros de John Eliot Gardiner para o selo Philips, documentando sua montagem de 1985 para a Ópera de Lyon, com Thomas Allen e Diane Montague; e o de Riccardo Muti (Sony), com Allen, Carol Vanness e Gösta Wymbergh, gravado ao vivo no Scala em 1992.

Na introdução ao álbum de Gardiner, no ensaio intitulado *Musik als Dienerin der Dichtung* (A Música a Serviço da Poesia), o musicólogo alemão Ernst Krause chama a atenção para o fato de que

> Gluck une, nessa obra genial, o trágico e o belo, em busca de uma verdade humana mais elevada, da qual os elementos amorosos estão corajosamente excluídos. Virando as costas a todo misticismo nebuloso, a todo culto do sentimento pessoal, atinge uma linguagem musical comedida, "distanciada", a que não falta, porém, força expressiva. Essa *Iphigénie*, que só poderia ter sido escrita por quem se desligou do mundo rígido e fechado da *opera seria*, é a sua verdadeira tragédia musical – a realização daquilo que, tempos antes, no Prefácio à *Alceste*, ele definira como o elemento essencial do *dramma per musica*: fazer com que a música voltasse a seu papel primordial de servir a poesia. [...] O que Hanslick escreveu, impressionado por essa grandiosa tragédia musical – "Cronologicamente é a última obra do Mestre, mas por seu mérito é a primeira" –, ainda é válido hoje.

Para concluir, ouçamos a palavra de Donald Jay Grout:

> É difícil definir a verdadeira posição de Gluck dentro da História da Ópera. No entanto, a conquista que o distingue de seus contemporâneos é o restabelecimento de um maior equilíbrio entre a música e a poesia, entre o que poderíamos chamar de a superfície audível da música e o seu conteúdo dramático mais profundo. É de Gluck o mérito de ter devolvido ao drama uma posição mais elevada, e de ter redimensionado os exageros musicais do período precedente. Paradoxalmente, ele o fez simplificando o libreto e enriquecendo a música, substituindo às complexas intrigas de Metastasio as ações elementares do teatro grego, e trocando os trinados e enfeites das óperas de Hasse pela melodia pensada em função do drama e concebida como inseparável de seu conteúdo orquestral. Gluck possuía o dom inato de atingir o sublime com meios aparentemente simples. Ao mesmo tempo, enriqueceu a ópera com a introdução de elementos provenientes do balé, desfrutando todos os recursos do estilo operístico em cenas longas e complexas, cuja unidade conseguia manter graças à pureza de sua forma musical. Em suas óperas da reforma, encontramos sintetizados a simplicidade do *opéra-comique*, a grandiosidade da *tragédie-lyrique*, o vocalismo sedutor da *opera seria* e as conquistas sinfônicas italianas e alemãs, reunidas em uma espécie de ópera *supranacional*, que correspondia perfeitamente, em termos musicais, à estrutura universalista de pensamento do período clássico.

# Os Seguidores de Gluck

## Sacchini e Salieri

Além do impacto que, no futuro, Gluck exercerá sobre outros compositores, é grande a marca que deixa, de imediato, na obra de dois músicos italianos que trabalham fora de seu país e obtêm renome em Paris com suas peças:

## Antonio Sacchini

Stuttgart, Munique e Londres, além de várias cidades italianas, foram os centros onde Sacchini (1730-1786) construiu o seu nome, antes de chegar a Paris, em 1783, convidado por Maria Antonieta. A carreira internacional veio graças à reputação obtida com *Andromaca* (Nápoles, 1762), *Alessandro nell'Indie* (Veneza) e *Olimpiade* (Pádua), ambas de 1763. Nomeado diretor do Conservatorio dell'Ospedaletto, em Veneza, pôde atender aos convites dos teatros germânicos com *Semiramide Riconosciuta, Eumene, Il Gran Cidde, Lucio Vero*, todas de 1764.

Estava aberto o caminho para Londres, onde o crítico Charles Burney o descreveu como "o músico mais promissor no estilo sério". Sua habilidosa escrita vocal garantiu a popularidade de *Rinaldo, Tamerlano, Perseo, Montezuma* e outras. Em 1781, entretanto, teve de deixar a Inglaterra, ameaçado de ser preso por dívidas. Dessa fase existe, no selo Bongiovanni, a gravação Catalucci de *La Contadina in Corte* (1775), em que se manifesta um talento seguro mas sem maior originalidade.

Em Paris, Sacchini soube adaptar-se ao estilo gluckiano, reconhecendo a sua modernidade, bem como à técnica e sensibilidade dos cantores e músicos franceses. Apesar das críticas cerradas dos piccinistas, foi bem recebido, em 25 de fevereiro de 1783, o *Renaud* adaptado do *Rinaldo* (1780) londrino, que, por sua vez, provinha de uma *Armida* anterior (Milão, 1772).

Mas as intrigas palacianas que presidiram ao insucesso, em 4 de janeiro de 1786, de sua obra-prima, *Oedipe à Colonne*, com libreto de N.-F. Guillard, desiludiram-no, apressando a sua morte. O que foi uma injustiça flagrante, pois, além de um excelente libreto do poeta da segunda *Iphigénie*, a partitura está cheia de páginas admiráveis, das quais a mais bela é o dueto entre Édipo e sua filha Antígone, quando esta lhe suplica que perdoe o irmão, Polinice. Mais tarde, foi-lhe devolvido o apreço que merecia, e *Oedipe* teve 583 representações, na Ópera de Paris, entre 1785-1842. Mas, nestes tempos de redescobertas e reavaliações, ainda está à espera de que a documentem em disco.

## Antonio Salieri

Foi ainda mais injusta a sorte de Salieri (1750-1825), por muito tempo rotulado de compositor medíocre – o que não é verdade – e de suspeito pela morte de Mozart, o que não passa de fantasia. Aluno, em Veneza, do respeitado Florian Gassmann, que o familiarizou com as propostas de Gluck, foi levado por seu mestre para Viena, e substituiu-o como diretor da Ópera Italiana, na corte, em 1774, quando ele morreu.

Salieri ficou conhecendo o autor da *Alceste* em 1769, um ano antes da estréia, no Hoftheater, de *Le Donne Letterate*, onde a disposição das árias e o tratamento do recitativo já evidenciam a influência das idéias reformistas. Seu primeiro grande sucesso foi *Armida* (1771), descrita como "un'opera di stile magico-eroico-amoroso toccante il tragico", em que ele já se afasta deliberadamente do molde barroco. Além de dar papel preponderante ao coro, compõe para ela uma abertura, sobre os temas que serão ouvidos no decorrer da ação, a que chama de *sinfonia in pantomima*, explicando que foi "concebida como um drama invisível que, embora não seja mostrado no palco, deve ser encenado na imaginação de cada um dos espectadores".

A crença nos ideais gluckianos levou-o, inclusive, a licenciar-se, em protesto, entre 1778 e 1783, quando o Nationaltheater aceitou montar *singspiele* em alemão, aos quais recusava qualquer valor artístico. Grato pelo apoio que suas teorias recebiam de compositor tão influente na corte austríaca, Gluck lhe passou uma encomenda que não podia aceitar: a da *Europa Riconosciuta*, com que, em 3 de agosto de 1778, foi inaugurado um novo teatro, o Scala, de Milão. Esse ano marca o apogeu da carreira de Salieri: tendo sido nomeado Hofkappelmeister e presidente da Tonkünstler Sozietät, ele tornou-se o homem mais poderoso na vida musical austríaca.

É curiosa a gênese de uma de suas melhores óperas, escrita para o público parisiense, na qual a absorção do estilo gluckiano é integral. Em 1778, depois do sucesso em Paris da *Alceste* e do *Orphée et Eurydice*, Gluck pensou em reatar a colaboração com Calzabigi. Este concordou e, no fim do ano, enviou-lhe um libreto baseado na trilogia de Ésquilo sobre o rei Danaus.

Inimigo de seu irmão gêmeo Egipto, a quem baniu de seu reino, Danaus, a certa altura, propõe-lhe fazer as pazes. E para selá-las, sugere o casamento de suas cinqüenta filhas com os cinqüenta filhos de Egipto. O que projeta, na verdade, é uma vingança e exige de todas as moças que, na noite de núpcias, assassinem seus maridos. Mas a mais velha, Hipermnestra, apaixonou-se por Linceu, o noivo que lhe foi destinado, e recusa-se a obedecer. No final, quando Danaus ordena que Hipermnestra seja sacrificada como castigo, o chefe da guarda do palácio, Pélago, rebela-se contra sua crueldade e o assassina, permitindo à moça unir-se a Linceu.

Gluck gostou da escolha do argumento, que lhe permitia retrabalhar, de maneira diametralmente diferente, um libreto famoso de Metastasio, a *Hipermestra*, musicada por só Deus sabe quantos compositores – todos eles diluindo, com os recursos decorativos tradicionais, os elementos mais agressivos da história. O que Gluck queria, desta vez, era explorar, com toda a energia, o elemento bárbaro original, que Calzabigi devolvera ao libreto, escrito com sua habitual concisão.

Mas a composição da *Iphigénie en Tauride* retardou sua abordagem do texto; e o fracasso de *Écho et Narcisse*, em 1779, deixou-o tão entristecido, que nem mesmo Maria Antonieta conseguiu demover o ex-professor de ir embora de Paris e nunca mais compor. A rainha insistiria muito, inutilmente, como o demonstra uma carta de 31 de março de 1780, a Franz Kruthoffer, secretário da Embaixada da Áustria, a quem Gluck reafirma sua intenção de não voltar à capital francesa.

Ao partir, Gluck deixou o texto com Du Rollet, que, sem consultar Calzabigi, traduziu-o para o francês, juntamente com seu amigo, o barão Louis Théodore de Tchudy. Para a música, pensou em Salieri, cujo nome, depois da *Europa Riconosciuta* e de *La Scuola de' Gelosi*, escrita naquele mesmo ano para Veneza, consolidara-se em toda a Europa, a ponto de o público parisiense começar a querer conhecê-lo. Em 1783, uma notinha no jornal *Mémoires Secrètes* anunciava que, entre as óperas em preparação, havia uma *Hypermnestre* escrita pelo barão Tchudy e o cavaleiro Gluck. Mas quando *Les Danaïdes* estreou na Academia, em 19 de abril de 1784, o programa dizia que a música era do cavaleiro Gluck e de Antonio Salieri.

O artifício de usar um nome conhecido para assegurar a acolhida do público foi bem sucedido. Mas, em 19 de abril de 1784, Gluck escreveu a Du Roullet pedindo-lhe que inserisse, no *Journal de Paris*, uma nota esclarecendo que Salieri era o único autor da partitura, "meu papel tendo-se limitado a fazer algumas sugestões que ele aceitou de bom grado". E acrescentava: "Foi minha estima pelo signore Salieri que me levou a compartilhar com ele os frutos de minha experiência". Lisonjeado, o italiano apressou-se em publicar, no mesmo jornal, uma carta em que agradecia a Gluck, e explicava:

> É verdade que escrevi sozinho a música para *Les Danaïdes*, mas o fiz sob sua supervisão, guiado por sua luz e seu gênio. Eu faltaria ao dever da verdade e da gratidão se não reconhecesse a honra que ele me faz ao concordar que seu nome apareça ao lado do meu na página de rosto da partitura.

*Les Danaïdes*, da mesma forma que a *Iphigénie en Tauride*, sintetiza as propostas gluckianas da ópera reformada no que se refere à integração de árias curtas e recitativo acompanhado, ao uso extenso do coro, à sobriedade do acompanhamento orquestral e à grandeza de concepção do espetáculo. Momentos como a cena do ato II, em que Danaus cobre de ameaças a filha que se recusou a pegar, sobre o altar do templo, o punhal com que deve matar o noivo; a prece de Hipermnestra aos deuses, no ato III, "Vous qui voyez l'excès de ma faiblesse"; ou seu dueto com Linceu, "Hélas! que ne puis-je te suivre dans les déserts les plus affreux", são um desmentido à fama de mediocridade de Salieri.

A cena com que se encerra o ato II – o recitativo "Où suis-je, ô ciel?" seguido da ária "Foudre céleste! je t'appelle"– tem uma densidade que a aproxima muito da célebre "Divinités du Styx", da *Alceste*. E é particularmente impressionante, por sua crueza, o final, que se passa no Inferno. No centro do palco corre o Tártaro, representado como um rio de sangue. A rubrica do libreto descreve Danaus acorrentado num rochedo, suas entranhas sendo eternamente devoradas por um abutre, raios caindo-lhe sobre a cabeça. As Danaídes também estão acorrentadas, "atormentadas pelos demônios, devoradas pelas serpentes, perseguidas pelas Fúrias; seus gritos enchem o teatro; uma chuva de fogo cai perpetuamente". A escrita coral dessa cena de pesadelo é uma das páginas mais convincentes de Salieri e já existe nela uma antecipação do gosto romântico pelo horrível.

Gianluigi Gelmetti realizou, para a EMI, a gravação de *Les Danaïdes* (Stuttgart, 1990), com Margaret Marshall e Dmitri Kavrakos. Há também, em vídeo, uma montagem dessa ópera em Montpellier (julho de 1986), com Montserrat Caballé e René Massis, regida por Emmanuel Krivine.

O sucesso não se repetiu, porém: *Les Horaces*, uma *tragédie-lyrique* baseada em Corneille, estreada em 1785, foi muito mal recebida, o que fez Salieri voltar para Viena. Lá, pôs em prática os princípios gluckianos em uma ópera cômica, *La Grotta di Trofonio*, cantada no Burgtheater em 12 de outubro de 1785. Embora muito fraco, o texto de Giambattista Casti combina elementos estilísticos diversos para contar a história de dois casais que se perdem na caverna mágica de Trofônio, que tem o poder de fazer as pessoas agirem do modo contrário à sua real personalidade – o que gera os mais previsíveis qüiproquós.

No início do ano seguinte, Mozart e Salieri receberam, de José II, a encomenda de óperas em um ato, a serem encenadas na Orangerie do Palácio de Schönbrunn, em 7 de fevereiro, como parte de uma cerimônia oficial. Tanto o *Empresário*, de Mozart e Gottlieb Stephanie, quanto *Prima la Musica e poi le Parole*, com texto de Casti, tratam dos problemas da vida teatral. A de Salieri mostra como é difícil compor e ensaiar uma ópera, devido aos desentendimentos entre compositor e libretista, entre *primadonna* e *soubrette*.

Há um divertido perfil do libretista, caricaturando Lorenzo da Ponte, o colaborador de Mozart; a paródia de uma "ária de loucura"; a cena muito engraçada em que as duas cantoras, ao se apresentarem, acabam brigando uma com a outra; e um pastiche hilariante do *castrato* Luigi Marchesi cantando uma ária de bravura do *Giulio Sabino* de Sarti. A gravação de Sanfilippo (Bongiovanni, 1989) mostra o domínio que Salieri tem dos aspectos mais satíricos do gênero bufo. Em 1987, também Harnoncourt gravou trechos da ópera para o selo Teldec.

Ao sair de Paris, Salieri levara consigo o libreto da tragicomédia *Tarare*, que Augustin Caron de Beaumarchais, o criador da trilogia do Fígaro, tirara de um conto persa; e a compôs como encomenda do Opéra. Trata-se de um típico texto pré-romântico, produto de um agitado ambiente pré-revolucionário, em que a aristocracia está perdendo rapidamente terreno para a burguesia ascendente. Isso se percebe na forma como o dramaturgo lança mão de todos os truques possíveis, visando a conquistar a atenção do novo público, muito mais interessado em cruezas explícitas do que em refinadas reflexões.

O extenso Prólogo evoca o estado primordial de Caos que presidiu à criação do ser humano, o que explica a confusa mistura de bons e maus sentimentos que ele traz dentro de si. Para demonstrá-lo, a ópera conta a história de um tirano de ilimitada crueldade, que não recua diante de crime algum. A perfeita felicidade doméstica de Tarare, oficial em seu Exército, irrita-o de tal forma, que ele decide fazê-lo sofrer de todas as maneiras possíveis. Manda incendiar a casa de Tarare; carrega Astásia, sua mulher, para o serralho; e força os sacerdotes a profetizarem que o casal tentará tomar-lhe o trono, para poder condená-los à fogueira.

O povo, que conhece Tarare e o estima, revolta-se contra o tirano, invade seu palácio e ele tem de se apunhalar para não ser linchado. Embora relute em aceitá-la, Tarare acaba recebendo a coroa que lhe oferecem, pois foi o povo quem escolheu diretamente seu novo governante. Na cena final, os deuses do Prólogo retornam para cantar a moral da história: "Homem! tua grandeza nesta terra deriva não de tua posição social, mas de teu caráter". É um indício da desmoralização das instituições monárquicas a censura não ter conseguido impedir a rumorosa estréia no Opéra, em 8 de junho de 1787, de obra tão panfletária, abertamente antimonárquica.

O vídeo do Festival de Schwetzingen, regido por J.-C. Malgoire, exibido pela TV a cabo em dezembro de 1998, pôs ao alcance do público brasileiro um dos experimentos operísticos mais radicais do fim do século XVIII, em que as idéias de Gluck são levadas às últimas conseqüências. Salieri usa todos os tipos possíveis de recitativo, pedindo sempre que ele seja "expressivo e rápido", e o expande em breves ariosos; mas nunca chega à ária tradicional. Em *Salieri, um Músico à Sombra de Mozart*, Volkmar Braunbehrens, biógrafo do compositor, não exagera ao dizer que "essa forma de tratamento da declamação operística desenvolve-se a partir da abordagem gluckiana, mas não será mais repetida até que Wagner embarque em seu programa de reforma da ópera".

*Axur rè d'Ormus*, versão do *Tarare* revista por Lorenzo da Ponte, nada tem a ver com as intenções originais. Foi José II quem lhe pediu que traduzisse a ópera francesa, para comemorar o casamento do arquiduque Francisco, futuro imperador da Áustria. Mas Da Ponte logo se deu conta de que traduzir não seria suficiente. Era necessário atenuar as idéias mais voláteis, eliminar as referências demasiado claras à França, onde a situação da irmã do imperador tornava-se a cada dia mais instável, e mudar o foco político.

Era, de resto, um trabalho que sabia fazer muito bem: já passara por isso ao transformar o *Mariage de Figaro ou La Folle Journée*, do mesmo Beaumarchais, no libreto menos virulento das *Nozze di Figaro* mozartianas. Da Ponte cortou o Prólogo e o Epílogo do *Tarare*, mudou os nomes das personagens, e tornou várias cenas mais compactas. Não alterou a história do tirano que quer infligir os piores sofrimentos a seu súdito feliz; mas fez com que a conclusão enfatizasse o quanto um soberano levado ao trono pela vontade de Deus é amado por seu povo quando o trata com bondade e sabedoria. Saiu-se muito bem, pois conseguiu agradar tanto ao rei quanto ao povo, quando a ópera foi apresentada no Burgtheater, em 8 de janeiro de 1788.

Também Salieri modificou substancialmente a partitura, alegando haver "diferenças enormes entre a música escrita para cantores franceses e de escola italiana", como os de que dispunha em Viena. *Axur* usa material de *Tarare*, mas é melodicamente mais rica, com árias e cenas de conjunto, embora haja a visível preocupação em integrá-las através de um recitativo acompanhado de corte rigorosamente gluckiano. Aqui, como em *Les Danaïdes*, pode-se sentir uma empostação que prenuncia o Pré-Romantismo. A ária do tenor no ato II, "Soave luce di paradiso", tem uma nobreza legítima, que lhe é conferida por sua eloqüente e longa linha melódica; o monólogo do sacerdote Arteneo, no ato III, "O divina prudenza", não ficaria deslocada na boca do Sarastro mozartiano; e, no imponente *concertato* com que o *Axur* se encerra, já há sons que antecipam claramente a escrita beethoveniana do *Fidelio*.

A revisão não impediu, porém, que alguns trechos permanecessem quase idênticos ao original. O mais interessante é o finale do ato II, em que o tirano Axur oferece hipocritamente ajuda ao capitão Atar, quando este vem pedir-lhe socorro contra os inimigos que destruíram seus bens e raptaram Aspásia, sua mulher. Uma ágil seqüência de recitativos, às vezes quase falados, entrecorta o canto, conduzindo a um número de conjunto que flui naturalmente do diálogo e encerra o ato com grande espontaneidade. No catálogo Nuova Era/Ancient Music, há uma gravação ao vivo do *Axur*, feita no Festival de Arezzo. Os ruídos de cena e a intromissão do ponto que, às vezes, sopra alto demais, não chegam a destruir o excelente trabalho de Andrea Martin, Curtis Rayam, Eva Mei e do regente René Clemenčíć.

Merece ainda menção o *Falstaff ossia Le Tre Burle*, o último grande sucesso de Salieri. Não se espere dele – nem de Gazzaniga, Sarti, Martín y Soler ou qualquer outro competente contemporâneo – que tenham o gênio cômico de Mozart. É preciso esquecer que Wolfgang Amadeus fez das *Bodas de Fígaro* um dos pináculos de toda a História da Ópera, para poder apreciar esta primeira adaptação operística das *Alegres Comadres de Windsor* shakespeareanas, valorizada pelo hábil libreto de Carlo Prospero Defranceschi, que elimina todas as intrigas acessórias e escreve um texto denso, com um diálogo vivo, que fornece ao compositor o ponto de partida para uma música cintilante, bem orquestrada, cheia de nuances. Ouçam a gravação de Tomás Pál (Hungaroton, 1985, lançada no Brasil, em 1997, pelo selo Paulus) e hão de compreender por que o *Falstaff* foi tão bem recebido pelo público presente no Kärtnertortheater, na noite de 3 de janeiro de 1799. Há dele também, um vídeo de Schwetzingen, regido por Arnold Ostman, exibido no Brasil, em 1998, pela TV a cabo.

Esse é o último trabalho importante de Antonio Salieri. Outras óperas vieram, mas ele declinava rapidamente. Em 1801, precisou de todo o peso do prestígio acumulado em muitos anos de carreira musical e cortesã, para que o convidassem a escrever *Annibale in Capua*, com que foi inaugurada a Ópera de Trieste. A essa altura, porém, aos 51 anos, não sabia mais renovar-se, e o estilo da composição é totalmente obsoleto. *La Bella Selvaggia* (1802), *Die Hussiten von Naumburg* (1803) e *Die Neger* (1804) são teimosos esforços para atualizar-se, cedendo inclusive à voga do *singspiel* em alemão (língua que, na época do *Rapto no Serralho* ou da *Flauta Mágica*, afirmara peremptoriamente ser inadequada para o canto operístico).

Tudo em vão: esquecido e superado, Salieri, que em vida colhera todas as glórias materiais que uma profissão pode oferecer, manteve-se em silêncio nos seus últimos anos. A desilusão e a amargura perturbaram suas faculdades mentais; tentou o suicídio e terminou seus dias em uma instituição para loucos. Ali, em meio ao delírio da insanidade, afirmava ter remorsos por ter sido o causador da morte de Mozart; mas tudo indica que isso não passava de uma pobre fantasia de demente.

Foi, entretanto, o que serviu de ponto de partida ao poeta russo Aleksandr Púshkin, em 1830, para a peça *Mozart e Salieri* – musicada em 1898 por Nikolai Rímski-Kórsakov –, em que ele usa as personagens históricas para fazer uma reflexão sobre o conflito entre o gênio e o mero talento. A mesma idéia foi desenvolvida pelo dramaturgo inglês Peter Shaffer, em sua peça de muito sucesso *Amadeus*, virtuosisticamente filmada em 1984, por Miloš Forman.

É verdade que Salieri não tinha nenhuma razão especial para gostar de Mozart, em quem devia reconhecer um rival perigoso. Deixou de ajudá-lo e até mesmo intrigou-o com o Imperador; mas era um homem íntegro o suficiente para não chegar ao crime. Pesquisas recentes demonstraram que eles chegaram a trabalhar juntos pelo menos uma vez, escrevendo a quatro mãos uma cantata para a amiga comum, a soprano Nancy Storace, quando ela recuperou a voz depois de prolongada doença. E sabe-se hoje que pelo menos uma das três últimas sinfonias de Mozart – que se acreditava nunca terem sido executadas em vida do compositor – foi regida por Salieri em um concerto beneficente.

Testemunhos da época dão conta de que o italiano abalou-se até o Theater auf der Wieden, nos subúrbios de Viena, para ouvir a *Flauta Mágica* ao lado de seu autor; e declarou que ela era "uma grande ópera, apropriada para a encenação nas maiores festividades, diante dos maiores soberanos". Salieri foi também muito generoso com Xaver Wolfgang Mozart, o único filho sobrevivente de Wolfgang Amadeus, ajudando-o em sua carreira de compositor de limitadíssimo talento. E sustentou a família Gassmann, deixada em dificuldades após a morte de seu mestre. Foi, além disso, um professor respeitado e admirado por Beethoven e Schubert, Liszt e Meyerbeer, seus alunos mais ilustres. Cabe ressaltar, finalmente, a importância histórica do papel que desempenhou como professor, pois foi por meio dele que as técnicas de escrita vocal gluckianas chegaram aos autores do *Fidélio* e dos *Huguenotes*. Repete-se assim um padrão curioso, típico das características multinacionais de uma ópera cosmopolita como a francesa: formas estabelecidas por um alemão que fora para Paris são transmitidas a outro alemão que, no século XIX, dominará a cena parisiense, por intermédio de um italiano que trabalhava na Áustria.

# Do Fim do Século XVIII à Primeira Metade do Século XIX: Pré-Romantismo e Romantismo

# Da Revolução ao Império

## Gossec, Dalayrac, Catel

Nos dez anos que separam a queda da Bastilha (1789) do golpe de Estado napoleônico do 18 de Brumário (1799), a atividade operística convencional não chegou a interromper-se. A estrutura administrativa tanto da Academia quanto do Opéra-Comique era suficientemente forte para sobreviver àquela fase conturbada, em que não havia reais impedimentos a que óperas não voltadas especificamente para a difusão revolucionária conti-nuassem sendo montadas, mas também não havia qualquer estímulo oficial a uma cultura que se mantivesse à margem da propaganda ideológica.

O que dominou a produção francesa, nessa época, foram os hinos, odes e canções patrióticas, de conteúdo panfletário explícito, que tinham de ser escritos numa linguagem muito simples, para poderem ser compreendidos por todo o povo, usando melodias facilmente memorizáveis. Era muito comum, por isso mesmo, adaptar letras revolucionárias a canções folclóricas ou populares, de domínio público, como *Cadet Rousselle, Le Bon Roi Dagobert* ou *Charmante Gabrielle*. Evidentemente, a maioria dessas canções era descartável e hoje – em que pese o cuidadoso trabalho arqueológico de resgate de todo esse material, que foi feito por ocasião das comemorações do bicentenário da Revolução – não passa de um objeto de museu. Poucas foram as que, por sua força elementar, como a avassaladora *Ça ira!*, ou pelo inegável sopro épico que as animam, como a *Marseillaise,* de Rouget de l'Isle, conseguiram permanecer – esta última a ponto de converter-se no próprio hino da nação. Em meio aos inúmeros *citoyens* desconhecidos que produziam em série todas essas canções, havia, entretanto, alguns músicos com formação de Conservatório:

## François-Joseph Gossec

De origem belga, Gossec (1734-1829) tinha sido aluno de Rameau e foi diretor assistente do Opéra-Comique entre 1780 e 1782. O terreno que melhor dominava, por causa disso, era o da ópera de tom sentimental, embora o acusassem de ser pedante ao tentar, em seus trabalhos mais bem-cuidados – *Les Pêcheurs* (1766) e *Toinon et Toinette* (1767) –, dar um destaque maior ao acompanhamento orquestral, com independência das madeiras e cordas graves – uma tendência que já se observa em suas sinfonias de início de carreira. Nessa fase, seu trabalho compara-se, em elegância e graça, ao de Duni, Monsigny e Philidor.

Com o advento de Grétry, tentou dedicar-se ao gênero sério no Opéra, onde, desde 1757, trabalhava como orquestrador e arranjador. Em 1775, foi promovido a *maître de musique* e, em 1780, chegou a vice-diretor. Admirava muito Gluck, tendo chegado a escrever um balé para o final de *Iphigénie en Tauride* (1779);

tentou, portanto, imitar seu estilo em *Sabinus* (1773), que não agradou ao público. Obteve resultados melhores em *Alexis et Daphné* (1775), *Philémon et Baucis* (1775), ambas em um ato e, principalmente, em *Thésée* (1782). Durante a Revolução, aderiu abertamente às composições de circunstância: atendendo a encomendas do governo, compôs música para *Le Chant du 14 Juillet*, *L'Hymne à l'Être Suprême*, os hinos *À la Liberté*, *À l'Humanité*, *À l'Égalité* e o *Serment Républicain*.

## Nicolas-Marie Dalayrac

Filho de família rica, Dalayrac (1753-1809) estudou Direito antes de dedicar-se ao *opéra-comique*. Aluno de Honoré Langlé e de Grétry, aderiu entusiasticamente à Revolução, produzindo obras patrióticas como *La Prise de Toulon* (1794). Liderou também a campanha para que os compositores recebessem cachê por seu trabalho; é, portanto, um pioneiro da criação dos direitos autorais para o músico.

Seu primeiro grande sucesso foi *L'Amant Statue* (Comédie-Italienne, 4.8.1785), onde François-Georges Fouques Desfontaines conta as artimanhas do oficial Dorval para se aproximar da tímida Célimène. Além de lhe escrever diariamente e de vir à sua casa como um vendedor ambulante de canções, disfarça-se de estátua de jardim (!) e, assim, declara-se a ela. O libreto é de uma sensacional tolice, mas as árias de Célimène, de gosto italianado, são de grande virtuosismo – a segunda exige da cantora que atinja um mi agudo. Louis Dudziak e Jeanne Chevalier cantam na gravação M. Cook (Scalen' Disc, 1985).

A comédia sentimental *La Nouvelle Clémentine*, de Thomas de Baculard d'Arnaud, já tinha sido adaptada por Dezède (*Julie*, 1772) quando atraiu a atenção de Dalayrac. Baseando-se nessa peça muito estimada pelo público, Benoît-Joseph Marsollier des Vivetières escreveu o libreto da *Nina ou La Folle par Amour*, cantada no Comédie-Italienne em 15 de maio de 1786. Achando que Germeuil, com quem não a deixaram casar-se, foi morto em duelo por outro pretendente à sua mão, Nina fica mentalmente perturbada. Nenhum dos esforços de seu pai e irmãos consegue reanimá-la. Todos os dias, ela se senta no jardim, cantando desoladamente e esperando que Germeuil volte. A família tem, finalmente, de permitir o retorno do rapaz, o que restitui imediatamente a sanidade de sua namorada.

A popularidade desse *opéra-comique* lhe valeu um *remake* italiano, o de Giovanni Paisiello, em 1789. Curiosamente, ele escreveu a versão original com diálogos falados e números cantados, seguindo o modelo francês, o que era totalmente desusado na Itália. A versão com recitativos, que se usa hoje, foi adaptada posteriormente, sem a aprovação de Paisiello. Dalayrac dá à história uma abordagem menos melodramática do que a do italiano. A canção estrófica em 6/8 "Quand le bien-aimé reviendra" adquiriu, na época, o *status* de canção popular. Em suas *Memórias*, Berlioz diz que *Nina* foi sua "primeira experiência musical marcante".

Para a meio-soprano Louise-Rosalie Dugazon (1755-1821), que criara *Nina*, Dalayrac compôs em seguida *Azémia ou Les sauvages*, que Ange-Etienne Xavier Poisson de Lachabeaussière adaptou muito livremente da *Tempestade*, de Shakespeare. No Prefácio, o compositor expõe a importância das "situations romanesques" e dos "effets pittoresques", de uma forma que o situa claramente como um precursor do Romantismo. Dalayrac insistiu em que os cenários da ilha deserta, onde a ação se passa, fossem realistas, incluindo areia de verdade; e há um traço original no uso da pantomima, representada durante a abertura, evocando os antecedentes da história.

As árias de *Les Deux Savoyards* também tornaram-se tão conhecidas que, de algumas delas, acreditou-se por muito tempo serem folclóricas – em especial "Escouto d'Jeannetto", em estilo provençal. No libreto de Marsollier des Vivetières, os dois órfãos – papéis travestis para soprano –, que vêm da Sabóia pedir esmola em Lion, são acolhidos por Verseuil, um solteirão que enriqueceu na América. Após várias peripécias, Verseuil constata que eles são os filhos de seu único irmão, falecido durante sua ausência – recurso clássico para obter o final feliz obrigatório que, à beira do Romantismo, a comédia sentimental ainda insiste em preservar. Estreada no Comédie-Italienne em

14 de janeiro de 1789, é um dos textos mais típicos da França revolucionária, com seu apelo à solidariedade entre as pessoas de boa vontade e ao abandono dos preconceitos étnicos (a Sabóia sempre foi um ponto de atrito e rivalidade com os italianos, os *ritals* vistos com desprezo pelos franceses).

No estilo "gótico" de *Léon ou Le château de Monténéro*, já há um pouco da atração que o homem romântico terá pelo sobrenatural, muito marcante em obras futuras, como *La Dame Blanche*, de Boïeldieu. O libreto de François-Benoît Hofmann, autor da *Médée*, de Cherubini, baseia-se nos *Mistérios de Udolfo* (1794), um clássico do gênero, da inglesa Ann Radcliffe. A história, muito complicada, passa-se durante a guerra entre dois senhores feudais, Léon de Monténéro e Romualde de Fondi. O primeiro seqüestra Laure, irmã de seu rival, seu noivo, Louis, e a ama da moça, Vénérande. Ameaça matá-los se Laure não se casar com ele; e só não o faz porque a moça tenta suicidar-se. Louis consegue fugir e, ajudado por Ferrant, o ex-mordomo de Léon, invade seu castelo e o ajuda a libertar a noiva e a entregar Léon à justiça real.

Essa situação – precursora da ópera de resgate, cujo modelo será fixado, mais tarde, por Cherubini – já aparecera em *Raoul, Sire de Créqui* (1789), *Camille ou Le Souterrain* (1791) e *Gulnare ou L'Esclave Persanne* (1797). Mas nenhuma delas chegou perto da repercussão de *Léon*, estreada no Opéra-Comique, em 15 de outubro de 1798. A fórmula deu certo, e o compositor a repetiu em *Adolphe et Clara ou Les Deux Prisonniers* (1799) e *Léhéman ou La Tour de Neustadt* (1801). Só o fato de as óperas de resgate de Cherubini terem saído das fronteiras da França e conquistado público na Alemanha e nos países do Leste europeu explica que a historiografia o tenha registrado como o iniciador desse gênero.

*Léon* apresenta também o uso inovador de cinco temas recorrentes ligados não às personagens mas às suas idéias e sentimentos – e, conseqüentemente, podendo ser transferidos de uma pessoa para outra se a emoção é comum. Há um grande número de cenas de conjunto e muita unidade na escrita solista, em que é evitada a coloratura, pois Dalayrac a considera inadequada para o assunto sombrio da ópera – um ponto de vista totalmente isolado em sua época, de veneração do belcanto.

O orientalismo, outro modismo que ganhará força no século XIX, também tem seu embrião no *opéra-comique*. Ao lado da *Zoraïme et Zulnar* e do *Le Calife de Bagdad*, ambas de Boïeldieu, *Gullistan ou Le Hulla de Samarcande*, de Dalayrac, tem esse papel prenunciador. Charles-Guillaume Etienne e Poisson de Lachabeaussière imitam com tanta habilidade os contos das *Mil e uma Noites*, que chegam a fazer crer estarem adaptando uma das histórias autênticas da coletânea árabe. O músico Gulistan desagradou ao sultão e perdeu sua posição de favorito. Ao ser expulso do palácio, perde o paradeiro de Dilara, sua mulher. Está na miséria quando é procurado pelo mercador Taher, com uma estranha proposta. Ele quer separar-se de uma de suas mulheres, que não o ama e o inferniza. Propõe então ao músico que funcione como um *hulla*, um amante temporário, para que a lei lhe dê o direito ao divórcio. Ao entrar no harém, Gulistan descobre que a megera é Dilara, que nunca o esqueceu e, por isso, não aceita o novo esposo, tratando-o mal para forçá-lo a repudiá-la.

Assim como em *Azémia*, Dalayrac quis que a montagem do Opéra-Comique, em 30 de setembro de 1805, fosse suntuosa: até um camelo era usado na procissão do ato III. Os triângulos, címbalos metálicos e piccolos que a partitura requer antecipam a música "oriental" do *Oberon*, de Weber, que admitia a influência. *Grand-opéra*, ópera de resgate, achados de escrita instrumental: não são poucos os desdobramentos futuros da arte lírica percebidos por Nicolas Dalayrac.

Etienne-Nicolas Méhul (1763-1817) e Jean-François Le Sueur (1760-1837) também adquiriram preeminência na fase da derrubada da Monarquia; destes teremos ocasião de voltar a falar mais adiante.

Na fase mais intensa da Revolução, embora peças sérias e cômicas continuassem a ser produzidas, o que realmente predominava, nos teatros e nos grandes espaços abertos onde espetáculos para grandes multidões podiam ser montados, eram as *fêtes populaires*, colagens frouxas de números musicais escritos ou adaptados para as circunstâncias, em torno de temas patrióticos ou propaganda do governo. Dava-se preferência aos corais em uníssono, que pudessem ser cantados pela multidão; e faziam-se encenações rudimentares, visando ao efeito espetaculoso, sem a menor preocupação com a caraterização de personagens ou com o encadeamento lógico das seqüências. Uma lista dos títulos das *fêtes* que atraíram público mais numeroso dá uma idéia dos objetivos a que se destinavam e das limitações que deviam ter:

*L'Offrande à la Liberté* (1792), "scène religieuse sur le chant des Marseillais", com música de Rouget de l'Isle, Gossec e Dalayrac;

*Le Congrès des Rois* (1792), fantasiosa obra coletiva de doze compositores, entre os quais Gossec, Cherubini e Grétry, em que todos os reis europeus se reuniam para conspirar contra a Revolução, mas terminavam em fuga, perseguidos pelos *sans-culottes*, que gritavam: "Vive la République!";

*Le Triomphe de la République* (1793), em que Gossec "democratizava" o antigo Prólogo da tragédia, usando-o para louvar os chefes revolucionários da mesma maneira que, antes, Lully cantava loas ao Rei-Sol;

*Le Siège de Thionville* (1793), de um certo Citoyen Louis Jadin;

*La Fête pour l'Inauguration des Bustes de Marat e de Péletier* (1793), com música adaptada de Gluck, Gossec e Philidor; e assim por diante.

Mesmo depois da criação do Império, as *fêtes* não deixaram de ser ocasionalmente organizadas, como foi o caso do *Chant de Victoire en l'Honneur de Napoléon*, obra coletiva cantada pela primeira vez em 9 de novembro de 1806. Bonaparte, de resto, não se privou dessas obras de circunstância que exaltavam a sua imagem de herói. Foi ele quem encomendou a Louis de Persuis, membro do comitê diretor do Conservatório, um *opéra-politique* de tema romano, para celebrar as suas vitórias de Iena, Friedland e Eylau. *Le Triomphe de Trajan* foi à cena em outubro de 1807, e a insignificância da música de Persuis – que contou com a colaboração de Le Sueur – foi compensada pela magnificência dos cenários e figurinos, não desmentindo o gosto francês, desde os tempos de Lully, pelas encenações faraônicas.

"Nenhum recurso foi poupado para essa louvação ao Imperador", escreve Patrick Barbier em *La Vie Quotidienne à l'Ópéra au Temps de Rossini et de Balzac*. "O Fórum romano fora reconstituído no palco e, na apoteose, um imenso desfile de seiscentos soldados e de treze cavalos – fornecidos pelo circo dos irmãos Franconi, que sempre providenciava os animais para esses superespetáculos – acompanhava o cortejo do vencedor no fim do ato II. Para poder movimentar multidão tão grande, fora necessário acrescentar ao Théâtre de l'Opéra uma galeria provisória de madeira, coberta de lona, que dava para a pequena rue Lully, permitindo, assim, a entrada e saída das centenas de figurantes e dos cavalos".

Ao contrário das outras peças de circunstância, esse *Triomphe* agradou tanto que foi representado várias vezes – até mesmo depois da Restauração! Seu efeito era tão convincente que os Bourbon, ao voltar ao trono, confiantes em que, passados tantos anos, o povo já teria esquecido para quem ele fora originalmente concebido, o reprisaram com algumas mudanças que o transformavam num elogio aos antigos reis destronados.

A lei revolucionária de 13 de janeiro de 1791, que liberara os teatros da tutela real, permitindo a qualquer cidadão solicitar a permissão para abrir uma casa de espetáculos, fez proliferarem os teatros, não raro em condições muito precárias, acarretando, num primeiro momento, a inevitável degradação dos padrões das artes cênicas. Mas enriqueceu sensivelmente, por outro lado, a temática e os recursos de encenação. Opondo-se às manifestações aristocráticas que vigoravam, até então, nas artes oficiais, começaram a surgir gêneros novos, que correspondiam ao gosto popular e já caracterizavam o clima intelectual pré-romântico: melodramas sentimentais, peças que discutiam problemas e retratavam ambientes burgueses, e também peças "góticas", adaptadas de obras fantásticas alemãs ou inglesas, que se tornaram imensamente populares.

Assistiu-se também à democratização do ensino. A École Royale de Chant foi substituída, através de um decreto de 3 de agosto de

1795, pelo Conservatoire National de Musique, no qual ensinaram Grétry, Méhul, Le Sueur e Gossec, e que seria durante muitos anos dirigido por Cherubini. À École Gratuite de Musique de la Garde Nationale, criada na mesma época, deve-se a sólida formação de muitos instrumentistas, principalmente na área dos sopros.

Como boa parte das festas populares era realizada ao ar livre, tornava-se indispensável utilizar um número maior de instrumentos de sopro, mais audíveis do que as cordas; e isso levou à renovação do estilo francês de escrita orquestral. Gossec, em especial, fará pesquisas de sonoridade que deixarão suas marcas, mais tarde, em Méhul e Spontini. A tendência a elaborar melhor as partes destinadas à estante das madeiras e dos metais, que já surgira com Gluck e com a difusão, na França, das sinfonias de Haydn, vai desenvolver-se muito no período revolucionário, influenciando os compositores do início do século XIX: Berlioz, que foi aluno de Le Sueur, será o exemplo mais típico.

## Charles-Simon Catel

Na virada do século, Catel (1773-1830) será um típico cultor dessas técnicas e gêneros novos. Instrumentista na banda da Garde Nationale e professor no Conservatório, foi o autor de um *Traité d'Harmonie* (1802) e o responsável pela primeira utilização do corne inglês numa obra francesa, o balé *Alexandre chez Apelles*, de 1808.

Desde *Sémiramis*, com libreto de Philippe Desriaux baseado em Voltaire (Opéra, 4.5.1802), as óperas desse típico músico de transição refletem o ambiente do Império e, ao mesmo tempo, prenunciam o Romantismo. A abertura ainda é, às vezes, executada em concerto (Kurt Masur a gravou, em 1969, para o selo Eterna); e há visível influência da *Médée*, de Cherubini, no desenho forte da protagonista. A ária de Azéma, "Quel éclat", no ato II, ficou durante muito tempo no programa de recital dos sopranos.

Embora *Les Bayadères* (Opéra, 8.8.1810) tivesse sido obscurecida pelo sucesso da *Vestale*, de Spontini, seu caráter espetaculoso a coloca como precursora do *grand-opéra* romântico. O libreto de Victor-Joseph Etienne de Jouy baseia-se na *Education d'un Prince* (1764), de Voltaire, inspirado no poema *Der Gott un die Bajadere*, de Goethe. Démaly, rajá de Benares, ama Laméa, que é baiadeira, dançarina no templo. Quando se suspeita que o rajá foi envenenado e ela demonstra ser a única mulher que está disposta a morrer com ele, os sacerdotes lhe permitem desposá-lo. Sua ária, "Cher Démaly, pour toi", tornou-se muito conhecida. Também ela prenuncia o gosto pelo orientalismo que vai predominar na França durante o século XIX.

*Wallace ou Le Ménestrel Écossais* (1817) já denota a fascinação pelas brumas escocesas que fará de sir Walter Scott uma das grandes fontes de libretos para o século XIX. Mas sua ação é demasiado estática; e a recriação de 1844 foi prejudicada pela adição de música de outros autores, o que a fez perder a unidade de estilo. Já *Zyrphile et Fleur de Myrte* (1818) volta a um tom de conto de fadas que lembra Grétry.

A democratização da produção teatral não impediu, entretanto, que durante o Império Napoleônico – como acontecia sob o Rei-Sol –, um controle ditatorial das atividades cênicas fosse pessoalmente exercido por Napoleão I. Como se não lhe bastassem os negócios políticos, jurídicos, econômicos e militares, o imperador mantinha também à redea curta a vida cultural. E a gestão dos teatros – desde os grandes problemas financeiros até pequenos detalhes como a demissão de um porteiro – era a menina de seus olhos. "Foi ele", conta Patrick Barbier, "quem, a partir de 1811, exigiu, de todos os teatros secundários, espetáculos de feira, bailes e concertos populares, uma taxa para reequilibrar as oscilantes finanças da Ópera de Paris, medida que ficaria em vigor até o final da Restauração. Foi ele também quem, em vão, tentou lutar contra o abuso das entradas gratuitas, uma das principais causas do déficit da Ópera (em 1802, por exemplo, constatou-se que, numa noite em que o teatro estivera lotado, a receita da bilheteria fora de apenas 4600 francos porque, dos 1100 lugares existentes, 754 tinham sido ingressos de favor)".

Mas foi no domínio da organização dos programas que a presença de Napoleão mais se fez sentir. Os arquivos do teatro conservam, até hoje, bilhetes do próprio punho do imperador, determinando, por exemplo:

> Devem apresentar *La Mort d'Abel* a 20 de março; o balé *Persée et Andromède* na segunda-feira depois da Páscoa; *Les Bayadères*, quinze dias depois; *Sophocle et Armide*, durante o verão; *Les Danaïdes*, no outono; *Les Sabines*, no fim de maio.

Ou ainda:

> Já que a montagem da *Mort d'Abel* está pronta, consinto que a apresentem. Mas, de agora em diante, não quero que ópera alguma seja encenada sem a minha ordem. De um modo geral, não aprovo óperas tiradas das Sagradas Escrituras; esses assuntos devem ser deixados à Igreja.

Com esse controle absoluto de Napoleão sobre os teatros era, naturalmente, indispensável cair em suas boas graças. Um dos mais beneficiados foi Le Sueur, seu compositor favorito, a quem ele encomendou a marcha para sua coroação, entusiasmado com *Ossian ou Les Bardes* (Opéra, 10.7.1804), que considerava uma obra-prima.

O chefe escandinavo Duntalmo invade a Caledônia e obriga Rosmala, a filha do chefe local Rosmor, a casar-se com seu filho Morval. A moça, porém, está apaixonada pelo bardo Ossian, e recusa. Furioso, Duntalmo manda prender o poeta e condena-o a ser sacrificado a Odin, juntamente com a moça e seu pai. Durante a noite, numa cena famosa, Ossian sonha com os grandes heróis escoceses do passado, cuja glória celebra em seus versos. Na manhã seguinte, quando eles estão para ser sacrificados, chegam os guerreiros caledônios, que os resgatam e expulsam os escandinavos. A ópera se encerra com a cena festiva do casamento de Ossian e Rosmala.

A predominância da escrita coral dá aos *Bardos* um aspecto estático de oratório; mas o uso de melodias "bárbaras", com metros insólitos e ritmos bem marcados, e a fluência com que Le Sueur passa do recitativo para a cantilena, são eficientes. O "Rêve d'Ossian", em particular, é muito bem escrito, combinando na justa medida o lirismo do tom onírico com a evocação épica dos heróis do passado.

O libreto de Palat-Dercy e Deschamps baseia-se em *Calthon and Colmar*, poema atribuído a um legendário bardo gaélico do século III, cujos manuscritos teriam sido descobertos e traduzidos, na década de 1760, pelo escocês James Macpherson (1736-1796). O interesse do público europeu pela obra de Ossian não decresceu – pelo contrário, até se intensificou – depois que Samuel Johnson denunciou a fraude de Macpherson. Não tendo encontrado editor para seu próprio poema épico *The Highlanders* (Os habitantes do planalto), ele imaginara o artifício de atribuí-los a Ossian, pretenso cantor popular medieval esquecido. A impostura seria responsável pelo surgimento de toda uma poesia "ossianesca", cheia de ruínas, brumas medievais e lembranças nostálgicas de um passado glorioso, que influenciaria profundamente os primeiros anos do Romantismo. Mesmo depois de constatada a falsificação, o poeta escocês não perdeu o favor de seu enorme público, o que lhe valeu estar, hoje, enterrado na abadia de Westminster, ao lado das maiores personalidades da vida política e cultural britânica.

Recompensa rara para um artista daquela época, Le Sueur recebeu, por *Ossian*, a Légion d'Honneur, um prêmio de seis mil francos e uma tabaqueira de ouro, na qual Napoleão mandara gravar: "L'Empereur des Français à l'auteur des *Bardes*". E teve condições de levar adiante o projeto de um espetáculo ainda mais magnificente: *La Mort d'Adam Suivie de son Apothéose*, baseado no poema de Klopstock, em que já começara a trabalhar desde 1800. Na *New Oxford History of Music*, Winton Dean a descreve como "a ópera mais espetacular já concebida [...], com personagens que abarcam não só toda a raça humana como a população total do céu e do inferno".

Le Sueur foi também nomeado mestre de capela das Tulherias, onde permaneceu mesmo após a queda de Napoleão. Mas *Alexandre à Babylone* (1814), que lhe tinha sido encomendada pelo Corso, nunca foi encenada, embora exista em partitura impressa. O que é pena pois, retomando as melhores características de *Ossian*, ela já antecipa a escrita contínua das óperas da segunda metade do século XIX.

A produção de músicos como Le Sueur garantiu à França não perder de todo, na passagem do século XVIII para o XIX, a sua po-

A Salle Favart foi um dos teatros onde, entre 1815 e 1876, funcionou o Théâtre Italien: nela, óperas de Rossini, Bellini, Donizetti e Verdi foram cantadas com muito sucesso.

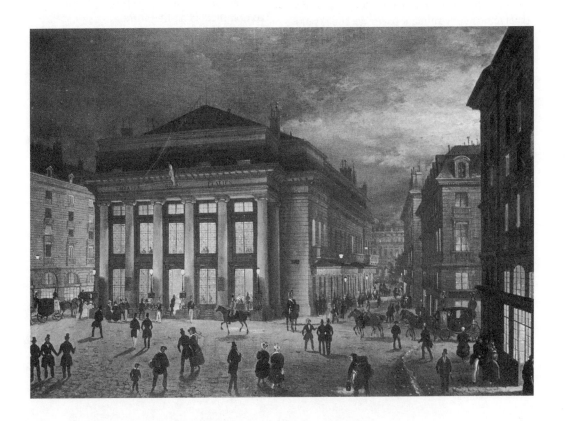

sição de foco gerador de um estilo de ópera independente de influxos externos, embora fossem muito numerosos, como temos visto até agora, os estrangeiros que contribuíam para o desenvolvimento do gênero no país. Mais do que isso: o fato de não ter havido uma interrupção drástica no processo criativo permitirá que, passada a fase mais radical do turbilhão revolucionário, a ópera francesa readquira o seu prestígio internacional. Desde o princípio do Império, e ao longo de toda a primeira metade do século XIX, Paris haverá de tornar-se praticamente a capital européia da ópera, um centro para o qual convergem os mais diversos compositores, atraídos pelas condições excepcionais de trabalho que ali lhes serão oferecidas, e onde era indispensável fazer sucesso se se queria firmar uma sólida carreira internacional.

Os dois grandes teatros ainda eram a Académie de Musique, ou Ópera de Paris, e o Théâtre de l'Opéra-Comique. A primeira funcionou até 1820 na Salle Montpensier, rue de Richelieu, especializando-se basicamente em *tragédies-lyriques*. Depois de uma fase de mudanças para outras salas, haveria de instalar-se, definitivamente, na suntuosa casa de espetáculos construída, a partir de 1867, pelo arquiteto Charles Garnier, com capacidade para 2156 pessoas. Com a Guerra Franco-Prussiana, o Palais Garnier só pôde ser inaugurado em 5 de janeiro de 1875. E é lá que funciona, até hoje, a Ópera de Paris. Reformada no início da década de 70, passou de novo, em 1995, por extensa recuperação. Ainda são feitas, nela, encenações líricas, mas, atualmente, é usada prioritariamente para espetáculos de balé, desde que os de ópera foram transferidos para o prédio mais moderno do Opéra-Bastille.

O Opéra-Comique fazia seus espetáculos na Salle Favart, na rua do mesmo nome, batizada em homenagem ao grande parodista do século XVIII. Em 1791, uma companhia rival foi fundada na rue Feydeau; mais tarde, as duas foram fundidas. O prédio foi destruído por um incêndio, em 1887, e a companhia transferiu-se para o Théâtre Sarah Bernhardt, até ficar pronto o seu prédio atual, com capacidade para 1750 pessoas, que foi inaugurado em 7 de dezembro de 1898. As óperas que produzia, com diálogo falado interligando os números cantados, tinham de ser adaptadas, trocando-se o diálogo por recitativos acompanhados, cada vez que uma delas conseguia ser admitida no repertório do Palais Garnier. É por isso que o *Fausto*, de Gounod, originalmente concebido como *opéra-comique*, teve de ser depois transformado em ópera com recitativos. E que títulos como a *Carmen*, de Bizet, ou os *Contos de Hofmann*, de Offenbach, existem em formas alternativas: a *version opéra-comique*, com diálogos falados, e a *version-Opéra*, com recitativos (em ambos os casos preparados por Ernest Guiraud, pois seus autores já tinham morrido quando essas duas obras passaram para o repertório do Opéra).

Desde os últimos anos do século XVIII e, em especial, nos primeiros anos do século XIX, sob o Império, assiste-se a uma fase de transição, em que a fórmula gluckiana, soberana nos anos imediatamente anteriores à Revolução, vai sendo gradualmente transformada, em contato com as características pré-românticas então dominantes na literatura:

– individualismo e subjetivismo (o predomínio da emoção sobre a razão);
– gosto por tudo o que é misterioso, fantástico e exótico;
– culto da natureza encarada em termos reais, e não mais estilizada como no bucolismo barroco e arcádico;
– valorização do passado como uma forma de manifestar a insatisfação com a realidade presente;
– e um entranhado desejo de reforma estética, que corresponde aos novos ventos políticos e sociais que estão soprando.

A coexistência dos elementos clássicos e pré-românticos será muito visível na obra de Cherubini e Spontini, dois desses estrangeiros que, indo para a França, aclimataram-se à sua vida musical.

# LUIGI CHERUBINI

## Berton, Le Sueur, Méhul

Em sua fase de formação, na Itália, Cherubini (1760-1842) tinha composto óperas fiéis ao modelo da Escola Napolitana: *Quinto Fabbio* (1780), *Adriano in Siria* (1782) ou *Alessandro nell'Indie* (1784). São partituras que demonstram competência, mas nenhuma promessa de produções futuras mais importantes. Como muitos de seus contemporâneos, ele tentou carreira no exterior, primeiro na Inglaterra, onde a comédia *La finta principessa* (1785) e a ópera séria *Il Giulio Sabino* (1786), encenadas no King's Theater, de Haymarket, não tiveram sucesso. No ano seguinte, por sugestão do compositor Giovanni Battista Viotti, estabeleceu-se em Paris.

Cherubini viveu na França em um período de grandes transformações, e ocupa, na História da Música desse país, um papel tão contraditório quanto a sua própria personalidade artística. Conservador ferrenho, que odiava a música de Weber, Beethoven e Berlioz, recusou a entrada de Liszt no Conservatório, que dirigiu de 1821 a 1841, sob a alegação de que este não era francês – argumento muito estranho, vindo de um estrangeiro! Mas foi, ao mesmo tempo, uma antena captando as idéias à sua volta e, às vezes, antecipando-se a elas, ainda que o fizesse de maneira bastante severa, domesticada pelo classicismo fundamental de seu temperamento.

Ao chegar à França, a polêmica entre gluckistas e piccinnistas ainda pegava fogo, e ele aceitou musicar *Démophoon*, com libreto do tradicionalista Marmontel, estreada em 5 de dezembro de 1788. Sua partitura foi considerada inferior à de Johann Christoph Vogel que, nessa ópera e em *La Toison d'Or* (1786), mostrara-se um aplicado discípulo de Gluck (a morte prematura, aos 32 anos, o impediria de levar adiante uma carreira que parecia promissora). Um libreto medíocre e o conhecimento imperfeito do francês tinham prejudicado Cherubini; mas, pela primeira vez, percebia-se, na riqueza do acompanhamento orquestral, na força da escrita coral e na capacidade de dar grande dramaticidade ao final, os sinais do que viria a ser seu estilo maduro.

Percebendo as possibilidades que a vida musical parisiense lhe abria, Cherubini associou-se a Viotti e a Léonard, o perfumista da rainha, para abrir o Théâtre de Monsieur, dedicado a promover espetáculos de ópera bufa italiana, então na moda. Inaugurado em janeiro de 1789, o novo teatro logo tornou-se um sucesso. Mas o advento da Revolução demonstrou ser necessária uma mudança de nome e de política artística: o Théâtre Feydeau, na rua desse mesmo nome, para onde eles se mudaram, haveria de desempenhar papel proeminente durante a turbulenta década final do século XVIII.

O público agora rejeitava os libretos inspirados na Antiguidade greco-romana (a menos que houvesse uma ligação com os princípios republicanos pregados pelos revolucionários) e buscava histórias de ação muito intensa, com fatos heróicos, ambientes exóticos e desenlaces cataclísmicos. O molde do *opéra-comique*, com diálogos falados, era mais ágil e fácil de assimilar, pelas novas platéias, do que o da ópera tradicional, inteiramente cantada; e a ele Cherubini deu preferência, escrevendo partituras que tinham apelo popular mas, ao mesmo tempo, beneficiavam-se de uma formação musical que lhe dava uma maneira sinfônica de pensar o drama e um domínio criativo das cores e texturas orquestrais.

Seu primeiro sucesso, no Feydeau, foi *Lodoïska*, de que falaremos em detalhe mais adiante. Seguiu-se um melodrama historicamente importante: *Eliza ou Le Voyage aux Glaciers du Mont Saint Bernard*, estreada em 13 de dezembro de 1794, em pleno Terror. É a primeira ópera a explorar o típico amor romântico pela natureza. O libreto de Jacques-Antoine de Reveroni de Saint-Cyr conta, num estilo declaradamente rousseauísta, a história do pintor genovês Florindo, que se isola no monte São Bernardo para consolar-se do noivado de sua bem-amada Eliza com outro homem. No auge da melancolia, Florindo decide morrer e vai passear numa perigosa geleira. Nesse meio tempo, a moça vem procurá-lo, para lhe assegurar que ele foi vítima de uma informação falsa. A tempestade provoca uma avalanche em que Florindo quase morre de fato; mas a população da aldeia consegue salvá-lo, e os amantes se reconciliam, para felicidade geral.

Estão presentes os temas pré-românticos da pureza instintiva de quem vive no "estado natural" de que falava Rousseau – o próprio Florindo tem com a natureza uma relação íntima, pois é paisagista – e do mundo como uma caixa de ressonância dos sentimentos humanos: a tempestade final reflete a turbulência dos sentimentos das personagens. A novidade da música está em seu poder evocativo e pinturesco. A abertura se inicia com um *ranz de vaches* (um toque de pastor suíço chamando o rebanho) que retornará, no meio do drama, como um tema recorrente. Sons de sinos do mosteiro e dos rebanhos e temas de canções da Sabóia são usados para criar cor local. Beethoven certamente lembrou-se do coro inicial, que descreve a aurora na montanha, ao escrever a entrada dos prisioneiros no *Fidelio*. E, na forma como Cherubini usa os Alpes suíços como pano de fundo para a solidão de sua personagem, há nítidas prefigurações da evocação que Weber faz da natureza no *Freischütz*.

Mas é à ópera seguinte, só redescoberta muito mais tarde, que Cherubini deve a sua fama. *Médée*, com libreto de François-Benoît Hoffmann, estreou em 13 de março de 1797, com a forma de *opéra-comique*. Provavelmente por ter uma consistência a que os freqüentadores do Feydeau não estavam habituados, não fez sucesso. Não foi mais encenada em Paris, embora tivesse chamado a atenção dos pequenos teatros de *vaudeville*, que lhe dedicaram duas paródias: *La Sorcière*, de C. A. Séverin, e *Bébé et Jargon* (corruptela de *Médée et Jason*), de Villiers e Capelle.

Quase sessenta anos se passaram antes que fosse revivida, em Frankfurt, em 1º de março de 1855; mas não em sua forma original. Franz Lachner tinha preparado, para essa apresentação, recitativos que se integraram a ela definitivamente. Daí em diante, foi encenada com certa freqüência na Alemanha. Na Itália, cantaram-na pela primeira vez em 1909; mas a fama atual veio após a ressurreição promovida por Maria Callas, a partir de 1953. A maga da Cólquida tornou-se um dos grandes papéis de *La Divina*; por essa razão, o poeta e cineasta Pier Paolo Pasolini a convidou, em 1971, a encarná-la num filme rodado na Itália e na aldeia pré-histórica turca de Göreme. Nesse papel, a Callas demonstrou ser também uma excepcional atriz de prosa. Dentre todas as encenações da ópera de Cherubini de que participou, ficou muito famosa a montagem "helênica" de Londres, em 1959, em que ela e o baixo Nicola Zaccaria, também de origem grega, eram dirigidos por Alexis Minotis; e os cenários tinham sido desenhados pelo arquiteto ateniense Tsaruchis.

Típica ópera de transição, em que o modelo gluckiano é aclimatado ao do *opéra-comique* de tema sério, *Medéia* já tem um ímpeto que anuncia também o *belcanto* da primeira metade do século XIX, com uma escrita vocal que recusa a simetria clássica e em que a linha de canto, fragmentada em constantes saltos para o registro agudo – especialmente no papel-título, escrito para Julie-Angélique Scio, que tinha uma voz excepcional – afasta-se radicalmente da tradição anterior. A tendência a usar instrumentos solistas *obbligato* nas árias; a construção acadêmica dos monólogos de Jasão e Creonte; a maneira de elaborar o acompanhamento instrumental, com muito contraponto; e uma certa lentidão no desenvolvimento dramático ainda ligam *Medéia* ao passado. Mas o libreto, embora não seja uma obra-prima, não faz concessões à constante tensão psicológica, e não há mais sinal algum do *lieto fine* obrigatório dos tempos do Barroco.

No plano musical, os traços convencionais convivem com progressões harmônicas e freqüentes modulações cromáticas que já fazem soar ao longe a música de Beethoven, Weber e Berlioz (a turbulenta abertura em fá menor, por exemplo, tem marcantes semelhanças com a *Egmont*, escrita em 1810). E há um tratamento bem romântico na oposição entre Creusa, cujas linhas são de um lirismo muito sensual, e o arioso livre, de linhas incisivas, com que Medéia se expressa.

A ação está cheia de reviravoltas inesperadas que, em termos musicais, traduzem-se em sistemáticos contrastes dinâmicos, rítmicos e melódicos; mas, paradoxalmente, essa tensão constante no ar é formulada com uma simplicidade monumental digna de Gluck. Em outros termos, é a economia dos meios de expressão e dos métodos de modelagem que assegura unidade a uma partitura em que estão presentes influências tão diversas quanto as de seus conterrâneos Jommelli e Traetta, a da ópera heróica de Gluck, das soluções formais de Mozart ou do sinfonismo de Haydn.

Do ponto de vista da estrutura como um todo, a ópera se compõe de uma quantidade singularmente reduzida de "números", que vão diminuindo à medida que a ação progride: sete grandes blocos no ato I, cinco no II e apenas três no último, que no dizer de François-René Tranchefort "constitui o ponto alto da obra. Inteiramente construído sobre a alternância de ré maior e do trágico ré menor com que a ópera se encerra", escreve ele em *L'Opéra d'Orfeo à Tristan*, "com sua sucessão de recitativos, breves árias, rápidos *allegros* e intervenções corais, compõe-se praticamente de um longo monólogo da heroína, de uma veemência até então desconhecida, que culmina em um delírio alucinado de Medéia, ao receber a notícia da morte de sua rival".

Vê-se claramente, no tratamento desses amplos *pezzi chiusi*, a influência dos finais sinfonicamente pensados de Mozart, bem como a contaminação da arte lírica pelo princípio da sonata. Em "Amore, vieni a me!", a ária de Creusa, no ato I, com flauta *obbligato*, reconhece-se, dentro dos limites tradicionais da *aria da capo*, a forma de sonata: tema principal em dó maior; segunda seção na dominante (tema secundário); seção central fortemente modulada, com incursões no lá bemol maior; depois o lá maior (desenvolvimento) e reexposição e coda, ambas voltando à tonalidade fundamental de dó maior. Outro método de construção muito freqüente é o do contraste de blocos, de que a abertura é o melhor exemplo: ela joga com um primeiro tema apaixonado, seguido de outro sob a forma de imitação; e o restante da peça desenvolve-se através de reprises alternadas desses dois blocos, no formato original ou com variações. Onde essa técnica impressiona mais é, naturalmente, no último ato, cuja amplitude e senso de continuidade já antecipam a noção verdiana da *scena* concebida como uma vasta unidade.

Existem quatro gravações comerciais disponíveis dessa ópera, três delas na tradução italiana de Carlo Zangarini: a de Maria Callas com Tullio Serafin (DG), infelizmente muito cortada; e as duas de Lamberto Gardelli, com Gwyneth Jones (London) e Sylvia Sass (Hungaroton). A versão original francesa, com os diálogos falados, apresentada em outubro de 1995 no Festival de Martina Franca sob a regência de Patrick Fournillier, existe no selo Nuova Era. O Melodram possui quatro registros pirata: o de Leonie Rysanek com Horst Stein (Viena, 1972) e os três da Callas: Milão, 1953/Bernstein; Dallas, 1958/Rescigno (também disponível no selo Gala/Movieplay) e Londres, 1959/Rescigno. São três abordagens muito ricas e diferenciadas de um dos maiores papéis no repertório da cantora. O selo Bongiovanni oferece, ao vivo, a montagem de Mântua, em 1971, regida por Rescigno, com Angelo Lo Forese e a intensa interpretação de Magda Olivero no papel título. Em vídeo, há uma montagem feita em Mérida, na Espanha, em 1889, com Caballé-Carreras/Ros Marbà. Um recital regido por John Mauceri (Decca) inclui a cena final, em francês, com Josephine Barstow.

Sinais predecessores do Romantismo, com a pintura de personagens simples em ambientes quotidianos, existem não só na *Eliza*, mas também no subgênero a que Cherubini deu forma definitiva, tornando-a muito popular nessa virada de século: a ópera de resgate (*pièce à sauvetage*), também chamada de *rescue opera*, na Inglaterra, de *opera a salvamento*, na Itália, e de *Rettungsstück*, na Alemanha. É o tipo de melodrama em que uma personagem, seqüestrada, acusada ou presa injustamente, é salva por alguém que a ama ou é fiel a ela.

Os antecessores da ópera de resgate tinham sido os melodramas barrocos em que feiticeiras, como Circe, Alcina ou Armida, mantinham os heróis prisioneiros em seus castelos ou jardins encantados, num estado de sujeição erótica de que, em geral, vinham tirá-los as mulheres que lhes dedicavam amor puro. Como já foi dito anteriormente, precursoras da *piece à sauvetage* foram *Léon ou Le Château de Monténéro* (1798), de Dalayrac, ou *Richard Coeur de Lion* (1784), de Grétry.

O aparecimento desse gênero, na passagem do século XVIII para o XIX, prende-se a uma circunstância histórica específica: a instabilidade criada pela Revolução Francesa, durante a qual tornaram-se comuns fugas de aristocratas, possibilitadas pela fidelidade de amigos ou de ex-criados. Os tempos violentos estimularam, além disso, o gosto do público por temas que envolvessem perigo e suspense, assinalando o embrião da ruptura romântica com o princípio clássico da *bienséance*, que interditava a exibição explícita da violência.

## Berton

Um dos primeiros exemplos da ópera de resgate, na França, é *Les Rigueurs du Cloître* (1790), de Henri Montan Berton (1767-1844), um aluno de Sacchini que, na primeira metade do século XIX, foi popular a ponto de sua *Aline, Reine de Golconde* ter sido encenada nos EUA em 1803, o mesmo ano da estréia na França. Contando a história de um rapaz que entra em um convento para arrancar lá de dentro a namorada, enclausurada pelos pais devido a um vergonhoso segredo de família, *Os Rigores do Claustro* explora, num módulo mais romanesco, o mesmo tipo de denúncia da repressão monacal que já tinha sido feita por Diderot, em 1760, em seu romance *La Religieuse*.

Num registro mais leve, Berton foi imitado por François Devienne (1759-1803), hoje lembrado por seu *Concerto em ré maior*, para flauta. Fagotista e flautista do Théâtre de Monsieur, para o qual escreveu vários *opéras-comiques*, entre eles *Les Précieuses Ridicules* (1791), da comédia de Molière, Devienne narra, em *Les Visitandines*, sobre libreto de Louis-Benoît Picard (Théâtre Feydeau, 7.7.1792), a história de um jovem aristocrata que, perdendo-se com seu valete numa tempestade, confunde o convento da Ordem da Visitação com um hotel. Ao ser acolhido pelas freiras, descobre, por acaso, o local onde a família da moça que ama a trancou, por desaprovar o namoro. Volta disfarçado de padre e consegue libertá-la antes que receba os votos. *As Visitadoras* foi um dos espetáculos mais populares, durante a Revolução, devido ao seu bom-humor, às melodias cativantes e, sobretudo, ao conteúdo anticlerical, então em moda. Havia, no ato I, uma ária muito apreciada pelo público, "Enfant chéri des dames", decalcada no "Ein Mädchen oder Weibchen", de Papageno, na *Flauta Mágica*, de Mozart. Ao ser remontada em Paris, em 1920, *Les Visitandines* ainda conseguiu agradar bastante. O fim de Devienne foi triste: tendo perdido a razão, morreu no hospício de Charenton, o mesmo onde seria internado o Marquês de Sade.

A primeira ópera de resgate de Cherubini é a já mencionada *Lodoïska*, com libreto de Claude-François Fillette-Loreaux, estreada em 18 de julho de 1791. *Lodoïska* baseia-se em um episódio lateral do romance galante *Les Amours du Chevalier de Faublas*, publicado em 1787 por Jean-Baptiste Louvet de Couvray, um amigo de Beaumarchais (desse mesmo livro sairá, mais tarde, boa parte da inspiração para o *Cavaleiro da Rosa*, de von Hofmannsthal / R. Strauss).

O jovem Floreski consegue libertar a sua amada, a personagem título, presa no sombrio castelo do vilão Durlinski, que quer obrigá-la a casar-se com ele. Neste caso, o conflito individual confunde-se com o coletivo, pois a derrota de Durlinski por Floreski, que é ajudado pelos guerreiros tártaros do chefe Titzikan, significa também a libertação dos servos que o senhor feudal oprimia. Dessa ópera, existem duas gravações disponíveis. A pirata (MRF), da RAI de Roma (1967), com Oliviero de Fabritiis/Ilva Ligabue, Giacinto Prandelli, usa a edição em italiano de Giulio Confalonieri (1951). A comercial (Sony, 1991), com Riccardo Muti/Mariella Devia, Bernardo Lombardo, ao vivo no Scala, é cantada no original francês, restabelecido por Lorenzo Tozzi a partir das edições de 1791 e 1800, feitas em vida do compositor.

Em sua segunda obra composta para Paris, Cherubini propõe-se a seguir o exemplo de Salieri e Sacchini, compondo óperas com maior espessura sinfônica. Para isso, multiplica os números de conjunto; amplia os finais de ato à maneira da ópera cômica de recorte mozartiano, dando-lhes uma consistência nunca vista no *opéra-comique*; e confere à ação um revestimento musical enfático, através de uma escrita vocal austera, quase rarefeita, avessa a enfeites belcantísticos. O que prevalece quase sempre – à exceção do lamento da protagonista com que se abre o ato II – é o tom épico. E na construção de cada "número" ele se concentra em poucos elementos temáticos, desenvolvendo-os obstinadamente.

A mentalidade sinfônica evidencia-se não só nas páginas orquestrais que pontuam a partitura, mas também na adoção de estilos de acompanhamento diferenciados para caracterizar cada personagem e na variedade de composição das amplas cenas de conjunto, com elaborada técnica de contraponto. Um excelente exemplo do talento de Cherubini para o entrelaçamento fugado de melodias é a *polonaise* do ato I, em que o tema, iniciado nas cordas e ecoado por solos de clarinete e fagote, é entoado pela personagem cômica Verbel, em cânon com um motivo mais lento e lírico, apresentado por Floreski. E o amplo *concertato* final, um septeto acompanhado por coro duplo, já tem a imponência e a estruturação sinfônica da cena final do *Fidelio* – o que faz compreender a admiração que Beethoven testemunhava pelo compositor.

A espontaneidade melódica, a variedade e riqueza da orquestração, e uma história que joga com todos os bons sentimentos que estavam na moda durante o período revolucionário, explicam também o favor reservado a *Les Deux Journées*, estreada em 16 de janeiro de 1800. O libreto é de Jean Nicolas Bouilly, autor também da *Léonore ou L'Amour Conjugal* que, após ser musicada por Pierre Gaveaux (1798), inspiraria também Ferdinand Paër (1804), Simon Mayr (1805) e Beethoven (*Leonore*, 1805 e *Fidelio*, 1814). O texto, que Bouilly garantia basear-se num fato real, ocorrido no início da Revolução, tem um estilo conciso que o fez ser apontado por Goethe como o modelo do libreto eficiente.

Mikéli, o carregador de água, leva para fora de Paris, escondidos dentro de seu gigantesco barril, o jovem aristocrata Armand e sua mulher Constance, que durante a revolta da Fronde caíram em desgraça com o cardeal Mazarino. Observe-se o artifício de deslocar a ação para o passado, e de referir-se ao *ancien régime*, como uma forma de contornar a censura oficial, sem que isso altere o conteúdo de crítica ao totalitarismo contemporâneo. O mesmo recurso foi usado, aliás, na *Léonore*: embora ela se passe em Sevilha, no século XVII, está claro para todo mundo que os autores estão falando de uma situação francesa contemporânea, gerada pelos excessos do Terror.

Traduzida como *Der Wasserträger* (O Carregador de Água), *Les Deux Journées* foi representada um sem-número de vezes na Alemanha, onde recebeu elogios entusiásticos de Beethoven, Weber e do jovem Wagner. Sua influência não é negligenciável: o tratamento coral lembra muito o do *Freischütz*, de Weber, marco inicial da escola nacional alemã. A ária do ato I, "Un pauvre petit savoyard", cantada por Antonio, o filho de Mikéli, relatando um favor que Armand lhe fizera anos atrás, quando era menino, tornou-se um modelo para muitas romanças e baladas de óperas românticas. Sua forma e jogo de tonalidades, oscilando entre sol maior e menor, é a que Wagner, por exemplo, dará à balada de Senta, no *Navio Fantasma*. E o melodrama do *Fidelio* – a cena falada com acompanhamento orquestral, no calabouço – tem certamente seu modelo no uso que Cherubini faz dessa técnica em duas cenas da ópera.

Madame Scio, a criadora do papel título na *Medéia* de Cherubini.

Além da antiga versão Cetra, de 1947, com sir Thomas Beecham/Janine Micheau, em francês (relançada em CD, em 1994, pelo selo Intaglio), existe dessa opera a gravação pirata da tradução italiana, *Le Due Giornate*, numa transmissão radiofônica feita pela RAI, na década de 60, regida por Pedrotti.

*Les Deux Journées* marca o apogeu da carreira de Cherubini como operista. Mas *Anacréon ou L'Amour Fugitif*, um *opéra-ballet* estreado no Théâtre de l'Opéra, em 4 de outubro de 1803, foi um fracasso devido ao mal construído libreto de Jean-Baptiste Gail, helenista no Collège de France. Mas ela tem sua importância, pelo uso sistemático que faz do tema recorrente, que será freqüente no Romantismo. No folheto de introdução ao álbum da MRF que contém a gravação de 1971 dessa ópera, feita por Eliahu Inbal, com Franco Bonisolli e Katia Ricciarelli, escreve Aristóteles Panagako:

> A abertura de *Anacréon* é uma das mais celebradas na história. Weber descreveu-a como "maravilhosamente ondulante, cheia das cintilações de um fogo soberbo". Ela nos mostra Cherubini o inovador, pois a peça não é nem na forma tradicional de abertura italiana nem tem a forma de sonata germânica. Não há desenvolvimento ou recapitulação. Os temas são desenvolvidos, é claro, mas de maneira muito sutil, por superposição um do outro. Esses temas reaparecem durante toda a ópera, o primeiro sempre sugerindo a serenidade e a segurança olímpica de Anacreonte, numa sugestão psicológica sem precedentes que já se assemelha muito à técnica do *leitmotiv*.

Wagner, de resto, admitia a dívida que tinha para com Cherubini, no processo de elaboração da técnica do motivo condutor.

O respeito granjeado na Áustria fez com que a Ópera de Viena lhe encomendasse uma ópera de resgate, no modelo da *Lodoïska*: o libretista de *Faniska* foi escrito por Joseph Sonnleithner, que trabalharia com Beethoven. A acolhida foi boa e, no final do espetáculo, um dos espectadores que procuraram Cherubini para abraçá-lo foi Haydn. Mas a ópera não se firmou no repertório, o que tampouco aconteceu com *Les Abencérages* (1813), um *grand-opéra* com libreto de Etienne de Jouy, de partitura opulentamente colorida. *Ali Baba et les Quarante Voleurs* (1833), escrita por Eugène Scribe, tinha um estilo anacrônico e reutilizava material antigo. Foi um total fracasso, ridicularizado por desafetos do compositor, como Berlioz. Daí em diante, desiludido com o palco, ele voltou-se para a música sacra, produzindo, por exemplo, duas *Missas de Réquiem* de grande beleza. Quando morreu, em 1842, suas óperas já não eram mais produzidas há muito tempo – o que fora lamentado pelo jovem Wagner, numa carta escrita de Paris um ano antes.

A seu amigo, o regente Ignaz von Seyfried, Beethoven confessou certa vez que, de todos os compositores vivos, Cherubini era o que mais respeitava. Admiração expressa, de resto, em março de 1823, numa estranha carta, metade em alemão metade em francês, que lhe endereçou e que termina com estas palavras: "sempre o amarei e respeitarei, et vous resterez toujours celui de mes contemporains que j'estime de plus". Até mesmo Berlioz que, pessoalmente, achava Cherubini pedante e insuportável – a ponto de caricaturá-lo em sua ópera *Béatrice et Bénédict* – reconhecia a solidez de sua técnica e a coerência com que expressava musicalmente as suas idéias. E se sua influência sobre os contemporâneos franceses foi restrita, não se pode ignorar o quanto inspirou os compositores alemães, colaborando para o processo de formação da escola nacional daquele país.

Há outras óperas de Cherubini em disco:

- Versão italiana da Cetra (1956) de *Les Abencérages ou L'Étendard de Grenade*, com Anita Cerquetti/C. M. Giulini;
- *Ali Baba et les Quarante Voleurs*, com A. Kraus, W. Ganzarolli, Stich Randall/N. Sanzogno (Nuova Era, 1963);
- Comédia *Il giocatore*, com Bacelli-Gatti/Bernasconi (Bongiovanni);
- A pirata de *L'Osteria Portoghese* (MRF), numa transmissão radiofônica da RAI, com Ligabue/Piazza.

# Le Sueur

Lateralmente derivado da ópera de resgate, e igualmente ligado ao interesse do público por histórias de mistério e pela figura do bandoleiro romantizado, com coragem suficiente para viver à margem das convenções sociais, surge nessa época um outro subgênero: a ópera de aventuras. A primeira delas é *La Caverne* (Théâtre Feydeau, 16.2.1793), de Jean-François Le Sueur (1760-1837), com libreto de Palat-Dercy extraído de um episódio do *Gil Blas de Santillane* (1735), o romance picaresco de Alain-René Le Sage.

A aristocrata Séraphine e Gil Blas foram capturados por bandidos de estrada e mantidos presos numa caverna (a partitura especifica que o palco deve dividir-se horizontalmente, com a caverna abaixo e a floresta acima). Gil consegue fugir e junta um bando de amigos para vir resgatar a moça. Nesse meio tempo, Alphonse, o marido de Séraphine, que a estava procurando na floresta, é preso também e, em conversa com Rolando, o chefe dos bandidos, o faz perceber que está casado com a sua irmã, perdida desde a infância. Gil Blas chega com os libertadores, mata todos os bandidos, mas poupa Rolando, que, assim, pode reunir-se à irmã reencontrada.

Da mesma forma que o fizera em *Ossian*, de que falamos no capítulo anterior, Le Sueur obtém uso interessante de música descritiva, precursora do poema sinfônico; seus ensinamentos estarão na base de uma página como a "Chasse Royale", nos *Troyens*, de seu aluno Berlioz. E mobiliza, com audácia incomum para a época, grandes massas corais e instrumentais, numa música que se caracteriza por efeitos violentos, súbitas mudanças dinâmicas, harmonias inesperadas e ritmos bruscos.

O mesmo estilo comparece em *Paul et Virginie* (1794), baseada no romance sentimental de Bernardin de Saint-Pierre; em *Télémaque* (1796), inspirado na *Odisséia*. *Ossian* (1804) tem peculiaridades curiosas para a época: o uso de melodias modais, para dar a cor local caledônia; a exigência, na orquestra, de um tam-tam para a cena em que os escoceses juram rejeitar os cultos pagãos que lhes são impostos pelos invasores escandinavos, e de doze harpas para criar o colorido dos cânticos dos antigos bardos. A grandiosidade de concepção dessa partitura a coloca como uma prefiguradora, à distância, do *grand-opéra* da plenitude romântica.

*La Caverne* é importante também por dar início à moda das óperas que têm bandoleiros como figura central. Essa voga produzirá, no futuro, o *Fra Diavolo* de Auber, o *Zampa* de Hérold, *Il Pirata* de Bellini, *Il Bravo* de Mercadante e, na obra de Verdi, *Il Corsaro*, *Ernani*, *I Masnadieri* e *Il Trovatore*.

## Méhul

Como Cherubini antes dele, *Étienne-Nicolas Méhul* (1763-1817) transferiu o modelo gluckiano para o terreno do *opéra-comique*, compondo melodramas de assunto sério com diálogo falado. Mas seu primeiro sucesso foi a comédia *Euphrosyne*, com libreto de François-Benoît Hoffman, estreada no Théâtre Favart em 4 de setembro de 1790. Uma das páginas dessa partitura de tom muito apaixonado, o dueto "Gardez-vous de la jalousie", no ato II, mostra-o experimentando com a técnica do motivo associado a uma idéia abstrata: no caso, o ciúme do jovem Coradin pela personagem-título, sempre ilustrado, no decorrer da ação, pela mesma melodia.

*Stratonice*, também de Hoffman (Favart, 3.5.1792), tem ao contrário um clima de serenidade clássica, condizente com a decisão racional do rei sírio Seleuco de renunciar à sua noiva, Stratonice, para salvar a vida de Antíoco, o seu filho, que está doente de amor por ela (o tema é o mesmo de *El-Rei Seleuco*, a peça de Camões). Embora seja a personagem título, o soprano tem pouco a cantar. Os solos principais são confiados aos dois tenores que fazem pai e filho e ao barítono agudo que interpreta Erasístrato, o médico que diagnostica o mal de que sofre o rapaz. A forma é a do *opéra-comique*, com longos diálogos interligando os números cantados. Apesar disso, a estrutura é fluente: os ariosos saem naturalmente dos recitativos, sem interrupção, e há um belo exemplo de integração dramática na forma como um dueto converte-se num trio e, depois, num quarteto. Méhul tem também grande cuidado com a orquestração, através da qual procura sugerir o ambiente que cerca a ação. O monólogo do rei, "Versez tous vos chagrins dans le sein paternel", em que pede ao filho que lhe revele a causa de sua tristeza, foi por muito tempo uma favorita no repertório de tenor. Em 1996, a Erato lançou a gravação de William Christie, com a Cappella Coloniensis.

O ponto mais alto atingido por Méhul no domínio do *opéra-comique* é *Mélidore et Phrosine*, cantado pela primeira vez no Favart em 6 de maio de 1794. O libreto de Antoine-Victor Arnault trabalha com uma idéia inesperada para a época: o amor incestuoso de Aimar e Jule por sua irmã, Phrosine, o que os faz opor-se a seu namoro com Mélidore. Este é acusado de ter assassinado Aimar, morto acidentalmente numa briga. Foge para uma ilha no estreito de Messina, onde se faz ermitão, até ser procurado pela amada, a quem pode finalmente explicar o que aconteceu. Irritado com a reconciliação dos dois, Jule tenta afogar a irmã, mas Mélidore a salva. Caindo em si, horrorizado com o que tentou fazer, Jule renuncia à sua paixão incestuosa e concorda com a união dos amantes. A música escrita para esse libreto tem um caráter experimental: modulações bruscas em larga escala; um uso de notas interrompidas, nos metais, que prefigura Berlioz; temas recorrentes utilizados num esquema de referências cruzadas; e uma constante evocação, na orquestra, da selvageria dos elementos, que reflete as paixões das personagens.

Para *Ariodant* (Favart, 11.10.1799), Hoffman retomou o episódio do *Orlando Furioso*, de Ariosto, que já inspirara Haendel em 1735: a rivalidade de Othon e Ariodante pela mão de Ina, princesa da Escócia. A estrutura e a ambientação cavalheiresca antecipam a da *Euryanthe* de Weber. Uma novidade técnica é o uso de ritornellos instrumentais, servindo de transição entre os números cantados e o diálogo falado. O poeta e compositor E. T. A. Hoffmann referiu-se a ela elogiosamente, quando foi estreada em Berlim (1816): "Séria, digna, de uma grande riqueza harmônica e apuro na construção, não deveriam nunca deixar que saísse do repertório".

Jacques-Benjamin Saint-Victor extraiu *Uthal* (Opéra-Comique, 17.5.1806) do poema épico *Berrathon*, atribuído a Ossian, o poeta gaélico "inventado" por James McPherson. Os violinos são eliminados da orquestra, para que as cordas graves possam sugerir a atmosfera misteriosa e enevoada dos *highlands* escoceses, onde se passa a história de Malvina, dividida entre a fidelidade a Uthal, seu marido, e o amor por seu pai, o chefe Larmor of Dunthalmon, que ele destronou. Como no *Ossian*, de Le Sueur, destacam-se as harpas, tratadas como se fossem o instrumento folclórico céltico. Toda a música respira um clima de grande nobreza.

A ópera mais famosa de Méhul, muito admirada por Beethoven, é *La Légende de Joseph en Egypte*, estreada no Opéra-Comique em 17 de fevereiro de 1807. É um ótimo exemplo da convivência de um austero arcabouço clássico com um tipo muito extrovertido de expressão, já característico do Romantismo. É sua obra mais bem cuidada, embora ele só tenha disposto de dois meses para escrever os quinze números previstos no libreto de Alexandre Duval. Um deles, a romança de José, "À peine au sortir de l'enfance", existe em quatro esboços diferentes que, comparados, demonstram estar Méhul em busca não de maior elaboração, mas de simplicidade, de um tom natural que convenha ao caráter rústico de suas personagens. Muito bem-sucedidos são também o monólogo de Siméon, "Non! Non! L'Éternel, que j'offense", e o *morceau d'ensemble* em que Jacó amaldiçoa seus filhos (exceto o caçula Benjamin, o único papel, na ópera, cantado por voz feminina).

A economia e a singeleza dessa música justificam o julgamento de Weber: "Nela, o colorido da vida patriarcal alia-se ao puro candor de uma religiosidade ingênua". Na orquestração, papel proeminente é reservado à harpa e à tuba, para recriar a sonoridade da antiga música hebraica (o instrumento originalmente usado era a "tuba curva", de som mais potente, desenvolvida durante a Revolução para os festivais realizados ao ar livre). Além de uma gravação pirata de 1955 (regida por Schüchter e cantada em alemão) a Chant du Monde tem a documentação do espetáculo montado por Pierre Jourdan, em julho de 1989, regido por Claude Bardon; nele, o diálogo falado original é substituído por um texto de ligação, dito por um narrador – o que é uma solução muito insatisfatória.

Méhul foi muito apreciado na Alemanha, pois sua integridade de estilo contrastava com o tom mais ligeiro de seus compatriotas. Mas também acabou ficando fora de moda. Suas últimas óperas – *Les Amazones ou La fondation de Thèbes* (1811), *Le Prince Troubadour* (1813) e *La Journée aux Aventures* (1816) –, escritas numa fase em que sua saúde já estava seriamente comprometida, não fizeram sucesso. Mas muitas de suas aberturas ficaram no repertório de concerto; em especial a de *Le jeune Henri* (1797), com uma sugestiva fanfarra de trompas de caça, hoje executada como se fosse um poema sinfônico, com o título de *La Chasse du Jeune Henri*. O público a apreciou tanto, que ela teve de ser executada três vezes no dia da estréia. Os patriotas do ano V, porém, indignaram-se ao perceber que o rei não era apresentado como um tirano, e a récita foi vaiada até ser interrompida. Nos dias que se seguiram, porém, a ópera conseguiu ir se impondo, até tornar-se um sucesso.

O processo de reavaliação da arte francesa na transição entre os séculos XVIII e XIX, a que se assistiu durante as comemorações do bicentenário da Revolução Francesa, revelou um aspecto fundamental da produção de Méhul: as suas sinfonias. A integral que Michel Swierczewski realizou, em 1988, com a orquestra da Fundação Gulbenkian de Lisboa, para o selo Nimbus, demonstra que ele é um dos mais importantes sinfonistas na fase de transição entre Haydn-Mozart e Beethoven.

# GASPARO SPONTINI

## Michele Carafa

As comédias que Spontini (1774-1851) escreveu, no início de sua carreira – *Le Puntigli delle Donne* (Roma, 1796), *Teseo Riconosciuto* (Florença, 1798), *La Finta Filosofa* (Nápoles, 1799) – decalcavam-se no modelo de Cimarosa e Paisiello. Mas já se percebe nelas uma personalidade que busca sua dimensão individual, embora ainda confinada aos limites tradicionais da Escola Napolitana.

A gravação do *Teseo*, registrando uma apresentação ao vivo de 1995, sob a regência de Alberto Zedda (selo Bongiovanni) dá a medida do que foram os seus esforços juvenis. Trabalhando com um libreto de Cosimo Giotti que em tudo reproduz as técnicas e cacoetes metastasianos, Spontini produz uma partitura que não chega a ser exatamente original, mas é melodiosa e, com freqüência, inspirada: é o caso da ária "Lo credevo vicino alla sponda", cujos bruscos staccatos já sugerem o que virá a ser o dramaturgo do futuro.

Ainda que reproduzam obedientemente o modelo da *opera seria* em seus estertores, essas primeiras composições serviram para dar-lhe a dose necessária de ousadia para se arriscar, em 1803, a ir tentar a sorte em Paris, onde a vida cultural, subvencionada pela nova classe de banqueiros, industriais e comerciantes, ganhava impulso. E onde havia a necessidade de um novo compositor cuja obra refletisse a ostentação do Império nascente – Napoleão foi coroado em 1804 – e tirasse a ópera do estado de crise em que se encontrava.

Cansado dos acontecimentos da vida quotidiana que tinham caracterizado as representações teatrais da fase republicana, o público parecia desejar um retorno aos elevados ideais e à dignidade da ópera francesa tradicional, com temas extraídos da história romana que refletissem a grandeza do império atual. Havia também a necessidade de um compositor que soubesse sintetizar as forças multidirecionais do idioma musical contemporâneo que, de todas as partes, convergiam para Paris, produzindo uma confusão estilística à qual ainda não se conseguira dar um rumo definido. A Gasparo Spontini estaria reservado esse papel.

*La petite maison*, *Milton* e *Julie ou Le Pot de Fleurs*, que apresentou no Théâtre Feydeau entre 1803-1804, eram *opéras-comiques* em que Spontini tentou aprender os rudimentos da prosódia francesa, combinados a recursos de escrita orquestral que ia buscar em Gluck, Cherubini, Beethoven ou na limpidez de texturas do *lied* alemão. Preocupou-se também em formar um círculo influente de amigos: o presidente do Senado, Lapécède, os irmãos Érard, fabricantes de pianos, o crítico François-Joseph Fétis, a bela Madame Juliette Récamier, dona de um bem freqüentado *salon*.

A amizade mais importante foi a da imperatriz Joséphine de Beauharnais que, cheia de admiração pelo *Milton*, sobre libreto de Victor-Joseph Étienne de Jouy, nomeou-o seu compositor particular. Para ela, Spontini escreveu a cantata *L'Eccelsa Gara* (1806), celebrando a vitória de Bonaparte em Austerlitz; e o vaudeville *Tout le Monde a Tort* (1806), destinado a comemorar o seu aniversário e que foi encenado, em representação privada, pelas irmãs de Napoleão, as damas de companhia da imperatriz e outros cortesãos. Escreve Karl Schumann na apresentação de *La Vestale* (gravação G. Kuhn, selo Orfeo):

> O Império precisava de um operista que o glorificasse, Spontini assumiu esse papel e "reinventou-se" de forma tão radical que suas partituras parisienses passaram a nada mais ter em comum com as italianas. Seu ídolo agora era Gluck e o princípio que este defendia da primazia do drama baseado em temas heróicos, com pompa e efeitos grandiosos, e melodias guiadas pelo ritmo das palavras, sem ornamentação de coloratura.

O libreto que lhe permitiria realizar esse projeto tinha sido previamente oferecido por Jouy a Boïeldieu e Méhul, que o recusaram. Baseia-se na tragédia *Éricie ou La Vestale*, de Jean-Gaspard Dubois Fontanelle, combinada com sugestões que, no prefácio ao texto, Jouy diz ter extraído de escritos de Johann Joachim Winckelmann sobre a Antigüidade romana. Spontini percebeu rapidamente as possibilidades que essa peça lhe dava de fazer um tributo ao imperador. Todo o público compreenderia a quem se dirigiam as palavras com que, no fim do ato I, se celebravam as vitórias militares do tribuno Licínio:

> *Magnanime héros,*
> *La paix est en ce jour le fruit de vos conquêtes,*
> *Jouissez dans son sein de vos nobles travaux,*
> *Et comme à nos destins présidez à nos fêtes*\*.

Josefina teve de intervir pessoalmente, quando a comissão selecionadora da Academia recusou *La Vestale*, alegando que era "bizarra, defeituosa e barulhenta demais". Com o patrocínio da imperatriz, a ópera foi encenada em 16 de dezembro de 1807, e logo correu todos os teatros europeus, obtendo tamanho sucesso que, em 1810, o Institut de France deu-lhe o seu *Prix Décennal* como a melhor ópera da década. Obra tão gratificante e, em sua época, tão popular, passou inexplicável tempo na geladeira, de onde só recentemente começou a ser retirada.

Por longos anos, estando esgotado o álbum da Cetra, da década de 50, com Maria Vitale/F. Previtalli, a única forma de ter acesso a ela era através de duas gravações pirata cantadas em italiano. A do Scala (Antonino Votto, 1954, Melodram), trazia Franco Corelli e Maria Callas – responsável pela redescoberta da ópera em nosso século. E a da Ópera de Palermo (Previtali, 1960, MRF) dava o precioso testemunho da arte do soprano turco Leyla Gencer que, por ser muçulmana, negava-se a gravar comercialmente, acreditando estar com isso infringindo a lei corânica que proíbe a reprodução de coisas da natureza. Havia também o vídeo pirata de uma montagem florentina de 1970 com Scotto, Tagliavini/Vittorio Gui.

Só em 1992 foi editada, pela Orfeo, a versão comercial de Gustav Kühn, cantada no original francês por Rosalind Plowright e Francesco Araiza. E em dezembro de 1993, finalmente, *La Vestale* foi escolhida para inaugurar a temporada do Scala de Milão, sob a regência de Riccardo Muti, com Karen Huffstod e Anthony Michaels Moore nos papéis principais: o registro ao vivo do espetáculo foi lançado pela Sony no fim de 1995. Além de oferecer a partitura completa, sem os cortes da versão Kühn, ela restaura para Licínio o registro original de barítono agudo.

Recursos aprendidos com Cherubini e Méhul são inseridos por Spontini em sua receita da ópera heróica. Mas também, graças ao seu conhecimento aprofundado da música de Bach, Mozart e Beethoven – por este último tinha, ao contrário de Cherubini, verdadeira veneração –, resolve com muito bom gosto o problema da ópera monumental. Tem senso de continuidade, equilíbrio e *timing*, com isso fugindo ao exibicionismo, que é o ponto fraco das óperas de Le Sueur, e evitando o ritmo lento que às vezes faz *Médée* arrastar-se um pouquinho. Há uma busca deliberada do teatral através de recursos como cortejos e paradas; mas dosados com bom gosto.

Na cena 3 do ato I, por exemplo, a entrada das vestais ("Fille du ciel") é tornada mais

---

\* Magnânimo herói, hoje a paz é fruto de suas conquistas. Desfrute, em seu seio, dos seus esforços e presida às nossas festas e a nossos destinos.

dramática pela interrupção de Júlia e a Grande Vestal ("Pour la dernière fois... L'amour est un monstre barbare"). Inversamente, a ária de Júlia na cena 5, "Licinius, je vais donc te revoir", é interrompida pelo eco da marcha triunfal que forma um contraste para sua angústia. Essa justaposição de situações dramáticas e musicais diferentes prefigura um efeito a ser largamente usado, no futuro, pelos românticos: o das "camadas superpostas de som", de Meyerbeer.

A ópera heróica spontiniana reflete a grandeza do Império napoleônico da mesma forma que Lully espelhava a de Luís XIV. A glória da Roma antiga surgia, no palco, como um inequívoco retrato da majestade do imperador. Como a *Médée*, e talvez mais ainda do que ela, a *Vestal* é uma ópera de transição, com uma severidade formal mais próxima do Classicismo do que do Romantismo, recitativos acompanhados de factura gluckiana e um tom majestoso, uma estrutura simétrica de desenhos melódicos, uma regularidade nas soluções harmônicas que ainda são tradicionais. Mas, ao mesmo tempo, estão claramente prenunciadas algumas características do período seguinte. O uso sinfônico do acompanhamento já prepara o caminho para Berlioz, e tem uma função "emocional" de comentarista da ação que atingirá com Wagner o seu pleno desenvolvimento. Esse compositor, por sinal, estimava muito Spontini e, como regente em Dresden, preparou a orquestra para uma récita da *Vestal* que o autor dirigiu em 1848

O alargamento das tessituras, principalmente do soprano e do tenor, culminará, na segunda metade do século XIX, na evolução das vozes verdianas, mais extensas e encorpadas: Licínio e Júlia são um ponto de partida para esse processo. O uso de efeitos cênicos, por outro lado, situa a *Vestal* como uma das precursoras do *grand-opéra*, o faustoso tipo de espetáculo que, em breve, será desenvolvido por Meyerbeer. Mas Spontini tem uma integridade artística que o faz manter esses efeitos dentro de limites precisos, dramaticamente justificáveis, sem permitir que a ação se torne um pretexto para exibições gratuitas.

Mas se as frases amplas e regulares da *Vestal* e o formato rigoroso de seus números fechados a situam como a herdeira natural do Classicismo de Gluck, já existem, na maneira de organizá-los, traços que fazem pressentir o aparecimento, na ópera romântica italiana, da *scena* tripartite. Dá-se esse nome à seqüência formada por um recitativo introdutório, uma ária de caráter lírico, e uma seção contrastante que recebe o nome de *cabaletta*, de ritmo em geral mais rápido e virtuosístico).

Exemplo desse tipo de cena é a de Júlia, no ato II, muito freqüente no repertório de concerto dos sopranos de bravura. Ao lirismo intenso da *prière* "Toi que j'implore avec effroi, redoutable déesse", segue-se uma segunda parte, de grande agitação, "Impitoyables dieux, suspendez la vengeance", em que a sacerdotisa toma consciência da força de seu amor; ela já é, de resto, anunciada pelo tom declamatório do episódio de transição que a precede, "Un pouvoir invincible m'entraîne". E a ária se encerra com a seção "L'arrêt est prononcé, ma carrière est remplie", em que Júlia compreende que não conseguirá escapar à violação do voto religioso, e se entrega inteiramente: "Viens, mortel adoré, je te donne ma vie!".

Ou seja, o que, em Spontini, ainda se apresenta como seções justapostas e contrastantes de um mesmo número, como uma evolução natural da antiga forma A.B.A. da *aria da capo* barroca revitalizada pela revolução gluckiana, tenderá, em breve, a se dissociar em unidades autônomas articuladas por recitativos ou outros processos, formando uma cena contínua e com um sentido completo.

Tripla importância, pois, dessa *Vestale*: ponto de culminância de uma tradição trágica que, partindo de Lully, chega às mãos de Spontini através de Rameau e Gluck, ela é, no presente, a súmula do estilo napoleônico e, ao mesmo tempo, uma porta aberta para o futuro, para o Romantismo de Donizetti e Mercadante, de Meyerbeer e Halévy, de Weber e do Wagner jovem. E isso numa ópera que não está isenta de fraquezas: uma certa frieza do conjunto, uma ocasional tendência ao academicismo, o esquematismo de alguns números fechados e o uso do *deus ex machina*, de pouca credibilidade numa época em que a ilusão barroca não estava mais na moda. Os trunfos que a *Vestal* apresenta, porém, compensam amplamente essas imperfeições.

O traçado da personalidade de Júlia, em especial, demonstra como os tempos mudaram.

A jovem sacerdotisa tem uma austeridade e uma nobreza de atitudes – já presentes em Alceste ou Ifigênia – que a tornam muito diferente de Cleópatra ou Fiordiligi, Griselda ou donna Elvira, típicas heroínas do Barroco e do Rococó. Dilacerada entre seus sentimentos e o dever para com a pátria, ela enfrenta a morte com grande domínio de si mesma, prenunciando o modelo de uma figura de mulher heróica como a Leonora de Paër e de Beethoven – este último, de resto, considerava ideal o libreto de Jouy.

Não era o único, pois Saverio Mercadante o reutilizou, numa *Vestale* estreada no San Carlo de Nápoles, em 10 de março de 1840. Mas se, no original francês, o final feliz obrigatório ainda era um remanescente clássico, no texto que o romântico Felice Romani redigiu para Mercadante o desenlace é trágico: o tribuno Décio chega tarde demais para impedir o sepultamento da vestal Emília, e suicida-se sobre sua tumba, dizendo-lhe que a espera às margens do Estige, o rio do Inferno – uma prefiguração, como se vê, do final da *Aida*. Para quem deseja fazer a comparação das duas *Vestais*: o selo Bongiovanni possui uma gravação ao vivo da de Mercadante, regida por Vjekoslav Sutej no Festival de Spalat, na Croácia, em abril de 1987.

Um outro indício da popularidade de Spontini é o fato de Rossini ter transposto a melodia de "De son front, que la honte accable" (o último episódio do ato II da *Vestale*) para o finale "Mi par d'esser con la testa", no ato I do *Barbiere di Siviglia*. Não espante a ninguém, é claro, uma melodia de ópera séria ser enxertada numa comédia, praxe ainda comum naquela virada de século (basta lembrar que a abertura do próprio *Barbiere*, hoje inapelavelmente vinculada a um contexto cômico, passeou por *Aureliano in Palmira* e *Elisabetta, Regina d'Inghilterra*, antes de ancorar em sua destinação final).

Napoleão que, a princípio, não se entusiasmara com a *Vestale*, deu todo apoio à encenação no Opéra, em 28 de novembro de 1809, da ópera seguinte de Spontini, *Fernando Cortez*, por achar que o tema poderia influenciar favoravelmente a opinião pública, durante a campanha contra a Espanha. No libreto de Jouy e Esménard, baseado na tragédia de Alexis Piron (1744), o conquistador do México, vencedor do fanatismo dos sacerdotes pagãos, poderia simbolizar o Imperador dos Franceses pronto a submeter o inimigo espanhol. Mas ninguém tinha condições de prever a reviravolta na situação militar. À medida que a guerra da Espanha se transformava num desastre, a ópera ia se tornando cada vez mais inoportuna, e Spontini viu-se obrigado a retirá-la de cartaz, por ordem da censura imperial. Ela só foi ouvida vinte vezes entre 1809 e 1817.

A reprise, numa franca atitude de revanche dos Bourbon contra o imperador destronado, só ocorreu durante a Restauração. A essa altura, o libreto tinha sido revisto. O rei asteca Montezuma fora introduzido, como um modelo do bom selvagem rousseauísta. E, para satisfazer os interesses do grande público, fora introduzida uma intriga amorosa, inexistente na versão original: Amazily, prima do rei, seqüestrada pelos espanhóis, apaixona-se por Cortez e propõe-se a interceder junto a seu povo, em favor da paz. É ela quem, na cena final, exerce a função tradicional de *deus ex-machina* e, colocando-se entre o amante e o irmão, o guerreiro Telasco, impede-os de combater. O papel de Amazily foi desenvolvido para Alexandrine Branchu, que tinha criado Júlia, na *Vestal*: sua ampla tessitura dá uma idéia das possibilidades dessa *tragédienne*, afamada pela voz e pela presença cênica.

Por seu nível de dificuldade, *Fernando Cortez* é raramente encenada hoje em dia. O vídeo de um espetáculo em Nápoles, em dezembro de 1951, com Renata Tebaldi e Gino Penno, regidos por Gabriele Santini; e o registro, no selo MRF, de uma transmissão radiofônica da RAI de Turim, em 1974, com Angeles Gulin e Bruno Prevedi, sob a regência de Lovro von Matačić – ambos com elencos atraentes mas som precário – fazem lamentar que não exista dessa partitura uma gravação comercial recente.

Nela, afirma-se o modelo do grande espetáculo, mas sempre mantido sob controle por um senso dramático que se mostra ainda mais intransigente do que na *Vestal*. Esse inato gosto pela proporção é o que impede o excesso, numa ópera que é um vasto painel histórico, e inclui uma elaborada cerimônia de sacrifício aos deuses pagãos, uma carga de cavalaria, o incêndio dos navios espanhóis e uma heroína que se interpõe entre dois exércitos, no campo de batalha. Há um uso renovador dos coros de Espanhóis e Astecas como personagens coletivas; e os balés inserem-se na ação de forma funcional, raramente conseguida antes na ópera francesa. Não há um só dueto de amor para o protagonista e sua namorada. O que interessa é o afresco político, a cor local exótica e os grandes deslocamentos das multidões e dos exércitos (para a estréia, a Ópera teve de alugar quatorze cavalos, sempre no circo dos irmãos Franconi). Os efeitos de encenação como o incêndio da armada espanhola – que Cortez manda destruir para deixar claro que não pretende abandonar o México; – as melodias que, com facilidade, atingem o tom sublime (a oração *a cappella* dos soldados espanhóis, por exemplo); a originalidade da marcha militar asteca, de forma ternária; o fôlego épico que a atravessa fazem de *Fernando Cortez* uma das óperas mais marcantes desse período.

Ela ocupa, também, significativa posição histórica, na medida em que fixa padrões que serão explorados em grandes obras do futuro. Amazily, dilacerada entre o amor da pátria e a paixão pelo inimigo, é uma antecessora de Aída. Isso é muito visível em árias como "Sui giorni miei deserti" ou "O Re dei miei destini". O lamento "O patria mia", de Telasco, inaugura o modelo de ária patriótica, de acentos melancólicos, de que "O tu Palermo", no ato II das *Vésperas Sicilianas*, de Verdi, será um exemplo típico. Na trilha do "Voliam di gloria", de Cortez, virão outras vibrantes incitações ao combate: basta lembrar o "Aux armes, mes amis!", no ato V dos *Huguenotes*; e a celebérrima "Di quella pira", do *Trovatore*, de Verdi.

Nomeado diretor do Théâtre des Italiens em 1810, Spontini conseguiu manter-se como compositor da corte após a restauração dos Bourbon; mas *Pélage*, de caráter alegórico, fazendo o elogio de seus novos patrões, foi um fracasso absoluto. A ópera seguinte foi *Olympie*, com libreto de Michel Dieulafoy e Charles Briffaut, baseado na tragédia de Voltaire (1764), que explorava fatos imaginários discutindo o suposto assassinato de Alexandre, o Grande. A estréia no Opéra, em 22 de dezembro de 1819, teve sucesso apenas moderado, pois o público reagiu mal à extrema crueza da morte de Statira, viúva do rei macedônio, que se apunhalava em cena aberta (traço prenunciador do gosto romântico pela violência explícita).

Os reis Cassandro, da Macedônia, e Antígono, da Ásia Menor, disputam o império de Alexandre e a mão da sacerdotisa Amenaïs, amada pelos dois – e que é, na realidade, Olímpia, a filha perdida do falecido rei. Quando a Grande Sacerdotisa está para celebrar as bodas de Amenaïs com Cassandro, descobre-se que ela é Statira, a viúva de Alexandre; e a rainha acusa o atual ocupante do trono de ter envenenado seu ex-marido. No final, os dois rivais combatem, Antígono é mortalmente ferido e, antes de morrer, confessa ter sido ele o assassino. Arrependida e com medo do castigo, Statira se suicida. Cassandro está vingado e pode finalmente unir-se a Olímpia.

Ao instalar-se em Berlim, em 1820, como *Generalmusikdirektor* de Guilherme III, rei da Prússia, Spontini remanejou o libreto com a ajuda de Ernst Theodor Hoffmann. A estréia, em 14 de maio de 1821, na Ópera Real Unter den Linden, diante de toda a corte, foi suntuosa. Na cena final, Cassandro entrava em cena montado num elefante, cedido ao teatro pelo Tiergarten, o zoológico local. O sucesso, naturalmente, foi estrondoso: só em Berlim, *Olimpie* foi encenada 78 vezes. Depois, foi aos poucos sendo desbancada por outra ópera que estreara semanas depois dela: o *Freischütz*, de Weber, criador de um estilo completamente novo para a ópera alemã.

A retradução francesa dessa segunda versão, cantada na Académie Royale em 28 de fevereiro de 1826, foi de novo muito bem recebida; depois, caiu no esquecimento, pois estribava-se num modelo muito ligado aos hábitos operísticos do século XVIII, que já estavam ficando obsoletos. A montagem de 1950, no Maggio Musicale Fiorentino, chamou a atenção para ela, levando à célebre apresentação de junho de 1966, no Scala, em que Molinari-Pradelli regia Pilar Lorengar, Fiorenza Cossotto e Franco Tagliavini – existe desse espetáculo uma gravação no selo GDS. Em 1987, Gerd Albrecht fez, para a Orfeo, uma

Cenários de Piero Zuffi para a *Vestale*, de Spontini, encenada no Scala de Milão em dezembro de 1954. Os intérpretes principais são Maria Callas (Júlia), Franco Corelli (Licínio), Ebe Stignani (a Grande Vestal) e Nicola Rossi Lemeni (o Sumo Sacerdote).

Cenário de Alessandro Sanquirico, do século XIX, para o interior do templo de Vesta na *Vestal*, de Spontini.

gravação comercial da versão francesa de 1826, com J. Varady. S. Toczyska, F. Tagliavini e D. Fischer-Dieskau.

*Olimpie* é uma ópera de cenas de conjunto bem escritas e momentos dramaticamente eficientes. Merecem ser destacados, no ato I, o dueto de amor de Cassandro e Olímpia, "Ô doux accents, bonheur suprême!" e, em seguida, o trio "Dieux, auteurs de mon être" e o finale, em que Statira se dá a conhecer. No ato II, o tocante dueto entre a mãe e a filha, "N'auriez-vous d'une mère aucun ressouvenir?". No III, a ampla seqüência que leva do trio de Statira, Antígone e Olímpia, "De la clémence, que ne puis-je suivre la loi", até o final da ópera. Embora não tenha nenhuma grande ária, Cassandro já é o típico tenor lírico *spinto* moderno e se destaca nos duetos. "Voilà donc ton amour et la foi qui nous lie?", no último ato, lhe reserva também passagens de grande beleza. Berlioz chamou *Olimpie* de "uma obra sublime, digna do autor da *Vestal*".

Para o Königliches Opernhaus, de Berlim, Spontini compôs, entre 1822-1829, um drama lírico, um *Zauberoper* (ópera de tema mágico) e um alentado drama histórico-romântico.

*Nurmahal oder Das Rosenfest von Cashmir*, com libreto de Carl Alexander Herklotz, baseia-se no poema *Lalla Rookh: an Oriental Romance*, de Thomas Moore (1817), e foi cantada em 27 de maio de 1822. Spontini reaproveitou material de um balé anterior sobre esse popular conto de ambientação persa, que haveria de inspirar também Félicien David. Usou ainda música adicional escrita para uma reedição, em 1817, das *Danaïdes* de Salieri. Isso explica o caráter descosido da partitura, que tem um clima semelhante ao do *Oberon*, de Weber, mas sem o mesmo nível de qualidade.

A música de *Alcidor* tampouco despertou interesse, embora a encenação fantasiosa agradasse ao público aristocrático da estréia. É uma obra de circunstância, produzida para o casamento, em 23 de maio de 1825, de Louise, terceira filha do rei da Prússia, com o príncipe Frederico da Holanda. O libreto de Emmanuel Guillaume Marguerite Théaulon de Lambert baseava-se num conto fantástico de Rochon de Chabannes (1787), bem ao gosto dos *singspiele* de tema sobrenatural, como a *Flauta Mágica*, muito populares na Alemanha. Para a apresentação em Berlim, Herklotz o traduziu para o alemão. Há alguns coros bem escritos, um interessante trio em cânon, um coro de gnomos acompanhado por bigornas afinadas, de que Wagner deve ter-se lembrado, ao compor o *Ouro do Reno*; mas no conjunto é uma partitura menor.

*Agnes von Hohenstauffen*, com libreto de Ernst Raupach, cantada pela primeira vez no Königliches Opernhaus, em 12 de junho de 1829, foi a tentativa de adequar a ópera heróica, com a qual estava familiarizado, ao gosto novo do público pelo melodrama nacional germânico. Com tema medieval, insere-se na tradição germânica que vai da *Euryanthe*, de Weber, e da *Genoveva*, de Schumann, até *Rienzi, Tannhäuser* e *Lohengrin*. Passa-se em Mainz e narra a história de Agnes, filha da condessa Ermengarda de Hohenstauffen, que se apaixonou por Heinrich von Brunswick. Esse amor, entretanto, é malvisto pelo imperador Henrique VI, do Sacro Império, pois o rapaz é filho do Duque da Saxônia, que se rebelou contra ele. Para impedir o casamento, conspira com o rei da França, que se disfarçou como o duque da Burgúndia. No final, porém, dando-se conta da lealdade de seu súdito, o imperador consente em que ele e Agnes se unam.

Esquecida durante muito tempo, a ópera foi revivida em 14 de maio de 1954, no Maggio Musicale Fiorentino, sob a regência de Tullio Serafin, e o sucesso dessa redescoberta deveu-se muito à fantástica interpretação de Renata Tebaldi no papel título. Outro registro de importância histórica, documentado pelo selo Foyer, é o do espetáculo na Ópera de Roma, em 30.4.1970, com Montserrat Caballé, Antonieta Stella, Bruno Prevedi e Sesto Bruscantini, sob a regência de Riccardo Muti – de que há também um vídeo pirata. Como ambas foram cantadas em tradução italiana, é esse o acesso que se tem, hoje, ao libreto – razão pela qual os títulos dos números não são citados, aqui, em seu original alemão.

Cuidadosamente composta, embora sem a vitalidade das primeiras obras, *Agnes von Hohenstauffen* tem um aspecto formal historicamente importante: nela, Spontini expande os finales – o momento, de um certo ponto do ato em diante, em que os números musicais se encadeiam, deixando de se interligar por recitativos acompanhados. O compositor faz, assim, com que eles ocupem mais da metade do ato, o que lhe garante grande continuidade. Em seu esforço para adequar-se ao gosto novo do público, chegou a incluir, na *Agnes*, uma cena de calabouço inspirada no *Fidélio*, de Beethoven. Árias como "Perchè dovrei scordare", do tenor, ou "Quando vidi nel mar", do soprano, no ato I, têm algumas das mais belas melodias escritas por Spontini; e a nascente escola romântica deixa sua marca na suntuosa orquestração. Mas a ópera tem um problema estrutural: atinge o auge, do ponto de vista dramático e musical, no ato II, o que resulta num último ato anticlimático.

Essa já era uma época difícil, em que o temperamento ditatorial de Spontini o tornava alvo constante dos ataques de um crítico como Ludwig Rellstab (o músico chegou a ser preso, um dia, por tê-lo agredido). Punha-o também em rota de colisão com o conde Brühl, intendente da Ópera de Berlim, que fora atropelado em seu projeto de colocar Weber como *Generalmusikdirektor*. O chauvinismo gerado pelo crescente nacionalismo germânico fazia ver com desconfiança esse estrangeiro, cuja música já não correspondia mais ao gosto da época. Em 1841, após a morte do soberano que o empregara, uma intriga ridícula fez com que fosse despedido. De volta a Paris, recebeu honrarias – a Ordem do Mérito, em 1843; o título de Conde de Sant'Andrea, dado pelo papa em 1845 –, mas não recuperou o prestígio como compositor. Quando morreu, em 24 de janeiro de 1851, em sua aldeia natal de Majolati, perto de Ancona, estava num estado próximo ao da penúria.

Resta, entretanto, reconhecer outro importante papel que Spontini desempenhou: o de formador de toda uma geração de regentes. "Ele tocava um *fortissimo* como um furacão", escreveu seu contemporâneo, o maestro Heinrich Dorn, "o *pianissimo* como um sopro, o *crescendo* de modo a te fazer arregalar os olhos aos poucos, o *decrescendo* como quem pronuncia uma fórmula de encantamento, o *sforzando* como se fizesse soar as trombetas do Juízo Final". Como titular da Ópera de Berlim, Spontini aumentou para 94 o número dos músicos na orquestra, expandiu o repertório e foi um dos primeiros a impor rigorosos padrões de exigência artística que o colocam como o iniciador, na Alemanha, de uma linhagem de grandes maestros.

A ela viriam a pertencer Franz Liszt e Richard Wagner, Hans von Bülow, Hans Richter e Hermann Levi, Gustav Mahler e Richard Strauss, Bruno Walter, Wilhelm Furtwängler, Karl Böhm e Herbert von Karajan. É Spontini, portanto, quem abre caminho para o regente moderno, fiel ao individualismo de seu temperamento mas também à letra do que está escrito, um intérprete que contribui com sua visão pessoal para a plena realização da obra.

Foi um dos primeiros também a adotar o uso da batuta – feita de marfim, que brandia com uma majestade napoleônica. Antes dele, regia-se segurando nas mãos uma folha de papel de música enrolada; o uso do antigo bastão, com que se batia o ritmo no tablado, fora abandonado desde o acidente que custara a vida a Lully. A adoção da varinha fez a regência ganhar muito em termos de precisão. Além disso, como Spontini era muito míope e, por vaidade, recusava-se a usar óculos, obrigava os músicos a se sentarem sempre no mesmo lugar, de modo a saber onde estavam na hora de lhes dar as entradas. Essa é a origem da disposição moderna dos naipes da orquestra, com os violinos à esquerda do maestro, as violas à frente, os violoncelos e contrabaixos à esquerda, e assim por diante.

## Carafa

Outro estrangeiro aclimatado ao solo francês que merece menção é Michele Carafa (1787-1872). De família nobre napolitana, filho do príncipe Colobrano, duque de Alvito, Michele Enrico Carafa di Colobrano estava destinado à carreira militar e, de fato, alistou-se na Grande Armée e fez a campanha da Rússia sob as ordens de Napoleão. Depois de Waterloo, entretanto, dedicou-se exclusivamente à sua vocação musical. Estreando em sua cidade natal com *Il Vascello d'Occidente* (1814), fez sucesso suficiente com *Gabriella di Vergy* (1816) e *Berenice in Siria* (1818) para animar-se a tentar a aventura parisiense. *Jeanne d'Arc*, cantada em 1821, atraiu bastante a direção do Opéra-Comique para que lhe confiassem a encomenda de *Le Solitaire*, com libreto de Planard. A reação entusiástica do público na noite da estréia, em 17 de agosto de 1822, fez o seu nome e assegurou casa cheia aos *opéras-comiques* subseqüentes: *Le Valet de Chambre* (1823), *L'Auberge Supposée* (1824) e *Sangarido* (1827).

Mas a música de Carafa, embora bem escrita, carece de personalidade mais definida e foi isso que fez sua popularidade declinar gradualmente. "O grande erro dele foi ter nascido meu contemporâneo", comentava Rossini, que reconhecia tê-lo influenciado fortemente. Não foi o seu único azar: *Masaniello*, a sua ópera mais bem acabada, estreada em 27 de dezembro de 1827, tinha a desvantagem de basear-se na mesma história da *Muette de Portici*, de Auber, de que falaremos mais adiante. Conseguiu manter-se em cartaz 139 noites, depois foi inapelavelmente suplantada. O mesmo aconteceria com *Le Nozze di Lammermoor* (1829), escrita para o Théâtre Italien: a fortuna inicial dessa adaptação do romance de sir Walter Scott seria, seis anos depois, obscurecida pelo renome da *Lucia*, de Donizetti. O cargo de professor de Composição no Conservatório trazia-lhe, no fim da vida, magros rendimentos. Compadecido das dificuldades que ele enfrentava, Rossini o encarregou, em 1860, de refundir a sua *Semiramide* para o Opéra de Paris, dividindo os dois atos originais em quatro e compondo o balé que, nesse teatro, era obrigatório; e generosamente, cedeu-lhe os direitos por esse trabalho.

A ópera heróica e a *pièce à sauvetage* não tiveram impacto muito grande sobre a Itália, onde o melodrama seguia caminhos diferentes. São raros os exemplos como o *Torvaldo e Dorliska* (1815), a única *opera a salvamento* rossiniana. Mas exerceram considerável influência na Alemanha, onde *Les Deux Journées, Joseph en Egypte* ou *Fernando Cortez* contribuíram com elementos que seriam incorporados à própria ópera nacional alemã. Nas escolas do Leste Europeu, sobre as quais o influxo alemão é enorme, comparecerá também, com freqüência, o molde do *Rettungsstück*: o exemplo mais típico é o *Dalibor*, de Bedrich Smetana. Mas a mais significativa ópera de resgate, a que leva o gênero ao apogeu, foi escrita em Viena pelo mais alemão dos compositores: é o *Fidelio oder die Eheliche Liebe* (Fidélio ou o Amor Conjugal), de Ludwig van Beethoven. Não cabe, porém, analisar aqui, em detalhe, essa grande ópera, que não pertence ao domínio francês.

# O *Grand-Opéra* e o Romantismo

A partir das óperas de grandes proporções de Le Sueur e Spontini, assiste-se ao desenvolvimento de um tipo de drama lírico que será extremamente popular na França da primeira metade do século XIX e terá excepcional importância para a evolução ulterior do gênero: o *grand-opéra*. Suas origens remontam aos efeitos espetaculares do intermédio renascentista e das óperas da Escola Veneziana, produzidos por intrincada maquinaria, transplantados por Lully para o domínio da *tragédie-lyrique* versalhesa. E estão ligadas ao gosto, demonstrado pelo público popular de todas as épocas, por encenações brilhantes e suntuosas, cheias de truques cênicos que, não raro, sobrepujam a própria ação, tornando-a um pretexto para jogos decorativos. Mas se o apogeu desse estilo de fazer ópera situa-se na França, entre 1830-1850, é porque essa evolução constitui, no plano estético, um dos resultados das transformações profundas por que passou o país com as revoluções de 1830 e 1848 – cujo impacto será determinante para toda a Europa –, e que produzirão alterações sensíveis na estrutura social e, conseqüentemente, nas formas de atender ao gosto de um público novo que está emergindo.

A Restauração dos Bourbon, promovida, após a queda de Napoleão, pelo Congresso de Viena (1814-1815) e a Santa Aliança – formada pela Áustria e Rússia com o apoio da Grã-Bretanha – significou um esforço concentrado de liquidação dos ideais revolucionários. Já sob Luís XVIII, iniciou-se a perseguição aos bonapartistas e republicanos, feita pelos ultra-realistas. Com Carlos X, que subiu ao trono em 1815 – sendo a sua coroação comemorada com a encenação do *Voyage à Rheims*, de Rossini –, medidas ainda mais repressoras foram adotadas: supressão da liberdade de imprensa, dissolução da Câmara, convocação de novas eleições, com a imposição de candidatos governistas, e intimidação sistemática dos oposicionistas. O resultado foi a escalada de descontentamento que, vindo desde a Restauração, explodiu em julho de 1830, quando setores liberais, apoiados pelos altos meios financeiros, deflagraram a revolução que depôs Carlos X. Em seu lugar foi coroado, como monarca constitucional, Luís Felipe, o Duque de Orleans.

A revolução de 1830 fez desenvolverem-se noções que seriam de fundamental importância para toda a Europa do século XIX, e se exerceriam não só sobre a vida política mas também no plano cultural. A de liberalismo, contrária às limitações impostas por um regime obsoleto como o absolutismo, que deverá ceder lugar a formas mais democráticas de governo. A de nacionalismo, que visa à unificação política dos povos de mesma origem e cultura; ou seja, à busca de uma identidade nacional que terá, como conseqüência, a rejeição de toda forma de tutela estrangeira, inclusive a artística. E a de socialismo, pregando a igualdade econômica e social através de mudanças radicais nas estruturas políticas e administrativas.

À revolução de 1830, entretanto, segue-se, em fevereiro de 1848, um outro levante, motivado pelos altos níveis de corrupção do governo de Luís Felipe, a crise econômica gerada pelas más colheitas, e a precária situação do operariado que, já no ano anterior, protagonizara um movimento precursor: a revolta dos tecelões, em Lyon. A revolução de 1848 derrubou Luís Felipe, elegeu uma Assembléia Nacional Constituinte e, em 10 de dezembro, proclamou o príncipe Luís Napoleão presidente da República, com mandato de quatro anos.

Os objetivos da II República seriam atraiçoados por seu chefe de Estado, que, em 1852, daria um golpe de Estado, coroando-se imperador com o nome de Napoleão III e reinando até a derrota na Guerra Franco-Prussiana, em 1870. Mas a contribuição do movimento de 1848 para os esforços autonomistas europeus foi enorme. Em 1830, já tinha ocorrido o levante de Bruxelas, que levou à independência da Bélgica, e no qual, como veremos mais adiante, uma ópera desempenhou papel singular. Em março de 1848, o levante de Viena forçou a renúncia do primeiro-ministro Metternich e a Áustria ganhou a sua primeira Constituição liberal. Nesse mesmo mês, Lájos Kossuth tentou proclamar a independência da Hungria e, embora fosse derrotado, sua rebelião detonou o processo que levaria, em 1867, à assinatura do Ausgleich, o acordo que instituiu a monarquia dual austro-húngara, dando ao país seu primeiro Parlamento e um ministério próprio. Ganham impulso também, nesse período, os movimentos que levarão à unificação da Itália, em março de 1861, e da Alemanha, em janeiro de 1871, ao término da Guerra Franco-Prussiana.

A conscientização política produzida por essas revoluções vai acelerar o processo, já em andamento, de formação das escolas nacionais literárias, musicais e de artes plásticas em países que, até então, vinham sendo mais ou menos importadores de fórmulas estéticas das nações culturalmente predominantes. Isso é particularmente válido no caso da Alemanha e dos países nórdicos e da Europa oriental; mas movimentos semelhantes vão surgir nas colônias latino-americanas, coincidindo com as campanhas de independência, que também são influenciadas pela vaga de liberalismo europeu.

Quanto à Europa ocidental, assiste-se, do ponto de vista social, ao deslocamento da aristocracia como classe dominante e à ascensão da burguesia, cujos interesses, preocupações e ideologia passarão a condicionar o estilo de vida, a estrutura política e econômica e, conseqüentemente, as formas de produção artística. A burguesia será, portanto, o público para o qual a ópera romântica passará a ser escrita. Ela refletirá seus gostos, sua cultura, suas preocupações e seus costumes. E o processo a que vamos assistir é muito semelhante ao que ocorreu, no início do século XVII, com a passagem da ópera do âmbito cortesão para o dos teatros públicos venezianos: ela vai popularizar-se na temática, no estilo de composição e nas formas de encenação, cristalizando tendências que já vinham desde a fase de transição do século XVIII para o XIX.

É determinante, para a formação da ópera romântica, a mudança nas idéias e nas formas que está ocorrendo no campo da literatura, e que chega ao teatro musical via libreto. Nesse sentido, é fundamental o papel exercido pelo Metastasio do século XIX, o dramaturgo Eugène Scribe (1791-1861). Trabalhando para todos os compositores importantes da época (só para Auber escreveu 38 libretos), Scribe foi tão prolífico – sua obra completa, 374 peças entre as quais 114 libretos, ocupa 78 volumes – que o chamavam de *l'usine à livrets*. Seu brilhante senso da carpintaria teatral fez com que seus textos continuassem a ser usados na segunda metade do século XIX, por compositores como Verdi (*Les Vêpres Siciliennes* e o *Gustave III*, escrito originalmente para Auber, em que Somma baseou seu libreto do *Ballo in Maschera*). E atraiu a atenção até de compositores do século XX, como Riccardo Zandonai e Bernd-Alois Zimmermann. Nos libretos de Scribe, identificamos os grandes aportes literários presentes na obra dos escritores que, no período romântico, oferecem textos aos compositores:

1) os sentimentos exacerbados, o gosto pela cor local e os cenários exóticos, o culto da

natureza, o sentimento religioso e o misticismo arraigado, presentes nas novelas de René de Chateaubriand, Étienne de Sénancour ou Benjamin Constant;
2) do romance histórico de Walter Scott, Alexandre Dumas pai ou Victor Hugo, a valorização da Idade Média e da Renascença (em lugar da Antigüidade, como faziam o Barroco e o Classicismo), por identificar nelas a fase de maior grandeza da nação – atitude, portanto, ligada ao sentimento nacionalista; resulta, porém, no tratamento muito livre da realidade histórica, pois os artistas estão menos interessados em reconstituir fielmente os fatos do que em usá-los, e às grandes personagens do passado, para demonstrar idéias ou fazer evocações poéticas. Em *Auber La Muette de Portici und die Anfänge der Grand-Opéra*, Ludwig Finscher mostra como no romance histórico de Scott, modelo seguido pelos escritores franceses, "está a raiz do gosto operístico pelo empilhamento de grandes contrastes e de quadros pitorescos";
3) do drama romântico, reformado por Hugo, Alfred de Vigny, Alfred de Musset e Dumas pai, segundo os princípios teóricos formulados por Hugo, em 1827, no Prefácio à sua peça *Cromwell*:
   a) a recusa dos princípios clássicos de respeito às três unidades aristotélicas e à *bienséance* (a conseqüência disso é acentuar-se o gosto, já percebido desde o final do século anterior, pela temática chocante, as cenas violentas, grotescas ou desmedidas, e a linguagem mais livre);
   b) a mistura de gêneros, tomando como modelo a fusão sério-cômica que há no teatro de Shakespeare, por oposição à austeridade seiscentista francesa;
   c) a busca de assunto pitoresco, insólito, de clima fantástico e misterioso;
   d) a preferência pela personagem de exceção, que corresponda à visão que o poeta romântico tem de si mesmo como um iluminado, um ser cuja percepção aguda e arrojada o coloca à frente de seu tempo, e cuja missão está claramente resumida nos versos famosos de Victor Hugo:

> Le poète, en des jours impies,
> vient préparer des jours meilleurs;
> il est l'homme des utopies,
> les pieds ici, les yeux ailleurs;

4) o extremo individualismo e subjetividade da poesia de Alphonse de Lamartine, Vigny ou Musset, em que o mundo é visto através da personalidade do artista; em que o estado de espírito provocado pelo exterior torna-se mais importante do que a própria realidade externa; em que o típico ilogismo da personalidade romântica em crise manifesta-se numa oscilação constante e inexplicável entre alegria e tristeza, entusiasmo e depressão, gerando o sentimento indefinido de permanente insatisfação a que se deu o nome de *mal du siècle*; e em que a imaginação desabrida deleita-se na capacidade de criar mundos imaginários e acreditar neles, e pratica uma poesia visionária, de sonho e delírio, tentando desvendar a realidade oculta que se supõe existir subjacente ao mundo visível (tendência que será levada a seus extremos, mais tarde, pelo Simbolismo);
5) uma forma de expressão, em suma, que se caracteriza por ser hiperbólica (o desejo de criação de um mundo ideal leva a uma busca da perfeição que tende à exageração das qualidades), antitética (o prazer em explorar contrastes, em criar choques bruscos pela aproximação dos contrários) e metafórica (a exaltação dos sentimentos traduz-se num estilo que lança mão de substantivos vistosos e adjetivação abundante, numa reação à linguagem mais sóbria do Classicismo).

Em *Eugène Scribe and the French Opera of the Nineteenth Century*, Karin Pendle mostra de que forma seus libretos fixam os ingredientes técnicos que devem estar presentes na chamada "pièce bien faite":

(i) uma "intriga com ação retardada" que se baseia num fato acontecido antes que o pano se erga – como no *Édipo Rei*, de Sófocles –, cujas conseqüências ajudam o drama a atingir o clímax através de uma bem calculada progressão de sucessos e fracassos contrastantes no destino das personagens;
(ii) um equívoco central, ou segredo revelado à platéia, mas não a todas as personagens da peça, e que tem um efeito crucial sobre a ação;
(iii) a preparação da platéia para o que vai acontecer, através de um escrupuloso tratamento dos detalhes da ação e da motivação das personagens;
(iv) e a exploração sistemática de todos os efeitos de suspense que cada ato lhe oferece.

Elementos desse modelo são reconhecíveis não só nas óperas francesas desse período como em libretos de autores italianos, ou na obra de músicos posteriores como Massenet (*Hérodiade*) ou Saint-Saëns (*Henry VIII*).

Além de Eugène Scribe, três outras personalidades concorrerão para que se crie o *grand-opéra*:

- O compositor Jakob Meyerbeer – também chamado de Giacomo ou Jacques, consoante a fase de sua carreira passada na Itália ou na França – de quem falaremos em detalhe mais adiante.
- O empresário Louis-Désiré Véron (1798-1867), que abandonou a medicina, em 1839, para fundar a *Revue de Paris*, porta-voz das novas formas; e para dirigir o teatro da Ópera entre 1831-1836. Foi em sua gestão que Meyerbeer reinou como o soberano incontestedesse teatro. Quando Luís Felipe decidiu que o teatro não seria mais mantido pelo Estado, pois seus prejuízos eram enormes, Véron assumiu, por sua conta e risco, a gestão de uma casa de espetáculos que, no fim da Restauração, apresentava um déficit de 1,2 milhão de francos; e conseguiu, em seus anos de mandato, não só restabelecer as finanças do teatro como fazer fortuna pessoal – caso único na primeira metade do século. Foi ele também quem pôs fim ao antigo descalabro das entradas gratuitas desordenadamente distribuídas, a que nem Napoleão pusera cobro. Véron não teve mãos a medir: no auge de sua gestão, o coro tinha oitenta cantores e havia sessenta maquinistas cuidando dos efeitos especiais.
- E o cenógrafo Pierre-Luc-Charles Cicéri (1782-1868), que revolucionou a técnica de encenação usando cenários tridimensionais e efeitos panorâmicos. Colaborou com o pintor Louis-Jacques Daguerre (1787-1851) – mais conhecido como o pioneiro da fotografia –, criador de mecanismos que movimentavam partes do cenário, fazendo com que nuvens encobrissem o sol e árvores lançassem sombra em direções diferentes. Em busca de maior realismo, Daguerre e Cicéri eliminaram o antigo sistema italiano – que vinha desde os tempos da família Galli Bibbiena, os grandes cenógrafos do Barroco – de chassis com telões dependurados, que criavam uma seqüência de corredores paralelos nas coxias e, com isso, produ-ziam perspectivas defeituosas. Rompendo com a estilização e padronização dos cenários dos séculos XVII-XVIII, a essa altura anacrônicos, reconstituíram cuidadosamente os ambientes históricos. Em 1822, como já mencionamos num capítulo anterior, usaram pela primeira vez a iluminação a gás ao encenar o *Aladin*, de Nicolò Isouard. Para *La Muette de Portici*, de Auber, Cicéri desenhou uma vista do Vesúvio através do terraço de um palácio, com bosques e casario de permeio. Para *Robert le Diable*, de Meyerbeer, um claustro que reproduzia fielmente o de Monfort l'Amaury. No balé *La Belle au Bois Dormant* (1825), usou pela primeira vez cilindros que desenrolavam um telão no qual pintara uma paisagem, reproduzida de locais reais, para dar a ilusão de que as personagens atravessavam uma floresta. E para *La Juive*, de Halévy (1835), chegou a gastar 30 mil francos na aquisição de armaduras de cobre ou ferro, em vez de usar as habituais imitações feitas de papelão.

Em abril de 1827, foi formado um *Comité de Mise-en-scène* (comitê de encenação), de onze membros, de que faziam parte Rossini e Edmond Duponchel, um dos maiores arquitetos da época. No ano seguinte, o diretor de palco Solomé, nomeado por esse comitê, dava início à tradição de publicar livretos com a descrição detalhada de cada produção para que elas pudessem ser facilmente retomadas se a ópera tivesse de ser remontada. Sob esse regime, Cicéri formou, com seus alunos Despléchins, Diëterle, Séchan e Feuchères, uma equipe que, entre 1830-1850, tornou-se responsável pelas grandes montagens do teatro francês, tanto cantado quanto falado.

Na ópera, eles conseguiram, em grande parte, solucionar o eterno problema da maquinaria barulhenta que perturbava a audição da música. Mas nunca chegaram a evitar inteiramente acidentes que transformavam os espetáculos em comédias involuntárias. Na estréia do *Robert le Diable*, em 1831, um lampadário desabou, quase atingindo Julie Dorus-Gras, a criadora de Alice, quando ela entrava em cena no ato III. Um telão com nuvens pintadas veio abaixo, fazendo com que a bailarina Mlle Taglioni, que se fingia de morta deitada sobre um túmulo, ressuscitasse rapidinho para não virar defunta de verdade. E o tenor Adolphe Nourrit, que fazia o papel de Robert, caiu num alçapão pelo qual desaparecera o Diabo, e que o contra-regra se esquecera de fechar. No dia seguinte, a *Gazette de France* tranqüilizava os seus leitores: "Na estréia de ontem, ninguém saiu morto nem ferido".

A introdução do gás pôs fim às lâmpadas fuliginosas que sujavam tudo de sebo, e facilitou os efeitos de nascer do sol, incêndios ou relâmpagos. Passos importantes foram dados para a renovação das artes cênicas, mas dificuldades ainda existiam. Escreve Patrick Barbier:

> Para as tempestades, os recursos ainda eram primitivos: pedrinhas agitadas num recipiente metálico imitavam a chuva ou o granizo; pedacinhos de papel ou algodão, jogados do alto do palco, davam a ilusão de neve; uma régua de madeira, longa e fina, agitada na ponta de uma corda, bastava para evocar o ruído do vento. O problema era que, enquanto a tempestade se abatia, as árvores no palco não se mexiam; e a luz do raio, que se via por uma janela, era invisível, dois metros adiante, através da janela vizinha. [...] Para a *Sylphide*, de 1831, os figurantes foram suspensos em cordas; mas, dessa vez, o diretor concordou em pagar-lhes um adicional de risco, para evitar o que acontecera, em 1810, com a bailarina Mlle Aubry, que se ferira ao cair do alto de um praticável. E quando o *Moïse*, de Rossini, estreou na Ópera de Paris, um crítico observou, com ironia: "Em 16 de abril, na Ópera, o Mar Vermelho, que já tinha deixado passar os Israelitas, não queria por nada deste mundo engolir os Egípcios. Mas não se preocupem pois já tomaram precauções para que, da próxima vez, o Mar Vermelho ensaie melhor o seu papel".

Mas são justamente essas dificuldades, fruto das limitações técnicas da época, que dão a medida da revolução operada por Cicéri e sua equipe, com soluções cênicas novas e ousadas.

É a partir da década de 1830 que a Ópera de Paris se transforma em uma empresa comercial, com pouquíssima subvenção do Estado: 810 mil francos no primeiro ano de gestão de Véron, 760 mil no segundo, 710 mil no terceiro, assim decrescendo sucessivamente. Para sobreviver, portanto, a Ópera e as demais companhias têm de cortejar o gosto da burguesia endinheirada. Essa necessidade de atrair o espectador pagante vai condicionar a forma do libreto, da música e da encenação. As tramas têm de estar cheias de situações contrastantes, que permitam numerosos "coups de théâtre" com efeitos especiais (erupções vulcânicas, tempestades, cenas de batalha). A multiplicação de cortejos, grandes cerimônias, cenas de execução pública, desfiles, episódios acessórios nem sempre indispensáveis à ação, tornam as óperas longuíssimas – *La Juive*, se for executada integralmente, leva quase cinco horas – e, com freqüência, difusas. Os números solistas virtuosísticos, que dão chances às grandes estrelas do canto, predominam uma vez mais sobre as cenas de conjunto; e as vedetes operísticas voltam a exercer controle tirânico sobre a produção, exigindo a inserção de árias ou duetos que lhes permitam exibir-se para o seu público. A mistura constante de formas e estilos visa unicamente à variedade e ao pitoresco, sem se preocupar com o risco do exagero, do anacronismo ou da prolixidade.

São freqüentes as experiências com novos instrumentos e o uso da banda de palco. No ato I da *Vestal* (1807), Spontini já utilizara em cena uma banda com flautas, oboés, clarinetes, trompas, trompetes e fagotes, repetindo um efeito experimentado pela primeira vez na *Zamori*, de Simon Mayr, estreada em Piacenza em 1804. Com o tempo, esse procedimento foi se tornando muito elaborado: na Cena da Coroação do *Prophète*, de 1849, Meyerbeer usou no palco dezoito *saxhorns*, tocando em antífona com a orquestra no poço. Órgãos, sinos, *glockenspiel*, clarineta baixo e viola d'amore eram utilizados em momentos solenes ou para criar efeitos pitorescos. Halévy recorreu às bigornas, na *Judia* (1835); ao melofone, uma espécie de acordeom, em *Guido et Ginevra* (1838); à gaita de fole na *Rainha de Chipre* (1841); e ao quarteto de saxofones no *Judeu Errante* (1852). E em 1865, ao preparar *L'Africaine* para a estréia póstuma, o musicólogo belga François-Joseph Fétis inclui em sua instrumentação um saxofone contralto – idéia que seria retomada por Ambroise Thomas no *Hamlet*, três anos depois.

Os libretos de Scribe fixam a forma básica do *grand-opéra*: cinco atos, cada um deles terminando com uma cena espetacular; um cenário diferente para cada ato (às vezes para cada cena), buscando sistematicamente a cor local ou a verdade histórica. Karin Pendle observa que o primeiro e o último atos, em seus libretos, "sempre começam e terminam com amplas cenas em que as vozes dos solistas se entremeiam com um ou mais grupos corais"; e que as árias de formato estrófico (*ballades* ou *couplets*) foram escasseando, substituídas por estruturas mais complexas. Outro ponto importante a frisar é que o dueto – por permitir uma confrontação de personalidades, um choque emocional ou psicológico, além de oferecer, musicalmente, o contraste de timbres vocais – supera a ária como unidade dramática básica.

Um outro aspecto típico do *grand-opéra*, não fosse ele um gênero francês por excelência, é a obrigatoriedade do balé, haja ou não, na intriga, algo que o justifique. Já mencionamos o fato de os compositores estrangeiros, ao apresentar suas óperas em Paris, terem de escrever números adicionais de balé para satisfazer o gosto da frívola platéia. Verdi, por exemplo, escreveu para a Ópera de Paris balés que, nas montagens normais de suas óperas, são cortados pois, além de não terem música de excepcional qualidade, costumam interromper o fluxo dramático.

Mas não bastava apenas prever os números de dança: era preciso também que eles se situassem em lugares predeterminados, que não perturbassem os arraigados maus hábitos de uma parte muito rica da platéia, para a qual o espetáculo era menos um momento de fruição estética do que um acontecimento social. Foi o que comprometeu, por exemplo, a estréia parisiense do *Tannhäuser*, em 13 de março de 1861. A direção da Ópera advertiu a Wagner que a bacanal no Vennusberg não poderia ficar no ato I, porque os sócios do Jockey Clube, que eram os "protetores" das *souris* do Corpo de Baile, só chegavam ao teatro para o segundo ato, depois de terem ido jantar em seu clube. Mas o compositor recusou-se terminantemente – e com toda a razão – a deslocá-la dali, pois a dança não teria sentido em nenhum outro momento da obra. Embora, para o mundo intelectual, essa estréia tenha sido um acontecimento marcante, celebrado por Baudelaire num ensaio famoso, a que nos referiremos mais tarde, o espetáculo foi vaiado e perturbado pela rapaziada do Jockey que, ao chegar a seus camarotes, descobriu já terem as bailarinas se exibido em sua ausência.

Com tudo isso, não é de se espantar que, com muita freqüência, o *grand-opéra* resvalasse para o mau gosto. Um relatório dos próprios inspetores do teatro, redigido em 1854, reclamava da "*attirance superficielle pour les passions bruyantes*" (atração superficial pelas paixões ruidosas) e do "*charlatanisme de l'expression forcée*". Mas algumas das produções do Opéra possuem qualidades que se sustentam até hoje, e resultam em espetáculos de muito bom rendimento cênico. Mais do que isso: o gênero foi de grande importância, talvez menos pelo que realizou em si mesmo do que pelo que permitiu, abrindo horizontes a compositores como Berlioz, Verdi ou Wagner, que, com mais senso de equilíbrio e de coerência dramática, escreveram partituras que se tornariam marcos na História da Ópera. *Os Troianos*, *Tannhäuser*, *Don Carlos* não seriam o que são sem o débito ao *grand-opéra*.

# As Precursoras do *Grand-Opéra*

Daniel Auber – *La Muette de Portici*, Gioacchino Rossini – *Guillaume Tell*, Jacques Halévy – *La Juive*

Além das óperas de Le Sueur e Spontini, três outras se colocam como prenunciadoras do caminho que leva à fórmula teatral desenvolvida e divulgada por Meyerbeer: *La Muette de Portici*, de Auber; *Guillaume Tell*, de Rossini; e *La Juive*, de Halévy.

## Auber

Daniel-François Esprit Auber (1782-1871) escreveu sua mais famosa ópera de assunto sério em 1825-1827, sobre um libreto de Scribe que trata da rebelião dos pescadores napolitanos contra a dominação espanhola, em 1647, chefiados por Masaniello (o mesmo tema que, mais tarde, inspirará Carlos Gomes no *Salvator Rosa*). O enorme sucesso da estréia parisiense, em 29 de fevereiro de 1828, empalidece diante do efeito que libreto e música tiveram sobre a platéia belga, quando ela foi apresentada em Bruxelas, em 25 de agosto de 1830. Universitários e intelectuais compareceram ao teatro já influenciados pelas notícias, vindas do país vizinho, de uma revolução que acabara de derrubar um rei totalitário. Exaltados com a incitação à revolta que havia na história da *Muette*, saíram à rua, depois do espetáculo, improvisando uma manifestação contra a dominação holandesa. E ela foi o estopim do movimento que, em poucos dias, poria fim à ocupação estrangeira. Para conhecer essa ópera existe, além do registro pirata do grupo inglês Opera Rara (MRF), uma gravação comercial de 1988, regida por Thomas Fulton (EMI).

No *Jahrbuch für Opernforschung*, Jean Mongrédien mostra que, em sua primeira versão, em três atos, escrita em 1825, *La Muette* tinha um significado político bem mais atenuado. Fenella, a irmã de Masaniello, ama e é amada por Alfonso, filho do duque de Arcos, governador espanhol de Nápoles. Diferenças sociais impedem sua união e, quando a duquesa impõe ao filho o casamento com uma nobre espanhola, Fenella se suicida. Não havia nenhuma conexão orgânica entre a história de amor e a revolta, desencadeada pela imposição de novas taxas. No texto definitivo, em cinco atos, a sedução de Fenella, abandonada por Alfonso, deixa os pescadores indignados e serve de estopim ao levante. Os dois temas tornam-se, assim, interligados, e a personagem ganha em complexidade psicológica, pois fica dividida entre o amor por Alfonso e a lealdade a Masaniello. Este último também vive um conflito: o amor que sente pela irmã faz com que, no ato IV, não tenha coragem de entregar a seus correligionários o homem que ela ama, e que Fenella escondeu em sua própria casa, juntamente com Elvira, a noiva aristocrata. É de efeito irônico a cena grandiosa, no final desse ato, em que a população entra para acla-

A Salle Favart onde, na virada do século XVIII-XIX, funcionou o Théâtre Royal Italien.

mar seu líder e ele tem de se opor a quem clama por vingança, para deixar Alfonso e Elvira escaparem. No último ato, depois que Masaniello é derrotado, Fenella suicida-se atirando-se do alto de um terraço. No exato momento em que ela salta, obediente ao clichê romântico que faz a natureza responder às ações humanas, "o Vesúvio ruge enfurecido e, de sua cratera, precipita-se a lava inflamada".

Scribe tomou as habituais liberdades com os fatos históricos. Deslocou-os no tempo, fazendo-os coincidir com a grande erupção do Vesúvio de 1631, para intensificar o drama, explorar a interação atos humanos/reações da natureza, e permitir a Cicéri jogos de cena empolgantes. Uma originalidade é Fenella ser muda: única protagonista de ópera que não tem voz, ela é interpretada por uma bailarina cuja pantomima é acompanhada pela orquestra, permitindo a Auber um comentário instrumental muito desenvolvido. *La Muette* é rica em coros, procissões, balés, finais imponentes e, principalmente, em marchas que, mais tarde, serão extensamente imitadas por Halévy, Meyerbeer e até mesmo Berlioz (por exemplo, na "Marcha Rákoczy" da *Danação de Fausto*).

Mas em Auber, ainda se sente a preocupação em encontrar, para essas cenas, uma finalidade dramática, em evitar que sejam mero pretexto à encenação luxuosa. O próprio Wagner, que detestava o *grand-opéra* e não perdia uma chance de criticar Meyerbeer, admirava os melodramas em grande escala de Auber e admitia ter-se sentido influenciado por ele ao escrever o *Lohengrin*.

Na *Muette*, como no *Cortez* de Spontini, traça-se um grande afresco histórico de espírito heróico, que se apóia na multidão tanto quanto nos indivíduos. Por outro lado, com Auber começa a manifestar-se aquele gosto tipicamente romântico pelos cenários estrangeiros, pela cor local. Ele levará seu público a Nápoles na *Muette*, à China no *Cheval de Bronze*, a Portugal com *Les Diamants de la Couronne*, à Suécia com *Gustave III*, à Espanha com *Le Domino Noir*. É, de início, uma cor local de pacotilha; mas abre-se aos poucos o caminho para a preocupação em realmente criar uma atmosfera estrangeira convincente, que resultará no "saltarello" do *Benvenuto Cellini*, de Berlioz, e nos espanholismos da *Carmen*, de Bizet; na Índia da *Lakmé*, de Delibes, ou na Alexandria da *Thaïs*, de Massenet. Essa será, bem cedo, uma característica marcante da ópera francesa, e que demorará a ser compartilhada pela italiana, por exemplo. Basta pensar nos melodramas de Verdi: a Escócia do *Macbeth*, a Espanha da *Forza del Destino* ou do *Don Carlo*, a América do *Ballo in Maschera* são reconstruídas em termos musicais que nada têm de exótico, que são de natureza entranhadamente mediterrânea. Só na *Aida* pode-se discernir uma leve atenção ao orientalismo e que se explica justamente pelas raízes francesas do projeto. Será preciso esperar pelo Puccini da *Butterfly* para que – ainda por intermédio da influência francesa que ele sofre – esse tipo de preocupação impregne a ópera italiana.

Mas, na verdade, não é nem nos grandes movimentos de massa coral nem nos traços pitorescos que reside o melhor de Auber, e, sim, nas barcarolas de melodiosidade muito espontânea, nas árias de sabor popular; ou em cenas como a do mercado, em que ele se mostra muito hábil em retratar, de forma colorida, a vida da gente simples (embora ainda de modo estilizado e idealizado, sem a vontade de espelhar precisamente a realidade, que os veristas terão, na virada do seculo). São muito convincentes também os momentos de fervor patriótico, de que a página mais empolgante é o dueto "Mieux vaut mourir", quando anunciam a Masaniello que sua irmã foi raptada e ele diz a um amigo ter chegado a hora de sublevar a população contra os espanhóis.

Ali Auber demonstra toda a sua habilidade em cativar o público. Depois de ter desenvolvido o dueto em partes contrastantes, ele o encerra com uma seção em uníssono, cuja melodia, num exaltado tom de hino revolucionário, é fácil de memorizar e reproduzir. Foi essa a melodia que os belgas cantaram durante a passeata com que deflagraram sua revolução. É bem possível que Verdi a tivesse na lembrança ao conceber o tema com que se encerra, também em uníssono, o dueto do ato I do *Don Carlo* em que o príncipe e Rodrigo juram empenhar-se na luta pela libertação de Flandres.

## Rossini

Na música de Auber, percebe-se nitidamente, desde a abertura da *Muette*, a influência de Rossini que, em 1825, tinha-se mudado para Paris. Gioacchino Rossini (1792-1868) estava perto dos 33 anos ao ser convidado a dirigir, na capital francesa, o Théâtre Italien (onde tinha Ferdinand Paër como cravista e Ferdinand Hérold como regente do coro). Vinha precedido pela fama das quase 25 óperas que fizera triunfar em seu país, a partir do sucesso, em 1812, da *Pietra del Paragone*. Seu prestígio parisiense foi granjeado, desde o ano de sua chegada, com *Le Voyage à Rheims*, uma comédia cheia de pastiches hilariantes, composta para comemorar a coroação de Carlos X, e que teve uma estréia extravagante: entre os cantores havia nomes estelares, Giuditta Pasta, Laure Cinti-Damoreau, Nicolas Levasseur, Domenico Donzelli (a gravação de Claudio Abbado não deixa por menos: em seu elenco há algumas das maiores vedetes do canto italiano atual). Esse prestígio se confirmou com *Le Comte Ory*, sobre libreto de Scribe e Delestre-Poirson, estreado em 20 de agosto de 1828, no qual utilizou a mesma música da ópera anterior, acrescentando-lhe doze números adicionais. O que lhe valeu o cargo de Compositor do Rei e Inspetor Geral nas instituições estatais.

A fama de Rossini chegou ao pináculo, em 3 de agosto de 1829, com o *Guillaume Tell*. O libreto, de Etienne Jouy e Hippolyte Bis, baseava-se no drama de Schiller sobre a revolta dos suíços contra a dominação austríaca. Até um crítico ultraconservador como Eduard Hanslick (1825-1904) haveria de celebrá-la, reconhecendo que ela "abriu uma nova era na História da Ópera". O papel de Arnold, no *Guilherme Tell*, foi criado por Adolphe Nourrit (1803-1839), na época o primeiro tenor da Ópera de Paris, famoso por sua pureza de timbre, clareza de declamação e sutileza nas meiastintas. Além do já mencionado *Robert le Diable*, foi ele quem estreou Raoul, nos *Huguenotes*, e Masaniello, na *Muette*; e quem convenceu Halévy a dar registro de tenor ao Eleazar da *Juive*. A presença, no elenco, desse artista muito respeitado, contribuiu para a acolhida que *Guillaume Tell* recebeu do público.

E, no entanto, a esse grande cantor estava destinado um final trágico. Em 1836, ele foi desbancado por Gilbert-Louis Duprez (1806-1896), tenor de timbre abaritonado, que estudara na Itália com Donzelli. Por coincidência, o primeiro papel importante de Duprez foi Arnold, em 17 de setembro de 1831, quando *Guglielmo Tell* estreou em Lucca, na versão italiana de Calisto Bassi, o tradutor oficial do Scala. Com Donzelli, Duprez desenvolvera uma técnica que lhe permitiu ampliar o volume e a extensão de sua voz, dando-lhe colorido mais escuro e dramático e tornando-a capaz de emitir, sem falsete, como se fazia até então, as notas acima de sol. Foi ele o primeiro a poder, evitando a *voce di testa*, dar o chamado "dó de peito", que fez delirar a platéia. É com ele que surge o tenor moderno, lírico *spinto* e depois dramático, inaugurando a fase de idolatria pela voz masculina aguda, que existe até hoje.

O estilo de Duprez suplantou a técnica mais delicada de Nourrit, que preferiu retirar-se da Ópera de Paris, em 1837, a enfrentar a concorrência desvantajosa com o rival. Foi para a Itália tentar aprender a nova técnica, mas diante da dificuldade de mudar, aos 36 anos, hábitos de canto contraídos havia muito tempo, entrou numa crise profunda de depressão. Seu timbre não era mais o mesmo e, embora tenha sido muito aplaudido nas poucas vezes em que se apresentou em público, convenceu-se de que os italianos o aclamavam por zombaria. Na noite de 8 de março de 1839, suicidou-se, atirando-se do quinto andar de seu hotel em Nápoles. Sua morte marca simbolicamente o fim de uma época na história do canto.

"Na verdade, o conflito Nourrit-Duprez não era a rivalidade de dois homens, mas de duas técnicas, de duas concepções opostas da arte vocal", escrevem Roger Blanchard e Roland de Candé em *Dieux et Divas de l'Opéra*. "Nourrit era um cantor-ator; Duprez sacrificava tudo à voz. Nourrit, com maestria consumada, emitia todos os seus agudos com *voce di testa*, sem que se percebesse o ponto de passagem; vocalizava com facilidade e sabia adaptar sua voz a todos os estilos. Servia antes de tudo à música, fiel aos preceitos de seu professor, Manuel García. Ligava-se, assim, à antiga escola do *belcanto*, que já não correspondia mais à evolução do gosto e das

Cenário de Salvatore Fiume para o *Guilherme Tell*, de Rossini, encenado no Scala de Milão sob a direção de Sandro Bolchi.

obras. Duprez, com seu flamejante dó de peito que fazia estremecer os lustres, era, ao contrário, um *tenore di forza*: prefigurava os tenores heróicos do repertório wagneriano".

A Rossini, não agradava nem um pouco a técnica dos novos tenores – até mesmo porque ele pressentia estar terminando ali toda uma fase da história do *belcanto* a que ele próprio pertencia. Uma vez, vieram dizer-lhe que o tenor Enrico Tamberlik, famoso pelos seus potentes dó de peito, que colocava toda Paris a seus pés, queria ir visitá-lo em sua casa de Passy. "Pode vir, sim", disse Rossini, "mas digam-lhe que deixe seu dó de peito no cabide, lá fora. Ele poderá pegá-lo de volta quando sair."

*Guillaume Tell* é uma ópera desigual, longa demais e com desníveis de inspiração inevitáveis, por se tratar de um tipo de espetáculo muito diferente dos que eram a especialidade de Rossini em sua prolífica fase italiana. Há momentos esplêndidos: a abertura, solidamente instalada nos programas de concerto, com uma descrição de tempestade que antecipa o poema sinfônico romântico; o emocionante final do ato I, "Si du ravage, si du pillage"; ou a admirável seqüência do ato II formada pela ária de Mathilde, "Sombre forêt", por seu dueto de amor com Arnold, "Oui, vous l'arrachez à mon âme", e pelo trio "Ces jours qu'ils ont osé", que eles cantam com Tell. Por suas proporções, aliás, essa seqüência já anuncia os amplos números, com seções contrastantes, que serão escritos por Meyerbeer – como o dueto de Raoul e Valentine, nos *Huguenotes* que, por sinal, foi sugerido ao compositor por Nourrit.

O ponto central da ópera é a oração "Sois immobile", em que Guilherme Tell pede a Deus firmeza na mão para enfrentar a prova famosa, imposta pelo tirano Gessler: arrancar com uma flechada a maçã que está na cabeça de seu filho. Introduzida por uma melodia ao violoncelo, a ária contém um dos mais belos *cantabiles* rossinianos, com frases amplas, nobres e cheias de fervor. Há ainda, no ato IV, a bela ária de Arnold, "Asile héréditaire"; o trio "Je rends à votre amour"; e o imponente hino final à liberdade.

Mas a gravação integral da versão francesa, feita em 1973 por Lamberto Gardelli, demonstra que há também coros e balés repetitivos e longas passagens dos atos III e IV que são áridas e cansativas. Ópera contraditória, essa *Guillaume Tell*: entre suas páginas, estão algumas das melhores coisas jamais escritas por Rossini; mas não se pode, em sã consciência, dizer que esteja entre as suas melhores óperas, como o *Barbiere di Siviglia* ou a *Cenerentola*, em virtude justamente da pouca familiaridade que ele tinha com o estilo francês em grande escala.

É uma obra que ganha em ser condensada. A versão italiana de 1831, em três atos, em que foram feitos cortes principalmente nos coros e balés supérfluos, é bem menos dispersiva, como o atestam as gravações:

Riccardo Chailly (Londres), Milnes/Pavarotti/Freni;

Riccardo Muti (Philips), Zancanaro/Merritt/Anderson, existente também em videodisco;

Wilhelm Keitel (Arte Nova Classics), Pons Tena/Muñóz (a Mathilde desta versão é a brasileira Mônica Martins).

Existe também o vídeo pirata de uma montagem na Ópera de Zurique; e a ORTF tem, em seus arquivos, a fita de uma transmissão da ópera pela Radio France em 1965.

O mesmo tipo de condensação, para torná-la dramaticamente mais tensa, pode ser muito benéfica a *La Juive*, a mais famosa ópera de Halévy (1799-1862). É o que demonstram os cortes muito judiciosos, com base nas indicações constantes da própria partitura, publicada pelo editor Schlesinger, que Antonio de Almeida fez em sua integral (Philips, 1989), com José Carreras, Julia Varady e June Anderson. Antes dela, o mesmo Almeida já tinha gravado, para a RCA, um disco de trechos com Richard Tucker, Martina Arroyo e Anna Moffo. Por muito tempo, esta foi a única alternativa a dois álbuns pirata de som muito precário: o da Ópera de Nova Orleãs (1973), com Tucker e Marisa Galvany, em que não havia sequer a indicação do regente; e o de Filadélfia (1972), com Tucker e Yasuko Hayashi/Anton Guadagno (Lyric). E em 1993, o selo Standing Room Only/Lyric Distribution pôs ao alcance do colecionador um documento de interesse histórico: a gravação ao vivo de Gaetano Merolla, em 1936, na Ópera de San Francisco, com Elisabeth Rethberg e Giovanni Martinelli nos papéis principais.

## Halévy

Jacques-François-Fromental-Élie Halévy foi professor de Composição no Conservatório e, entre seus alunos, teve Gounod, Victor Massé e Bizet – que era seu genro. Compositor prolífico, atraiu a atenção do público com a comédia *L'Éclair* (1835) e os dramas *Guido et Ginevra* (1838) e *La Reine de Chypre*, que Wagner chamava de "um monumento na História da arte musical". Esta última, com libreto de Jules-Henri Vernoy de Saint Georges, estreada no Opéra em 22 de dezembro de 1841, trata de forma muito livre episódios e personagens reais. A veneziana Caterina Cornaro aceita tornar-se a esposa de Lusignan, nomeado governador de Chipre. Seu ex-noivo, Gérard de Coucy, tendo sido desprezado por ela, tenta em vão assassinar seu marido à saída de uma cerimônia na catedral de Nicósia. Lusignan, entretanto, por simpatizar com a causa dos cipriotas, que desejam a liberdade, é morto por agentes do Doge de Veneza. Mas Caterina assume seu lugar e leva os rebeldes cipriotas à vitória. Há quem considere *A Rainha de Chipre* superior à *Judia* e diga que o dueto final, entre Caterina e Gérard, é a melhor coisa que Halévy escreveu. O libreto de Giacomo Sacchero para a belíssima ópera homônima de Donizetti (1843) baseou-se no de Vernoy de Saint-Georges para Halévy.

Ele era, porém, um compositor de inspiração muito desigual, o que fez que entrasse, de cambulhada, no comentário virulento que o poeta Heinrich Heine proferiu, uma vez, sobre o arqueólogo Louis Halévy, que era seu irmão: "Louis é tão chato que parece ter sido composto pelo irmão!" Haveríamos, porém, de ter uma surpresa agradável se, além da *Rainha de Chipre*, fosse também exumada *O Relâmpago* (16.12.1835), igualmente admirada em seu tempo.

Nela, Vernoy de Saint-Georges e François-Antoine Eugène de Planard contam a história de um jovem oficial que, momentaneamente cegado pela luz de um relâmpago, na baía de Boston, é cuidado pela tímida Henriette. Seu tio, médico, restaura miraculosamente a visão do rapaz. Mas este, quando volta a enxergar, acha que a sua benfeitora é a irmã mais velha de Henriette, uma desinibida viúva; e a moça, muito retraída, não ousa dizer-lhe a verdade. Só ao cabo de diversos qüiproquós o mal-entendido é dissipado e o final feliz torna-se possível. No *Relâmpago*, Halévy trabalha habilmente com dois pares de tenor e soprano, tirando dessas combinações efeitos muito variados.

O libreto de *La Juive* é de Eugène Scribe, e ela se passa em Constança, no século XV, durante as perseguições anti-semitas ordenadas pelo cardeal Brogni. Raquel, a filha do joalheiro Eleazar, recusa-se a abandonar o amante, o jovem judeu Samuel, ao descobrir que ele é, na realidade, o príncipe Leopoldo, casado com a princesa Eudóxia. O cardeal propõe-se a perdoá-la se Eleazar concordar em converter-se. Como ele se recusa, os dois são condenados, devendo ser atirados em um caldeirão de água fervente. Depois que a moça é executada, Eleazar revela ao cardeal que ela era sua filha bastarda, perdida na infância, e que ele adotara.

A morte de Raquel, ao focalizar a simpatia do espectador na causa da minoria judaica perseguida – a que Halévy pertencia – assinala um dos aspectos fundamentais da dramaturgia de Scribe: o gosto que tem em explorar um conceito fundamental do drama e do romance românticos, o do choque entre segmentos e classes da sociedade em conflito, ilustrados através do destino de personagens que funcionam também como estereótipos. É o que fará em outros libretos, como o dos *Huguenotes*, o do *Profeta* ou o da *Africana*, escritos para Meyerbeer.

Eliminados os trechos repetitivos e as passagens mais banais, a *Judia* revela ter idéias musicais interessantes, coerência de estilo e muita riqueza de colorido orquestral. Isso explica o sucesso que fez: da estréia, em 23 de fevereiro de 1835, até 1934, ela tinha sido apresentada 562 duas vezes no Théâtre de l'Opéra. Os coros são medíocres e nada acrescentam à ação, e a música dos balés é muito fraca; mas há números muito bem escritos, e que sobreviveram nos programas de recital de canto.

A ária mais famosa é "Rachel, quand du Seigneur", texto foi escrito por Nourrit. Ela foi celebrizada por Enrico Caruso, que fez sua última aparição pública, em 24 de dezembro de 1920, como Eleazar. Mas há ainda a romança de Raquel, "Il va venir"; ou seu longo dueto com Eudóxia, "Ah, que ma voix plaintive", o qual trai nítida influência estrutural do "Mira o Norma", da ópera de Bellini, estreada quatro anos antes. O libreto é bastante intrincado, e os "coups de théâtre", fiéis às exigências da "pièce bien faite", sucedem-se rapidamente, sem grande preocupação com a verossimilhança. Mas constituem sempre pretexto para números de efeito: um dos melhores exemplos é o da revelação de que o príncipe Leopoldo não é judeu. Primeiro, ele o conta a Raquel, no dueto "Lorsqu'à toi je me suis donné", que tem uma melodia arrebatadora, e depois a Eleazar. Segue-se o pensativo trio "Pour lui, pour moi, mon père", com um envolvente *obbligato* para o corne inglês.

Mas a descoberta de que, além de ser gentio, Leopoldo é um aristocrata, faz-se, no ato III, mediante um dos truques cênicos que Scribe domina melhor: a cerimônia interrompida. Durante o banquete imperial, para celebrar as façanhas militares do príncipe, Raquel o denuncia como criminoso, por ter mantido relações proibidas com uma judia. A reação de espanto dos presentes se expressa numa das melhores cenas de conjunto da ópera, o sexteto "Je frissonne et succombe d'horreur et d'effroi", com frases ofegantes e fragmentadas nas madeiras, sobre uma trama de cordas em *pizzicato*. É também de efeito contrapontístico muito seguro a ária do cardeal, "Si la rigueur", no ato I, que se trança a um trio cantado, no fundo, por Raquel, Eleazar e Ruggiero.

As cenas de conjunto são muito convincentes quando têm tema religioso – o *Te Deum* com órgão do ato I, ou a oração com que esse mesmo ato se encerra – não só porque correspondem a uma tendência mística pessoal de Halévy, mas também porque estão de acordo com a propensão natural romântica a explorar o sentimento religioso (o bom rendimento cênico que esse tipo de situação fornece fará proliferar, de resto, nas óperas dessa metade de século, as cenas de *prière, preghiera, prayer, Gebet* etc.). Wagner admitiu ter-se impressionado muito com o efeito do órgão fora de cena, no início do ato I, enquanto a congregação canta o *Te Deum* dentro da catedral; e confessa ter-se inspirado nele para a cena inicial dos *Mestres Cantores*.

Na instrumentação, Halévy tem também achados apreciáveis: os *pizzicati* na mão esquerda; o uso do corne inglês em par, dando um colorido berlioziano à ária de Eleazar; o emprego dos recém-inventados trompetes e trompas dotados de válvulas, que lhes permitiam tocar cromaticamente, o que teria sérias repercussões futuras na orquestração de Berlioz, Meyerbeer e Verdi. Retomando um recurso já utilizado por Auber. em *Le Maçon*, de 1825, Halévy adiciona bigornas à orquestra, no ato I, para criar o ruído que, vindo da oficina do judeu, profana o feriado cristão. Herdeiras dessas bigornas serão as usadas por Berlioz no *Benvenuto Cellini*, Verdi no coro dos ferreiros do *Trovatore*, e Wagner nas cenas de forja do *Ouro do Reno* e *Siegfried*.

# Jacques Meyerbeer

Filho de um banqueiro de Berlim, Meyerbeer (1791-1864) recebeu a melhor educação musical que o dinheiro de seu pai podia pagar. Teve aulas de piano com Muzio Clementi e demonstrou aptidão para o instrumento. Começou a dar recitais aos onze anos de idade e teria feito carreira como concertista, se seu interesse pelo teatro não fosse despertado, em Darmstad, nas aulas de Composição do abade Georg Vogler, com quem estudou até 1814 (um de seus colegas de classe era Carl Maria von Weber).

Não foi bem-sucedido em suas primeiras experiências. *Jephtas Gelübde* (O Voto de Jeftá, Munique, 1812), com a forma estática de um oratório, foi um fracasso. E *Wirth und Gast* (Anfitrião e Hóspede, Stuttgart, 1813), baseada nas *1001 Noites*, não obteve sucesso nem sequer quando, no ano seguinte, ele a revisou para Viena, com o nome de *Die beyden Kalifen* (Os Dois Califas). O trabalho seguinte, um *singspiel* intitulado *Das Brandenburger Tor* (A Porta de Brandenburgo), nem chegou a ser encenado.

Foi Antonio Salieri, com quem estudou em Viena, em 1815, quem o convenceu a ir para sua cidade natal, Veneza, onde Meyerbeer aprendeu a imitar, com muita habilidade, o estilo do Rossini sério. O resultado foi seu primeiro sucesso, *Romilda e Costanza* (Pádua, 1817), seguido, em rápida sucessão, por óperas bem aceitas: *Semiramide Riconosciuta* (Turim, 1819), atualizando um antigo libreto de Metastasio; *Emma di Resburgo* (Veneza, 1819); *Margherita d'Anjou* (Milão, 1820), baseada num melodrama de Pixérécourt; *L'Almanzore* (1821, nunca encenada) e *L'Esule di Granata* (Milão, 1821).

Seu prestígio, na Itália, consolidou-se com *Il Crociato in Egitto*, com libreto de Gaetano Rossi, estreada no La Fenice, de Veneza, em 7.3.1824. Armando – o cruzado de Rodes que, tendo sobrevivido à VI Cruzada, assume identidade egípcia e casa-se secretamente com Palmide, filha do paxá Aladino, de quem tornou-se o confidente –, foi o último papel escrito para Giovanni Battista Vellutti. Para fazê-lo, Meyerbeer seguiu cuidadosamente o modelo do Arsace, no *Aureliano in Palmira*, que Rossini dedicara a esse famoso *castrato*.

Armando é desmascarado quando chegam ao Egito, numa missão de paz vinda de Rodes, seu tio Adriano e a ex-noiva Felicia – que concorda em renunciar a ele ao conhecer Mirva, o filho de cinco anos que ele teve com Palmide. Mas ao saber que sua filha tem um bastardo, o paxá manda prender Armando e seus parentes. Já se mostra inclinado a perdoá-los quando descobre que Palmide converteu-se ao Cristianismo. Quer prendê-los de novo, mas eles o defendem contra Osmino, o vizir, que conspira para derrubá-lo. Como prova de gratidão, Aladino os perdoa e deixa Palmide partir com Armando e o filho para Rodes.

Na linha vocal, extremamente ornamentada, Meyerbeer segue tão fielmente as características de estilo de Rossini que, a um ouvinte desavisado, pode parecer que a partitura é do autor do *Barbiere*. Por outro lado, há muitos elementos que anunciam o típico estilo parisiense do futuro. A orquestra tem proporções muito maiores do que a de qualquer ópera de Rossini: a introdução, por exemplo, pede seis trompetes *sul palco*, além de dois no fosso. A confrontação entre cristãos e egípcios, no fim do ato I, exige duas bandas adicionais, uma de instrumentos de metal para os ocidentais, a outra de instrumentos agudos, piccolo, oboé e clarinete alto, para os muçulmanos.

A estréia foi um imenso sucesso. O poeta Heinrich Heine, que estava presente, relembraria, mais tarde: "Nunca vi tanto frenesi, no público, quanto durante a estréia do *Crociato*. Eu sabia que Meyerbeer, ali, estava se firmando como um compositor de estatura internacional". Em vez de irritar-se com a cópia, Rossini sentiu-se tão lisonjeado pela precisão com que o jovem compositor alemão reproduzia seus mais típicos maneirismos, que o convidou a ir para Paris, onde encenou sua ópera no Théâtre Italien (1826).

Instalando-se na capital francesa, Meyerbeer dedicou-se ao estudo da ópera local e desenvolveu um estilo próprio, um curioso amálgama da harmonia alemã com a melodia italiana e a declamação francesa. Sua associação com Scribe, de quem assimilou todos os truques de carpintaria teatral, fez com que, a partir de *Robert le Diable*, estreada em 21 de novembro de 1831, passasse a mandar e desmandar no teatro da Ópera, tornando-se prodigiosamente rico e famoso. Sua preocupação em manter-se incensado pelo público levou-o, muitas vezes, a repetir mecanicamente lugares-comuns que já tinham demonstrado dar bons resultados. Mas, nos momentos em que estava legitimamente inspirado, sabia dar grandeza real a cenas que têm intensa excitação dramática.

A acolhida do público à *Muda de Portici* e ao *Guilherme Tell* o fez perceber que nos espetáculos de grandes proporções estava o futuro da ópera. Foi ele quem convenceu Scribe a transformar, de *opéra-comique* com três atos em ópera séria de cinco, a história do duque Robert, da Normandia, filho de Bertram, o diabo, que se apaixona por Isabella, princesa da Sicília, para onde foi exilado devido a seus malfeitos. "Se jamais se viu magnificência no teatro", escreveu Chopin a um amigo, após a estréia, "duvido que tenha atingido o nível de esplendor de *Robert le Diable*. Com ela, Meyerbeer imortalizou seu nome".

Mas não se deve creditar apenas ao cenógrafo Cicéri, e a seu assistente Duponchel, as razões para o entusiasmo da platéia. Cantarolava-se na rua, após a estréia, a *sicilienne* "Au tournoi, Chevalier", com que Robert, no final do ato I, conclama os cavaleiros ao torneio em que espera ganhar, com a ajuda do diabo, a mão de Isabella. O mesmo se diga de "Nonnes, qui reposez", do ato II: nas ruínas do convento de santa Rosália, Bertram invoca os fantasmas das freiras que foram infiéis a seu voto de castidade, pedindo-lhes que ajudem Robert a conseguir um galho do cipreste mágico que cresce sobre o túmulo da santa padroeira, pois este lhe dará a satisfação de todos os seus desejos. O uso do tam-tam dá a esse trecho um caráter sinistro de muito efeito. Essa cena tornou-se tão marcante que, na Inglaterra, a ópera estreou, em 1832, com o título de *The Demon or The Mystic Branch*.

A ária do ato IV, "Robert, toi que j'aime", com que Isabella convence Robert, que tentou raptá-la, a destruir o ramo do cipreste e abrir mão de seus sortilégios, demonstra o que será o estilo virtuosístico meyerbeeriano. Já aparecem tambem seus característicos truques para criar suspense: por exemplo, a cadência com *tremolo* de violinos que interrompe o trio do ato V, "Fatal moment". Nele, Alice, a virtuosa meia-irmã de Robert, lhe pede que não assine antes da meia-noite o pacto que Bertram lhe propõe, pois sabe que sua alma será exigida pelo diabo em troca da mão de Isabella. O trio encerra-se com a extensa seção "Que faut-il faire?", em que o sino, anunciando o fim do dia, faz Bertram desaparecer, liberta Robert e dá o sinal para que se abram as portas da catedral, mostrando Isabella, que o espera.

É injusto retratar Meyerbeer como um homem egocêntrico, obcecado apenas por sua carreira – linha de acusação que é o resultado da campanha cerrada feita contra ele por Wagner. Entre 1842 e 1849, quando foi *Generalmusikdirektor* da Ópera de Berlim, Meyerbeer produziu não apenas óperas suas mas também de autores novos, incluindo o *Rienzi* e o *Navio Fantasma*. Poucos compositores foram tão atacados – sobretudo no auge da popularidade – e pelas mais diversas causas. A primeira delas foi a inveja que o devastador sucesso de suas obras provocava, erguendo contra ele cabalas de músicos, empresários e diretores. Os interesses de sua editora, a Casa Schlesinger, eram defendidos pela *Gazette Musicale*, onde Heine escrevia. O editor rival, Escudier, apoiado pela *France Musicale*, subornava cantores para que sabotassem suas estréias, pagava claques para vaiá-las e críticos para demoli-las com comentários maldosos. Mas nem por isso conseguia diminuir as filas intermináveis na bilheteria.

Outra razão foi o anti-semitismo, responsável por episódios lamentáveis como o panfleto *Das Judentum in der Musik* (O Judaísmo na Música), que Wagner publicou sob o significativo pseudônimo de Herr Freigedank (Sr. Livre-Pensamento), no qual acusava-o de ter "desvirtuado a música ocidental, contaminando-a com as tradições do gueto". Conta-se que o próprio Rossini – que, depois do *Guillaume Tell*, optou por afastar-se do palco lírico, produzindo, nos 39 anos que ainda viveu, apenas música sacra e seus irreverentes *Péchés de Vieillesse* para piano – teria dito, ao lhe perguntarem se não tencionava retomar a carreira de operista: "Je reviendrai quand les Juifs auront terminé leur Sabbat" – numa despeitada referência ao domínio que Halévy e Meyerbeer tinham dos palcos parisienses.

Preconceitos intelectuais contra seu senso prático também fizeram com que o acusassem de ser mercenário e de gostar demais de dinheiro, atitude considerada indigna do Artista, numa época romântica que o concebia como o visionário com a cabeça nas nuvens, desinteressado das coisas materiais. Mas quem repete essas bobagens se esquece de que Meyerbeer foi um dos primeiros músicos a se preocupar com a defesa dos direitos dos cantores, coralistas e instrumentistas; e de que, em Berlim, ele se bateu pela prioridade dada, no repertório, às obras de compositores alemães sobre os de outras nacionalidades. Não resta dúvida que, como compositor, era um astuto comerciante e sabia dar ao público o que ele queria. Mas sabia também acomodar gradualmente o gosto desse público ao que produzia de mais refinado.

Um outro componente do repúdio ao seu trabalho não pode ser ignorado: a reação nacionalista. Na França, por trás das cabalas de editores e críticos, havia a eterna polêmica chauvinista da música francesa contra a estrangeira, geradora das querelas dos *bouffons* e dos gluckistas contra piccinnistas. E na Alemanha, que saíra do período napoleônico com imensa necessidade de afirmar a sua identidade nacional, Meyerbeer era criticado por seu "internacionalismo". Mas Weber, Marschner, Schumann ou Wagner não se davam conta de que ele estava exportando para a França as técnicas harmônicas e de orquestração germânicas, que deixariam marcas visíveis na escrita de compositores como Berlioz. O sentimento nacionalista criava, nesse início de século XIX, condições muito diferentes do tempo em que, por predominar em toda a Europa um modelo de ópera originário da Itália, compositores como Steffani, Lully, Hasse, Haendel, J.-C. Bach ou Gluck podiam, sem problemas, trabalhar fora de sua respectiva pátria.

Schumann foi um dos que abriram fogo mais pesado contra Meyerbeer. Em 1837, após assistir a uma apresentação dos *Huguenotes*, escreveu que, se um aluno seu lhe trouxesse uma página como a cena construída sobre o coral luterano *Ein' feste Burg*, ele lhe pediria que nunca mais escrevesse coisa tão ruim. E mais adiante: "Dá-se muita importância à cena da bênção das espadas, no ato IV. Concordo que há nela um grande efeito dramático, algumas frases são construídas de modo surpreendente e o coro, em especial, é de grande impacto. Como tudo o que é atroz é o elemento natural de Meyerbeer, ele escreveu essa cena com paixão e ardor. Entretanto, se o exame da melodia for feito do ponto de vista musical, que outra coisa ela é senão uma *Marselhesa* remontada? Além do mais, é arte produzir efeito através de tais meios? Não culpo que lancem mão de todos os meios possíveis em um lugar conveniente; mas não há razão para chamar isso de obra-prima, só porque uma dúzia de trombones e trombetas, e cem vozes masculinas em uníssono, conseguem fazer-se ouvir a grande distância".

Independentemente do juízo que se possa formular, hoje, das óperas de Meyerbeer – que são realmente descontínuas, longas demais, não raro pobres de inspiração melódica, e nas quais trechos bons convivem com outros bem vulgares, como o ridículo "Piff, paff, pouff", dos *Huguenotes* – é inegável que elas são um documento riquíssimo sobre uma fase da cultura parisiense no século XIX. Diga-se até, em defesa de Meyerbeer, que durante os ensaios do *Robert le Diable*, que inauguraria a voga do *grand-opéra*, ele tinha a impressão de que Véron privilegiava demais o aspecto visual em detrimento da partitura, e se queixou: "Tudo isso é muito bonito, mas o senhor não acredita em minha música. O que está querendo é um sucesso de cenários".

Os libretos que Scribe escreveu para Meyerbeer tratam, em geral, de temas históricos, com a usual liberdade romântica. *Robert le Diable* (1831) é uma mixórdia de lendas medievais, descabeladas paixões, superstições e histórias fantásticas. Toda uma temática pela qual é fascinado um princípio de século que viu surgir os contos fantasmagóricos de Ernst Theodor Hoffmann, o *Frankenstein* de Mary Shelley ou as novelas góticas de Ann Radcliffe (*Romance Siciliano*, *Os Mistérios de Udolfo*). *Le Prophète* (1849) baseia-se na vida de Johann van Leyden e na revolta dos anabatistas holandeses no início do século XVII. A composição, iniciada logo após a estréia dos *Huguenotes*, em 1836, foi interrompida devido à nomeação para Berlim. Ao retomá-la, Meyerbeer teve de revisar toda a parte do tenor, pois não contava mais com Gilbert Duprez para o papel título. Reescreveu, portanto, adaptando-o à voz de Gustave Roger. Esse é um traço característico de sua técnica: sempre criava seus papéis pensando nos recursos específicos do cantor que ia estreá-lo, seguro de que, assim, poderia extrair dele os melhores resultados. O estudo da tessitura de Fidès, a mãe de Jean, por exemplo – e em particular de sua grande ária "Ô prêtres de Baal", no ato V, com *obbligato* de harpa e clarineta baixa –, é a melhor forma de se ter um perfil da voz de Pauline Viardot-García, para quem o papel foi escrito.

No *Profeta*, os truques para criar impacto ganharam em segurança. A justaposição da canção de taverna "Ô, versez!, que tout respire l'ivresse et le délire" à música que, no final da ópera, anuncia a explosão do palácio de Münster, em que Jean morre levando consigo as tropas imperiais, cria um clima sarcasticamente sinistro. E é grandiosa a cena do ato IV em que Jean, momentaneamente vitorioso, é coroado rei de Leyden por seus seguidores. A "Marcha da Sagração", em que intervém uma banda *sul palco* de 22 músicos, foi o modelo para diversos compositores posteriores e chegou a ser parodiada por Richard Strauss na música de cena para o *Burguês Fidalgo*.

*Le Prophète* foi a primeira produção do Opéra em que se usou luz elétrica. A cena de batalha, no final do ato III, ganhava extraordinária força quando o sol irrompia em meio à bruma, iluminando os homens que Jean arregimentara às pressas, e com os quais derrotara as tropas imperiais. E o uso de patins de rodinhas dava realmente a impressão de que, no início do ato III, as personagens estavam patinando sobre o lago gelado.

Não deixava de ter razão quem, como o crítico François-Henri Castil-Blaze, lamentava que as orgias de encenação das óperas de Meyerbeer relegassem a música a segundo plano: "Fino conhecedor", ironizava ele, "o público parisiense julga a música a partir dos cenários, figurinos, cavalos cobertos de armaduras, cetins, couraças e todo o luxo da representação. Esqueçam esses pomposos acessórios, e o talento do músico se desvanecerá diante de um auditório maravilhosamente incapaz de apreciá-lo".

O próprio Meyerbeer parece ter-se deixado progressivamente contaminar por isso. Se a partitura das primeiras óperas ainda contém muitas páginas memoráveis, a do *Profeta* – em que pesem as situações potencialmente inspiradoras: balé de patinadores, cena de coroação, explosão final da cidadela dos anabatistas – tem no conjunto uma música soporífera, que nem a orquestração colorida consegue animar. Mas isso pouco importava ao público, apaixonado por suas produções. O que mereceu de Heine mais uma de suas mordazes observações: "Esse homem será imortal enquanto viver! E até mesmo um pouco mais do que isso, pois pagou adiantado!"

Bem mais cuidadosa é a música da *Africaine*, estreada postumamente em 28 de abril de 1865. Foi a ópera que ele levou mais tempo para escrever: iniciou-a em 1838, abandonou-a em 1844 para compor *Ein Feldlager in Schlesien* (Um Acampamento na Silésia), *singspiel* destinado à inauguração do Teatro Real de Berlim; depois retomou-a diversas vezes, até redigir, em 1860, a versão definitiva. A essa altura, não contava mais com Scribe, que morrera em 1861, e o crítico François-Joseph Fétis se encarregou de rever o libreto. Os ensaios no Ópera começaram antes mesmo de a partitura estar inteiramente pronta, pois era seu hábito ir fazendo revisões à medida que lhe ocorriam idéias de última hora. Mas o ritmo de trabalho era tão pesado que ele morreu dormindo, de um colapso cardíaco, em 2 de maio de 1864.

Fétis coordenou as revisões que ainda precisavam ser feitas, mas a estréia só foi possível em 28 de abril de 1865. Foi talvez a montagem mais luxuosa dada às suas óperas, mas o sucesso esteve longe de igualar o das anteriores. Essa fantasiosa versão da vida de Vasco da Gama e de sua conquista do caminho marítimo para as Índias, talvez por ter sido remanejada por mãos menos hábeis, não tem as convincentes caracterizações dramáticas dos outros dramas. Fétis, para começar, não foi capaz de corrigir as confusas noções de geografia de Scribe, que chama de "Africana" a princesa indiana Selika.

Ajudado por um libreto melhor, Meyerbeer teria obtido resultados mais aprofundados, pois essa era a fase a que, aos efeitos externos, preferia o desenho psicológico das personagens. O duplo conflito emocional – o de Selika, que ama Vasco, apaixonado pela aristocrata espanhola Inez; e o do escravo indiano Nelusko, que ama Selika e sofre por vê-la adorar sem esperanças o navegador português – oferece-lhe a oportunidade para cenas bem construídas. Em especial os momentos em que as circunstâncias forçam Nelusko, por amor a Selika, a salvar o rival. Vasco tampouco é uma personagem monocromática: é fiel a Inez, mas não deixa de ser tocado pela força dos sentimentos que a indiana lhe devota, e sofre por não poder retribuí-los. Embora sem profundidade maior, é aflorado no libreto o problema da incompatibilidade entre culturas muito distantes; e, nesse sentido, *L'Africaine* surge como a precursora de *Lakmé* ou *Madama Butterfly*, que também abordarão esse tipo de choque.

O final é um dos mais inverossímeis em toda a História da Ópera – o que não é dizer pouco! Desesperada por ter sido abandonada por Vasco, que parte de volta para a Europa em companhia de Inez, Selika se suicida respirando o perfume mortal de uma árvore cujas flores são venenosas. Mas "D'ici je vois la mer immense", o adeus que ela canta para o amado, ao ver a embarcação que o está levando embora, é um dos mais belos lamentos da ópera francesa. Meyerbeer estudara detidamente a redução para piano do *Tristão e Isolda*, em 1860, e portanto Clive Brown não exagera, no *Viking Opera Guide*, ao chamar esta página de "o *Liebestod* meyerbeeriano".

Ainda há, na *Africana*, trechos de coloratura convencional, embora bem escritos, como "Il reviendra... je le sens, là, au fonds de l'âme", de Inez, no ato I. Mas o que predomina são ariosos prolongados, de factura menos trivial, atingindo, às vezes, grande beleza. O mais famoso é o de Vasco, no ato III, "Ô paradis sorti de l'onde", favorita dos tenores, e que exige uma sutil combinação de força vocal e delicadeza interpretativa.

Na *Africana*, Meyerbeer estava evoluindo rapidamente para a estrutura contínua: há poucos números autocontidos e predomina a hábil oscilação do recitativo para o arioso. Solos de instrumentos de metal são usados com freqüência para caracterizar as personagens e, numa seqüência como a da coroação de Selika, no início do ato IV, a banda *sul palco* preocupa-se mais em criar a cor local do que em dar grandiosidade à cena, como no caso do *Profeta*.

A mistura de ambientação histórica e de elementos pitorescos caracteriza também os dois bem-sucedidos *opéras-comiques* de Meyerbeer. Em *L'Étoile du Nord* (Opéra-Comique, 16.2.1854), Scribe adapta parcialmente seu balé *La Cantinière*, e o compositor retoma parte da música escrita para o *Feldlager von Schlesien*. Catherine é uma camponesa que se veste de homem para alistar-se no exército russo em lugar do irmão. Descobre uma conspiração para assassinar Pedro, o Grande, e salva sua vida ao avisá-lo. O tsar apaixona-se por ela, disfarça-se de camponês para poder fazer-lhe a corte e acaba casando-se com ela.

A abertura é escrita para dois conjuntos instrumentais, um deles uma banda de instrumentos especialmente desenhados por Adolphe Sax, o inventor do saxofone. Para contornar a exigência do diálogo falado, no *opéra-comique*, Meyerbeer compõe vários melodramas, anotando rigorosamente o ritmo da declamação: é o caso de "Et dans ce moment même", no ato I. Há achados originais: no *finale* do ato I, a orquestra afina os violinos antes de começar um número de dança; e na "Canção da infantaria", o coro imita com a boca o ruído dos tambores. O *finale* do ato II tem uma forma desusada, pois recapitula os temas de vários números anteriores; e, no centro desse extenso *finale*, há uma ária virtuosística em que Catherine é acompanhada apenas por duas flautas *sul palco* que imitam sua elaborada coloratura.

Logo depois da estréia da *Estrela do Norte*, Jules Barbier mandou a Meyerbeer a sinopse de um *opéra-comique* em um ato, intitulado *Le Chercheur du Trésor*. O compositor dispôs-se a aceitá-lo, caso ele fosse expandido para três atos; o que Barbier fez em companhia de seu colaborador habitual, Michel Carré. *Dinorah ou le Pardon de Ploërmel* (Opéra-Comique, 4.4.1859) sofre justamente com o fato de ter uma história rala demais para três atos: no fim do segundo, a ação já está praticamente resolvida. É necessário preencher o espaço com *tableaux de genre* que visam, transpondo para o domínio cômico um clichê do *grand-opéra*, a criar cor local.

Hoël deve casar-se com Dinorah no dia da festa religiosa bretã conhecida como o "perdão de Ploërmel". Mas, ao saber que um incêndio destruiu a propriedade do pai da moça, abandona-a e parte em busca de um tesouro de que ouviu falar. Dinorah enlouquece de tristeza; um dia em que está vagando pelo vale com sua cabrinha de estimação, encontra o menestrel Coretin, que acredita ser Hoël, e junta-se a ele. Ao voltar e encontrar-se com Coretin, Hoël oferece-se para dividir com ele o tesouro, pois sabe que o primeiro a tocar nele morrerá. Quando chegam ao Vale Amaldiçoado para pegá-lo, uma tempestade irrompe e Dinorah surge, arrastada pela inundação. Hoël a salva e, ao fazê-lo, dá-se conta de que é a ela que quer e não à riqueza. A moça recupera a consciência e a razão. É de novo o dia do "perdão de Ploërmel", e eles se casam.

Há um eco da entrada dos peregrinos, do *Tannhäuser*, na forma como um coro distante, cantando um hino, é ouvido por trás da cortina, durante a abertura. Outros toques imaginativos surgem durante a ópera. No *finale* do ato III, por exemplo, as cordas são divididas em duas seções, uma tocando em surdina para acompanhar Dinorah, que sai lentamente do estado de loucura, a outra acompanhando Hoël normalmente. Quando as brumas da loucura desaparecem totalmente, todas as cordas tocam da mesma forma. O eixo da partitura é a grande cena de Dinorah, no ato II, em três seções contrastantes: uma romança melancólica, com *obbligato* de clarineta, que imita a gaita de fole de Coretin; o rondó virtuosístico "Ombre légère" (executado separadamente, em recitais, com o nome de "Ária da sombra"); e um melodrama em que a orquestra recapitula os principais temas do início da ópera. "Dors, petite, dors tranquille", do ato I, também ficou no repertório dos recitais de canto.

Mas a ópera mais famosa de Meyerbeer é *Les Huguenots*. Em sua encenação, Véron gastou a soma exorbitante de 150 mil francos (10 mil a mais do que para *La Juive*). Ela exigiu 28 ensaios, quando os regulamentos do teatro previam uma média de duas semanas de preparação para cada espetáculo. Mas foi uma despesa bem aplicada, pois a ópera, em que Scribe evoca as guerras de religião de 1572, teve a maior receita na história do teatro lírico francês: 60 mil francos só na noite da estréia, em 29 de fevereiro de 1836. Para esse espetáculo, Meyerbeer havia reunido o que a ópera francesa tinha de melhor a oferecer: Marie-Cornélie Falcon, a criadora da *Judia*, cujo timbre personalíssimo emprestou seu nome a um tipo especial de soprano dramático; a soprano Julie Dorus-Gras, o baixo Nicolas Levasseur e o tenor Adolphe Nourrit, já familiarizados com o estilo do compositor, pois tinham cantado Isabelle, Bertram e o papel título na estréia de *Robert le Diable*.

Gravura de J. Arnout representando uma encenação de *Robert le Diable*, de Meyerbeer, no Opéra de Paris.

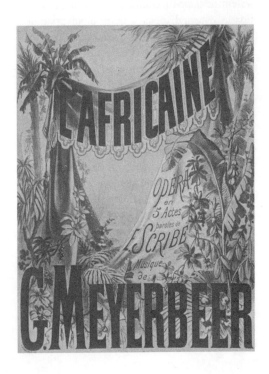
Cartaz de A. Barbizet para *L'Africaine*, a última ópera de Jacques Meyerbeer.

Desde então, tornou-se praxe reunir grandes vedetes para a execução dessa obra extensa (um total de 45 números na partitura integral) e virtuosística. Em 26 de dezembro de 1894, realizou-se, no Metropolitan de Nova York, a celebrada "nuit des sept étoiles". A direção do teatro havia reunido, para a execução dos *Huguenotes*, a soprano Lillian Nordica, famosa por ser capaz de cantar a *Valquíria* numa noite e a *Traviata* na outra; Sofia Scalchi, Nellie Melba, os irmãos poloneses Jean e Edouard de Reszke, Pol Plançon, e Victor Maurel, o criador do Iago e do Falstaff verdianos.

A rainha Marguerite de Valois deseja que o huguenote Raoul de Nangis case-se com a católica Valentine de Saint-Bris, em sinal de reconciliação entre os dois partidos. Mas como Raoul – que já amava Valentine sem saber o seu nome – imagina que ela se entregou ao conde de Nevers, que é o seu noivo, recusa-se a desposá-la e, com isso, ofende seu pai, o conde de Saint-Bris, chefe do partido católico. Valentine casa-se com Nevers, e Raoul desafia Saint-Bris para um duelo. E só escapa de uma emboscada que lhe foi armada pelos católicos graças a Valentine, que avisa o soldado Marcel, seu fiel ajudante-de-ordens. O combate entre os dois grupos é impedido por Marguerite. É ela quem conta a Raoul que Valentine também o amava, era casta e, na realidade, estava disposta a pedir a Nevers que a liberasse da promessa de casamento, para poder desposá-lo. Arrependido, Raoul vai procurar Valentine, a quem quer pedir perdão e confessar seu amor; mas, em casa de Nevers, assiste escondido à conspiração dos católicos, que pretendem massacrar os huguenotes naquela mesma noite. E fica dividido entre a paixão por Valentine, que admitiu nunca ter deixado de amá-lo, e a necessidade de ir avisar os amigos do perigo que correm. Finalmente, o senso de dever sai vitorioso: Raoul interrompe o colóquio com Valentine e vai à procura dos huguenotes; mas já é tarde demais. No ato V, Nevers morreu durante a refrega, e Valentine está livre para casar-se com Raoul. Mas como este se recusa a converter-se ao catolicismo, é ela quem se torna protestante. Logo após o casamento, o casal, em companhia de Marcel, é emboscado, na rua, por uma patrulha católica chefiada por Saint-Bris. Só depois de ter ordenado o assassinato dos três é que ele se dá conta de ter massacrado a própria filha.

No tema dos *Huguenotes* – como no do *Profeta* ou da *Judia* – percebe-se a simpatia dos compositores judeus por histórias que explorem a confrontação entre o Catolicismo e outra religiões e denunciem a intolerância da Igreja romana. O tema presta-se a momentos de grande dramaticidade; mas a opera é uma súmula das qualidades e defeitos da dramaturgia meyerbeeriana. Há balés e cenas corais vazias, muita coloratura gratuita, e certos expedientes, visando a criar "coups de théâtre", que são aplicados como um maneirismo mecânico.

Mas há páginas de qualidade inegável: a romança de Raoul, "Plus blanche que la blanche hermine", de melodia suave e elegante, com um sutil acompanhamento de instrumentos solistas; a declaração de amor de Marguerite à sua terra natal, "Ô beau pays de la Touraine", com uma esfuziante *cabaletta* para soprano coloratura; ou a ária "Parmi les pleurs", em que Valentine fala de seu amor por Raoul. E por mais que Schumann a execrasse, a cena da bênção das espadas – do solo de Saint-Bris, "Pour cette cause sainte", à *stretta*, com um ritmo implacável que traduz todo o fanatismo dos conspiradores – é uma das páginas mais marcantes da ópera francesa nesse início de século. De resto, Berlioz, um crítico exigente e rabugento, não poupou elogios ao Coro das Banhistas, "Jeunes beautés, sous ce feuillage", no início do ato II. E, em seu *Traité d'Instrumentation*, citou como exemplo de boa escrita orquestral a romança de Raoul.

Mas é no grande dueto do ato IV – cujo texto foi escrito pelo próprio Émile Deschamps, autor da peça em que se inspirara o libreto de Scribe – que Meyerbeer dá o melhor de si. Em resposta aos ataques de Schumann, o crítico Eduard Hanslick chegou a dizer que não gozava de suas plenas faculdades mentais quem não soubesse apreciar o poder dramático dessa cena. Construído em diversas seções, o dueto expressa admiravelmente o choque das emoções contraditórias de amor e lealdade vivido pelos dois jovens. Iniciado pelo grito de Valentine, "Où courez-vous?", dirigido a Raoul, que acabou de ouvir os conspiradores, a cena culmina na sublime cantilena "Tu l'as dit, oui, tu m'aimes", interrompida pelo som do sino que anuncia o início do massacre. Segue-se a ária em que Valentine pede-lhe que fique ao seu lado, resolvida numa *stretta* apaixonada em que ambos reafirmam o seu amor, antes que Raoul corra para a rua, de onde já vem o som dos mosquetões.

Em sua *Histoire de l'Opéra*, René Leibowitz faz um acurado balanço da arte meyerbeeriana: "Suas possibilidades musicais são limitadas e inferiores às suas concepções puramente teatrais. No *Freischütz*, de Weber, por exemplo, os elementos 'românticos' do drama – a floresta com seus caçadores, as potências demoníacas – são representadas pela própria música; e Weber sentia a necessidade de descobrir novos recursos de composição que infundissem vida de verdade aos elementos dramáticos. Meyerbeer seguiu o caminho inverso: percebeu possibilidades cênicas novas, mas sua escrita, por mais cuidadosa que fosse, era puramente decorativa. Seu objetivo era encontrar o comentário adequado para realçar o tom do espetáculo. Mas o resultado disso é que – à exceção de algumas páginas felizes – as suas partituras têm um significado musical muito escasso quando isoladas de seu contexto cênico". O que Leibowitz quer dizer é que elas funcionam mais ou menos como certas trilhas sonoras de filme que se esvaziam ao serem desligadas das imagens a que devem servir de apoio.

Para temperar a severidade dessa crítica, lembremos seu biógrafo, Lionel Dauriac, que dizia: "As qualidades de Meyerbeer foram as de um grande artesão, não as de um grande artista. Seus raros méritos tiveram origem menos na música do que no drama, e menos no drama do que em sua dramaturgia. E para dizer a verdade, seus erros ficaram confinados dentro de suas óperas; mas as suas virtudes passaram para seus sucessores". Dauriac referia-se não só ao que Verdi ou Wagner devem ao modelo estabelecido por Meyerbeer, mas também, mais diretamente, ao influxo que o *grand-opéra* exerceu sobre um dos músicos mais originais produzidos na França: Hector Berlioz.

Lembremos ainda o que Émile Zola escreveu em seu romance *L'Oeuvre* (cap. VII): "Meyerbeer foi um malandro que aproveitou tudo, pondo depois de Weber a sinfonia em suas óperas, dando expressão dramática à fórmula inconsciente de Rossini. Oh! fôlego soberbo, a pompa feudal, o misticismo militar, o frêmito das lendas fantásticas, um grito de paixão atravessando a história. E achados, a personalidade dos instrumentos, a frase típica sobre a qual a obra inteira é construída... Um grande sujeito, sem dúvida alguma um grande sujeito!"

Para conhecer as óperas de Meyerbeer, o leitor dispõe de:

*Robert le Diable* (ao vivo, na Ópera de Paris, 1985), reg. James Fulton (HRE) e *Roberto il Diavolo* (em italiano, ao vivo, Florença, 7.5.1968), reg. Nino Sanzogno (Melodram);

*Les Huguenots*, reg. Richard Bonynge (Londres, 1969) e reg. Cyril Diederichs (Erato, 1990); em italiano, ao vivo: *Gli Ugonotti*, reg. Tullio Serafin/1955 (Bongiovanni) e reg. Giannandrea Gavazzeni/1962 (Melodram e Bongiovanni);

*Le Prophète*, reg. Henry Lewis (Columbia, 1976);

*Dinorah ou Le Pardon de Ploërmel*, reg. James Judd (Bongiovanni, 1979);

*L'Étoile du Nord*, reg. Wladimir Jurowski (Marco Polo, 1997) e Richard Brydon/ Opera Rara (MRF);

*Il Crociato in Egitto*, reg. R. Brydon (Opera Rara, década de 60); G. Masini (Voce, 1979) e Parry (Opera Rara, 1991);

*L'Africana* (versão em italiano), ao vivo, Maggio Musicale Fiorentino, reg. Riccardo Muti (Nuova Era, 1971); *L'Africaine*, ao vivo, São Francisco, reg. Perisson (MRF, 1972).

Há também registros em vídeo de:

*Os Huguenotes* na Ópera de Sidney (Sutherland, Buchanan, Austin/ Bonynge); em Montpellier (Raphanel, Miricioiu, Macurdy/ Diederich); em Londres (Howarth, Miricioiu, Leech/Atherton); em Novara (Barbasini, Ricciarelli, Morino/Rota); e em Berlim (Peach, Leech/Soltesz). Esta última é uma "releitura" de John Dew, em que a ação é trans-ferida para a década de 30, e a intolerância religiosa converte-se em alusão ao totalitarismo político.

*L'Africaine* na Ópera de São Francisco (Domingo, Verrett/Arena); *Dinorah* (Serra,

Romero, Cosotti/Podic); e *Robert le Diable* na Ópera de Paris (Anderson, Lagrange, Vanzo, Ramey/Fulton).

Uma curiosidade de início de carreira é *Gli Amori di Teodolinda*, um filme de 1983, com Nicolesco/Gönnenwein.

# Os Epígonos do *Grand-Opéra*

David, Benoist, Niedermeyer, Gide, Maillart, Bazin, Bertin, Marliani, Labarre, Clapisson, Burgmüller, Dietsch, Poniatowski

Um fiel seguidor das fórmulas meyerbeerianas foi Félicien David (1810-1876). Ao sair de Vaucluse, em 1830, para estudar no Conservatório de Paris, aderiu ao saint-simonismo. Quando, em 1832, essa seita pré-socialista foi dispersa pelo governo de Luís Felipe, teve de se exilar. Juntou-se, então, a um grupo de companheiros de ideal que viajou para o Oriente Médio, onde acreditavam existir – vejam só! – a *femme libre* que, no dizer de Claude-Henri de Saint-Simon, mudaria o destino da humanidade.

Não havia a menor possibilidade de que, entre os povos orientais, David encontrasse esse tipo emancipado de ideal do Eterno Feminino. Em compensação, ele entrou em contato com um estilo de música que lhe serviu de inspiração, ao voltar ao seu país, para a "ode-sinfônica" *Le Désert*, estreada com enorme sucesso na sala do Conservatório, em 8 de dezembro de 1844. *O Deserto* revelava ao público parisiense um Oriente mais autêntico, que não era mais o das *turqueries* convencionais do século XVIII, e se inspirava nas características do folclore local. A forma da "ode sinfônica", a meio caminho entre a sinfonia e a cantata – e, nesse sentido, influenciada pelo *Romeu e Julieta*, de Berlioz – foi reutilizada por David em *Christophe Colomb* (1846) e *L'Eden* (1848).

Seu primeiro sucesso como operista foi *La Perle du Brésil* (1851), cujo papel central era convenientemente dedicado a Marie Miolan-Carvalho, mulher de Léon Carvalho, o diretor do Opéra-Comique, onde a peça foi estreada. As noções de geografia de David eram tão confusas quanto as de Meyerbeer, e a forma como descreve a costa brasileira faz pensar que ela se encontra em algum ponto do Golfo Pérsico. Mas isso ainda era menos grave do que utilizar o mesmo tipo de linguagem em *Herculanum* (Opéra de Paris, 1859), um *grand-opéra* ambientado na antiga Roma, que mereceu de Auber o comentário irônico: "Desça de seu camelo, David!" O conflito entre o paganismo e o Cristianismo nascente é descrito em termos extremamente superficiais, e a erupção do Vesúvio, no clímax da ópera, parece ter sido incluída como mero recurso para obter um grande efeito cênico (o que, de resto, Auber também tinha feito na *Muette de Portici*).

A melhor ópera de David é *Lalla Roukh* (Opéra-Comique, 12.5.1862), baseada no poema de Thomas Moore que já inspirara Spontini. A partitura contém algumas páginas realmente bem escritas, em que se sente a presença de um Oriente que não é de pacotilha: o coro de introdução, "C'est ici le pays des roses"; a cantilena de Noureddin, "Ma maîtresse a quitté la tente", no ato I, ou a grande ária da personagem título, "Ô nuit d'amour". *La Captive* (1864), reproduzindo o clichê já obsoleto da ocidental prisioneira no serralho do sultão, e *Le Saphir* (1865), uma adaptação livre de *Bem*

*Está o que Bem Acaba*, de Shakespeare, não foram tão bem-sucedidas.

David, em todo caso, mantém uma importante posição histórica, por ter dado início à voga do orientalismo, muito ligada à atração inata que o homem romântico sente por paisagens distantes, usos e costumes pitorescos, nos quais crê identificar a possível alternativa para o mundo em que vive, e com o qual está insatisfeito. Na esteira das óperas de David, surgirão outras, até o início do século XX, explorando temas e cenários exóticos, de que falaremos oportunamente: a *Lakmé*, de Delibes; *Les Pêcheurs de Perles* e *Djamileh*, de Bizet; *Le Roi de Lahore*, *Thaïs* e *Cléopâtre*, de Massenet; *Mârouf, le Savetier du Caire*, de Rabaud; ou *Padmâvati*, de Roussel.

## François Benoist

Aluno de Catel e Prix de Rome em 1815, Benoist (1794-1878) tornou-se professor de órgão, no Conservatório, ao voltar da Itália quatro anos depois; entre seus alunos, teve Adam, Bizet e Saint-Saëns. Sua primeira experiência para o teatro foi *Léonore et Félix*, com libreto de Saint-Marcellin, *opéra-comique* que fez representar no Théâtre Feydeau em 27 de novembro de 1821. Nomeado *premier chef de chant* do Théâtre de la Nation (o Opéra), em 1840, encarregado de ajudar na revisão do repertório, conseguiu encenar ali *L'apparition*, em 16 de junho de 1848. O libreto de Germain Delavigne explora o gosto pelo sobrenatural, de que *La Dame Blanche*, de Boïeldieu, é o mais clássico exemplo: Clara é uma garota espanhola que se faz passar por um fantasma para assombrar um jovem oficial do Exército francês que a seduziu e abandonou.

Dias depois da estréia, estourou a revolução que derrubou Luís Felipe e o teatro ficou às moscas. Essa decepção fez com que Benoist renunciasse à ópera – compôs quatro balés para o corpo de baile da casa –, o que pode ter sido pena, pois sua escrita é bem-cuidada e ele é um competente instrumentador. O número mais conhecido é o Quarteto da Aparição, "Quoi! C'est Clara, c'est elle", em que Benoist demonstra ter absorvido bem a fórmula meyerbeeriana do *morceau d'ensemble*.

## Louis Niedermeyer

De origem suíça, Niedermeyer (1802-1861) é mais lembrado, hoje, por ter salvo da decadência a *Institution de Musique Classique et Religieuse*, fundada em 1817 por Alexandre-Étienne Choron. A *École Niedermeyer* desempenhará importante papel no resgate das antigas tradições da música sacra francesa. Antes disso, porém, ele tinha tentado o teatro com *Il Reo per Amore* (1821), *La Casa nel Bosco* (1837), *Stradella* (Opéra, 1837), *Marie Stuart* (1844) e *La Fronde* (1853). O *grand-opéra* baseado na vida aventurosa do compositor italiano Alessandro Stradella – que inspirou também Flotow – é seu trabalho mais bem escrito; o único que mereceria, talvez, ser revivido.

## Casimir Gide

Ao estrear, em 1830, no Opéra-Comique, seu primeiro trabalho, *Le Roi de Sicile*, Gide (1804-1868) foi violentamente vaiado, não porque a música fosse medíocre – o público nem chegou a prestar muita atenção nela –, mas porque o libreto de Frédéric Soulié era inacreditavelmente ruim. *Les Trois Catherine*, *Les Jumeaux de la Réole*, *L'Angélus* e *Belphégor*, produzidas rapidamente entre 1830 e 1832, tiveram mais sorte. Gide chegou a interessar Halévy, que o convidou a compor com ele, a quatro mãos, o balé *La Tentation*, estreado no Opéra em 12 de junho de 1832. A música foi considerada excelente, mas a "imoralidade" do libreto atraiu para o espetáculo a censura da Igreja. O que só serviu como propaganda para o próximo trabalho de Gide, o balé *Ozaï ou Les Sauvages* (Opéra, 1847), recebido muito favoravelmente.

## Aimé Maillart

*Gastibelza, le Fou de Tolède* (Opéra-Comique, 1847) pertence ao gênero da ópera sobre bandoleiros charmosos, muito popular durante o Romantismo. A oração da personagem título e a "Romance de l'homme à la carabine" fizeram a fama de Maillart (1817-

1871), aluno de Halévy (em 1841, ele chegara a ganhar o Prix de Rome com a cantata *Lionel Foscari*). *Le Moulin des Tilleuls* (1849) e *La Croix de Marie* (1852) passaram despercebidas. Mas *Les Dragons de Vilars* (Théâtre Lyrique, 1856) foi um enorme sucesso devido ao principal papel feminino, o de Rose Frisquet, escrito para um meio-soprano "dugazon" (assim chamados em homenagem a Louise-Rosalie Dugazon, de quem já falamos no capítulo sobre o *opéra-comique*). Até o fim do século, Rose era papel de predileção das cantoras que tinham esse tipo muito especial de timbre. Dotado de facilidade para imaginar melodias leves e cativantes, Maillart sabia também escolher libretos pitorescos. Chegou a fazer sucesso em Berlim com *Les Dragons*, rebatizada de *Das Glöckchen des Eremiten* (O Sininho do Eremita, 1858); e, em Londres, com *Lara* (Covent Garden, 1864).

## François Bazin

Aluno de Berton e Halévy, Bazin (1816-1878) iniciou a carreira com *La Trompette de Monsieur le Prince* (1846). Sua melhor ópera é *La Farce de Maître Pathelin*, de 1856, baseada no recém-descoberto clássico do teatro cômico medieval. E a mais ambiciosa é *Le Voyage en Chine*, explorando a voga de orientalismo, escrita para o Opéra em 1865. Hoje, é mais lembrado por ter recusado Massenet em sua classe de Composição no Conservatório, afirmando que seu talento era insuficiente.

## Louise-Angélique Bertin

Uma das raras compositoras francesas, Mlle Bertin (1805-1877) estudou com o eminente musicólogo belga François-Joseph Fétis. Atraiu a atenção dos parisienses com *Guy Mannering*, baseada em sir Walter Scott, estreada em 25 de agosto de 1825, no teatrinho de subúrbio de Les Roches, onde morava. Depois disso, *Le Loup-garou* (O Lobisomem, 10.3.1827), *opéra-comique* explorando as crendices populares, e *Faust* (7.3.1831) assestaram o suficiente os holofotes sobre seu nome, para que Victor Hugo – sempre muito sensível aos encantos de mulheres jovens e bonitas como ela – se dispusesse a preparar-lhe um libreto baseado em *Notre-Dame de Paris*. O prestígio do poeta fez com que o Opéra se dispusesse a montar *Esméralda*, que, estreando em 14 de novembro de 1836, foi bem acolhida. Em 1847, o russo Aleksandr Dargomýjski usaria esse mesmo libreto para a sua primeira ópera. Tudo indica que a música de Bertin tem qualidades que justificariam a remontagem.

## Marco Aurelio Marliani

Após terminar o curso de Filosofia em Milão, onde nascera, Marliani (1805-1849) foi estudar com Rossini em Paris (1830). Este o estimulou a escrever para o Théâtre Italien, onde fez cantar *Il Bravo* (1.2.1834), argumento a ser retomado em 1839 por Saverio Mercadante; e *Ildegonda* (7.3.1837), de tema medieval. Atraiu a atenção de Ambroise Thomas, que o convidou a escrever, a quatro mãos, o balé *La Gipsy* (28.1.1839). Isso facilitou a aceitação, pela direção do Opéra, de *Xacarilla*, com temática espanhola (28.10.1839). Depois disso, profundamente envolvido na luta pela unificação de seu país, Marliani voltou à Itália, onde ainda compôs *Gusmano il Buono* (Bolonha, 7.11.1847). Morreu de ferimentos recebidos durante a frustrada revolta bolonhesa de 1848.

## Théodore Labarre

Um dos mais notáveis harpistas de seu tempo, Labarre (1805-1870) foi aluno de Fétis e Boïeldieu. Após uma fase em que trabalhava periodicamente em Londres e Paris, instalou-se na capital francesa em 1847, como regente do Opéra-Comique. Quatro anos depois, Luís Napoleão o convidou a dirigir sua orquestra particular. Para o novo patrão, compôs quatro óperas, uma das quais, *Pantagruel* (1855), baseada no romance de François Rabelais, foi encenada com êxito no Opéra. Labarre é o autor de uma *Méthode Complète de la Harpe* usada até hoje no Conservatório de Paris, de que foi professor a partir de 1867.

## Louis Clapisson

Hoje, talvez o nome de Clapisson (1808-1866) seja mais lembrado pelo fato de, em 1854, ele ter derrotado Berlioz na eleição para uma cadeira no Institut (o que provocou protestos furiosos de Offenbach), do que pelas óperas que escreveu. Berlioz e Clapisson, de resto, pareciam condenados a sempre trombar um com o outro, como o demonstra o episódio da estréia de *Gibby la Cornemuse* (1846), que será mencionado, no capítulo seguinte, ao ser feita a análise de *La Damnation de Faust*. Em 1838, *La Figurante* deu início a uma carreira bem popular, em que se destacaram *Le Code Noir* (1842), *La Promise* (1854) e *La Fanchonette* (1856), apreciadas na época, hoje esquecidas. O renome granjeado por Clapisson com as óperas ligeiras justifica a atenção que o Opéra deu à montagem de *Jeanne la Folle* (1848), suntuosa produção sobre a vida da rainha espanhola; mas tudo indica que o talento do compositor voltava-se mais para o estilo cômico e/ou sentimental. Dono de uma gigantesca coleção de instrumentos musicais, Clapisson doou parte dela ao Conservatório; o restante está no Victoria and Albert Museum, de Londres.

## Johann Friedrich Franz Burgmüller

De uma família de músicos, nascido em Regensburg, Burgmüller (1806-1874) instalou-se muito cedo em Paris, onde fez sucesso produzindo uma torrente de peças para piano, a serem executadas nos salões elegantes, e de estudos destinados a aprendizes do instrumento. A razão para consigná-lo aqui é o enorme sucesso de sua única ópera, *La Péri*, levada no Opéra em 1843 – sucesso que se atribui ao prestígio ganho, junto a um público endinheirado, como professor e autor de música leve.

## Pierre-Louis-Philippe Dietsch

Aluno de Choron e mestre de capela em St.-Eustache e Ste. Madeleine, para as quais compôs vinte e cinco missas, Dietsch (1808-1865) venceu em 1860 o concurso para regente do Opéra. Seu nome como compositor estaria, hoje, totalmente esquecido se ele não tivesse estreado, em 1842, um *Vaisseau Fantôme*. Tratava-se da tradução francesa do *Fliegende Hollander*, que Wagner, num de seus muitos momentos de dificuldades econômicas, lhe vendera – o que não o impediu, logo em seguida, de musicá-lo pessoalmente (essa é a razão pela qual, em vários países, inclusive o Brasil, a obra de Wagner é conhecida como *O Navio Fantasma*, e não *O Holandês Voador* ou *O Holandês Errante*). Em 1861, foi Dietsch quem regeu as turbulentas três récitas parisienses do *Tannhäuser* – "da forma mais incompetente possível", faz questão de registrar Wagner em *Minha Vida*.

## Józef Poniatowski

O príncipe Józef Michal Ksawery Franciszek Jan Poniatowski (1816-1873), nascido em Roma, era sobrinho de um marechal de França, do mesmo nome, e de Stanislaw August, o último rei da Polônia. Estudou com Ceccherini em Florença, onde foi o primeiro regente a executar sinfonias de Beethoven. Cantou como tenor do Teatro della Pergola, dessa cidade, para o qual escreveu, entre outras, *Giovanni da Procida* (1838) – baseada na mesma história das *Vésperas Sicilianas*, de Verdi –, *Ruy Blas* (1843) e *Esmeralda* (1847), as duas últimas extraídas de obras de Victor-Hugo. São partituras que, de acordo com os hábitos belcantísticos mediterrâneos, têm absoluta predominância de árias coloratura. Poniatowski foi também embaixador da Toscana em Bruxelas, Londres e Paris, onde chegou em 1854.

Ali, além de suas funções diplomáticas, assumiu, em 1860, o cargo de regente do Théâtre Italien e, nesse mesmo ano, apresentou no Opéra *Pierre de Médicis*, um habilidoso exercício de observância às regras básicas do modelo meyerbeeriano, temperado pelos *cantabiles* italianos. Compositor prolífico, além de *Au Travers du Mur* (1861), *L'Aventurier* (1865) e *La Contessina* (1868), escreveu duas missas, oratórios, canções e muitas peças de câmara (algumas das quais se encontram gravadas no selo Naxos). Em 1870, acompanhou no exílio seu amigo Napoleão III, que o nomeara senador do Império. Seu último trabalho foi *Gelmina* (1872), encomendado por Adelina Patti, que a estreou no Covent Garden, de Londres. Na Inglaterra, sua *The Yeoman's Wedding Song* (A Canção de Núpcias do Rico Lavrador) entrou para o cancioneiro popular.

Em *Le Grand-opéra en France: un Art Politique (1820-1870)*, Jeanne Fulcher faz o levantamento do repertório do Théâtre de l'Opéra de Paris, no período que vai de 1828, o ano da *Muette de Portici*, a 1867, quando estréia o *Don Carlo*, de Verdi, último exemplo importante de drama lírico inspirado no modelo meyerbeeriano. Essa lista de espetáculos permite que se tenha uma idéia dos autores menores que trabalhavam em torno de Meyerbeer, e dos títulos – a maioria deles hoje esquecida – que eles conseguiram fazer representar:

1830 – *François I$^{er}$ à Chambord*, de Ginestet;
1836 – *La Esmeralda*, de Louise-Angélique Bertin;
1837 – *Stradella*, de Louis Niedermeyer;
1838 – *Guido et Ginevra*, de Halévy;
1839 – *La Vendetta*, de Ruolz; e *La Xacarilla*, de Marco Aurelio Marliani;
1840 – *Le Drapier*, de Halévy;
1841 – *La Reine de Chypre*, de Halévy;
1842 – *Le Vaisseau Fantôme*, de Pierre Dietsch;
1843 – *Charles VI*, de Halévy; *La Péri*, de Johann Burgmüller; e *Dom Sébastien, roi de Portugal*, de Gaetano Donizetti;
1844 – *Richard en Palestine*, de Foucher; e *Marie Stuart*, de Niedermeyer;
1846 – *David*, de Mermet;
1848 – *L'Apparition*, de François Benoist; e *Jeanne la Folle*, de Louis Clapisson;
1849 – *Le Fanal*, de Adolphe-Charles Adam;
1852 – *Le Juif Errant*, de Halévy;
1853 – *La Fronde*, de Niedermeyer; *Le Maître Chanteur*, de Limander;
1855 – *Pantagruel*, de Théodore Labarre;
1856 – *La Rose de Florence*, de Billetta;
1857 – *François Villon*, de Edmond Membrée, autor também de uma *Esclave* que a direção do Opéra preferiu ao *Don Rodrigue*, baseado na lenda do Cid, que Bizet lhe ofereceria em 1873;
1859 – *Herculanum*, de Félicien David;
1860 – *Pierre de Médicis*, do príncipe Poniatowski;
1861 – *L'Étoile de Messine*, do conde Gabrielli;
1862 – *La Reine de Saba*, de Charles Gounod;
1864 – *Le Docteur Magnus*, de Ernest-Henri-Alexandre Boulanger (pai da compositora Lili Boulanger, morta precocemente aos 25 anos, e da pianista e professora Nadia Boulanger, responsável pela formação de várias gerações de virtuoses); e *Roland à Roncevaux*, de Mermet;
1867 – *Don Carlos*, de Giuseppe Verdi e *La Fiancée de Corinthe*, de Duprato.

Neste contexto, deveriam estar sendo analisadas óperas como *Les Martyrs* e *Dom Sébastien, roi de Portugal*, de Donizetti, *Les Vêpres Siciliennes* e *Don Carlos*, de Verdi, especialmente produzidas para os palcos parisienses. Mas como elas mantêm estreita associação estilística com o desenvolvimento da obra italiana de seus autores, é nos volumes a eles consagrados que serão estudados: *A Ópera Italiana no Romantismo* e *As Óperas de Verdi*.

# Hector Berlioz

O clima fantástico de *Robert le Diable* é o mesmo de *La Damnation de Faust*; e a personagem de Bertram – o demônio que é o pai de Robert com uma mortal, e o segue por toda parte para tentá-lo e fazer com que perca a sua alma – tem muito em comum com Mefistófeles. *Benvenuto Cellini* tem a mesma livre exploração das situações históricas e personagens reais que *Les Huguenots*. E *Les Troyens*, fiel em espírito à ópera heróica de Gluck, é vazado nos moldes grandiosos da ópera romântica.

Mas apesar desse débito para com Meyerbeer – maior do que ele próprio, talvez, gostasse de admitir –, em suas óperas Berlioz (1803-1869) demonstra a mesma liberdade de experimentação formal que, nos outros setores de sua produção, torna difícil classificá-lo em um gênero definido. É o que acontece com todas as suas obras: *Romeu e Julieta* é uma mistura de sinfonia e cantata; a *Fantástica*, um cruzamento de sinfonia e poema sinfônico; *Haroldo na Itália*, um poema sinfônico escrito sob a forma de um concerto para viola e orquestra; *Lelio ou le Retour à la Vie*, enfim, uma forma totalmente livre, que combina narração, canto, trechos corais e instrumentais. Essa total ausência de compromissos com a tradição faz com que, no caso de Berlioz, a questão das influências tenha de ser encarada com muita reserva, pois ele aceita as aquisições externas mas reelabora-as sempre de forma tão pessoal que as torna praticamente irreconhecíveis.

Berlioz já tem trinta e dois anos, em 1836, e é o autor de obras fundamentais em sua carreira, como a *Fantástica* e *Lelio*, ao escrever sua primeira ópera, *Benvenuto Cellini*. Antes disso fizera, em 1826, uma tentativa malsucedida de musicar *Les Francs-Juges*, com libreto de Humbert Ferrand, da qual sobreviveram alguns fragmentos e a abertura, cuja versão revista, de 1828, ainda comparece em programas de concertos sinfônicos.

O libreto do *Cellini*, de Léon de Wailly e Auguste Barbier, baseia-se numa visão muito romanceada de episódios narrados por esse artista da Renascença italiana em sua *Autobiografia*. O mais importante deles é o da fundição da estátua de Perseu para Cósimo Medici (na ópera, transformada em uma encomenda do papa Clemente VII; a ação pode, assim, ser transferida para Roma e conhecidos locais da Cidade Eterna são empregados como moldura cênica). Mais tarde, como a censura não permitia que o Santo Padre fosse mostrado no palco, ele foi transformado no cardeal Salviati; nas montagens modernas, porém, volta-se à figura original do pontífice.

Berlioz só leu as memórias do "bandido genial", como chamava Cellini, depois de 1832. Mas, já nos tempos em que estudava em Roma, atraía-o esse anti-herói da Renascença, verdadeira personagem romântica, símbolo de um tempo em que a arte italiana era altiva e cheia de vitalidade – a contemporânea, com algumas exceções, ele achava decadente e letárgica. Mas a figura histórica surge, na ópera, tal qual ele a via: sob sua orientação constante, os dramaturgos selecionaram fatos não-interrelacionados da vida de Cellini, conservaram algumas personagens reais, comprimiram dois rivais do artista na figura do vilão Fieramosca, e inventaram Teresa, a jovem por quem Benvenuto está apaixonado.

Ela é a filha do tesoureiro papal Balducci, que se opõe ferozmente a seu namoro com o artista. Fieramosca, que também deseja Teresa, surpreende a conversa em que ela combina fugir com o amante, disfarçada de frade, aproveitando a confusão da festa de Carnaval. Ao tentar impedir que isso aconteça, Fieramosca provoca uma disputa em que Cellini, acidentalmente, mata em duelo um certo Pompeo. Em seu estúdio, o escultor recebe do papa um ultimato: se a estátua de Perseu não ficar pronta até a meia-noite, ele será preso por assassinato e tentativa de seqüestro.

Apesar das tentativas de sabotagem feitas por Fieramosca, Cellini, atirando na fornalha todos os metais preciosos de que dispõe, consegue aprontar a estátua a tempo de ser perdoado. A figura do escultor, tratada com a habitual liberdade romântica, surge assim como uma visão idealizada do Artista lutando contra pressões, incompreensões, ciúmes e entraves à sua realização pessoal e estética. Da mesma forma que, na *Muette de Portici*, Scribe deslocara a ação no tempo para fazê-la coincidir, por razões de efeito dramático, com a erupção do Vesúvio, Wailly e Barbier transferem a cena da fundição do estúdio para o Coliseu. O local é improvável mas grandioso, moldura ideal para uma proeza em que o artista supera os seus próprios limites impondo-se – tal qual o vê o homem romântico – como alguém que se situa acima do comum dos mortais. É o triunfo do não-ortodoxo, do artista sobre o embrutecimento da arte acadêmica e oficial: um tema com o qual Berlioz identificava-se em nível muito pessoal.

A estréia, na Ópera de Paris, em 10 de setembro de 1838, foi desastrosa. Nem os cantores nem a direção punham fé na obra; os críticos acusaram a partitura de "escassez melódica" (!); e o público ficou desorientado com a mistura irreverente de sério e cômico – a forma caricatural como o papa é tratado, por exemplo – e com um estilo de escrita que privilegiava os recitativos e ariosos mais do que as árias formalmente construídas. A sabotagem já partira de Charles-Edmond Duponchel, o assistente de Véron, que o sucedera na direção do teatro: ele desdenhava de tal forma a ópera que nem se dignava a aparecer nos ensaios.

O próprio regente titular do teatro, François-Antoine Habeneck, não gostava da música e não se convencia a dar ao *saltarello*, na cena do Carnaval, a velocidade que Berlioz desejava. Para um regente da época, a complexidade rítmica, as oscilações de andamento com que a música evoca a vida exuberantemente agitada do escultor, eram de uma dificuldade sem par. O final de "Ah!, qui pourrait me résister?" (ato I, cena 2), em que Fieramosca se gaba de ser um hábil esgrimista, tem metros de 7, 6 e 5 que se revezam vertiginosamente – o bastante para enlouquecer, até hoje, qualquer regente.

Os músicos zombavam todo o tempo da partitura. Um verso do libreto dizendo "Les coqs chantent" provocava a gargalhada geral e comentários do tipo: "Ah!, les coqs. Et pourquoi pas les poules?!" (Ah!, os galos. E por que não as galinhas?!). Uma noite, durante o espetáculo, Berlioz percebeu que dois músicos, durante o finale do ato II, estavam misturando à partitura o tema da canção popular *J'ai du bon tabac*. Nessas condições, não é de se espantar que a apresentação – apesar do sucesso da abertura, que foi ovacionada – tenha sido um redondo fiasco. Tendo exigido 28 ensaios – muito mais do qualquer outra ópera nova requeria –, *Benvenuto* teve apenas quatro récitas. Berlioz conseguiu apenas que fizessem três apresentações separadas do ato I, seguido de um balé de outro autor. Ao ser finalmente retirada de cartaz, a ópera foi apelidada, é claro, de *Malvenuto*.

Os cortes e revisões feitos por Liszt, para acomodar a ópera ao gosto alemão, quando a encenou em Weimar em 20 de março de 1852, foram aceitos por Berlioz, que estava ansioso por ver sua obra de novo no palco. Mas a fizeram perder o equilíbrio estrutural e sacrificaram algumas de suas melhores páginas. Em especial, Liszt eliminou detalhes burlescos, o que faz desaparecer a mistura de tons tão característica do estilo de Berlioz (e tão fiel a uma das regras básicas do teatro romântico). Para a reapresentação de novembro do mesmo ano, Liszt fez cirurgias ainda mais drásticas, removendo várias cenas do último ato para que o desenlace fosse mais rápido.

Essa versão estropiada, em três atos, foi a que se usou em algumas remontagens ocasionais, até que, em 1966, John Pritchard restaurou, no Covent Garden, de Londres, a versão de Paris, com diálogos falados. Foi essa a base do histórico espetáculo de 1972, regido por Colin Davis e documentado pelo selo Philips, com o qual se demonstrou o quanto se tem a ganhar revertendo ao original. Num brilhante ensaio que acompanha esse álbum, David Cairns expõe detalhadamente tudo o que fora modificado em Weimar e que se restabeleceu para essa apresentação (existe também um vídeo da montagem na Ópera de Genebra, em fevereiro de 1992, regida por J. Nelson, com Chris Merritt no papel título).

De qualquer modo, *Benvenuto Cellini* ainda se ressente da inexperiência do compositor para o gênero. Em óperas posteriores, ele saberá evitar certas debilidades do libreto e a caracterização das personagens será mais segura e homogênea: aqui, por exemplo, não fica muito bem harmonizada a combinação dos elementos sérios e cômicos. A capacidade de Cellini para a reflexão, convivendo com seus rompantes de ação impensada, dá-lhe um perfil bem próprio. Mas a decisão de fazer do papa um tipo bufo o reduz a uma mera figurinha de papelão inanimada.

Esses desníveis observam-se também do ponto de vista musical: uma ária como "Sur les monts les plus sauvages", de *Cellini* (ato II, cena 4), que já tem o estilo maduramente introspectivo de uma obra como o oratório *L'Enfance du Christ* (1854), destoa, por exemplo, da banalidade de "Quand j'aurai votre âge", a cavatina de Teresa no ato I. Melhor é o efeito da oração "Sainte Vierge Marie", que ela e Ascânio entoam no início do ato II, pedindo ajuda para Benvenuto: o cântico litúrgico ao fundo e o acompanhamento nos sopros têm um efeito mágico.

Em todo caso, não é nos números solistas que está o melhor do *Benvenuto*, e sim nos de conjunto. Neles, o engenho rítmico do compositor espraia-se em páginas em que o efeito dramático é criado pela elaboração musical mais do que pelas palavras do texto. É o caso do trio do ato I, "Ô Teresa, vous que j'aime", em que Fieramosca ouve os amantes planejando a fuga e tenta repetir as suas palavras. Esse dueto, em sua versão original, tem uma inovação ousada para a época: uma repetição da seção inicial sob uma forma totalmente diferente da primeira. Esse desusado *da capo* se explica: no início da cena, Fieramosca está longe dos amantes e consegue repetir apenas os finais das frases que eles dizem. Durante a segunda seção, consegue aproximar-se mais e, na reprise, agora sobre uma melodia mais elaborada, já se colocou numa posição que lhe permite repetir as frases inteiras que está ouvindo. A estrutura dessa página impressionou tanto Peter Cornelius (1824-1874), presente à estréia regida por Liszt em Weimar, que ele a decalcou no dueto "Wenn zum Gebet vom Minarett" (Quando o Chamado à Oração vem do Minarete), entre Nureddin e a criada da moça por quem se apaixonou, em sua ópera cômica *O Barbeiro de Bagdá*.

O ponto alto do *Benvenuto Cellini* é a cena do Carnaval, cuja música seria reaproveitada na abertura *Le Carnaval Romain*, tocada pela primeira vez em 1844 e, hoje, um dos números favoritos do repertório de concerto. Conduzida com uma mistura de intervenções corais e recitativos extremamente ágeis, essa cena não é apenas o colorido painel de costumes, obrigatório no *grand-opéra*. Ela serve também para fazer avançar a ação: é em seu decorrer que Fieramosca tenta impedir que Teresa fuja com o namorado. E a cena culmina num *morceau d'ensemble* em que, depois de todas as personagens terem cantado suas estrofes, elas se trançam numa *grande réunion de thèmes* de inacreditável complexidade. Esse procedimento, originário dos finais de *vaudeville*, e muito apreciado por Meyerbeer para suas conclusões de grandes cenas, é elevado, pelo gênio de Berlioz, a um nível superior de qualidade.

O recitativo do taverneiro (II,1) tem uma precisão que antecipa a escrita de Mussórgski, decalcada nas inflexões da frase falada. Os ritmos e cores orquestrais da cena da forja têm grande poder descritivo. A canção de amor de Arlequim, acompanhada por corne inglês, harpa e violoncelo, ou a paródia de cavatina de Pasquarello, tendo ao fundo tambores e oficleide (um tipo de tuba) saem da pena de um dos maiores orquestradores da História da Música.

"A minha ópera", dizia Berlioz, "tem uma variedade de idéias, uma energia, exuberância e brilho de colorido tais como talvez nunca mais se encontre e, por isso, mereceria melhor destino". Um ponto de vista com o qual concorda David Cairns:

> Em certa medida, *Benvenuto Cellini* é a mais original de todas as obras de Berlioz. A variedade e a complexidade rítmicas, bem como a audácia da orquestração, são excepcionais, mesmo para ele. Uma obra tão vasta, englobando, ao mesmo tempo, a beleza delicada do dueto de Teresa com Ascânio, e a grandeza e violência da cena do Carnaval (na qual, para retomar as palavras de Liszt, 'pela primeira vez o populacho faz ouvir, musicalmente, sua grande voz furiosa'), não pode certamente ser acusada de contentar-se com meias medidas. O que não quer dizer que ela comporte estilos divergentes: uma mesma linguagem dá unidade à música. Mas Berlioz encontrara um assunto que falava à sua imaginação e decidira-se a tirar partido de todas as suas possibilidades expressivas. Abordou esse trabalho com uma mistura de temeridade e de gênio apaixonado, digna do herói da ópera, e foi essa a razão de seu fracasso. Um compositor mais prudente e mais experimentado teria moderado a sua exuberância e desafiado a norma de uma maneira mais discreta. As exigências técnicas às quais cantores, coro e sobretudo orquestra deviam responder eram grandes demais – sem contar toda a má vontade e falta de cooperação, que eram muito comuns em 1838. Um século e meio depois, essa obra continua reservada aos virtuoses. É essa dificuldade de execução mais do que qualquer outra coisa, mais do que qualquer debilidade dramática, que prejudicou a ópera. Mesmo hoje, com as técnicas modernas, numerosos problemas persistem. Mas uma vez superados esses problemas, o que experimentamos é um sentimento de admiração diante da beleza, do humor, do brilho e da prodigalidade de sua imaginação.

O trabalho seguinte não teria melhor sorte. A estréia, em 6 de fevereiro de 1846, da "lenda dramática" *La Damnation de Faust*, a meio caminho entre a ópera e o oratório, foi recebida com total frieza pelo público do Opéra-Comique, suscitando o comentário maldoso de Rossini: "A *Canção do Rato* não fez sucesso porque não havia um gato pingado na sala". Berlioz ainda teve o azar de competir, naquele dia, com a estréia de *Gibby la Cornemuse*, de Louis Clapisson, hoje esquecido mas que, na época, gozava de popularidade (ver o capítulo *Os Epígonos do Grand-Opéra*). Todo o público foi atraído por esse *opéra-comique*.

O libreto, que o próprio Berlioz montara com a ajuda de Almire Gandonnière, usava a tradução do poema de Goethe feita por Gérard de Nerval, e reaproveitava as *Huit Scènes du Faust*, escritas entre 1828-1829, acrescentando-lhes outras. Em sua forma atual, a ópera tem vinte cenas agrupadas em quatro partes. Não há a preocupação em efetuar a ligação entre um quadro e outro, o que faz com que as mudanças de cena, nessa "ópera de concerto", sejam muito abruptas e criem dificuldades para o encenador.

John Warrack observa: "*La Damnation* é uma ópera para os olhos da mente e não para o palco. O ritmo é diferente, a arena em que a ação se passa, impalpável e demasiado variada, a lógica dramática não é a do teatro e sim a de um espectador cuja imaginação lhe permita libertar-se das limitações físicas do que o cerca, para acompanhar o pensamento vertiginoso do autor de uma cena para outra, ora engraçada, ora terna ou apavorante" (citado por Cairns no *Viking Opera Guide*). Visionário como era, Berlioz compôs, sem o saber, uma ópera cujo meio ideal de representação não é o teatro, mas o cinema!

Isso não tem impedido *La Damnation de Faust* de ser representada no palco, com muito bons resultados, desde a primeira tentativa nesse sentido, feita em 18 de fevereiro de 1893 por Raoul Gunsbourg, o diretor da Ópera de Monte Carlo, que modificou alguns trechos e inverteu a ordem de algumas cenas. Hoje em dia, encenações e gravações seguem a ordem original. Eis um levantamento dos registros existentes da *Danação*, mais bem aquinhoada em discos do que as demais óperas de Berlioz.

Classical Collector/Auvidis relançou em CD, na década de 90, a versão incompleta, mas de interesse histórico (1931), regida por Piero Coppola, com Mireille Berthon, José de Trevi e Charles Panzera. Continuam à espera desse resgate Jean Fournet (1942) – que tinha Paul Cabanel como Mefistófeles; –Anatole Fistoulari (1955, Irma Kolassi/Raoul Jobin) e André

Cluytens, 1965, Rita Gorr/Nicolai Gedda). O selo pirata MRF tinha, em sua coleção, uma apresentação ao vivo, da década de 50, com Pierre Monteux/Régine Crespin, André Turp.

O selo GOP tem a versão de Peter Naag com Simionato-Bondino-Bastianini.

As opções comerciais são muito variadas:

Charles Munch (RCA, 1958) com Danco-Poleri-Singher;

Ígor Markhevitch (DG, 1958), com Rubio-Verreau-Roux;

as duas gravações feitas em 1969 por Georges Prêtre, uma com Baker-Gedda-Bacquier (Angel), a outra com Horne-Gedda-Soyer (Arkadia);

Colin Davis (Philips, 1973), com Veasey-Gedda-Bastin;

Seiji Ozawa (DG, 1974), com Mathis-Burrows-McIntyre;

Daniel Barenboim (DG, 1979), com Minton-Domingo-Fischer-Dieskau;

Georg Solti (Decca, 1981), com von Stade-Riegel-van Dam;

John Eliot Gardiner (Philips, 1987), com von Otter-Myers-Lafont;

Eliahu Inbal (Denon, 1989), com Ewing-Gulyás-Lloyd;

Charles Dutoit (Decca, 1996) com Pollet-Leech-Cachemaille. Em vídeo, existem a versão de Paris (1992), com Rendall, Meier, vam Dam/Kakhidze; e a da excursão do Marinski de São Petersburgo a Bilbao, na Espanha, em junho de 1993, com Martínov, Borodina, Aliekśashkin/Guérguiev.

A *Danação* ainda tem alguns aspectos forçados, como o de situar a ação da primeira parte na planície húngara, pretexto para poder inserir na partitura a melodia, muito popular na época, da "Marcha Rákoczy" (dela, o compositor dizia: "Eu a teria situado em qualquer outra parte do mundo, se para isso tivesse a menor razão musical"). A personagem de Fausto ainda é tratada de forma um tanto convencional; mas para Margarida, Berlioz encontra acentos de um lirismo extraordinário, na *Chanson Gothique* sobre o rei de Thule, de clima melancólico criado pelos acordes nas violas; no dueto da parte III com Fausto, em que a intensidade da paixão é ainda mais sugerida pela música do que pelas palavras; e na mágica melodia da romança "D'amour l'ardente flamme".

Mas o centro da obra é Mefistófeles, irônico, sarcástico, aliciador, ora irresistível, ora aterrorizante. Num primeiro contato que Berlioz tivera com Scribe, investigando a possibilidade de que ele lhe escrevesse o libreto, o dramaturgo chegara a sugerir que a ópera se chamasse *Méphistophélès*. Berlioz o representa com uma profundidade que Gounod, Boito e Busoni, em suas óperas baseadas no poema de Goethe, não conseguirão atingir. A atração de Berlioz pelo demonismo e o sobrenatural, inspiradora da *Sinfonia Fantástica*, faz com que ignore a redenção da personagem, na segunda parte do poema de Goethe, optando por um final em que, para salvar a alma de Margarida, Fausto concorda em que o Diabo o leve para o inferno.

A *Course à l'Abîme*, com que a ópera se encerra, exibe a imaginação orquestral de Berlioz no auge de seu poder expressivo. Depois de um macabro diálogo, ao som de trompas de caça, em que Fausto é convencido a assinar o contrato que libera a sua amada, inicia-se a corrida para o inferno, sugerida pelo galope nos violinos, sobre uma figura rítmica nas cordas graves, trançando-se com a lamuriosa melodia do oboé. Imagens de pesadelo desfilam à sua passagem: os trombones, tubas e oficleides descrevem os monstros que os perseguem; as madeiras fazem ouvir o bater de asas de pássaros noturnos que voam sobre suas cabeças; toda a orquestra é mobilizada para um poema sinfônico que nos faz sentir a terra tremendo, o sangue esguichando, até Fausto engolfar-se no *Pandemonium* com um choque brutal de acordes de fá maior e si maior, ao som dos gritos dos condenados, que cantam em "língua infernal", proferindo palavras inventadas, de som bárbaro e insólito.

Comparada com essa música violenta e amorfa, que muda vertiginosamente de andamento e tonalidade, o Paraíso a que Margarida é levada parece extremamente convencional, com sua música à base de harpas e violinos, e um coro feminino que se resolve num sereno ré bemol maior. É música sem nenhuma independência em relação à imagística religiosa comum ao Romantismo. Mas o contraste entre a paz paradisíaca e os horrores do Inferno, a que o Fausto de Berlioz deixa-se condenar por amor e necessidade de expiação, não deixa de dar à obra um final de grande dramaticidade.

Do ponto de vista formal, um aspecto importante da *Danação* é a técnica usada por Berlioz – ao invés do tema recorrente com função de reminiscência – da célula melódica que prefigura um tema. Esses motivos antecipatórios já tinham sido explorados no Prólogo do *Romeu e Julieta*. Na *Danação*, exemplos interessantes são as transformações do coro dos camponeses e da marcha húngara dentro da cena de abertura; uma sugestão da *Chanson Gothique* no momento da entrada de Mefistófeles no ato III; uma citação do tema da Serenata do demônio no final do Minueto; e a sonhadora antecipação da romança de Margarida quando ela menciona seu "futur amant... Qu'il était beau!".

Em 1833, Berlioz iniciara o projeto de adaptação de *Much Ado About Nothing* (Muito Barulho para Nada), de Shakespeare, a que retornaria em 1852, com a ajuda de Ernest Legouvé. Mas a idéia ficou em suspenso quando ele começou a trabalhar em *Les Troyens*, que o ocuparia de 1856 a 1858; e só voltaria a ocupá-lo por ocasião da abertura do Neues Theater, no balneário alemão de Baden-Baden. Desde o meio da década de 1850, o diretor do Casino local, Edouard Bénazet, o contratara para organizar, no auge da temporada, um concerto de gala, com uma orquestra alugada cujos músicos ele tinha a liberdade de escolher, e com um programa que poderia ensaiar por quanto tempo quisesse. O brilho desses concertos fez com que, para a inauguração do teatro, Bénazet lhe propusesse um libreto de Édouard Plouvier, baseado num episódio da Guerra dos Trinta Anos. Berlioz o convenceu, porém, a confiar esse texto a Henri Litolff e, em troca, a encomendar-lhe esse *opéra-comique* que estava há anos inacabado.

Ele mesmo preparara o libreto, utilizando a tradução da peça feita em 1839 por Benjamin Laroche. Comprimira a ação em dois atos, eliminando todos os aspectos sinistros das intrigas acessórias. Concentrara a ação no fio central do conflito de amor e ódio entre os dois protagonistas, Beatriz e Benedito, "a quem é necessário convencer que eles se amam". E acrescentara uma figura bufa de sua invenção, o mestre de capela Somarone – do italiano *somaro*, imbecil –, personagem pedante e ridícula na qual caricaturava Cherubini. O modelo para ele, entretanto, é o Balthazar shakespeariano, cuja canção "Sigh no more, ladies" transforma-se no *Épithalame Grotesque* de Somarone. Que merece de Bénédict o mesmo comentário que há em Shakespeare: "And he had been a dog that should howled thus, they would have hanged him" (Se um cachorro tivesse uivado assim, eles o teriam enforcado).

*Béatrice et Bénédict* estreou em Baden-Baden, em 9 de agosto de 1862 e, com o acréscimo de dois números que expandiram o ato II, foi reapresentada, na primavera do ano seguinte, em Weimar. Em ambas as cidades, fez um sucesso que consolou Berlioz da hostilidade com que sua música era recebida pelo público parisiense. Ele a terminara numa fase muito penosa, marcada por problemas financeiros; pela depressão com a perda da mulher, a atriz inglesa Harriet Smith que, após longa doença, morrera em 1854; e pela incerteza quanto a se *Les Troyens* seria aceita pela Ópera de Paris. Em meio a todas essas agruras, afirma seu biógrafo Hugh MacDonald, foi um prazer e um consolo para ele trabalhar nessa partitura, que, em suas próprias palavras, "é um capricho escrito com a ponta de uma agulha e exige a maior delicadeza na execução".

Benedito teme o casamento e, por isso, hostiliza Beatriz, que lhe responde na mesma moeda, até ambos se darem conta do amor recíproco que aquela hostilidade toda dissimula. Essa história é tratada sob a forma de um *opéra-comique* com bem escritos diálogos falados – em especial o da confrontação final entre os amantes inimigos. É original, e desusada para a época, a escolha do timbre de meio-soprano para uma heroína de *opéra-comique*. Já a tentativa de sátira, através da figura de Somarone, é de um tom um tanto pesadão, demonstrando uma vez mais que o bufo não é o forte de Berlioz. Mas é interessante vê-lo zombar, no *Épithalame Grotesque* que o mestre de capela ensaia com seus discípulos, das regras estritas dos manuais de Conservatório, que tanto odiava, e do uso de um procedimento composicional já antiquado, muito apreciado por Cherubini: o uso do *obbligato* do oboé que Somarone usa no acompanhamento de sua peça coral.

Caricatura de Hector Berlioz regendo (1846).

Cena da montagem dos *Troianos*, de Berlioz, no Covent Garden de Londres, em 1969, sob a regência de Colin Davis.

Cena da montagem de *La Damnation de Faust*, de Berlioz, no Opéra de Paris, dirigida por Maurice Béjart.

O aparecimento do diabo em *La Damnation de Fausto*, mediante o emprego de um alçapão.

É nos momentos líricos e números instrumentais – a abertura e a *Sicilienne* que serve de prelúdio ao ato II – que estão as melhores páginas de *Béatrice et Bénédict*. Esta é a partitura mais leve e luminosa de Berlioz, ecoando certos aspectos do *Cellini*, mas com seu ímpeto imaturo temperado por uma extraordinária serenidade de escrita. O *duo-nocturne* "Nuit paisible et sereine", com que se encerra o ato I, não tem nenhuma função dramática; mas sua extática beleza, reminiscente da melodia do dueto para Dido e sua irmã Anna, no ato III dos *Troianos*, e com toques de pintura sonora da paisagem noturna nos instrumentos de sopro, fez com que se tornasse a página favorita da ópera. Igualmente feliz é o dueto final "L'amour est un flambeau", em que Beatriz e Benedito confessam seu amor, declaram uma trégua, mas admitem que, amanhã, talvez já sejam inimigos de novo.

A abertura, em que vários temas da ópera são passados em revista, é uma obra-prima, com seu refinado uso das madeiras, a sóbria utilização dos trombones – que intervêm apenas na seção intermediária e no tutti final –, as cordas em *pizzicato* e a cor local dada pela guitarra e o pandeiro. O trio masculino "Me marier", o lento trio feminino em 6/8 "Je vais d'un coeur aimant", ou o trecho em que Béatrice admite para si mesma ter ficado triste quando Bénédict partiu para a guerra, são igualmente memoráveis.

Colin Davis, com suas duas gravações –, Veasey-Mitchinson (Oiseau-Lyre, 1962) e Baker-Tear (Philips, 1977) –, foi o responsável pela redescoberta dessa última ópera de Berlioz, da mesma forma que pelas versões originais e integrais do *Cellini* e dos *Troianos*. John Nelson gravou-a também para o selo Erato, com Graham-Viala, documentando um espetáculo de 1991 na Ópera de Lyon.

A *Eneida* apaixonou Berlioz desde que, ainda menino e sob a orientação do pai, começou a estudar latim. "Suas personagens eram tão familiares para mim", escreve em suas *Memórias*, "que eu imaginava que elas me conheciam tão bem quanto eu a elas". A leitura do Livro IV, que relata a morte de Dido, provocou nele verdadeira crise emocional: "O poeta latino foi o primeiro a encontrar o caminho de meu coração e a saber como inflamar a minha imaginação nascente". Desde muito cedo ficou claro também o vínculo entre seu amor por Virgílio e o entusiasmo que tinha por Gluck, Spontini e a grande tradição francesa da ópera heróica.

Mas foi só na década de 1850 que Berlioz começou a pensar seriamente numa ópera baseada na *Eneida*, embora tivesse consciência das dificuldades que tal projeto envolveria e da desconfiança com que o público e a direção dos teatros encaravam o seu trabalho. O que o fez decidir-se foi o inesperado sucesso, em 1856, do oratório *A Infância de Cristo* e o encorajamento da princesa Caroline de Sayn-Wittgenstein, amante de Liszt, com quem discutira a ideia. A redação do libreto dos *Troyens* – baseado no Livro II (atos I e II) e nos Livros I e IV (atos III a V) – ocupou-o de abril a junho de 1856.

Berlioz começou pelo ato I mas, depois, compôs o IV, o II, o III e o V, terminando em 12 de abril de 1858. A conselho de sua amiga, a cantora Pauline Viardot, desistiu de uma cena final, de caráter alegórico, em que Clio, a musa da História, previa o futuro de Roma e o aparecimento de Anibal, Cipião, o Africano, Júlio César e do próprio Virgílio. Nela haveria, inclusive, uma referência à empresa colonial francesa no norte da África, como símbolo da expansão do espírito latino. O compositor concordou com Pauline em que essa cena seria demasiado estática e constituiria um anticlímax. A gênese dos *Troianos* pode ser cuidadosamente acompanhada através da abundante correspondência com a princesa Caroline de Sayn-Wittgenstein: o folheto de apresentação da gravação Colin Davis (Philips) traz generosa seleção de trechos dessas cartas.

O fato de Berlioz, ansioso por ver sua obra encenada, ter concordado em que os atos III a V fossem apresentados separadamente, em 4 de novembro de 1863, no Théâtre Lyrique, com o título de *Les Troyens à Carthage*, fez crer erradamente, durante muito tempo, que ele planejara a ópera em duas partes independentes. Mas a partitura vocal, que publicou em 1861, não deixa dúvidas quanto à concepção unitária de uma vasta ópera em cinco atos (o formato de praxe para o *grand-opéra* meyerbeeriano). Há, inclusive, paralelismos estruturais que comprovam essa unicidade: os suicídios de Cassandra e Dido, no fim dos atos II e V; a persistência do tema do destino que impele Eneas a abandonar Tróia, e depois Cartago, e a seguir para o Lácio, representado pelo grito de Mercúrio, "Italie! Italie!", que reaparece em momentos cruciais dos atos II, IV e V; e a *Marche Troyenne*, motivo recorrente ligado ao objetivo épico dos troianos, que se ouve nos atos I, III e V.

Os dois primeiros atos só foram estreados postumamente, cantados em alemão, em Karlsruhe, em 6 de dezembro de 1890, sob a regência de Felix Mottl, com o título de *A Queda de Tróia*. A versão completa e, ainda assim, com muitos cortes, só foi encenada na Ópera de Paris em 1921. Depois disso, houve significativas montagens integrais no Scala, no Colón de Buenos Aires, em Viena, e a de Rafael Kubelik em Londres, em 1957. A mais importante delas foi a do Covent Garden, em 1969, que resultou na gravação de Colin Davis, de extremo rigor musicológico.

A versão Colin Davis foi a única integral em discos comerciais existente no catálogo, até o lançamento, em 1994, da gravação de Charles Dutoit (Decca), feita em Montréal. Embora não chegue a igualar-se à anterior em termos de elenco, esta oferece uma vantagem: é a única que possui a cena do ato I em que Sinon, infiltrado pelos gregos em Tróia, vem dizer a Príamo que o cavalo é um presente de Pallas Athena à cidade, e a deusa ficará ofendida se ele não for levado para dentro dos muros. Berlioz a tinha cortado, em 1861, a pedido da direção do Opéra, que considerava o ato I demasiado longo; mas ela permaneceu na redução para canto e piano, e foi reorquestrada por Hugh MacDonald. Assim sendo, a gravação Dutoit oferece tudo o que Berlioz compôs para os *Troianos*.

O selo VAI tem um registro ao vivo no Carnegie Hall (1959-1960) com R. Lawrence e no Arkadia há a transmissão radiofônica da RAI de Roma, em 1969, regida por Georges Prêtre; e há uma antiga gravação da *Prise de Troie*, feita pela ORTF, com regência de Charles Bruck. Foi também Prêtre quem gravou, no início da década de 60, uma seleção de trechos em que Régine Crespin faz tanto Cassandra quanto Dido (*La Voix de son Maître*). Alexander Gibson gravou, para a EMI (1970), as cenas 2 e 3 do ato V, tendo Janet Baker como Dido.

*Os Troianos* foi o espetáculo escolhido para a comemoração do centenário do Metropolitan Opera House, e gravado em vídeo, com Domingo, Jessye Norman e Troyanos, sob a regência de James Levine (responsável também pela montagem do Festival de Ravenna de 1978, existente em vídeo, com Verrett, Denize, Chauvet). Outra opção em vídeo é a da montagem que Serge Baudo regeu na Ópera de Lyon em 1988.

Ironicamente, a Ópera de Paris só encenou a ópera de Berlioz em versão absolutamente integral em 17 de março de 1990. Mas isso não quer dizer nada, pois, durante muito tempo, *Les Troyens* foi incompreendida e desdenhada pelos próprios músicos. Ralph Vaughan Williams dizia que ela era "a segunda ópera mais chata do mundo" – embora se recusasse terminantemente a dizer qual era a primeira. E mesmo René Leibowitz que, de hábito, é muito preciso em suas avaliações, não lhe dá a devida importância, acusando Berlioz de ser "débil em suas concepções dramáticas, que permanecem inferiores à força e à riqueza de sua imaginação musical".

Hoje, é possível ver *Les Troyens* com outros olhos e perceber não terem muito sentido as alegações de que é tão raramente encenada por ser demasiado longa (leva quatro horas e meia e, portanto, é menor do que *Tristão e Isolda*, *Parsifal*, *A Africana* ou até mesmo *Guilherme Tell* se apresentada na íntegra); difícil de encenar (criações ainda mais complexas, como o *Anel do Nibelungo*, são constantemente reprisadas); e difícil de cantar. Eneas exige um tenor heróico do mesmo talhe de Otelo, Siegmund ou Tristão; Jon Vickers e Gary Lakes, especialistas nesse repertório, o interpretam para Colin Davis e Dutoit. Cassandra e Dido podem ser feitas pela mesma cantora, como é o caso de Crespin, e não têm tessitura mais árdua do que a de Isolda, Tosca ou Aída, embora a escrita de ambas preveja um registro de mezzo agudo.

A verdadeira razão parece ser o inexplicável preconceito que, por muito tempo, os franceses tiveram contra Berlioz, talvez por não identificarem em sua obra, criada sob o signo da liberdade total, aquela imagem estereotipada do "esprit de clarté" que gostam de ter de si mesmos. Uma negligência prolongada que justificou a ironia com que Colin Davis comentou: "Berlioz só entra na França pela alfândega" – referência ao interesse que só se desperta no público francês depois que uma de suas peças ganha o *Grand Prix du Disque* ou, mais prestigioso ainda, o *Schallplatenpreis*, por uma gravação feita no exterior.

Hoje em dia, esse estado de coisas está mudando lentamente. Mas a revalorização de Berlioz dentro de seu próprio país – não no círculo fechado dos musicólogos mas do gosto do grande público – é fenômeno dos mais recentes. O projeto de gravação de suas obras para o selo DG foi interrompido a partir do momento em que Daniel Barenboim abandonou o cargo de titular do Orchestre de Paris. Mas, desde o início, estes dispendiosos e arriscados *Troianos* não estavam incluídos no programa, e foi necessário esperar que a Decca – outra firma inglesa – a realizasse no Canadá!

A ópera tem uma forma híbrida: exteriormente, há a influência do *grand-opéra* na estrutura em cinco atos, nos números amplos, na grande quantidade de corais e entradas de balé, interlúdios orquestrais e cenas de efeito (batalha, tempestade, cortejos). Mas, do ponto de vista temático e da construção de personagens, tem mais vínculos com a ópera clássica gluckiana reelaborada por Spontini do que com o melodrama da plenitude romântica. E é grande, como veremos em detalhe, mais adiante, a influência de Shakespeare, a ponto de o próprio Berlioz ter dito que seu libreto era "Virgílio shakespeareanizado".

Contraste é o princípio básico que governa a estrutura músico-dramática. Contraste entre a linguagem musical dos atos I-II (Tróia), áspera e ritmicamente angulosa, e a dos atos III-IV (Cartago), expansiva e sensual. Entre um ato e outro: o I espaçoso e estático, o II violento e ágil em sua descrição da última noite de Tróia. O III começa com um retrato bucólico da pacífica Cartago, mas seu finale é rápido e marcial. O IV é um interlúdio lírico que se encerra, porém, com as interrogações filosóficas que, no coração do V, sintetizarão a obra inteira – a qual obedece, portanto, a um rigoroso desenvolvimento dialético.

Há também, em menor escala, contrastes de natureza musical. O coro de regozijo dos troianos é interrompido pela pantomima de lamentação de Andrômaca, a que a longa melodia do clarinete dá, no dizer de D. Cairns, "a solenidade clássica de uma frisa grega". Essa cena, por sua vez, é bruscamente interrompida pela entrada de Enéias, que vem narrar a morte de Laocoonte, destruído pelas serpentes que Posêidon fez sair do mar; e isso provoca uma horrorizada reação do coro.

O tom muda da exaltação romântica ou da preocupação com os negócios do Estado para os sentimentos do homem comum, surpreendido pela maré da História. À discussão dos chefes sobre os destinos de Tróia segue-se – numa cena que lembra muito o Monteverdi da *Coroação de Popéia* – a conversa dos sentinelas que resmungam sobre suas más condições de vida, e para quem a palavra "Italie" nada mais significa do que novas promessas de perigo e desconforto. Logo em seguida, vem o angustiado monólogo de Enéias, de uma nobreza clássica que lhe é conferida por suas longas melodias e orquestração epicamente empostada. E esse movimento alternado prossegue ao longo de toda a obra.

Berlioz preocupa-se menos com o destino individual das personagens do que com o drama dos grandes movimentos históricos ou legendários: a inevitabilidade da dupla tragédia da destruição de Tróia e do abandono de Dido, porque ela faz parte de um plano cósmico – a missão de Enéias de ir fundar Roma. Diante dessa missão maior no plano global do destino da Humanidade, questões individuais, como as emoções de Dido e Enéias, passam para segundo plano. Ou como afirma David Cairns:

> O destino é o tema dos Troianos. O destino, mas também o sofrimento dos humanos que se submetem orgulhosamente a ele sem se queixarem. Essa filosofia, que Berlioz encontrou em Virgílio, correspondia à sua natureza profunda. Do ponto de vista dramático, ele a ilustrou com a aplicação de métodos tirados de Shakespeare: forma aberta, audaciosa justaposição de gêneros, monólogos, sentimentos pessoais que se exprimem na moldura de uma ação pública. Musicalmente, a tarefa convinha com exatidão ao seu estilo natural: linha melódica longa e flexível, timbres e ritmos utilizados de maneira sutil para variar a expressão dramática.

Há aí uma postura tipicamente clássica, reminiscente do debate entre sentimentos pessoais e dever que animava as tragédias de Corneille ou Racine. E, ao mesmo tempo, uma intuição da Filosofia da História que vê os acontecimentos não como o resultado de ações individuais isoladas – o que estaria mais de acordo com o individualismo romântico –, mas de grandes movimentos de idéias e objetivos, e encadeamentos de causas e efeitos. Essa empostação clássica, de resto, torna justificável o traço arcaizante da presença, numa ópera do Romantismo pleno, de figuras alegóricas como Mercúrio, que surge no fim do ato IV; ou dos fantasmas de Príamo e Heitor que, no ato V, vêm relembrar a Enéias o compromisso de, no Lácio, plantar a semente que permitirá o renascimento de Tróia.

Do ponto de vista musical, entretanto, a organização dos números segue os padrões típicos da ópera romântica. Mas a escrita vocal está mais ligada à tradição de fidelidade às inflexões naturais da fala que, partindo de Lully, passa por Rameau para desembocar em Gluck, do que à da tendência oitocentista ao virtuosismo canoro. Os números cantados não têm coloratura; a linha vocal tem sempre uma pureza e um equilíbrio clássicos. Mas é nítida a diferença de sonoridade entre as duas partes complementares: de uma austeridade carregada de eletricidade e do pressentimento da desgraça iminente, nas cenas troianas; de um lirismo sensual, banhado pelo sol, que a princípio não se dá conta da desventura inevitável, nas que se passam em Cartago – embora a utilização dos mesmos motivos rítmicos e melódicos assegure a unidade.

Numa ópera tão longa, que opta por um estilo desadornado, é normal que haja, principalmente nos dois primeiros atos, algumas passagens um tanto arrastadas. Além disso, ao lado de cenas num arioso muito intenso, apoiado num comentário orquestral de grande complexidade, há outras que fazem concessões ao gosto pomposo do *grand-opéra*: balés irrelevantes, coros que são mais um maneirismo formal do que uma verdadeira necessidade.

No entanto, poucas óperas francesas da primeira metade do século XIX podem rivalizar, em beleza e profundidade de sentimento, com páginas como o lamento de Cassandra, no ato I; ou a cena do sacrifício de Dido, no V. Cassandra e Dido são heroínas trágicas antagônicas e complementares. A primeira, Berlioz a desenvolveu, a partir de uns breves traços que ela tem em Virgílio, fazendo-a dominar a primeira parte. Quanto a Dido, "ela é um radioso tributo", escreve Cairns, "cheio de ternura e intensidade expressiva, àquela figura mítica mas, para ele, inteiramente real, que há quarenta anos vinha possuindo a sua imaginação".

Um dos maiores monumentos do drama lírico romântico na França é a seqüência das cenas 1 a 3, no ato IV, em que, tendo ouvido a narração, que lhe é feita por Enéias, de como Andrômaca, a viúva de Heitor, acabou se apaixonando pelo guerreiro grego a quem coube como botim, a rainha Dido começa a dar-se conta de que não poderá guardar o voto de fidelidade ao marido morto que proferiu, e terá de admitir para si mesma o amor que sente pelo troiano. Berlioz inspirou-se, para compor essa passagem, num quadro que hoje está no Louvre: *Énée Racontant à Didon les Malheurs de la Ville de Troie*, de Pierre-Narcisse Guérin que, em seus tempos de estudante, ele conheceu em Roma, onde o pintor passou a velhice.

O quinteto "Tout conspire à vaincre mes remords", o septeto "Tout n'est que paix et charme" e o dueto "Nuit d'ivresse et d'extase", interrompido pelo chamamento de Mercúrio a Eneas, marcam o apogeu do Berlioz operista. A evocação da serenidade da noite mediterrânea é perfeita, com o pedal do pícolo, da flauta e da clarineta, contra a qual vêm bater as mansas ondas formadas pela trompa, as cordas graves e a percussão em surdina, envolvidas na resplandescente melodia das cordas que sugere o céu estrelado. A melodia desse dueto – o primeiro trecho da ópera a ter sido escrito – é de um efeito simplesmente hipnótico; e sua doce resolução em sol sustenido contrasta bruscamente com os pesados acordes em mi menor da intervenção de Mercúrio.

Nesse dueto, aliás, Berlioz funde, de forma muito pessoal, seu amor por Virgílio ao que sempre sentiu por Shakespeare. Toma de empréstimo as palavras de Jéssica e Lorenzo, no ato V do *Mercador de Veneza* – "In such a night as this, when the sweet wind did gently kiss the trees" –, para a evocação que Dido e Enéias fazem de outros casais de amantes, Vênus e

Anquises, Tróilo e Créssida, Diana e Endimião, que parecem abençoar sua entrega um ao outro: "Par une telle nuit, le front ceint de cytise, la déesse Vénus suivit le bel Anchise aux bosquets de l'Ida..."

De grande originalidade é também o interlúdio *Chasse et Orage*, marcando o momento climático em que Dido cede à sedução de Enéias, entregando-se a ele dentro de uma caverna onde se esconderam de um temporal. Partindo da tradição barroca da sinfonia descritiva operística, Berlioz a funde com a linguagem nascente de um gênero programático fundamentalmente romântico: o poema sinfônico que evoca sonoramente os fenômenos naturais. Embora seja freqüentemente tocado como peça de concerto, esse interlúdio é um dos grandes achados teatrais da ópera, e seu núcleo emocional e dramático. Com uso de pantomima e balé, e uma orquestração extremamente imaginativa, Berlioz recorre a fanfarras de instrumentos dispostos fora de cena e a vocalises corais como os que Rossini e Verdi também usaram em suas descrições de tempestades. Entremeados à música vem a voz distante de Mercúrio gritando "Italie!, Italie!" e trazendo sempre à mente de Enéias a missão da qual, por mais que deseje o contrário, não poderá se afastar.

Todos esses elementos fazem com que *Les Troyens* se eleve bem acima dos clichês meyerbeerianos, para reencontrar o espírito trágico e o clima da Antigüidade – e, nesse sentido, é um exemplo quase único no século XIX, pois os dramas dessa época estão impregnados pela ética judaico-cristã do remorso e da redenção, não sendo comum essa postura mais vinculada ao espírito do paganismo. Também do ponto de vista musical a ópera recria, com extrema nitidez, o ambiente da *Eneida*. Quanto mais a comparamos com o poema de Virgílio, mais sentimos a afinidade entre eles. Ambos compartilham amplitude e vigor das imagens, riqueza e economia de traços, indiferença aristocrática pelas questões individuais menores e aguda percepção do sofrimento do indivíduo comum. Ambas tocam na questão crucial da precariedade da existência humana num universo que lhe é pouco hospitaleiro. Ouçamos a palavra de Hugh MacDonald:

> Avaliar em poucas palavras as qualidades dessa grande ópera não é tarefa fácil. E, no entanto, é preciso frisar que estas não deveriam ser qualidades que um músico atento da década de 1850 achasse inovadoras ou perturbadoras, pois elas enraizavam-se nas virtudes tradicionais da ópera clássica francesa, animadas pela fé romântica no sentimento e na expressão. Do ponto de vista técnico, Berlioz estava no auge de seus poderes: seu instinto para a voz humana era o de um compositor de ópera nato, marcado por um bem definido gosto pelo timbre de meio-soprano – num momento em que o papel de Béatrice ainda era coisa do futuro. O domínio da orquestra é exemplar em sua sóbria sensibilidade. Berlioz já não comete mais nenhum dos audaciosos erros que encontramos em sua música de juventude. Os dois mais impressionantes métodos de abordagem que chegam à perfeição em *Les Troyens* são o dom para a melodia longa, naturalmente expressiva, e o uso muito pessoal de motivos orquestrais para construir cada uma das cenas. Esse último procedimento reflete a sua crença fundamental em que os instrumentos eram comparáveis à voz humana em extensão e força expressiva, uma crença que, quando consideramos sua produção como um todo, põe em perigo sua situação como um supremo compositor operístico. Se os compararmos aos de Verdi, por exemplo, os métodos de Berlioz eram de uma amplitude que os tornava demasiado não-vocais e pessoais para poderem sustentar o paralelo em termos puramente de composição operística. Eram, além disso, demasiado retrospectivos, pertencendo mais ao mundo de Gluck e de Spontini do que ao de seus contemporâneos. No entanto, quando esses aspectos idiossincráticos dos *Troianos* são compreendidos em seu contexto mais amplo, e quando aceitamos o amor de Berlioz pelos mundos de Virgílio e Shakespeare, juntamente com sua fé explícita no poder da música para expressar as paixões mais elevadas, só podemos aclamar essa ópera como uma partitura sublime. Durante cem anos, ela foi universalmente mal reconhecida e subestimada. Hoje, readquire o lugar que lhe compete, como uma respeitável obra-prima.

O próprio Berlioz sabia disso. Em 3 de maio de 1861, escreveu, com inabalável certeza: "Estou convencido de ter escrito uma grande obra, maior e mais nobre do que qualquer coisa que já tenha sido feita até hoje".

# O *Opéra-Comique*

## Boïeldieu, Auber, Hérold, Adam

Desde o final do século XVIII, é bom relembrar, vinha-se desenvolvendo, a partir das produções de Duni, Monsigny, Philidor, Grétry, Dalayrac, Gossec, um tipo de *opéra-comique* em que os elementos sentimentais e galantes predominavam sobre os cômicos. Durante a Revolução e depois dela, essa forma contaminou-se com situações provenientes da popularíssima *pièce à sauvetage*, reforçando-se a sua vertente séria e, especialmente, de caráter patriótico, o que fez com que os componentes bufos fossem ficando cada vez mais em segundo plano. A forma do *opéra-comique* foi usada, já o vimos, para temas que, antes, eram exclusivamente do domínio da *tragédie-lyrique*, como a *Medéia* de Cherubini ou o *José no Egito* de Méhul. Desse modo, a diferença entre a ópera, com recitativos acompanhados, e o *opéra-comique*, com diálogos falados, tornou-se apenas formal.

## François-Adrien Boïeldieu

No início do século XIX, o popularizador do *opéra-comique* de tema sentimental, misturando gêneros, será Boïeldieu (1775-1834), revelado aos dezoito anos por *La Fille Coupable* (1793), com libreto de seu pai, secretário do arcebispo La Rochefoucauld, em Rouen. *Zoraïme et Zulnar* (1798), o drama *Béniowski ou Les Exilés du Kamtchatka* (1800) e a comédia *Le Calife de Bagdad* (1800) consolidaram seu prestígio (o selo Musidisc/Gaîté Lyrique tem, dessa ultima ópera, uma gravação radiofônica de 1960).

Quando, em 1800, após o sucesso do *Calife*, Cherubini lhe perguntou: "Você não tem vergonha de um aplauso tão pouco merecido?", Boïeldieu respondeu pedindo-lhe que o aceitasse como aluno. O resultado dos ensinamentos de Cherubini fez-se sentir no cuidado muito maior com a escrita que há em *Ma Tante Aurore ou Le Roman Impromptu*, de 1803 (para conhecê-la, há uma gravação radiofônica da década de 60, no selo Fontana). Essa comédia estreou no ano em que Boïeldieu aceitou o convite para substituir Giuseppe Sarti como diretor do Teatro de Ópera Francesa, na corte do tsar Alexandre I. Ele ficou na Rússia até 1811, escrevendo ali várias óperas, entre as quais *Aline, Reine de Golconde* (1804) e *Télémaque dans l'Île de Calypso ou Le Triomphe de la Sagesse* (1806), cujas aberturas subsistem como peças de concerto.

Dessa fase, uma das produções mais típicas é *Les Voitures Versées* (As Carruagens Capotadas, 1808), de que o selo Musidisc tem uma transmissão da Radio France regida por Jean Brebion. O libreto, do próprio Boïeldieu, baseia-se na comédia *Le Séducteur en Voyage*, de Emmanuel Dupaty, representante menor da literatura libertina que proliferara nos anos finais do século anterior, produzindo autores importantes como Claude-Prosper de Crébillon, Nicolas Rétif de la Bretonne, o marquês Donatien-Alphonse de Sade ou Choderlos de Laclos. O libertino Florville propõe-se a seduzir a jovem Élise Dormeuil para ganhar uma aposta; mas acaba caindo nas malhas da experiente Mme de Melval. E esta, para vingar as amigas que foram vítimas da inconstância do rapaz, o seduz e, em seguida, abandona. A história não deixa de lembrar a intriga das *Liaisons Dangereuses*, de Laclos, de quem Dupaty era amigo. A forma como o compositor a trata ainda está ligada aos procedimentos básicos do *opéra-comique* setecentista; mas já há, em embrião, características do estilo que ele desenvolverá após seu retorno à França, em 1812.

No ano da volta para casa, Boïeldieu recuperou a popularidade, junto a seu público, com as graciosas *Jean de Paris* e *Le Nouveau Seigneur de Village* – ambas disponíveis, no selo Musidisc/Gaîté Lyrique, em gravação radiofônica de Jean-Paul Kreder, feitas em 1966 e 1960, respectivamente. E em 10 de dezembro de 1825, estreou no Opéra-Comique a sua obra mais famosa. O libreto de Scribe para *La Dame Blanche* baseia-se em duas novelas de sir Walter Scott, um dos autores prediletos dos operistas românticos: *The Monastery* (1820) e *Guy Mannering* (1815). Para conhecê-la existem: no selo Decca, a antiga versão Marcel Couraud, da década de 50; no Melodram, o registro de uma transmissão radiofônica de Hilversum, na Holanda, regida por Jean Fournet, em 1964; e no Accord/Musidisc, a moderna interpretação de Pierre Stoll, de 1990.

*La Dame Blanche* agradou em cheio a um público fascinado por paisagens nevoentas, castelos em ruínas e mansões mal-assombradas. É a história de um tesouro escondido em um castelo, onde um jovem oficial acredita ter visto o espectro de uma mulher toda vestida de branco (na verdade, trata-se da filha do mordomo, por quem ele acabará se apaixonando). E há também um segredo, só revelado no fim: o rapaz é o herdeiro de uma família de jacobitas que teve de fugir das perseguições religiosas na Escócia. Ele voltou incógnito, para desmascarar a desonestidade de Gaveston, o intendente de seu pai, que o desfalcou de sua fortuna.

A influência de Cherubini mostra-se claramente no estilo de orquestração e nos meios de caracterizar Gaveston, para o qual são tomados de empréstimo traços tanto do Dourlinski, da *Lodoïska*, quanto de Caspar, o vilão do *Freischütz*, de Weber. Boïeldieu tem muita facilidade para montar cenas de conjunto e escrever melodias fluentes e límpidas, de sabor bem francês. Mas cai muito na repetição de certos esquemas rítmicos marcados o que, às vezes, torna sua música um tanto monótona. Tem, contudo, um mérito incontestável: o de ter tentado, conscientemente, resistir à invasora influência do estilo cômico de Rossini que, a partir de 1828, iria se exercer sobre todos os autores de *opéra-comique*.

## Auber

É longa a lista das óperas desse compositor que conquistaram o coração do público parisiense: *Le Philtre* (1831), cujo libreto inspiraria o do *Elisir d'Amore* de Donizetti; *La Marquise de Brinvilliers* (1831); ou *Le Serment* (1832). O libreto de Scribe para *Gustave III ou Le Bal Masqué* (1833) rendeu uma ópera excepcionalmente viva e bem escrita, de onde sairia o *Ballo in Maschera* de Verdi. É magnífica a cena do baile, no ato V, durante a qual o rei da Suécia é assassinado por Ankarström, seu primeiro-ministro e melhor amigo, roído de ciúmes por achar que Amélia, a sua mulher, é amante do soberano. *Le Cheval de Bronze* (1835), *Le Domino Noir* (1837) *Les Diamants de la Couronne* (1841), *Haydée ou Le Secret* (1847) e uma *Manon Lescaut* (1856) de grande popularidade, que só seria desbancada pelas de Massenet e Puccini, foram outros títulos de grande sucesso numa obra imensa que se estendeu por cinqüenta e seis anos.

Aluno de Cherubini, a quem sucederia como diretor do Conservatório de Paris, Auber começou a carreira compondo romanças e concertos para violino e violoncelo. Só em 1813, com a comédia *Le Séjour Militaire*, optou pela ópera. *Leicester*, de 1823, primeira colaboração com Eugène Scribe, assinala o impulso definitivo em sua carreira. Juntos, Scribe e Auber conquistariam o favor do público com *La Muette de Portici*, analisada no capítulo dedicado às precursoras do *grand-opéra*.

Sua ópera cômica mais famosa é *Fra Diavolo ou L'Hôtellerie de Terracine*, estreada no Opéra-Comique em 28 de janeiro de 1830. Na trilha da *Caverne* de Le Sueur, Scribe narra a história de um bandido charmoso, que se apresenta como Marquês de San Marco e seduz a estalajadeira Zerlina, para que esta o ajude a roubar as jóias de uma nobre inglesa, lady Pamela Cockburn. Traído por seu bando, Fra Diavolo inocenta a jovem e, antes de ser executado, promove seu casamento com Lorenzo, seu namorado.

Scribe inspirou-se numa personagem real, o bandoleiro siciliano Michele Pezza, feroz inimigo dos ocupantes franceses de sua ilha, contra os quais moveu sangrenta guerrilha. Ferdinando de Bourbon, grato pela ajuda que esse fora-da-lei lhe dera para que fosse restaurado no trono, agraciou Pezza com os títulos de coronel e duque de Cassano. Os franceses não o perdoaram: em 1806, o coronel Hugo, pai do escritor, o apanhou numa emboscada e o dependurou na ponta de uma corda. Ferdinando decretou luto oficial e mandou rezar por ele, em Palermo, uma solene missa de réquiem. Assim como ao rei das Duas Sicílias, tampouco agradou ao público parisiense ver morrer malandro tão simpático. Numa versão posterior, em que substituiu os longos diálogos falados por recitativos bem mais ágeis, Auber teve de atender aos pedidos dos espectadores, e modificou também o final, fazendo com que Fra Diavolo fosse apenas levado preso.

O número mais famoso é a abertura, sempre incluída em concertos de música ligeira. Mas a partitura está cheia de páginas inspiradas: a *Balada de Fra Diavolo* ("Voyez sur cette roche", cantada por Zerlina no ato I – de que Wagner deve ter-se lembrado ao escrever a narrativa de Senta sobre o Holandês); a barcarola de Diavolo, "Agnès, la jouvencelle", no II; ou a romança de Lorenzo, "Pour toujours, disait-elle", no III; além de finales movimentados em cada ato. A adequação entre texto e música é outro ponto forte dessa ópera. O sucesso permanente da ópera pode ser medido pela sua versão cinematográfica de 1933, em que os bandidos Giacomo e Beppo eram feitos por Laurel e Hardy, o Gordo e o Magro.

O selo Urania tinha um antigo registro em alemão, em que Hans Hopf fazia o papel título; a Bongiovanni possui a gravação em italiano, de Alberto Zedda, com Luciana Serra e o brasileiro Nélson Portella; mas o melhor registro é o do original francês, que Marc Soustrot gravou, em 1984, para a EMI/Voix de son Maître, com Nicolai Gedda, Rémy Corazza e Mady Mesplé.

Em 1835, Scribe forneceu a Auber a historinha ingênua do *Cavalo de Bronze* que transporta um grupo de chineses ao planeta Vus, onde eles são submetidos a todo gênero de tentação amorosa. A única que resiste é a princesa Stella, que ajudada por sua fiel criada Péki, travestida de valete, mantém-se fiel a seu noivo, o príncipe Yang, com quem se casa ao voltar para a China. A balada "Là-bas, sur ce rocher sauvage" tornou-se muito popular e, até hoje, é incluída em recitais. A abertura e a música do sonho do mandarim sobreviveram como peças independentes de concerto. Menos feliz foi a tentativa, em 1857, de transformá-la num *opéra-ballet* para o Théâtre de l'Opéra: o sucesso que *Le Cheval de Bronze* obtivera na sala mais intimista do Opéra-Comique (23.3.1835) não se repetiu no auditório grande, para o qual a música era demasiado ligeira.

*Le Domino Noir* (Opéra-Comique, 2.12.1837) foi um dos títulos mais bem recebidos de Auber, apesar da intriga complicada que Scribe conduz, a maior parte do tempo, em longos diálogos. A música para esta história, que se passa na Espanha, já tem um sabor andaluz que prenuncia a voga francesa do espanholismo, predominante na segunda metade do século XIX. Angèle, cansada da escola de freiras onde a puseram contra sua vontade, foge dela, em companhia da criada Brigitte, para saborear os prazeres da vida. Num baile, a que comparece fantasiada com um dominó negro, conhece Horace, que se apaixona por ela. Ao visitar a escola para onde a moça voltou, o rapaz a identifica ao ver acidentalmente, em suas mãos, a roupa com que ela se disfarçava. "Leve, alegre e brilhante", como a descreveu Berlioz, a ópera ofereceu a Laure Cinti-Damoreau um de seus papéis mais famosos, que ela apresentou pelo mundo inteiro, a começar por Londres em 1838, e Nova Orleans no ano seguinte.

Um clichê romântico típico – o das "jóias trocadas", usado também por Alexandre Dumas nos *Três Mosqueteiros* – comparece nos *Diamantes da Coroa*, estreada no Opéra-Comique em 6 de março de 1841. Os diamantes pertencem à princesa de Portugal, que os vendeu, pois precisa de dinheiro para pagar um agiota. Disfarçada como a criada Caterina, ela vai à procura de contrabandistas que lhe forneçam jóias falsas, que possa colocar no lugar das verdadeiras, antes que a família real se dê conta de que elas desapareceram. Há inúmeras antecipações do *Ernani*, do *Trovatore* e da *Carmen* neste libreto de Scribe e Vernoy de Saint-Georges, que culmina com um inverossímil amor entre a princesa e don Enrique, o chefe dos bandidos.

Situações improváveis, de resto, é o que não falta em *Haydée ou O Segredo* (Opéra-Comique, 28.12.1847). Scribe cruzou um conto de Mérrimée, *La Partie de Tric-trac* (1830), com situações tomadas de empréstimo ao *Comte de Monte Cristo* (1845), de Dumas. O nome da personagem central é tirado do título de um poema de Lorde Byron. A culpa atormenta o almirante veneziano Loredano, pois, ao trapacear num jogo de dados, arruinou seu amigo Donato, que se matou. O vilão da peça, Malipieri, conhece seu segredo e pretende denunciá-lo ao filho de Donato, que se alistou em sua tripulação sem que o almirante o saiba. Mas a trama é impedida pela jovem escrava cipriota Haydée, decidida a proteger o amo, que a trata com respeito. Haydée provoca um duelo em que Malipieri morre. Loredano é eleito doge e, ao descobrir que a escrava é de sangue real, promove seu casamento com o filho de Donato (como intriga, está abaixo da crítica, mas não se pode dizer que a do *Simão Boccanegra* seja muito melhor). A partitura equilibra o poderosamente dramático com os momentos mais ligeiros requeridos pelo gênero: há nela, por exemplo, duas encantadoras barcarolas, forma que Auber sabe cultivar com muita graça. O papel de Loredano era um dos preferidos do afamado tenor Gustave-Hyppolite Roger, que o fez em toda a Europa, mesmo depois de ter perdido um braço num acidente, em 1859.

Com Auber, o *opéra-comique* entra em nova fase. Sua associação de muitos anos com Scribe resulta em libretos mais cuidados, e dramaticamente eficientes, apesar de todos os exageros comuns ao poeta. O compositor dá preferência a árias curtas, estróficas, *couplets* e romanças de corte popular, fáceis de memorizar. Adaptando à ária francesa a técnica rossiniana do crescendo e do galope, escreve melodias vivas, de ritmo nervoso, em que a elegância do estilo nacional cruza-se com o esfuziante ímpeto do italiano. O exemplo mais famoso é a "ária das risadas" da *Manon Lescaut* (Opéra-Comique, 23.2.1856), um cavalo de batalha para soprano coloratura – que se pode conhecer através da integral de Jean-Pierre Marty (Arabesque), com Mady Mesplé, ou da mais recente gravação de Patrick Fournillier (Koch/Bongiovanni). Para ter sido escrita por um homem de 73 anos, aliás, esta *Manon* contém música de extraordinária leveza e frescor. Auber sabe também construir elaborados números de conjunto; mas, afastando-se da tradição mozartiana do concertato psicológico – em que sentimentos contraditórios são expressos através de linhas melódicas contrastantes –, seus *morceaux d'ensemble* visam mais ao colorido e à variedade formal do que ao aprofundamento das relações entre as personagens.

Para conhecer Auber, recomenda-se também:

*Gustave III ou Le Bal Masqué*: Michel Swierczewski para o selo Arion/Auvidis, documentando a montagem do Théâtre Impérial de Compiègne em 1992; interessante pela comparação que permite com a ópera de Verdi;

*Le Domino Noir*: J. Gressier, 1950, com Jeannine Micheau e Lilianne Berton (Bongiovanni); J.-Cl. Harteman, 1960, com Germaine Lubin (UORC, versão abreviada); e a moderna versão de Richard Bonynge (Decca, 1996) com Sumi Jo e Bruce Ford, musicologicamente melhor realizada;

*Le Cheval de Bronze*: J.-P. Marty, 1970, com Isabelle Garcisanz (MRF).

# Louis-Joseph-Ferdinand Hérold

Igualmente italianada é a música de Hérold (1791-1833) que, depois de ganhar o Prix

Figurinos para Zoé Prevost e Jean-Baptiste-Marie Chollet, criadores dos papéis de Madeleine e Chapelau, em *Le Postillon de Longjumeau*, de Adolphe-Charles Adam (Opéra-Comique, 1836).

de Rome, uma bolsa de estudos conferida pelo Conservatório, ficou trabalhando na Itália entre 1812 e 1815. Bem impressionado com sua *Gioventù di Enrico Quinto*, Rossini o convidou para reger o coro do Théâtre Italien, em Paris. A amizade com Boïeldieu levou-os a colaborar em *Charles de France* (1816). Isso lhe abriu as portas do Opéra-Comique, para o qual escreveu uma série de peças ligeiras: *Les Rosières* e *La Clochette ou Le Diable Page* (1817); *Le Premier Venu ou Six Lieues de Chemin* (1818); *Les Troqueurs* e *L'Amour Platonique* (1819); *L'Auteur Mort et Vivant* (1820). Mas o sucesso só veio, realmente, em 1823, com *Le Muletier* e *Lasthénie*, o que encorajou o próprio Auber a convidá-lo a ser o co-autor de *Vendôme en Espagne*.

*Zampa ou la Fiancée de Marbre* (Opéra-Comique, 3 de maio de 1831), foi a primeira produção de grande porte de Hérold. Embarcando na voga aventuresca de Le Sueur e Auber, o libreto de Anne-Honoré-Joseph Mélesville apresenta-nos um bandido galante que, na verdade, é o filho perdido do conde de Monza. Apaixonado por Camilla, a noiva de seu irmão Alfonso, ele a seqüestra, mas, no momento em que tenta forçá-la a casar-se com ele, é arrastado para o mar pela estátua de Alice, a jovem que o amava e matou-se por ter sido abandonada quando ele conheceu Camilla (ela é a "noiva de mármore" a que se refere o subtítulo da ópera).

O libreto é confuso e melodramático, misturando clichês narrativos que lembram o *Trovatore* (o filho perdido; os rivais pelo amor da mesma mulher, que não sabem que são irmãos) e *Don Giovanni* (o tema da estátua que revive para punir Zampa por sua carreira de libertino). Mas a música, combinando os moldes da escrita vocal italiana com alguma influência atmosférica de Weber, mostra Hérold chegando a uma maturidade confirmada na obra seguinte.

O libreto de François-Antoine-Eugène de Planard para *Le Pré aux Clercs* (Opéra-Comique, 15.12.1832), baseia-se num capítulo de *Les Chroniques du Temps de Charles IX*, de Prosper Mérrimée, e desenvolve uma história de amor e conspiração contra o mesmo pano de fundo dos *Huguenotes* de Meyerbeer: o massacre da noite de São Bartolomeu (o Prado dos Clérigos, a que se refere o título, era uma área da margem esquerda do Sena, em frente ao Louvre, onde muitos protestantes foram mortos). Na verdade, o tema prestava-se mais a um *grand-opéra* do que a um *opéra-comique*. A orquestração muito criativa e o poder de caracterização de Hérold sugerem o que ele teria sido capaz de realizar, se não morresse prematuramente. Ele próprio o reconhecia ao dizer a seus amigos, no leito de morte, que "partia no momento em que sentia estar pronto para fazer grandes coisas".

## Adolphe-Charles Adam

Em 13 de outubro de 1836, Adam (1803-1856), hoje mais conhecido por seu balé *Giselle* (1841) do que por seus vinte e poucos *opéras-comiques*, estreou, na Salle des Nouveautés do Théâtre de l'Opéra-Comique, sobre libreto de A. de Leuven e L. Brunswick, *Le Postillon de Longjumeau*, cujas melodias agradáveis e de tom popular cativaram de imediato o público. Chapelou, o cocheiro da cidadezinha provinciana de Longjumeau, tem uma bela voz de tenor. Descoberto, na estação de troca de cavalos, pelo diretor da Ópera, é convencido a deixar sua mulher e ir com ele para Paris, onde se torna um cantor famoso, sob o nome de Saint-Phare. Mais tarde encontra, transformada na rica viúva Mme Latour, a sua mulher, Madeleine, com quem volta a se unir.

*Le Postillon* assinala o aparecimento de um tipo de *opéra-comique* de assunto ligeiro, que reage à tendência do gênero a tornar-se cada vez mais sério, afastando-se, assim, das camadas mais populares do público. É uma dessas obras que têm importância menos por si mesmas do que pelo papel histórico que desempenharam: é o marco inicial de uma derivação que levará a uma forma de comédia musical – a opereta – que terá seu espaço e seu público próprio de 1850 em diante, e exercerá influência considerável no exterior, especialmente na Áustria. Por se tratar de um subgênero com regras e praxes específicas, ele será tratado em um volume separado. Há, do *Postillon*, no selo DG, a gravação integral de Reinhard Peters e, no Capriccio, a de B. Arp, transcrita de uma transmissão de rádio alemã.

E a ária mais famosa de Chapelou, "Mes amis, écoutez l'histoire", foi freqüentemente incluída em recitais de canto dos mais variados tenores.

Para conhecer Adam, o leitor dispõe ainda, no selo Musidisc, da transmissão radiofônica, regida por Eugène Bigot, de *Le Toréador* (1849), um *opéra-comique* com libreto de Thomas Sauvage. A ingênua história de Caroline – que pensa em ter um caso com o toureiro Tracolin, como forma de trazer um pouco de tempero a seu morno casamento mas, na última hora, desiste, pois ainda ama o marido – é tratada de modo muito simples, através de árias coloridas e variadas, cuja melodia gruda fácil no ouvido.

# O *Opéra-Lyrique*

## Thomas, Gounod, Offenbach

Entre a pompa do *Grand-Opéra* e a vivacidade mais descomprometida do *opéra-comique* de assunto sentimental, havia espaço para que se desenvolvesse um tipo de ópera que fosse menos solene e pretensioso do que o primeiro, mas tivesse um grau de elaboração musical e de seriedade maior do que o segundo. Esse gênero será o *opéra-lyrique*, que oscila entre o uso do recitativo acompanhado e do diálogo falado. Mas recorre a meios de expressão mais contidos e tem dimensões menores do que os superespetáculos meyerbeerianos. Oferece, porém, uma concentração emocional e um refinamento de escrita a que não visavam os colaboradores do Théâtre de l'Opéra-Comique. Na geração anterior a 1870, os dois principais representantes dessa tendência serão Ambroise Thomas e Charles Gounod.

## Charles-Louis Ambroise Thomas

Aluno de Le Sueur e professor de Massenet no Conservatório, que dirigiu de 1871 em diante, Thomas (1811-1896) forma o elo entre as duas gerações do Romantismo francês. Bastante apreciado em seu tempo, já tinha caído em descrédito na segunda metade do século, a ponto de Chabrier ter comentado sarcasticamente: "Há três tipos de música, a boa, a ruim e a de Ambroise Thomas". Tendo iniciado a carreira com vívidos *opéras-comiques* imitados de Auber – *La Double Échelle* (1841), *Le Comte de Carmagnola* (1841), *Le Songe d'une Nuit d'Été* (1850) –, o exemplo de Gounod tentou-o a aventurar-se em terrenos mais substanciosos.

Mas as duas óperas que subsistiram de sua volumosa produção demonstram que não tinha o tipo de sensibilidade requerida pelo assunto sério. *Hamlet* insere-se na moda da anglomania, fruto da popularidade, desde o século anterior, dos poemas de Ossian ou dos romances de Samuel Richardson e Walter Scott, na esteira da qual tinham vindo também as peças de Shakespeare. O libreto, em que a ação a todo momento é interrompida por intermédios coreográficos dispersivos, é muito fantasioso. Mas seus autores, Jules Barbier e Michel Carré, nem podem ser recriminados por isso: faziam apenas o que era a praxe naqueles tempos. Basta lembrar que Jean-François Ducis, o primeiro adaptador de Shakespeare para o francês – que em momento algum deixou-se intimidar por seus parquíssimos conhecimentos do inglês –, publicou, na virada do século XVIII para o XIX, um *Roméo et Juliette* com final feliz, um *Othello* em que o protagonista deixa de ser mouro (o público parisiense teria achado ridícula uma cara tisnada) e reconcilia-se com Desdêmona no último ato; e um *Hamlet* em que Ofélia transforma-se na filha do rei Cláudio, e o príncipe da Dinamarca, depois de ter vingado a morte do pai, continua vivo, provavelmente para casar-se com a prima.

Mesmo quando Alexandre Dumas e Paul Meurice se propuseram a corrigir os abusos de Ducis, o *Hamlet* que fizeram representar, em 1847, não tinha alguma das cenas, outras estavam fora da ordem original e, no fim, a personagem também sobrevivia. Esse é o desenlace preferido por Barbier e Carré que, além disso, se esquecem de fazer Hamlet matar Polônio – o que priva inteiramente Laerte de seu motivo para a vingança. O jeito é fazer com que, diante do féretro de Ofélia, que louca por ter sido desdenhada se afogou, Hamlet indignado se atire sobre o tio e o atravesse com sua espada, sob os olhares de aprovação do espectro do pai – que, em seguida, poupa Gertrudes, condenando-a a terminar seus dias em um convento. Um entusiasmado coro de cortesãos aclama Hamlet rei nos breves compassos finais. Ainda estavam longe os dias em que Arrigo Boito faria, para Verdi, as irretocáveis adaptações shakespearianas do *Otello* e do *Falstaff*. Para a estréia no Covent Garden, de Londres, em 19 de junho de 1889, Thomas escreveu um finale alternativo, que se aproxima mais do de Shakespeare; essa forma é preferível à que foi adaptada por Richard Bonynge, em sua gravação, para torná-lo conforme ao desenlace original.

*Hamlet* agradou muito ao público e à crítica ao estrear, na Ópera de Paris, em 9 de março de 1868. Chegou-se a dizer que "era a ópera francesa mais importante desde os tempos de Halévy" e, até julho de 1914, foi encenada 326 vezes naquele teatro, superando, por exemplo, as 293 montagens da *Aida*. Foi sempre uma favorita de barítonos como Jean-Baptiste Faure ou Tita Ruffo; e é a chance que dá a esse tipo de registro o que faz com que, hoje, ainda seja ocasionalmente exumada. Sherrill Milnes (R. Bonynge/London), Thomas Allen (gravação pirata do Festival de Buxton em 1980, com Anthony Hose/MRF) e Thomas Hampson (Antonio de Almeida/EMI) são os cantores de que há interpretação em disco.

Seria de um injusto rigor não admitir que a ópera tem suas boas páginas: a cena da aparição do espectro no terraço do castelo; o dueto de amor "À toi mon âme se confie"; a pantomima dos atores de teatro e, logo depois dela, o monólogo "Être ou ne pas être". Desde o início, a ária mais famosa foi "Pâle et blonde dort sous l'eau profonde", a cena da loucura de Ofélia, que Emma Calvé, Nellie Melba, Tetrazzini e Gallic-Curci tinham em seu repertório; e que, em nossos dias, foi cavalo de batalha de Maria Callas e Joan Sutherland.

Além disso, a instrumentação do *Hamlet* demonstra que Thomas gostava de explorar território novo: na introdução à cena no terraço, ele usa um trombone de válvula para criar a ambientação soturna e assustadora; mais adiante, emprega *saxhorne* baixo, saxofone barítono e, na pantomima, um saxofone contralto, instrumentos de invenção recente, já comuns nas bandas de música mas que os compositores, àquela altura, ainda hesitavam em integrar à orquestra sinfônica. A vivacidade do colorido orquestral foi o aspecto mais ressaltado pelo crítico Joel Kasow, da revista inglesa *Opera*, quando *Hamlet* foi escolhido para inaugurar, em 20 de janeiro de 1993, a temporada da Ópera de Monte Carlo, numa montagem de John Cox regida por Lawrence Foster, tendo Thomas Hampson e Stefania Toczyska nos papéis principais (existe um vídeo desse espetáculo).

A fama de Thomas repousa, hoje, quase exclusivamente sobre uma ópera escrita dois anos antes do *Hamlet*: a *Mignon*, estrelada por Célestine Galli-Marié, no Opéra-Comique, em 17 de novembro de 1866, e que, entre outras honrarias, valeu-lhe a Légion d'Honneur, em 1894, ao atingir a milésima encenação. O libreto de Barbier e Carré adapta muito livremente os *Anos de Aprendizado de Wilhelm Meister* (1796), de Goethe. Wilhelm salva dos ciganos a jovem Mignon, contrata-a como criada, depois apaixona-se por ela. Mais tarde, a moça é salva de um incêndio num castelo por Wilhelm e um menestrel ambulante, Lotário, que tinha perdido a memória. Mas ao recuperá-la, o velho se lembra que é o conde Lotário, reconhece em Mignon a sua filha Speranza, de quem não tinha notícias desde pequena, e promove o seu casamento com Wilhelm.

Melodicamente, *Mignon* ilustra as qualidades de clareza, limpidez e elegância que, habitualmente, se associam à ópera francesa. Mas a ingenuidade do libreto, que retém do livro de Goethe apenas o que ele tem de mais superficial; a falta de profundidade na carac-

Cartaz de J. Chéret para *Mignon*, de Ambroise Thomas, no Théâtre de l'Opéra-Comique (1866).

terização das personagens; e o gosto desmedido de Thomas por uma coloratura meramente decorativa – de que o exemplo mais típico é "Je suis Titania", a *polonaise* de um brilhantismo convencional cantada, no finale do ato II, pela atriz Philine, rival de Mignon pelo amor de Wilhelm –, fizeram com que a ópera envelhecesse bastante. Seu número mais feliz, e que se mantém no repertório de meio-soprano, é a romança de Mignon, "Connais-tu le pays où fleurit l'oranger", em que os libretistas – à exceção da troca, por questões métricas, do limão pela laranja – traduziram fielmente o "Kennst Du das Land wo den Zitronnen blühen" ("Conheces a Terra onde os Limoeiros Florescem?"), um dos mais belos poemas líricos de Goethe. A romança é convincente justamente por possuir uma linha melódica simples e despretensiosa, que emoldura de forma delicada as palavras do poema. O único esforço maior de caracterização, aliás, é justamente no contraste entre o lirismo introspectivo, de raízes franco-germânicas, da protagonista e o brilho italianado e superficial de sua extrovertida rival. Mignon, sincera e capaz de sentimentos mais profundos, expressa-se com harmonias ricamente cromáticas; Philine, moça coquete de cabeça vazia, não vai além da tônica e dominante mais elementar, sempre envolta na pirotecnia da coloratura.

Mas para um diretor de Conservatório – cargo que exerceu com muita competência, moralizando a escola após a corrupta administração de Auber –, Thomas era às vezes muito negligente. No *finale* original, Philine vinha dizer a Mignon que não se interporia mais entre ela e Wilhelm, pois decidira ficar com o jovem estudante Frédéric, que lhe faz a corte. Mais tarde, ao concluir que esse desenlace seria um anticlímax, o compositor optou por terminar a ópera na cena anterior, em que Mignon, Lotário e Wilhelm celebram a alegria do reencontro. Não deu, entretanto, importância ao fato de que a coda da abertura era construída sobre o tema da *forlane* "Paysanne ou signora", que Philine cantava nesse trecho; e o resultado é que, nessa página de introdução, papel muito importante é desempenhado por uma melodia que, depois, nem sequer aparece no corpo da peça. Esse *finale* alternativo foi gravado por Antonio de Almeida em sua integral da ópera (CBS, 1977) – um pouco prejudicada, porém, pelos imperativos comerciais que presidiram à escolha de Marylin Horne, de voz muito grande e pesada, para o papel da jovem e frágil Mignon. Curiosamente, a parte de Frédéric, também composta para mezzo, é feita por Frederica von Stade, cujo timbre e temperamento a tornariam muito mais adequada para a protagonista. Além desse registro, há também o de Georges Sébastian (Decca, 1953), com Geneviève Moizan/Libero de Luca.

O sucesso da *Mignon* e do *Hamlet* levou Thomas a tentar a síntese das grandes correntes musicais de seu tempo – inclusive a do Wagner das óperas românticas, cuja influência é aqui preponderante –, na *Françoise de Rimini*, uma nova colaboração com Barbier e Carré. A morna recepção que lhe foi dada, ao estrear na Ópera de Paris, em 14 de abril de 1882, e a rapidez com que caiu no esquecimento decepcionaram Thomas que, não desejando retornar ao estilo mais leve com que tinha afinidade, preferiu parar de compor. Um musicólogo como Guido Peragalli afirma que, apesar de Thomas não possuir o estofo para projeto tão ambicioso, a partitura foi concebida com muita seriedade e não lhe faltam algumas qualidades.

A reapresentação do *Hamlet*, porém, não é o único sinal de que se reaviva aos poucos o interesse pelas óperas de Thomas antes deixadas na sombra. Em maio de 1994, para comemorar a inauguração do túnel construído sob o canal da Mancha, o Théâtre Impérial de Compiègne programou – por se tratar de obra de compositor francês baseada no maior dramaturgo inglês – seu *Songe d'une nuit d'été*. A montagem de Pierre Jourdan, de que foram feitas gravações em disco e vídeo, foi regida por Michel Swierczewski à frente da Sinfônica de Cracóvia, tendo Ghislaine Raphanel e Jean-Pierre Courtis nos papéis principais. A cobertura do espetáculo feita por revistas especializadas como *Diapason* e *Opéra International* revelou a existência de qualidades cênicas que justificavam a remontagem.

# Charles Gounod

Quanto a Gounod (1818-1893), a crítica do século XX tratou-o com demasiado rigor, acusando sua música de ser superficial e insossa. Um autor americano, Ken Harris, num guia comentado de gravações publicado no início da década de 70, chegou a comparar suas melodias a "um cuscuz de tapioca", por seu "sabor adocicado e indefinido". Além da injustiça contida nesse tipo de julgamento genérico, não se pode esquecer que Gounod foi um músico eclético capaz, fora do domínio da ópera, de resultados apreciáveis em gêneros tão diversos quanto a canção sobre texto poético (o ciclo *Biondina*, cuja invenção melódica é de extremo frescor), a sinfonia (a de nº 2 aclimata muito espontaneamente o modelo mozartiano ao ambiente francês), ou a música sacra, com peças imponentes como a *Missa de Santa Cecília* (1855) ou os oratórios *Rédemption* (1882) e *Mors et Vita* (1885).

Na verdade, Gounod tem um estilo bem proporcionado, lógico, sem vôos extraordinários de criatividade, mas com uma tendência inata para o *cantabile* sedutor, de forte influência italiana, que conquista facilmente o auditório. Sem cair no extremo de vulgarização da opereta ou do *opéra-comique* de tema engraçado, ele conseguiu tornar acessível, a um público mais amplo e popular, certas conquistas que vinham do domínio do *grand-opéra*. E, nesse sentido, desempenhará um papel importante na formação de toda uma nova geração de compositores, entre os quais o nome mais importante será o de Georges Bizet.

O registro de uma transmissão radiofônica de 1979, regida por Sylvain Cambreling (Rodolphe) e a moderna gravação de Patrick Fournillier (Koch-Schwann, 1993) permitem avaliar *Sapho*, primeira incursão de Gounod no domínio lírico. O palco há muito o atraía, como ele próprio confessa em suas *Mémoires d'un artiste*: "Falando em termos absolutos, a música religiosa e a sinfônica estão num plano muito mais elevado do que a dramática; mas os meios e a oportunidade de conquistar reconhecimento através delas são raros, pois são apresentadas para um público muito mais irregular do que o do teatro".

A amizade com a cantora Pauline Viardot o pôs em contato com o libretista Émile Augier, que lhe propôs o texto da *Sapho*, estreada na Ópera em 16 de abril de 1851. É uma ópera desigual – e que obra de Gounod não o é? –, mas já contém achados com a firmeza de escrita e a riqueza de inspiração melódica que serão características de suas melhores criações da maturidade. O coro de abertura, "Ô Jupiter!, si tu te plais aux jeux sacrés", é muito fraco; e a ária de Alceu, "Ô liberté, déesse austère", é de um tom marcial excessivamente pomposo, a que não falta sequer uma fugidia menção à *Marseillaise,* de gosto duvidoso. Mas a ode de Safo sobre os amores de Hero e Leandro – um noturno em que se manifesta, pela primeira vez, a tendência de Gounod para a melodia sensual; – o finale do ato II; o dueto e o trio do II; no III, a canção do pastor, "Broutez le thym, mes chèvres"; e o monólogo final de Safo, "Ô ma lyre immortelle" – que ficou no repertório de meio-sopranos como Grace Bumbry ou Shirley Verrett –, são primeiros passos promissores na carreira de um operista. A título de curiosidade, registre-se que a despedida à sua lira, cantada pela protagonista antes de atirar-se no mar, desesperada com a infidelidade de Phaon, seu amante, reutiliza a melodia de uma "Chanson du pêcheur" escrita anos antes.

Depois da melodramática *La Nonne Sanglante* (1854), ligada à tradição ultra-romântica da ópera de assunto violento e descabelado, Gounod demonstra boa capacidade de reconstituir, com leveza e bom humor, a atmosfera do século XVII em *Le Médecin Malgré Lui*. Por encomenda de Léon Carvalho, do Théâtre Lyrique, Barbier e Carré transformaram a peça de Molière num *opéra-comique*, conservando o texto original no diálogo falado e escrevendo números cantados em versos, imitando o estilo do dramaturgo. A Comédie Française, considerando sacrílega a adaptação do texto de seu fundador, tentou impedir a apresentação; e foi necessário um apelo de Carvalho à casa imperial para que *O Médico à Força* estreasse, em 15 de janeiro de 1858. Do ponto de vista cômico, porém, o conjunto é um tanto frio, em que pese a presença de alguns excelentes números isolados: o dueto de Sganarelle com sua mulher Martine; ou o sexteto na cena em que Sganarelle se apresenta como um falso médico. Há também alguns bons achados de orquestração: na "ária da garrafa", em que a personagem simula estar bêbada, os desenhos rítmicos das trompas, fagotes, clarinetas e flautas imitam o passo inseguro do embriagado. Trechos dessa comédia, regidos por Jean-Claude Hartemann, complementavam o antigo álbum da MRF que continha a gravação em Lps da *Sapho*/ Cambreling.

O primeiro e maior sucesso de Gounod será o *Faust* que, na versão original, estreada no Théâtre Lyrique em 19 de março de 1859, era um *opéra-comique*, com diálogos falados interligando os números cantados. A versão atual, com recitativos acompanhados, foi preparada pelo próprio compositor, em 1860, para uma apresentação em Estrasburgo. Sob essa forma ela entrou para o repertório da Ópera de Paris, em 3 de março de 1869, quando Léon Carvalho, o diretor do Lyrique, que falira no ano anterior, foi obrigado a ceder-lhe os direitos sobre a partitura. A sueca Christine Nilsson, que criara Marguerite na Ópera, foi contratada também para interpretá-la em Nova York, quando a ópera de Gounod foi a escolhida para inaugurar o Metropolitan Opera House, em 22 de outubro de 1883. Para a estréia, em 1859, o diretor e os cantores do Lyrique impuseram a Gounod um certo número de cortes que Michel Plasson restabelece, na primeira gravação da partitura em sua forma original, feita para o selo EMI em 1990: o trio "À l'étude, ô mon maître", para Fausto, Siebel e Wagner; o dueto "Adieu mon bon frère", com que Marguerite se despedia de seu irmão; a Canção do Escaravelho, que era entoada por Mefistófeles; e uma cena curta, de transição, para Siebel, Marthe e Mefistófeles.

Para o barítono inglês Charles Santley, que criou Valentin em Londres, em 1864, Gounod escreveu, sobre um texto do crítico Henry Chorley, a ária "Even bravest heart may swell", usando um dos temas que já se ouvia no Prelúdio. Pradère a traduziu como "Avant de quiter ces lieux", na cena em que o irmão de Marguerite despede-se dela, antes de partir para a guerra – e a ária tornou-se imensamente popular.

Em 1869, a direção da Ópera exigiu a inclusão de um balé que Gounod, a essa altura, não desejava mais compor; só o fez depois de fracassarem as gestões junto a Camille Saint-Saëns para que o escrevesse em seu lugar. Esse balé, cuja música não é excepcional, nem sempre é incluído nas representações modernas e, nas gravações, de um modo geral, vem como um anexo no último disco. O coro dos soldados, "Gloire immortelle de nos aïeux" (ato IV, cena 3) tinha sido transplantado de um *Ivan le Terrible* que ficara inacabado; e a cena da catedral é construída sobre a melodia do *Dies Irae* de um *Requiem* composto em 1842.

Para que se tenha uma idéia da enorme popularidade alcançada pelo *Fausto*: até 1887, ele tinha sido cantado quinhentas vezes, só em Paris; em 1894, esse número de récitas tinha dobrado; e dobrou novamente até 1934. Ou seja, em 75 anos, a ópera tinha sido apresentada, em média, 26 vezes por ano. Ela integrou todas as temporadas do Covent Garden, de Londres, entre 1863 e 1911, ano em que George Bernard Shaw, na coluna de crítica musical que mantinha, implorou à direção do teatro que parasse de programá-la, pois já não agüentava mais ter de ir vê-la ano após ano!

A partitura de Gounod continua sendo, até hoje, a preferida dentre todas as adaptações do poema dramático de Goethe: o *Faust* (1816), de Ludwig Spohr, que só foi resgatado do imerecido esquecimento por uma gravação de 1993; a *Damnation de Faust* de que já falamos; as *Cenas do Fausto de Goethe* (1849), de Robert Schumann; o *Mefistofele* (1864), de Arrigo Boito; e o *Doktor Faustus* (1925) de Ferruccio Busoni (destas duas últimas falaremos em outros volumes desta obra). O próprio Gounod a descreve, em suas *Memórias*, como "o maior sucesso teatral que eu tive". Mas se pergunta: "Isso significa que é a melhor coisa que já escrevi? Não posso dizê-lo. Posso apenas repetir a opinião que já expressei de que o sucesso é mais o resultado da concatenação de certos elementos favoráveis e condições felizes do que uma prova e um critério do valor intrínseco de uma obra".

Os primeiros indícios de interesse por uma obra baseada no poema de Goethe, que o fascinara quando o lera aos vinte anos, surgem na Itália, onde ele estudava como bolsista do Prix de Rome. Durante uma visita a Capri, esboça os temas que, mais tarde, serão utilizados na cena da Noite de Walpurgis, no início do ato V. E o primeiro passo é dado em 1856, quando Émile Augier, o libretista de *Sapho*, o apresenta a Jules Barbier, autor de um libreto sobre esse tema, que tinha sido oferecido a Meyerbeer – o alemão o recusara alegando "não querer dessacralizar uma obra-prima germânica". A encenação, naquela época, de um melodrama sobre o mesmo tema, no Théâtre Saint Martin, fez Carvalho convencer Gounod a adiar o projeto para mais tarde, e a dedicar-se ao *Médecin Malgré Lui*. Esse contratempo foi, na verdade, benéfico para o compositor pois, três anos mais tarde, ao retomar o trabalho, já era mais maduro e experiente.

O libreto é também creditado a Michel Carré, mas Barbier é praticamente o único autor do texto. Anos antes, seu amigo e colaborador Carré tinha escrito uma peça de teatro, intitulada *Faust et Marguerite*, adaptando a parte I do poema de Goethe, na qual incluiu uma tradução da "Canção do Rei de Thule". Além de permitir que Barbier usasse essa tradução em seu libreto, Carré escreveu para ele o texto da "Chanson du Veau d'Or", que é cantada por Mefistófeles. Barbier também trabalhou apenas com a primeira parte do poema, retendo dele a trama sentimental, excluindo todas as reflexões filosóficas e centrando o interesse muito mais na figura delicada de Marguerite do que na do velho estudioso que faz um pacto com o Diabo para recuperar a juventude. Por isso, os alemães, considerando o tratamento superficial e incompleto, recusaram-se a permitir que ela mantivesse o título de seu grande poema nacional. Até hoje insistem em chamá-la de *Margarethe*. Isso não impediu a ópera de fazer muito sucesso em terras germânicas, e um crítico de Augsburgo chegou a afirmar que Gounod "devia ter ascendência belga: só assim poderia ter escrito música tão essencialmente germânica em espírito".

Gounod fez muito bem em limitar-se ao trecho do poema em que existe mais ação e as situações se organizam de uma forma que corresponde melhor à sua sensibilidade; e em reconhecer que não tinha maior interesse pelo lado metafísico da obra de Goethe, com o qual o rendimento cênico, como o demonstra a ópera de Boito, seria bem menor. Fazendo o que sabia fazer bem, assegurou à ópera um nível homogêneo de qualidade que é uma de suas melhores virtudes. Mas não é só isso: o que realmente explica a popularidade que o *Fausto* nunca perdeu, nem parece estar próximo de perder, é o fascínio exercido pela pureza de uma linha melódica que gruda no ouvido com facilidade: é o musicólogo inglês Julian Budden quem diz que "o *Fausto* está tão cheio de 'citações' quanto o *Hamlet*".

A despeito de alguns trechos um tanto fáceis, como o coro dos soldados, esse gênio melódico desabrocha plenamente em várias passagens: no dueto "À moi les plaisirs", do ato I; na ária de Valentin que já mencionamos; na cavatina de Fausto, "Salut demeure chaste et pure", de interiorizada paixão; no "Je ris de me voir si belle dans ce miroir", a chamada *Ária das Jóias* de Marguerite, perfeito exemplo de como a coloratura pode ser posta a serviço de expressar as emoções, sem cair na gratuidade decorativa de Thomas; no dueto "Ô nuit d'amour", do ato III; em todas as intervenções de Mefistófeles; ou na arrebatadora cena final, em que Marguerite, tendo resistido a todas as tentativas de Fausto e Mefistófeles de tirá-la da prisão, morre, é salva e levada ao paraíso.

O *Fausto* é também importante por ser a ópera em que Gounod fixa novos tipos de voz. Com ele define-se o tenor lírico, mais encorpado do que o *tenore di grazia* rossiniano, mas ainda não tão robusto quanto o *tenore di forza* que predominará na ópera italiana do apogeu romântico; e, conseqüentemente, capaz de uma gama mais delicada de nuances.

Marguerite é o soprano lírico puro, com uma extensão que vai do si bemol ao dó sustenido[3], sem aquele timbre a meio caminho entre o soprano ligeiro e o lírico spinto (do lá ao dó sustenido[3]) que ocorre em Mozart, Bellini ou em certos papéis do jovem Verdi. O tipo de soprano lírico que Gounod fixa com Marguerite e, mais tarde, Juliette, terá ampla descendência: será utilizado por Offenbach na Antonia dos *Contos de Hoffmann*, por Bizet na Micaëla da *Carmen*, por Massenet na *Manon*; e, fora do domínio francês, por Puccini na Mimì da *Bohème* e na Liù da *Turandot*, e por Mascagni na *Lodoletta*.

O registro de baixo cantante, com voz mais ágil e brilhante do que a do baixo profundo – Faure, o criador do papel, era, na verdade, um barítono com graves muito extensos –, dá à figura do Demônio um destaque vocal que abre caminho para outros papéis usando esse tipo de colorido: o Felipe II do *Don Carlo* de Verdi, ou o *Don Quichotte* de Massenet, por exemplo. Este é um papel que sempre atraiu grandes intérpretes: Fiódor Shaliápin, Ezio Pinza, Boris Christoff, Nicolai Ghiáurov, James Morris, José van Dam, Samuel Ramey. Alguns deles estão nos bons e variados registros discográficos existentes dessa ópera.

O mais antigo, de 1908, é o de Bruno Seidler-Winkler, cantado em alemão, com Emmy Destin/Karl Jörn. Do francês, de François Ruhlmann (1912), além de Yvonne Gall, participam nomes menores do elenco do Opéra na época. Em 1929, sir Thomas Beecham fez sua primeira gravação, em inglês, com Miriam Licette/Heddle Nash. Da mesma década, há uma gravação em italiano regida por Carlo Sabajno e de 1938, a *Margarethe*, em alemão, com Heinrich Steiner/Helge Roswaenge-Michael Bohnen-Mathieu Ahlersmeyer. Todos esses são, hoje, artigos de colecionador. Dentre eles, contudo, pela excepcional qualidade de seu canto, vale a pena procurar conhecer o russo, de Vassíli Niebólssin (1947), com Elizavieta Shúmskaia, Ivan Kozlóvski e o barítono Pável Lissitsián estreando como um excelente Valentin.

São as seguintes as gravações completas em francês:

Henri Busser/Vezzani-Berthon-Journet (EMI, 1930);

Thomas Beecham/Boué-Noré-Rico (EMI, 1947);

Fausto Cleva/Steber-Conley-Siepi (CBS, 1951);

André Cluytens/Gedda-de los Angeles-Christoff (EMI, 1953, com o Valentin de J. Borthayre e o Siebel de Marthe Angelici);

André Cluytens/Gedda-de los Angeles-Christoff (EMI, 1958, com Ernest Blanc e Liliane Berthon);

Richard Bonynge/Corelli-Sutherland-Ghiáurov (London, 1966);

Alain Lombard/Aragall-Caballé-Plishka (Erato, 1976);

Georges Prêtre/Domingo-Freni-Ghiáurov (EMI, 1978);

Colin Davis/Araiza-Te Kanawa-Nesterenko (Philips, 1988);

Michel Plasson/Leech-Studer-van Dam (EMI, 1991);

Carlo Ricci/Hadley-Gasdia-Ramey (Teldec, 1993).

O catálogo Bongiovanni oferece quatro gravações ao vivo, do Metropolitan de Nova York: Pelletier/Di Stefano-Kirsten (1949); Morel/Björling-Söderström (1950); Cleva/Björling-Kirsten (1950) e Ethuin/Kraus-Scotto (1973).

O selo CGD/Hunt tem a versão ao vivo do Scala, em 1967, com Prêtre/G. Raimondi, Freni, e uma curiosidade: um Siebel transposto para tenor, muito bem interpretado por Luigi Alva.

Há também versões em vídeo, das quais a mais interessante, pelo elenco – Nicolai Gedda, Mirella Freni, Roger Soyer, Tom Krause, reg. Charles Mackerras – é a da Ópera de Paris, em montagem infelizmente muito medíocre de Jorge Lavelli. Merecem menção, também, a da Ópera de Filadélfia (Vanzo-Masterson); a de Nova Orleãs em 1953 (Tucker-de los Angeles); a excêntrica montagem de Ken Russell em Viena (Araiza-Beňačková Capová); e a da excursão do Scala em Tóquio, com Kraus-Scotto, em que Mefistófeles é feito de forma excepcional por um Ghiáurov jovem, no apogeu da forma vocal.

Em *Gounod's 'Faust' Over the Years*, o ensaio com que apresenta a gravação de Michel Plasson, escreve Julian Budden:

> Há muita coisa, no *Fausto*, que é puramente tradicional, e já devia parecer assim na época em que ele foi escrito. As formas musicais são basicamente as que tinham servido à ópera francesa desde o início do século e que continuariam a fazê-lo até o advento de Debussy: os *couplets* ("Le veau d'or" e "Vous qui faites l'endormie"), a ária ternária com episódio central modulante ("Salut demeure chaste et pure", "Avant de quitter ces lieux" e "Faites-lui mes aveux") e o rondó ("Vin ou bière" e "Ainsi que la brise légère"). Os ritmos de marcha do *grand-opéra* podem ser ouvidos no primeiro dueto de Fausto com Mefistófeles; e há um claro eco da "Consécration des Épées", dos *Huguenotes*, no trio do ato IV. Por outro lado, "Je ris de me voir si belle" já antecipa Massenet, com sua flexibilidade rítmica retratando com precisão a adolescente cheia de incontido entusiasmo. A cavatina de Fausto e o dueto de amor exploram uma veia lírica que é exclusivamente gounodiana – suave, sensual, com suas melodias lindamente moldadas (ainda que às vezes tendam para um desenvolvimento previsível). Aqui, nada há para perturbar, e muito para encantar: decerto, depois que a lembrança de todas as imitações que foram feitas dela tiverem se dissipado, esta música há de recobrar, para nós, o encanto especial que tinha para os nossos bisavós. Intemporais

em seu fascínio, entretanto, sempre foram a valsa da quermesse, com seu delicado entrelaçamento rítmico entre o coro e a orquestra, e o primeiro diálogo entre Fausto e Margarida, com sua mistura de graça gaulesa e mozartiana. A cena da catedral pode não ter o nível de um *Borís Godunóv* mas, como todo o resto nesta partitura, é maravilhosamente eficiente como teatro musical.

Três obras menores se seguem: *Philémon et Baucis* (Théâtre Lyrique, 18.2.1860); *La Colombe* (Theater der Stadt Baden-Baden, 3.8.1860) e *La Reine de Saba* (Opéra, 28.2.1862).

A primeira, de estilo pastoral, com escrita delicada, onde se sente muito nitidamente a paixão de Gounod por Mozart (um dos livros que publicou é uma cuidadosa análise do *Don Giovanni*), foi encomendada pelo teatro de verão de Baden-Baden e, para esse fim, tinha apenas dois atos e não usava coro. Como o projeto de encenação na Alemanha não foi concretizado, Carvalho pediu-lhe que o expandisse, para apresentação em seu teatro. Gounod incluiu números corais e escreveu um segundo ato que termina, de forma dramática, com a decisão de Júpiter de destruir seu próprio templo, para punir a irreverência do povo.

O libreto de Barbier e Carré, baseado no poema narrativo de La Fontaine, narra a história do casal idoso a quem o deus, em agradecimento por sua generosidade, devolve a juventude. Na linha das comédias mitológicas que o *Orphée aux enfers*, de Offenbach, popularizara, Júpiter apaixona-se por Baucis e tenta seduzi-la; mas, ao cabo de várias peripécias, ela prefere renunciar à mocidade e permanecer fiel ao marido – numa atitude de moralismo sentimental que nada tem em comum com os costumes livres refletidos nas operetas. A gravação em italiano, do selo Foyer, com R. Scotto, R. Panerai/N. Sanzogno (Milão, 7.5.1961), demonstra a habilidade de Gounod em sugerir o rejuvenescimento de Baucis através da coloratura e em traçar um retrato simpático do deus sedutor de mortais – lembrando o tratamento que a personagem receberá, mais tarde, no *Amor de Dânae* (1944), de Richard Strauss.

*Le Faucon*, também de La Fontaine, foi a fonte de onde Barbier e Carré tiraram o libreto de *La Colombe*, com as dimensões requeridas por Baden-Baden: dois atos, quatro solistas e sem coro. No original, uma rica condessa atende aos caprichos de seu filho mimado convencendo um admirador a dar-lhe de presente, em troca de seus favores, o falcão que ele tem como animal de estimação. Na conclusão da história, o animal acaba servido na mesa do jantar. Na ópera, a jovem Sylvie deseja possuir a pomba como a forma de demonstrar que é a ela, e não a uma sedutora dama florentina, que o proprietário da ave mais ama. Naturalmente, a convenção de que um *opéra-comique* deve ter um final feliz faz com que o animal seja salvo do espeto, no final. Para uma encenação feita em 1924, no Opéra, por Serguêi Diáguiliev, os diálogos falados foram substituídos por recitativos, escritos por Francis Poulenc.

*Les Nuits de Ramazan*, um dos contos de *Le Voyage en Orient* (1851), de Gérard de Nerval, serviu de inspiração a Barbier e Carré para o libreto de *La Reine de Saba* (o próprio Nerval tinha escrito, anos antes, um libreto sobre esse conto, hoje perdido, que pretendia ver musicado por Meyerbeer). A história da paixão do arquiteto Adoniram por Belkiss, a rainha de Sabá, noiva do rei Salomão, tem muitos pontos em comum com a do libreto que, em 1875, Solomon Mosenthal escreveria para *Die Königin von Saba*, de Carl Goldmark. Foi a única vez que, a respeito da música de Gounod, a crítica usou o termo, na época pejorativo, de *wagnérien*. Devido à expectativa criada pelo sucesso do *Faust*, essa ópera, luxuosamente encenada no Palais Garnier, com o casal Louis e Pauline Gueymard como a rainha e o arquiteto, foi um fracasso retumbante. Ela sofre, naturalmente, da falta de afinidade do compositor com o *grand-opéra*, mas, nas passagens líricas, onde ele pode se expressar de forma mais espontânea, não faltam momentos felizes, como o demonstrava a antiga gravação pirata existente no selo MRF, com Leyla Gencer no papel título.

*Mireille* constituiu a tentativa de recuperar-se desse desastre. O libreto, escrito por Michel Carré, baseia-se em *Mirèio* (1859), de Frédéric Mistral, o mais importante romance em versos da literatura francesa escrita em provençal. Ao estrear no Théâtre Lyrique, em 19 de março de 1864, tinha cinco atos e final trágico, fiel ao seu modelo literário. Em sua forma original, era muito mais interessante – como o demonstra a gravação de Michel

Plasson, de 1980, com base na reconstituição de Henri Busser, feita em 1939 – do que a espúria revisão em três atos, com final feliz. Além desse desenlace ser muito artificial, Gounod fora obrigado a acrescentar uma série de vocalises gratuitos – em especial a *valse-ariette* "Ô légère hirondelle" –, por pressão de Marie Miolan-Carvalho, mulher do diretor do teatro, que foi também a criadora de Marguerite e de Juliette. Existe também a gravação de André Cluytens (Angel, 1954), com Nicoloi Gedda e Janette Vivalda.

Mireille ama Vincent, mas seu pai, Ramón, opõe-se ao namoro porque o rapaz é pobre; além disso, Vincent é ferido numa briga com o boiadeiro Ourrias, homem violento que também é pretendente à mão da garota. Mireille vai fazer uma peregrinação ao santuário de Sainte-Marie-de-la-Mer, para pedir à Virgem ajuda para o seu amor; mas, durante a travessia do deserto de La Crau, sofre uma insolação e morre.

O libreto, como se pode perceber, é muito fraco; retém apenas o fio condutor da história, eliminando o que o poema tem de mais sedutor: a rica observação da vida regional, a descrição das paisagens da Provença e o retrato da convivência, no quotidiano, de uma religiosidade ingênua com toda a sorte de superstição e crendice. Mas Gounod, que passou dois meses em Saint-Rémy-de-Provence, em constante contato com Mistral, que morava perto dali, em Maillane, consegue, em sua música, recriar todo o charme da ambientação provençal utilizando temas de antigas canções folclóricas e medievais. A escolha do esquema clássico em cinco atos – para refletir a natureza épica do poema de Mistral – e a dimensão trágica dada à personagem comum da filha de um fazendeiro constituem elementos renovadores, no quadro do *opéra-comique* – e, por isso, foram duramente criticados na época da estréia.

As personagens, porém, são terrivelmente esquemáticas – Vincent, bom demais; Ourrias, de uma maldade caricatural – e há uma desproporção flagrante entre o ato I, bastante bem construído, e os demais, um tanto desequilibrados. Mas o tratamento dado a Mireille, na primeira versão, é cuidadoso, e sua personalidade é bem aprofundada; o que só serve, na verdade, para pôr em cruel evidência a superficialidade do resto, fazendo com que, no final, o arrependimento do pai e até mesmo o desespero do namorado soem muito formais. O contraste com a naturalidade com que é traçado o perfil da protagonista torna-os ainda mais postiços.

O grande momento da partitura é a cena do deserto, "Voici la vaste plaine et le désert de feu": a oscilação entre recitativo e arioso transmite muito claramente a determinação da jovem e, ao mesmo tempo, seu progressivo desfalecimento sob a ação do calor. Os resultados aqui obtidos fazem imaginar o que, a essa altura, poderia ter sido realizado se o compositor dispusesse de um libreto de melhor qualidade.

Gounod considerava seu trabalho seguinte – *Roméo et Juliette*, com libreto de Barbier e Carré, estreado no Lyrique em 27 de abril de 1867 – a sua melhor ópera. Em seu tempo, porém, ela foi eclipsada pelo sucesso do *Fausto*, só recuperando, há relativamente pouco tempo, o lugar que lhe é devido. Trata-se de sua partitura mais homogênea, sem as quebras de qualidade que se observam nas outras, e com uma sensualidade e uma verve juvenil surpreendentes em um homem que se aproximava dos cinqüenta anos. A música é graciosa, elegante, sem concessões gratuitas ao virtuosismo. Se compararmos, por exemplo, a valsa de Julieta, "Je veux vivre", à *polonaise* de Philine, na ópera de Thomas, constataremos que nela a coloratura não é um fim em si, mas a forma muito apropriada de expressar a exuberância e a alegria infantil da personagem, eufórica diante da consciência das possibilidades que a vida lhe oferece.

As mais belas páginas da ópera são os quatro duetos de amor dos protagonistas, um número desusado e sem precedentes de páginas dessa natureza numa ópera (seria necessário esperar pela *Manon* e o *Werther* para que ele se repetisse). Seguindo o exemplo de Berlioz em sua sinfonia dramática, Gounod não respeita a tragédia de Shakespeare no último ato: faz Julieta despertar antes da morte de Romeu, para que possam rememorar, uma última vez, no dueto "Viens, fuyons au bout du monde", seus momentos felizes (significativamente, a essa altura não há mais material temático novo; apenas citações de motivos anteriores, pois o passado e a lembrança são tudo o que resta aos dois infelizes amantes).

Cartaz de Théodore Laval para o *Fausto*, de Charles Gounod, no Théâtre Lyrique (1859).

Adelina Patti no papel da protagonista em *Romeu e Julieta*.

A emoção é expressa com sobriedade, com pudor mesmo, em trechos como o dueto do ato IV, "Nuit d'hyménée, ô douce nuit d'amour", que poderia facilmente prestar-se a derramamentos excessivos. A orquestração é uma das mais refinadas em toda a obra de Gounod – por exemplo, na balada "Mab, la reine des mensonges", que Mercutio canta no ato I. Mas tem freqüentemente proporções camerísticas: é o caso da passagem para violoncelos *divisi* que introduz o dueto do ato IV.

O que não impede Gounod, quando necessário, de expandir-se em cantilenas efusivas, de melodia italianada, como a cavatina de Romeu, "Lève-toi, soleil". É notável, na primeira e última seções dessa ária ternária, a descida cromática, contra um pedal baixo, que descreve musicalmente a metáfora das estrelas cuja luz vai se enfraquecendo com a chegada do dia. E no último ato, introduzido por um denso Prelúdio que leva ao monólogo de Romeu, "Salut tombeau, sombre et silencieux", e ao dueto já mencionado, Gounod demonstra saber elevar-se, no momento devido, à dignidade da tragédia.

Já em 1912, François Ruhlmann tinha feito, para a Pathé, uma gravação com Yvonne Gall e Agustarello Affrè. Fascinante é a versão do Metropolitan de Nova York, ao vivo (MP, 1947), com Jussi Björling, Bidu Sayão/Emil Cooper. Ambas são, hoje, artigos de colecionador.

As versões comerciais existentes são:

Alberto Erede/Janine Micheau-Raoul Jobin (London, 1953);
Anton Guadagno/Gianna d'Angelo-Franco Corelli (HRE, 1964);
Jean Fournet/Alain Vanzo-Erna Spoorenberg (Gala/Movieplay, ao vivo em Amsterdã, 1966);
Alain Lombard/Mirella Freni-Corelli (EMI, 1968);
Francesco Molinari-Pradelli/Jeannette Pilou-Corelli (Bongiovanni, 1969);
Michel Plasson/Caterina Malfitano-Alfredo Kraus (EMI, 1983);
Leonard Slatkin/Ruth Swensen-Plácido Domingo (RCA, 1995).
Michel Plasson/Angela Gheorghiu-Roberto Alagna (EMI, 1997);

Mencionemos ainda os vídeos do Liceo de Barcelona (Renée Esposito-Vanzo/Balagna), de uma montagem de janeiro de 1977; e do Covent Garden, em 1994 (Leontina Vaduva-Roberto Alagna/John Brown).

Nenhum elemento substancialmente novo será acrescentado pelas três óperas com que se encerra a carreira de Gounod: *Cinq-Mars* (5.4.1877), baseada no drama histórico de Alfred de Vigny; *Polyeucte* (7.10.1878), extraída da tragédia de Corneille, que inspirara também o *Poliuto* de Donizetti; e *Le Tribut de Zamora* (1º/4/1881), um dramalhão ambientado na Espanha, cuja personagem central é uma louca que recupera a razão. Seu último trabalho para o palco foi, em 1884, uma versão revista da *Sapho*, com muito material novo, que não obteve grande sucesso.

A essa altura, estava claro que a carreira operística de Gounod chegara ao fim, pois ele não se renovara e estava sendo deixado para trás por jovens compositores como Massenet. Além disso, o misticismo inato à personalidade do compositor – que nunca chegou a tomar formalmente as ordens monásticas mas, no fim da vida, era chamado por seus amigos de *l'abée* Gounod – fazia com que ele preferisse dedicar-se a obras sacras, como os oratórios *Rédemption* (1882) e *Mors et Vita* (1885), ambos escritos para o Festival de Birmingham, na Inglaterra. Escreve Stéphane Goldet em *L'Histoire de la Musique Occidentale*, obra coletiva dirigida por Brigitte e Jean Massin:

> No plano musical, Gounod era um melodista fora do comum; sua escrita testemunha um respeito exemplar pela prosódia francesa. De acordo com a sensual expressão de Paul Landormy, sua melodia "arredonda-se languidamente em contornos que se desenham com lentidão, mas não sem graciosa felicidade. Eleva-se facilmente e plana sem esforço. Repousa em conclusões serenas e sem choques, não isentas, à vezes, de alguma coqueteria ou preciosismo, mas também, outras vezes, com a mais uniforme simplicidade. Toca os sentidos primeiro, mas vai até a alma. Envolve-se em certo mistério mas, nem por isso, deixa de estar banhada em luz, uma luz doce e filtrada. O mais leve acompanhamento, as mais simples harmonias são o suficiente para mantê-lo em seu caminho. Não fica perambulando de uma tonalidade para outra, embora não se proíba algumas engenhosas modulações". Gounod representa, como disse Claude Debussy, "um momento na sensibilidade francesa". Se sua obra não está de todo isenta de debilidades (a primeira parte

de *Mors et Vita*, por exemplo, é um réquiem que "toma emprestada" a Verdi mais de uma página...), ele vem sendo considerado, junto com Massenet, um dos "restauradores" do estilo nacional e um dos inspiradores diretos de Bizet e Fauré, dois compositores que, na verdade, ultrapassarão largamente a sua influência.

## Jacques Offenbach

No contexto deste capítulo, é preciso ainda mencionar um caso isolado da maior importância: a única tentativa de compor um *opéra-lyrique*, de substância mais densa, feita por Offenbach (1819-1880), de fama já consolidada pelas numerosas operetas que fizera triunfar no Théâtre des Bouffes Parisiennes. Mas o sucesso de *Orphée aux Enfers, La Belle Hélène, La Périchole* ou *La Grande Duchesse de Gérolstein* não bastava ao judeu alemão Jakob, filho de um modesto professor de violino de Colônia, que ainda muito jovem emigrara para a França, onde, como Meyerbeer, afrancesara seu nome. Ele sonhava consolidar seu prestígio também como autor representado no Théâtre de l'Opéra-Comique, em cuja orquestra tocara violoncelo, no início da carreira, e onde conseguira encenar algumas de suas obras (uma delas, *Die Rheinnixen/ A Ninfa do Reno*, originalmente estreada em Viena, em 1864, chegara a ter ali uma acolhida honrosa).

O tema para sua ópera ocorreu-lhe em 1851, ao assistir, no Théâtre de l'Odéon, uma peça de Barbier e Carré baseada em três histórias fantásticas de Ernst Theodor Hoffmann. Baseando-se, em parte, num episódio real da vida desse compositor e escritor alemão – a sua paixão por Juliane Mark, uma menina de dezesseis anos que foi sua aluna de canto em Bamberg e nunca retribuiu seus sentimentos – os dramaturgos contam três histórias que ilustram sua incapacidade de ser feliz no amor. Conhecendo muito bem a obra de Hoffmann, eles tinham extraído de diversos contos seus as personagens e situações com que constroem a peça.

Numa taberna, enquanto espera a cantora Stella que, no teatro ao lado, participa de uma montagem do *Don Giovanni*, Hoffmann bebe e conta aos estudantes presentes as suas aventuras. Em Berlim, ele amou Olympia, a filha do professor Spalanzani, até descobrir que, na verdade, ela era um autômato, uma das estranhas criações desse inventor excêntrico. Em Munique, apaixonou-se por Antonia, filha de uma grande cantora de ópera que tinha sido precocemente levada por uma doença fatal. O pai de Antonia, o conselheiro Crespel, sabe que ela sofre do mesmo mal que a mãe e a proibiu de cantar; ignorando isso, Hoffmann encoraja a sua vocação e acaba, involuntariamente, provocando a sua morte. Na terceira história, ei-lo em Veneza, à beira do Grande Canal, envolvido com a cortesã Giulietta. Por amor a ela, o poeta mata um homem num duelo, perde o seu reflexo no espelho e, no final, tentando vingar-se da volúvel Giulietta, mata por engano um outro homem. No último ato, estamos de volta à taberna. Stella vem procurá-lo, mas ele está tão embriagado que não pode mais acompanhá-lo. Ela o abandona, assinalando mais um fracasso amoroso. Resta-lhe apenas a Musa (que, durante toda a peça aparecera sob a figura de seu amigo Nicklausse): é ela quem vem lhe dizer que, de agora em diante, ele deverá dedicar-se apenas à sua arte. Mas a voz de Stella, que se afasta, mostra-lhe que ele nunca conseguirá esquecer o passado.

A idéia de transformar *Les Contes d'Hoffmann* numa ópera amadureceu durante a turnê de Offenbach aos Estados Unidos, em 1876. Essa viagem tornara-se necessária após a falência do Théâtre de la Gaité, que ele administrava, o que o deixara cheio de dívidas. Ao procurar Barbier, na volta, porém, Offenbach descobriu que este já redigira sozinho o libreto – Carré morrera em 1872 – e o entregara, para ser musicado, a Hector Salomon, regente do coro da Ópera.

Não foi difícil convencer Salomon a vender-lhe, por bom preço, os direitos sobre o texto. Mas o trabalho progrediu muito devagar: sua saúde já não era boa, as operetas tinham de continuar jorrando de sua pena a uma velocidade vertiginosa e, desta vez, com o *Hoffmann,* que seria uma síntese de seu talento como músico, queria ser muito cuidadoso. Escreve Siegfried Kracauer em *Offenbach and the Paris of his Time*:

> Ele se tornara um velho solitário, cuja única ambição era completar a obra na qual punha todo o seu cora-

ção. [...] Comovia-se muito com a história de Antonia, que, se cantasse, estaria condenada a morrer. Dizia a si mesmo, com tristeza, que sempre sucumbira à tentação de cantar de uma forma diferente da que deveria ter feito; e de tanto pensar no que considerava ser uma aberração em sua carreira, acabou por concluir que havia uma conexão secreta entre seu trabalho nos *Contos de Hoffmann* e a aproximação da morte; e que ele, como Antonia, morreria porque, nessa ópera, ele podia finalmente cantar.

O projeto inicial de montar a ópera no Lyrique fracassou, pois em 3 de janeiro de 1878 seu diretor, Albert Vizentini, que pretendia programá-la na temporada daquele ano, declarou falência (eram tempos duros, pós-Guerra Franco-Prussiana, em que muitas casas de espetáculo estavam indo à bancarrota). Offenbach promoveu, então, em 18 de maio de 1879, na sua casa do Boulevard des Capucines, uma audição de nove números da partitura, em redução para piano, a que assistiram trezentos convidados. Estavam presentes Léon Carvalho, do Comique, e Franz von Jauner, diretor do Ringtheater de Viena. Ambos queriam os direitos sobre a estréia; mas foi, naturalmente, ao parisiense que ele os concedeu.

Tanta era a sua vontade de vê-la subir ao palco do Comique, que ele concordou com as exigências de Carvalho: transpor para tenor o papel título, a princípio destinado a um barítono, e usar diálogo falado entre os números. "Corra, encene depressa a minha ópera", escreveu-lhe pouco depois. "Sobra-me pouco tempo, e meu único desejo é estar presente na noite da estréia". Esse desejo não seria satisfeito, pois Offenbach morreu, das conseqüências de um ataque cardíaco, em 5 de outubro de 1880. Deixou o ato I inteiramente orquestrado, indicações precisas sobre a instrumentação do II, III e do início do IV, e trechos da composição faltando no final do IV e no V. Esse trabalho foi terminado por Ernest Guiraud, que o realizou da forma mais cuidadosa possível. Foi ele também quem escreveu os recitativos com que a ópera foi cantada, em 7 de dezembro de 1881, no Ringtheater, na tradução alemã de Julius Hopp. Ao ingressar no repertório do Opéra, ela o fez sob essa forma, com recitativos.

As primeiras gravações existentes basearam-se nesse formato, de acordo com a edição Choudens, de 1907:

André Cluytens (CBS, 1948) com Raoul Jobin;
Thomas Beecham (Decca, 1950), a trilha sonora do filme dirigido por Michael Powell e Emeric Pressburger;
Pierre Monteux (MET, 1955, ao vivo) com Richard Tucker;
Pierre Michel le Comte (Epic, 1958) com Léopold Simoneau;
Jésus Etchéverry (Mondiophonie, 1965), com Albert Lance; e, principalmente,
André Cluytens (EMI, 1965), com um elenco espetacular: Nicolai Gedda, Victoria de los Angeles, Elisabeth Schwarzkopf, Gianna d'Angelo, Nicola Ghiuselev, George London, Ernest Blanc.

Em 1971, Richard Bonynge fez para a London uma revolucionária gravação, com Plácido Domingo, em que voltou aos diálogos falados da estréia de 1881. Ao entregar à sua esposa, o soprano Joan Sutherland, a interpretação de Olympia, Giulietta, Antonia e Stella, e ao barítono Gabriel Bacquier a dos vilões Lindorf, Coppelius, Dapertutto e Dr. Miracle – emanações diferentes de um mesmo ideal de eterno feminino e de um mesmo princípio do mal – Bonynge restabeleceu as intenções originais do compositor. O hábito de confiar os quatro papéis femininos a cantoras diferentes surgira, depois da II Guerra, visando a permitir a formação de elencos estelares, como o da segunda versão Cluytens. Também Julius Rudel, em sua gravação de 1972 (EMI), com Stuart Burrows, confiou a Beverly Sills todas as heroínas; e a Norman Treigle todos os vilões. Mas, ao contrário de Bonynge, Rudel serve-se da edição Choudens tradicional.

O trabalho de recuperação da forma original, na verdade, começara praticamente no dia seguinte ao da estréia no Comique, em 10 de fevereiro de 1881. As modificações introduzidas por Carvalho tinham sido abusivas. Ele encurtara o papel da Musa/Nicklausse e o entregara a um tenor, por achar que um meio-soprano para fazer o papel do amigo de Hoffmann poderia sugerir conotações de homossexualismo (!). Suprimira o ato que se passa em Veneza, por achá-lo longo demais, mas inserira em outro ponto a barcarola e a romança, destinadas a se tornar muito populares; e eliminara outras passagens. A montagem de Raoul Gunsbourg, na Ópera de Monte Carlo, em 1904, já abriu vários desses cortes; no ano seguinte, em Berlim, Hans Gregor restaurou o ato veneziano.

Em 1953, a Ópera de Paris devolveu a Nicklausse o registro de *mezzo* e restabeleceu a ordem original dos atos ("Giulietta" depois de "Antonia"). Em 1958, o Opéra-Comique voltou aos diálogos falados. A edição crítica de Fritz Oeser, publicada pela Alkor, de Cassel, em 1978, foi complementada, em 1985, pela descoberta que o maestro Antonio de Almeida fez, numa coleção particular, nos arredores de Paris, de 1250 páginas de manuscrito pertencentes a diversos estágios da composição. Tudo isso permitiu que, em 1986, Sylvain Cambreling gravasse, para o selo EMI, a versão mais completa da partitura até aquele momento, com N. Shicoff, L. Serra, J. Norman, R. Plowright, J. van Dam. Nessas pesquisas baseou-se também Seiji Ozawa (DG, 1990), cujo Hoffmann é Domingo.

A edição mais atual dos *Contos de Hoffmann* é a de Michael Kaye: ela exclui alguns números de atribuição discutível, como a ária "Scintille Diamant", escrita por André Bloch, ou o septeto do ato veneziano, provavelmente composto por Guiraud. Na edição de Kayes baseiam-se as gravações mais recentes: a de Jeffrey Tate (Philips, 1992); e a de Kent Nagano (Erato, 1996), esta última muito valorizada pelo elenco: R. Alagna, J. van Dam, N. Dessay, S. Jo, L. Vaduva.

*An Appreciation of the Early Sources*, o artigo de M. Kaye que introduz a gravação de K. Nagano, constitui um documento inestimável para quem quer conhecer em profundidade o "caso Hoffmann". Kaye fornece a origem, dentro da obra de Ernst Theodor Hoffmann, das situações e personagens usadas por Barbier e Carré em sua peça; reconstitui cuidadosamente as etapas da composição e os problemas do estabelecimento de uma versão que corresponda àquilo que, segundo as intenções de seu autor, deveria ser a obra acabada. Como diz o musicólogo Andrew Lamb, citado nesse artigo:

> De pouco adianta sabermos quais eram as intenções de Offenbach no momento em que estava compondo a ópera. Continuamos na ignorância mais completa de como ela seria depois de terminada, uma vez feitos os cortes e retoques impostos pela realização cênica. A forma da obra produzida no Opéra-Comique, tal como a temos na primeira partitura vocal, é uma mixórdia sem valor, nascida de esforços desesperados para montar um espetáculo cuja versão integral mostrava-se impossível de representar.

O que nos leva a concluir que nunca se chegará a uma verdadeira versão definitiva dos *Contos de Hoffmann*.

É uma idéia preconcebida afirmar que, neste único *opéra-lyrique* escrito por Offenbach, haja uma ruptura em relação à linguagem que ele usava em suas operetas. Já se demonstrou que muitas das páginas do *Hoffmann* – as canções de estudante, na cena da taberna, o tema com que Antonia chama a sua mãe – foram transpostas de *Fantasio* (1872), baseada na peça de Musset; e que do balé *Le Papillon*, de 1861, veio o tema dos frascos do Dr. Miracle. A voluptuosa frase do violoncelo que, na *Rheinnixen*, acompanhava o canto dos elfos, transforma-se, depois de ter passeado por um dos entreatos do *Robinson Crusoé* (1867), na superconhecida introdução da barcarola, no ato veneziano. *En Quête des "Vrais" Contes*, o ensaio de Robert Pourvoyeur que apresenta a gravação de Cambreling, faz um levantamento mais amplo desses empréstimos e transplantes. Escreve Pourvoyeur:

> Uma coisa é certa: ao se encontrar a maior parte dos verdadeiros *Contes*, constatou-se que seu rosto original era muito diferente daquilo em que pouco a pouco se transformara. [...] Estamos diante de uma obra lírica de um germanismo *à la française*, que participa do estilo *opéra-lyrique* com recitativos e, portanto, vai muito além do *opéra-comique* propriamente dito. Os *Contes* tradicionais apresentavam-nos um Hoffmann perdidamente apaixonado pelos diversos perfis de uma mesma mulher (ou de diversas mulheres) que perdia, a cada vez, devido à intervenção das encarnações sucessivas de um mesmo gênio maléfico. O consolo, ele o encontrava primeiro na embriaguez, depois na consagração à arte. Esse dado simplista agora se enriquece enormemente. Para começar, o triângulo em que duas entidades masculinas disputam uma mulher é, na realidade, um triângulo em que duas entidades femininas disputam um homem. Não é uma história banal de amores contrariados (como Hoffmann supunha, no Prólogo), mas uma situação bem mais fundamental.
>
> É preciso restabelecer a ordem dos atos para nos darmos conta de que Antonia não pode ser a tísica simpática em que acreditávamos, mas uma mulher devorada por uma idéia fixa, que coloca uma ambição desmedida acima de qualquer outro sentimento. Olympia apa-

rece, portanto, em primeiro lugar, não como uma boneca, mas como uma moça desmiolada, uma simples voz sem alma; depois Antonia, como uma cantora roída por sua obsessão; em seguida Giulietta, a cortesã que vende o seu amor e, finalmente, Stella, a *prima-donna*, ou seja, as três mulheres precedentes fundidas em uma só. Hoffmann não está à procura de uma eleita entre todas as mulheres; é diante das diversas transformações de uma única e mesma mulher que ele sempre sucumbe. Enquanto o princípio do mal emigra do diabo para a mulher quádrupla, o do bem concentra-se na Musa, que protege e acompanha Hoffmann sob a forma de seu amigo Nicklausse.

O que explica que, a um nível simbólico, que coincide com o da tradição do *trouser-role*, seja-lhe dado o timbre de meio-soprano. Pourvoyeur continua:

> O diabo torna-se, assim, paradoxalmente, o cúmplice da Musa, para o bem de Hoffmann; ou seja, as misteriosas afinidades entre a mulher quádrupla e o espírito do mal tornam-se claras: Coppelius é, de certa forma, o pai de Olympia; Miracle a encarnação da obsessão de Antonia, o Mr. Hyde desse Dr. Jekyll feminino; e Dapertutto o senhor incontestado da cortesã, uma espécie de supergigolô.
>
> A Musa, que retomou seu lugar primitivo, desenha, através da partitura, dois soberbos arcos que repousam sobre três intervenções, no início, no meio e no fim da obra. Ela é, uma vez mais, mulher integral, e encaixa-se logicamente na galeria das personagens femininas de outras obras apresentadas por Offenbach no Opéra-Comique: todas elas, à semelhança das heroínas de Wagner – ó surpreendente encontro! – participam dessa noção da mulher como o gênio benfazejo que salva, cura e perdoa: a Armgard das *Rheinnixen*, que salva seu cavaleiro quando ele volta arrependido; Hedwige, a doce namorada de Robinson Crusoé, que arrisca tudo por seu amado; Mimi, para a qual *Vert-vert* volta, depois de ter tido um caso com uma cantora; Elsbeth, o anjo salvador, que devolve a Fantasio a sua verdadeira forma humana; mais ou menos o papel que, na vida real, Herminie Offenbach desempenhava junto ao seu marido... Quanto a Hoffmann, ele não renuncia ao amor, pois a ópera termina com as palavras "on est grand par l'amour, et plus grand par les pleurs"; mas escolhe entre o amor falso, de que descobriu toda a sordidez, e o verdadeiro, o que se revela através da arte, o que eleva o homem acima de si mesmo. Está aí o testamento de um músico que também tentara – e dessa vez com sucesso – mostrar que, por trás das paródia e da ironia, era possível encontrar nele a ternura e a melancolia.

Mas que consegue demonstrar também, no jorro vertiginoso de melodias cativantes, que se sucedem de uma ária para a outra, o quanto, ao querer mudar de ramo, consegue ser fiel a si mesmo. É difícil, numa ópera como *Os Contos de Hoffmann*, apontar as páginas mais bem-sucedidas. Preferir a hilariante paródia da canção da boneca, "Les oiseaux dans la charmille", de árdua coloratura, à intensidade do "Ah!, quelle est cette voix qui me trouble l'esprit?" de Antonia, é pura questão de gosto. O que é mais convincente? O tom amargo da narrativa de Hoffmann sobre o "petit avorton qui se nommait Kleinzach", com o qual ele se identifica, ou o lirismo transbordante de seu "Que d'un brûlant désir votre coeur s'enflamme", no ato veneziano?

Por isso mesmo, *Hoffmann* é uma daquelas óperas que exigem um elenco de primeira. É o que se obtém na montagem do Covent Garden, de 1981, lançada comercialmente no Brasil pela Globovídeo – regida por Georges Prêtre e dirigida por John Schlesinger, ela conta com P. Domingo, L. Serra, A. Baltsa, I. Cotrubas, R. Lloyd, R. Tear. Há outras opções em vídeo: a do Colón de Buenos Aires (1970), com Konya, Mesplé, Bacquier/Maag; a do Festival de Salzburgo (1977), com Domingo, Moser, Van Dam/Levine; a do Festival de Bregrenz (1987), com Protschka, Kilduff, Ciesinski/Soustrot; a do Metropolitan de Nova York (1988), com Shicoff, Troyanos Morris/Dutoit; a do Opéra de Paris (1992), com Araiza, Denize, Van Dam/Marin. Em vídeo, existe também, no catálogo nacional, o filme já mencionado, *The Tales of Hoffmann*, de M. Powell e E. Pressburger.

# Segunda Metade do Século XIX: Pós-Romantismo, Realismo e Influência Wagneriana

# A Ópera Após 1870

Hector Berlioz morre em 1869. A data de sua morte reveste-se de um significado simbólico, por coincidir com o fim da plenitude do Romantismo, de que ele foi um dos mais típicos representantes. As contradições internas que fariam com que, de dentro do próprio Romantismo, brotassem as tendências antagônicas e complementares do Realismo, do Decadentismo e do Simbolismo, já tinham começado a se manifestar muito antes disso. Mas é um ano após a morte do autor dos *Troianos* que um fato histórico de grandes repercussões políticas e sociais – a derrota da França na guerra com a Prússia – vai pôr fim ao período frívolo e corrupto do II Império e, no plano intelectual, criar condições para a superação do estilo romântico como modo de vida e manifestação estética. As convulsões decorrentes dessa profunda mudança na vida do país darão início à fase de transição pós-romântica, que – dividida entre as influências realistas ou simbolistas, entre as tendências ao nacionalismo ou à aceitação de modelos estrangeiros – levará a música francesa, nos últimos anos do século XIX, aos umbrais da modernidade.

O processo que conduz a França à Guerra Franco-Prussiana tem sua origem remota, a partir de 1815, no desejo de unificação dos Estados alemães em uma única entidade política. Dois desses Estados, a Prússia e a Áustria, maiores e mais bem organizados, eram naturalmente os mais indicados para liderar esse projeto. A Prússia representava melhor os ideais verdadeiramente pangermânicos, por sua localização geográfica e, sobretudo, por sua sólida base religiosa, enraizada no Protestantismo, e sua cultura menos ligada ao universalismo latino da corte de Viena. Em 1866, Otto von Bismarck, primeiro-ministro da Prússia havia dois anos, eliminou as pretensões da Áustria em participar da unificação alemã, ao derrotá-la na Guerra Austro-prussiana, provocada pelo incidente menor da disputa, entre os dois países, pela posse de um pequeno território, o Schleswig-Holstein, até então pertencente à Dinamarca. Eliminado o rival "interno", era necessário a Bismarck encontrar um inimigo externo que, ao mesmo tempo, reacendesse o nacionalismo alemão e demonstrasse claramente a necessidade de manter coesa a Confederação do Norte, formada em 1866, na época da luta contra a Áustria. O presidente hereditário dessa confederação era Guilherme I da Prússia, o único, entre os soberanos dos pequenos principados e repúblicas alemãs, a ter condições de resistir a uma ameaça de invasão estrangeira.

Esse inimigo, tradicionalmente, era a França; e o pretexto por que Bismarck esperava foi-lhe dado, em 1869, pelo próprio imperador Napoleão III, que, para favorecer as pretensões do duque de Montpensier à sucessão espanhola, opôs seu veto à candidatura de

Leopold Hohenzollern von Sigmaringen. A Declaração de Ems, com a qual Bismarck rejeitou categoricamente esse veto, fez com que, em 19 de julho de 1870, a França declarasse guerra à Prússia. Unindo todos os Estados alemães à Confederação do Norte, Bismarck submeteu-a a fragorosa derrota.

A humilhação daí decorrente provocou um fortalecimento do espírito nacionalista francês e um exacerbamento das tensões sociais. Depois da capitulação do gen. Patrice de MacMahon na batalha de Sedan, perdida em 1º de setembro de 1870, os líderes republicanos Jules Favre e Léon Gambetta organizaram o golpe que derrubou Napoleão III e, em 4 de setembro, proclamaram a II República. Os novos governantes, entretanto, tiveram de fugir, logo depois, durante o cerco de Paris. E a guerra se encerrou com a realização do sonho de Bismarck de unificar a Alemanha e proclamar o II Reich: em 18 de janeiro de 1871, no Palácio de Versalhes – símbolo do poder do Rei-Sol e da época em que a França detinha a hegemonia política européia – Luís II da Baviera, em nome de todos os príncipes alemães, entregou a Guilherme II o título de *kaiser*.

Em fevereiro desse ano, em Bordeaux, para onde se exilara a sede do governo, a Assembléia Nacional elegeu Adolphe Thiers presidente da República. Mas as medidas impopulares que este adotou, para conter a crise resultante da guerra, estiveram na raiz da rebelião socialista de 28 de março de 1871, promovida pela Comuna de Paris, que propunha a formação de um Estado federativo, de comunas livres e autônomas, e a separação entre Igreja e Estado. A revolta foi selvagemente reprimida, em maio, pelo gen. MacMahon, durante a *Semaine Sanglante*. O general ordenou vinte mil execuções e, embora fosse monarquista, assumiu provisoriamente a presidência. Tendo fracassado a tentativa de restaurar a dinastia dos Bourbon, colocando no trono o duque de Chambord, foi proclamada a III República.

A essa fase política conturbada corresponde, naturalmente, um clima intelectual de intensa agitação, como o atestam as preocupações combativas, de denúncia das injustiças sociais e políticas, presentes na obra dos escritores realistas e naturalistas, que terão – como se verá mais adiante – influência decisiva sobre certos aspectos da produção operística. A essas influências corresponderá, também, uma mudança, na passagem do II Império para a República, no gosto da alta burguesia, responsável pela manutenção dos dispendiosos espetáculos de teatro musical. Será superada, em favor de formas novas, mais condizentes com a realidade que se está vivendo, a antiga predileção, dos anos 1840-1870, pelo *grand-opéra* de estilo meyerbeeriano, pelos temas sentimentais do *opéra-lyrique* ou pelo tom ligeiro das operetas de Offenbach.

Em um texto escrito em 1900, Camille Saint-Saëns fez uma descrição muito severa do estado de coisas vigente na música francesa desde 1850:

> O *beau monde* só pensava em ópera italiana. O público *bon bourgeois* não reconhecia nenhum outro tipo de música que não fosse o *grand-opéra* ou o *opéra-comique*, e isso incluía obras escritas na França por estrangeiros ilustres. Havia um culto universal, uma verdadeira idolatria da "melodia" ou, mais exatamente, do tema musical que pudesse ser rapidamente percebido e facilmente memorizado. Uma frase magnífica, como o tema do movimento lento na Sinfonia n. 8 de Beethoven, era descrito a sério, por algumas pessoas, como "álgebra musical".

Em círculos ainda muito restritos, entretanto, já começara a surgir, desde o início da década de 1850, o interesse pela música de câmara, divulgada por quartetos como o Franchomme, o Armingaud, o Lamoureux ou o Jacoby-Vuillaume. Mas os concertos sinfônicos, como os da Orquestra Pasdeloup, fundada em 1860, ainda não atraíam um público muito grande. O Théâtre de l'Opéra tinha um repertório tão conservador e impunha tantos obstáculos à aceitação de obras novas, que era chamado de "le musée de l'opéra". Para se ter uma idéia de quanto isso era verdade, basta dizer que, entre 1852 e 1870, apenas cinco óperas novas foram integradas à sua programação: *Herculanum*, de Félicien David; *Sapho*, *La Reine Sanglante* e *La Reine de Saba*, de Gounod; e *Hamlet*, de Ambroise Thomas.

A situação era um pouco diferente no Théâtre de l'Opéra-Comique que, não estando preso às mesmas convenções, podia se per-

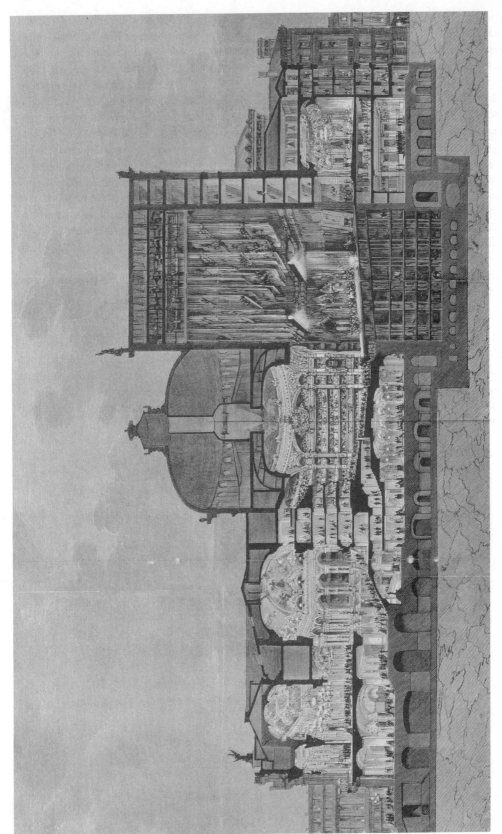

Seção longitudinal do Palais Garnier, o prédio do Opéra de Paris.

mitir um grau maior de experimentalismo e ousar mais na apresentação de um repertório inovador. Tanto assim que, nessa sala, durante a segunda metade do século XIX, estreariam alguns dos títulos mais marcantes para a evolução da ópera francesa: a *Carmen*, de Georges Bizet, a *Lakmé*, de Léo Delibes, *Le Roi d'Ys*, de Édouard Lalo, a *Manon*, de Jules Massenet, *L'Attaque au Moulin*, de Alfred Bruneau, *Fervaal*, de Vincent d'Indy, *Louise*, de Gustave Charpentier, e o *Pelléas et Mélisande*, de Claude-Achille Debussy. Só depois de terem feito sucesso nesse teatro – ou de serem aclamadas em salas estrangeiras, como o Théâtre de la Monnaie, de Bruxelas, ou a Ópera de Monte Carlo – é que muitas dessas óperas conseguiam ser aceitas pelo Palais Garnier. E ainda assim, como já foi dito antes, sempre que elas tinham os diálogos falados de ligação, típicos da fórmula do *opéra-comique*, era necessário substituí-los pelos recitativos acompanhados tradicionais. A ópera tinha sorte se o compositor ainda estava vivo para fazê-lo pessoalmente; caso contrário, outra pessoa era encarregda dessa tarefa, com resultados, muitas vezes, desiguais.

Um acontecimento importante, para forçar mudanças nesse estagnado panorama musical – muito distante daquele efervescente início de século em que Paris ditava a moda musical européia – foi a fundação, em 25 de fevereiro de 1871 (sintomaticamente logo após o fim da guerra), da Société Nationale de Musique. Seu objetivo – resgatar a individualidade da *Ars Gallica*, a grande tradição francesa dos séculos XV a XVIII – está diretamente ligado à revivescência do sentimento nacionalista, fruto da humilhação da derrota. O trabalho da Société fez crescer o interesse por concertos sinfônicos, corais e camerísticos. Em conseqüência da militância de seus membros, o ensino nas escolas de música melhorou de nível, o público tornou-se mais culto e exigente, a própria ópera passou por um processo de transformação que a tornou mais complexa e original.

A obra que melhor ilustra essa transição entre o Romantismo da geração de Thomas e Gounod e as transformações que ocorrerão durante a segunda metade do século XIX é a de Georges Bizet, caso trágico para a História da Música: o de um compositor extremamente talentoso que, após ter trilhado o caminho de uma evolução promissora, morreu, aos trinta e seis anos, justamente ao atingir o limiar da genialidade.

# GEORGES BIZET

O grau de exigência de Bizet (1838-1875) com o seu próprio trabalho, o rigor com que perseguia seus resultados são demonstrados pelo fato de que, dos trinta e um projetos de ópera séria, cômica ou opereta que empreendeu, oito apenas foram terminados: *La Maison du Docteur* (1855), com o modelo tradicional de *opéra-comique*; a opereta *Le Docteur Miracle* (1856) e a ópera bufa *Don Procopio* (1859); *Ivan IV* (1863), cuja forma é a de um *grand-opéra*; as óperas-líricas *Les Pêcheurs de Perles* (1863) e *La Jolie Fille de Perth* (1866); *Djamileh* (1871) e *Carmen* (1874) – ambas de assunto sério, mas com a forma do *opéra-comique*, que intercala diálogos falados aos números cantados. No campo dramático, é importante mencionar também a música de cena para a peça *L'Arlésienne*, de Alphonse Daudet, composta em 1872.

As três primeiras são obras de juventude, em que se misturam nítidas influências de Rossini e Auber, do *Médecin Malgré Lui* de Gounod e do *Don Pasquale* de Donizetti. O libreto de Henry Boisseaux para *A Casa do Médico* já tinha sido musicado, em 1854, pelo operista amador Paul Xavier Désiré, marquês de Ivry, que dedicara a partitura a Gounod – através de quem o estudante de Conservatório, de dezessete anos, teve contato com o texto, que modificou bastante. Bizet escreveu sete números para a historinha de Lord Harley, rico quarentão hipocondríaco, a quem um amigo convence a se casar com sua filha Eva, de dezoito anos – o que se revela ser um santo remédio para o seu incurável tédio.

Acredita-se que a partitura, em redução para piano, destinava-se apenas a apresentações privadas, como um *opéra de salon*. O manuscrito contém anotações com nomes de amigos, professores ou colegas que poderiam participar de uma eventual montagem privada. Foi sob essa forma que o University of Texas Opera Theater a estreou, em Austin, em 23 de fevereiro de 1989.

Em julho de 1856, Offenbach abriu um concurso para compositores inéditos. Dentre os setenta e oito inscritos, o júri selecionou seis, a quem foi entregue o libreto de *Docteur Miracle*, que Léon Battu e Ludovic Halévy tinham extraído de *St Patrick's Day* (1775), farça em um ato de Richard Brinsley Sheridan. Bizet e Charles Lecocq (1832-1918), futuro autor de bem-sucedidas operetas, empataram no primeiro lugar e compuseram cada um a sua partitura. Ambas mereceram onze récitas, no Théâtre des Bouffes-Parisiennes, a de Bizet estreando em 9 de abril de 1857. Duas gravações permitem o contato com essa obra simpaticamente imatura: a de Antonio de Almeida (Barclay, anos 60) e a da Radio France/Bruno Amaducci (MRF, 1975).

A história envolve os estratagemas de que o capitão Silvio lança mão para aproximar-se de Lauretta, filha do juiz de Pádua, que o recusa como candidato à mão da filha. Primeiro vem trabalhar como criado na casa do juiz, dizendo chamar-se Pasquin. Ao ser descoberto, espalha o rumor de que a omelete de gosto horrível que preparou para o magistrado estava envenenada. E volta como o dr. Milagre, uma figura que fala latim e parece saída de uma comédia de Molière. Ele tem o antídoto, mas diz que só o ministrará em troca da mão de Lauretta. Quando o juiz percebe que consentiu no casamento de sua filha com Silvio, fica furioso; mas Véronique, sua mulher, argumenta sabiamente que, se o rapaz deu tantas mostras de inventividade, é porque realmente ama a namorada e merece ficar com ela. E a opereta termina com um quarteto louvando o milagre do amor.

Rossini está presente de uma ponta à outra. Mas é surpreendente o domínio que um garoto de dezessete anos tem das técnicas cômicas, em especial no "Quatuor de l'Omelette", que foi bisado na noite da estréia pela graça com que Bizet, após uma pomposa introdução, brinca com o ritmo da frase "Voici l'omelette". A aceleração do ritmo descreve a colher batendo os ovos no prato; e há um desenho de sétima diminuída que sugere a reação de nojo do magistrado quando põe na boca a horrível omelete; e se repete quando ele tenta de novo e confirma que o prato tem gosto repugnante. Nada, aqui, pode ser chamado de original; mas tudo é extremamente promissor.

A mais interessante das obras cômicas de juventude é *Don Procopio*, composta durante a estada de Bizet na Académie des Beaux-Arts da Villa Medici, como ganhador do prestigioso Prix de Rome. No entanto, não agradou nem um pouco à comissão do Conservatório, presidida por Ambroise Thomas, que em vez da missa esperada ele tivesse optado por musicar um libreto em italiano. Carlo Cambiaggio o tinha adaptado de *I Pretendenti Delusi* (1811), de Luigi Previdali e Luigi Mosca, já musicado, em 1844, por Vincenzo Fioravanti.

Por mais descontente que estivesse, porém, o autor da *Mignon* reconhecia, em seu relatório, "o toque fácil e brilhante, o estilo jovem e audaz, qualidades preciosas [...] que são o presságio de novos esforços". Recusado para a encenação, *Don Procopio* ficou em mãos de Auber, na época o diretor do Conservatório; e este, negligentemente, esqueceu-a em casa, no meio de sua papelada. Como Auber morreu durante o assédio de Paris, o inventário de seus bens demorou muito a ser feito. Só no fim do século seus netos se preocuparam em entregar a Charles Malherbe a avaliação da montanha de manuscritos deixada em seu escritório. E entre eles lá estava o da comédia de juventude de Bizet, que se acreditava perdida.

Percebendo a importância da descoberta, Malherbe encarregou Paul Collin e Paul Bérel de traduzir o libreto, adaptou a música e, nessa forma, ela foi estreada postumamente, na Ópera de Monte Carlo, em 10 de março de 1906. Dois anos depois, em 19 de abril de 1908, Leopoldo Mugnone regia, no Costanzi di Roma, uma montagem do texto italiano, com elenco prestigioso: Amelita Galli-Curci, Giuseppe de Lucca, Alberto Dardani e Federico Carbonetti. A primeira encenação com o libreto original na França só ocorreu em 6 de fevereiro de 1958, no Théâtre Municipal de Strasbourg.

Existem duas gravações dessa ópera: a da Chant du Monde, com uma transmissão de 1975, da Radio France, regida por Bruno Amaducci, recomendável por seu excelente elenco (Mesplé, Vanzo, Bastin, Blanc, Massard), mas extremamente cortada; e a da Bongiovanni, com uma apresentação ao vivo, em 25 de julho de 1986, no Teatro Poliziano de Montepulciano, sob a regência de Sandro Sanna, trazendo a partitura integral. Escreve Vincenzo de Vivo na apresentação deste último álbum:

> *Don Procopio* evidencia uma extraordinária veia cômica e uma sapiente construção dramática. O jovem Bizet demonstra dominar perfeitamente as qualidades artesanais indispensáveis ao teatro cômico italiano. São evidentes, além disso, as refinadas qualidades de orquestrador desse aluno de Halévy. A transparência do tecido orquestral, na qual percebe-se a lição assimilada de Meyerbeer e Thomas, não se limita apenas a servir de apoio à linha do canto, mas tece uma filigrana delicadíssima, vibrante de elegíaca sensibilidade ou agitada por ritmos vivacíssimos, indispensáveis para impor ao enredo um andamento flexível. Bizet parece fascinado pela tradição bufa italiana: seus modelos são o Donizetti do *Don Pasquale* e, entre seus epígonos, os irmãos Ricci. [...] Mas a partitura de *Don Procopio* revela todas as características futuras da ópera bizetiana: a personalíssima veia de melancolia já se insinua continuamente, para temperar a argúcia; o envolvente fascí-

nio dos ritmos de dança prenuncia o tom popular da *Arlésienne*; nas ternas efusões do casal de namorados pressente-se a delicada atmosfera dos *Pêcheurs de Perles*; o vozerio dos empregados e as intervenções dos músicos antecipam algumas páginas corais da *Carmen* e, na serenata muito romântica de Odoardo, está em germe a serenata de Smith, da *Jolie Fille de Perth*.

O ato II é mais fraco do que o I; mas é nele que está essa encantadora serenata em 6/8, com acompanhamento de bandolim, guitarra e corne inglês. Quanto à marcha de entrada de Odoardo, ela vem do último movimento da *Sinfonia em Dó Maior*. O resto é uma aplicação cuidadosa das bem aprendidas fórmulas donizettianas.

*Ivan IV* (1863), também chamada de *Ivan le Terrible*, tem libreto de François-Hippolyte Leroy e Henri Trianon, a princípio escrito para Gounod, que o abandonou pela metade. A princípio, Bizet tentou convencer Bénazet, o amigo de Berlioz, a encená-la no Neues Theater, de Baden-Baden; tendo falhado esse projeto, ofereceu-a a Léon Carvalho, do Théâtre Lyrique. Mas a demora do copista em preparar as partes de orquestra e os problemas de orçamento do teatro fizeram com que, dezoito meses depois, contra a vontade de Carvalho, ele retirasse a partitura e a submetesse à comissão do Opéra – que a rejeitou sumariamente.

Charles Pigot, o primeiro biógrafo de Bizet, achava que ele tinha queimado o manuscrito. Mas este foi encontrado em 1943 e cantado, no final do ano, em versão de concerto e redução para piano, no Théâtre des Capucines. A primeira encenação foi feita na Alemanha, em 1946, no teatro do castelo de Möhringen, perto de Tübingen. Henri Busser completou e reviu a partitura, limpando-a das liberdades tomadas pelo arranjador alemão, para o espetáculo de 12 de outubro de 1951, no Grand Théâtre de Bordeaux. A gravação pirata da MRF, de uma transmissão radiofônica da BBC Northern, feita em outubro de 1975, sob a regência de B. Thompson, documenta essa tentativa de Bizet, no início da carreira, de seguir as pegadas de Scribe e Meyerbeer. Existem duas versões comerciais abreviadas: a de Georges Tzipine (Columbia, 1953) e a de Pierre Dervaux, que acompanha o seu álbum dos *Pescadores de Pérolas* (EMI-Classics).

*Ivan le Terrible* está cheia de situações espetaculosas, pretextos gratuitos para balés, cortejos e cenas de multidão, um casamento numa gôndola, uma execução pública, um incêndio no Kremlin e, no final, a morte do tsar por apoplexia. A música é pomposa, desigual, exagerada, confiada a uma orquestra enorme, em que se destacam muitas percussões, sinos, órgão e uma banda interna de dez instrumentos de sopro. Mal se reconhece aqui a habilidade de quem, em *Don Procopio*, orquestrava com tanta elegância.

Percebe-se, entretanto, nas cenas de conjunto, nítida influência da música de Verdi, autor pelo qual Bizet sempre teve verdadeira veneração, e que deixou em sua obra marca muito particular. Os desenhos cromáticos e sinuosos que acompanham as maquinações de Yorloff, um boiardo ambicioso, são decalcados no motivo de Sparafucile, do *Rigoletto*. E é descaradamente verdiano o desenho em mi menor 12/8, seguido de um clímax coral, na cena do ato IV em que Ivan, com o coração partido, é obrigado a condenar à morte a princesa caucasiana Marie, com quem pretendia se casar, e seu irmão Igor, pois Yorloff os acusou de conspiração.

Quanto ao tema do trombone, no final do ato I, quando os caucasianos designam Igor instrumento de sua vingança contra o invasor russo, ele vem do prelúdio ao ato III do *Lohengrin*. Os atos geralmente começam bem, mas tendem para finales retumbantes e banais. As personagens principais são caracterizadas de maneira muito convencional; mas já há sinais de um talento dramático inegável no tratamento das personagens secundárias, com as quais Bizet constrói vinhetas saborosas. A melhor delas é a das duas sentinelas na porta do Kremlin, situação em que se sente nítida reminiscência do último ato dos *Troianos*. Mas a melodia, em si menor, com solo de *piccolo* e tambor, é puro Bizet: ela é a versão original de "Trompette", dos *Jeux d'Enfants* para piano.

Bizet está, visivelmente, procurando o seu caminho, experimentando gêneros, em busca do que melhor se adapte à sua sensibilidade. E no mesmo ano do *Ivan IV*, compõe a sua primeira ópera a manter-se, hoje, no repertório. Estreada em 30 de setembro de 1863, no Théâtre Lyrique – como uma forma de reconciliar-se com Carvalho –, *Les Pêcheurs de Perles* é musicalmente muito rica, embora seja prejudicada pela pobreza do libreto de Michel Carré e Eugène Cormon, cheio de inverossimilhanças e falso exotismo.

Inicialmente, os dois libretistas queriam ambientar nos Estados Unidos essa história de dois amigos rivais no amor da mesma mulher. Depois, optaram pelo Ceilão, devido à popularidade da moda de orientalismo iniciada, anos antes, pela *Lalla Roukh,* de Félicien David, e a *Africaine*, de Meyerbeer. Até o início dos ensaios, os *Pescadores* tinham a forma mista de ópera e *opéra-comique* pois, nos atos I e II, havia muitos trechos com diálogo falado; depois, uniformizaram-se os recitativos. Para essa partitura, Bizet importou a música escrita, ainda em Roma, para *La Guzla de l'Émir*, uma ópera também de tema oriental, que deixara inacabada.

A crítica reagiu mal, acusando-o de fazer concessões demasiadas a Wagner e a Verdi. Berlioz foi um dos únicos a reconhecer nos *Pescadores* a obra de um músico de personalidade forte. Esquecida durante anos, a ópera foi redescoberta, em 1938, após uma famosa montagem do Scala de Milão, regida por Franco Capuana; e conquistou o público com sua música encantadora. Nesse meio tempo, porém, a edição Choudens tinha passado por inúmeros remanejamentos espúrios. O dueto tenor-barítono do ato I perdera seu final *allegro* em ritmo ternário, em favor de um retorno ao *andante* de abertura. Benjamin Godard tinha escrito um trio fraquíssimo, "Ô lumière sainte", para fechar o ato III. O próprio final foi alterado, ora fazendo com que Zurga fosse queimado na fogueira, ora dando cabo dele com uma facada pelas costas que recebia de um dos pescadores. A edição mais fidedigna é a de 1975: a princípio, Arthur Hammond tinha restaurado os trechos perdidos da orquestração; depois, a descoberta de manuscritos permitiu a reconstrução do trabalho original.

Em Leila, sacerdotisa de Brahma, ligada ao deus por um voto de castidade, o pescador Nadir reconhece a mulher que ama – e que é também amada por seu melhor amigo, Zurga, o rei dos pescadores de pérolas; razão pela qual, no passado, os dois juraram um ao outro que renunciariam mutuamente a ela. Mas Nadir não resiste à paixão e trai seu juramento a Zurga; Leila também deixa-se seduzir, violando o seu voto religioso. Surpreendidos pelo sacerdote Nourabad, ambos são denunciados a Zurga, que os condena à morte. Mas quando Leila lhe pede que entregue um colar à sua mãe, o rei reconhece nele o objeto que, muitos anos antes, dera a uma jovem desconhecida em agradecimento por ela lhe ter salvo a vida. Movido pela gratidão, liberta os dois amantes e ateia fogo às tendas dos pescadores para que, em meio ao tumulto, eles possam escapar.

Apesar de suas pueris coincidências, o libreto não é tão pretensioso quanto o de *Ivan IV*; ainda assim, dá tratamento muito superficial aos conflitos de Leila entre o amor e a religião, de Nadir entre o amor e a amizade, e de Zurga entre o ciúme e a nobreza de espírito. É o tipo de libreto que enfatiza as situações de efeito em detrimento da prospecção psicológica, deixando, assim, em segundo plano o que mais convinha ao tipo de talento de Bizet: o estudo das emoções humanas e os choques entre sentimentos antagônicos.

O compositor tenta usar motivos recorrentes para dar unidade à partitura: o tema de Leila, enunciado no início do Prelúdio; ou o do dueto "Au fond du temple saint", entre Zurga e Nadir, que volta sempre que se fala da amizade que os une. Mas essas melodias ainda não têm a força elementar e a maleabilidade que um motivo recorrente precisa ter para adaptar-se a vários contextos diferentes (para ficarmos dentro do mesmo âmbito de significado, pensemos, por exemplo, no efeito que Verdi obterá, em 1867, no *Don Carlo*, com o tema da amizade entre Carlo e Rodrigo, associado também ao projeto de libertação de Flandres e a outras idéias acessórias).

Mas isso não impede a ópera de ter vários momentos de melodismo cativante, onde já está claramente prefigurada a força que Bizet atingirá na maturidade. Além de ser muito elegante o Prelúdio, cada personagem tem uma página marcante. Árias como "De mon amie", de Nadir, a cavatina de Leila, "Comme autrefois", ou o dueto de Zurga e Nadir, "Au fond du temple saint", justificam plenamente a estima que o público tem hoje pela ópera. Um lugar especial deve ser reservado à ária mais famosa da ópera, a romança de Nadir, "Je crois entendre encore". Além da melodia inesquecível e da refinada orquestração – corne inglês, violinos em surdina e dois violoncelos solistas – ela prefigura a *Carmen*: o *pianissimo* no si maior agudo com que Nadir fala de sua paixão por Leila será repetido no si bemol maior em *pianissimo* com que, mais tarde, Don José confessará, na "Canção da Flor", o seu amor obsessivo pela cigana.

Mas ainda é pouco original a escrita das cenas corais e de conjunto, em que é muito visível a influência de Gounod e do Verdi da fase intermediária. Escreve Winton Dean em seu estudo sobre Bizet:

> Esse ecletismo de estilo, porém, não deve ser confundido com o de Meyerbeer, que exibia em sua vitrine todos os objetos que arrebanhava, daqui e dali, em seus contatos com o mundo musical. Pelo contrário, a multiplicidade de influências em um compositor jovem (Bizet tinha, nessa época, vinte e cinco anos) é um sinal saudável: mostra-o preparado para edificar seu estilo sobre a base mais ampla possível. De um modo geral, é mais fácil eliminar influências externas do que gerar originalidade criativa a partir do vácuo – uma lição que, em nosso século, é freqüentemente esquecida.

Nos *Pescadores*, já aparece um recurso que Bizet vai usar, com muita felicidade, na *Djamileh* e na *Carmen*, e que é um maneirismo herdado de Félicien David (e, de resto, vivamente condenado por Halévy e seus outros professores de harmonia): o uso de um pedal, ou de um ritmo *ostinato*, para sugerir a atmosfera exótica ou para criar tensão em momentos de crise. No ato II, por exemplo, esse pedal surge depois que Nourabad adverte Leila de que ela está perto de violar o seu juramento; e emoldura também a entrada de Zurga, no ato III. Por outro lado, já está também presente, nesta ópera, em trechos como o do primeiro encontro de Leila com Nadir, o tipo de recitativo melódico muito flexível que Bizet utilizará em momentos fundamentais da *Carmen*: a *Séguidille*; o diálogo entre a cigana e Don José que precede a "Canção da Flor"; a cena da leitura das cartas ou o dueto final.

A forma como Bizet prepara a melodia do dueto tenor-barítono, no ato I, demonstra seu senso para a construção dos grandes momentos. Do eloqüente recitativo em que Nadir relembra a época em que estavam juntos, em Kandi, ele passa, com uma escala cromática descendente, para a descrição que Zurga faz daquela noite, com cordas em surdina, enquanto a flauta e a harpa vão desenhando o tema na tônica, que demorou a voltar. Uma seção cromática, com frases muito curtas, mantém a tensão, até desabrochar inteiramente a maravilhosa melodia, de corte goudoniano.

A instrumentação, muito variada, com evidentes influências tanto de Meyerbeer quanto do Wagner jovem, recebeu muitas críticas na época: houve quem chamasse a ópera de "um fortíssimo em três atos". Para os ouvidos contemporâneos, aos quais a música dos *Pescadores* soa transparente e elegante, parece estranho que os contemporâneos do compositor achassem pesado o recurso de fazer dobrar a voz pelos violoncelos e fagotes, sobre um *tremolo* de cordas, na ária de Nadir "Des savanes et des forêts".

De um modo geral, *Les Pêcheurs de Perles* já deixa perceber, com muita clareza, o senso de colorido e de combinação de timbres instrumentais que Bizet exibirá em sua obra madura. Exemplos disso são a melodia confiada a três sopros em solo, contra uma figura rítmica das violas, violoncelos, pandeiro e triângulo, na dança da cena de abertura; ou a combinação de flauta e harpa – que lhe será sempre muito cara –, na introdução ao dueto de Zurga com Nadir.

Boas gravações foram feitas dessa ópera. São as seguintes as que utilizam a edição Choudens padrão de 1893, embora mantendo o final original:

René Leibowitz (Period, 1952) com Mattiwilda Dobbs/Enzo Seri;
Jean Fournet (Philips, 1953) com Pierrette e Léopold Simoneau;
André Cluytens (Angel, 1955) com Martha Angelici/Henri Legay;
Manuel Rosenthal (Chant du Monde, 1959) com Janine Micheau/Alain Vanzo;
Pierre Dervaux (Angel, 1960) com J. Micheau/ Nicolai Gedda;
Jean Fournet (Gala Movieplay, 1963) com A. Vanzo e E. Spoorenberg.

Quanto à revisão que retorna ao original de 1863, nós a encontramos nas gravações de:

Georges Prêtre (EMI, 1977) com Ileana Cotrubas/A. Vanzo;
Michel Plasson (EMI, 1989) com Barbara Hendricks/John Aler (esta é a versão mais completa em disco);

Carlos Piantini (Nuova Era, 1990) com Alessandra Ruffini/Giuseppe Morino (em que o sacerdote Nourabad é cantado pelo baixo paulista Eduardo Abumrad). Em italiano há ainda as gravações de Oliviero de Fabritiis e Armando La Rosa Parodi (ambas Melodram); de
Carlo Felice Cilario (Buongiovanni);
Registro ao vivo de Rivoli, em Bilbao (1980), com Kraus-Devia-Sardinero (SRE).
Em vídeo, há uma montagem de Santiago (1991), regida por Michelangelo Veltri. A TV Cultura de São Paulo gravou a montagem paulista de 1995, regida por Jamil Maluf.

Depois de abandonar o projeto de *Nicolas Flamel* (1865), sobre um libreto de Ernest Dubreuil, Bizet compôs, no ano seguinte, *La Jolie Fille de Perth*. O texto de Jules-Henri Vernoy, marquês de Saint-Georges, e de Jules Adenis, baseia-se muito livremente em *The Fair Maid of Perth* (1828), de sir Walter Scott, e trata da paixão do jovem Smith por Catherine Glover, que resiste à sua corte. Como prova de amor, Smith dá-lhe uma flor banhada em ouro, o que provoca os ciúmes de um outro rapaz, Ralph, que também está apaixonado por Catherine.

Ao descobrir que o duque de Rothsay, senhor da região, está interessado em seduzir a moça, Smith fica furioso; só a intervenção da cigana Mab, ex-amante do nobre, consegue impedir que ele o desafie para um duelo. Mas, na confusão, Catherine deixa cair a flor dourada, da qual Mab se apodera. Durante um baile em seu castelo, Rothsay pede à cigana que o ajude a seqüestrar Catherine. Mab, que quer reconquistá-lo, coloca-se no lugar da moça, é levada para o castelo e entregue ao duque. Mas Ralph, que está bêbado e assistiu à cena, conta a Smith que Catherine foi seqüestrada.

No castelo, enquanto isso, Rothsay ganha de Mab a flor dourada e, quando o velho Glover vem lhe pedir que autorize o casamento de sua filha com Smith, este, vendo nas mãos do duque a prova de amor que dera a Catherine, recusa horrorizado essa união, convencido de que ela entregou-se a outro homem. Para defender a honra de Catherine, Ralph desafia Smith em duelo mas, desta vez, é Rothsay quem, a pedido de Mab, impede a luta. Nesse meio tempo, a humilhação por que passou deixou Catherine com as faculdades mentais abaladas, como convém a uma típica heroína de Scott! Mas uma serenata que Smith faz, pedindo-lhe desculpas, depois de o equívoco ter sido esclarecido, demonstra-lhe que ele ainda a ama. Ela recupera a razão e... bem está o que bem acaba.

O libreto, como se vê, não passa de um receptáculo para as mais surradas formas operísticas. Ele força a ação para inserir cenas-clichê como a da loucura de Catherine. Fiel à moda criada por óperas como a *Lucia di Lammermoor* e o *Torquato Tasso*, de Donizetti, os *Puritani*, de Bellini, a *Étoile du Nord*, de Meyerbeer ou o *Hamlet*, de Thomas, Bizet escreve uma ária em que a perturbação mental não passa de um pretexto para as mais acrobáticas exibições vocais da soprano. Além disso, a estrutura narrativa é frouxa, a caracterização das personagens, estereotipada e os versos de Saint-Georges e Adenis, bastante medíocres. Não é de se estranhar que, após a estréia, no Théâtre Lyrique, em 26 de dezembro de 1867, ela tenha resistido a apenas dezoito récitas, apesar de julgamentos da crítica favoráveis à música.

Mas, na *Jolie Fille*, Bizet pelo menos afastou-se das esferas, para ele artificiais, do *grand-opéra* e do *opéra-lyrique*, aproximando-se da fórmula do *opéra-comique*, dentro da qual poderá tratar, com muita naturalidade, as figuras secundárias – o bêbado Ralph, a cigana Mab, o velho Glover –, seres humanos normais, tipos populares bem observados, que prenunciam a riqueza de composição de personagens da *Carmen*. Smith e Catherine, porém, ainda são o típico par amoroso estilizado; e Rothsay, que em Walter Scott é uma personagem complexa, oscilando entre a hesitação e a ousadia, entre a generosidade e a indiferença mais egoísta pelo próximo, transforma-se numa figura unidimensional de vilão e sedutor operístico convencional.

Como o demonstra a gravação de Georges Prêtre, feita em 1985 para o selo EMI, a criação de cor local é deficiente, porque Bizet ainda não sabe encontrar – ao contrário do que acontecerá mais adiante, com o Oriente da *Djamileh* ou a Espanha da *Carmen* – um tipo de música que corresponda à ambientação escocesa. Mas a *Dança Cigana*, por ser um momento em que pode dar vazão à sua veia exótica mais extrovertida, é uma das páginas mais satisfatórias da ópera: uma miniatura sutil, baseada em variações de ritmo, na alternância da tonalidade maior e menor, em gradações de andamento (do *andantino* ao *presto*) e de dinâmica (do *pianissimo* ao *fortissimo con furia*).

O procedimento básico usado nessa *Dança* – a repetição de um tema curto, que as oscilações de ritmo, dinâmica, harmonia e instrumentação vão tornando cada vez mais frenética – é tradicional (basicamente o mesmo que Ravel voltará a usar no *Bolero*); mas o efeito dramático obtido é de grande eficiência. Por sua vez, o finale do ato III – um amplo concertato expondo as reações dos presentes às acusações que Smith fez a Catherine, acreditando-a desonrada – mostra que, desde *Ivan IV*, Bizet fez progressos consideráveis em termos de escrita de conjunto. E os fez estudando detidamente a técnica verdiana do *concertato* psicológico: há uma interessante comparação a fazer, por exemplo, entre esse trecho e o finale do ato III da *Traviata*, ópera pela qual Bizet tinha uma estima desmedida.

Mas ainda há muitas concessões ao tradicional: o tipo de coloratura da *polonaise* "Vive l'hiver", que lembra muito a de Philine na *Mignon*; o decalque óbvio de Donizetti na cena da loucura; e principalmente a falta de originalidade nos duetos de amor. Até o final, Bizet encontrará dificuldade em dar expressão individual às formas "bem comportadas" de sentimento, haja vista o formalismo do dueto de don José com Micaëla, na *Carmen*. Mas, nesse caso, pelo menos, existe a necessidade de opor o "amor sagrado" pela namoradinha de infância ao "amor profano" que a cigana lhe inspira; e isso justifica a relativa banalidade melódica do dueto que eles cantam no ato I. Enquanto, na *Jolie Fille*, Smith e Catherine expressam-se da forma mais rotineiramente gounodiana.

Mas já há indícios do que virá a ser a música da maturidade plena na *Dança Cigana*, cuja relação com a *Chanson Bohème* da *Carmen* é evidente; na escrita vocal de Mab, especialmente quando, no ato I, ela separa Smith e Rothsay (é onde mais se tem a impressão de já estar ouvindo a voz da cigana de Mérimée); e nos *couplets* "Catherine est coquette", que Mab canta no ato I, e que já têm a típica "assinatura" melódica bizetiana.

Na *Jolie Fille*, em todo caso, a influência de Meyerbeer já foi inteiramente superada; e a de Gounod só aparece nos duetos de amor ou, esparsamente, em trechos como "Les seigneurs de la cour", cantado por Mab no ato II. O débito mais visível, entretanto, é em relação a Verdi, principalmente o do *Rigoletto*. Há um paralelo muito interessante a fazer entre o duque de Mântua e Rothsay; e entre Mab e Maddalena, a volúvel irmã do espadachim Sparafucile. Nos trechos dialogados, há reminiscências constantes do estilo de recitativo com que Verdi constrói a cena do primeiro encontro do bufão com o matador profissional, pela qual Bizet tinha confessada admiração. E as cenas de conjunto, embora ainda um tanto estáticas, têm aquela energia desabrida típica do Verdi da primeira fase, o do *Nabucco* ou do *Ernani*.

Essa foi uma influência muito benéfica para Bizet: as melodias flexíveis e o vívido senso dramático do italiano, aliados às suas próprias habilidades teatrais instintivas, ajudaram-no a contrabalançar as açucaradas tentações gounodianas. A orquestração também fez progressos sensíveis: é mais transparente; a flauta já tem aquela utilização característica que lhe será dada nos entreatos da *Carmen*. Também o entreato II-III de sua última ópera já é antecipado pelo emprego que, na *Jolie Fille*, ele faz dos instrumentos de madeira. Na cena do baile, repetindo um efeito existente no *Rigoletto* e na *Traviata,* Bizet coloca uma orquestra interna tocando o minueto que acompanha o diálogo de Rothsay com Mab. E constituem um achado de ótimo efeito as notas graves dos violinos e das clarinetas, contra interjeições *staccato* dos fagotes, violoncelos e trompas, comentando a cena da bebedeira de Ralph – que termina, ironicamente, num acorde *pianissimo* de três trombones. É uma pena que essa ópera seja, hoje, tão raramente encenada, pois existem nela elementos valiosíssimos para apreciar o percurso que leva Bizet do talento à genialidade.

*La Coupe du Roi de Thulé* (1869), sobre libreto de Louis Gallet e Édouard Blau, foi deixada incompleta. Dela sobreviveram, porém, alguns fragmentos muito interessantes, que demonstram estar-se acelerando o processo de evolução para a maturidade. O abandono desse projeto deveu-se, em parte, ao fato de Bizet estar ocupado terminando e editando *Noé*, que seu sogro, Halévy, deixara inacabada ao morrer. Os anos seguintes, atribulados pelos distúrbios que a Guerra Franco-prussiana causara, foram também marcados por problemas pessoais. Já se manifestavam em sua mulher os primeiros sintomas de alienação mental e, embora ele estivesse em busca de novos libretos, não conseguiu levar adiante uma série de novos projetos.

Só em 1871 Bizet encontrará um texto que lhe agrade: *Djamileh*, de Louis Gallet, baseada em *Namouna*, poema narrativo de Alfred de Musset, que se inspira no modelo do *Don Juan* de lord Byron. A estréia, no Opéra-Comique, em 22 de maio de 1872, foi um fracasso, mas não por sua culpa. A encenação era cuidadosíssima; mas, por razões políticas, o papel título fora confiado à lindíssima baronesa Aline de Prelly, a quem o crítico Gaultier-Villars chamou de "la Vénus sans voix". Após onze representações, *Djamileh* foi tirada de cartaz, o que não teria acontecido se a direção do Comique tivesse atendido ao pedido de Bizet e confiado a criação da protagonista a Marguerite Priola ou Célestine Galli-Marié – que seria a primeira Carmen. Mas o público conservador também torcia o nariz, pois a crítica taxara a música de "wagnerita" – pecado mortal naqueles dias em que ainda estava fresca a lembrança da derrota para os alemães.

Mahler apresentou *Djamileh* em Viena, em 1898, e regeu-a dezoito vezes até 1902. Richard Strauss também apreciava enormemente a partitura. Na carta-testamento que, no final da vida, endereçou ao maestro Karl Böhm, com um projeto de revitalização dos teatros alemães, desmantelados durante a Segunda Guerra, incluiu-a, ao lado da *Carmen*, na lista das óperas que, a seu ver, deveriam integrar o repertório básico. Em Paris, porém, *Djamileh* só foi reprisada em 27 de outubro de 1938, na Salle Favart. De lá para cá, têm sido raríssimas encenações como a de 1965, no Cuvilièstheater de Munique. O que é um grave erro, como o demonstra a gravação de Lamberto Gardelli, feita em 1989 – sintomaticamente na Alemanha – para o selo Orfeo.

O próprio Bizet sabia das limitações, mas também das qualidades dessa ópera. Ao admitir, numa carta de junho de 1872, que o poema era pouco teatral, acrescentava: "O que me satisfaz é a certeza absoluta de, nela, ter encontrado o meu caminho. Agora, finalmente, sei o que estou fazendo". Há, de fato, muito pouca ação: Haroun, um libertino desiludido, muda de amante uma vez por mês; dá à antiga uma jóia de presente, e seu criado Splendiano traz-lhe uma nova, comprada no mercado de escravas. Mas Djamileh, a amante em exercício, apaixonou-se por ele e, quando chega o dia de ser mandada embora, faz um acordo com Splendiano, que a deseja: ele a trará do mercado, disfarçada, como se fosse a sucessora. E promete entregar-se ao criado se essa prova de devoção não for suficiente para conquistar o coração de Haroun. Splendiano concorda, certo de que, no final, a terá para si; mas Haroun, após breve conflito com seus próprios sentimentos, capitula ao amor de Djamileh.

Parece, a princípio, haver muito pouco com que um autor dramático possa trabalhar, pois o libreto, em um ato, é muito curto. Apenas a personagem título é mais complexamente desenvolvida no texto; e alguns dos episódios potencialmente interessantes – como o da barganha entre ela e o servo – são frustrantemente realizados em diálogo falado. Esse retorno de Bizet ao *opéra-comique*, porém, está muito perto de ser uma obra-prima pela facilidade com que é criada a ambientação exótica e pelos milagres de caracterização de personagem feitos com o pouco material existente.

Não há muito como dar vida à quase abstração que é Haroun; mas Splendiano é um saboroso estudo de personagem bufa, na linha do Osmin do *Rapto do Serralho*, de Mozart, especialmente em seus *couplets* "Il faut éteindre ma fièvre". E os companheiros de jogo do rico libertino são descritos com traços muito vivos, que lembram a técnica usada para retratar Ralph e o velho Glover na *Jolie fille de Perth*.

Mas é, naturalmente, Djamileh a mais bela realização da partitura. A ária "Je voyais au loin la mer s'étendre", em que conta a Haroun seus sonhos cheios de maus presságios; ou o

"Gazel de Noureddine, roi de Lahore", narrando uma história de amor não correspondido, na qual se refletem os sentimentos que experimenta por seu amo, sugerem muito claramente a mistura de força e ternura que há em sua personalidade – e, nesse sentido, já palpita dentro dela a Micaëla ao mesmo tempo corajosa e morta de medo do "Je dis que rien ne m'épouvante". Há realmente algo de profético nessa música: a sinuosa linha vocal do "Gazel", a irregularidade das frases, a figura de acompanhamento em *ostinato* sobre longos pedais e o exotismo das soluções harmônicas já apontam para mais longe – para as sonoridades típicas da música de Ravel.

*Djamileh* é a primeira ópera madura de Bizet, em que pesem alguns momentos convencionais, como os *couplets* de Haroun, "Tu veux savoir", com seu sabor reminiscente de Gounod; ou como o dueto final, para o qual o compositor, por mais que tente, não consegue encontrar um tom convincente – talvez porque, no fundo, não acredite na veracidade das intenções do libertino ao ceder aos encantos de sua escrava. Mas a ambientação oriental é muito precisa, sempre a serviço das necessidades dramáticas, nunca tratada como um elemento apenas decorativo.

*Djamileh* é um dos melhores produtos da voga francesa de orientalismo, fruto da campanha napoleônica no Egito, das pesquisas arqueológicas de Champollion, da conquista da Argélia e dos contatos com a Turquia, a Índia, a Pérsia, a China e o Japão. Ela merece ser colocada lado a lado com as beldades do harém e do banho turco retratadas por Delacroix e Ingres; com a *Salammbô* de Gustave Flaubert, a *Thaïs* de Anatole France e as novelas exóticas de Pierre Loti; e com as óperas mais bem-sucedidas dentre as muitas que vêm na esteira do *Désert* de Félicien David.

Além disso, os melodramas – os trechos de diálogo falado com acompanhamento orquestral – são de escrita muito segura, apresentando alguns achados de instrumentação (um deles usa apenas sete cordas solistas). Outro bom momento é a primeira aparição de Djamileh, cuja melodia langorosa é dobrada pelo piano, oboés e pandeiro. Bizet obviamente sentiu-se mobilizado pelo texto de Musset, no qual já pensara como o tema para uma ópera antes mesmo que Gallet lhe submetesse o seu libreto. Dizia ter-se sentido muito atraído por uma passagem, no início do Canto I, em que o poeta diz: "Une femme est comme votre ombre: courez après, elle vous fuit; fuyez-là, elle court après vous" (Uma mulher é como a sua sombra: corra trás dela, e ela foge; fuja dela, e ela corre atrás de você). Já não se sente aqui um eco nítido da tragédia da *Carmen*?

Antes dela, entretanto, é importante mencionar, ainda que de passagem, uma partitura não-operística, mas concebida para o palco, e que forma um degrau fundamental na ascensão de Bizet para a genialidade: a música incidental que compôs, em 1872, para *L'Arlésienne*, de Alphonse Daudet. Nela há algumas de suas páginas instrumentais mais populares: *Carillon, Pastorale, Menuet, Farandole*. As duas suítes sinfônicas extraídas dessa música de cena são freqüentemente executadas em concertos sinfônicos, delas existindo diversas gravações de boa qualidade. Mas especialmente interessante, por permitir avaliar de que forma os números musicais funcionam como "trilha sonora" para a peça, é o registro de 1955 feito por Albert Wolff para o selo Decca, com o texto integral de Daudet interpretado por Pierre Larquey, Mary Marquet e Berthe Bovy. O absoluto domínio da orquestra de que Bizet dá provas na *Arlésienne* demonstra que ele já está perfeitamente pronto para criar a obra-prima que o celebrizou.

Para trabalhar na *Carmen*, Bizet abandonou o projeto de um *Don Rodrigue* iniciado em 1873 – mesmo porque, em seu lugar, a direção do Opéra decidira montar *L'Esclave*, de Edmond Membrée, hoje totalmente esquecida. Ele tinha a certeza de estar fazendo algo de inteiramente novo:

> Os críticos afirmam que sou obscuro, complicado e tedioso, mais preocupado com a habilidade técnica do que iluminado pela inspiração. Pois bem, desta vez escrevi uma obra que é toda feita de clareza e vivacidade, que está cheia de cor e melodia.

Essa confiança em sua criação, porém, não impediu a *Carmen* de ser um fracasso ao estrear, em 3 de março de 1875, no Théâtre de l'Opéra-Comique. Infelizmente, seu compositor não viveria o suficiente para vê-la impor-se e transformar-se na ópera mais amada de todo o repertório francês.

No fim de março, Bizet sofreu uma violenta crise de amigdalite, que o deixou fisicamente muito abatido; esse estado de saúde foi agravado, em maio, por ataques de reumatismo infeccioso e um abscesso no ouvido. Apesar disso, ele continuava tomando notas para um oratório intitulado *Geneviève de Paris*, com texto de Louis Gallet, que pretendia encerrar com um *Te Deum* para grande orquestra, sinos e órgão. O sucesso do oratório cênico *Marie-Magdeleine*, de Massenet, cantado na Sexta-feira Santa de 1873, o animara a tentar a sorte com esse mesmo gênero. No fim de maio, sua mulher convenceu-o a ir descansar à beira do Sena, em Bougival. Ernest Guiraud, que o visitou na véspera de sua partida, dia 28, encontrou-o profundamente deprimido, reclamando que o abscesso o deixara completamente surdo do ouvido esquerdo. Um longo banho de rio que insistiu em tomar desencadeou, no dia 30, um ataque de reumatismo seguido, no dia 1º de junho, por um enfarte. Um médico chamado em Rueil disse que a crise tinha sido debelada e que ele precisava apenas de repouso. No dia seguinte, o enfarte se repetiu. Convocado de novo, o médico – que atribuíra o estado do paciente a seu excesso de imaginação – demorou a chegar.

Bizet morreu, aos 36 anos, às duas da manhã de 3 de junho de 1875. Ernest Reyer e Guiraud garantem que, na noite anterior, ao cantar os versos "moi d'abord, ensuite lui, pour tous deux la mort!", Galli-Marié, que fazia o papel da cigana, tivera um pressentimento e desmaiara nos bastidores, ao terminar a cena da carta. Conseguiu terminar o espetáculo, mas estava profundamente perturbada. Na manhã seguinte, os amigos de Bizet recebiam um telegrama de Ludovic Halévy anunciando a morte do compositor.

Hoje, a *Carmen* está sempre no segundo ou terceiro lugar – quando não no primeiro – nas listas das preferidas das platéias e dos críticos. Um sinal do favor inabalável de que desfruta é o número de adaptações que recebeu para o cinema, o teatro ou o balé: entre elas, a *Carmen Jones* de Otto Preminger, um filme musical com elenco negro; a *Carmen* que o russo Rodion Shtchédrin montou, com a música de Bizet, para sua esposa, a bailarina Máia Plissétskaia; a *Tragédie de Carmen*, livremente reformulada, a partir da ópera, pelo diretor inglês Peter Hall; ou a belíssima filmagem da ópera dirigida por Francesco Rosi, com Plácido Domingo e Julia Migenes-Johnson nos papéis principais Outro indício da posição que ocupa, na História do gênero, é o fato de que – à exceção do espanhol Ernesto Halffter que, em 1930, escreveu uma *Muerte de Carmen* sem maior relevância – nenhum outro compositor jamais se arriscou a usar de novo a novela de Prosper Mérimée como tema para uma ópera.

*Carmen* insere-se na voga francesa do espanholismo, moda introduzida no país pela imperatriz Eugenia Montijo, mulher de Napoleão III. De seu país ela trouxe ritmos de dança, tipos de roupa e costumes culinários que a corte se apressou em adotar. Na virada dos séculos XIX e XX, a curiosidade gaulesa pela Península Ibérica e seus aspectos exóticos mais superficiais – a vida dos ciganos, as touradas, as procissões de penitentes, as sedutoras mulheres de mantilha e rosas vermelhas no cabelo – produzirá obras como o poema sinfônico *España*, de Chabrier e uma série de peças para violino e orquestra: a *Sinfonia Espanhola*, de Lalo; a *Havanaise* e a *Introduction et Rondo Capriccioso*, de Saint-Saëns; a *Habanera* e a *Tzigane*, de Ravel. Deste último são também a ópera *L'Heure Espagnole* e o ciclo para piano *Gaspard de la Nuit*. No prelúdio para piano *La Puerta del Viño*, ou em *Ibéria*, a segunda parte de suas *Images* orquestrais, Debussy também deu sua contribuição a esse modismo – tão marcante que influenciará até mesmo os compositores espanhóis de formação francesa, como Granados, Albéniz e, principalmente, Manuel de Falla, cujas *Noches en los Jardines de España*, para piano e orquestra, têm um indisfarçável tom franco-hispânico.

*Carmen* sempre exerceu fascínio sobre o público, não só por sua música avassaladora, mas também por uma bem dosada mistura de elementos românticos e realistas. Românticos na análise da paixão destruidora, na mesma linha da *Manon Lescaut*, do abade Prévôt, que também inspirou Auber, Puccini e Massenet, entre outros. Paixão que faz com que o soldado don José, por causa da cigana Carmen, abandone Micaëla, sua noivinha de aldeia, deserte, torne-se bandido, humilhe-se e chegue ao crime. Mas realistas, também, na descrição muito precisa dos ambientes e na caracterização de personagens recortadas do quotidiano – o que situa a *Carmen* como uma das precursoras da Escola Verista, que surgirá em 1890; mas que foi também responsável pela reação escandalizada, na época da estréia, por parte de um público que não estava habituado à crueza de algumas de suas situações.

Tornou-se um hábito, ao longo do tempo, falar mal do libreto de Henri Meilhac e Ludovic Halévy, depreciado pelos mais diversos autores. Mas isso não é totalmente justo, pois, se ele não é nenhum pináculo da arte literária, tem, pelo menos, uma independência em relação à novela de Mérimée que o torna muito adequado às necessidades dramáticas de Bizet. Micaëla não existe no livro: foi criada para estabelecer uma oposição psicológica com Carmen; mas também para que se tenha uma idéia do ambiente social de que provém don José. A personagem secundária do toureiro Lucas foi expandida e transformou-se em Escamillo, por quem Carmen sente-se atraída no momento em que sua paixão pelo possessivo José começa a declinar: embora não o ame profundamente, vê nele a chance momentânea de escapar a um relacionamento que está se tornando sufocante. Foi eliminado o marido de Carmen, o contrabandista García, o Zarolho, que fecha complacentemente os olhos tortos a seu relacionamento com o soldado, pois isso lhe poderá trazer vantagens materiais. O seu desaparecimento dá uma dimensão diferente ao relacionamento dos amantes, e um caráter menos sórdido a Carmen, que deixa de ser adúltera para transformar-se em uma mulher emancipada, que quer poder decidir seu próprio destino. José, por sua vez, torna-se menos calculista e violento: no livro, ele mata friamente Zúñiga e García; e o assassinato de Carmen é a vingança premeditada do homem traído – ele a leva para um local distante, onde o corpo demorará a ser encontrado, em vez de esfaqueá-la sob o impulso de emoções descontroladas. E no ato II da ópera, foram concentrados episódios que, na novela, ocorrem em momentos diferentes, o que lhes dá uma maior intensidade dramática.

Os libretistas, além disso, criaram uma série de cenas que não existiam em Mérimée e que são de um efeito cênico muito eficiente: a seguidilha, o episódio da flor que Carmen atira a don José, a cena da leitura do destino nas cartas; o final do ato III, quando Micaëla vem dizer a don José que sua mãe está doente e quer revê-lo antes de morrer (o que abre espaço para que Carmen, durante sua ausência, torne-se a amante de Escamillo); e o momento, no último ato, em que Frasquita e Mercedes vêm advertir Carmen de que José voltou e a está procurando. Mudaram também o local da morte da cigana, de um lugar ermo nas montanhas para a plaza de toros, o que é um grande achado teatral – a começar pela grande cena coral que permite, mostrando o povo que se prepara, no início do último ato, para assistir à tourada. A luta do toureiro com o touro, dentro da arena, ecoa a confrontação final entre os amantes do lado de fora da plaza, e unifica com clareza as relações entre o amor e a morte. Para esse final, aliás, Francesco Rosi encontrou, em seu filme, uma belíssima solução visual: faz com que, no espaço vazio do areal em frente à plaza, vestidos de vermelho e de negro – as cores da tauromaquia, do sangue e do luto, da paixão e da dor –, Carmen e don José se enfrentem em sua última coreografia mortal.

Meilhac e Halévy foram acusados de pausterizar a novela, mas, na realidade, fizeram modificações no caráter de Carmen que a tornaram muito mais interessante como personagem. Em Mérimée, ela é ladra, mentirosa e promíscua, e exerce sobre José uma dominação essencialmente sexual. Na ópera, a sensualidade é, obviamente, um componente dos mais importantes; mas ela é também uma mulher livre, dona de seu próprio nariz, que não aceita as imposições do moralismo vigente ou do repressivo mundo masculino. Além da evidente atração física, há algo mais na paixão de José por ela: o conflituoso fascínio por essa liberdade interior que ela tem e que a torna diferente de todas as mulheres que ele já conhecera. É provável que Meilhac e Halévy tivessem adocicado mais alguns pontos do texto, temerosos da reação desfavorável de um público muito puritano, se Bizet, que como Verdi sempre interferia muito na redação dos libretos preparados para ele, não se tivesse oposto a isso. O compositor fez modificações extensas na cena que precede a Canção da Flor, na qual Carmen usa de todos os recursos para seduzir José e convencê-lo a não responder ao toque de recolher; e também na cena das cartas e no final da ópera. E escreveu ele mesmo o texto da *Habanera*, a famosa "L'amour est un oiseau rebelle", que marca a primeira aparição de Carmen, servindo-lhe de cartão de visita.

A respeito dessa ária, aliás, há um detalhe curioso: Bizet usou nela uma melodia que acreditava ser de folclore cubano, donde o nome que lhe deu. Só mais tarde descobriu tratar-se do tema de *El Arreglito*, uma canção composta pelo espanhol Sebastián Yradier (1809-1865), professor de canto da imperatriz Eugénie e autor de zarzuelas e romanças de salão, entre as quais *La Paloma*, popular até hoje. Preocupou-se, então, em creditar-lhe, na partitura, a autoria do tema – que, em todo caso, ganha, em suas mãos, um tratamento harmônico muito mais refinado do que no original.

A música da *Carmen* oferece grandes inovações. Sua estrutura de *opéra-comique* faz dela, necessariamente, uma ópera de números estanques; mas há nela a fusão muito feliz de vários estilos de procedência diferente. Só a *Flauta Mágica*, de Mozart, consegue trabalhar com tantos materiais diversos, obtendo igual união perfeita de contrários. Para criar cor local, Bizet usa melodias e ritmos de inspiração hispânica: a Habanera, a Seguidilha, a Canção do Toureador, a música da Plaza de Toros, cujo tema excitante estoura desde os primeiros compassos da abertura. O quinteto dos contrabandistas e o final do ato II são típicos da opereta. Todos os trechos ligados a Micaëla têm o estilo sentimental da *comédie larmoyante*. São do domínio da *tragédie-lyrique* a cena das cartas, a do duelo de José com Escamillo e a cena final. Quanto às movimentadas seqüências de rua, no ato I, elas remetem ao gosto do *grand-opéra* pela recriação da cor local e o deslocamento das grandes massas de coro e de figurantes, embora domado por um impecável senso de proporção. E as seqüências com os contrabandistas, nas montanhas, durante o ato III, pertencem ao clima das óperas de aventura, que tinham estado em voga no início do século XIX.

Essa variedade de tons e de estilos não é gratuita. Ela corresponde a uma visão complexa e em profundidade dos contrastes internos da própria vida: o conflito de José entre o amor sagrado e o profano; e o drama de Carmen, para quem a entrega amorosa não exclui a preservação de sua liberdade, mesmo que José, para ficar com ela, tenha aberto mão de uma série de valores (o noivado, o respeito à farda, a posição na comunidade, a própria noção de honestidade). Nesse contexto, a tragédia final é uma solução lógica e inevitável: Carmen prefere a morte a ter de renunciar a seu direito de ser a sua própria dona; e José é destruído por sua incapacidade de adaptar-se aos valores em mutação de um mundo antagônico àquele em que se tinha criado. Tudo isso é emoldurado por um retrato, contrastante em sua vida e colorido, dos ambientes populares: a praça pública, a taverna, o acampamento dos contrabandistas, a arena de touradas.

Do ponto de vista da evolução musical, cada situação, na *Carmen,* é expressa com uma invenção melódica estupenda, que torna cada um de seus temas inesquecível; e com uma absoluta concisão e senso de *timing*, creditável, entre as forças que agiram na formação de Bizet, à influência verdiana. A lição aprendida com o italiano, que ele tanto admirava, neutraliza a tendência a ser prolixo, herdada do modelo meyerbeeriano. Agora, há economia de material, perfeito controle dos meios de expressão, colorido orquestral cintilante, impulso rítmico irrefreável e penetrante sensualidade.

Na *Carmen,* culmina a capacidade, de que o compositor vinha dando provas desde os *Pescadores de Pérolas*, de adequar a música a cada uma de suas personagens. Micaëla, a mocinha quadrada e limitada, exprime-se num estilo gounodiano; aqui, porém, já não se trata mais de influência, e sim do uso deliberado de um determinado estilo para caracterizar a garota ingênua. Mas quando ela encontra, dentro de si mesma, reservas insuspeitadas de coragem para ir procurar José no acampamento dos contrabandistas, a melodia de sua ária, "Je dis que rien ne m'épouvante", é de um tom nitidamente bizetiano, muito diferente do dueto com o namorado, no ato I. A Canção do Toureador, por sua vez, é de uma voluntária banalidade melódica, porque Escamillo é uma personagem rasa, superficial, o tipo de homem

Cenário de Renato Guttuso para uma encenação da *Carmen*, de Bizet, no Scala de Milão.

Cena de uma representação da *Carmen*, de Bizet, no Opéra de Paris, com cenários de Lila de Nobili.

Esboço de Émile Bertin destinado ao ato IV da *Carmen*, de Bizet, para um espetáculo do Opéra-Comique, em 1875.

acostumado a confiar no efeito sedutor que produz sobre as mulheres. E a música para Frasquita e Mercedes é esquematicamente buliçosa enquanto se trata de mostrá-las sob seu ângulo mais leviano; mas ganha súbita densidade quando as cartas revelam o destino de Carmen.

O processo mais complexo de evolução de personalidade é o de José, desenvolvido em termos musicais muito claros, de um ato para outro. A perturbação introduzida na alma do homem ingênuo que, pouco antes, tínhamos ouvido cantando o bem-comportado "Ma mère, je la vois" com sua prometida de aldeia, é expresso pela melodia em lá maior que irrompe logo depois que Carmen lhe atira a flor em praça pública. E é com a evocação desse gesto que, em "La fleur que tu m'avais jetée" (ato II), José deixa perceber todo o descontrole da paixão que se apossou dele. O múltiplo conflito que vive, no ato III, entre dever, paixão, vergonha, ciúme, amor filial, remorso, raiva e humilhação, desencadeia-se com veemência em sua exclamação: "Dût-il m'en coûter la vie, non, Carmen, je ne partirai pas" (Ainda que isso me custe a vida, Carmen, eu não irei embora) – pois ele sabe que, assim que virar as costas, ela o trocará por outro. No ato IV, o conflito desapareceu. O que existe agora é um desespero frio. E a determinação cega, enlouquecida, de ir até o fim. A consciência trágica de que é esse amor convertido em ódio que o destrói e ao objeto amado está toda contida numa só palavra: "hélas!" Quando a cigana lhe diz claramente que deixou de amá-lo, a única coisa que ele consegue responder é: "Mais, moi, Carmen, je t'aime encore, Carmen, hélas!, moi, je t'adore" (Mas eu ainda te amo, Carmen, infelizmente eu ainda te adoro).

Carmen também é uma personagem nova, em termos de universo operístico, e vai influenciar muito todo o teatro lírico realista do futuro. Nada tem em comum com a heroína tradicional, pura, sofredora, um joguete nas mãos dos homens e do destino. É amoral, complexa, combina em si traços tanto de heroína quanto de vilã, mas de uma forma que a coloca acima dos julgamentos da moral corrente. Junto com Don Giovanni, Violetta Valéry, Manon Lescaut, Salomé, Lulu, faz parte daquela galeria de personagens que não se sentem culpadas por terem um comportamento que os padrões morais vigentes consideram "irregular". Era demais para o público de 1875! Adolphe de Leuven, que deveria reger a estréia, desistiu por não ter conseguido convencer Bizet a eliminar certas cruezas: mulheres fumando em cena, alusões à liberdade sexual, a impunidade dos bandidos e o final trágico explícito, desusado num *opéra-comique*. E foi substituído por Deloffre, que já tinha regido a estréia da *Jolie Fille de Perth*. A cigana, entretanto, é livre mas nada há de sórdido em seu comportamento, e é um erro dar uma empostação vulgar e carregada à sua interpretação. Ela é uma fascinante mistura de sensualidade, alegria de viver, destemor, fatalismo, mas também de uma grande capacidade de carinho, como o prova o tom sonhador com que interrompe o quinteto dos contrabandistas para confessar: "Je suis amoureuse" (marcado, na partitura, *très retenu*, o que denota um momento de pudor numa mulher que, até aquele momento, vinha oferecendo de si mesma uma imagem muito desembaraçada).

É na *Carmen* que se afirma, em toda a sua originalidade, o orquestrador genial que é Bizet. Numa entrevista à revista inglesa *Gramophone*, em fevereiro de 1971, o regente húngaro Georg Szell citou uma declaração do compositor Richard Strauss, ele também um dos magos da instrumentação: "Se eu tivesse de dar conselhos a um jovem compositor que quisesse aprender a orquestrar, eu lhe diria que estudasse, não as partituras de Wagner, mas a *Carmen*. Que maravilhosa economia de recursos! Já notou como cada nota e cada pausa estão no lugar certo?" A orquestração de Bizet deriva diretamente da de Berlioz, cujo objetivo primordial é a clareza, o equilíbrio que permite às vozes fazerem-se ouvir com naturalidade – fim igualmente perseguido por Strauss, o que explica a sua admiração; – e ela se coloca como um ponto de passagem que levará, mais adiante, à translúcida e virtuosística escrita de Debussy e Ravel. É uma orquestração de extraordinária variedade. A excitação da música da tourada convive com a serenidade das melodias que recriam o clima montanhês. Na cena das cartas, a densidade trágica dos metais, pontuando o recitativo de Carmen, que repete obsessivamente "la mort! la mort!", contrasta com o tom frívolo anterior do canto das outras ciganas. O filósofo Friedrich Nietzsche, rendido ao encanto dessa música, em que via o paradigma do antiwagnerismo, chamou de "a brisa que sopra do jardim de Epicuro" o murmúrio das cordas em surdina que acompanha o coro das operárias da fábrica de cigarros, no ato I. Mas mesmo nos momentos em que a orquestra é usada de forma maciça, nunca se tem a impressão de que as vozes estejam sendo sobrecarregadas: ótimo exemplo disso é a cena do duelo entre Escamillo e don José, no ato III.

Nunca é demais ressaltar a originalidade no uso dos sopros: os piccolos no coro dos meninos do ato I (cena que impressionou Tchaikóvski a ponto de ele a imitar no início da *Dama de Espadas*); a nota da clarineta com que é sugerida a raiva de Carmen, quando José lhe diz que vai ter de voltar ao quartel; a melodia cumulativa dos metais na cena das cartas; a combinação das madeiras com a harpa no entreato II–III; e os diversos usos muito característicos da flauta que Bizet faz na Seguidilha, no dueto "Là-bas, là-bas dans la montagne", ou nos entreatos.

Todos esses elementos e ainda o fato de que, numa fase de euforia wagneriana, Bizet é totalmente impermeável à influência do compositor alemão, fizeram com que Nietzsche – antes um wagnerita de quatro costados mas, na época, em rota de colisão com seu antigo ídolo – aclamasse sua música como um ideal solar, mediterrâneo, dionisíaco, verdadeiro antídoto para as névoas mitológicas e as divagações filosóficas do mestre de Bayreuth. Tudo isso deu à *Carmen* posição ímpar como a anunciadora da virada realista: ela é uma das influências fundamentais sobre a *Cavalleria Rusticana*, de Pietro Mascagni, que em 1890 abre as portas à Escola Verista italiana.

Do ponto de vista textual, porém, a *Carmen* é uma ópera problemática, cuja edição final nunca ficou claramente definida. O próprio Bizet ainda estava fazendo cortes, reduções e adaptações durante os ensaios para a estréia. E provavelmente teria feito outras revisões, se a morte não o tivesse impedido. Para complicar as coisas – como já tinha acontecido antes com os *Contos de Hoffmann* –, ao se preparar a apresentação vienense de 23 de outubro de 1875, pediu-se a Ernest Guiraud que convertesse o diálogo falado em recitativo acompanhado, o que transformou o *opéra-comique* em ópera propriamente dita. Guiraud reduziu arbitrariamente os diálogos, prejudicando sensivelmente, com isso, a evolução psicológica das personagens (compare-se, por exemplo, os recitativos de uma gravação tradicional, como a de sir Thomas Beecham/ Angel, com a integral do diálogo, impressa na coleção portuguesa *Óperas Imortais*, da Editorial Notícias). Os recitativos de Guiraud são de um convencionalismo que destoa do resto da obra. Além disso, ele cometeu atrozes contra-sensos, como o de destruir o original efeito desejado por Bizet ao opor canto e fala, na cena do ato I em que Carmen desafia Zúñiga; e fez desaparecer as passagens em que o compositor recorria, com objetivos dramáticos precisos, ao melodrama (texto falado contra um acompanhamento da orquestra).

A primeira edição da ópera, feita por Antoine Choudens em 1875, traz os recitativos e um balé totalmente inapropriado, preparado por Guiraud com temas do próprio Bizet – alguns dos quais extraídos da música incidental da *Arlésienne*! Esse balé é utilizado tanto por Fritz Reiner, em seu álbum da década de 50 para a RCA, com Risë Stevens e Jan Peerce, quanto por Herbert von Karajan, na montagem da ópera que fez em Salzburgo, com Grace Bumbry e Jon Vickers, de que existe a versão em vídeo. Através desses registros, o leitor pode constatar o disparate que é fazer as ciganas dançarem, na taverna sevilhana de Lilas Pastia, ao som de música provençal. No filme de Karajan, em todo caso, não há limites para o ridículo, pois o vaidoso maestro, imitando Hitchcock, faz uma aparição em determinada cena... usando um sombrero mexicano! Coisas assim comprometem uma das características mais importantes do Bizet maduro: a sua preocupação com a rigorosa criação de cor local.

A edição crítica de Fritz Oeser, com base no manuscrito vocal, e tentando reverter à forma original do *opéra-comique*, foi feita em 1964, mas sem ter chegado a um resultado que se possa considerar totalmente satisfatório. O trabalho de Oeser, entretanto, fez culminar um processo de revalorização do formato inicial da *Carmen* que começara em 1947, em Londres – sempre a Inglaterra saindo na frente, no que se refere ao resgate do repertório operístico francês! –, com a montagem da companhia Carl Rosa, a primeira a voltar ao diálogo falado. Em 1970, Rafael Frübeck de Burgos fez, para o selo Angel, a primeira gravação da versão *opéra-comique*, com Bumbry e Vickers. Mas ainda não existe um consenso quanto à edição e, conseqüentemente, tanto as encenações quanto os registros disponíveis em disco e vídeo diferem sensivelmente em detalhes muito significativos.

A obra-prima de Bizet é uma das óperas mais gravadas da História do gênero. O registro mais antigo, praticamente completo, é o de Bruno Seidler-Winkler, feito em Berlim em 1908, remasterizado pela Supraphon em 1995. Ao lado das legendárias Emmy Destin (Carmen) e Minnie Nast (Micaëla), cantam Karl Jörn (Don José) e Hermann Bachmann (Escamillo). Trata-se de uma gravação de som deficiente, mas com fascinante valor histórico, da mesma forma que as de:
Fritz Rühlman (Pathé, 1912), Marguerite Merentié/Auguste Affre;
(Columbia, 1919, reg. não indicado), Fanny Anitúa/L. Bollis (em italiano);
Élie Cohen (EMI, 1928), Raymonde Visconti/Georges Thill;
Piero Coppola (EMI, 1928), Lucy Perelli/José de Trévi;
Genaro Papi (MET, 1928), Rosa Ponselle/René Maison;
Carlo Sabajno (HMV, 1931), Gabriella Besanzoni, Piero Pauli (em italiano);
Lorenzo Molajoli (Columbia, 1933), Aurora Buades/Aureliano Pertile (em italiano);
Louis Hasselman (Arkadia, 1936), Ponselle/Maison;
G. Papi (UORC, 1937) Ponselle/Sydney Rayner;
Vincenzo Bellezza (EMI, 1949), Ebe Stignani, Beniamino Gigli.

Remasterizações recentes melhoraram consideravelmente o som de algumas das versões citadas abaixo, da década de 50. Entre elas, destacam-se as de Cluytens, Reiner e, sobretudo, Beecham – cujo único defeito é ainda usar a edição Choudens:
André Cluytens (EMI, 1950), Solange Michel/Raoul Jobin;
Albert Wolff (Decca, 1951), Suzanne Juyol/Libero de Luca;
Fritz Reiner (RCA, 1951), Risë Stevens/Jan Peerce;
Vassíli Niebólssin (Melodya, 1952), Verônika Borisénko, Guiórgui Nelepp (em russo);
Herbert von Karajan (Melodram, 1954); Giulietta Simionato/Nicolai Gedda;
Pierre Dervaux (Pathé, 1957), Jean Madeira/Nicola Filacuridi;
Argeo Quadri (Qualiton, 1958), Sonja Draksler, Hanlie van Niekerk;
sir Thomas Beecham (EMI, 1958), Victoria de los Angeles/Nicolai Gedda;
Pierre Michel Le Comte (Orpheus, 1959), Consuelo Rubio, Léopold Simoneau;
Aleksandr Melik Pasháiev (Melodya, 1959), Irina Arkhípova, Mario del Monaco (versão muito curiosa, gravada ao vivo no Bolshói, em que o tenor canta em italiano, e o resto do elenco em russo!);
Herbert Kegel (Heliodor, 1960), Sonja Cervena/Rolf Apreck (em alemão);
Horst Stein (Columbia, 1961), Christa Ludwig/Rudolf Schock (em alemão);

Mais modernas, e com padrões técnicos superiores (embora ainda usando a edição Choudens, com recitativos) são as gravações de:
Thomas Schippers (Decca, 1963), Regina Resnik/Mario del Monaco;
von Karajan (RCA, 1963), Leontyne Price/Franco Corelli;
Georges Prêtre (Emi, 1964), Maria Callas/N. Gedda (EMI);
von Karajan (Arkadia, 1964), Grace Bumbry/Jon Vickers;
Ivan Marínov (Electrecord, 1964), Aleksandrina Miltchêva/Nikola Nikólov;
von Karajan (Arkadia, 1965), Resnik/Dmitri Uzúnov;
Anton Guadagno (Melodram, 1968), Mignon Dunn/Plácido Domingo.

Rafael Frühbeck de Burgos (EMI) foi o primeiro a reverter ao formato *opéra-comique*, em sua gravação de 1970, com Grace Bumbry, Jon Vickers e Mirella Freni. Depois disso, não havia mais sentido em voltar a um modelo superado, e a edição Fritz Oeser tornou-se a base das gravações que se seguiram:
Lorin Maazel (Eurodisc, 1970), Anna Moffo/F. Corelli;

Leonard Bernstein (DG, 1972) Marilyn Horne/ James McCracken;
Alain Lombard (Erato, 1974), Régine Crespin/ Gilbert Py;
Georg Solti (Decca, 1975), Tatiana Troyanos/P. Domingo;
Claudio Abbado (DG, 1978), Teresa Berganza/ P. Domingo;
Maazel (Erato, 1982), Julia Migenes-Johnson/ P. Domingo (trilha sonora do filme dirigido por Francesco Rosi);
von Karajan (DG, 1982), Agnes Baltsa/José Carreras;
Seiji Ozawa (Philips, 1989), Jessye Norman/Neil Shicof;
Alexander Rahbari (Naxos, 1991), Graziela Alperyn/Giorgio Lamberti;
Giuseppe Sinopoli (Teldec, 1996), Jennifer Larmore/Thomas Moser.

Do catálogo Bongiovanni, extraio uma interessante seleção de versões ao vivo, de evidente valor histórico: Stevens, del Monaco, Guarrera/Mitropoulos (Met, s/d); Corelli, Simionato, Guelfi/Dervaux (Palermo, 1959); Cossotto, Ferraro, Bruson (Veneza, 1971); em alguns casos, não há indicação de regente. O vídeo também documentou várias vezes essa ópera. A Globovídeo lançou comercialmente, no Brasil, a montagem de Peter Hall, em Glyndebourne, com Maria Ewing/Bernard Haitink (Globovídeo); há também o filme de F. Rosi, da VTI.

As opções importadas ou pirata são mais variadas: von Karajan em Salzburgo (Bumbry/ Vickers); Carlos Kleiber em Viena, (Ielena Obraztsova/Domingo e a direção de Zefirelli); James Levine na transposição para o Metropolitan da encenação de Peter Hall (Agnes Baltsa/José Carreras); Zubin Mehta no Covent Garden (Maria Ewing/Luís Lima); Claudio Abbado no Scala (Shirley Verrett/Domingo); Anton Guadagno em Filadélfia (Corelli/Horne); Molinari-Pradelli em Verona (Corelli/Simionato, em italiano); Eduardo Mata em Chicago (Golden/Shicoff); e Julius Rudel no New York City Ópera (Victoria Vergara) – esta última, numa daquelas releituras "originais" em que a ação, sabe Deus por quê, é transposta para a época da Guerra Civil espanhola. Esta é apenas uma amostragem. Deve haver, circulando sob a forma de pirataria, diversas outras versões ao vivo desta ópera popularíssima. Winton Dean escreve, a respeito dela:

> *Carmen* é uma das poucas óperas que se tornaram um tesouro tanto para o público quanto para a crítica. A lista de seus admiradores inclui temperamentos opostos como Brahms e Wagner, Gounod e Hugo Wolf, Tchaikóvski e Busoni, Debussy e Saint-Saëns, Puccini e Stravinski, Grieg e Prokófiev. Essa posição, ela a deve ao equilíbrio entre o músico e o dramaturgo que havia em Bizet. Da mesma forma que a musicalidade lhe permitia encontrar o equilíbrio estilístico entre inspiração e acabamento artesanal, em sua manipulação do drama podia dar plena expressão às paixões de suas personagens (e em *Carmen*, elas se enraizam no recesso mais íntimo da natureza humana) mantendo, ao mesmo tempo, um controle dessa expressão de forma a fazer com que o destino dessas personagens nos emocione. Bizet parece escrever, ao mesmo tempo, de dentro para fora e de fora para dentro: não distorce e não carrega nas tintas; não faz nenhum assalto às nossas emoções, como é típico de Puccini. Transmite-nos, assim, a mesma impressão que Merrimée de realidade realçada pela arte, de uma perigosa proximidade da vida quotidiana e, ao mesmo tempo, de um extemporâneo distanciamento dela. Essa liberdade de preocupações morais (tão diferente de Wagner e tão rara no século XX) foi o que mais impressionou Nietzsche, o mal compreendido autor de alguns dos mais sensíveis textos críticos dedicados a *Carmen*. A oposição que ele fez entre Bizet e Wagner não é o contra-senso em que se quis fazer acreditar, já que os dois situam-se em posições diametralmente opostas: nos dramas líricos de Wagner, a pessoa mais interessante é o próprio Wagner, enquanto o objetivo de Bizet era apresentar as suas personagens na totalidade, mantendo a sua própria personalidade em segundo plano (e fez isso tão bem que não faltou quem o acusasse de ser desprovido dela). Wagner escreveu música sinfônica sob forma dramática, mas o que predomina é o interesse sinfônico. Bizet levou ao apogeu a tradição operística mais convencional ao fazer com que música e drama se reforçassem mutuamente. Todos os seus poderes criativos voltam-se para esse objetivo: a síntese de duas artes nem sempre fáceis de reconciliar – o que é o fim mesmo a que a ópera aspira, mas que só muito raramente consegue atingir de forma plena.

# Léo Delibes

Autor de transição entre as duas metades do século XX, Clément Philibert Léo Delibes (1836-1891) é hoje mais conhecido como autor de balés: *La Source* (1866), *Coppélia* (1870), *Sylvia* (1876). De suas óperas, a única a ainda ser representada é *Lakmé*, estreada no Opéra-Comique em 14 de abril de 1883. As possibilidades virtuosísticas que oferece ao soprano coloratura fazem com que cantoras como Joan Sutherland – que a gravou para a London, em 1967, com Alain Vanzo, sob a regência de seu marido, Richard Bonynge – a mantenham em seu repertório. Outros registros disponíveis são os de:

Georges Sebastian (Decca, 1952), Mado Robin/Libero de Luca;

Jean Gressier (Rodolphe, 1955), Mado Robin/Charles Richard;

Jesus Etcheverry (Accord, s/d), Renée Doria/Alain Vanzo;

Richard Bonynge (Bella Voce, 1968), Joan Sutherland/Anastasios Vrenios;

Alain Lombard (EMI, 1970), Mady Mesplé/Charles Burles;

Nicola Rescigno (Legendary, 1972), Ruth Welting/Alfredo Kraus;

Carlo Piantini (Nuova Era, 1991), Alessandra Ruffini/Giuseppe Morino (tendo, no papel de Ellen, a brasileira Thelma Badaró);

Michel Plasson (EMI, 1998), Nathalie Dessay/Gregory Kunde.

O de Gressier existe também em vídeo; outro documento visual é o da montagem da Ópera de Sydney, com Sutherland-Bonynge.

O sucesso de Lakmé junto ao público foi, desde o início, muito grande: encenada duzentas vezes no Opéra-Comique entre 1883 e 1895, já tinha atingido mil apresentações em 1931. O libreto de Émile Gondinet e Philippe Gille baseia-se na popular novela sentimental *Le Mariage de Loti* (1880), de Pierre Loti. Nela, conta-se a história de um tenente da marinha francesa que, no Taiti, casa-se com a bela Rarahu pelo ritual maori. Depois que ele retorna ao seu país, a jovem indígena passa os dias esperando que sua nave o traga de volta. Essa novela foi a matriz do romance *Madame Chrysantème*, que o próprio Loti escreveu em 1887 (e que Messager haveria de transformar numa opereta). *Madame Chrysantème*, por sua vez, inspirou o conto do americano John Luther Long, que o dramaturgo David Belasco transformou na peça intitulada *Madame Butterfly* – fonte para o libreto da popularíssima ópera de Puccini. Como se vê, existe longínquo parentesco entre Cio-cio San e a infeliz heroína de Delibes.

*Lakmé*, com ação transposta para a Índia por fidelidade à voga do orientalismo, conta a história do amor trágico da personagem título, filha do brâmane Nilakantha, pelo oficial inglês Gerald, contra quem o pai jurou vingança por ele ter involuntariamente violado seu jardim sagrado. O crítico Camille Bellaigue, amigo de Boito e biógrafo de Verdi, foi o primeiro a perceber a linhagem em que a ópera se inseria. Escreveu no balanço que fez de *L'Anée Musicale 1889*:

> *Lakmé* é *L'Africaine* em miniatura. A filha do brâmane é uma redução da nobre heroína de Meyerbeer. Ama e morre como Selika, com um amor que é discreto e menos grandioso mas, nem por isso, menos profundo. Não vai morrer à sombra de uma frondosa árvore de flores venenosas; o sumo de uma única flor é o suficiente para seu suicídio de criança. A obra inteira foi concebida na escala dessa pequena criatura: pequenas paisagens, pequenos pagodes, pequenas cerimônias religiosas e nupciais. Sem o seu desenlace trágico, se a pobre garota, em vez de morrer, fosse consolada, *Lakmé* se pareceria com uma versão musical de *Madame Chrysanthème*: um lindo bibelô de exotismo encantador.

A referência à outra novela de Loti, de resto, estabelece claramente o nexo que há entre Selika, Lakmé e a japonezinha de Puccini, todas elas vítimas do choque de culturas e da incompatibilidade da união, naquela época, entre membros de civilizações com costumes muito divergentes. Lakmé é, realmente, uma Cio-cio San *avant la lettre*, apenas com a sorte de ter-se apaixonado por um oficial inglês mais sensível do que o cafajeste egocêntrico que é Benjamin Franklin Pinkerton. Mas o resultado da intrusão de um atraente estrangeiro no mundo fechado em que vivem essas vulneráveis heroínas é desastroso para ambas.

A música é elegante, graciosa, bem orquestrada, na linha melodiosa de Grétry e Auber, de Thomas e Gounod. A marca deste último, sobretudo, sente-se nos torneados melódicos de números como o lânguido dueto "Dôme épais", entre Lakmé e sua criada Malinka, ou a ária de Gérald, "Fantaisie aux divins mensonges". De um modo geral, a composição obedece ao receituário tradicional do *opéra-lyrique*; mas não deixa de ser má vontade da crítica querer ver mero pretexto para a vertiginosa pirotecnia vocal na página mais famosa da ópera: a narrativa *La Légende de la Fille du Paria* ("Où va la jeune hindoue?"), que ficou popularmente conhecida como "A ária das campainhas". Não é porque os malabarismos canoros desse trecho o tornaram um cavalo de batalha de todo soprano ligeiro que se deve deixar de reconhecer que ele tem uma função dramática muito bem definida.

A ária conta a história do encontro da filha do pária com o deus Vishnu, a quem ela, saída de uma casta de intocáveis, nunca poderá desejar. E não só espelha o drama vivido pela filha do brâmane, a quem é interditado o amor pelo estrangeiro, como faz avançar a ação, na medida em que prepara seu desenlace. É injusto também que o tilintar virtuosístico das campainhas tenha ofuscado números bem escritos como a primeira ária de Lakmé, "Pourquoi, dans les grands bois", ou sua terna canção de ninar do último ato, "Sous le ciel tout étoilé".

Delibes vinha de uma família de tradições musicais: o avô materno cantava no Opéra-Comique; o tio paterno, Édouard, era organista em Saint-Eustache e professor, no Conservatório; e a mãe, com quem teve suas primeiras lições de piano, abandonara, para se casar, uma promissora carreira de concertista. Foi ela quem, ao ficar viúva muito jovem, decidiu mudar-se de Saint-Germain-de-Val para Paris e matricular o filho nas aulas de Composição de Adolphe Adam, o autor da *Giselle*. Aos dezessete anos, Delibes já era organista em Saint-Pierre-de-Chaillot e pianista acompanhador nos ensaios do Théâtre Lyrique.

Foi para o palco que seu temperamento o orientou desde cedo: aos dezenove anos, estreou, no Théâtre Bouffe des Folies-Nouvelles, a farsa em um ato *Deux Sous de Charbon*, "une asphyxie lyrique". Iniciava-se assim uma vitoriosa carreira de autor de operetas e balés, que lhe valeria a comparação com Offenbach. Mas a vida inteira ele desejou ser reconhecido por esforços mais sérios, como a cantata *Alger*, comemorando, em 15 de agosto de 1865, a visita do líder argelino Abdel Kader a Napoleão III (de um colorido oriental que já prenuncia o do balé *La Source* e o da *Lakmé*).

Seu primeiro sucesso foi *Le Roi l'a Dit*, com libreto de Edmond Gondinet, estreada no Opéra-Comique em 24 de maio de 1873. Embora o marquês de Montecontour tenha apenas quatro filhas, um dia ele mente, por pura vaidade, a Luís XIV, dizendo-lhe ser também o pai de um rapaz. Quando o rei expressa o desejo de conhecê-lo, é obrigado a adotar, às pressas, o jovem Benoît, namorado de sua camareira Javotte. O rapaz aceita fazer o papel de seu filho, mas inferniza o pai adotivo: insufla as quatro "irmãs" a não aceitarem os casamentos de conveniência que o marquês lhes quer impor; bota fogo no convento para onde ele as manda; arruina Montecontour com suas dívidas de jogo e, para escapar do castigo, finge ter morrido num duelo. Luís XIV, condoído com o sofrimento do marquês, promove-o a duque e dá-lhe nova propriedade, para compensá-lo por suas perdas. Ao ver que o "pai" está de novo rico, Benoît tenta ressuscitar. Mas o marquês decreta que ele está definitivamente morto: "foi o rei quem o disse!" E fica livre dele dando-lhe um dote e mandando-o embora com Javotte.

A escrita harmônica é simples, a escrita vocal tem um estilo *parlando*, os pastiches de música do século XVII são freqüentes, para criar a ambientação de época. É, em suma, a típica partitura totalmente fiel às convenções do gênero. Mas foi sempre muito bem aceita, tanto assim que dela existem três gravações: a de André Girard, com Janine Micheau e Michel Sénéchal (Musidisc, 1958); e as duas de James Robertson, registros pirata dos dois elencos que a encenaram, em 1966, no London Opera Centre: Pleydel, Barstow, Gurner; e Kelly, Rhys Thomas, Te Kanawa (selo RRE).

Delibes sempre desejou ser conhecido. Tentou-o com *Jean de Nivelle* (1880) e com a póstuma *Kassya* (1893), completada por Massenet. Mas só com Lakmé o conseguiu. "Grande músico? A expressão, para ele, é um pouco pesada", escreveu, em 1947, o crítico Pierre Lalo, que o conhecera pessoalmente, quando criança, pois era filho do compositor Édouard Lalo, seu amigo pessoal. "Mas um músico encantador, de pura extração francesa, cujas obras, vivas e refinadas, continuam a agradar, passados três quartos de século, sem trair a marca do tempo... De Léo Delibes já se disse, com desprezo: é *petite musique*. Mas se ela continua sendo ouvida é porque seu som é puro e verdadeiro".

Os arquivos da ORTF conservam gravações de transmissões de obras de Delibes, pela Radio France, que poderão um dia vir a ser comercializadas: *Les deux vieilles gardes* (1962), *Jean de Nivelle* (1970), quatro versões diferentes de *L'Écossais de Chatou* transmitidas entre 1960-1970, cinco de *Lakmé* (1947-1973), duas de *L'Omelette à la Folembuche* (1959 e 1961), quatro de *Le Roi l'a Dit* (1948-1967) e três de *Le Serpent à Plumes* (1964-1972).

# Ernest Reyer

Reyer (1823-1909) pertence "àqueles compositores cuja música suscita mais respeito pelas intenções do que admiração pelo resultado", escreve Donald Jay Grout. E no *Concise Oxford Dictionary of Opera*, editado por Harold Rosenthal, está dito que "sua música não revela grande individualidade, mas reflete a inteligência e independência de espírito que fizeram dele um crítico de grande acuidade". Ou como sintetizou, com muita ironia, um seu contemporâneo, o também compositor Alfred Bruneau: "O problema de Reyer é que ele tem gênio, mas não tem talento". O que Bruneau queria dizer é que seus ideais e concepções eram muito elevados, mas faltavam-lhe técnica e inspiração para realizá-los de forma musicalmente atraente. Como operista, seu caso aparenta-se ao de Robert Schumann que, por temer tudo o que considerava vulgar – já mencionamos o quanto desprezava Meyerbeer –, escreveu, para sua única ópera, *Genoveva* (25.6.1850), uma música tão contida que ela é decepcionantemente frouxa nos momentos que exigem maior intensidade dramática.

Reyer também era um crítico intransigente: rejeitava os efeitos que julgava levianos, banais ou de mau gosto; sempre se rebelou contra os julgamentos superficiais do público parisiense; e foi um defensor entusiasta de Berlioz, Weber e Wagner. Mas o resultado dessa recusa sistemática de tudo o que considerava recurso barato ou concessão ao gosto da massa é que sua música é demasiado austera, com uma rigidez de oratório. Suas melodias e harmonias são descoloridas e demasiado circunspectas, até mesmo nas obras compostas sob o influxo do orientalismo de David: a ode sinfônica *Le Sélam* (1850), evocando a vida nas colônias francesas da África, que ele conhecera de perto, ao morar em Argel, na casa de um tio, entre 1839-1847; o balé-pantomima *Sacountala* (1858), baseado na peça de Kalidasa, o grande dramaturgo indiano do século VI; e a ópera *La Statue* (1861), sobre um libreto de Barbier e Carré. Esta última, entretanto, teve bastante sucesso, ficando dois anos em cartaz. Bem recebidas pelo público foram também *Maître Wolfram* (1854), um *opéra-comique* em um ato, e *Érostrate*, apresentada primeiro em Baden-Baden (1862) e depois em Paris (1871).

Sua ópera mais importante é *Sigurd*, escrita em 1870, mas que ele só conseguiu estrear em 7 de janeiro de 1884, no Théâtre de la Monnaie, de Bruxelas (a boa acolhida do público belga venceu as resistências dos empresários franceses e a estréia parisiense ocorreu em 12 de junho do ano seguinte). O libreto, de Camille du Locle e Édouard Blau, utiliza o trecho do *Niebelungslied* que coincide com a ação do final do *Siegfried* e a do *Crepúsculo dos Deuses*, de Wagner. Não se pode, entretanto – por maior que fosse a admiração que Reyer tinha pelo mestre alemão –, classificá-lo entre os músicos franceses que criaram sob a égide do wagnerismo, pois a tradição em que *Sigurd* se insere é a da ópera heróica que, partindo de Gluck, passa por Cherubini e Spontini para desaguar no Berlioz dos *Troianos*. E influência, se há alguma, é a das fórmulas meyerbeerianas, mas muito restrita e autovigiada, com horror aos excessos. Trata-se de uma ópera de números fechados, interligados por recitativos, de melodia italianada, com pouquíssimos cromatismos, soluções harmônicas bem conservadoras e a presença ocasional de temas recorrentes, mas que não chegam a se organizar num sistema coerente de *leitmotiv*, os motivos condutores propostos por Wagner.

Para os ouvidos contemporâneos, soam demasiado plácidas passagens cruciais como a confrontação, no último ato, entre Brunehild e Hilda, de quem Sigurd ficou noivo, traindo involuntariamente o voto de fidelidade que fizera à Valquíria. E é de um inverossímil tom brincalhão a ária com que Hagen – até então uma personagem sinistra –, anuncia ao povo, no segundo quadro do ato III, o noivado de Günther com Brunehild. A própria personagem da guerreira, filha do deus Odin, é resignada e passiva demais, embora Reyer consiga momentos ocasionais de real beleza, como a cena de seu despertar, no terceiro quadro do ato III. O papel de Sigurd, se interpretado por um tenor de voz flexível e que saiba explorar as suas nuances, pode ser gratificante. Mas Reyer, com toda a sua competência artesanal, sofre do problema – mortal para um operista – de não ser um melodista memorável. Isso pode ser constatado no álbum da Chant du Monde, que pôs no comércio uma gravação da Radio France – da qual o regente, Manuel Rosenthal, eliminou cerca de uma hora de música, baseando-se em cortes sancionados pelo próprio compositor para a estréia na Bélgica.

Não se pode, entretanto, acusar Reyer de ser desprovido de autocrítica. Após a estréia da *Walküre* em Paris, em 1893, ele declarou ao *Journal des Débats*: "E a nós, que o gênio do Titã vitorioso esmaga e reduz a nada, o que nos resta, após termos lançado um último olhar ao passado, é saudar o futuro e tombar graciosamente". Poucos criadores tiveram essa lucidez e essa humildade intelectual. Percebe-se ultimamente, entretanto, um esforço em revalorizar essa ópera. Uma versão de concerto, transmitida por Radio France, em setembro de 1993, levou à encenação de Tobias Richter, no Opéra Berlioz, de Montpellier, em maio do ano seguinte, sob a regência de Baldo Podić. Comentando esse espetáculo no nº 181 de *Opéra International* (jun./1994), Pierre Cadars chamou-a de

> partitura imponente... com uma pompa exterior sob a qual há uma intensa verdade, que percorre toda a obra. [...] Nem que seja por alguns momentos de legítima inspiração, *Sigurd* não merece desaparecer nos porões da História. Sua ingenuidade colossal, de par com essas estranhas riquezas, merece nosso respeito.

Continua à espera de uma reavaliação, por intermédio do disco, aquela que o biógrafo Jean-Claude Hurstel considera a ópera mais bem acabada de Reyer: *Salammbô*, que o próprio Flaubert o autorizara a transformar num *drame lyrique*, com libreto de Camille du Locle. Estreada em 10 de fevereiro de 1890, também no Théâtre de la Monnaie, *Salammbô* foi muito bem recebida ao ingressar, em 16 de maio de 1892, no repertório da Ópera de Paris; mas, depois, foi gradualmente esquecida. Nela, Reyer parece ter encontrado tons mais naturais para a ambientação oriental. Escreve René Dumesnil:

> [...] ele soube captar, com rara felicidade, a atmosfera perturbadora do romance, seu encanto lunar, e a partitura contém páginas, como a invocação a Tanit, no segundo quadro, e a cena entre Shahabarim e Salammbô, que são de um grande músico de teatro.

Bizet, Delibes e Reyer assinalam a passagem entre as duas gerações do Romantismo. Entre os compositores cuja carreira se inicia em torno de 1870, três serão típicos representantes da escola nacionalista conservadora que descende de Gounod e Thomas: Camille Saint-Saëns, Édouard Lalo e Jules Massenet. O último deles, cuja vida se estende até a primeira década do século XX, é dono de uma obra ampla e variada, cujos títulos, após uma fase de relativo ostracismo, vêm retornando crescentemente, nos últimos anos, ao repertório regular.

# Camille Saint-Saëns

Os brilhantes concertos para piano de Saint-Saëns (1835-1921), sua imponente *Sinfonia nº 3* com órgão, ou a deliciosa brincadeira do *Carnaval dos Animais* sempre foram muito familiares aos freqüentadores de concertos sinfônicos. Quanto às suas óperas, *Samson et Dalila* foi, durante muito tempo, a única a conseguir manter-se no repertório. Essa situação só começou a mudar na década de 90, com as montagens de teatros franceses de província, que devolveram à atenção do público, através de encenações e gravações em disco ou vídeo, títulos esquecidos.

As primeiras tentativas de Saint-Saëns para o palco foram *Le Timbre d'Argent* – iniciada em 1864, mas só encenada no Théâtre Lyrique de la Gaîté em 23 de fevereiro de 1877 – e *La Princesse Jaune*, ambas com libreto de Louis Gallet. Sobre essa última, de tema chinês, escreve Gérard Condé, na revista *Opéra International* nº 182 (jul./1994):

> Ela conseguiu ser estreada imediatamente, no Opéra Comique, em 12 de junho de 1872; mas desapareceu após a quinta representação. *Djamileh*, de seu amigo Bizet, criada três semanas antes, tinha tido apenas onze representações. Alguns meses mais tarde, *Don César de Bazan*, de Massenet, não passou das treze. O fracasso de Saint-Saëns, portanto, é relativo e não prova nada. *La Princesse Jaune* é uma partitura que não mereceria ficar no esquecimento.

Dela, apenas a abertura, fiel ao gosto do século XIX francês pelo orientalismo, ficou no repertório dos concertos sinfônicos

*Samson et Dalila*, com libreto de Frédéric Lemaire, baseia-se no texto bíblico do *Livro dos Juízes* (cap. XIV-XVI). Seu início foi difícil: recusada pelos teatros franceses, foi estreada em alemão, em 2 de dezembro de 1877, na Ópera de Weimar, graças aos esforços de Franz Liszt, que regeu a récita. Só depois de ter sido bem aceita em Nova York, Nova Orleãs e Londres, é que foi ouvida em Rouen, em 3 de março de 1890. A Paris, chegou em 31 de outubro do mesmo ano. Mas o reconhecimento de seus méritos só viria depois de uma nova encenação na capital, em 23 de novembro de 1892. Desde então, estava garantido o seu lugar na programação regular.

Originalmente, Saint-Saëns tencionava compor um oratório cênico, como *A Lenda de Santa Elisabete*, de Liszt, ou *A Lenda de São Cristóvão*, de Vincent d'Indy. A meio caminho, mudou de idéia, transformando-o numa ópera. Vem daí o aspecto híbrido do *Sansão*: o ato I é bastante estático, com predominância de coros e pouca ação externa; os dois últimos têm maior dramaticidade. Como em suas primeiras óperas, a inspiração é desigual: bons momentos convivem com música insípida e sem real senso de teatro. A empostação sentimental dada às personagens título dilui o desejo de dar à ópera a dimensão épica que a história tem no texto sagrado.

No entanto, é justamente a importância assumida pelo tema da sedução o que faz com que o melhor ato seja o II, onde Saint-Saëns encontra acentos muito justos para sugerir o poder sexual que Dalila exerce sobre Sansão, a ponto de fazê-lo abdicar de sua missão heróica – mas sem com isso perder o gosto bem francês pela elegância e a proporção. É nesse ato que se encontra a página mais famosa da ópera, a ária "Mon coeur s'ouvre à ta voix", com que a tentadora vence as últimas resistências do homem que quer seduzir. Quanto ao ato III, ele oscila entre números eficientes, como a ária inicial de Sansão, acorrentado à mó do moinho, e escorregadelas para o mau gosto – o dueto de Dalila com o Sacerdote, a música de balé da Bacanal – de tom pouco adequado a um drama de tema bíblico.

Um estudo atento da partitura revela, no nível do comentário orquestral, que Saint-Saëns está muito bem informado sobre a revolução wagneriana. Mas essa não é uma influência perceptível ao ouvinte não especializado, pois é muito bem assimilada por um compositor dono de sólido artesanato. Além disso, Saint-Saëns é animado por um espírito nacionalista que o impede de adotar pura e simplesmente os modelos estrangeiros. Não há, portanto, nada nas sonoridades de sua música que lembre a de Wagner – como acontecerá mais adiante com outros de seus compatriotas; – ou que não esteja solidamente ancorado nas tradições melódicas francesas.

Do *Sansão*, existem várias gravações comerciais:

Maurice Abravanel (1936), Gertrud Weetegren/ René Maison;

Louis Fourestier (EMI, 1946), Hélène Bouvier/ José Luccioni;

Georges Prêtre (EMI, 1962), Rita Gorr/Jon Vickers;

Renato Cellini (VAI, 1960), Risë Stevens/ Ramón Vinay;

Giuseppe Patanè (RCA, 1973), Christa Ludwig/ James King; Daniel Barenboim (DG, 1978), Ielena Obraztsova/Plácido Domingo;

Colin Davis (Philips, 1989), Agnes Baltsa/José Carreras;

Myung Whun Chung (EMI, 1991), Waltraud Meier/Domingo;

Colin Davis (Erato, 1997), Olga Borodina/José Cura.

Há também registros em vídeo, com Jon Vickers e Plácido Domingo no papel do herói bíblico; e a fita de um ensaio geral, de 1989, em New Jersey, com Fiorenza Cossotto e Corneliu Murgu (cantores que, naquele mesmo ano, tinham-se apresentado nessa ópera, no Rio e em São Paulo, em versão de concerto regida por Isaac Karabtchevsky; a TV Cultura de São Paulo tem o vídeo dessa apresentação).

Em fevereiro de 1877, enquanto prosseguiam as infrutíferas negociações de Saint-Saëns com os teatros parisienses para montar o Sansão, o violinista Aimé Gros, que acabara de assumir a direção da Ópera de Lyon, encomendou-lhe uma obra nova para esse teatro. O libretista escolhido foi Louis Gallet, a quem o compositor confiou seu projeto de escrever um ciclo de óperas sobre episódios da história francesa. O episódio da revolta de Etienne Marcel, com o qual decidiram trabalhar, estava muito intimamente ligado a fatos recentemente ocorridos em Paris: a derrota e fuga de Napoleão III, o cerco da capital pelos alemães, a insurreição popular da Comuna.

Em 19 de setembro de 1356, durante a Guerra dos Cem Anos, derrotado pelos ingleses, o rei João, o Bom, é capturado e levado para Londres. Seu filho, o delfim Carlos, duque da Normandia, de apenas dezenove anos, assume a regência e, pressionado pelos Estados Gerais, assina, em março do ano seguinte, a *Grande Ordonnance*, que visa a criar no país uma monarquia constitucional. Mas as manobras que faz para retomar o poder o põem em choque com a oposição burguesa, que tem à frente Étienne Marcel, líder dos mercadores. Em 22 de fevereiro de 1358, os rebeldes massacram os principais conselheiros reais, os marechais da Champagne e da Normandia. Para não ter o mesmo fim, o Delfim foge e vai buscar a ajuda dos senhores da Picardia, do Artois e da Champagne, cujas tropas cercam Paris. Para enfrentá-lo, Marcel encoraja a Jacquerie – a revolta dos camponeses, na Île-de-France, contra o poder central – e alia-se a Carlos, o Malvado, rei da Navarra. Como este, em 1354, favorecera as pretensões inglesas contra João, o Bom, um grupo de burgueses legalistas rebela-se contra Marcel e, em 31 de julho, ele é assassinado por Jehan Maillard.

Dois dias depois, o regente retorna triunfalmente a Paris.

Rico em peripécias, esse episódio histórico, além de ter um vivo potencial dramático, permite discutir dois temas paralelos: os extremos a que chega um homem para defender os interesses de seus concidadãos – não hesitando em cometer um crime e aliar-se ao inimigo; – e a facilidade com que a massa cede às pressões do mais forte, condenando o seu líder ao isolamento e ao quase suicídio (no final da ópera, Marcel recusa o perdão que lhe é oferecido pelo Delfim, em troca da rendição, e prefere libertar-se através dos golpes de Maillard).

O tratamento dado a essa história lembra o que Tchaikóvski e seu libretista, Viktor Burênin, darão, em 1884, ao *Mazeppa*, extraído do poema *Poltava*, de Aleksandr Púshkin. Até mesmo pela inclusão de um episódio sentimental imaginário, para dar à trama um interesse amoroso: Gallet inventa o namoro de Béatrix, filha de Marcel, com o conde Robert de Loris, escudeiro do delfim, paixão desaprovada pelo pai. É Robert quem vem lhe trazer, no fim da ópera, a proposta de perdão que ele recusa. Mas essa concessão às convenções operísticas não chega a comprometer o fio central do drama.

Como já acontecia em *Sansão*, há a tentativa de dar à escrita uma continuidade. Não há fronteiras nítidas entre recitativo e diálogo lírico, declamação expressiva e arioso, conversação musical ou número formal. E um número razoável de temas recorrentes – que não chegam a ser *leitmotiv* – está associado a personagens, situações ou sentimentos, para dar unidade à partitura. São poucos os números fechados convencionais: no ato I, a canção de feição arcaica do jovem Eustache, que se gaba de ter conquistado uma mulher casada; no II, a melancólica ária do Delfim – papel confiado a um contralto – "Parfois je songe en ma tristesse" e, sobretudo, a ária de Béatrix, "Ô beaux rêves évanouis" e seu dueto de amor com Robert; e assim por diante. Mas são freqüentes as árias que se entrelaçam ao tecido da narrativa orquestral; particularmente os monólogos de Etienne Marcel, papel brilhante escrito para barítono agudo.

*Etienne Marcel* é um *grand opéra* e, por isso tem, no ato III, o balé obrigatório – a festa de São João – e um pomposo *Te Deum*, durante o qual Robert, disfarçado de mendigo, aproveita para se aproximar de Béatrix (mas o diálogo entre eles, trançando-se com o canto do coro, é de escrita muito original). O final, em que a autoridade de Marcel é publicamente contestada, tem o costumeiro virtuosismo técnico de Saint-Saëns, que opõe polifonicamente as cinco vozes solistas a um coro duplo; mas a pobreza da inspiração melódica enfraquece o trecho. O quarteto em que Robert, apoiado por Béatrix e sua mãe, Marguerite, vem oferecer a Etienne o perdão do Delfim, sofre do mesmo mal. Em compensação, o monólogo em que Marcel medita sobre seu destino e opta por morrer é um dos momentos mais comoventes da obra.

Apesar do sucesso da estréia em 8 de fevereiro de 1878, demonstrando que a Ópera de Lyon era capaz de descentralização da atividade operística em relação a Paris – o que lhe valeu uma subvenção de 20 000 francos, concedida pelo ministério das Belas-Artes – *Etienne Marcel* obteve apenas cinco representações quando reabriu, em outubro de 1884, o Théâtre du Château d'Eau (logo fechado de novo, por falta de fundos). Nunca foi apresentado no Palais Garnier, apesar de dispor de todos os elementos requeridos pelo repertório desse teatro. Só foi reouvida em 11 de julho de 1994, numa transmissão do Festival da Radio-France (desse concerto, entretanto, foi feita uma gravação para os arquivos da rádio que, em seu devido tempo, será comercializada).

*Henry VIII*, um *drame-lyrique* com libreto de Pierre Léonce Détroyat e Paul Armand Silvestre, estreado na Ópera de Paris em 5 de março de 1883, merece séria reavaliação. Durante muito tempo, a única forma de conhecê-la era através da gravação pirata de Antonio Tauriello (MRF), com Sherril Milnes no papel título, feita em San Diego, em 1983, para comemorar o centenário de sua criação. Em 1993, a Chant du Monde lançou a cópia de uma transmissão radiofônica do espetáculo regido por Alain Guingal no Théâtre Impérial de Compiègne que, se tem um elenco inferior ao do álbum anterior, oferece, pelo menos, uma técnica de tomada de som mais satisfatória (dessa montagem existe também a versão em vídeo).

O libreto de *Henry VIII* foi oferecido a Saint-Saëns por Auguste Vaucorbeil, o diretor do Opéra, depois de Gounod e Victorien Joncières o terem recusado. Foi a partitura que lhe custou maiores esforços: ele revisou extensamente o texto e redigiu diversas versões das árias "De ton regard la douceur me pénètre" e "Anne, ma bien-aimée", cantadas pelo protagonista nos atos II e IV. Para um compositor em geral tido como formal, são fortes os efeitos que tira da progressão dos sentimentos de suas personagens: a paixão de Henrique por Ana Bolena e sua irritação contra a Igreja, que lhe nega a anulação do primeiro casamento; a angústia de Catarina de Aragão diante da vergonha de ser repudiada; o medo de Ana por saber-se chantageada pela espanhola, que está de posse de uma carta que lhe foi escrita, em outros tempos, por Gómez de Faría, o embaixador espanhol, com quem teve um envolvimento amoroso, e que Catarina ameaça entregar ao rei.

Saint-Saëns sempre se queixou dos cortes que lhe eram impostos pelos teatros. *Henry VIII* foi uma de suas óperas que mais sofreram com isso: entre 1891 e 1909, só foi apresentada numa versão abreviada, em três atos. O autor, em todo caso, ainda estava vivo quando ela voltou a ser cantada na forma original, em quatro atos, em 1917. Assim a reviveram em San Diego e em Montpellier – 1989, em versão de concerto – antes da montagem de Compiègne, para reinaugurar o Théâtre Impérial.

Essa recuperação do formato original era mera questão de justiça, pois a obra é inegavelmente muito bem escrita, com um bom papel para o barítono – como já acontecia com *Etienne Marcel* –, e momentos bastante intensos: o dueto de amor de Henrique e Ana Bolena; a cena em que esta pede a Gómez que pare de assediá-la, para não a indispor com o monarca; as seqüências grandiosas do julgamento de Catarina de Aragão e da autoproclamação de Henrique como o chefe da Igreja Anglicana, em puro estilo *grand-opéra*; e principalmente a cena em que Catarina, agonizante, queima a carta comprometedora que o rei, em presença de Ana, quer lhe arrancar. A comovente romança de Catarina, "Ô cruels souvenirs!" e o quarteto "Mon coeur fut pour vous sans merci", com que a ópera se encerra, estão entre as páginas mais bem-sucedidas que Saint-Saëns escreveu para o teatro.

Visando a uma maior autenticidade de ambientação, o compositor incorporou à sua música melodias inglesas, escocesas, irlandesas e até mesmo um tema original de William Byrd, pesquisado na biblioteca do palácio de Buckingham, onde ele o encontrou num manuscrito do século XVI, "e que desaparecia quase sob as ornamentações de que o libertei, como uma estátua coberta de musgo e de cogumelos" (carta de 27.2.1888 a seu editor Durand). É com esse tema que se constrói o eficiente final do ato III.

De certa forma, entretanto, tinha razão o crítico da época que, reconhecendo em *Henry VIII* densidade e alto grau de artesanato musical, observou que a ópera "é mais de reflexão do que de inspiração". Esse é, decerto, o grande problema do operista Saint-Saëns: apuro inegável, escrita muito cuidada, mas a ausência daquele fogo interior – que Bizet tem até mesmo em suas obras mais imperfeitas – que pega o público pelo lado de suas mais desprevenidas emoções.

*Proserpine*, levada pelo Opéra-Comique em 16 de março de 1887, é outra ópera dolorosamente desigual. Ao lado de momentos banais e arrastados, exibe páginas de tom inesperado para um autor tão civilizado e contido. A Proserpina do libreto de Louis Gallet é uma cortesã italiana do século XVI levada ao crime pelo ciúme; mas o deus do teatro, neutralizando a ação das divindades infernais que a ajudam, faz com que ela própria caia na armadilha que montou para a noiva de Sabattino, o amante que a traiu. Essa mistura indigesta de alusões mitológicas e ambientação renascentista oferece a Saint-Saëns, entretanto, a oportunidade para escrever uma cena de extrema violência, a do ato III em que, durante uma tempestade, Proserpina invoca a deusa do Inferno. Essa cena contrasta bruscamente com o momento anterior – o encontro de Sabattino com a amada, no convento em que ela estuda –, introduzido por um solo de trompa de notável delicadeza. Bem recebida pelo público, *Proserpine* teve, porém, sua carreira interrompida, poucas semanas depois, pelo incêndio do Théâtre de l'Opéra-Comique.

*Ascanio*, também com libreto de Gallet, escrita para a Ópera de Paris (21 de março de 1890), é de uma frieza acadêmica, remoendo os mais gastos clichês da ópera de tema histórico. Em compensação, *Phryné*, concebida para o Opéra-Comique (24.5.1893), é de surpreendente leveza, apesar do libreto medíocre de Augé de Lassus. A verve cômica, o *esprit de blague* que só raramente aflora na obra de Saint-Saëns – o *Carnaval dos Animais* é o melhor exemplo –, se exerce plenamente no tratamento de opereta que é dado à história famosa da cortesã ateniense julgada pelo crime de libertinagem e desrespeito aos deuses. Ela comove os juízes com sua beleza, ao ser desnudada, no tribunal, por seu defensor, que alega ser impossível condenarem mulher tão linda. Sendo escasso o tempo de preparação da partitura para a estréia, Saint-Saëns precisou pedir a ajuda de André Messager, regente do Comique e competente compositor de operetas, para orquestrar o ato I – e foi o primeiro a reconhecer com que graça esse trabalho foi feito.

Nada de substancial é acrescentado à obra de Saint-Saëns pelos títulos seguintes. *Déjanire*, foi escrita, em 1898, como música incidental para o drama mitológico de Louis Gallet, destinado ao Festival da Arena de Bézier. Quando Raoul Gunsbourg, diretor da Ópera de Monte Carlo, lhe encomendou um novo drama lírico, ele pensou em transformar em ópera a história da morte de Hércules. Sua mulher, Dejanira, lhe oferece de presente a túnica que foi do centauro Nesso, pensando com isso reconquistá-lo e impedi-lo de repudiá-la e casar-se com a jovem Iole. Mas ela não sabe que a túnica, embebida no sangue da hidra de Lerna, está envenenada. Quando o herói a veste, é consumido por dores infernais.

Em 1898, Gallet, o autor da peça, já tinha morrido. Além de expandir a música, o próprio Saint-Saëns incumbiu-se de rever o texto, que necessitava de muitas modificações, em vez de pedir a ajuda de um profissional. A sua falta de experiência como libretista é a causa principal da irregularidade da ópera, estreada no Théâtre du Casino em 14 de março de 1911. Modernamente, ela só foi reapresentada no Festival da Radio France, em 1985.

Esta foi sua última ópera. Antes dela, *Les Barbares* tinha estreado na Ópera de Paris, em 23 de outubro de 1901 e, para Monte Carlo, ele já tinha escrito *Hélène* (18.2.1904) e *L'Ancêtre* (24.2.1906). Embora não acrescentem muito à sua produção, elas demonstram a variedade de tons e efeitos perseguida pelo compositor – ainda que dentro de parâmetros tradicionalistas que, com o passar do tempo, iam se desatualizando cada vez mais. A redescoberta de suas óperas, juntamente com a de sua variada música de câmara, está contribuindo para demonstrar ser injusta a pecha que a posteridade atribuiu a Saint-Saëns de ser um músico seco, frio e sem personalidade. Ele era um conservador, sim, até a raiz dos cabelos, mas em óperas como *Etienne Marcel*, *Henry VIII* ou *Phryné* foi capaz de inesperados rompantes de dramaticidade, emoção ou sensualidade.

Em *French Music: from the death of Berlioz to the death of Fauré*, Martin Cooper escreve:

> Foi o próprio Saint-Saëns quem disse: "O artista que não se sente inteiramente satisfeito com a elegância das linhas, a harmonia das cores ou uma bela série de acordes, não entende sua própria arte". Em sua obra, a elegância impecável, o harmonioso equilíbrio das partes, o cuidado artesanal nunca faltam; e, dentro de estritos limites acadêmicos, há sempre bom gosto, algum engenho e até mesmo um moderado apelo sensual. O problema é que o teatro precisa de mais do que isso. A música de ópera tem de ser algo mais do que melíflua, engenhosa e corretamente escrita. Saint-Saëns foi prejudicado por seu racionalismo setecentista, e a maioria de suas óperas sofre desse espírito racionalista de dissecação. A vitalidade pessoal é a necessidade primordial para a música operística. Bom gosto e distinção intelectual perdem-se no teatro, se não têm como esteio qualidades dramáticas mais sólidas e terra a terra.

Palavras que nos oferecem rica matéria de reflexão para explicar as causas do inarredável sucesso, junto ao público, de gênios da ópera como Verdi e Puccini; e que será bom termos em mente quando chegar a hora de analisar a obra de um compositor como Massenet.

# ÉDOUARD LALO

## Massé, Guiraud, Godard, Lara, Paladilhe

Embora pequena e mal conhecida, a obra para o teatro de Édouard Lalo (1823-1892) é de primeira ordem – como é, de resto, sua variada música de câmara (ele era o violinista e, mais tarde, o segundo violino do Quarteto Armingaud), que só recentemente começou a ser revalorizada. Ainda não foi feito o resgate de sua primeira ópera, a malfadada *Fiesque*, baseada na peça de Schiller e escrita para um concurso aberto, em 1868, pelo Théâtre Lyrique. E só em 1992 David Robertson fez, em Monte Carlo, para o selo Valois/Auvidis, a gravação integral de seu revolucionário balé *Namouna*, antes só conhecido através das duas rapsódias orquestrais que o próprio Lalo preparou, tentando salvar sua música do esquecimento (é verdade que esse disco causou tal impressão, que estimulou o aparecimento, em 1994, de outro registro: o do selo ASV, com Yondani Butt e a Royal Philharmonic).

De *Le Roi d'Ys*, com libreto de Édouard Blau, estreada no Opéra-Comique em 7 de maio de 1888, existem, em todo caso, duas boas gravações: a de André Cluytens (Pathé-Marconi/Columbia) a de Pierre Dervaux (Chant du Monde) e a de Armin Jordan (Erato); o que não a impede de continuar a ser muito raramente encenada. Na verdade, o nome de Lalo é familiar aos freqüentadores de concertos graças a apenas uma obra, brilhante e bem escrita, mas que está longe de ser sua produção mais significativa: a *Rapsódia Espanhola* (1873), para violino e orquestra.

Por razões que nunca ficaram claras, o júri do Lyrique recusou *Fiesque*; porém os elogios que vários músicos fizeram a ela decidiram Perrin, o diretor do Opéra, a montá-la; mas foi obrigado a demitir-se antes que pudesse fazê-lo. Tudo parecia conspirar contra o pobre Lalo: a Guerra Franco-prussiana, a revolução da Comuna e o incêndio do prédio da Rue Le Peletier, em que o teatro funcionava, retardaram os ensaios e acabaram fazendo com que fossem cancelados. Gounod tentou interessar a direção do Théâtre de la Monnaie, em Bruxelas, mas não foi bem sucedido; e Lalo teve de publicar a partitura por conta própria, com tiragem muito limitada.

Isso não o desanimou de compor *Le Roi d'Ys*; mas a abertura dessa nova ópera, executada em um dos concertos da Société Pasdeloup, foi muito mal recebida. Vizentini, o diretor do Lyrique, concordou em encená-la, mas abriu falência. Foi a vez de Vaucourbeil, diretor interino do Opéra, prometer apresentá-la; mas, confirmado no cargo, mudou de idéia, e exigiu que o compositor lhe escrevesse um balé. Na esperança de assim conseguir que sua ópera fosse representada, Lalo deixou que lhe impusessem um roteiro absurdo, mal alinhavado pelo crítico Henri Blaze de Bury e frouxamente remendado por Charles Nuitter; e aceitou o prazo exíguo de quatro meses para aprontar a música. Isolou-se em sua casa de Asnières-sur-Oise e trabalhou num ritmo tão estafante que, em 10 de dezembro de 1881, sofreu uma congestão cerebral.

Uma vez mais, foi Gounod quem se dispôs a ajudar o amigo doente, orquestrando as últimas cenas do balé – que a princípio chamava-se *Amouna*, e depois teve seu título trocado para *Namouna* – embora não haja qualquer relação com o poema de Musset que tem esse nome. Mas os ensaios foram tempestuosos, devido a desentendimentos entre o coreógrafo, que era Lucien Petipa (e não seu irmão Marius, como afirmam certas fontes) e Mérante, a grande estrela masculina da companhia. Petipa queria que a *prima ballerina*, Mlle Rita Sangali, puxasse umas baforadas num cigarro enquanto dançava, idéia que Mérante tivera, para um outro balé, que pretendia coreografar.

Nesse meio tempo, Ambroise Thomas, ansioso por ver desembaraçado o teatro para que nele pudesse estrear sua *Françoise de Rimini*, não hesitou em alimentar a campanha de calúnias contra a música de Lalo, acusando-a de ser fraca e "indançável". Antes mesmo que uma só nota da partitura tivesse sido ouvida, ela era descrita como "a ininteligível elucubração de um wagnerita", designação que, na terminologia dos críticos reacionários da época, qualificava os músicos suspeitos de ceder às tendências progressistas da escola alemã.

A cabala que se elevou contra Lalo fez com que, na estréia, em 6 de maio de 1882, *Namouna* fosse estrepitosamente vaiada, apesar dos protestos de alguns músicos. Entre eles, um dos mais entusiastas era um jovem chamado Claude-Achille Debussy que, em sua coluna de crítica assinada sob o pseudônimo de Monsieur Croche, escreveria, anos depois:

> Entre tantos balés estúpidos, houve uma obra-prima, a *Namouna*. Não sei que surdo rancor a enterrou tão profundamente que ninguém mais fala dela. [...] É uma coisa muito triste para a música.

Debussy qualificou *Namouna* de "uma obra-prima do ritmo e da cor". Mas muito tempo se passaria antes que essa partitura surpreendente, desembaraçada do libreto medíocre e convertida em dança abstrata, se transformasse num dos balés mais aplaudidos do repertório do Opéra, sob o título de *Suite en Blanc*, adaptado em 1943, por Henri Busser, para o coreógrafo Serge Lifar. Joël-Marie Fauquet na apresentação ao disco da Valois escreve:

> A gravação da partitura completa em sua versão original permite verificar a exatidão da afirmativa de Pierre Boulez de que a evolução da música sinfônica, na França, fez-se, com freqüência, de maneira mais livre e inventiva graças aos grandes balés, cuja linhagem é inaugurada por *Namouna*, do que a pesadas sinfonias vinculadas a princípios de composição mais formalistas.

Depois disso, Lalo estava exausto e desencorajado demais para lutar pelo *Roi d'Ys*. Mas o fiel Gounod não se deixava facilmente derrotar. Fracassou em convencer Carvalho, embora se desse ao trabalho de cantar pessoalmente, para ele, as cenas principais da obra. Mas depois que, em maio de 1887, um incêndio destruiu a Salle Favart, onde funcionava o Opéra-Comique, Gounod empenhou-se em persuadir Paravey, o sucessor de Carvalho, a aceitar a ópera. Recorreu, para isso, à ajuda de Roger Max, diretor da École des Beaux-Arts, que tinha muito prestígio junto à administração do teatro.

Mas o azar rondava Lalo persistentemente: por pouco a primeira récita do *Roi d'Ys*, em 7 de maio de 1888, não resultou em catástrofe. A pouca experiência de Paravey fizera com que vendesse 3500 ingressos, esquecendo-se de que o Théâtre des Nations, onde o Comique se instalara provisoriamente, tinha apenas dois mil lugares. O alarido do público, que insistiu em entrar no teatro e amontoouse, de pé, nos corredores, impediu a todos de ouvir a abertura e boa parte do ato I. Mas a partir do II, a música conquistou a assistência, que exigiu o bis de vários números e fez da ópera um enorme sucesso. Cantada 490 vezes no Comique, antes de ser transferida para o Opéra em janeiro de 1941, ela ainda foi programada 125 vezes, ali, até 1954. Depois, caiu em injusto esquecimento, de que veio resgatá-la a gravação de Jordan, para a Radio France, em 3 de abril de 1988.

Lalo trabalhou durante dez anos nessa ópera, baseada na lenda bretã da cidade imaginária de Ys, que também inspirou a Debussy seu famoso prelúdio para piano *La Cathédrale Engloutie* (A Catedral Submersa). A história, que lhe tinha sido contada por sua esposa, uma pianista nascida na Bretanha, trata da rivalidade entre as princesas Margared e Rozenn, ambas apaixonadas pelo guerreiro Mylio. Como Margared recusa a mão do cavaleiro Karnac, este se irrita e ofende o rei de Ys. Para desagravá-lo, Mylio desafia Karnac para um duelo, derrota-o, mas poupa-lhe a vida. Depois que Mylio fica noivo de Rozenn, Margared oferece a Karnac a chance de vingar-se, e a ela também: mostra-lhe como abrir as comportas que protegem Ys das águas do oceano. A catástrofe coincide com as bodas de Mylio e Rozenn. As águas cobrem a cidade, Mylio mata Karnac; e Margared – que tinha várias vezes blasfemado contra Saint Corentin, o padroeiro da Bretanha – atira-se nas águas, para aplacá-las, depois de ter sido perdoada pelo pai, a quem confessou sua traição. Com sua morte, o mar pára de subir e poupa os sobreviventes de Ys.

O libreto de Blau inspira-se visivelmente em situações extraídas do *Lohengrin* de Wagner – o duelo de desagravo, a aliança de um casal contra o outro, a cena nupcial – e da *Aida* de Verdi: a rivalidade das duas mulheres no amor pelo mesmo homem. Lalo sente inegável atração pela música de Wagner, como se percebe pela instrumentação da cena do casamento, ou pela citação que faz, na abertura, do tema do coro dos Peregrinos do *Tannhäuser*. Mas ainda não se pode situá-lo na esfera direta da influência wagneriana pois, em termos de colorido instrumental, ritmo, corte melódico, elegância de fraseado e emotividade contida, *Le Roi d'Ys* é uma ópera tipicamente francesa. Escreve Martin Cooper:

> Na linha natural de desenvolvimento que vai de Bizet a, digamos, Ravel. Lalo reforçou a textura e a palheta do idioma musical francês com seu conhecimento íntimo dos clássicos alemães e com sua aceitação moderada da mensagem wagneriana, que considerava perfeitamente assimilável pelo gênio francês. Como colorista, era às vezes seduzido pela magnificência da orquestra wagneriana; mas isso não chega a ser o detalhe mais relevante de sua obra. Na verdade, serve apenas para situá-lo como um elo entre os românticos da fase 1860-1870 e os wagneritas de coração de 1880-1890.

No texto de apresentação do álbum Jordan/Erato, afirma Jean-François Labie:

> Utilizando uma palheta muito rica, Lalo permanece sempre fiel à sobriedade das linhas, apanágio da primeira fase do Romantismo. É a receita de seu sucesso. Ele sabe evitar as duas armadilhas que prejudicam tantas obras líricas de seus contemporâneos: a pieguice e o excesso de ênfase. Falando uma linguagem simples e direta, dá a heróis fabulosos uma dimensão ao mesmo tempo familiar e dramática. O modo como usa a orquestra contribui muito para essa simplicidade do canto. Muito presente e colorida, a orquestra lá está para situar os cenários, para pôr em movimento as grandes cenas coletivas, para criar um clima psicológico tenso; a ambição de Lalo parece ser cativar seus ouvintes até mesmo nos momentos em que eles não têm condições de acompanhar o texto. Sua prioridade é criar uma intensidade puramente instrumental, o que permite posteriormente, ao músico que ele nunca deixa de ser, ceder o passo, quando necessário, ao dramaturgo. O recitativo torna-se, então, rápido, simples, comovente, sem apelar para nenhum efeito forçado. *Le Roi d'Ys* ainda maravilha o ouvinte moderno por essa facilidade de comunicação que só os maiores mestres podem se permitir.

De fato, trechos como o da confrontação entre as duas irmãs; as cenas de Margared com Karnac (reminiscentes das de Ortrud com Telramund, na *Lohengrin*); e principalmente a cena final, de tensão muito bem dosada, demonstram que Lalo poderia ter desenvolvido uma substanciosa carreira de operista, se o acaso não a tivesse tornado tão acidentada.

Ele ainda tentou escrever outra ópera, *La Jacquerie*, sobre um episódio da Revolução Francesa, mas deixou-a inacabada. Terminada por seu amigo Arthur Cocquart, foi representada em Monte Carlo, mas sem sucesso.

O nacionalismo intrínseco de Lalo e Saint-Saëns, ainda que tingido de discreto interesse pelas aquisições musicais estrangeiras, vai caracterizar também alguns românticos conservadores menores:

## Victor Massé

Regente do coro da Ópera de Paris, Massé (1822-1884) é lembrado pela opereta *Les Noces de Jeannette* (1853), cujas melodias muito soltas e espontâneas despertaram a esperança de que se tornasse um continuador de Auber. Embora sempre agradavelmente melodiosas, suas criações posteriores mais ambiciosas, *Paul et Virginie* (1876), do romance de Bernardin de Saint-Pierre, e *Une nuit de Cléopâtre* (25.4.1885), com libreto de Jules Barbier baseado na novela de Théophile Gautier, não se mantiveram no repertório. Esta última, no entanto, contém música que recria, com certo refinamento, o ambiente dos palácios e templos antigos. Mas apenas a grande ária de Cleópatra, no primeiro quadro do ato II, ainda é às vezes cantada em concerto.

## Ernest Guiraud

Considerado excelente professor, Guiraud (1837-1892) tinha, em relação às idéias de seus alunos, um espírito aberto de que não dava muitas provas em suas composições, agradáveis mas convencionais. É o autor das óperas-cômicas *Sylvie* (1864) e *Le Kobold* (1868), e da ópera séria *Frédégonde*, que ficou inacabada e, orquestrada por Saint-Saëns, foi cantada no Opéra em 1895. Hoje, é mais lembrado pelos recitativos que escreveu para *Os Contos de Hoffmann* e a *Carmen*; por seu balé *Gretna-Green* (Opéra, 1873) – que Bizet detestou a ponto de brigar com Massenet que, por pura gentileza, fizera um elogio a seu professor –; e por suas conversas com Debussy, que Maurice Emmanuel relatou no livro sobre o *Pelléas et Mélisande* (ver o capítulo sobre esse compositor).

## Benjamin Godard

Aluno do violinista Vieuxtemps, Godard (1849-1895) tornou-se muito popular com *Les Bijoux de Jeannette* (1878), *La Vivandière* (1895) – de que Marie Delna celebrizou os couplets "Viens avec nous, petit!" – e *Jocelyn* (1888). A esta última, pertence a "Berceuse" que, ainda hoje, se inclui, com freqüência, nos recitais de música ligeira.

## Isidore de Lara

Aluno inglês de Lalo (seu verdadeiro nome era Cohen), a ópera mais conhecida de Lara (1858-1935) é *Messalina*, escrita em 1899 para Monte Carlo.

## Émile Paladilhe

Um Prix de Rome recebido aos dezesseis anos parecia destinar Paladilhe (1844-1926) a um futuro brilhante. Mas *Le Passant*, da peça de François Coppée (Opéra-Comique, 1872) e *Patrie*, com libreto de Victorien Sardou e Louis Gallet, triunfalmente estreada no Opéra em 20 de dezembro de 1886, não conseguiram conservar o favor das platéias, pois o estilo pouco original de seu autor não as distingue de tantas outras óperas menores do período. Bem realizada, entretanto, é a cena da despedida de Rysoor, personagem central de *Patrie*: é uma página que, eventualmente comparece em recitais de canto.

# Jules Massenet

O crítico Willy chamou-o de "Wagner des grandes cocottes", dizendo: "Gostamos dele porque a sua música tem o sentimentalismo vicioso que agrada às *demimondaines* e aos imbecis." Poucos compositores de ópera foram tão desprezados quanto Massenet (1842-1912), por uma certa crítica e por músicos seus contemporâneos – aquela camada da intelectualidade que, de uma geração para a outra, preserva a atitude mental calvinista que consiste em condenar o "bonito", por considerá-lo uma banalização do Belo. E que desconfia, por princípio, de tudo o que obtém grande sucesso comercial (Puccini e Tchaikóvski também foram vítimas desse tipo de preconceito). Por outro lado, poucos foram os compositores que conseguiram fascinar tanto o grande público com seu sentimentalismo assumido. Massenet possui uma facilidade melódica que o insere numa linhagem tipicamente francesa: a que, partindo de Grétry e Auber, passa por Thomas e Gounod para culminar, no topo da escala, em Bizet.

Condenado pelos vanguardistas por ser acadêmico, e pelos conservadores por lhes parecer demasiado popularesco – por ser, portanto, ao mesmo tempo, anacrônico e indigente –, ele desafia a todos os seus detratores com uma obra que, apesar de todas as suas imperfeições, continua a ser representada, comove sempre as platéias e, em vez de desaparecer nos arquivos empoeirados da História da Ópera, está em franco processo de reavaliação e redescoberta. Mistério irritante para os que só vêem nisso um sinal da aberração do gosto do público ou, pelo menos, de sua fração menos esclarecida. É que eles não querem dar-se conta de que Massenet é um dos grandes representantes da ópera enquanto manifestação de vocalidade e um dos grandes melodistas do teatro lírico de seu país.

Embora a base harmônica de sua música seja sempre muito refinada, e ele tenha grande habilidade como orquestrador, é a melodia o elemento fundamental de sua dramaturgia: é sempre ela quem determina o tecido estrutural da peça. Escreve Donald Jay Grout:

> A melodia de Massenet é de um gênero delicadamente especial: lírica, terna, penetrante, docemente sensual, com contornos muito suaves, exata mas nunca violenta em sua interpretação do texto, sentimental e freqüentemente melancólica, às vezes um pouquinho banal, mas sempre muito atraente.

Já se criticou Massenet por escrever melodias que se gravam na memória com muita facilidade – "como se aquilo que se considera uma virtude em um compositor clássico pudesse ser considerado um defeito em um moderno", comenta seu biógrafo Gérard de Condé. Pode-se não gostar de suas melodias, é claro; mas é de má fé não reconhecer que elas têm sempre escrita muito favorável às vozes – que ele soube explorar em seus registros mais variados; – e que há, em geral, uma relação muito estreita entre a prosódia, a linha melódica e o sentido das palavras – o que também o coloca dentro da mais honrada das linhagens tipicamente francesas. Além disso, o espírito fundamentalmente eclético de Massenet, aliado a um instinto comercial que lhe permitia identificar exatamente o que o público desejava e o que era teatralmente eficaz, levou-o a experimentar os mais variados estilos:

- O orientalismo em *Le Roi de Lahore* (1877), *Hérodiade* (1881) e *Thaïs* (1894);
- A ópera heróica em *Le Cid* (1885), *Don Quichotte* (1910) e *Amadis* (1922);
- Os temas mitológicos e históricos em *Ariane* (1906), *Bacchus* (1909), *Rome* (1912) e *Cléopâtre* (1914);
- O *grand-opéra* de tintas wagnerianas em *Esclarmonde* (1889);
- O verismo em *La Navarraise* (1894), decalcada na *Cavalleria Rusticana*, de Pietro Mascagni, que fazia furor, na época, e era muito imitada em toda a Europa;
- O drama realista em *Sapho* (1894) – que combina a emotividade da *Traviata* de Verdi com o apelo popular da *Rondine* de Puccini –, e em *Thérèse* (1907), ambientada durante a Revolução Francesa;
- A *féerie* e a elegância da comédia setecentista em *Le Portrait de Manon* (1894), *Cendrillon* (1899) e *Chérubin* (1905);
- A mistura de misticismo e sensualidade, de gosto bem decadentista – que Vincent d'Indy chamava de "érotisme discret et quasi religieux" –, em *Hérodiade* (1881), *Thaïs* (1894) e nos oratórios *Marie Magdeleine* (1872), *Ève* (1875) e *La Vierge* (1878);
- O melodrama das paixões obsessivas e destruidoras, de tom francamente romântico, em *Manon* (1884) e *Werther* (1892), em que o papel da orquestra e dos motivos recorrentes e a preferência dada ao recitativo melódico sobre as árias atestam uma assimilação muito pessoal dos princípios wagnerianos;
- E a ambientação medieval em *Grisélidis* (1901), *Panurge* (1913), *Amadis* (1922) e, principalmente, *Le Jongleur de Notre Dame* (1902).

Esta última é uma de suas obras de maior frescor e originalidade. O libreto é de Maurice Léna, baseado em *L'Étui de Nacre* (1892), de Anatole France que, por sua vez, adaptara *Le Tombeur de Notre-Dame* (1890), de Gaston Paris. Estreada na Salle Garnier, de Monte Carlo, em 18 de fevereiro de 1902, e levada pela primeira vez em Paris, no Opéra-Comique, em 10 de maio de 1904, *Le Jongleur* destaca-se, dentro da produção de Massenet, por ser a sua única ópera que não pertence a nenhum dos gêneros circunstancialmente apreciados pelo público da época.

Baseada no modelo do *miracle*, a peça medieval de tema religioso, sua personagem título é o ingênuo jogral Jean, que se torna monge beneditino, na abadia de Cluny, mas não consegue produzir, como seus companheiros letrados, nem iluminuras nem manuscritos refinados. Só tem a oferecer à Virgem o que sabe fazer: suas caretas e cabriolas. Por isso mesmo, é recompensado com o milagre do sorriso da Santa, que lhe aparece, ao som do coro dos anjos, entronizada em toda a sua glória, e o recebe em seu regaço quando ele morre em êxtase.

Esse *fabliau* posto em música tem uma autenticidade toda especial. Invertendo o esquema da *Sor Angelica*, de Puccini – com a qual tem em comum o milagre da Santa –, é uma ópera com elenco exclusivamente masculino, sem que isso crie monotonia de timbres. Massenet a escreveu para si mesmo, como um gesto de pura devoção e, por isso mesmo, ela tem uma sobriedade de recursos e uma segurança no conhecimento da música litúrgica, aliadas a um bom humor juvenil, que a tornam singular dentro de sua copiosa criação. Escreve Louis Schneider em *Massenet:*

> O que sempre agradou neste *Jongleur*, desde a sua aparição, é a comovida simplicidade das melodias, que o compositor evitou esmagar sob uma instrumentação ruidosa ou violenta. A música tem meias-tintas, aflora o mistério, soa deliciosamente velada, como a luz discretamente filtrada por um vitral.

Ela lhe dá a chance de fazer delicados pastiches medievais, demonstrando o conhecimento que tinha de música antiga; de retratar todas as classes sociais na cena do ato I que se passa em praça pública; de mostrar uma divertida discussão entre um músico, um escultor, um poeta e um pintor, sobre suas profissões; de fazer-nos assistir, no mosteiro, ao ensaio de um coral; e de criar, com o cozinheiro Boniface, uma personagem cômica truculenta, na linha do Melitone, da *Forza del Destino*, e do *Falstaff*. Ao crítico Pierre Lalo, o compositor disse, em 1900, que a considerava a sua obra-prima. Confessou-lhe também ter ficado "muito espantado" com a decisão do Metropolitan de Nova York de estrear o *Jongleur* com Mary Garden no papel de Jean. Há dela, no selo Angel, uma gravação regida por Roger Boutry, com Alain Vanzo no papel título.

*O Jogral* dá-nos a possibilidade de entrar em contato com o humor de Massenet e constatar que ele não é apenas o autor de dramalhões lacrimogêneos ou pomposos *grands-opéras* de tema exótico ou antigo. Um dos melhores exemplos desse senso de humor está em *Grisélidis*, resgatada do esquecimento pela encenação no Festival de Saint-Etienne, em 10.11.1992 (a gravação, regida por Patrick Fournillier, foi comercializada pelo selo Koch International).

Esse *conte lyrique* de Armand Sylvestre e Eugène Morand põe em cena o Diabo em pessoa: ele vem tentar a personagem título a entregar-se a Alain, seu ex-namorado, durante a ausência do Marquês, seu marido, que partiu para uma longa viagem. Um dos melhores momentos da ópera é o início do ato II, em que o Diabo, pilhando-se sozinho num idílico jardim, confessa: "Loin de sa femme, qu'on est bien!" Mas Fiamina, sua diabólica esposa, o surpreende dançando alegremente; segue-se uma viva troca de insultos, no fim da qual ambos concluem que o melhor é reconciliar-se. No dueto "Mon trésor, mon coeur et mon âme", o Diabo se desdiz: "Qu'on est bien près de sa femme!"

É também uma partitura na qual o compositor trabalhou durante período excepcionalmente longo – de 1894 a 1901, com sucessivas revisões –, o que resulta numa escrita econômica e precisa, de grande unidade e equilíbrio, com características desusadas: ritmos alternando longas e breves, inspirados em modelos medievais, para realçar o caráter arcaico da ação; harmonias modais de tom flutuante, tonalmente ambíguas, que as fazem apontar para o futuro. Escreve Gérard Condé:

> O mais notável é que, embora as árias mantenham formas deliberadamente fechadas, estão inseridas num fluxo contínuo e não se percebe ruptura alguma entre elas e os recitativos que as cercam [...]. A orquestração de *Grisélidis*, um pouco como a do *Werther* – e também como a do *Parsifal* ou do *Pelléas e Mélisande* –, é trabalhada de dentro para fora: é uma "cor sonora" que envolve o canto, criando uma atmosfera recolhida, de refinamentos impalpáveis.

Sobre o Festival de Saint-Etienne – cidade escolhida porque o compositor nasceu na localidade vizinha de Montaud –, é preciso que se diga que, desde a década de 80 – graças ao trabalho sistemático do maestro Patrick Fournillier –, ele vem exercendo papel fundamental na redescoberta das óperas imerecidamente esquecidas de Massenet.

Com um catálogo de 24 óperas, quatro oratórios, as operetas *L'Adorable Bel-Boul* (1874) e *Bérangère et Anatole* (1876), os balés *Cigale* (1904) e *Espada* (1908), além de vasta música orquestral, Massenet é um dos últimos grandes mestres prolíficos da História da Música. Mas se, dentro dessa enorme produção, as óperas que se tornaram mais célebres são a *Manon*, o *Werther* e a *Thaïs* – e, num segundo plano, *Hérodiade*, *Cendrillon* e *Sapho* –, é justamente porque ele tem o instinto para as situações sentimentais, com elementos dramáticos que lhe permitem a criação de episódios emocionais de grande impacto (nesse sentido, sua sensibilidade o aparenta muito à de Tchaikóvski ou de Puccini).

De resto, como já o dissemos, Massenet foi, com freqüência, alvo da mesma acusação que se fez ao autor da *Madame Butterfly*: a de escolher seus assuntos, e também certos expedientes teatrais, de olho na bilheteria; de ser motivado mais pelo desejo de agradar ao público do que pelas exigências da criação artística. Mas a escolha desses temas, que realmente correspondiam ao gosto dos espectadores da época, não significava – como tampouco no caso de Puccini – um sacrifício de sua integridade artística, pois ele é, essencialmente, um músico de grande sinceridade em tudo o que faz. Sua música pode, às vezes, ser até banal, mas é sempre a expressão muito espontânea do homem e do artista. E porque seu instinto teatral é tão seguro, Massenet sempre realiza com naturalidade e elegância os efeitos a que se propõe – pelo menos nas obras que tratam dos temas com os quais tem maior afinidade.

Comenta Martin Cooper:

> Massenet parecia ser incapaz de expressar algo que não estivesse relacionado com o erotismo nas relações pessoais. E é por ter sabido capitalizar, em *Manon*, essa sua fraqueza que fez dela não só uma de suas melhores óperas como também algo de muito próximo a uma obra-prima.

Deve-se levar em conta também o fato de que, como Puccini, Massenet foi não só um hábil analista da paixão em seus aspectos mais extremados, como também um percuciente retratista da alma feminina. As mulheres que povoam a sua galeria de personagens, todas elas "grandes amoureuses" cuja vida é dominada por suas emoções e sensualidade, são muito mais interessantes do que os homens com quem elas convivem. Salomé na *Hérodiade*, Manon, Thaïs, Anita na *Navarraise*, Fanny Legrand na *Sapho*, Charlotte no *Werther*, Thérèse, Ariadne, Esclarmonde, Sitâ no *Roi de Lahore*, Cinderela, a Dulcinéia do *Don Quichotte*, Grisélidis, a Chimène do *Cid*: todas elas são figuras vivas, verdadeiras, marcantes, e não é raro seus parceiros masculinos, comparados a elas, parecerem mais estereotipados.

E é justamente nos momentos em que se identifica plenamente com as crises emocionais de suas personagens, sejam elas aristocráticas ou gente do povo, que Massenet consegue dar o melhor de si mesmo. São inúmeros os exemplos que se pode citar dessas cenas, executadas com rara felicidade porque se referem a tensos instantes de confrontação amorosa. Por exemplo, o último encontro de Charlotte e Werther, em que a confissão do amor traz consigo também a perda definitiva de todas as esperanças. Nela, está uma das mais belas árias para tenor escritas por Massenet: "Pourquoi me réveiller?", em que Werther relembra os tempos felizes em que ele e a amada liam juntos os poemas atribuídos a Ossian. Ou ainda a tórrida cena da reconquista de Des Grieux por Manon, na igreja de Saint Sulpice, onde ele se refugiara para esquecer a dor de ter sido abandonado pela amante. Ou então a sensualidade do monólogo de Thaïs diante do espelho, refletindo sobre a fugacidade de sua beleza. O angustiado pedido ao espelho: "dis-moi que je suis belle et que je serai belle éternellement" não deixa de lembrar o "Sempre libera" da *Traviata* – a personagem passa pela mesma seqüência de dúvidas e faz as mesmas tentativas de convencer-se de que não deseja mudar a sua vida quando, no fundo, sabemos que se trata exatamente do contrário.

Mesmo numa ópera como a *Cléopâtre* – que demorou para ser redescoberta, mas fez enorme sucesso ao ser regida por P. Fournillier, no Festival Massenet de Saint-Étienne, em outubro de 1990 (gravação no selo Koch International) –, as passagens épicas são um tanto acadêmicas; mas são muito convincentes as cenas de amor entre a rainha do Egito e o general Marco Antônio – em especial a do último ato, "Regarde l'horizon. C'est le plus beau des soirs", em que eles se despedem antes de morrer. O lirismo espontâneo dessas páginas desmente a crença de que, no fim da vida – a orquestração foi terminada em junho de 1912, dois meses antes de sua morte – os poderes criativos de Massenet tinham declinado. Há na partitura ambiguidades harmônicas saborosas, o uso da escala de tons inteiros (no prelúdio ao ato II, cena 2) mas, de um modo geral, a música é de um diatonismo direto, os números são compostos de maneira simples, sem se preocupar com uma elaboração formal extravagante. É o trabalho de um mestre seguro de sua escrita, que sabe não precisar de grandes malabarismos para cativar o seu público: o irresistível apelo melódico se encarregará disso.

*Cléopâtre* – com libreto de Louis Payen, estreada postumamente, em Monte Carlo, em 23.2.1914 – é uma ópera que cresce ato a ato, até o último, concebido sob o signo da morte, que o próprio compositor sentia iminente e parece aceitar como inevitável. A música em ritmo ternário, de 12/8, com que a escrava traz à rainha derrotada a cesta de frutos dentro da qual esconde-se a víbora, soa como uma canção de ninar, sugerindo o sono eterno que Cleópatra está buscando. E é como se pensasse em seu próprio fim que Massenet escreve, para sua última heroína, uma serena despedida da vida.

A partitura fora concebida para o contralto Lucy Arbell, amor platônico de seus últimos anos; mas a direção da Ópera de Monte Carlo decidiu contratar a soprano Maria Kuznetsova, que, em 1912, fizera muito sucesso como Fausta, na estréia de *Roma*. Embora recorresse aos tribunais, alegando, com base numa carta escrita por Massenet em 12 de maio de 1912, que era em sua voz que pensava ao criar a personagem, Arbell perdeu e só pôde fazer Cleópatra nas montagens provincianas de Nantes e Bordeaux. Tinham sido necessários 288 retoques na partitura para que ela pudesse ser cantada por um soprano; mas foi essa versão revista que se apresentou em Paris, em 1919, no Théâtre Lyrique du Vaudeville, tendo Mary Garden como a protagonista. Ao revivê-la em Saint-Etienne, porém, Fournillier devolveu-a à tessitura original; e a americana Kathryn Harries demonstra a riqueza com que a linha vocal explora os coloridos do registro grave, contrapondo-o ao timbre de soprano de Otávia, a esposa de Marco Antônio, que, no ato III, vem de Roma tentando recuperar o marido.

*Sapho*, com libreto de Henri Cain e Arthur Bernède, baseada na novela de Alphonse Daudet (1884), foi escrita para Emma Calvé. Estreada no Opéra-Comique em 27 de novembro de 1897, é uma das óperas de Massenet em que o conflito de emoções se expressa de maneira mais espontânea. A modelo Fanny Legrand – a quem chamam de "Safo" por causa de um quadro para o qual posou – apaixona-se por Jean Gaussin, de família burguesa do interior, para grande escândalo dos pais do moço, que não querem vê-lo envolvido com uma *demie-mondaine*. No final, embora Jean queira tê-la ao seu lado, é da própria Fanny que parte a decisão de afastar-se dele: ela está consciente de que a oposição familiar nunca permitirá que sejam felizes juntos. Profundamente comovido com a determinação dessa mulher forte de salvar pelo menos a lembrança da felicidade que aqueles raros dias de amor clandestino lhe trouxeram, Massenet escreve para Fanny algumas de suas mais ternas melodias. Em especial o "Pendant un an je fus ta femme et j'entends rester à toi pour toujours" com que, no último ato, essa Violetta Valéry do Quartier Latin promete a Jean a vida em comum, mesmo sabendo, naquele momento, que ela nunca será possível.

As lembranças inevitáveis da *Traviata* – e também da *Mireille* e da *Arlésienne*, que são de ambientação provençal – são neutralizadas pela forma muito pessoal como Massenet evoca os ambientes: a atmosfera ensolarada do Midi, a agitação de Paris e o ar mais doce do campo em Ville-d'Avray, onde se passam os atos III e V. Como a *Navarraise*, trata-se de uma ópera influenciada pela estética verista: paixões pintadas com intensidade, rapidez da ação, tema contemporâneo, personagens comuns; mas o realismo cru é temperado pelo tom poético característico do compositor. Para conhecer esta ópera interessantíssima, existem, no selo Peters International, a boa gravação de Roger Boutry e, no selo Memories, a pirata de Bernard Keefe.

Massenet é bem menos feliz, porém, quando tenta abordar assuntos grandiosos. A respeito do *Cid*, com libreto de Adolphe d'Ennery, Louis Gallet e Édouard Blau, baseado na tragédia de Corneille – estreado no Opéra em 30 de novembro de 1865 –, é bastante severo o julgamento de Martin Cooper: "A grandeza heróica, as paixões sombrias e o violento claro-escuro espanhol da história do Cid Campeador prestavam-se tanto ao gênero de talento de Massenet quanto o *Niebelungslied*. E sua incapacidade de usar outras cores que não fossem o rosa-chá ou o *eau du Nil*, outros aromas que não fossem o sândalo e o incenso, outros tecidos que não fossem o *crêpe de Chine* ou o cetim, fazem do *Cid* uma coisa lamentável".

Exageros postos de lado, é verdade que as cenas de caráter épico são resolvidas de forma bastante banal, com uma grandiloqüência de superfície. E que, nessas passagens, a caracterização das personagens é muito esquemática ou impessoal porque, sem recursos próprios para tratar esse tipo de tema, Massenet toma de empréstimo procedimentos típicos da linguagem de Verdi, cuja influência, nessa ópera, é muito grande. A ópera sofre, para começar, porque o libreto é uma colagem: há nele trechos de um projeto de Ennery recusado, em 1873, por Bizet; citações tiradas diretamente da tragédia de Corneille; e a cena da visão (ato III), em que Santiago de Compostela promete a vitória a Rodrigo, é tirada do *Cid* de Guilhem de Castro e do *Saint-Julien l'Hospitalier*, de Gustave Flaubert. Na música, também, Massenet reutilizou fanfarras escritas em Veneza, em 1865, trechos rejeitados da *Hérodiade* e melodias que recolhera durante uma viagem à Espanha.

Onde ele se sai melhor, como era de se esperar, é nas cenas intimistas. A mais bela é a do ato II, em que estão a ária de Chimène, "Pleurez mes yeux", e o dueto de amor com Rodrigue, "Ô jours de première tendresse". As confrontações psicológicas também o motivam: é igualmente satisfatória a cena do ato II, conduzida num arioso muito tenso, em que Rodrigue desafia em duelo o seu sogro, Don Gormas, para vingar a ofensa feita por este a seu pai, Don Diegue. Grace Bumbry e Plácido Domingo são os intérpretes da gravação regida por Eve Queler (Columbia).

Julgamento similar pode ser formulado a respeito de uma obra póstuma: o *Amadis*, "ópera lendária" sobre poema de Jules Clarétie, inspirado nos *Quatro Libros del Virtuoso Caballero Amadis de Gaula* (1492), de García Rodríguez de Montalvo. Foi a ópera que Massenet levou mais tempo para escrever: começou em 1889, interrompeu-a no ano seguinte, pois Heugel, que comprara a casa de seu editor, Hartmann, não parecia interessado em produzi-la. Retomou-a em 1901 e terminou-a em 1911. Mas só em 1º de abril de 1922 Raoul Gunsbourg a montou, na Salle Garnier de Monte Carlo. Esquecida durante muito tempo, foi tirada do ostracismo por Fournillier, no Festival Massenet (gravação Koch International). Há também a pirata de Andrea Giorgi (Forlane).

Tem grande espontaneidade a "Ballade du Chevalier de la Mer", cantada no ato II por Floriane, amada por Amadis e Galaor – que não sabem ser um o irmão perdido do outro. É sedutora a melodia do "Si je tenais un pied au paradis", da personagem título; ou a melancolia do "Sire, écoutez une mourante prière", com que a ópera se encerra. Mas essas páginas felizes contrastam, por exemplo, com o artificialismo da cena do torneio (ato II), mais barulhenta do que dramaticamente eficiente.

Também *Esclarmonde*, com libreto de Edouard Blau e Louis de Grammont, baseado no romance de gesta *Partenopoeus de Blois* (1188), constitui um exemplo do chamado "style pompier", do "kitsch XIX$^{ème}$ siècle". Composta por ocasião da Exposição Universal e influenciada pelos aspectos mais superficialmente espetaculares da música wagneriana, é uma ópera exagerada, transbordante, sobrecarregada em todos os sentidos. Talvez seja a partitura de Massenet em que mais se acumulam as banalidades e o mau gosto, resultantes de ele ter querido juntar, num só espetáculo, todos os efeitos vocais, instrumentais e cênicos possíveis. *Esclarmonde* é a mais típica herdeira dos clichês do *grand-opéra*.

Massenet escreveu o papel título para Sybil Sanderson – sua Manon de Amsterdã em 1888 –, encantado com a juventude, beleza e boa voz dessa soprano americana. *Esclarmonde* foi estreada no Théâtre Lyrique, residência temporária do Opéra, que tinha pegado fogo, em 15 de maio de 1889. Pois mesmo numa obra envelhecida como esta, salvam-se os momentos em que Massenet tem de descrever as paixões: a melhor delas é a audaciosa cena do ato II em que, após o dueto de amor da personagem título com o cavaleiro Roland, acompanhado pelo coro nupcial dos Espíritos, a orquestra descreve, com cores vibrantes, seu sensual abraço. *Esclarmonde,* além disso, é importante por assinalar, em 1889, o momento em que, no dizer de Louis Schneider, "começava a se espalhar entre os compositores a epidemia do sarampo wagneriano". E isso se reflete no desenvolvimento de avanços harmônicos que já tinham sido feitos no *Werther*, numa orquestração particularmente brilhante e numa estrutura em que os números fechados estão bem integrados à fluidez do discurso. Além da gravação de Richard Bonynge (London), com Joan Sutherland e Giacomo Aragal, há dois registros em vídeo: o de Paris, regido por Fournillier (também em CD pela Koch Schwann); e o de Turim, com Alain Guingal.

A obra-prima de Massenet é, inegavelmente, a *Manon*, estreada no Opéra-Comique em 19 de janeiro de 1884. O libreto de Henri Meilhac e Philippe Gille baseia-se no romance do abade Prévôt, que, numa veia bem mais ligeira, já tinha inspirado Auber e, posteriormente, seria abordado também por Puccini na *Manon Lescaut*. É interessante observar que Massenet lhe deu a classificação genérica de *opéra-comique*, ao contrário das outras, a que preferiu dar designações mais específicas: *comédie-lyrique* (*Thaïs*), *conte de fées* (*Cendrillon*), *conte-lyrique* (*Grisélidis*), *drame-lyrique* (*Werther*), *comédie-héroïque*

(*Don Quichotte*), *haulte farce musicale* (*Panurge*), e assim por diante. A escolha dessa denominação demonstra estar ele decidido a trabalhar com todas as convenções de um gênero bem definido, obtendo, com a fusão de todas elas, uma estrutura de extraordinária flexibilidade.

*Manon* não tem a habitual alternância de números cantados e diálogos falados; mas a escrita vocal justapõe, com grande agilidade, os procedimentos mais variados:

– pequenas frases faladas interpoladas com o recitativo acompanhado, correspondendo aos momentos mais prosaicos da ação;
– diversos tipos de melodrama (texto falado com comentário orquestral), em que o acompanhamento vai desde alguns esparsos acordes de suporte até uma melodia bem expressiva – por exemplo, o tema de Manon que aparece no acompanhamento da frase de De Brétigny no ato I: "Jamais plus doux regard n'illumina plus gracieux visage";
– diversos tipos de recitativo: o que decalca o ritmo natural da frase falada; um *récitatif accompagné* fiel ao estilo do fim do século XVIII-início do XIX; e um tipo de recitativo melódico muito próximo do arioso, típico da fase pós-wagneriana;
– ariosos que podem ser muito simples ("Mais le bonheur est passager") ou bastante elaborados, já se avizinhando da ária propriamente dita ("Adieu notre petite table", de Manon, no ato I, com uma das melodias mais encantadoras de toda a ópera);
– cançonetas de sabor popular ("Capitaine, ô gué", no ato V);
– e árias de formato bem variado: a de *opéra-comique*, de tom ligeiro e brincalhão ("Allez à l'auberge voisine", de Lescaut, no ato I); a de *opéra-lyrique*, com coloratura virtuosística ("Je marche sur tous les chemins", de Manon, no ato III); e, principalmente, a grande ária de efusão emocional, com um tom exacerbadamente apaixonado ("Manon, sphynx étonnant", de Des Grieux, no ato IV; ou "Ah, rends-moi ton amour, si tu veux que je vive", de Manon, na cena em que ela reencontra o amante no claustro de Saint-Sulpice).

Analisando a obra no ensaio que acompanha a gravação de Michel Plasson, Gérard Condé diz que essa mobilidade de procedimentos resulta da aplicação, à expressão vocal, do princípio instrumental da modulação:

> Da mesma forma que cada tonalidade, com seu colorido próprio, é susceptível de exprimir as coisas mais diversas, dependendo da relação que estabelece com a tonalidade que a precedeu, também duas frases que têm um efeito dramático semelhante, mas estão situadas em contextos diferentes, podem ser ora cantadas, ora faladas, ora recitadas.

Essa instabilidade da linha vocal está, de resto, profundamente associada às próprias oscilações emocionais das personagens e ao retrato da sociedade volúvel e leviana que as cerca, leviandade que gera e, em parte, explica seu comportamento. Um outro ponto fundamental: numa época em que não era comum, de um modo geral, os compositores indicarem as nuances exatas da linha de canto, preferindo deixar aos cantores a escolha das intensidades, acentuações ou ligações, Massenet – seguindo o exemplo de Verdi, que a esse respeito era rigorosíssimo – anota todos os detalhes expressivos: *doux, entrecoupé, tendre et lent, plus agité, très ému*; as indicações de *legato* ou *staccato*; ou até mesmo, em alguns casos, a indicação dos pontos exatos onde o cantor deve respirar.

O cuidado que tem com a estreita relação entre a dicção verossimilhante e a linha de canto – o que o insere dentro da mais francesa das linhagens operísticas – é ressaltado por Patrick Gille em *L'Univers Sonore de Massenet*, artigo publicado num número especial da revista *Diapason*, a ele dedicado:

> De Ambroise Thomas, seu "maître bien-aimé", seu professor de Composição, Massenet herda o gosto pela busca constante, ao musicar seus textos, de uma prosódia ao mesmo tempo justa e expressiva. Essa preocupação com a prosódia transfere-se até mesmo para a sua música instrumental, intervindo na gênese da linha melódica como se o torneado de tal ou tal frase fosse sugerido ao compositor por palavras que ele deixa de comunicar aos seus ouvintes. Um exemplo dessa "prosódia subjacente" é o tema inicial do movimento lento do *Concerto para piano*, declamatório e construído como se fosse um recitativo operístico.

(O selo Pathé tem uma gravação desse concerto com Aldo Ciccolini e a Orquestra da Ópera de Monte Carlo regida por Sylvain Cambreling). Prossegue Patrick Gille:

Massenet só começa a compor as suas óperas depois de ter decorado o libreto, depois de ter-se imposto a seus ouvidos uma prosódia "justa" cujo ritmo gere uma linha melódica. Esse processo criador, típico da linha vocal, estende-se à sua música instrumental e forma o alicerce de seu gênio melódico. Unidos a essa "prosódia secreta", o sentido de seu pensamento musical (subordinado a uma evocação ou a um gesto dramático mais do que à exploração de uma matéria-prima musical abstrata) e o tecido límpido dos diferentes timbres que ele usa em sua orquestra parecem constituir as contribuições mais originais de sua música sinfônica.

São os seguintes os registros comerciais disponíveis da *Manon*:

Henri Busser (Pathé, 1923), Fanny Heldy-Jean Marny;
Élie Cohen (EMI, 1929), Germaine Féraldy-Joseph Rogatchewsky;
Albert Wolff (Decca, 1951), Janine Micheau-Libero de Luca;
Pierre Monteux (EMI, 1955), Victoria de los Angeles-Henri Legay;
Julius Rudel (EMI, 1970), Beverly Sills-Nicolai Gedda;
Michel Plasson (EMI, 1982);
Ileana Cotrubas-Alfredo Kraus; piratas ao vivo – Favero-Di Stefano/Guarnieri (Scala, 1947);
Caballé-Alexander/Anderson (Nova Orleans, 1967); Sills-Domingo/Rudel (Nova York, 1969);
Freni-Pavarotti/Maag (Scala, 1969);
Pilou-Aragal/Serge Baudo (Lyon, 1971); todas no selo Bongiovanni;
Zylis Gara-Kraus/Fournet (Chicago, 1973, Legendary);
Kabaivanska-Kraus/Oren (Roma, 1981, HRE];
Em vídeo – RAI de Roma, Freni-Lamberti (em italiano, P&B);
New York City Opera, Sills/Goodall;
Cidade do México, Sills/Carlo Maria Cillario;
Ópera de Viena, Gruberová/Ádám Fischer, em deslumbrante produção de Jean-Pierre Ponnelle;
Macerata, Ricciarelli/Latham-König;
Honolulu, Holleque/La Marchina.

O sucesso de público da *Manon* animou Massenet, anos depois, a encomendar a Georges Boyer uma continuação, *Le Portrait de Manon*, esquecida desde o *succès d'estime* que obteve ao estrear no Opéra-Comique, em 8 de maio de 1894. Mas a peça possui qualidades que justificariam seu resgate. Nela, o velho Des Grieux, isolado numa propriedade de província, cheio das lembranças de sua amada, opõe-se ao casamento de seu sobrinho, o visconde Jean de Mortcerf, com a plebéia Aurore, pupila de seu amigo Tiberge. Sua resistência termina, porém, quando Aurore – que descobriu em seu gabinete um antigo retrato de Manon e percebeu ter com ela acentuada semelhança – aparece diante dele vestida exatamente como na primeira vez em que ele viu a antiga amante, descendo da diligência diante da pousada em Amiens. Perturbado com essa visão, que lhe restitui embriagadoras lembranças do passado, Des Grieux proclama: "La raison n'est qu'un sacrilège, l'amour est vérité!", e consente na união dos jovens.

Parece um tanto dispensável, no final, a explicação dada por Tiberge de que adotou Aurore porque ela era a filha bastarda de Lescaut, o irmão de Manon, o que explica a sua semelhança com a tia. Mas isso não invalida a graça e o frescor de uma partitura em que Massenet trança, a material melódico inteiramente novo, os principais temas da ópera anterior. O motivo de "Je suis encore tout étourdie" ressoa a primeira vez que Des Grieux abre o cofre onde guarda o retrato de Manon. Durante a ária "Tes yeux d'azur", em que Jean celebra a beleza da namorada, ouve-se a melodia do "On m'appelle Manon", ecoando, na paixão do sobrinho, a do tio em outros tempos. E assim por diante. E nem é necessário dizer que páginas como o dueto de amor dos dois meninos, ou a cena da evocação de Manon, no final, sugerem ao compositor música da melhor qualidade. Qualquer admirador de Massenet se encantaria em conhecê-la.

As mesmas qualidades encontramos em uma de suas maiores criações: *Werther*, que Édouard Blau, Paul Milliet e Georges Hartmann tiraram do *Die Leiden des jungen Werthers* (1774), de Goethe. Era um projeto que Massenet acalentava desde 1870, quando estava terminando *Hérodiade*, e que discutira com Hartmann, seu editor, um dos co-libretistas. O plano foi provisoriamente engavetado, em favor de *Manon* e do *Cid*, mas ele o retomou em 1885. Como o trabalho não ia bem, Hartmann o convenceu a instalar-se em um apartamento do século XVIII, perto de Versalhes; e quando foram a Bayreuth, para o Festival, em agosto de 1886, fez questão de que visitasse Wetzlar, ao norte de Frankfurt, onde se ambienta a ação. Sabendo que esse tipo de contato direto com os locais e paisagens sempre estimulava sua inspiração, Hartmann já o fizera peregrinar, três anos antes, pelos locais onde se passava o romance do Abbée Prévôt.

Mas a direção do Opéra-Comique rejeitou *Werther*, alegando que era muito deprimente. E depois da reconstrução dessa sala de espetáculos, destruída num incêndio, preferiu *Esclarmonde*, que lhe parecia muito mais glamourosa. O jeito foi estreá-la, em 16 de fevereiro de 1892, na Hofoper, de Viena, onde *Manon* obtivera enorme sucesso. A aclamação de Ernest van Dyck, criador do papel título, fez com que chegasse, finalmente, ao Opéra-Comique, em 16 de janeiro do ano seguinte.

Goethe baseara-se na história do advogado Karl Wilhelm Jerusalem, que se suicidou, em outubro de 1772, pois estava apaixonado pela mulher de um diplomata, deixando uma nota de despedida que é reproduzida no romance e na ópera. Mas há no livro, também, traços autobiográficos, pois ao próprio poeta ocorrera envolver-se sentimentalmente com a noiva de um amigo. A adaptação de um romance epistolar fluvial como *Os Sofrimentos do Jovem Werther* exige cortes que forçam o sacrifício de vários elementos. Perde-se muito da complexa personalidade panteísta do protagonista, presente só na evocação "Ô nature pleine de grâce, reine du temps et de l'espace" (I, 4) e na já mencionada "Pourquoi me réveiller". E faz-se com que Charlotte tenha um perfil mais determinado e realista. Sophie, a irmã de Charlotte, foi inventada pelos libretistas para dar a ela um contraponto psicológico e vocal. Foi igualmente imaginado por eles o encontro final, quando Charlotte encontra Werther ferido.

No romance, Werther é vítima daquela melancolia indefinida e sem esperança que o Romantismo chamava de *mal du siècle*; a personagem de Massenet morre devido a uma paixão sexual e emocional que não consegue ser satisfeita. A Charlotte do romance é uma garota alemã, com elevado senso de dever, que nunca retribui a paixão de Werther com o mesmo ardor; a da ópera, é uma jovem francesa que chega a sentir-se muito tentada a esquecer a promessa feita à mãe e os interditos do casamento. Massenet escreve, para ela, no início do ato III, um dos grandes momentos de *strip-tease* moral de toda a História da Ópera: a seqüência formada pelo recitativo "Werther! Werther! Qui m'aurait dit la place que dans mon coeur il occupe aujourd'hui..."; a leitura das cartas que ele lhe escreveu ("Ces lettres... ah!, je les relis sans cesse!"); e, depois do encontro com a irmã, que tenta em vão alegrá-la, a ária "Va, laisse couler mes larmes", em que ela deixa extravasar toda a sua angústia. É uma página comparável ao "Ella giammai m'amò!", de Felipe II, no *Don Carlo*, de Verdi; ou à Cena da Carta no *Ievguêni Oniéguin*, de Tchaikóvski. Charlotte não viola o juramento que fez à sua mãe mas, ao contrário de seu modelo goetheano, confessa a Werther que o ama tanto quanto ele a ela.

Como na *Manon*, o estilo é intimista, não há coro, e os efeitos orquestrais são muito bem dosados. As expansões instrumentais são reservadas a momentos como o prelúdio "La nuit de Noël", que precede a cena da morte de Werther, no ato IV. As intervenções do corne inglês e, em especial do saxofone, em "Les larmes qu'on ne pleure pas", de Charlotte, no ato III, dão um colorido especial à instrumentação. Excetuando-se o contraponto deliberadamente pedante usado para retratar Johann e Schmidt, os dois universitários que aparecem no ato I, aqui Massenet não faz pastiches e está no auge de sua capacidade de criar temas recorrentes sucintos e marcantes, e de distinguir musicalmente as suas personagens. O *bon ton* das melodias bem educadas de Albert contrasta vivamente com as emoções descabeladas de Werther, em desabafos como "Un autre est son époux" (II, 3) e, especialmente, na emocionada seção "J'aurais, sur ma poitrine, pressé la plus divine créature que Dieu ait su former!"

A palheta harmônica, em que é forte a influência wagneriana – James Harding, em *Massenet*, diz que "se pode detectar sombrias texturas nas cordas, possivelmente derivadas do *Parsifal*" –, é muito ampla em páginas como o Prelúdio, em que o tema dissonante do sofrimento de Werther é jogado contra a melodia simples e diatônica que sugere a beleza da natureza. Usar a melodia do "Noël" das crianças, com que a ópera se iniciou, para fazer contraponto à morte da personagem é um recurso que beira perigosamente a banalidade; mas a visão dos anjos que Werther tem antes de morrer, a idéia do renascimento na época do Natal, a coesão da estrutura circular, que faz a ópera terminar exatamente como começou, sugerindo a idéia de que a morte traz de volta ao protagonista, em seus últimos instantes, a esperança dos tempos anteriores ao casamento de Charlotte; e a habilidade incomparável com que Massenet manipula esse material, fazem a ópera ter um dos mais fortes finais de toda a sua obra.

São as seguintes as gravações disponíveis do *Werther*:

Comerciais – Élie Cohen (EMI, 1931), Ninon Vallin-Georges Thill;
Georges Sébastian (Urania, 1953), Suzanne Juyol-Charles Richard;
O. Bron (Mytho, 1954), Maria Maksákova e Ivan Kozlóvsky;
F. Molinari-Pradelli (Qualiton), Pia Tassinari-Ferruccio Tagliavini;
Jésus Etcheverry (Adès, 1964), Rita Gorr-Albert Lance;
Georges Prêtre (EMI, 1969), Victoria de los Angeles-Nicolai Gedda;
Michel Plas-son (EMI, 1979), Tatiana Troyanos-Alfredo Krauss;
Riccardo Chailly (DG, 1979), Ielena Obraztsova-Plácido Domingo;
Colin Davis (Philips, 1980), Frederica von Stade-José Carreras;
Kent Nagano (Erato, 1990), Anne Sophie von Oher-Jerry Hadley.
Piratas ao vivo – Tagliavini-Simionato/Capuana (1951);
Valletti-Rankin/Cellini (1956);
Tagliavini-Gencer/Cillario (1959); Kraus-Rota/Cristofori (1966);
Bergonzi-Casoni/De Fabritiis (1959);
Kraus-Zeani/Votto (1971); todas em italiano no Bongiovanni, exceto a Cillario/1959, que é do Arkadia e em francês.
Em vídeo – Barcelona, Kraus/G. Sanzogno; Bolonha, Sabbatini/Riccardo Chailly; San Diego, Leech-Rigby/Bonynge (além de um filme do tcheco Petr Weigl, em que Petr Dvorsky e Brigitte Fassbänder cantam e interpretam os papéis principais, e atores dublam as personagens restantes).

É preciso que destaquemos também *Thaïs*, escrita para Sybil Sanderson, a criadora de Esclarmonde, que até a morte prematura, aos 38 anos, reinou soberana sobre o coração de Massenet. A novela de Anatole France fizera escândalo, em 1890, com suas vívidas descrições da Tebaída, dos ricos bordéis de Alexandria e a história do monge Pafnúcio – Athanaël, na ópera – que se apaixona pela cortesã a quem convencera a renunciar à vida dissipada. O libreto de Louis Gallet, imitando o da *Louise* de Charpentier, é em "prosa melismática", propondo a Massenet um desafio específico de linha vocal. O cenário antigo – o Egito helênico no início da Era Cristã – e o conflito entre o amor carnal e o sentimento religioso exercem sobre ele inegável atrativo.

Gallet e Massenet fazem modificações interessantes, na passagem do romance para a ópera. Athanaël perde os traços neuróticos e grotescos de Pafnúcio, tornando-se uma personagem mais digna. Thaïs, ao contrário, fica mais unidimensional, em seu trajeto de pecadora a santa. O libreto elimina os antecedentes que explicam muito o seu comportamento: a infância miserável, o batismo na fé cristã e a posterior adesão ao paganismo, quando se torna prostituta: "Ela acreditava que ninguém pode ser bom, neste mundo", diz France, "a não ser ao custo dos mais terríveis sofrimentos; e tinha medo de ser boa, pois sua carne delicada não podia suportar a dor". Atriz, cantora, dançarina, Thaïs torna-se tão atraente e desejada que o caminho para a prostituição é inevitável.

A estréia no Opéra, em 16 de março de 1894, foi um dos maiores sucessos na carreira de Massenet. Como no *Werther*, a intriga concentra-se mais no choque entre as personalidades opostas do ermitão e da meretriz do que na preocupação do *grand-opéra* em criar cenas de efeito e quadros em grande escala. Em termos puramente dramáticos, a mútua conversão das personagens – Athanaël passa da recusa do prazer ao desejo, enquanto Thaïs faz o trajeto do pecado à santidade – é muito improvável. Mas a apaixonada intensidade da música – com páginas que se tornaram popularíssimas, como a "Meditação" para solo de violino que serve de interlúdio às cenas 1 e

Marie Renaud (Charlotte), Ernst van Dyck (Werther) e Franz Neidl (Albert), intérpretes da estréia do *Werther*, de Massenet, em 16 de fevereiro de 1892.

2 do ato II – a torna convincente. A melodia dessa "Meditação" já foi muitas vezes acusada de ser "açucarada", mas isso parece ser mais a culpa de quem a executa abusando dos efeitos piegas. Na verdade, trata-se de uma melodia longa e pensativa que, de forma muito adequada, retrata a personagem num momento crucial: aquele em que reflete sobre o que acarretará, para o seu futuro, a renúncia à vida de luxúria que levava. Melodia que se transfigura, na cena da morte de Thaïs, quando a personagem vê o firmamento abrir-se para ela, num dos finais mais marcantes da ópera francesa.

Não é difícil apontar páginas marcantes nesta partitura, em que os perfumes embriagadores do Oriente convivem com a aspereza da túnica do eremita. Entre elas estão o diálogo da cortesã com Nícias – "Quel est cet étranger dont le regard farouche s'attache ainsi sur moi?" – quando Athanaël vem procurá-la; sua primeira entrevista com o anacoreta: "Qui te fait si sévère et pourquoi démens-tu la flamme de tes yeux?"; o monólogo diante do espelho, "Ô mon miroir fidèle"; e o momento de decisão em II, 2. Todas elas garantem à ópera um lugar no repertório.

São as seguintes as gravações disponíveis de *Thaïs*:

Georges Sébastian (Urania, 1952), Géori Boué-Roger Bourdin;
Albert Wolff (Chant du Monde, 1959), Andréa Esposito-Robert Massard;
Jésus Etcheverry (Decca, 1962), Renée Doria-R. Massard;
Julius Rudel (RCA, 1974), Anna Moffo-Gabriel Bacquier;
Lorin Maazel (Angel, 1976), Beverly Sills-Sherrill Milnes.

Em vídeo, há a versão abreviada de Bordeaux, 1985, com Léonard, Rouillon/Pernoo.

Quanto à "comédia heróica" *Don Quichotte*, o libreto de Henri Cain não se baseia na novela de Cervantes, e sim em *Le Chevalier à la Longue Figure*, drama em versos de Jacques de Lorrain, romântico tardio seguidor de Edmond de Rostand, estreado em Paris em 1904, pouco antes da morte de seu autor. Raoul Gunsbourg, diretor da Ópera de Monte Carlo, pediu a Cain que lhe preparasse um libreto baseado nela, pois andava em busca de um papel novo para Fiódor Chaliápin, o baixo russo que já fizera sucesso, em seu teatro, como *Mefistófeles*, na ópera de Boito, Felipe II no *Don Carlos*, de Verdi, e o *Demônio*, de Rubinstein. Mas era numa comédia que pretendia transformar a peça de Lorrain, pois foi a Charles Lecocq, o autor da popular opereta *La Fille de Madame Angot*, que se dirigiu primeiro para escrever a música. Tendo Lecocq recusado, Gunsbourg recorreu a Massenet, "artista da casa" que, desde 1902, fornecera a Monte Carlo o *Jogral de Nossa Senhora, Chérubin, Thérèse* e o balé *Espada*. Para conhecê-la, existem duas gravações comerciais: a de Kazimierz Kord (London), com Nicolai Ghiáurov, Régine Crespin e Gabriel Bacquier; e a de Michel Plasson (EMI), com José van Dam, Teresa Berganza e Alain Fondary. E a pirata de Alfredo Simonetto (Fonit Cetra), com Boris Christoff-Berganza.

Em sua forma definitiva – para a qual o próprio compositor influiu muito – o libreto segue de perto a peça de Lorrain. Sancho Pança tem um caráter bastante próximo ao da personagem de Cervantes. Mas Dulcinéia deixa de ser uma camponesa para se transformar numa "coquette citadine"; e Don Quichotte aparece como uma reencarnação de Jesus: faz o que pode para converter os bandidos, mas as pessoas acabarão ignorando a sua mensagem de amor e fraternidade.

Massenet ocupa uma posição crucial na evolução da ópera francesa: é o último representante da tradição romântica de Auber e Gounod e, ao mesmo tempo – embora seus detratores tenham tentado fechar os olhos a isso –, em algumas de suas progressões harmônicas, melodias fluidas e ritmos cambiantes e imprecisos, forma uma ponte ligando Gounod a Chabrier, Debussy, Dukas e Ravel. O primeiro a ver isso foi Francis Poulenc, que, nas entrevistas concedidas em 1954 ao crítico Claude Rostand, afirmou:

> Parto do princípio de que todo músico francês tem um pouquinho de Massenet no coração, da mesma forma que há uma parcela de Verdi ou Puccini no de cada italiano. [...] E, depois, não nos esqueçamos que foi Massenet quem salvou Debussy de Wagner. Não posso ouvir a seção intermediária da segunda *Chanson de Bilitis* sem pensar no famoso "Miroir, dis-moi que je suis belle", da *Thaïs*. E o episódio central do primeiro *Arabesque* não te lembra a Manon?

Na *Histoire de la Musique Occidentale*, obra coletiva dirigida por B. e J. Massin, o musicólogo Stéphane Goldet admite:

> Não sejamos injustos e, junto com Debussy, reconheçamos que a influência [de Massenet] sobre a música francesa foi considerável. Como em Gounod, encontramos nele um senso melódico e dramático inegável. Além disso, a clareza de seu estilo, a elegância de sua escrita e o refinamento de sua orquestra fazem dele um dos mais "franceses" de nossos compositores.

Debussy, que lhe devia muito, escreveu, em 1901: "Ele tinha o gênio das tintas claras e das melodias sussurrantes, em obras todas feitas de leveza". E em 14 de agosto de 1912, ao fazer seu necrológio para o jornal *Le Matin*: "Não é o momento de lamentar sua prodigiosa fecundidade que, às vezes, parecia interditar-lhe a faculdade, de escolher. Aliás, será que temos o direito de exigir de um homem que ele seja exatamente o contrário do que sempre foi?" Ou, como diz Gérard de Condé: "Ele fez uma arte que não pretendia passar pelo que não era e procurava a aprovação não dos que sabem mas dos que sentem".

Sobre a evolução da carreira de Massenet, eclético por excelência, seria possível dizer, além disso, que cada uma de suas obras opõe-se à precedente, prolongando uma experiência anterior que, mais adiante, terá nova repercussão. O realismo da *Sapho* opõe-se à estilização da *Cendrillon* mas retoma, mais filtrado, o verismo cru da *Navarraise*, para encontrar seu último eco na *Thérèse*. Esse mesmo processo de tese, antítese e síntese observa-se na fantasia da *Cendrillon*, que se opõe à *Navarraise*, mas retrabalha, num modo mais sorridente, a *Manon* e ressoa, uma vez mais, em *Chérubin*. Ou no exotismo do *Roi de Lahore*, contrário à ambientação quase contemporânea do *Werther*, mas retomado na *Thaïs* e, de forma temporã, na *Cléopâtre* (incluindo-se, aí, também, a oposição entre o formato pomposo de *grand-opéra* e o menos ambicioso de *opéra-lyrique*), e assim por diante.

Tudo está entrelaçado, sem redundâncias ou maneirismos; o que não impede que haja óperas que são melhores, mais pessoais ou mais convincentes do que as outras. Mas a opinião, muito comum, de que, com a idade, a invenção de Massenet teria decaído, vem sendo posta em xeque pelo resgate, nos últimos anos, de *Don Quichotte, Le Jongleur de Notre Dame, Sapho, Amadis, Cléopâtre* ou *Grisélidis* – redescobertas que se operam, de um modo geral, quando elas são encenadas, pois as óperas de Massenet são do tipo que só desabrocham inteiramente quando levadas ao palco. Com freqüência, o exame das partituras nada parece revelar de especial: tudo está no lugar, com economia notável de recursos mas sem nenhum sinal particular de gênio. Na representação, entretanto, as falhas que se acreditava existir perdem a importância ou, à reflexão, demonstram ser forças secretas; e detalhes insignificantes, às vezes difíceis de circunscrever exatamente, mostram-se capazes de efeitos maravilhosos.

Além das gravações mencionadas no corpo do texto, existem também outros registros de óperas de Massenet:

*Hérodiade* – David Lloyd Jones (Rodolphe), Nadine Denise, Muriel Channes, Jean Brazzi (existente também em vídeo); Michel Plasson (EMI), N. Denize, Cheryl Studer, Ben Heppner; Valiery Guérguiev (Sony), Dolora Zajick, Renée Fleming, Domingo; Eve Queler, com a Opera Orchestra de Nova York, Grace Bumbry, Renée Fleming, John Keyes (pirata ao vivo); J. Delacôte (Legato), M. Caballé, D. Vejzovic, J. Carreras.

*Le Roi de Lahore* (Richard Bonynge/London);

*La Navarraise* (Antonio de Almeida/CBS e Henry Lewis/RCA);

*Thérèse* (Bonynge/Decca; Albrecht/Orpheo e Lukas Vis ao vivo no Nederlands Theater/ Canal Grande);

*Cendrillon* (Rudel/Columbia; e um vídeo pirata da Ópera do Canadá, com Frederica von Stade e Maureen Forrester);

*Chérubin* (pirata de Jean-Pierre Marty/MRF e comercial de Pinchas Steinberg/RCA).

A "légende sacrée" *La Vierge* comercial com P. Fournillier (Koch Schwann) e pirata da Bongiovanni.

E a ópera *Panurge* (Koch International) ao vivo, com P. Fournillier no Festival Massenet.

# Os Naturalistas

Os elementos realistas já detectáveis na *Carmen* são o primeiro reflexo, no plano operístico, das mudanças por que passava o movimento literário, nos anos de crise que cercam a dissolução do II Império. Tendo seus precursores em Honoré de Balzac, Stendhal e Prosper Merrimée, que iniciam a reação ao Romantismo, a plenitude do Realismo será atingida, na França, por volta de 1870, com Gustave Flaubert, os irmãos Goncourt, Alphonse Daudet e Guy de Maupassant; e terá uma fase radical com o Naturalismo de Émile Zola e seus seguidores.

Ao influxo do Realismo francês sobre os escritores italianos – Giovanni Verga, Giovanni Fogazzaro – vai unir-se a descoberta, pelos compositores desse país, da ópera de Bizet. *Carmen* causou enorme impacto ao ser cantada pela primeira vez em Nápoles (1880), para inaugurar o Teatro Bellini. A intuição das novas possibilidades dramáticas que ela abria será uma das causas que levarão, em 1890 – com a vitória da *Cavalleria Rusticana*, de Pietro Mascagni, no concurso de óperas em um ato da editora milanesa Sonzogno –, à eclosão do movimento verista. Assiste-se, então, a um efeito de ricochete comum na História da Ópera: tendo sido influenciado pelo Realismo francês, o Verismo italiano exercerá também sua influência sobre a produção lírica do país vizinho (já vimos como Massenet, na *Navarraise*, deu sua contribuição à voga verista).

O despertar da curiosidade dos compositores franceses pelo que, na Itália, estava sendo realizado pelos veristas, coincide com a fase de maior repercussão das propostas de renovação do romance feitas por Zola, e que se caracterizam por:

– visão determinista e materialista da condição humana, condicionada pelo grande progresso que se registra, na época, nas ciências biológicas e nos estudos sobre os mecanismos do comportamento humano; conseqüentemente, visão do Homem como fruto de pressões biológicas ou sociais, o que leva ao gosto dos escritores pela exploração de casos de patologia social: alcoolismo, crime, miséria, desvios do comportamento sexual;

– busca da objetividade levando à observação minuciosa da realidade e ao desejo de fixá-la com precisão; preferência por temas do quotidiano contemporâneo sem a recusa do banal e do prosaico;

– atitude crítica e de combate, com a preocupação de veicular uma mensagem moral, social ou política; Zola e o Verismo italiano serão, na França, as duas forças que agirão sobre a música dramática, fazendo surgir a voga da ópera naturalista.

Mas os termos realismo e naturalismo, que se referem, como acabamos de ver, a características bem definidas da literatura e, por extensão, das artes plásticas, têm em música um significado um tanto vago. Enquanto técnica de imitação, através dos instrumentos, de sons da vida real, o realismo é um recurso muito antigo, mas também de âmbito limitado. Encontramos a reprodução dos sons bélicos no madrigal *La Bataille de Marignan*, de Josquin des Prés, ou na sonata instrumental *La Battalia*, de Heinrich Biber. E os mais diversos autores, do Vivaldi das *Quatro Estações* ao Beethoven da *Pastoral* – sem esquecer Rossini, que em cada uma de suas óperas acha um jeito de encaixar a descrição de uma tempestade –, usaram a orquestra para evocar os sons da natureza. As vozes dos animais foram imitadas pelos compositores em todas as fases da História da Música: no *Chant des Oiseaux*, de Josquin des Prés; em certas peças para cravo de Couperin; no *Carnaval des Animaux*, de Camille Saint-Saëns; no vôo do besouro do *Tsar Saltán* e no canto do *Galo de Ouro*, óperas de Rímski-Kórsakov; no balir dos cordeiros do poema-sinfônico *Don Quixote*, de Richard Strauss e, mais modernamente, no extenso *Catalogue des Oiseaux*, para piano, levantado por Olivier Messiaen. Os sons da vida moderna também atraíram os músicos: no *Pacific 231*, de Arthur Honegger, que descreve a viagem de uma locomotiva; nas peças "bruitistas" (do francês *bruit* = ruído) do futurista italiano Luigi Russolo e do vanguardista russo Arthur Lourié; no poema sinfônico *Závod* (A Fábrica), de Aleksandr Mossolóv – também conhecido no Ocidente como *Assim Foi Fundido o Aço* –, que é um hino à expansão da indústria pesada soviética; ou nas *Voices of London*, que Luciano Berio escreveu para o grupo vocal The Swingle Singers, reproduzindo o burburinho da rua na capital londrina.

Na verdade, portanto, realismo em música não é algo que se deduza dos sons propriamente ditos, que, por seu caráter essencialmente abstrato, a rigor nada significam; mas de fatos extra musicais que se colocam em relação à música. Algo de concreto que se tente reproduzir através de melodia imitativa, como nos exemplos acima. Um "programa" que vise à descrição de uma paisagem (o *Moldávia* ou *Os Campos e Bosques da Boêmia*, de Bedrich Smetana; a *Sinfonia Alpina*, de Richard Strauss ou os *Three Places in New England*, do americano Charles Ives); que queira evocar uma situação dramática (o *Mazeppa*, de Franz Liszt; o *Campo de Wallenstein*, de Vincent d'Indy ou o *Taras Bulba*, de Leos Janácek) ou impressões intelectuais (o *Assim Falou Zaratustra*, de R. Strauss ou os *Prelúdios*, de Liszt). Pode tratar-se, também, de sugestão mais indefinida, e totalmente subjetiva, de lugares ou situações, como é o caso dos títulos que Claude Debussy dá a seus *Prelúdios* para piano – e que, por serem estritamente pessoais, ele coloca no pé da partitura, numa indicação de que não os quer impor ao ouvinte. Ou ainda da citação de algum trecho musical que, por estar ligado a algo de preciso – uma canção folclórica ou popular, um hino revolucionário ou religioso –, remete o público a uma determinada realidade histórica ou geográfica: é o caso dos hinos nacionais russo e francês que Tchaikóvski cita na *Abertura 1812*; ou de todas as melodias de canções populares e hinos religiosos que Charles Ives costura na trama de sua sinfonia *Camp Meeting*.

Em todos esses casos, portanto, o realismo está no nível da referência literária ou da evocação visual ou auditiva de uma determinada realidade, e não da música propriamente dita, que, repito, é arte essencialmente abstrata. No caso específico da ópera, o realismo vai se manifestar no libreto – acontecimentos, personagens e comportamentos bem próximos da vida real – e em procedimentos de construção melódica (decalque de canções populares, por exemplo) que remetam ao prosaísmo da vida quotidiana. No domínio da comédia, aliás, essas personagens contemporâneas e esse retrato das situações do dia-a-dia já existiam há muito tempo, como já tivemos a oportunidade de observar a respeito da *Serva Padrona*, de Pergolesi, que é de 1733, ou de certos aspectos do *vaudeville*, do *opéra-comique* ou da opereta. Mas eram elementos tratados de forma brincalhona ou fantasiosa: é o caso, em especial, do amável conteúdo de crítica social que havia na opereta, sem a contundência que os veristas e naturalistas lhe quererão dar.

A tendência ao realismo, no campo da ópera de assunto sério – refletindo as mudanças que vinham se registrando na literatura – já transparece em obras precursoras: a *Traviata* (1852), de Verdi, baseada na *Dame aux Camélias*, de Alexandre Dumas filho (a influência dessa ópera de Verdi sobre Bizet é preponderante); a *Carmen*; a *Mireille*, de Gounod, ou *Ievguêni Oniéguin* (1879), de Tchaikóvski, tirada do romance em versos de Aleksandr Púshkin. Nelas, entretanto, os elementos pré-realistas ainda conviviam com características românticas muito fortes. Na França, é só depois de 1890 que a voga naturalista vai espelhar, em ópera, as preferências temáticas e as preocupações ideológicas da literatura.

# ALFRED BRUNEAU

Aluno de Massenet, Alfred Louis Charles Bonaventure Bruneau (1857-1934) iniciou a carreira com poemas sinfônicos (*Leda, A Bela Adormecida, Pentesiléia*) e uma ópera de tema oriental: *Kérim*, com libreto de Millet e Lavedan, estreou em 9 de junho de 1887, no Théâtre Lyrique, mas não passou da terceira récita.

Sua primeira obra importante foi *Le Rêve*, estreada no Opéra-Comique em 16 de junho de 1891. Em março de 1888, ele fizera amizade com o romancista Émile Zola, a quem fora apresentado pelo jornalista Frantz Jourdain. O projeto inicial de transformar em ópera *La Faute de l'Abbé Mouret* não foi adiante, decerto porque o tema do livro – o celibato clerical – lhes pareceu ousado demais. Mas Zola lhe deu a ler as provas de tipografia de seu próximo romance, e Bruneau, entusiasmado, conseguiu dele a permissão para que Louis Gallet o convertesse num libreto. Quando o romance foi publicado, Zola foi procurado por Massenet, que se interessara em convertê-lo numa ópera; e lhe respondeu: "Já confiei essa missão a um de seus alunos".

A mulher de Jean d'Hautecoeur morreu de parto. Cheio de tristeza, ele se fez ordenar padre, hoje é bispo e, para evitar a seu filho o risco de sofrimento semelhante, quer que ele também entre para o sacerdócio – é por isso que se opõe ao namoro do rapaz com a pobre órfã Angélique (mas, numa concessão ao gosto das platéias da época, o desenlace trágico foi modificado, eliminando-se a morte da moça e permitindo-se que, no final, os dois jovens se unam). *O Sonho* marca época pois é a primeira ópera a ser montada com cenários de Alfred Rubé – aluno de Cicéri – e Philippe-Marie Chaperon, dois grandes cenógrafos realistas.

O público da Salle Favart, é claro, escandalizou-se com "a audácia de um compositor que põe a cantar homens vestidos de fraque", esquecendo-se, como diz René Dumesnil, de que, "na época de Mozart, Fígaro, o conde e Susanna usavam roupas exatamente iguais às dos espectadores". A música provocou elogios. Num telegrama a Bruneau, Chabrier exultava: "Na mosca! Estréia de mestre!" Mas os incrédulos resmungavam: "Esperemos pela próxima". A próxima seria fruto da amizade que ligou Bruneau a Zola: ambos compartilhavam as mesmas convicções humanistas, a mesma crença nos valores fundamentais de simplicidade da vida humana, do direito do homem à dignidade e do poder revitalizador da Beleza.

O espírito combativo de Bruneau fez com que, em 1898, ele enfrentasse vários aborrecimentos profissionais e perseguição política por alinhar-se com Zola na defesa de Dreyfus. Judeu alsaciano injustamente acusado, em 1894, de ter espionado a favor da Alemanha, o capitão Alfred Dreyfus foi condenado à prisão perpétua na Ilha do Diabo, ao largo de Caiena, na

Guiana Francesa. Quando se descobriu que Dreyfus era inocente e estava sendo vítima de um erro judiciário alimentado pela intolerância e o preconceito racial, Zola publicou, no jornal *L'Aurore*, uma carta aberta ao presidente Félix Faure, intitulada *J'Accuse*. Foi duramente punido por isso: um processo por difamação o condenou a um ano de prisão e, para escapar ao cárcere, ele teve de se exilar na Inglaterra. Durante todo esse tempo, Bruneau esteve incondicionalmente ao seu lado, ainda que isso lhe custasse uma série de problemas.

A luta dos *dreyfusards* para obter a revisão do processo estimulou o nacionalismo hidrófobo de Charles Maurras, o defensor do "nacionalismo integral", disseminador da propaganda contrária aos alemães, protestantes e judeus. Foi Maurras quem fundou, com Léon Daudet, em 1898, a Action Française, movimento precursor do Fascismo; e durante a II Guerra Mundial, já octogenário, concordou entusiasticamente com a ocupação alemã e a formação do governo colaboracionista de Vichy.

Dreyfus só seria reabilitado em 1908, dois anos depois de o jornalista republicano Georges Clémenceau, diretor do *L'Aurore*, ter chegado à chefia do governo. Posto em liberdade, recebeu a Légion d'Honneur e foi reintegrado ao Exército. Pesquisas recentes feitas pelo historiador militar Jean Doise demonstraram que Dreyfus foi o bode expiatório de uma *intoxication* – manobra que consistia em fornecer ao inimigo alemão informações estratégicas falsas ou sem importância, como se elas estivessem sendo vendidas por um espião – e que a sua condição de judeu, o que o tornava suspeito aos olhos de seus preconceituosos companheiros de arma, foi a causa de ele ter sido escolhido para "pagar o pato". O *affaire Dreyfus* funcionou como um divisor de águas, uma demonstração muito clara de quem esposava idéias conservadoras ou progressistas – e Bruneau sabia muito bem de que lado da cerca estava.

Foi o próprio Bruneau quem adaptou, do conto de Zola pertencente à coletânea *Les Soirées de Medan*, o libreto de *L'Attaque au Moulin*, sobre um episódio da Guerra Franco-Prussiana. O romancista tinha-lhe sugerido o texto e acrescentou a ele uma personagem, a camponesa Marcelline, que, tendo perdido dois filhos em combate, amaldiçoa a guerra "num poderoso apelo ao bom senso e à humanidade". Françoise, a filha do moleiro Morlier, está noiva de Dominique, um camponês flamengo. Sua cerimônia de noivado é interrompida pela chegada da junta de recrutamento, que se retira sem chegar a alistar o rapaz, diante da veemência com que Marcelline, a madrasta de Françoise, condena seu trabalho. Mas Dominique é preso e condenado ao fuzilamento ao tentar impedir as tropas alemãs de tomar o moinho. Ele consegue fugir, e os alemães querem persegui-lo, mas Morlier, para salvar a vida do futuro marido da filha, convence os alemães a fuzilá-lo em seu lugar.

A direção do Opéra-Comique, onde a ópera estreou em 23 de novembro de 1893, temendo a reação do público, já que a derrota para os alemães ainda estava muito viva na memória das pessoas, preferiu transpor a ação para a época da Revolução Francesa – o que não invalida a condenação da guerra, cujo horror é intemporal. Hoje, *Ataque ao Moinho* está esquecida, mas, até 1917, tinha sido cantada com sucesso em treze teatros europeus e americanos.

Zola, em seguida, preparou para Bruneau os textos de *Messidor* (1897) e *L'Ouragan* (1901), peças em prosa expondo problemas sociais e econômicos contemporâneos, fazendo denúncias e expondo teses, fiéis ao ideal a que se propunha: o de criar, no teatro, "un art d'une mâle et saine vigueur" (uma arte de másculo e sadio vigor).

As óperas de Bruneau combinam a influência de Bizet e dos veristas italianos – situações do quotidiano, personagens não-sofisticadas, narrativa direta e sem rodeios, libreto em prosa – com a atração por Wagner: uso mais dramático da orquestra, arioso contínuo, eficácia do *leitmotiv* como procedimento narrativo. Mas em *Messidor* e *Ouragan*, bem como em *L'Enfant-Roi*, de 1905, percebe-se já a contaminação por processos típicos do teatro simbolista, em voga, na época, devido às inovadoras montagens de Aurélien Lugné-Poë no Théâtre de l'Oeuvre.

Em *Messidor*, há a oposição entre o Ouro, corrompido e destruidor – nítida reminiscência wagneriana – e a Água, princípio da Vida e símbolo do instinto criador. E em *Furacão*, a associação simbólica entre as manifestações naturais, os tipos de clima e as paixões das personagens – característica do Romantismo que se transfere para o Simbolismo.

O balé *La Légende de l'Or*, originalmente colocado entre os atos II e III de *Messidor*, para conformar-se aos hábitos teatrais parisienses, adquiriu mais tarde vida independente. Sua escrita, com muita ênfase nas percussões e metais, e com um expressivo uso do órgão, trai a influência wagneriana; mas faz crer também que o compositor, bem informado crítico do *Gil Blas*, do *Figaro* e do *Matin* durante quarenta e três anos, estivesse familiarizado com as primeiras sinfonias de Mahler.

A prosa de Zola é flexível e convida à música; mas a linha melódica de Bruneau, de estilo declamatório, é deficiente sempre que se requer uma expansão lírica. Embora o tipo de arioso que escreve tenha um certo poder retórico nas cenas de maior dramaticidade, a falta de melodias realmente memoráveis parece ser a principal causa do esquecimento em que suas óperas caíram – o que é pena, pois ele é um dramaturgo de força inegável e um pensador de grande integridade, com ideais muito elevados. Além disso, Bruneau ocupa um lugar importante, nesta fase da ópera francesa, por antecipar algumas aquisições harmônicas do futuro, e por representar uma via alternativa entre o tradicionalismo de Saint-Saëns e Massenet e o wagnerismno ortodoxo de Chausson, D'Indy e Magnard.

Muito afetado pela morte de Zola – o escritor foi vítima, em 1902, de um acidente com um vazamento de gás em seu apartamento – Bruneau demorou muito para terminar *L'Enfant-roi* e *Lazare*, cujos libretos tinham sido deixados prontos pelo romancista; ambas só estrearam em 1905. Ele próprio escreveu o texto de *Naïs Micoulin*, cantada em Monte Carlo em 1907; compôs também a música incidental para as versões cênicas da *Faute de l'Abbée Mouret* (1907), apresentada no Théâtre de l'Odéon, e de *Les Quatre Journées* (1916).

Posteriormente, escreveu a comédia *Le Roi Candaule* (1920), com libreto de Maurice Donnay; e *Le Jardin de Paradis* (1923), sobre um poema de Flers e Cavaillet inspirado em H.-Ch. Andersen. *Angelo, Tyran de Padoue* (1928) baseia-se na peça de Victor Hugo também usada por Mercadante (*Il Giuramento*), Ponchielli (*La Gioconda*) e César Cui (*Angelo*). *Virginie* (1930) é uma comédia de costumes Belle Époque, com libreto de Henri Duvernois, autor de teatro do gênero *boulevardier*.

Não existe nenhuma gravação comercial de suas obras para o palco. O acervo da Radiodiffusion Nationale possui registros da transmissão radiofônica de *L'Attaque au Moulin* (1952), *Lazare* (1954 e 1957), *Messidor* e *Ouragan* (s/d) e *Le Rêve* (1964), mas até o início de 1999 eles ainda não tinham sido postos no catálogo comercial. O único acesso discográfico a esse compositor se faz por intermédio de antologias de páginas orquestrais: um volume da coleção Patrimoine, no selo Naxos, dedicada ao resgate de autores franceses esquecidos; e o disco da Marco Polo em que James Lockhart interpreta suítes de *Messidor*, *Naïs Micoulin* e *L'Attaque au Moulin*.

# Gustave Charpentier

Ao contrário de Bruneau, foi a capacidade de conceber melodias atraentes que garantiu a sobrevivência da ópera mais bem escrita de Charpentier (1860-1956). *Louise*, "roman musical" com libreto original do próprio compositor, estreou em 2 de fevereiro de 1900, cercada de reações escandalizadas do público, comparáveis às da platéia na primeira récita da *Carmen*. Mas a crítica encantou-se com ela; em *Le Journal*, Catulle Mendès escreveu: "Parece que, a noite passada, produziu-se totalmente a realização, há tanto esperada, de uma obra de teatro francesa em que se manifestou abundantemente uma inspiração nova que, pela qualidade do amor, da dor, da melancolia, da alegria, do desespero, de toda a paixão, afirma-se como saída do fundo do coração de nossa raça, de uma forma como não poderia nascer de outra nação senão a França". E profetizava: "Esta obra está destinada a ocupar um lugar ao lado do *Fausto*, da *Carmen* e da *Manon*". Não estava errado: em 1921, o Opéra-Comique comemorou a 500ª representação desta que é uma das óperas mais francesas do repertório; em 1950, a 1000ª; e são incontáveis as montagens nos teatros franceses e estrangeiros.

O próprio Charpentier descreveu seus objetivos no Prefácio à ópera: "Eu queria levar para o palco, em termos líricos, as sensações produzidas em mim pela nossa linda e féerica vida moderna. Talvez expresse isso de um modo febril, mas esse é um direito meu, pois o espetáculo das ruas me intoxica. O ponto essencial do drama é a junção e o conflito de dois sentimentos que existem no coração de Louise: o amor à família e o medo de fazê-la sofrer caso a deixe e, por outro lado, o desejo irresistível de liberdade, prazer, felicidade, amor, o apelo de todo o seu ser, que exige que ela viva segundo os seus impulsos. A paixão levará a melhor, porque tem uma aliada prodigiosa que, aos poucos, instilou seus sonhos na alma da jovem: Paris, a cidade voluptuosa, a grande cidade das luzes, do prazer e da alegria, que a atrai irresistivelmente para um futuro imprevisível".

Esse texto revela uma atitude tipicamente "belle époque": o encantamento com os progressos da vida moderna, com os atrativos da Cidade Luz. Passado o trauma da Guerra Franco-prussiana, Paris tinha readquirido seu charme e brilho. Inteiramente reurbanizada pelo prefeito Georges Haussmann, que abrira nela grandes avenidas e a dotara de resplandescente iluminação a gás – daí a designação que lhe foi dada de Ville Lumière, que ganhou também uma acepção metafórica –, a capital francesa voltara a ser o grande centro de cultura, sofisticação e prazer que fora no apogeu do II Império. Estava agora vivendo outra fase de despreocupação, prosperidade e hedonismo que perduraria até o início da I Guerra Mundial.

É no altar dessa cidade mágica, vista como um templo ao epicurismo, que serão sacrificadas a juventude e a beleza de Louise, filha de um modesto casal da classe operária. Ela se apaixonou por Julien, o vizinho poeta e desocupado – um namoro vivamente desaprovado pela Mãe, ranzinza e desconfiada. O Pai concorda com a mulher, mas tenta ser mais carinhoso e compreensivo. Apesar da vigilância da Mãe, Julien consegue falar com Louise na oficina de costura onde as duas trabalham, e a convence a fugir de casa para ir morar com ele.

Os dois vão juntos para Montmartre; mas, no dia da grande festa de rua em que o Papa dos Loucos a coroa Musa de Montmartre, a Mãe vem procurá-la e pedir que volte para casa. O Pai, abalado por sua fuga, está muito doente e deseja revê-la. Louise concorda depois de a Mãe lhe ter prometido nada fazer para impedi-la de reunir-se a Julien. Mas, depois que o Pai sara, a promessa não é cumprida: ele chega a trancá-la em casa, de medo de perdê-la novamente. Um dia, durante violenta discussão, em que Louise lhe diz que se casará com o poeta mesmo contra a sua vontade, o Pai a expulsa de casa. Ela sai, e o velho, à janela, com o punho erguido, amaldiçoa Paris, que lhe roubou o que mais amava.

O público da estréia considerou de extrema vulgaridade colocar em cena os gestos banais do quotidiano: o pai que chega em casa, do trabalho, toma sopa e, depois, vai ler o jornal e fumar cachimbo, enquanto a mulher e a filha tiram a mesa e lavam os pratos. Mas, sobretudo, chocou-se com a franqueza da pregação do amor livre – "Tout être a le droit d'être libre", proclama Julien, "tout être a le droit d'aimer" – e com o tom de diálogos que só estava habituado a ouvir nas revistas do Casino de Paris ou do Théâtre des Folies Bergères:

*Julien* – Au souffle du désir, Louise s'éveille! Ton cher corps me désire?
*Louise* – Je veux du plaisir!\*

A protagonista da ópera, inspirada em mulheres que Charpentier conhecera durante sua juventude boêmia em Montmartre, é a típica personagem de transição do século XIX para o XX, com uma forte carga de pregação do direito feminino à emancipação, fruto do contato que o compositor tivera com as idéias socialistas e anarquistas. Ao contrário da Carmen, que vive na fronteira da marginalidade, em contato com contrabandistas, Louise é uma menina de família absolutamente comum e, no final, não é punida por ter escolhido a liberdade. As personagens mais "avançadas" do universo dramatúrgico de Massenet – Manon ou a Fanny Legrand da *Sapho*, por exemplo – comportam-se de uma forma que as insere dentro de uma moral tipicamente oitocentista. Em *Louise*, ao contrário, a ausência de conflito entre certo e errado e sua defesa do direito de romper com a moral vigente, representada pela família, e de optar pela satisfação de suas próprias emoções, a projetam para o futuro. O que deve ter sido uma pílula mais dura de engolir, para o público, do que a desusada mescla de realismo, simbolismo e sentimentalismo romântico que há na ópera.

As cenas prosaicas do quotidiano ganharam força redobrada graças ao talento dos cantores escolhidos para fazer o Pai e Louise. O famoso barítono Lucien Fugère e a soprano Mary Garden deram uma linha extremamente espontânea à composição de suas personagens, decalcada no estilo de interpretação do teatro de prosa naturalista. As personagens, diretamente observadas da realidade, falam em linguajar parisiense, com descontraído tom de conversação, e nos são mostradas em situações banais, como a da cena que se passa na confecção, em que Charpentier recria os ambientes e os hábitos de trabalho da classe pobre (a preocupação em trazer para o palco da ópera os locais de trabalho da gente humilde será, aliás, uma das características básicas do Verismo, já prenunciada pela presença, na *Carmen*, da fábrica de charutos).

Onde a influência simbolista aparece mais nitidamente é no ato II, precedido por um longo Prelúdio intitulado "Paris s'éveille" (Paris desperta), em que a cidade, que começa a acordar, é representada por um amplo tema em ré maior. Nessa página instrumental, já ressoam os temas das personagens populares que veremos na primeira cena: a vendedora de alpiste, a verdureira, o empalhador de cadeiras, o leiteiro. A respeito desse primeiro quadro escreve Camille Bellaigue: "Com as menores e mais desdenhadas vozes da Grande Cidade,

---

\* Ao hálito do desejo, Louise desperta! Teu corpo querido me deseja?/Eu quero o prazer!

Cartaz de G. Rochegrosse para a estréia da *Louise*, de Charpentier, no Théâtre de l'Opéra-Comique (1900).

o autor da *Louise* conseguiu formar o mais harmonioso e enternecedor dos concertos. Não sabíamos até hoje de que forma os apelos e gritos que há nessas pobres notas podem exprimir o cansaço e a dor, o encanto sofredor, o triste sorriso. O ateliê de trabalho e a rua refletem sua poesia e sua alma – sua alma feminina, sua alma feita de langor, sonho, desejo e amor".

Numa carta a Charpentier, disse também Romain Rolland: "O senhor deu, em sua ópera, um belo exemplo não só para a música mas para o teatro, ao mostrar-lhe a tragédia profunda contida na vida do povo mais simples". Do ponto de vista de sua concepção de conjunto, essa cena de rua da *Louise* só tem paralelo no início do ato II da *Bohème*, de Puccini.

É também no ato II da *Louise* que surge a figura emblemática do Noctâmbulo, encarnação da busca parisiense do prazer a qualquer custo, símbolo da fauna de notívagos que foge das responsabilidades do dia e se refugia na total liberdade da madrugada. Tem caráter simbólico, além disso, a evocação não-realista da cidade mulher, sedutora, fatal, que envolve seus habitantes numa atmosfera embriagadora. "A cidade é a verdadeira protagonista da ópera", escreveu Alfred Bruneau, "e cerca as personagens da mesma forma que, no *Freischütz* de Weber, elas eram envolvidas pela mágica da floresta".

Ao mesmo tempo, *Louise* guarda um vínculo inequívoco com a *comédie larmoyante* do final do século XVIII e início do XIX, da qual transplanta, atualizando-os, os temas do namoro proibido, da oposição paterna, da fuga de casa. Mas é sobretudo na composição da figura de Julien que se percebe o débito a esse antigo produto do Romantismo descabelado: enquanto o Pai, a Mãe e a personagem título são desenhados com traços estritamente realistas, o jovem poeta é estilizado, constituindo mais um arquétipo do que uma personagem complexa.

Em cenas como o diálogo com o Pai, no ato I; o dueto de amor do ato III; ou a mais famosa ária, "Depuis le jour", em que a menina expressa a alegria que sente com a descoberta do amor, há um tom direto e simples que insere *Louise* na melhor tradição do melodismo francês. A respeito do dueto da protagonista com seu namorado, diz Donald Jay Grout:

> Trata-se não apenas de um tecido melódico simples e econômico, que obtém o máximo de efeito com o menor esforço aparente, como é uma das raras cenas de amor da ópera francesa do fim do século XIX em que não há nenhuma reminiscência do *Tristão e Isolda*.

O idioma harmônico de Charpentier herda, na *Louise*, o que o de seu mestre Massenet tinha de mais ousado. E o acompanhamento orquestral, com muitos temas recorrentes, forma um fundo contínuo sobre o qual os trechos cantados, ou as eventuais frases faladas, fluem com agilidade. Mas Charpentier insere habilmente, nessa trama livre, algumas formas operísticas tradicionais, a que dá um tratamento cheio de charme: a serenata de Julien, acompanhada ao violão; a cena da coroação de Louise como a Musa de Montmartre, que resgata e atualiza uma tradição da ópera-balé setecentista; ou o coro das costureirinhas, na confecção, em que há uma bem-humorada paródia das fiandeiras do *Navio Fantasma*, com o zumbido do tear substituído pelo barulho das máquinas de costura.

Uma outra brincadeira com Wagner é a citação dos temas da "Espada" e do "Valhala", tirados do *Anel*, acompanhando o seguinte diálogo entre dois notívagos que perambulam pela cidade, na primeira cena do ato II:

> *1º Filósofo* – Meu caro, o ideal dos operários é ser burgueses... O desejo dos burgueses é ser fidalgos... E o sonho dos fidalgos é tornar-se artistas!
> *O Pintor* – E o sonho dos artistas?
> *1º Filósofo* – Ser deuses! (Aqui encaixam-se as citações).

No libreto da *Louise* – para o qual contou com a ajuda não-creditada de seu amigo, o poeta simbolista St.-Pol Roux –, Charpentier usou o procedimento criado por Louis Gallet para *Le Rêve*, de Bruneau, e *Thaïs*, de Massenet, a que dava o nome de *poésie mélique*: um texto em prosa, mas com efeitos de metrificação, rima interna, assonância e aliteração, correspondendo ao gosto que tinham os simbolistas pelo poema em prosa. Tomemos, por exemplo, a ária *Depuis le jour*:

> Depuis le jour que je me suis donnée, toute fleurie semble ma destinée... Je crois rêver sous un ciel de féerie, l'âme encore grisée de ton premier baiser. Quelle belle vie! Mon rêve n'était pas un rêve! Ah, je suis heureuse!... L'amour étend sur moi ses ailes! Au jardin de mon coeur chante une joie nouvelle! Tout vibre, tout se réjouit de

mon triomphe! Autour de moi, tout est sourire, lumière et joie! Et je tremble délicieusement au souvenir charmant du premier jour d'amour!

> Desde o dia em que me entreguei, meu destino parece todo florido... Sinto estar sonhando sob um céu féerico, com a alma ainda embriagada por seu primeiro beijo. Como é bela a vida! Meu sonho não era apenas um sonho! Ah, como estou feliz!... O amor estende as suas asas sobre mim! No jardim do coração canta uma nova alegria! Tudo vibra, tudo se alegra com o meu triunfo! À minha volta, tudo é sorriso, luz e alegria! E estremeço deliciosamentre à encantadora lembrança do primeiro dia de amor!

O leitor observará que a primeira frase é composta de dois decassílabos rimados (*donéel destinée*). A segunda é formada por dois versos de onze sílabas, o "impair" de que falava Verlaine, "sans rien en lui qui pèse ou qui pose", e que os simbolistas preferiam ao ritmo demasiado marcado do alexandrino; os endecassílabos, porém, não apresentam a rima emparelhada dos anteriores. No entanto, a palavra *féerie*, no fim do primeiro segmento de onze sílabas, é ecoada por *fleurie*, na frase anterior, e *vie* na seguinte. E o *baiser* do fim da segunda frase rima com *destinée*, no fim da primeira, e é ecoado por *rêver* e *grisée*. O trecho que vai de *Quelle belle vie* até *...ses ailes* alterna segmentos de cinco e oito sílabas, com predominância do som aberto de [è], e se resolve num alexandrino regular, com cesura na sexta sílaba: *Au jardin de mon coeur /chante une joie nouvelle*. A frase seguinte é um alexandrino ternário: *Tout vibre,/tout se réjouit/ de mon triomphe*. Vem, depois, uma frase aparentemente não-metrificada, mas que se subdivide em três segmentos de quatro sílabas: *Autour de moi/tout est sourir(e),/lumière et joie!* Rimas internas ou de fim de segmento metrificado surgem em *ailes/nouvelle* e em *moi/joie*. E prestem atenção ao virtuosismo da última frase: *Et je tremble/délicieusement/au souvenir charmant/du premier jour d'amour*. Ela se constrói com segmentos silábicos de tamanho crescente (4/5/6/6), com assonâncias nasais (*tremble*, *délicieusem*ent, *charm*ant) e sobre o som de [u], além de aliterações do [r], formando um ritmo espiralado que convida à valsa.

Esses recursos dão ao texto uma variedade rítmica e uma palheta sonora extremamente ricas, conjugando a naturalidade da prosa escrita em linguagem quotidiana com as vantagens tradicionais de um libreto versificado. E permitem ao compositor uma exploração musical muito diversificada, a que vem juntar-se uma coloratura utilizada não como mero recurso decorativo mas como a forma de expressar o contentamento adolescente de Louise com a descoberta do amor.

Gustave Charpentier ainda é lembrado pela suíte sinfônica *Impressions d'Italie*, razoavelmente comum em concertos sinfônicos, e pelo trabalho que fez à frente da Oeuvre de Mimi Pinson, sociedade que fundou destinada à formação cultural das classes pobres e para a qual harmonizou inúmeras canções, a serem executadas por coros formados com operários (durante a I Guerra, a OMP desempenhou relevante papel como auxiliar da Cruz Vermelha). Mas a tentativa de dar uma seqüência à história da Louise – visivelmente inspirada no *Portrait de Manon* de seu mestre – não deu certo.

*Julien*, cantada no Opéra-Comique em 4 de junho de 1913, é um drama alegórico confuso e pesado, apesar de algumas belas páginas, transplantadas de uma obra bem anterior: a cantata *La Vie du Poète*, escrita na época em que o compositor estudava em Roma. Bem idoso, Julien tenta recuperar a imagem da amada, que a essa altura já morreu, em diversas mulheres diferentes, cantadas pelo mesmo soprano: a Sacerdotisa da Beleza de um culto esotérico, cuja origem não fica bem explicada; uma camponesa que ele encontra durante uma visita à Eslováquia; sua avó, quando vai à Bretanha natal, em busca de consolo; e uma prostituta que cruza com ele nas ruas de Paris. Mas o simbolismo exagerado torna a ação muito artificial e isso parece contaminar a música, privada da espontaneidade que fazia toda a graça da *Louise*. Após vinte representações, *Julien* foi retirada de cartaz e praticamente não se representou mais.

Escreve Donald Jay Grout:

> Quando se fala de *Louise* como um exemplo de Naturalismo, deve-se usar esse termo com uma certa reserva. Em todo caso, se ela sobreviveu, não foi por ser naturalista, pois isso não foi mais do que uma moda teatral e literária passageira. *Louise* ficou no repertório pela mesma razão que faz outras óperas ali permanecerem: porque a sua música, muito melodiosa, tem por aliado

um libreto que lhe permite projetar o drama de forma clara e comovente".

Palavras que servem também para explicar o insucesso de *Julien*.

Pouco antes de morrer, Charpentier supervisionou, para a Columbia, uma gravação abreviada de sua ópera, que existe no catálogo da EMI/ Plaisir Musical. Embora o som seja deficiente, esse registro, regido por Eugène Bigot, tem grande valor documentário por contar com famosos intérpretes da ópera: Ninon Vallin, Georges Thill, André Pernet e Aimée Lecouvreur. Gravações completas foram realizadas por: Jean Fournet (Philips, 1956), Berthe Monmart/André Larose; Georges Prêtre (CBS, 1976), Ileana Cotrubas/Plácido Domingo; Julius Rudel (EMI, 1977), Beverly Sills/Nicolai Gedda; Sylvain Cambreling (Erato, 1983), Felicity Lott/Jerome Pruett.

# Silvio Lazzari

Bolzano ainda se chamava Botzen e estava sob domínio do Império Austrohúngaro quando nasceu o italiano Lazzari (1857-1944), registrado como cidadão austríaco; mas a naturalidade que esse montanhês do Tirol escolheu foi a francesa, apaixonado pelo mar e a paisagem da Bretanha, aos quais deve a ambientação de suas óperas. Aluno de Ernest Guiraud e de César Franck, de quem recebeu cultura musical muito sólida, não deixou de estar, como a maioria dos compositores de sua geração, sob forte influência da música wagneriana. No entanto, a atração pelo Verismo, que constitui a espinha dorsal de sua dramaturgia, justifica que o coloquemos neste contexto, ao lado de Bruneau e Charpentier.

Após a pantomima *Lulu*, de 1887, e a ópera *Armor*, criada em Praga em 1898, em que os wagnerismos são bastante nítidos, a primeira partitura em que sua linguagem melódica e harmônica se revela de forma muito pessoal é *La Lépreuse*, baseada no sombrio drama naturalista de Henri Bataille. A gênese dessa obra, contudo, foi atribulada: tendo-se comprometido, sem ler a peça, a escrever o libreto, Albert Carré recusou-se a fazê-lo ao constatar que o texto era muito deprimente. Foi preciso processá-lo para que se convencesse a condensar a história da camponesa bretã Alyette, apaixonada por Ervoanik, de quem esconde que está leprosa. Os pais do rapaz suspeitam a verdade e opõem-se ao casamento; a velha Tili, mãe de Alyette, irritada com o desprezo com que sua filha é tratada, convence-a a transmitir a doença ao namorado durante a peregrinação que fazem ao santuário de Folgoët, à espera de um milagre. Quando voltam, Ervoanik também contraiu o mal e tem de abandonar a fazenda de seus pais e ir morar em um lugar isolado, sem contato com os outros habitantes da aldeia. Arrependida, Alyette vai unir-se a ele para que morram juntos.

O medo de Carré de que o assunto repugnasse o público era infundado: ao estrear, em 7 de fevereiro de 1912, *La Lépreuse* foi um sucesso. Embora não recorra a melodias folclóricas autênticas, Lazzari capta com muita facilidade a atmosfera da Bretanha e obtém efeitos dramáticos seguros nos momentos capitais da ação. Dentre eles, um dos mais bem realizados é, no ato III, a cena em que, depois de lhe terem imposto o capuz negro dos infectados, Ervoanik despede-se de sua família e parte para o exílio.

Estimulado pelo triunfo dessa ópera, Lazzari compôs, no ano seguinte, por encomenda da Lyric Opera de Chicago, *Le Sautériot* (O Gafanhoto), baseada na peça do realista alemão Keyserling. Bem recebida na estréia americana, em 19 de janeiro de 1920, o sucesso repetiu-se no Opéra-Comique, em 8 de abril do mesmo ano. Orti, feiosa e sem graça, filha natural de um homem grosseiro e cruel, "só conhece da vida a miséria, as privações e os maus-tratos", conta Manfred Keukel em *Naturalisme, Vérisme et Réalisme dans l'Opéra*. Esse "protótipo da mulher-criança, cuja candura e fragilidade a submetem, sem defesa, à maldade dos homens" – o que a iguala a outras personagens veristas, como a Cio-cio-San da *Madama Butterfly* ou a Salud de *La Vida Breve* – oferece a própria vida à Virgem Negra em troca da cura de sua cunhada, de quem, justamente, recebe o mais desprezível tratamento. Depois dessa promessa, faz a descoberta do amor e tenta libertar-se do voto; mas, ao perceber que o amante quer apenas aproveitar-se dela sexualmente, o "gafanhoto", como todos a chamam zombeteiramente, envenena-se tomando uma dose excessiva da poção destinada à doente, e morre suspirando: "Je voulais seulement... une fois... être... un peu... heureuse!"

O enredo descabelado contrasta com a música, de extrema sobriedade, em que Lazzari faz uma original fusão do sistema wagneriano de motivos recorrentes com a técnica de citação de melodias folclóricas autênticas ou reconstituídas. No segundo caso, aponta Keukel, destacam-se duas canções populares lituanas, o *dainos* e o *giesmés*, que ele recolheu numa coletânea publicada por Juszievitch, e utiliza ao lado de temas de inspiração bretã. Esta é, provavelmente, a obra-prima de Lazzari, cuja redescoberta é, hoje, uma questão elementar de justiça – e que poderá ser feita quando a ORTF permitir a comercialização de uma transmissão radiofônica de 1953.

*Melænis*, composta antes do *Sautériot*, só foi estreada em Mulhouse em 1927, mas, apesar do entusiasmo com que os alsacianos reagiram a ela, nunca foi cantada em Paris. Já *La Tour de Feu*, ouvida no Opéra em maio de 1928, e que tem como personagem principal o mar agitado da Bretanha, atesta uma vez mais o amor e a compreensão que Lazzari tinha dessa região. É a história dos ciúmes doentios de Yves, o vigia do farol, que incendeia a torre sob sua guarda para provocar um naufrágio, impedindo assim que Naïc, sua mulher, fuja com um rico estrangeiro por quem se apaixonou. Uma orquestra habilmente utilizada traduz de modo preciso o furor dos elementos naturais combinados à violência das paixões de que servem de moldura. Mas o paroxismo das cenas finais talvez seja menos envolvente do que a doçura idílica das danças camponesas ou dos coros populares no ato I. Os arquivos da ORTF dispõem da gravação de uma transmissão radiofônica de 1963.

Vale mencionar, ainda, os nove movimentos da música incidental para o *Faust*, de Henri Bataille, que revelam em Lazzari um bem-equipado autor de partituras sinfônicas. Com esse setor de sua produção, é possível travar conhecimento através de um disco lançado em 1996 pelo selo Marco Polo. Nele, Adriano rege, à frente da Sinfônica de Moscou, a *Sinfonia em Mi Bemol Maior*, de estrutura cíclica como a de seu mestre César Franck, estreada em 1907. E os *Tableaux Maritimes* em que, à maneira de Chausson ou Debussy, ele traça aquarelas musicais descrevendo um pôr-do-sol, o jogo das ondas, um pastorzinho encantado com a descoberta do mar ou um navio que luta para escapar da tempestade. É praticamente uma sinfonia marinha, em que as imagens evocadas são tratadas de forma muito colorida. O selo Marco Polo tem os *Quadros Marítimos* e a sinfonia com Adriano (1995).

# A Influência Wagneriana

A princípio retardada pelas pressões de uma crítica e um público formados nos hábitos da ópera romântica da primeira metade do século XIX, e pela reação antigermânica que se segue à derrota de 1870, a influência de Richard Wagner sobre os compositores franceses é, durante algum tempo, indireta e atenuada, como vimos nos casos de Saint-Saëns e Lalo. Manifesta-se em termos técnicos – como se pode verificar pelo uso que Massenet faz, no *Werther*, dos temas recorrentes e do comentário orquestral contínuo – mais do que no nível temático e, sobretudo, de semelhanças em termos de universo sonoro. Só a partir de 1880 um grupo radical de admiradores vai fazer com que essa influência se torne mais assumida.

É em 1879 que Ernest Chausson, Vincent d'Indy, Henri Duparc e Albéric Magnard fazem uma excursão a Munique, para ouvir as óperas de Wagner; e de lá voltam extasiados, convertidos, embriagados com o filtro mágico do drama lírico. Essa é a época em que os músicos franceses despertam, de maneira mais sistemática, para uma concepção do drama que, dentro do cenáculo dos poetas e autores de teatro falado – com os quais raros compositores, como Saint-Saëns, tinham contato –, já era muito admirada desde a publicação, em 1861, do ensaio de Charles Baudelaire, *Richard Wagner et Tannhäuser à Paris*. Baudelaire relaciona o princípio do *Gesamtkunstwerk* (a obra de arte total, para a qual convergem todas as outras, e de que a ópera, por conjugar palavra e música, dança e gesto, pintura e luz, é a suprema realização), no qual se baseia a dramaturgia wagneriana, ao conceito simbolista da harmonia universal e da correspondência existente entre as sensações. E analisa o idealismo e o misticismo de Wagner como uma expressão do sonho e do mistério em que está envolta a realidade. As idéias wagnerianas vão, desde muito cedo, influenciar dramaturgos simbolistas como Villiers de l'Isle Adam, Maurice Maeterlinck e, mais tarde, Paul Claudel – além de Hugo von Hofmannsthal, August Strindberg ou William Butler Yeats fora da França. É através de Wagner que os dramaturgos vão dar-se conta das possibilidades abertas ao teatro falado pela utilização de técnicas provenientes da ópera: *Le Soulier de Satin*, de Claudel, será o mais típico exemplo dessa interpenetração. Diagnosticou Romain Rolland:

> A partir de 1885 a ópera de Wagner começou a agir direta ou indiretamente sobre todo o pensamento artístico, intelectual e até mesmo religioso de quase todas as personalidades ilustres de Paris. Os escritores não só discutiam argumentos musicais mas julgavam a pintura, a literatura e até mesmo a filosofia à luz das idéias wagnerianas. O universo inteiro era visto segundo o pensamento de Bayreuth.

Em 1884, em Munique, um grupo de intelectuais, que fora assistir a um ciclo do *Anel*, decidiu fundar a *Revue Wagnerienne*, que circulou entre 1885 e 1888. Líderes desse grupo eram o poeta simbolista Édouard Dujardin e o musicólogo Théodore de Wizéwa. Entre seus colaboradores, estavam Paul Verlaine, Villiers de l'Isle Adam, Stéphane Mallarmé, Joris-Karl Huysmans e Catulle Mendès. O objetivo da revista era "estudar Wagner como músico, poeta, pensador e criador de uma nova forma artística".

Os intelectuais que escreviam para essa publicação – e para sua sucessora, a *Revue Indépendante* – criticavam compositores que, como Massenet, Reyer ou Charpentier, tinham tentado assimilar apenas alguns dos procedimentos wagnerianos, incorporando-os à sua própria linguagem, mas sem perder suas características individuais. Acusavam-nos de terem imitado o princípio do *leitmotiv*, de terem enriquecido a textura orquestral, de terem substituído as árias fechadas por um arioso contínuo, mas de forma superficial, sem que, por trás disso, houvesse o que consideravam o mais importante: os sagrados princípios filosóficos do drama lírico como o instrumento de revelação da Arte do Futuro. Escrevia Wyzéwa em um dos números da *Revue Wagnérienne*:

> Descobriram que Wagner usa *leitmotiv* e aí põem-se também a usá-lo e dão-nos o "tema da carta" ou o "tema do bispo".

> (Os alvos dessa zombaria eram a *Manon*, de Massenet, e o *Sigurd*, de Reyer).

> Descobriram que Wagner dá à orquestra um papel importante e, por isso, sobrecarregam suas partituras com combinações instrumentais ruidosas e acompanham uma romança sentimental com a mais douta das dissonâncias.

Mallarmé, em *Wagner, Rêverie d'un Poète Français*, artigo escrito em agosto de 1885, chega a extrapolar o lado mítico do drama wagneriano – de uma forma, aliás, muito típica de sua própria e rarefeita poesia –, propondo que se partisse dele para chegar a um "teatro metafísico, sem cenários ou atores, onde apenas a música absoluta fosse capaz de criar a vida ideal" (concepção ligada à idéia simbolista da "torre de marfim" em que o poeta, ser de exceção, deve encerrar-se). Convém, portanto, distinguir entre a influência puramente musical de Wagner sobre músicos que já estavam em atividade antes de 1880, e o influxo de suas idéias filosóficas e estéticas sobre uma geração mais jovem, que gravitava em torno da *Revue Wagnérienne*, cujos nomes mais significativos serão os de Vincent d'Indy, Ernest Chausson, Albéric Magnard e Emmanuel Chabrier.

# Vincent d'Indy

Autor, como Wagner, de seus próprios libretos, foi D'Indy (1851-1931) quem fez, em *Fervaal* (1897) e *L'Étranger* (1903), a mais completa aplicação do método wagneriano à ópera francesa. Mas é interessante notar que, embora adepto entusiasta da filosofia e da estética do mestre alemão, D'Indy foi também, ao lado dos organistas Charles Bordes e Alexandre Guilmant, um dos fundadores, em outubro de 1894, da Schola Cantorum, que tinha o objetivo nacionalista de restaurar e divulgar a grande música francesa dos séculos XV a XVIII.

Na origem, a Schola era uma sociedade dedicada à execução de música sacra. A partir de 1896, transformou-se num centro de pesquisas musicológicas, devotado à restauração do repertório litúrgico. E a partir de 1900, converteu-se na École Supérieure de Musique, núcleo de valorização das tradições e de defesa da música tipicamente francesa contra a infiltração estrangeira, especialmente a germânica. Mas essa aparente contradição encontra, na verdade, seu ponto de conciliação no entranhado misticismo de D'Indy, afinado tanto com o lado mítico da arte wagneriana quanto com a vertente religiosa dos ensinamentos da Schola.

Para esse membro de uma família de origem aristocrática das Cévennes, no sul da França, a arte é, antes de mais nada, um veículo para a transmissão das idéias religiosas ou filosóficas. E num momento em que a moda era o ateísmo, pregado pelos neo-românticos decadentistas ou pelos positivistas, ele tentava demonstrar a seus alunos a íntima conexão existente entre a arte e a religião. Para Vincent d'Indy, essa religiosidade não se manifestava sob a forma de um panteísmo vago, nem das nebulosas doutrinas teosóficas que também estavam na moda, como alternativa para as crenças tradicionais, mas sob a forma do Catolicismo mais ortodoxo, como o demonstram trechos do Prefácio a seu manual de contraponto:

> Antes de mais nada, o artista tem de ter Fé – fé em Deus e em sua arte: porque é a fé que o impulsiona ao conhecimento e é por meio desse conhecimento que ele pode ascender na escala da criação até o termo de sua própria natureza, que é Deus. O artista deve praticar a virtude da Esperança, porque nada tem a esperar do presente. Sabe que a sua missão é servir, que seu papel é contribuir, com suas obras, para o ensinamento e a vida das gerações vindouras. O artista deve ser abrasado pela sublime e soberana Caridade. Amor é o seu objetivo, pois o princípio único de toda a Criação é o amor, o grande, divino e caritativo Amor.

Essas últimas frases podem parecer bastante contraditórias vindas de um homem que era ferrenhamente anti-semita, a ponto de ser um dos primeiros a jogar pedras no capitão Alfred Dreyfus e de atacar, com indisfarçado furor, em seus artigos de jornal, "o estilo moderno, essa desprezível metamorfose da Escola Judaica" – referência óbvia às composições que tivessem vínculos com o *grand-opéra* de Halévy e Meyerbeer ou com as popularíssimas operetas de Offenbach. Romain Rolland sintetizou muito bem a natureza totalitária do homem ao dizer:

> A obra de Vincent d'Indy possui qualidades necessárias à formação de um chefe militar: conhecimento claro de seus objetivos, paciente determinação em atingi-los, perfeito conhecimento dos meios disponíveis para isso, espírito de ordem e um grande domínio de seu artesanato e de si mesmo.

Os meios de que D'Indy lança mão, em suas óperas, são os componentes básicos do drama lírico wagneriano: pseudomitologia e simbolismo, continuidade do tecido musical, retorno cíclico dos motivos, refinamento harmônico, tratamento livre da declamação rompendo com os números fechados, sonoridades instrumentais que são claramente reminiscentes da música de Wagner e, até mesmo, citações literais de temas do *Tristão e Isolda* na música de amor dos atos I e III de *Fervaal*. Mas, ao adotá-los, não chega exatamente a abrir mão de sua individualidade, na medida em que esses elementos correspondem, muito naturalmente, à sua maneira de compor e à sua organização de pensamento.

Desde cedo D'Indy faz seus primeiros projetos de ópera, que não leva adiante: *Les Burgraves*, *Les Abencérages*. Mas o início da carreira é dedicado à música de câmara – um belo *Quarteto para Piano e Cordas* (1878) –, a peças descritivas escritas para piano – *Poème des Montagnes* (1881) – ou para orquestra: *La Forêt Enchantée* (1878), a trilogia inspirada no *Wallenstein* de Schiller (1873-1881), ou a delicada "alegoria musical" *Saugefleurie* (1881), baseada em um conto de fadas de seu amigo Robert de Bonnières, jornalista no *Figaro*. Essa é, de resto, uma época em que o poema sinfônico, em moda na França, é entusiasticamente praticado por Duparc (*Lenore*, 1875), César Franck (*Les Éolides*, 1876; *Les Djinns*, 1884), Chausson (*Viviane*, 1883) e, principalmente, Saint-Saëns (*Le Rouet d'Omphale*, 1871; *La Danse Macabre*, 1874; *La Jeunesse d'Hercule*, 1877).

A primeira experiência dramática de D'Indy foi *Le Chant de la Cloche*, mais uma cantata do que uma ópera, tanto que sua estréia ocorreu nos Concerts Lamoureux, em 1886, e só em 1909 foi encenada no Théâtre de la Monnaie, em Bruxelas. Trata-se de uma série de quadros estáticos sobre as etapas do destino de um Homem: suas alegrias e esperanças, suas tristezas mas também a dignidade a que ascende à medida que supera o sofrimento.

*Fervaal*, ao contrário, estreada no Monnaie em 12 de março de 1897, e só em 1898 cantada na Ópera de Paris, é tipicamente teatral. Sua ação passa-se na Cévennes natal do compositor, à época das invasões sarracenas. Para salvar a montanha sagrada de Cravann do inimigo que a ameaça, Fervaal, discípulo do sacerdote drúida Arfgard, tem de renunciar ao amor carnal, tornando-se, assim, um herói puro. Mas não consegue resistir à tentação representada pela feiticeira sarracena Guilhen, que o leva para seu jardim mágico, onde ele é sexualmente derrotado. Ao encontrá-lo ferido no campo da batalha que seu pecado o fez perder, Guilhen se arrepende; mas morre congelada na neve. Numa apoteose final, o herói, superando a dor do ferimento em seu flanco, carrega o corpo da amada para o topo da montanha, finalmente preservada do assédio inimigo. Ali realiza-se uma cerimônia que simboliza a superação do culto das divindades pagãs e a entrada em uma nova era mística: a da religião baseada no Amor liberado de seu componente sexual.

O tema da luta entre dois grupos raciais opostos é comum a várias óperas desse período: *Gwendoline*, de Chabrier (saxões contra piratas dinamarqueses); *Hulda*, de César Franck (tribos nórdicas rivais); *Thamara*, de Louis Bourgault-Ducoudray (persas contra curdos) ou a *Salammbô*, de Reyer (conflito religioso e racial entre líbios e cartagineses). Mas em *Fervaal*, além da luta entre sarracenos e celtas – refletindo a idéia xenófoba da rejeição de tudo o que é estrangeiro em favor de um conceito intransigente de nacionalismo –, as personagens têm também um significado simbólico. *Fervaal* representa a Humanidade dividida entre o Erro pagão, encarnado por Arfgard, e o Amor de Guilhen, a princípio distorcido pela sexualidade e, mais tarde, resgatado pela "pureza, que é ainda maior do que a castidade". É simbólico também o uso que D'Indy faz das tonalidades: fá sustenido maior para o amor divino (como freqüentemente acontece nos oratórios de César Franck), sol sustenido maior para o amor humano, lá bemol maior para o falso amor, sol menor para a religião pagã, e assim por diante. Ao leitor, não terá passado despercebido o débito do libreto para com o do *Parsifal*. O ferimento de Fervaal, depois que ele cede a Guilhen/Kundry num jardim mágico que lembra o de Klingsor, assemelha-se ao de Amfortas. Arfgard, o seguidor dos deuses pagãos celtas, é uma figura ambígua que tem traços em comum, ao mesmo tempo, com Gurnemanz e Klingsor. E a apoteose final, ao som do hino católico *Pange Lingua*, anunciando a religião do amor, ecoa a cerimônia com que se encerra, no santuário de Montsalvat, o Festival Sagrado wagneriano.

O problema do *Fervaal* é tratar-se – como o *Parsifal*, mas sem a mesma intensidade dramática e nível de inspiração – de uma ópera longa e muito lenta, em que a orquestra, a todo momento, interrompe o diálogo para fazer digressões um tanto dispersivas. D'Indy não consegue, com a mesma mão impiedosamente segura de seu modelo, controlar o andamento compassado da ação: a lerdeza do ato III, por exemplo, põe à prova a paciência até mesmo da platéia mais bem-intencionada – como se pode comprovar através da a gravação pirata do selo MRF, com a transmissão radiofônica, da Radio France (1962), de um espetáculo regido por Pierre Michel Le Comte (que, mesmo em versão muito abreviada, parece interminável). Há também seleções com Pierre Monteux (RCA) e G. Noppre (Marco Polo).

Escreve Martin Cooper:

> Como as óperas de Bruneau, *Fervaal* sofre do fato de que, em 1897, era extremamente moderna, composta estritamente de acordo com os ideais de Wagner, que, naquele momento, pareciam destinados a tornar obsoletos, em tempo relativamente curto, os modelos anteriores de ópera. Mas a subordinação de *Fervaal* a uma teoria preconcebida fez com que, na prática, ela envelhecesse rapidamente, não obstante a nobreza, a força de expressão e o poder de caracterização que não podem ser negados a D'Indy.

Donald Jay Grout coloca as coisas de maneira ainda mais sintética: "Não podemos deixar de pensar que o problema de *Fervaal* é que ela possui muitos dos defeitos de Wagner, sem possuir a mesma arrebatadora força expressiva". Ainda assim, na mesma linha de *Les Troyens*, *Sigurd* e *Le Roi d'Ys*, e juntamente com a *Gwendoline* de Chabrier e *Le Roi Arthus* de Chausson, *Fervaal* permanece como um nobre exemplo do que já foi chamado de *grand-opéra apprivoisé*: o tipo de ópera séria que, na segunda metade do século XIX e nos primeiros anos do XX, é grandiloqüente mas "domada", ou seja, despojada dos excessos e das resvaladas para o mau gosto comuns na década de 1830.

Em *L'Étranger*, também estreada em Bruxelas, em 7 de janeiro de 1903, embora superficialmente a música lembre menos ainda o universo sonoro de Wagner, a atração por determinados elementos simbólicos de seu universo aumentou muito. O Estrangeiro é um cruzamento do Holandês do *Navio Fantasma* com Wotan e Parsifal. Ele é um homem misterioso, que renunciou ao amor e à felicidade pessoal em nome de um ideal mais elevado: "ajudar e servir o próximo é a minha única alegria e o meu único pensamento", diz no monólogo em que se apresenta, cuja estrutura lembra muito o da primeira aparição do Holandês. O Estrangeiro vaga pelo mundo em busca de uma missão de solidariedade que lhe permita realizar-se plenamente. Chegando a uma aldeia de pescadores, apaixona-se por uma jovem sintomaticamente chamada Vita e que, por ele, mostra-se disposta a abandonar o noivo, o agente alfandegário André. A atração por Vita faz com que ele perceba ter falhado em seu voto de renúncia à sensualidade. Fugindo à tentação, enfrenta o mar bravio, para salvar a tripulação de um barco que vai naufragar. Vita o acompanha, ambos são engolidos pela tempestade, e é no outro mundo que o seu amor poderá atingir a perfeição.

Como no *Navio Fantasma*, o mar é uma presença constante, evocada musicalmente desde o Prelúdio. D'Indy opõe à música torturada, emotiva e altamente cromática de Vita e do Estrangeiro – constantemente reminiscente do *Parsifal* –, as melodias mais leves e sensuais, visivelmente decalcadas nas da *Carmen*, com que caracteriza André – um equivalente visível do Erik wagneriano no *Navio Fantasma*. O uso de temas do folclore francês, como no coro festivo "Dimanche, c'est dimanche, vive le vin!", introduz um leve toque verista nas cenas em que o compositor faz o retrato da vida na aldeia, dando, assim, a *L'Étranger*, um tom mais descontraído e variado do que o de *Fervaal*. Aliás, a ópera é mais curta, com dois atos em vez de três; seu ritmo é mais acelerado, a música, bem colorida e o conteúdo simbólico, menos nebuloso. É pena que desta ópera, mais bem-sucedida do que a sua predecessora, só existam seleções no disco de G. Noppre (Marco Polo).

A respeito dela, Debussy escreveu estas linhas, que é pena não se poder aplicar a todo o teatro de D'Indy:

> Quem quiser que procure nesta ópera símbolos insondáveis. Quanto a mim, prefiro ver nela uma humanidade que D'Indy só revestiu de símbolos para tornar mais profundo o eterno divórcio entre a Beleza e a vulgaridade da multidão. Sem me demorar em questões técnicas, quero render homenagem à serena bondade que plana sobre ela, ao esforço da vontade para evitar toda complicação e, sobretudo, à tranqüila audácia de Vincent D'Indy em ir mais longe do que si mesmo. E se, ainda há pouco, eu me queixava de música demais, é que, num ponto ou outro, ela me parece comprometer o desabrochar total que orna com beleza inesquecível tantas páginas do *Estrangeiro*.

*La Légende de Saint Christophe*, escrita entre 1908/1915, mas estreada na Ópera de Paris apenas em 9 de junho de 1920 – e recebida com grandes reservas pelo público devido às idiossincrasias de seu libreto – é uma ópera-oratório na qual D'Indy destila todas as suas obsessões, preconceitos, ódios e idéias fixas. Isso a torna estruturalmente desconexa, pois ele lança mão dos mais disparatados expedientes, que não consegue muito bem conciliar, de modo a expressar raivosas idéias sobre o mundo e a arte contemporâneos. A moldura narrativa é deliberadamente arcaica: há um narrador e um coro *a cappella* que comenta a ação de maneira bastante estática.

A personagem central, Auferus, deseja dedicar-se ao serviço do soberano mais poderoso e, por isso, emprega-se na corte da Rainha da Volúpia. Mas logo dá-se conta de que o Rei do Ouro é mais forte do que ela. Como o vê, entretanto, tremer diante dos poderes infernais do Bode, torna-se criado de Sathanaël até o dia em que, ao passar diante de uma igreja, o Diabo torce-se de medo ouvindo o cântico "O Crux, Ave, Spes Unica". Auferus põe-se, então, em busca da Cruz, mais poderosa do que o próprio demônio.

Adota o nome de Cristóvão e, instalando-se à beira de um rio, dedica-se à tarefa de ajudar as pessoas a cruzar a torrente; até o dia em que, ao colocar nos ombros uma criança, assusta-se com seu peso insuportável: é o menino Jesus, que já carrega em si todo o imenso sofrimento da Humanidade, que está destinado a salvar. Cristo o batiza ali mesmo, no rio, e pouco depois Cristóvão sofre o martírio e torna-se santo.

Uma das coisas que decidem Auferus a abjurar das perversidades e a buscar o consolo da religião é a procissão dos escravos de Sathanaël, a que assiste. Há, nela, Livres Pensadores carregando emblemas maçônicos; Cientistas entoando um hino "ao seno e ao cosseno, ao volt, ao ampère e ao radium"; Falsos Artistas proclamando o ódio à "arte ideal" e a paixão pelos modismos efêmeros. "Somos nós que criamos as modas e as seguimos", cantam eles. "Abaixo as regras e o estudo – façamos coisas menores, mas originais!" Antes de abraçar a religião, entretanto, Auferus faz uma derradeira visita à sua antiga senhora, a Rainha das Volúpias, onde assiste a uma orgia decalcada na do Vennusberg, do *Tannhäuser*: uma caricatura involuntária, que culmina num "Frenesi de Gozos" em que os casais, retorcendo-se nos leitos, vocalizam: "Ha... haa... haaa!!"

Em meio a toda essa rancorosa bobageira, porém, o hábil compositor que é Vincent d'Indy consegue insinuar uma ou outra página bem-sucedida. Seu fervor autêntico faz com que o prelúdio ao ato II, intitulado *La Quête de Dieu* (A Procura de Deus), seja uma das mais belas coisas que escreveu. Mas, no conjunto, *La Légende* é a obra de um homem envelhecido que remói uma religiosidade azedada, cheio de ressentimento pelo pensamento progressista, pelas mudanças liberais no comportamento, pelos avanços da ciência – fruto, em suma, de um conservadorismo fossilizado que se insurge contra tudo o que faz o mundo tornar-se diferente daquilo que ele conheceu. O ressentimento volta-se, sobretudo, contra a "cacofonia da vida moderna" e, no pastiche do estilo de vanguarda que faz, ao desfilarem os Falsos Artistas, está claro que os seus bodes expiatórios são Debussy e Ravel.

*La Légende* é um trabalho muito aquém das possibilidades de um sinfonista inegavelmente inspirado, autor de peças como *Wallenstein*, *Un Jour d'Été à la Montagne* ou a conhecida *Symphonie sur un Thème Montagnard*, que lhe asseguraram, felizmente, um lugar no repertório de concertos. É pena, também, que se tenha praticamente esquecido *Le Rêve de Cyniras*, a opereta de 1827, sobre um divertido libreto de Xavier de Courville, que usa a Guerra de Tróia para satirizar a de 1914-1918: ela revela um lado sorridente do compositor que é totalmente inesperado.

O resultado do reacionarismo de D'Indy, e também de Charles Bordes, é que a Schola Cantorum acabou transformando-se num bastião da ortodoxia, formando músicos competentes mas pouco originais. Não foram numerosos os compositores de real talento a sair dali: Albéric Magnard, Déodat de Séverac, Pierre de Bréville e, principalmente, Albert Roussel, são os únicos que devem ser mencionados. Curiosamente, a geração mais radical passou a ser formada pelo Conservatório, que, na fase em que estivera sob a direção de Cherubini, Auber e Thomas, fora o grande reduto de defesa da tradição.

Mas após a morte de Thomas, em 1896, Massenet, candidato óbvio à sucessão, recusara-se a assumir por lhe ter sido negado o direito vitalício ao cargo. Com isso, deixou também a cadeira de Composição, que ocupava desde 1878, e que foi preenchida por Gabriel Fauré. Sob sua orientação, muito mais arejada, haveriam de formar-se Florent Schmitt, Charles Koechlin, o romeno Georges Enesco, Paul Dukas, Maurice Ravel, Roger Ducasse, Nadia Boulanger e outros.

Observa Martin Cooper:

> Os estudos do próprio D'Indy e suas simpatias estavam demasiado voltados para César Franck para que ele pudesse ser paciente ou compreensivo com os rumos que a música francesa estava tomando em torno de 1900. E estava tão dominado por suas próprias teorias que achava quase impossível encontrar respostas alternativas para as questões levantadas por seus alunos.

É isso o que faz com que muitas de suas composições – e as de alguns de seus discípulos – pareçam, hoje, irremediavelmente datadas.

# Ernest Chausson

O interesse de Chausson (1855-1899) pela ópera manifestou-se muito cedo. Mas, inseguro e dotado de feroz autocrítica, abandonou vários projetos pela metade: *Hylas*, baseado em Leconte de Lisle; *Jeanne d'Arc*, sobre texto de autor não-identificado; *Esméralda*, sobre o mesmo libreto que Victor Hugo escreveu para Louise-Angélique Bertin e que foi também musicado pelo russo Aleksandr Dargomýjski; *Les Caprices de Marianne*, baseada na peça de Alfred de Musset; e *Hélène*, sobre libreto original seu. A única ópera que terminou foi *Le Roi Arthus*, de que é também o autor do texto, como convinha a um wagnerita convicto.

Chausson morreu aos quarenta e quatro anos, num acidente estúpido: tinha saído, em 10 de junho de 1899, com sua filha Etiennette, de quinze anos, para um passeio de bicicleta nos arredores da casa que alugara, em Limay, perto de Nantes, para passar as férias. Ao perceber que o pai ficara para trás, a menina voltou e o encontrou morto, com o crânio rachado. Tendo provavelmente perdido o controle do veículo, Chausson fora de encontro à pilastra do portão da propriedade. As estranhas circunstâncias de sua morte deram origem às mais fantasiosas explicações: autores como Edward Lockspeiser (em seu livro sobre Debussy) e Michel Faure (na apresentação do *Concerto Op. 21* do selo Decca) chegam a sugerir que ele se suicidou – o que é, no mínimo, descabido, pois não havia nenhum motivo aparente para que quisesse morrer. E mesmo que houvesse, há formas melhores de se matar do que atirando-se, de bicicleta, contra um muro de pedra.

Ao morrer, Chausson deixou inacabada *La Vie est un Songe*, da comédia de Calderón de la Barca, em que estava trabalhando. E no caderno de anotações onde registrava suas idéias e projetos, encontramos uma lista de *Scénarios pour drames lyriques* que vale a pena mencionar, pois ela revela as simpatias e afinidades literárias do compositor: *Les Bohémiens* (dos *Ciganos*, de Púshkin, de que foram tiradas *Aleko*, de Rachmáninov, e *Gli Zingari*, de Leoncavallo); *Turandocte* (da peça de Schiller, e não da de Carlo Gozzi, que serviu de ponto de partida para Puccini e Busoni); *Macbeth*, de Shakespeare; *Conrad Wallenrood*, do polonês Adam Mickiewicz; *Numance*, de Cervantes; *Le Prophète Voilé*, adaptado de Thomas Moore; uma *Griselidès* cuja fonte não é consignada, mas talvez saia do mesmo *fabliau* que inspirou a *Grisélidis* de Massenet; e *Rama*, um drama de inspiração indiana, de seu amigo Maurice Bouchor. Para a peça *La Légende de Sainte Cécile*, deste último, aliás, Chausson já compusera música incidental. E não foi sua única experiência com o teatro falado: deixou também partituras para acompanhar *A Tempestade*, de Shakespeare, e *Os Pássaros*, de Aristófanes.

O fato de a morte tê-lo impedido de realizar todos esses projetos torna ainda mais significativo *Le Roi Arthus*, em que Jean Gallois, no seu livro sobre o compositor, vê "a síntese de toda a sua produção: obra em que se prolongam todas as aquisições do passado e em que germinam todos os futuros desenvolvimentos". A carreira dessa ópera, porém, não foi muito fácil: apesar dos esforços de todos os músicos interessados em fazê-la encenar – Eugène Ysaÿe em Genebra, Hans Richter e Arthur Nikisch em Dresden, Isaac Albéniz em Praga e Felix Mottl em Karlsruhe –, nenhum desses empreendimentos deu certo e Chausson não chegou a vê-la no palco. A estréia só foi possível postumamente, em 30 de novembro de 1903, no Théâtre de la Monnaie, de Bruxelas, por iniciativa de Vincent d'Indy, que tinha grande prestígio junto à direção dessa casa.

O sucesso foi tão grande que ela foi reprisada diversas vezes na Bélgica. Numa pesquisa de 1909 sobre os títulos prediletos do público de Bruxelas, *Le Roi Arthus* ficou em quarto lugar, depois de *Tristão e Isolda*, de *Pelléas et Mélisande* e do *Crepúsculo dos Deuses*, seguido da *Flauta Mágica*, do *Ouro do Reno*, de *Hippolyte et Aricie*, de Rameau, da *Valquíria* e *Don Giovanni*, de Mozart – o que atesta a que ponto de saturação chegara o wagnerismo na época.

Na França, entretanto, a ópera de Chausson foi negligenciada por muito tempo. O ato III foi representado na Ópera de Paris em 1916 e transmitido pela Radio France em 1934. A primeira execução integral só ocorreu em 1949, no cinquentenário da morte do compositor; e houve uma apresentação em forma de concerto, em 1981, com o Orchestre National regido pelo inglês Lionel Friend, de que existe uma gravação pirata no selo MRF. A primeira gravação comercial, da Erato, só foi feita em 1987, com o Nouvel Orchestre Philharmonique sob a regência de Armin Jordan.

No libreto, que mistura verso e prosa ritmada, Chausson – que tinha um conhecimento muito extenso, para os padrões da época, de literatura e história medievais – escolhe abordar as lendas do ciclo arturiano pelas associações e analogias que elas lhe permitem com o universo wagneriano. O triângulo formado por Arthus-Genièvre-Lancelot reproduz a relação Marke-Isolda-Tristão. O escudeiro Lyonel é uma espécie de cruzamento de Brangäne com Kurwenal. Mordred, o invejoso que trai os amantes, tem uma função semelhante à de Melot. E o papel do mago Merlin corresponde ao de Erda no *Anel*.

A ópera de Chausson é, em suma, uma das muitas que, na fase do Neo-romantismo decadentista da virada do século, decalcam o esquema narrativo de *Tristão*. Entre elas estão, fora da França, *Parisina*, de Pietro Mascagni, *Francesca da Rimini*, de Riccardo Zandonai (ambas com libreto de Gabriele d'Annunzio, poeta decadentista fortemente influenciado pelas idéias de Wagner), ou *L'Amore di Tre Rè*, de Italo Montemezzi, com libreto de Sam Bennelli, que era discípulo de d'Annunzio. Mais adiante, veremos também como esse esquema impregna *Pelléas et Mélisande*, de Maurice Maeterlinck, transformado em ópera por Claude Debussy, que tinha por Wagner uma conflituosa admiração.

Gallois mostra, em seu estudo, como as sucessivas redações do libreto – "verdadeiro espelho do compositor, cristalização de seu pensamento e de seu credo" – tendeu a uma concentração dramática e psicológica cada vez maior: "à maneira dos clássicos, ele tende à litotes", a arte da elipse, de dizer o máximo com o mínimo de palavras. O resultado é um texto fluente e preciso, que foge à tendência às vezes um tanto verborrágica de seu modelo alemão.

A marca wagneriana, porém, é muito forte na orquestração, que passa das explosões mais violentas às transparências camerísticas; e no cromatismo sistemático: as modulações incessantes dão à música o mesmo caráter instável e atormentado do *Tristão*; e traduzem a mesma idéia de que o amor de Lancelot e Genièvre, por infringir as regras deste mundo, só se realizará plenamente após a morte. Com muita freqüência, Chausson recorre a acordes de sétima consecutivos, que criam o efeito de suspensão da tonalidade, muito propício às efusões líricas e a transbordamentos instrumentais como o do Prelúdio do ato III, de temperatura emocional muito elevada.

No entanto, apesar de muito bem escrita, *Le Roi Arthus* não tem a originalidade das peças instrumentais de Chausson. O desejo de aderir estritamente ao modelo wagneriano foi tão intenso que ele chegou a copiar os desenhos melódicos do mestre alemão. Por mais emocionante que seja, o grande dueto de amor de Genièvre e Lancelot, que é o ponto culminante da partitura, trai demasiada subserviência ao estilo de Wagner.

Um outro parentesco que não foi ainda suficientemente explorado – Gallois é o único a ensaiar uma tímida aproximação – é o que existe entre Chausson e Berlioz. Há evidentes afinidades teatrais e musicais entre as cenas iniciais do *Roi Arthus* e *La Prise de Troie*; entre a primeira aparição de Cassandra e a de Merlin; entre a cena em que Geneviève aparece revelando que Mordred ainda está vivo e a entrada de Enéias narrando o episódio famoso da morte de Laocoonte. É Gallois, de resto, quem interroga: "Como não aproximar o tom trágico e sublime com que Enéias exprime a escolha do dever da mesma situação vivida por Lancelote? E a morte de Dido não constitui, de certa forma, uma antecipação da de Geneviève?"

Voltando à questão do wagnerismo de Chausson, é preciso registrar, em todo caso, que *Le Roi Arthus* não tem o pessimismo mórbido de seu modelo, bebido na filosofia schopenhaueriana. Arthus assiste à derrocada de suas esperanças, seus esforços desembocam no nada, e ele tem de aceitar a idéia de que o mais puro de seus companheiros foi capaz de traí-lo. Mas a ópera termina com uma celebração da energia, do senso de honra, do desejo de cumprir um ideal cavalheiresco – tudo isso colocado acima das contingências que geram a felicidade individual. O que assistimos é à vitória do indivíduo contra o universo que o cerca e oprime, e que ele combate com as armas do pensamento e da fé em sua missão.

Escreve Jean Gallois:

> Na verdade *Le Roi Arthus* desemboca, em última análise, em um confiante misticismo (...), antídoto do pessimismo geralmente reconhecido. A *Weltanschauung* (visão do mundo) de Arthus baseia-se nas três virtudes teologais dos cristãos. É pela Caridade (...) que Arthus chega ao supremo perdão; e em função de sua Fé e Esperança, ele espera em Deus poder um dia voltar à terra para retomar e concluir sua obra. Com isso, no limite, não seria Arthus uma reencarnação da imagem do Cristo que, embora vencido pela tolice e a maldade humanas, permanece como o eterno defensor de um Ideal que, apesar do Gólgota, continua a habitar o universo, à espera do dia da Ressurreição? Esta poderia ser, afinal de contas, a mensagem última desse drama admirável e tão profundamente humano.

Nesse sentido, há também interessante paralelo a ser traçado entre Arthus e Guercoeur, personagem título da ópera de Albéric Magnard, contemporâneo de Chausson, de que falaremos a seguir. Ambos parecem encarregados de uma missão que tem muito a ver com determinados princípios humanitários muito vivos naquele fim de século, em que os artistas acreditavam em pôr sua obra a serviço da consecução de elevados ideais.

Esse final positivo coloca a ópera numa posição à parte em relação à melancolia constante, ao estado de espírito depressivo que impregna as obras mais famosas e pessoais de Chausson: o *Trio*, a *Sinfonia em si bemol*, o *Concerto para Violino*, piano e quarteto de cordas, a *Chanson Perpétuelle* ou o *Poème de l'Amour et de la Mer*, para soprano e orquestra.

# Albéric Magnard

Wagnerita confesso, Magnard (1865-1914) visitou Bayreuth em 1886, aos 21 anos. Na volta, preferiu ter aulas particulares com Vincent d'Indy, por considerar superficial o curso de Composição de Massenet, a que vinha assistindo no Conservatório.

Filho de um magnata do jornalismo, dono de *Le Figaro*, Magnard rejeitou o luxo e a atmosfera sofisticada em que tinha sido educado, preferindo uma vida ascética regida por rigorosa autodisciplina. Morreu aos quarenta e quatro anos, durante a I Guerra Mundial, com a mesma intransigência com que tinha vivido. Recusou a entrada, em sua casa de campo de Baron, no departamento de Oise, a um regimento alemão. Para impedir que a confiscassem, preferiu morrer queimado, quando atearam fogo à propriedade tentando forçá-lo a sair.

O trabalho recente de recuperação discográfica de sua obra, empreendido por Michel Plasson à frente da orquestra do Capitole de Toulouse, permitiu reavaliar as qualidades de um dos sinfonistas mais originais de sua geração. O interesse despertado pelas gravações de Plasson fez com que outros artistas se dedicassem também a resgatar sua música de câmara – por exemplo, a inspirada *Sonata Op. 13, para Violino e Piano* –, as canções e uma música para piano em que se destacam as *Promenades*, de 1893, que o aproximam das experiências harmônicas de Chabrier e, de certa forma, antecipam a música de Debussy e de Erik Satie.

Mas no campo da ópera, Magnard admitiu ter seguido conscientemente o modelo wagneriano. No Prefácio a *Bérénice*, ele escreveu:

> Não tendo o gênio necessário para criar uma nova forma lírica [...] escolhi, entre os estilos existentes, o que estava mais de acordo com o meu gosto clássico e com a minha cultura, inteiramente tradicional. Talvez a minha concepção da arte dramática esteja errada. Peço antecipadamente desculpas aos especialistas em estética.

É interessante notar que, contrariando um ponto de vista corrente em sua época, Magnard concebia Wagner como um compositor filiado a uma linhagem clássica, que fazia culminar a tradição saída de Bach, Gluck e Beethoven – o que, de resto, está bem de acordo com a visão sincrônica que, hoje em dia, se tem do papel que o autor do *Anel do Nibelungo* desempenhou na História da Música.

Aplicando os princípios básicos do sistema wagneriano, Magnard compôs três óperas: *Yolande*, que chegou a ser cantada em Bruxelas em 27 de dezembro de 1892, mas depois viu-se totalmente esquecida; *Guercoeur*, escrita entre 1896/1901; e *Bérénice*, levada no Opéra-Comique em dezembro de 1911.

*Guercoeur*, com libreto original do compositor, tem um lado idealista estreitamente relacionado com as atitudes mentais e existenciais de Magnard que, como Bruneau, era um homem preocupado com as causas sociais e políticas. Ele foi um dos intelectuais que mais entusiasticamente aderiram à campanha de Zola em defesa de Dreyfus – o que lhe valeu sérios aborrecimentos familiares. E quando o capitão Alfred Dreyfus foi reabilitado, celebrou esse fato em uma de suas melhores sinfonias, intitulada *Hymne à la Justice*.

A personagem título de *Guercoeur* é o príncipe de uma cidade renascentista, num país não especificado, que morre prematuramente em combate, para libertar o seu povo. Antes de morrer, porém, pede a seu discípulo Heurtal que vele pela cidade e por sua mulher, Giselle, que lhe faz um voto de fidelidade eterna.

No ato I ("As saudades"), Guercoeur, no Paraíso, não consegue encontrar a paz de espírito e obtém a permissão para voltar à Terra. Na primeira cena do ato II ("As ilusões"), ele chega à sua cidade cheio do desejo de reencontrar Giselle; mas em II, 2 ("A amante"), descobre que ela rompeu o seu voto e está vivendo com Heurtal, que se transformou num tirano cruel e ambicioso. Consegue perdoá-la mas, em II, 3 ("O povo"), tenta inutilmente apaziguar a guerra civil que Heurtal insuflou, na esperança de poder tornar-se soberano absoluto. Apesar do desejo que Guercoeur tem de devolver a seu povo a paz e a tranqüilidade, este rebela-se contra ele e mata-o novamente. No ato III ("A Esperança"), o herói está de volta ao Paraíso, desiludido e aspirando ao esquecimento. Mas é consolado pela deusa Verdade, que o faz ter a visão do Futuro Distante: uma época em que a semente da liberdade plantada por ele há de germinar, e em que a Humanidade, à luz da Razão e da Fé, há de se regenerar.

Há sensível semelhança entre *Guercoeur* e o *Arthus* de Chausson: ambos são pioneiros, temporariamente vencidos por estarem muito à frente de seu tempo; mas sua mensagem acabará sendo entendida pelo futuro. Nesse sentido, estão ambos vinculados à concepção romântica – que se prolonga através do Simbolismo e do Neo-romantismo – do Artista como um profeta, um visionário, o homem das utopias, provisoriamente marginalizado pela incapacidade que tem a sociedade de compreendê-lo, sempre pregando para as gerações vindouras. Estão igualmente relacionados à visão que os wagneritas tinham de seu ídolo, incompreendido e mal aceito por seus contemporâneos, mas trabalhando para abrir as trilhas da Música do Futuro. As figuras alegóricas do final e o tipo de mensagem nele veiculado deixam clara, além disso, a medida em que Magnard é influenciado pela pregação do positivista Auguste Comte e sua crença no poder regenerador da Razão.

Os atos I e III de *Guercoeur* foram executados, em versão de concerto, pouco antes da morte de Magnard. Mas a partitura desapareceu no incêndio da casa de Baron: sobraram apenas o ato II orquestrado e a partitura vocal completa, em redução para piano. A orquestração dos atos I e III foi reconstituída de memória por seu amigo, o compositor Guy Ropartz, que o ajudara na preparação do concerto e se lembrava das linhas gerais do trabalho. A única montagem integral da ópera, na versão de Ropartz, foi feita em Paris em 24 de abril de 1931. Uma transmissão de rádio da década de 50, regida por Tony Aubin, existe em gravação pirata; mas o som é muito deficiente e a edição, drasticamente cortada. A primeira gravação praticamente integral é a de Michel Plasson, feita em 1987.

*Guercoeur* tem uma nítida ligação – através do modelo wagneriano – com o teatro simbolista: os protagonistas, além de serem personagens individualizadas, têm também um valor de estereótipo (o que, às vezes, faz com que sejam um tanto esquemáticos). A indefinição do ambiente e da época, visando a dar-lhes um caráter universal e intemporal, lembra *Pelléas* de Maeterlinck/Debussy. E são utilizadas figuras alegóricas: as deusas leigas Verdade, Beleza, Bondade, Sofrimento, além das sombras do Poeta, da Mulher e da Donzela, que aparecem no Paraíso.

*Guercoeur* é uma ópera humanitária, ligada àquele mesmo idealismo que, na virada do século, inspirou várias obras literárias que denunciavam injustiças e propunham reformas na sociedade: os torrenciais ciclos dos *Rougon-Macquart*, de Émile Zola; dos *Thibault*, de Roger Martin du Gard; do *Jean-Christophe*, de Romain Rolland; dos *Hommes de Bonne Volonté*, de Jules Romains; a série dos romances de Georges Duhamel sobre Salavin e a família dos Pasquier. É o mesmo espírito que anima o socialismo cristão da poesia de Charles

Péguy e o socialismo humanitário pregado por Jean Jaurès.

Mas esse humanitarismo tinge-se também de uma conotação fortemente mística que, apesar da afinidade que Magnard tinha com seu mestre D'Indy, não é estritamente o da religião convencional. Mas não é, tampouco, o panteísmo de vagas tinturas greco-romanas a que a arte da época freqüentemente apelava. É um misticismo leigo, de filiação positivista, com forte componente de transcendência e uma sólida base nas Virtudes Teologais: Fé na capacidade regeneradora da Razão, Esperança num futuro melhor, e a Caridade que leva à compreensão e ao perdão. Não é gratuito o fato de o momento culminante da ópera, o que lhe sugere páginas mais inspiradas, ser o do ato II, em que Guercoeur perdoa Giselle por ter traído o seu voto de fidelidade.

A influência wagneriana é patente; mas os procedimentos típicos do modelo são usados de maneira bem pessoal. Há *leitmotive*, mas eles são sempre curtos e bem marcantes – o do Sofrimento, por exemplo, tem apenas três notas, em forma de carrilhão. O mais feliz é o da preocupação de Guercoeur com o bem-estar de seu povo, de tom heróico e forma ascendente, e que, por coincidência, parece-se muito com o motivo da Távola Redonda no *Roi Arthus* de Chausson. A lentidão da música, nos atos I e III, num estático tom de oratório, remete-nos ao onipresente modelo do *Parsifal*. Mas essa lentidão, no I, visa a sugerir o tédio de Guercoeur no Paraíso, onde sonha voltar à terra; e no III, traduz a serenidade com que ele aceita a vida eterna. Quanto ao ato II, o monumentalismo de suas cenas de multidão inspira-se no *Anel* e, em especial, no *Crepúsculo dos Deuses*. Já as passagens líricas, relacionadas com a paixão da personagem por sua mulher, são de um tom pessoal, com um melodismo de caráter acentuadamente francês, sem débito algum para com a música amorosa do Tristão.

O traço de escrita musical de maior originalidade está no plano harmônico: os tons bemóis são usados para descrever a vida no céu, e os sustenidos, sempre que se fala da terra e de suas paixões. Essas duas categorias de tonalidade são combinadas quando, no céu, Guercoeur pensa na terra, e vice-versa. A sensação de aparente bitonalidade criada nesses momentos sugere, numa linha de composição aparentada à do *Tristão*, as hesitações e a insatisfação moral da personagem.

A predileção pelos conflitos psicológicos reafirma-se em *Bérénice*, baseada na tragédia de Jean Racine, em que não há ação externa, mas apenas uma série de emoções contraditórias muito tempestuosas: a escolha que o imperador Tito deve fazer entre o trono e a mulher que ama mas com quem, por razões políticas (ela é uma estrangeira capturada por seus exércitos), não pode se casar. Vazada num molde dramático de extrema simplicidade, essa situação corresponde ao ideal de Magnard de disciplinar o sentimento romântico com a forma clássica. O entusiasmo da platéia na estréia, no Opéra-Comique em 14 de dezembro de 1911, encontra sua melhor expressão no comentário do crítico Alfred Boschot, que a comparou a uma peça de música de câmara pela intensidade de emoções absolutamente interiorizadas.

Do ponto de vista formal, *Bérénice* tem uma grande importância histórica: é o primeiro exemplo do tipo de experiência – que será retomado, mais tarde, por Franz Schreker em *Die Ferne Klang*, e por Alban Berg no *Wozzeck* – de construir cada cena da ópera de acordo com uma forma fixa instrumental. O dueto de amor de Tito com Berenice, por exemplo, é um cânon em oitava, pois ambos dizem as mesmas coisas com sentidos diferentes; o monólogo amargurado de Tito no ato III é uma fuga, pois, em sua mente, entrecruzam-se várias idéias antagônicas. A música, também, soa mais livre dos modelos wagnerianos: como se trata de um drama de caráter essencialmente intimista e de tom muito lírico, para ela Magnard encontra acentos bem mais individuais. É uma pena que, de obra tão significativa, não exista nenhuma gravação em catálogo. A Radio France gravou duas apresentações, em 1960 e 1961, mas até o início de 1999 não havia notícia de que elas tivessem sido liberadas para comercialização.

# Emmanuel Chabrier

Chabrier é, sem dúvida alguma, o compositor mais interessante deste grupo de wagneritas; e o que, superada a influência, encontra o estilo mais pessoal e inovador. É certamente, também, um dos criadores mais subestimados dessa fase, cuja originalidade só recentemente começou a ser devidamente valorizada.

Até bem pouco tempo, Chabrier (1841-1894) só era conhecido por peças bem escritas, mas menos significativas no conjunto de sua produção, como a *Bourrée Fantasque* ou o poema sinfônico *España*. Este último, aliás, exerceu grande influência, servindo de modelo para o *Capriccio Espagnol* de Rímski-Kórsakov, *Ibéria* de Debussy e a *Rapsódia Espanhola* de Ravel. Resultado não só de uma viagem que seu autor fizera à Espanha em 1881, como da influência de seus professores, os espanhóis Manuel Zaporta e Mateo Pitarch, ele é mais um típico produto da já mencionada voga francesa de espanholismo, em que se inseriam a *Carmen* e a *Rapsódia Espanhola* de Lalo.

Mas a produção pianística de Chabrier, combinando leveza melódica, exuberância rítmica e a nostalgia sentimental das canções de café-concerto, tem uma liberdade harmônica e, ao mesmo tempo, uma capacidade de conciliar a tradição com a linguagem pessoal, que fizeram com que César Franck o chamasse de "uma ponte entre Couperin, Rameau e o século XX". Nas *Dix pièces pittoresques* para piano, ou em canções como *Crédo d'amour*, *Tes yeux bleus* ou *Toutes les fleurs*, Chabrier praticou um tipo de música de aparente simplicidade mas de grande sofisticação de escrita, que se opunha ao estilo crescentemente pomposo dos músicos que se tinham deixado entusiasmar por Wagner. É o mesmo tipo de atitude que, em 1886, levara Camille Saint-Saëns a escrever o *Carnaval dos Animais*, na superfície apenas uma brincadeira musical mas, na verdade, uma crítica mordaz a certas atitudes "mortalmente sérias" de compositores seus contemporâneos.

Um curioso ponto comum, na bibliografia sobre Chabrier, é a freqüência com que os estudiosos insistem num aspecto, original para a época, de sua música: a alegria. René Dumesnil chama a atenção para a sua "natureza excepcional, cheia de arroubos de jovialidade". René Delage, a propósito do sucesso de *España*, estreada em 1882 pela Société des Nouveaux Concerts Lamoureux, proclama: "A alegria irrompera na música francesa e um sangue fresco, ardente, vivo a irrigaria por muito tempo". E Lucien Rebattet, em *Une Histoire de la Musique*, afirma:

> O melhor de Chabrier está em sua alegria, o que fez com que fosse comparado a seus amigos, os pintores impressionistas. [...] Mais próximo ainda desses pintores do que Bizet, compartilhava, com eles, o gosto pelas cores claras numa época da qual nos esquecemos a que ponto

cultivava a tristeza: o negrume de Zola e de todos os romancistas naturalistas, os gemidos dos simbolistas, os furores frenéticos de Léon Bloy, as amargas banalidades do Théâtre Libre, os melodramas dos pintores oficiais, a nostalgia das canções de Henri Duparc, a inconsolável bruma de Ernest Chausson.

Martin Cooper afirma:

> Essa concepção da música como um veículo para o humor frívolo era de fato uma novidade. E, à sua maneira, essas miniaturas formavam uma alternativa para os poemas sinfônicos e dramas líricos dos wagneritas e as sinfonias e quartetos dos franckistas.

É a mesma atitude que, mais tarde, vai levar Debussy a rejeitar as grandes formas fixas e a praticar estruturas livres menores como os Prelúdios para piano. Continua Cooper:

> O curioso, entretanto é que Chabrier, ao mesmo tempo que, inconscientemente, fornecia o antídoto, devotava conscientemente todas as suas energias à propagação do veneno.

Cooper refere-se à paixão do compositor por Wagner, despertada desde que, em 1879, por insistência de Duparc, ele fizera a peregrinação até Munique para assistir ao *Tristão e Isolda*, aos *Mestres Cantores* e ao *Parsifal*. O efeito foi muito forte: o próprio Chabrier contava ter chorado ao ouvir, pela primeira vez, o Prelúdio ao ato I do *Tristão*. Voltando à França, dedicou-se a divulgar a música de Wagner e, em 1880, participou da preparação do *Lohengrin* e do *Tristão* para a Ópera de Paris, tendo regido os ensaios gerais de ambas.

Foi o fascínio por Wagner que o levou a interessar-se, em 1881, por *Gwendoline*, um libreto que Catulle Mendès extraíra de um episódio da *Histoire de la Conquête de l'Angleterre par les Normands*, de Auguste Thierry, e no qual identificou semelhanças com o universo legendário de seu ídolo. A aldeia saxã em que mora Gwendoline, a filha do velho Armel, é invadida por piratas dinamarqueses, tal qual ela tinha visto em sonho. Harald, o chefe dos piratas, quer matar Armel, que se recusara a lhe entregar todo o ouro e a colheita da tribo. Mas quando Gwendoline se interpõe para tentar salvar o pai, o guerreiro, que nunca vira antes mulher tão bela, fica hipnotizado e pede-a em casamento. Armel concorda apenas como um meio de vingar-se, e dá à filha um punhal para que mate o marido na noite de núpcias. Ela parece aceitar, mas, como também apaixonou-se pelo jovem, pede-lhe, depois do casamento, que fuja. Harald não acredita e consegue convencê-la de que não correm perigo. Mas quando se dá conta de que seus homens, embebedados durante a festa, estão sendo massacrados, já é tarde demais: os soldados de Armel entram na alcova nupcial e o ferem, enquanto Gwendoline se apunhala com a faca que o pai lhe dera para matá-lo. À luz do incêndio dos barcos dinamarqueses, os dois amantes se abraçam e morrem, pedindo a Wotan que os acolha no Valhala dos heróis e das virgens guerreiras.

Saltam aos olhos as semelhanças com situações das óperas de Wagner, que despertaram o interesse de Chabrier. O sonho de Gwendoline com o estrangeiro que se aproxima ecoa o de Senta no *Navio Fantasma*, com a tripulação holandesa trocada por piratas dinamarqueses. A relação Harald-Gwendoline-Armel reproduz, com algumas modificações, a do Holandês com Senta e Daland. Harald, como Siegfried, nunca esteve antes com uma mulher, e encanta-se ao olhar Gwendoline – o tema do Olhar que faz nascer o Amor –, da mesma forma que o herói wagneriano ao deparar com Brünhilde adormecida em seu rochedo. A cena do ataque a Harald, na câmara nupcial, retoma uma situação do *Lohengrin*. O dueto de amor do ato II e o de amor e morte no III, cheios de referências às divindades mitológicas germânicas, têm acentos tipicamente tristanescos. A ópera é, pois, uma deliberada tentativa de aclimatação ao domínio francês dos elementos principais que compõem o universo dramatúrgico de Wagner.

*Gwendoline* ficou pronta no fim de agosto de 1884. Em 9 de setembro, Lamoureux executou a *Cena e Lenda para Soprano e Coro Feminino*; e no dia 22 seguinte, estreou o Prelúdio ao ato II. Mas a boa acolhida do público aos dois trechos não foi suficiente para que os teatros parisienses se interessassem em encenar a ópera. Foi Henri Verdhurt, diretor do Théâtre de la Monnaie, de Bruxelas, quem aceitou montá-la em 10 de abril de 1886. Apesar das restrições do autor, que considerou a concepção do espetáculo antiquada e pesadona, o sucesso foi muito grande.

No *Journal des Débats*, Ernest Reyer fez francos elogios à partitura. Destacou a abertura, "muito brilhante e bem desenvolvida", o epitalâmio, na cena do casamento, e o dueto de amor do último ato, "duas páginas de primeira ordem, soberbas, de elevada inspiração e factura magistral". Esse dueto, de uma fluidez harmônica que retoma o encantamento da cena de amor entre Úrsula e Hero, no *Béatrice et Bénédict*, de Berlioz, já anuncia o clima ao mesmo tempo ardente e intimista do "Noturno" que Minka e Alexis cantarão no ato III de *Le Roi Malgré Lui*.

Essas qualidades não impediram, entretanto, que Verdhurt retirasse a ópera de cartaz após duas récitas, alegando falta de bilheteria. Em 8 e 13 de maio de 1888, houve duas apresentações privadas, em Paris, na casa da princesa de Polignac, com um coro de 24 pessoas e um pequeno conjunto instrumental: Fauré ao harmônio, Chabrier ao piano, D'Indy e Messager nas percussões; mas nenhum dos empresários convidados interessou-se em produzi-la.

Em 1889, o tenor belga Ernest van Dyck, que tinha criado Harald em Bruxelas, foi para Karlsruhe, estudar com Felix Mottl o papel de Parsifal, que Cosima Wagner o convidara a interpretar em Bayreuth. Fez questão de apresentar Chabrier ao grande regente, e este não só se interessou em encenar *Gwendoline* em seu teatro, em 30 de maio, como tornou-se um dos mais fiéis amigos do compositor, que o chamava carinhosamente de "Momottl". Após a morte do compositor, Mottl haveria de escrever, no prefácio à redução para piano da inacabada *Briséis*:

> Considero a obra de Emmanuel Chabrier uma das manifestações mais importantes da História da Música. A graça de sua invenção, a intensidade das sensações e o domínio técnico fazem dele um dos compositores que deveriam merecer a admiração de todo o mundo musical. Espero, cheio de confiança, que há de chegar a hora de lhe fazerem justiça; e me orgulharei, nesse momento, de ter sido um dos que, fora de seu país, contribuíram para fazer admirar seus raros dons de artista criador.

O sucesso em Karlsruhe fez com que *Gwendoline*, que atraía muito o público alemão por seus moldes wagnerianos, fosse cantada, nesse mesmo ano, em Leipzig, Dresden e Munique e, depois, em Stuttgart (1891) e Düsseldorf (1893). Mas quando, finalmente, foi encenada em Lion (abril de 1893) e na Ópera de Paris (27 de dezembro de 1893), Chabrier já estava com as faculdades mentais tão alteradas que não se sabe se chegou a reconhecer a sua própria música. A ópera ainda foi representada algumas vezes, na França e na Bélgica, entre 1893 e 1943: depois, virtualmente desapareceu do repertório. Só em 1996 surgiu a integral de Jean-Paul Penin (Harmonia Mundi), gravada na Eslováquia. Até então, o único registro disponível era o pirata de uma transmissão radiofônica da ORTF (1977), regida por Henri Gallois (selo MRF). A EMI Classics tem ainda uma seleção de trechos dessa ópera, com Michel Plasson, num disco que traz também o belíssimo oratório *La Sulamite*, em que Chabrier parece antecipar a *Damoiselle Élue*, de Debussy.

A exemplo de outras obras que estivemos estudando, os wagnerismos manifestam-se, na *Gwendoline*, no uso de *leitmotiv*, no cromatismo sistemático e no estilo de orquestração. Mas ela é uma forma de compromisso entre o drama contínuo, do ponto de vista do acompanhamento, e a ópera de números, pois sobre a trama instrumental desenham-se árias, duetos ou cenas de conjunto que não obedecem ao esquema wagneriano do arioso livre – a forma aproxima-se muito mais, nesse sentido, da de Verdi em suas obras da maturidade. E já há, na *Gwendoline*, traços de escrita que fazem com que o idioma de Chabrier se destaque do da maioria de seus contemporâneos: acordes de nona consecutivos sem preparação ou resolução, apoggiaturas e suspensões freqüentes, que prenunciam o estilo fluido da música de Satie, Debussy e Ravel. Chabrier tinha invenções harmônicas muito avançadas para seu tempo, um genuíno talento para a escrita vocal e para a instrumentação cheia de efeitos poéticos, de que um dos melhores exemplos é o dueto do ato I, em que Harald e Gwendoline se conhecem e apaixonam-se um pelo outro. Dizia ele:

> Quero que a minha obra seja bela de uma ponta à outra, e há uma variedade infinita de formas de beleza: nunca um colorido único, sempre variedade, contornos diferentes e, acima de tudo, vitalidade. Engenho também, se possível, mas isso é o mais difícil.

E a seu biógrafo Georges Servières, escreveu:

> Minha primeira preocupação é fazer o que me agrada, procurando, antes de mais nada, expressar a minha verdadeira personalidade. A segunda é não ser um idiota. Todo mundo faz a mesma música, esta peça poderia ter sido assinada por este ou por aquele, tudo parece ter saído da mesma oficina, é música em que se pode pôr de tudo sem que nada exista nela: não quero isso para mim. Desse jeito, pode-se facilmente estar obsoleto dentro de dez anos.

Tais palavras correspondem muito bem ao que a arte de Chabrier tem de melhor: bom humor, vivacidade, malícia, uma pontinha bem-dosada de sentimentalismo e, principalmente, a capacidade de fazer música onde haja "alguma coisa". E mais do que na seriedade da *Gwendoline*, é em suas óperas cômicas, *L'Étoile*, *L'Éducation Manquée* e *Le Roi Malgré Lui*, que essas qualidades melhor se manifestam.

No salão do editor Lemerre, onde fez amizade com os poetas parnasianos e simbolistas e com os pintores da nascente escola impressionista, Chabrier foi apresentado a Paul Verlaine. A simpatia imediata decidiu o poeta a escrever para ele um libreto de ópera bufa. *Vaucochard et Fils* ficará inacabada, mas já prenuncia o que será o estilo cômico maduro do compositor. Num artigo comemorativo do centenário de Chabrier, para a revista *Opéra International*, Roger Delage escreve:

> O texto "salgado" de Verlaine dá tiros de chumbo grosso em tudo o que é "gente séria", e Chabrier não fica atrás, dando um fôlego épico a essa farsa descabelada. Suas risadas sonoras zombam dos pedantes e fazem voar em cacos, alegremente, todos os clichês, realizando a proposta de Baudelaire de "contar pomposamente as coisas cômicas". No alvorecer da carreira, sua originalidade já é espantosa. É inútil procurar influências. Data daí o seu horror ao "já ouvido". Com os parnasianos, ele aprendeu que a inspiração deve ser controlada e a realização, voluntária. Música "ligeira" nunca será, para ele, sinônimo de música fácil. Inaugura uma nova maneira de abordá-la, sem concessões, usando uma palheta tão rica quanto a que utilizaria se se tratasse de um dos gêneros considerados mais nobres.

Chabrier, de fato, sempre recusou as pressões de seus editores para que modificasse sua escrita, tornando-a mais acessível. Por essa razão nunca abandonou, até o fim da vida, o cargo de funcionário do Ministério do Interior. O salário que ali recebia era modesto, mas garantia-lhe o sustento, permitindo-lhe não ter de se inclinar quando se tratava de sua arte.

*Fisch-Ton-Khan ou L'Orphelin de Tartarie*, uma "parade chinoise" em um ato, de T. Sauvage e G. de Lurieu, criada no Théâtre du Palais Royal em 3 de março de 1835, lhe sugeriu o tema para a segunda colaboração com Verlaine. *Fisch-Ton-Khan* – corruptela achinesada da expressão "fiche ton camp!", que significa "dê o fora!" – estreou, na versão de Chabrier, no Cercle de L'Union Artistique (29 de março de 1873). Este *Órfão da Tartária* já tem páginas de extrema originalidade, típicas do grande criador do futuro, como um trio em que duas personagens cantam e a terceira ri; ou a barcarola em cânon, para soprano e tenor, com que a opereta se encerra, cuja estrutura em espiral faz as vozes se enroscarem sensualmente uma na outra. Em 1994, Roger Delage gravou, para o selo Arion, com solistas e instrumentistas do Collegium Musicum de Strasbourg, os trechos existentes de *Vaucochard* e *Fisch-Ton-Khan*, além de uma nova integral da *Éducation Manquée*.

A paixão pela música cigana, que ouviu pela primeira vez na Exposição Universal de 1867 – e que deixaria marcas ao longo de toda a obra – despertou em Chabrier o desejo de tratar um tema da história húngara do século XV em *Jean Hunyade*, com libreto de Henri Fouquier. Mas a ópera de tema sério nunca seria o seu forte, e esse projeto acabou sendo abandonado, bem como o das comédias *Le Sabbat* (1877) e *Les Muscadins* (1878). Essa última o deixou muito frustrado, pois o libretista, Jules Claretie, depois de ter-se comprometido com ele, desinteressou-se do projeto, não se sabe bem por que, e durante muito tempo o cozinhou em água fria, dando-lhe desculpas esfarrapadas por não lhe aprontar o texto combinado. Só em março de 1883, numa carta repleta de ironia e amargura, Chabrier admitiu ter perdido de vez as esperanças de trabalhar com ele. Mas o músico sabia reconhecer o valor do que fazia: os trechos já prontos para esses trabalhos interrompidos vão reaparecer, futuramente, na *Gwendoline*, na *Briséis*, na *Sulamite*.

A primeira obra bem realizada para o palco é *L'Étoile*, que estreou nas Bouffes Parisiennes em 28 de novembro de 1877. Foi o pintor Gaston Hirsch quem, em 1857, apresentou Chabrier aos libretistas Eugène Leterrier e Albert Vanloo. Este último deixou, em sua autobiografia, *Sur le Plateau: Souvenirs d'un Librettiste* (1917), uma saborosa descrição de como os músicos das Bouffes reagiram às inovações que havia na partitura dessa opereta (cuja densidade faz com que ultrapasse de longe os limites ligeiros do gênero, constituindo-se numa verdadeira ópera cômica).

> Chabrier compunha depressa e com rara fertilidade de invenção. Seu defeito era, depois de terminar um número, querer incansavelmente revê-lo, modificá-lo, até mesmo complicá-lo. [...] Os ensaios com os cantores foram muito tranqüilos: os artistas se divertiam com seus papéis, especialmente Paola Marié, encantada em poder fazer soar suas belas notas graves, que Chabrier preocupara-se em valorizar. Mas, quando chegou o dia do primeiro ensaio com a orquestra, quase houve uma revolução no teatro. Os músicos, acostumados aos acompanhamentos simples em uso nas operetas, que nunca exigiam mais do que cinco ou seis ensaios, horrorizaram-se com as partes que encontraram em suas estantes. Nunca tinham visto *couplets* em que a segunda estrofe tinha acompanhamento diferente da primeira! E, a cada momento, acidentes, pormenores de dinâmica, flutuações de andamento! Não estavam nas Bouffes Parisiennes para tocar Wagner, diziam. O pobre Chabrier exclamava, espantado: "E olha que eu fiz tudo o mais simples que pude". Comte, o diretor do teatro, que era genro de Offenbach, teve de intervir: "Ora, gente, não percamos a cabeça. Vamos trabalhar. A peça tem de sair, e garanto que sairá. Se, em vez de seis ensaios, forem necessários doze, ou até mesmo quinze, vocês os terão. Não quero que, depois, venham dizer que a orquestra das Bouffes Parisiennes não foi capaz de tocar uma partitura, seja ela qual for".

E Vanloo conclui:

> O problema de *L'Étoile* foi ter sido escrita cedo demais. E nós percebemos isso no dia da estréia, quando o público mostrou-se desorientado em não ouvir os temas a que estava acostumado; ou melhor, em não ouvi-los apresentados da forma à qual estava acostumado.

Apesar disso, a estréia foi muito bem-sucedida e as récitas subseqüentes tiveram bom público, embora a crítica não deixasse de fazer as ressalvas de praxe aos "wagnerismos" da partitura. No *Charivari*, Pierre Véron escreveu:

> O sr. Chabrier não parece ter compreendido o verso célebre de Boileau: "Ce qui se comprend bien s'énonce clairement". Sua música é amaneirada, retorcida e vai procurar chifre em cabeça de cavalo. Por querer parecer excêntrica, sua orquestração é exagerada e, buscando a originalidade, só encontra a discordância. Wagnerismo é contagioso e dá um trabalhão para curar! Mas ao lado desses defeitos, o sr. Chabrier provou que tem um temperamento de músico talentoso, de músico que sabe ser encantador quando não tenta ser surpreendente.

Doutas palavras que entraram por um ouvido do público e saíram pelo outro. Mas as multidões que continuavam acorrendo ao teatro não impediram Comte de retirar a opereta de cartaz após a 49ª récita, pois havia uma cláusula contratual que fazia os direitos autorais de Leterrier e Vanloo aumentarem, caso se chegasse à 50ª apresentação. Depois disso, nunca mais Chabrier conseguiu remontar *L'Étoile*.

Ela só foi revivida em Lion, em 1898, quatro anos após sua morte; e depois, em 1903 e 1911, em espetáculos privados da Société Artistique des Amateurs, de Paris. Nesse meio tempo, tinha sido apresentada em Nova York, em 1890, numa adaptação de John Philip Souza, o famoso compositor de marchas para banda. Londres, Berlim e Monte Carlo já a tinham escutado quando foi, finalmente, apresentada em Paris, em 22 de maio de 1934. Mas não encenada: tratava-se de uma versão de concerto regida por Désiré Ingelbrecht com o recém-fundado Orchestre National. Só em 10 de abril de 1941, comemorando o centenário do nascimento de seu autor, *L'Étoile* subiu ao palco do Opéra-Comique, numa elaborada encenação de Jacques Rouché.

Em 1944, Fanély Révoil, René Hérent e André Balbon, os intérpretes dessa montagem, gravaram alguns trechos para o selo Pathé. Há também o registro ao vivo de uma apresentação em forma de concerto, regida por Jacques Mercier em 1981 (MRF). A gravação comercial de John Elliot Gardiner (Erato, existente também em vídeo) é de 1984 e documenta uma montagem da Ópera de Lyon, comemorativa do espetáculo de 1898. Existem ainda, nos arquivos da ORTF, à espera de autorização para serem comercializados, os registros de quatro transmissões radiofônicas feitas entre 1957 e 1967. Todos esses discos ajudaram na redescoberta dessa pequena obra-prima.

Num país oriental imaginário, o rei Ouf I sai às ruas incógnito, pois está procurando um criminoso para ser executado em comemoração ao dia de seu aniversário. Encontra-o na figura do vendedor ambulante Lazuli que, sem saber quem ele é, o esbofeteou, por ter ficado muito mal-humorado ao imaginar que a mulher por quem se apaixonou é casada. Lazuli caíra de amores por uma desconhecida que acabara de chegar à cidade: trata-se da princesa Laoula, que Hérisson de Porc Épic, embaixador do rei Mataquin, do país vizinho, está trazendo como noiva para o rei Ouf I.

Quando Lazuli, que foi levado para o palácio, está para ser empalado, aparece Sirocco, o astrônomo real, advertindo a Ouf ter visto nas estrelas que o mercador não pode morrer, pois seu destino está ligado ao do rei. Daí em diante, para proteger a sua própria vida, Ouf é obrigado a preservar a de Lazuli. Isso leva às mais variadas peripécias e, no final, à contrafeita autorização de Ouf I para que o vendedor ambulante se case com Laoula.

Em *L'Étoile*, Chabrier inseriu dois números que já estavam prontos antes do encontro com Leterrier e Vanloo: a Romança da Estrela (ato I), em que Lazuli pede a esse astro que lhe diga qual será o seu destino – é essa página encantadora que dá o nome à opereta; e os *Couplets du Pal* (A Canção do Empalamento), cujo texto, cheio de alusões homossexuais, tinha sido escrito por Verlaine para *Fisch-Ton-Khan*. Como era escabrosa a letra desses *couplets*, os libretistas tiveram de fazer alterações nos versos que, no original, começavam assim: "Le pal/ est de tous les supplices/ le principal/ et le plus fécond en délices:/ il commence fort bien/ mais il finit fort mal".

Chabrier equilibra, com muita habilidade, o lirismo de páginas como a "Romança da Estrela" com as passagens cômicas: por exemplo, o "Dueto da Chartreuse Verte", cantado por Ouf I e Sirocco no ato III, paródia de ópera italiana do início do século XIX e, por extensão, dos compositores franceses que, como Auber, sofreram a sua influência. Além de facilidade melódica, *L'Étoile* evidencia o refinamento harmônico do compositor, inclusive no uso expressivo de dissonâncias – totalmente incomum no domínio da opereta –, e de efeitos de escrita vocal provenientes do folclore do Auvergne, de onde ele era originário. Dentro da mais típica tradição francesa, que remonta a Lully, Chabrier explora, na linha vocal, ritmos dissimétricos de língua falada, o que torna o canto muito flexível e variado. E o faz de uma forma que já anuncia, a distância, o tipo de recitativo melódico que Ravel utilizará em sua ópera em um ato *L'Heure Espagnole*.

A orquestração, além de ser muito brilhante, está cheia de sutis efeitos cômicos: na abertura, por exemplo, as madeiras imitam o canto do cuco, numa sugestão de que uma das personagens – o rei Ouf I – acabará sendo ludibriado (o canto do cuco, para os franceses, associa-se à sonoridade da palavra *cocu*, o corno, o traído). Outro traço incomum, na opereta da época, é o extenso uso do coro, já prenunciando a riqueza da escrita vocal em obras posteriores, como a *Gwendoline*, a cantata *La Sulamite* (1884), a *Ode à la Musique* (1890) e a ópera-cômica *Le Roi Malgré Lui*. Compositores como Henri Duparc e Reynaldo Hahn elogiaram muito *L'Étoile*. E ela foi muito admirada por Debussy, para quem "Chabrier, tão maravilhosamente dotado pela musa cômica, realizou a difícil proeza de escrever uma música bufa que extrai o seu efeito cômico apenas de si mesma".

A opereta seguinte, também em colaboração com Leterrier e Vanloo, foi *L'Éducation Manquée*, contando uma história deliberadamente ingênua: a de Hélène de la Cerisaie e Gontran de Boismassif, dois primos que acabaram de se casar mas, por terem recebido até então uma educação muito estrita e reclusa, não sabem como fazer para consumar o matrimônio. Se bem que, na primeira oportunidade que têm de ficar juntos, uma trovoada prenunciando tempestade atira a assustada Hélène nos braços de Gontran e, instintivamente, eles descobrem tudo o que é necessário saber. Quando Pausanias, o tutor de Gontran, a quem o rapaz pedira ajuda, volta para lhe dizer como proceder, percebe que os dois jovens já não precisam mais dele.

Bem mais simples, do ponto de vista da escrita instrumental, embora com os mesmos atrativos melódicos da *Étoile*, essa opereta aproveita todas as possibilidades que lhe são oferecidas de explorar contraste entre o sentimental – a desajeitada ternura de um jovem pelo outro – e o cômico: por exemplo, o dueto em que Gontran revela a Pausanias suas dificuldades e este, tão pouco experiente em coisas do amor, admite ter de se informar primeiro, para depois ajudá-lo. Como Gontran é um adolescente, Chabrier recorre à tradição que faz dele, como o Cherubino mozartiano, um *rôle travesti*; e demonstra enorme habilidade técnica ao escrever para dois sopranos, estabelecendo distinções nítidas entre as duas personalidades e não criando, com isso, monotonia tímbrica. Confiar o papel a um tenor ligeiro – como foi feito, em outubro de 1993, na montagem de Pierre Jourdan para a Ópera de Compiègne, em que ele foi cantado por Frank Cassard – falseia, portanto, o caráter da obra e suprime parte dos refinamentos vocais que compõem sua escrita sutil.

*Une Education Manquée* teve apenas uma apresentação privada em vida do autor, em 1º de maio de 1879, no Centre Franco-International, com Chabrier ao piano. Para o crítico H. Moreno, do *Ménestrel*, intriga de tanta simplicidade deveria ter recebido "melodias menos atormentadas": a recriminação que tinha a fazer a Chabrier era a "de ser um músico perfeito demais". Apesar de seus esforços para remontá-la, o compositor nunca mais conseguiu vê-la em cena. Foram inúteis, por exemplo, os pedidos a André Messager, em agosto de 1889, para que usasse de seu prestígio convencendo Poujade, o diretor da Salle Favart, a encená-la ali.

Após a morte de Chabrier, *L'Éducation Manquée* começou a ser lentamente descoberta. Em 1899, pelos amadores parisienses do Cercle des Escholiers. Em 1910, na Ópera de Monte Carlo, numa montagem de Comte-Offenbach. Em 1911 e 1913, no Théâtre des Arts, de Jacques Rouché – na segunda vez Ravel estava presente e declarou haver "mais música de verdade nessa pequena obra do que em muitos grandes dramas líricos". Em 1918, no Vieux Colombier, por iniciativa de Jane Bathori. E em 1924, no Théâtre des Champs Elysées, num espetáculo organizado por Serguêi Diáguilev, em que os diálogos falados foram transformados em recitativos por Darius Milhaud. O público do Opéra-Comique a recebeu muito bem quando foi recriada, em 1938, na forma original, por Roger Desormières.

Além do recente registro de Delage, já mencionado, existem as gravações de Charles Bruck (Chant du Monde, 1953) e Jean-Claude Hartemann (Pathé-Marconi, 1960). MRF tinha, em versão pirata, um concerto de 1982 regido por John Eliot Gardiner, acoplado a *Le Roi Malgré Lui* com Pierre-Michel Le Conte.

Apesar do fracasso de *Gwendoline* no Théâtre de la Monnaie, Chabrier, que a essa altura estava no auge do poder criativo, começou, em 1886, a procurar novo tema para um *opéra-comique*. Foi seu amigo Victorien Joncières quem chamou sua atenção para a comédia *Le Roi Malgré Lui*, de Georges d'Ancelot, representada em 1836 no Palais Royal – a peça baseava-se, fantasiosamente, num episódio da vida de Henrique III. O libreto foi encomendado a Émile de Najac e Paul Burani; mas estes fizeram um trabalho tão confuso, que Chabrier pediu ao dramaturgo Jean Richepin que o revisasse. Essa revisão, entretanto, ficou pela metade, e o próprio compositor teve de terminá-la. Na capa da pasta em que guardava os originais do libreto, ele escreveu:

> Manuscrito de três autores (até mesmo meu). É a gênese de meu *Rei à Força*. Nela há de tudo um pouco: é uma *bouillabaisse* de Narjac e Burani, cozinhada por Richepin, à qual acrescentei alguns temperos. Parece que um está brigando com o outro.

Mesmo com libreto tão mal resolvido, a música é de um efeito tão contagiante que a estréia, em 18 de maio de 1887, jogou a casa abaixo. Foi o mais estrondoso sucesso colhido por Chabrier em toda a sua vida. Mas o azar o perseguia: três dias depois, o teatro foi totalmente destruído por um incêndio. Com seu característico humor negro, Erik Satie comentou: "As vítimas não me preocupam muito. Só lamentei não poder ir ver de novo *Le Roi Malgré Lui*". A música fora aplaudidíssima; vários números tinham sido bisados; mas os libretistas foram vaiados no fim do espetáculo. Disse Vincent D'Indy:

> Não entendi a peça. Há muitas portas e nichos por onde se entra e sai. As pessoas chegam quando deveriam estar indo embora e saem quando deveriam ficar. Não entendi nada.

Mas elogiou entusiasticamente a partitura, só criticando a ária de Alexina, no ato I, dizendo que ela atrasava inutilmente a ação (Chabrier de fato a eliminou, quando a ópera foi reapresentada, em novembro de 1887, no Théâtre Lyrique de la Place du Châtelet – de onde, apesar da ótima acolhida do público, foi retirada após onze récitas apenas).

Felix Mottl levou *Le Roi Malgré Lui* em Karlsruhe, em 2 de março de 1890, e depois em Dresden e Colônia. Em 9 de março de 1892, a ópera foi cantada no Capitole de Toulouse; mas Chabrier já estava tão doente que não pôde ir vê-la. Houve uma remontagem, em 6 de novembro de 1929, no Opéra-Comique, para a qual o diretor, Albert Carré, reescreveu inteiramente o texto – sem, no entanto, conseguir melhorá-lo muito. Escreve Carré em seus *Souvenirs*:

> Refiz, uma a uma, as cenas da peça, aliviando as redundâncias, simplificando as intrigas acessórias e dando às personagens um caráter mais leve, que facilitava a compreensão de suas reações.

Nem todos, porém, concordaram com seu trabalho. O compositor Reynaldo Hahn lamentou que

> em certas passagens, as modificações prestassem um desserviço ao acento musical, enfraquecendo e prejudicando a harmonia indefinível que resulta da combinação de sílabas e notas que o compositor fizera nascer.

Não restam dúvidas, em todo caso, de que Carré se esmerou em fazer uma montagem luxuosa, em que brilharam Roger Bourdin e Louis Musy como Henri e Fritelli.

Jacques Rouché escolheu *O Rei à Força* para inaugurar a temporada de 1937, ano em que assumiu a direção do Opéra-Comique. E ela foi retomada em 1941, no centenário do nascimento do compositor. Daí em diante, porem, passou longo tempo esquecida porque, como dizia Jean Schlumberger, "a França sempre despreza o seu próprio champanhe". Na década de 60, a Radio France apresentou-a cinco vezes e, em seus arquivos, tem os registros dessas transmissões. Mas a primeira gravação comercial, do selo Erato, só saiu em 1985: ela é o resultado de uma montagem no Capitole de Toulouse, em abril de 1978, retomada em versão de concerto, em fevereiro de 1984, pela Radio France, sob a regência de Charles Dutoit. Demorou muito a aparecer, mas pelo menos é um álbum excelente.

Para compreender, em termos gerais, o complicado enredo, é necessário ter-se uma idéia de seus antecedentes históricos. Em 1573, com a morte de Sigismundo Augusto Jaguelão, a Polônia tornou-se uma monarquia eletiva. Apesar da candidatura de Ivã, o Terrível, da Rússia, e do arquiduque Ernesto da Áustria, o eleito foi Henrique de Valois, duque de Anjou e irmão de Carlos IX, o rei da França. Henrique não desejava esse trono, mas foi forçado por sua mãe, Catarina de Médicis, a seguir para Cracóvia, onde chegou em 15 de fevereiro de 1574. Menos de três meses depois, seu irmão morreu e, apesar de os poloneses quererem retê-lo, Henrique fugiu, voltando à França. Subiu ao trono como Henrique III e reinou até 1589, quando foi assassinado por Jacques Clément. Os poloneses esperaram o seu retorno durante dois anos; depois elegeram um novo rei, o húngaro István Báthory.

D'Indy tinha razão ao dizer que não tinha entendido o libreto. A história é realmente confusa. Trata de uma conspiração dos poloneses nacionalistas contra Henrique, organizada durante uma festa em casa do patriota conde Laski, com a cumplicidade de um intrigante italiano, o duque Fritelli – uma personagem que não existia na peça de D'Ancelot e foi introduzida por Chabrier. A ação, além disso, é sobrecarregada por várias intrigas laterais. Durante uma viagem a Veneza – um fato real mas que, na verdade, ocorreu no retorno à França, depois da fuga de Cracóvia –, Henrique conheceu Alexina, a mulher de Fritelli, e teve com ela um caso que, agora, sente-se propenso a reavivar. Para piorar as coisas, Henrique vai à festa dos conspiradores fazendo-se passar pelo conde de Nangis, um dos nobres de seu séquito. Ora, Nangis se apaixonou por Minka, uma moça de origem oriental que é serva em casa de Laski, e isso leva a uma série de complicações adicionais.

Mas o melhor é não se preocupar muito com a história tortuosa e deixar-se envolver pela riqueza da música, onde estão as melhores coisas compostas por Chabrier. Em primeiro lugar, *Le Roi Malgré Lui* insere-se solidamente na melhor tradição da ópera francesa, na medida em que retoma deliberadamente alguns grandes modelos de músicos anteriores. A brilhante *Fête Polonaise* do ato II tem o estilo do *Carnaval Romano* no *Benvenuto Cellini* de Berlioz. O noturno para dueto feminino do ato III inspira-se nitidamente no "Nuit paisible et sereine" do *Béatrice et Bénédict*. E o autor da *Damnation de Faust*, por quem Chabrier tinha enorme admiração, ainda é homenageado com uma irônica citação da *Marcha Rákoczi*, de tema húngaro, nos *couplets* que Fritelli canta no ato III. O dueto em que Henrique e Alexina relembram seu encontro em Veneza toma como ponto de partida a famosa "Barcarola" dos *Contos de Hoffmann*; mas é um Offenbach revisitado por um compositor perfeitamente familiarizado com as harmonias de *Tristão*; e esse trecho admirável se encerra com encadeamentos de nona que já soam como o mais puro Fauré. A "benção dos punhais" dos *Huguenotes* é parodiada, com todo o bom humor, no juramento dos conspiradores, no ato II. E assim por diante.

Mas a originalidade de Chabrier não está apenas em saber reutilizar, dando-lhes cunho próprio, passos felizes das grandes óperas do passado. A modernidade de sua escrita manifesta-se desde os primeiros compassos do Prelúdio, em que a sucessão de acordes de nona, instrumentados para os sopros de forma muito transparente e seguidos de um brusco *pianissimo* para as cordas, prenuncia um maneirismo típico de Debussy. A cena da aparição de Minka, a escrava, usa cromatismos herdados de Wagner, que apontam diretamente para a indefinição de tonalidade dos debussystas. A romança de Henrique, cantando suas saudades da França – uma das mais belas declarações de amor a esse país – tem ritmo de pavana e a sonoridade de suas violas divididas evoca a das *viole da gamba* renascentistas, formando uma ligação direta entre a música do passado e a do presente.

Chabrier demonstra ainda possuir vasto conhecimento do que havia de mais inovador na música internacional de seu tempo, pois, no trio entre Henrique-Alexina-Fritelli, encastoado no *finale* do ato I como uma pequenina jóia, faz um uso da escala de tons inteiros e de quintas aumentadas que, àquela altura, só era comum nos compositores russos (àquela altura, já circulavam, nos meios musicais parisienses bem informados, as partituras de Glinka, divulgadas no Ocidente por Liszt, e informações sobre o trabalho do Grupo dos Cinco). A habilidade contrapontística de Chabrier revela-se inteiramente na complexa fuga a quatro vozes que integra a segunda seção do extenso finale do ato II. E assim por diante: seria necessário citar todos os vinte números da partitura se se quisesse fazer o levantamento completo de tudo o que ela contém de interessante.

Terminada *Le Roi Malgré Lui*, Chabrier sai à procura de um novo libreto. São inúteis os esforços para convencer Victorien Sardou a permitir que transforme *Les Merveilleuses* numa opereta, ou a lhe conceder os direitos para fazer de *Théodora* uma ópera séria (torcendo o nariz ao "desconhecido" Chabrier, o dramaturgo preferiu confiar essa peça, em 1907, a Xavier Leroux, hoje muito mais esquecido). Durante muito tempo, Chabrier é tentado pela *Tempestade*, de Shakespeare; mas renuncia a ela ao saber que Ambroise Thomas, de quem tinha horror, a escolhera como o tema de um *opéra-ballet* para o Palais Garnier. Depois, são os russos que o fascinam: mas os projetos de adaptar *A Filha do Capitão*, de Púshkin, ou o *Tarass-Bulba*, de Gógol, não vão muito longe.

A reputação de "compositor difícil" que ele tem assusta Paravey, o novo diretor do Opéra-Comique: o projeto de um *Hernani*, baseado em Hugo, proposto por Catulle Mendès, é recusado. Desentendimentos com seu amigo Richepin fazem abortar uma ópera adaptada de *La Glu*, o romance que este último escrevera em 1881, e fizera representar, como peça de teatro, em 1883, no L'Ambigu Comique. *La Glu* é uma peça violenta, cujo tom verista não parece ter muito a ver com Chabrier; mas o que o atraíra nela fora a ambientação marinha e a possibilidade de descrever musicalmente os humores imprevisíveis do oceano, nos quais se refletem as emoções cambiantes das personagens.

Finalmente, o libreto esperado surgiu. Numa carta de 28 de março de 1888 à sua mulher, Chabrier conta que Mendès lhe propusera *Briséis*. Essa *légende lyrique* fora adaptada de *Les Noces Corinthiennes*, peça de Bernard Lazare e Ephraïm Mikhaël baseada no poema dialogado de Anatole France (1876) que, por sua vez, era uma reelaboração da *Noiva de Corinto*, de Goethe. "Será terno, comovente, arqui-apaixonado", entusiasmava-se o compositor em carta de 7 de abril do mesmo ano a Ernest van Dyck. "Nem preciso te dizer que será moderno para valer, e que não vai haver nem coro de banhistas nem marchas triunfais".

A ação passa-se em Corinto, durante o reinado do imperador Adriano. No ato I, Briséis despede-se de seu namorado Hylas, que parte para buscar fortuna na Síria. Em nome da "augusta Kipris, rainha dos destinos", eles se abraçam sensualmente e juram eterno amor. Depois que Hylas vai embora, a moça fica dividida entre as saudades que tem dele e a preocupação com a saúde de Thanastô, sua mãe, mortalmente doente. Esta lamenta que sua filha ainda não tenha se convertido, como ela, ao Cristianismo, e acolhe com alegria a chegada de um Catequista, que tenta convertê-la – e é hostilizado pelos seguidores dos velhos deuses. Eles criticam "o novo deus soturno que nasceu na Judéia, a quem agrada a dor, e que detesta as carícias dos amantes". Dizendo-lhe que, se aceitar a nova fé, a salvará da morte, Thanastô arranca de Briséis a promessa de renunciar ao amor de Hylas e de deixar-se batizar.

Nos atos II e III, Hylas, de volta a Corinto, naufraga e vai dar na praia, no local onde Briséis foi consagrada esposa de Jesus. Ele lhe relembra seu juramento de fidelidade, e a moça, sem saber decidir-se entre o amor ou os laços com a mãe, prefere suicidar-se. Depois de morta, ela virá buscar Hylas para levá-lo ao outro mundo, onde, finalmente, poderão unir-se para sempre – a persistência de um clichê wagneriano já existente na *Gwendoline* e aqui retomado.

Embora entusiasmadíssimo com a nova ópera, Chabrier não conseguia trabalhar tão rápido quanto gostaria, pois Mendès, sempre assoberbado com encomendas, demorou muito a redigir o libreto – a ponto de Mme Chabrier ter de intervir, em junho, suplicando ao poeta que se apressasse, pois seu marido já estava ficando angustiado. Obcecado pela necessidade de escrever algo que fosse diferente de tudo o que já produzira, Chabrier deixou Paris, isolou-se no campo, em La Membrolle; mas a facilidade com que, em outras ocasiões, a música fluía de seus dedos, parecia ter desaparecido – o que era agravado pela lentidão com que Mendès ou Mikhaël atendiam a seus pedidos, cada vez que sugeria uma modificação no texto. Para distrair-se, e ganhar algum dinheiro, chegou a interromper o trabalho e escrever a série originalíssima das *Volailleries*, as "canções de galinheiro", como as chamava, em que retornou com toda a força seu irresistível senso de humor: *La Ballade des Gros Dindons, La Villanelle des Petits Canards, La Pastorale des Cochons Roses*, baseadas em poemas de Edmond Rostand e Rosemonde Gérard.

*Briséis* será o grande projeto inconcluso do fim de sua vida, no qual trabalhará febrilmente, com muita dificuldade, apesar do encorajamento que recebe de amigos insuspeitos, como Mottl e Hermann Levi. Sua saúde estava declinando rapidamente, mas ele não perdia as esperanças de terminar sua ópera: a última foto que temos dele, tirada dois meses antes de sua morte, o mostra pálido, desfeito, o olhar mortiço; mas o que ele segura nos braços é o manuscrito da *Briséis*. Meses antes, em 30 de março de 1894, pedira a Vincent d'Indy que a terminasse após sua morte; mas este, embora a princípio aceitasse, depois recusou, alegando não saber que a ópera "mal estava esboçada". Bruneau, Mariotte, Debussy, Enesco e Ravel, consultados pela família, tampouco quiseram executar esse trabalho.

Ficara pronto apenas o ato I, que Lamoureux estreou, em concerto, com grande sucesso, em 31 de janeiro de 1897; e que foi encenado no Opéra em 8 de maio de 1899. Ao Palais Garnier, porém, tinha-se adiantado a Ópera de Berlim, onde esse ato fora montado em 14 de janeiro, por iniciativa de Richard Strauss, que o regeu. Dukas foi de opinião que, no início desse ato, havia "o que de mais completo Chabrier escrevera como músico de teatro". Mais tarde, Roland-Manuel afirmaria que, pelo que antecipa da música do futuro – em especial a de Debussy e a do *Pelléas* –, esse fragmento de drama lírico "marca uma data na história da linguagem e do estilo operístico franceses".

Mas foram raras, daí em diante, as suas apresentações, mesmo porque as dificuldades de execução desestimulam a produção de uma partitura que não passa de um torso. A Radio France o transmitiu uma vez, em 1963, e é provável que haja discos pirata desse evento circulando na Europa. Em 18 de agosto de 1994, na esteira das comemorações do centenário de Chabrier, o ato I de *Briséis* foi cantado no Festival de Edimburgo, sob a regência de Jean-Yves Ossonce, sendo feita, pelo selo Hyperion, uma gravação ao vivo. Comentando-a na *Gramophone* de agosto de 1995, Lionel Salter chamou a atenção para a beleza do interlúdio que precede a última cena, para as melodias de inspiração eclesiástica ou profana com que Chabrier descreve o conflito entre os pagãos e o Cristianismo, além da luta de Briséis entre o amor por Hylas e a promessa feita à mãe, e para a triunfante conclusão.

Em *Emmanuel Chabrier, Génie Méconnu et Malchanceux,* ensaio que acompanha a gravação Dutoit de *Le Roi Malgré Lui,* o musicólogo belga Harry Halbreich faz uma avaliação da importância desse compositor, que vale a pena citar extensamente:

> Mais ainda do que Debussy, é Chabrier quem deve ser considerado o verdadeiro impressionista entre os compositores de seu tempo. Uma página como "Sous bois", das *Dix Pièces Pittoresques*, lembra as paisagens mais luminosas de Sisley, Monet ou Renoir.

Vale lembrar que Chabrier, apaixonado pelas artes plásticas, era um colecionador com rara capacidade de identificar, entre seus contemporâneos, os que tinham real talento. Amigo pessoal de Manet, de quem tinha onze quadros, sua coleção incluía ainda oito Monet, seis Renoir, dois Sisley, um Cézanne e cerca de quarenta pastéis e aquarelas desses artistas. Sua sensibilidade para a pintura dos impressionistas, que naquela época só conseguiam expor no *Salon des Refusés,* é um atestado a mais de sua abertura de espírito e da atualidade de seu pensamento. Halbreich prossegue:

> E essa afinidade de Chabrier com os impressionistas transparece ainda mais claramente na versão orquestral da *Suite Pastorale*. Ele tinha o gênio do timbre e da cor, e sua invenção harmônica fez dele o precursor não só de Debussy mas de todo o início do século XX. Numa obra como *Le Roi Malgré Lui*, os encadeamentos e as cadências clássicas, às quais acrescenta intervalos de sétima, de nona e até mesmo de décima primeira, tornam-se subitamente luminosos; e a escolha dos timbres orquestrais também contribui para isso. Sua música faz-nos pensar nos impressionistas, que foram os primeiros a ver as cores nas luzes e escolheram, para pintar as suas sombras, os tons complementares dos objetos que as projetam.
>
> Essa explosão de luz é a expressão de uma transbordante alegria de viver. Mas, por trás do sorriso brincalhão de Chabrier, há também a gravidade e a melancolia, da mesma forma que as sombras servem para pôr a luz em evidência. Chabrier explorou profundamente o cromatismo wagneriano, mas levando-o mais adiante e usando-o de uma forma expressiva tipicamente francesa. Esse cromatismo opõe-se, efetivamente, ao diatonismo modal originário do mais remoto passado dos países latinos, e até mesmo do canto gregoriano. Chabrier reuniu e adicionou, portanto, as riquezas de duas grandes tradições da harmonia européia, atingindo, assim, os limites extremos das possibilidades tonais, com as quais, entretanto, não chegou a romper. Debussy, Ravel, Déodat de Séverac, Albéniz, De Falla, Stravinski, Milhaud e Poulenc são, portanto, alguns de seus herdeiros mais importantes.
>
> Os audaciosos trombones de *España* revivem em *Petrushka*, e Satie retomou, em suas *Sarabandes*, as sucessões de intervalos de nona com que se abre *Le Roi Malgré Lui*. Já se disse da *Fête Polonaise* que ela se situa a meio caminho entre o *Carnaval Romano* de Berlioz e as valsas do *Cavaleiro da Rosa*, de Richard Strauss. Mas eu diria mais: essa página extraordinária me parece ligar as "Danças Polovitsianas", do *Príncipe Ígor*, de Borodin, à *Valsa* de Ravel. Sob todos os pontos de vista, Chabrier estava muito à frente de seu tempo; e isso se aplica tanto ao terreno melódico quanto ao da invenção harmônica. E seria o caso de se perguntar se ele realmente pertencia à sua época, em que predominava uma concepção mortalmente séria da música, em que se compunham sinfonias gigantescas e dramas líricos metafísicos – logo ele, inspirado por uma musa cheia de alegria, de leveza, bom-humor e ternura, que moldava as suas obras-primas em formas breves, até mesmo de opereta.

# A Passagem do Século

Bourgault-Ducoudray, Widor, Cocquart, Georges, os irmãos Hillemacher, Busser, Rousseau, Hüe, Bréville, Pierné, Vidal, Erlanger, Leroux, Ropartz, Bachelet, Witkowski, Levadé, Casadesus, Séverac, Rabaud, Letorey, Canteloube, Mariotte, Labey, D'Ollone, Février, Nouguès, Laparra, Ladmirault, Dupont, Cras, Grovlez, Gaubert, Le Flem, Lévy, Bousquet

Resquícios românticos tardios, posturas veristas, atração pelo ideário simbolista, idolatria wagneriana via ensinamentos de Franck e D'Indy, uso cada vez mais freqüente de material folclórico, que a essa altura já está sendo extensamente pesquisado em toda a Europa e, numa fase posterior, influência eventual das inovações debussystas, tudo isso se conjuga nesta virada do século, na obra de vários compositores. Alguns deles são, efetivamente, epígonos, representantes menores de um conjunto de tendências característico dos anos que vão até a I Guerra Mundial. Outros, entretanto, como Ropartz ou Pierné, Bréville, Bachelet ou Séverac, são talentos autênticos, cuja obra está a exigir uma reavaliação.

## Louis Bourgault-Ducoudray

O sucesso, em Nantes, de *L'Atelier de Prague* valeu a Bourgault-Ducoudray (1840-1910) a entrada no Conservatório de Paris, como aluno de Thomas, e um Prix de Rome. Na Villa Médicis, tornou-se amigo de Massenet, Guiraud e Paladilhe. De volta a Paris, fundou, em 1869, um coral que desempenhou papel destacado na divulgação das cantatas e oratórios de Bach, Haendel e Haydn. Autor de importantes estudos sobre folclore, compilou coletâneas de canções populares na Grécia (1874), Bretanha e Escócia. Os modos gregos e melodias muito antigas são utilizados em *La Conjuration des Fleurs* (1883), *Thamara* (1891), *Myrdhin* (1910) e em *Michel Colomb* e *Anne de Bretagne*, representadas postumamente.

## Charles-Marie Widor

Organista titular da igreja de Saint-Sulpice durante sessenta e cinco anos a partir de 1869, Widor (1845-1937) é lembrado, hoje, como o autor de dez sinfonias para órgão que renovam sua técnica e estética, transformando-o num brilhante instrumento de concerto cujos contrastes ele soube explorar admiravelmente. Atualmente, está no auge a redescoberta não só de suas composições como também as de seus alunos Louis Vierne, Charles Tournemire, um grande sinfonista, e Marcel Dupré, chamado "o Liszt do órgão".

As óperas *Maïtre Ambros* (1886), *Les Pêcheurs de Saint-Jean* (1906) e *Nerto* (1924) tiveram menos sucesso do que o balé *La Korrigane* (1880), hoje ainda remontado eventualmente pelo corpo de baile do Opéra. Sua música de câmara está em franco processo de reavaliação.

## Arthur-Joseph Cocquart

Com a morte de seu amigo Lalo, coube a Cocquart (1846-1910), discípulo de Franck, terminar a partitura de *La Jacquerie*, que ele deixara incompleta. A maioria de suas óperas está esquecida: a romântica *L'épée du Roi* (Angers, 1884), a comédia realista *Le Mari d'un Jour* (Opéra-Comique, 1886), *L'Oiseau Bleu* (Opéra-Comique, 1894), baseada na peça de Maeterlinck, e *Jahel* (Lyon, 1900), ambas simbolistas.

Mereceria ser revivida, porém, *La Troupe Jolicoeur*, extraída de uma novela do naturalista Henri Cain. Embora tenha sido representada após a *Louise* (Opéra-Comique, 1902), foi escrita antes e é de um realismo muito vigoroso na pintura do mundo dos artistas ambulantes. A festa do 14 de julho, no ato I, tem uma vida intensa; além disso, Cocquart sabe encontrar um tom muito caloroso, embora vazado em formas sobriamente clássicas, para descrever as personagens humildes, pelas quais demonstra extrema compaixão.

## Alexandre Georges

Organista na igreja de Saint-Vincent-de-Paul, Georges (1850-1938) combinou, em *Poèmes d'Amour* (1892), *Charlotte Corday* (1901), *Miarka* (Opéra-Comique, 7.11.1905), *Myrrha* (1909) e *Sangre y Sol* (1912), reminiscências do *grand-opéra* de assunto histórico ou legendário com as técnicas nacionalistas de composição da Schola Cantorum, eventualmente temperadas com alguns espanholismos. Uma de suas obras mais populares foi o ciclo *Chansons de Miarka* (1925), para voz e orquestra, extraído da versão revista de sua ópera de 1905.

## Os irmãos Hillemacher

Paul-Joseph-Guillaume (1852-1933) e Lucien-Joseph-Édouard (1860-1909), ambos premiados com o Prix de Rome, colaboraram em *Le Régiment qui Passe* (Opéra-Comique, 1894), *Circé* (id., 1907) e *Le Drac* (Carlsruhe, 1896 e Opéra, 1942). Após a morte de Lucien, Paul compôs *Fra Angelico* (Opéra-Comique, 1925). Apesar da escrita hábil, não há notícia da recriação recente dessas obras.

## Henri Busser

Quando Michel Plasson planejou a gravação da *Mireille*, de Gounod, foi a edição de Busser (1872-1973) que utilizou, pois ele foi aluno do compositor e o sucedeu como organista em St. Cloud. Mas Busser não é apenas o responsável por brilhantes versões críticas das *Indes Galantes*, de Rameau, do *Oberon*, de Weber, e do *Ivan IV*, de Bizet. Com *Daphnis et Chloé*, criada no Opéra-Comique em 1897, iniciou uma carreira lírica que só não foi mais intensa porque teve de dividi-la com suas atividades de regente e professor. Ainda assim, com uma linguagem acadêmica mas de factura sólida, ancorada nas lições de Franck, Widor e Gounod, produziu *Les Noces Corinthiennes* (1922), sobre o mesmo texto de Anatole France que inspirou a Chabrier sua *Briséis* inacabada; e três óperas tiradas de romances de Prosper Mérrimée: *Colomba* (1921), *Le Carrosse du Saint-Sacrement* (1948) e *La Vénus de l'Île* (1964). Todas elas – e ainda as comédias *La Pie Borgne* e *Diafoirus 60* – existem nos arquivos da ORTF, à espera de serem liberadas para comercialização.

## Samuel Rousseau

A única ópera de Rousseau (1853-1904), *Léone*, estreada postumamente no Opéra-Comique (1910), trata de uma *vendetta* e é abertamente decalcada no modelo mascagnano. O mesmo gosto pelo naturalismo e o mesmo cuidado com a forma surgem em seu filho, Marcel Samuel-Rousseau (1882-1955), autor de *Tarass-Boulba (1919),* baseada na novela de Gógol, e *Kerkeb* (1951), de assunto oriental. Mas suas obras mais conhecidas são os balés *Promenades dans Rome* (1936) e *Entre Deux Rondes* (1940), cheios de vitalidade e de um melodismo muito generoso.

## Georges-Adolphe Hüe

Hüe (1858-1948) era um wagnerita de tal forma empenhado na divulgação da obra de seu ídolo que, no início do século, chegou a ser nomeado cidadão honorário de Bayreuth. Aluno de Paladilhe, Prix de Rome em 1879, ganhou, em 1881, o prêmio Crescent com a ópera cômica *Les Pantins*. A riqueza da orquestração, inspirada na de Wagner, valoriza *Le Roi de Paris* (1901), *Le Miracle* (1910), ambas escritas para o Opéra, e *Dans l'Ombre de la Cathédrale* (Opéra-Comique, 1921), inspirada no drama de Blasco-Ibáñez, que opõe o fervor religioso à ideologia socialista. O espanholismo à la Bizet desta última e as tintas orientais de sua obra mais popular, o balé *Siang-Sin* (1924), que foi dançado mais de cem vezes no Opéra, os distinguem do conjunto de sua produção. Sua melhor ópera, cheia de irônica fantasia, é *Riquet à la Houppe* (Riquet do topete, Opéra-Comique, 1928), baseada em um conto folclórico, cujo modelo é *Hänsel e Gretel* do pós-wagneriano Engelbert Humperdinck. Como esta, *Riquet* tira efeitos muito transparentes de uma orquestra enorme e tem espontaneidade em sua construção de melodias em estilo folclórico. A ORTF tem, em seus arquivos, o registro de uma transmissão de 1962.

## Pierre Onfroy de Bréville

Aluno de Franck e de Théodore Dubois, wagnerita de primeira hora, Bréville (1861-1949) tinha, no entanto, abertura de espírito suficiente para aceitar, mais tarde, a influência de Debussy. Sua coleção de canções sobre textos poéticos, superiores a uma centena, tem uma escrita elegante e muito expressiva. Juntamente com D'Indy, terminou *Ghisèle*, deixada inacabada por César Franck. A música incidental para *La Princesse Maleine* e *Les Sept princesses*, de Maeterlinck, foi um trabalho preparatório para sua única ópera, *Éros Vainqueur* (libreto de Jean Lorrain), representada no Théâtre de la Monnaie em 1910.

O libreto, muito marcado pela poesia pré-rafaelita de Dante Gabriel Rossetti, está envelhecido: o rei de um país imaginário, para proteger suas filhas Argyne, Tharsyle e Floriane dos perigos do amor, prende-as em um jardim cercado por imensas muralhas. Mas Eros zomba dessa fortaleza e dos soldados que a guardam: encanta as três princesas, duas delas o seguem, e Argyne, que tenta resistir, morre transpassada pelas flechas do deus. A partitura, com uma instrumentação fina e transparente, e uma escrita vocal de se esperar em um tão hábil compositor de canções, neutraliza os fricotes desse libreto amaneirado.

O diáfano Prelúdio, o coro dos soldados, a cena em que as princesas despertam de seu sono, a seqüência que se passa no gineceu (a câmara onde as moças passam o dia com suas criadas) e, principalmente, o final, em que Argyne agoniza, ferida por Eros, teriam garantido à ópera grande sucesso se fosse ouvida em Paris na época em que foi composta. Mas o Opéra-Comique só se decidiu a programá-la em 1932; e ela ficou muito pouco tempo em cartaz, pois, a essa altura, o teatro já estava às portas da falência. Eis uma seriíssima candidata à redescoberta.

## Henri-Constant-Gabriel Pierné

O resgate, pelo disco, de peças deliciosas como o balé *Cydalise et le Chèvre-pied* (Cidalisa e o Pé-de-Cabra, Opéra, 1923), com roteiro de Robert de Flers e A. de Caillavet, ou de uma diversificada obra de câmara, vem chamando a atenção, nestes últimos anos, para a música imerecidamente negligenciada de Pierné (1863-1937). Aluno de Massenet e César Franck, ele substituiu este último como organista em S$^{te}$ Clothilde (1890). Foi também, entre 1910-1934, regente titular dos Concerts Colonne, responsável pela revelação de diversas obras novas, a começar, no ano de sua contratação, por *O Pássaro de Fogo*, de Stravinski, e *Ibéria*, de Debussy.

Como Mahler, as atividades de regência só lhe permitiam compor nas férias; mas, ao contrário de seu torturado colega austríaco, escrevia com facilidade e deixou, num estilo atraente e abordável, vinte e cinco obras para o teatro, entre óperas, balé e música incidental. Depois de *Le Collier de Saphir* (1881), pantomima com libreto de Catulle Mendès, abordou o palco lírico com a fantasiosa *La Coupe Enchantée* (Royan, 1895); *Vendée* (Lyon, 1897), de tema histórico, baseado na revolta de 1793; e a comédia *La Fille de Tabarin* (Paris, 1901).

*On ne Badine pas avec l'Amour* (Opéra-Comique, 1910), em que capta à perfeição o clima melancólico da peça de Musset, anuncia a maturidade estilística, que se confirma em *Sophie Arnould* (Opéra-Comique, 1927). O libreto desta ultima, evocando livremente episódios amorosos na vida dessa famosa cantora lírica, poderia ter recebido um tratamento piegas; mas Pierné, com mão muito leve, consegue abordá-lo de forma graciosa e comovida.

Essa mistura de melancolia e graça ligeira, nós a reencontramos na opereta *Fragonard* (1934), em que os libretistas A. Rivoire e R. Coolus exploram, com muita fantasia, uma passagem na vida do pintor rococó: ele tem de driblar o cerco cerrado da esposa, mulher ranzinza a quem chamava de "a tesoureira", e da amante, Mlle Guimard, para levar adiante a aventura com sua jovem e bela cunhada. "Essa comédia musical", comenta René Dumesnil, "é de uma fineza de toque que evoca a do pintor de quem traz o nome". A medida do sucesso dessa opereta é o fato de os arquivos da ORTF possuírem os registros de cinco transmissões diferentes, feitas entre 1955 e 1970; mas nenhuma delas foi lançada comercialmente. Há também uma gravação de *Bouton d'Or* feita em 1956.

## Paul Vidal

"Seu azar", comentou o musicólogo Louis Laloy, "foi ter vivido fora de seu tempo: algumas décadas antes, *Guernica* (1895) e *La Burgonde* (1898), de estilo deliberadamente conservador, teriam tido melhor acolhida; na fase em que foram representadas, caíram como castelos de cartas". Vidal (1863-1931) é o típico músico menor, representativo da tendência a agarrar-se às fórmulas, sem perceber que elas estão se tornando rapidamente obsoletas.

## Camille Erlanger

*Le Juif Polonais* (Opéra-Comique, 1900) garantiu a esse aluno de Delibes um prestígio que foi-se perdendo à medida que a ópera, em que ele faz hábil uso de temas reconstituídos do folclore alsaciano, deixou de ser representada. A atração de Erlanger (1863-1919) pela Antigüidade manifesta-se em *Le Fils de l'Étoile* (Opéra, 1904), em que insere dois autênticos hinos a Apolo reconstituídos por Théodore Reinach; em *Aphrodite* (1906), baseada no romance erótico de Pierre Louÿs; e em *Bacchus Triomphant* (1909). Nessas três partituras, Erlanger utiliza os modos helênicos (a forma como, em suas antigas escalas, os gregos dispunham os intervalos entre uma nota e outra). Lirismo vigoroso e orquestração muito colorida fizeram com que *L'Aube Rouge* (1911), *La Sorcière* (1912), *Le Barbier de Deauville* (1917) e a póstuma *La Forfaiture* (*O Delito*, 1919) agradassem ao público. Uma *Aphrodite* de 1953 está guardada nos arquivos da ORTF, onde há também o registro de duas apresentações do oratório *Saint-Julien l'Hospitalier* (1954 e 1963).

## Xavier Leroux

A força de persuasão desse conservador reservou-lhe melhor destino que a Vidal. *Évangéline*, criada no Théâtre de la Monnaie em 1895, *Astarté* (1901), *La Reine Fiammette* (1903), *Vénus et Adonis* (1905), *William Ratcliff* (1906) e *Théodora* (1907) estão cheias da influência de Massenet, seu professor de Composição. Curiosamente, na época dos estudos na Villa Medici, Leroux (1863-1919) estreitou amizade com Debussy, a quem iniciou na leitura de Shakespeare.

É nas naturalistas *Le Chemineau* (1907), até hoje eventualmente remontada, e *Le Carillonneur* (1913), baseada na peça do simbolista belga Georges Rodenbach, que Leroux (1863-1919) encontra sua inspiração mais sincera. A cena do concurso de carrilhões, nesta última, é de grande impacto. E ele é poético e refinado ao relatar a historinha banal do vagabundo por quem uma garota de boa família se apaixona, acreditando ser capaz de regenerá-lo. Mas a abandona, assim que ela engravida, atendendo ao chamado da estrada aberta. Stephen Walsh não hesita em afirmar, no *Viking Guide of Opera*, que "suas *scènes de genre* têm quase o frescor e a vitalidade de Bizet".

O ecletismo romântico-verista de Leroux continua a manifestar-se em *La Fille de Figaro*

(1914), que lembra a linha neoclássica do *Chérubin* de Massenet; a comédia *Les Cadeaux de Noël* (1915); o *grand-opéra* de tema napoleônico *1814* (1918); e as póstumas *Nausithoé* (encenada em 1920), *La Plus Forte* (1924) e *L'Ingénu* (1931). Para as peças *Cléopâtre* e *La Sorcière*, de Victorien Sardou, e *Os Persas*, de Ésquilo, deixou também eficientes suites de música incidental. No arquivo da ORTF, há gravações de *La Fille de Figaro* (1946) e *Le Chemineau* (1961).

## Joseph-Guy Ropartz

Aluno de Massenet e de Franck, que teve sobre sua formação estilística influência determinante, Ropartz (1864-1955) é o autor de copiosa música sacra – missas, motetos, um réquiem, salmos e peças para órgão – além de poemas sinfônicos inspirados por sua Bretanha natal: *Les Landes* (1888), *Dimanche Breton* (1893), *La Chasse du Prince Arthur* (1912). Seu gosto por obras de estrutura ampla e complexa, como as cinco sinfonias e os seis quartetos, deram-lhe a reputação de aridez; imerecida, como o demonstra a gravação, feita por Michel Plasson (EMI, 1985) de sua *Sinfonia n. 3*, coral, sobre um texto do próprio compositor inspirado no mar da Bretanha.

No domínio lírico, além de *La Double Couture* (1894) e *Marguerite d'Écosse* (1910), compôs *Le Pays* (Nancy, fevereiro de 1912 e Paris, Opéra-Comique, 16 de agosto de 1913), baseado em *L'Islandaise*, a peça de seu conterrâneo Charles Le Goffic. O pescador bretão Tual, arrastado pela tempestade, vai dar na costa da Islândia, onde suas feridas são cuidadas pela camponesa Kathe, que se apaixona por ele. Eles moram juntos por algum tempo, mas a saudade de casa persegue o rapaz e, um dia, ele abandona a amante, embora ela esteja esperando um filho seu. Na fuga, seu cavalo cai em um banco de areia movediça, onde ele morre.

A simplicidade brutal desse melodrama verista é resgatada pela força da música de Ropartz, que faz desta ópera uma das mais nobres compostas na França nos anos que precedem a I Guerra Mundial. Ela é sóbria, densa e retrata com muita exatidão o caráter intensamente místico do bretão e sua ligação com a terra. A economia de traços com que é sugerido o conflito de Kathe e Tual é a qualidade mais marcante dessa ópera. Embora seja o autor do *Kanovenno Santel*, importante coletânea de canções populares em língua bretã, Ropartz prefere, em sua partitura, usar melodias reconstituídas em estilo folclórico, que a orquestração muito hábil torna ainda mais expressivas. Causa espanto a negligência com que se tem tratado uma obra que, apesar de ter sido prejudicada, em sua carreira parisiense, pela proximidade da I Guerra, foi um sucesso em todos os lugares onde foi cantada, fora da França. Recuperá-la é uma questão elementar de justiça. Não vejo a hora de a ORTF liberar, para comercialização, a gravação de uma transmissão de *Le Pays* feita em 1961.

## Alfred Bachelet

Prix de Rome, em 1890, por sua cantata *Cléopâtre*, esse aluno de Guiraud foi chefe adjunto do coro, na Ópera de Paris, até tornar-se um dos mais talentosos regentes de sua orquestra. Bachelet (1864-1944) exerceu esse cargo de 1907 até 1919, quando assumiu a direção do Conservatório de Nancy, sucedendo a Ropartz. Escreveu apenas três óperas, mas de grande originalidade musical, sem concessões ao gosto popular, apesar de seus libretos de gosto envelhecido.

*Scemo* (em italiano, "bobo"), estreada no Opéra em 1914, explora o tema da superstição através do dramalhão verista de Charles Méré passado na Córsega. O pastor Lazzaro é expulso da aldeia acusado de ser um *jettatore*, um lançador de mau olhado. Quando o rico camponês Arrigo, que na verdade o denunciou ao descobrir que ele se apaixonou por sua filha Francesca, adoece, convence-se de que foi Lazzaro quem o enfeitiçou e, antes de morrer, pede aos membros de seu clã que o vinguem. Estes perseguem o pastor, amarram-no em uma árvore e pedem a Francesca que lhe ateie fogo. Para não ver a mulher amada cometendo tal atrocidade, Lazzaro prefere arrancar os próprios olhos. Diante disso, Francesca o liberta, sem que os membros de sua família ousem impedi-lo de partir. Um contrabandista o abriga em sua caverna, onde Giovann' Antonio, com quem Francesca foi obrigada a casar-se, vem procurá-lo. Diz-lhe ter compreendido a extensão do amor que ele sente por sua esposa e pede-lhe que o mate, pois assim poderá casar-se com ela. Francesca chega a tempo de ouvir as palavras de seu marido; mas Lazzaro lhe diz que, ao ficar cego, o amor que tinha por ela desapareceu de seu coração. Depois que eles partem, o pastor chora pela perda definitiva de um amor que está cada vez mais vivo dentro dele. É uma proeza ter-se conseguido extrair, desse libreto descabelado, uma ópera de força concentrada, com uma exatidão de tom que recusa os efeitos fáceis e, por isso mesmo, obtém seguro impacto dramático. A música está impregnada de uma cor local saborosa, devido ao emprego de temas habilidosamente reconstituídos em estilo folclórico corso.

*Quand la Cloche Sonnera*, levada no Opéra-Comique em 1923, tem também traços veristas, mas uma história menos inverossímil: a do sinal, com o campanário da igreja de aldeia, que indica o momento de fazer explodir uma ponte, para impedir o avanço do inimigo. O conflito da personagem central é saber que, ao dar esse sinal, estará condenando seu filho a morrer na explosão. Com um tom que lembra *L'Attaque au Moulin*, de Bruneau, essa curta ópera em um ato, também de estilo muito denso, vale pelo acompanhamento orquestral, principalmente no modo como o som dos sinos é sugerido pelos instrumentos.

O trabalho mais importante de Bachelet, estreado na Ópera de Paris em 3 de novembro de 1932, é *Un Jardin sur l'Oronte,* com libreto de Franc-Nohain baseado num romance de Maurice Barrès. Para contar a história do amor proibido do cruzado Guillaume pela sultana Oriante, o compositor contrapõe sinuosos vocalises de gosto oriental a melodias imitadas da Idade Média francesa. É uma obra extremamente bem acabada que, no dizer de René Dumesnil, "soube traduzir poeticamente, em sons, a embriaguez das noites voluptuosas nos perfumados jardins do Oriente". Gravações de *Un Jardin sur l'Oronte* (1955) e *Scemo* (1964) existem nos arquivos da ORTF.

## Georges Martin Witkowski

A única ópera de Witkowski (1867-1943), *La Princesse Lointaine*, representada na Ópera em 22 de março de 1934, usa, com poucas modificações, o texto da peça de Edmond de Rostand. Num artigo publicado na revista *Ménestrel*, Witkowski expôs o seu objetivo de fugir ao estilo de peça sinfônica com declamação superposta a que recorriam os compositores influenciados pela escola germânica. Ele queria "devolver às vozes, sem diminuir o interesse da orquestra, o lugar que lhes cabe na expressão dramática, renunciando a submergi-las constantemente sob um jorro de temas e desenhos melódicos". As sonoridades fluidas e cristalinas dos instrumentos, a flexibilidade da linha melódica e a harmonização audaciosa traem a simpatia por Debussy e Ravel.

## Charles-Gaston Levadé

Levadé (1869-1948) compôs duas óperas: *La Rôtisserie de la Reine Pédauque* (Opéra-Comique, 1920), baseada em Anatole France; e *La Peau de Chagrin* (id., 1929), do romance de Honoré de Balzac. Ambas demonstram habilidade e, eventualmente, momentos de real talento: o melhor exemplo disso é, na *Rôtisserie*, a comovente cena da morte da personagem central, Jérôme Coignard. Uma transmissão dessa ópera, de 1953, está guardada na ORTF.

## Francis Casadesus

Após dois dramas veristas carregados, *Le Moissonneur* (O Semeador, 1909) e *Cachaprès* (1914), Casadesus (1870-1954) escreveu sua melhor partitura, *La Chanson de Paris*, sucesso tanto na estréia, em 1924, no Théâtre du Trianon Lyrique, quanto ao ingressar no repertório do Opéra-Comique, onde foi freqüentemente reprisada. Seu filho, Robert, foi um talentoso pianista e compositor, pai de uma influente família de músicos. Os Services de Conservation et de Documentation de l'ORTF não sabem a data da gravação de *La Chanson de Paris* preservada em seus arquivos.

## Marie-Joseph-Alexandre-Déodat de Séverac

Aluno de D'Indy, Bordes e Magnard na Schola Cantorum, era filho do pintor languedociano Gilbert de Séverac, de St.-Félix de Caraman, e tinha origens nobres, ligadas à casa real de Aragão. Séverac (1873-1921) é um talento que está demorando a ser redescoberto. No catálogo internacional, em 1998, havia gravações das peças instrumentais do ciclo *En Vacances*, de 1912, com P. Corre e E. Exerjean (Chant du Monde); uma seleção de canções com Gabriel Bacquier e Michèle Command (Scalen' Disc/Chord); e algumas peças para piano com P. Leconte (Adda); mas não há notícia alguma de um registro de suas obras dramáticas – nem mesmo nos arquivos radiofônicos da ORTF.

Além da música de cena para *Héliogabale* – representada em 1910 nas Arènes de Béziers – e para as peças *Hélène de Sparte* (1912) e *La Fille de la Terre* (1913), e *Le Pinard* (1919), Séverac compôs também uma ópera, *Le Coeur du Moulin*, com libreto de Maurice Magre, representada no Opéra-Comique em 8 de dezembro de 1909. Nela, pôs em prática as idéias expressas em sua tese de formatura, *La Centralisation et les Petites Chapelles* (1907), em que defendia uma arte nacionalista, preocupada em preservar a cultura musical de cada província francesa. E criticava também o autoritarismo da Schola Cantorum, que pretendia legislar sobre a música francesa.

Influenciado até mesmo pela pintura regionalista de seu pai, Séverac fez importante trabalho de coleta e harmonização de canções folclóricas, comparável ao que foi desenvolvido no Auvergne por seu contemporâneo, Marie-Joseph Canteloube de Malaret. Utilizou, de forma extremamente original, melodias autênticas ou reconstituídas em suas coletâneas para piano *Le Chant de la Terre* (1900), *En Languedoc* (1904) e *Cerdaña* (1911), cuja escrita audaciosa seduziu virtuoses como Ricardo Viñes e Blanche Selva. E utilizou instrumentos folclóricos em suas composições:

por exemplo, o oboé catalão, tambores e corneta no *Heliogábalo* – revivido nas Arenas de Béziers, em 1972, para comemorar o centenário de seu nascimento; – e a gaita de fole no *Coração do Moinho*.

O problema dessa ópera é o libreto muito fraco, contando uma ingênua historinha de amor, de ambientação pastoral, com uma mistura de realismo e simbolismo que lembra *Messidor*, de Bruneau. Mas a partitura, límpida e colorida, faz um interessante cruzamento da influência de Debussy com o uso de melodias típicas do Languedoc, em especial nos números de dança, que se integram naturalmente à história em vez de serem a mera concessão ao hábito francês do balé. Sua segunda ópera, *Les Princesses de Hokifari*, nunca chegou a ser encenada. Perdeu-se a partitura de *Les Antibels*, começada em 1902 e ainda inacabada quando morreu.

## Henri-Benjamin Rabaud

Rabaud (1873-1949) vinha de uma família de músicos – sua avó era a soprano Julie Dorus-Gras e seu pai, o violoncelista Hippolyte Rabaud – e estudou composição e contraponto com Massenet e André Gédalge. Adquiriu com eles sólido artesanato, o que lhe valeu a acusação de ser acadêmico ao escrever a neo-romântica *La Fille de Roland* (Opéra-Comique, março de 1904), extraída da peça de Henri Bornier. Mas a obra testemunha a mesma segurança de construção que há numa página sinfônica como *Procession Nocturne*, de 1899, e ao mesmo tempo a atração por Wagner a que ele se rendeu, após um periodo inicial de reticência, por influência de César Franck.

Mas sua única ópera ainda revivida –, *Mârouf, le Savetier du Caire*, que Lucien Népoty baseou em um conto das *Mil e uma Noites*, na tradução de J. C. Mardrus –, é de um estilo bem mais leve e transparente. Sua estréia foi no Opéra-Comique, em 15 de maio de 1914. A gravação pirata (MRF) de uma transmissão da Radio France (1964), regida por Pierre Michel Le Comte, faz lamentar não existir uma versão comercial desta saborosa comédia dos primeiros anos de nosso século. No catálogo internacional, em 1998, existia apenas, num antigo disco de recital de Michel Dens (EMI), a ária "À travers le désert", regida por Pierre Dervaux. Em compensação, a ORTF mantém, em sua caverna de Ali Babá, cinco gravações de *Mârouf*, resultado de transmissões feitas entre 1951 e 1973.

Mârouf, sapateiro no Cairo, sai da cidade para escapar de sua mulher, Fátima, velha e ranzinza, que ele chama de "ma calamiteuse". Mas seu navio naufraga, e ele é encontrado, na praia, por um antigo amigo, Ali, que lhe dá uma acolhida principesca. O sultão local, achando que se trata de um homem muito rico, convida-o a seu palácio e lhe oferece a mão de sua filha, a princesa Saamchedine, em troca da vinda de uma hipotética caravana com todos os seus tesouros. Quando a princesa, que nesse meio tempo se apaixonou por Mârouf, descobre que ele é pobre, propõe-lhe que fujam juntos antes que o pai descubra que a caravana não existe e mande matá-lo. O casal refugia-se, no deserto, em casa de um felá, um camponês a quem ajudam a arar a terra e a fazer os trabalhos mais simples; e acabam descobrindo que ele é um gênio que, em recompensa por sua bondade, faz surgir a caravana, permitindo ao sapateiro voltar à corte do sultão e, finalmente, viver feliz com sua mulher.

*Mârouf* agradou tanto ao público que, apesar das dificuldades criadas pela guerra, teve duzentas récitas consecutivas entre 1914-1915. O exotismo e a fantasia da história oferecem à imaginação de Rabaud vastas possibilidades de exploração, e ele o faz através de uma escrita instrumental muito colorida, e de seu gosto por detalhes vocais pitorescos, como é o caso dos melismas de estilo árabe na canção de amor "Beauté du corps de Saamchedine", no ato IV. A linha vocal, de modo geral, desenvolve-se num tipo de declamação que sofre influxo do *Pelléas*. Mas em momentos como "Lorsque viendra ma caravane", em que o sapateiro descreve ao sultão os seus supostos tesouros, expande-se numa cantilena próxima à do *opéra-comique*.

A ópera insere-se, de resto, na linhagem que remonta a Auber e Grétry, atualizada por um idioma musical extremamente vivo que, no plano da construção sinfônica, deve muito aos ensinamentos de Franck, transmitidos por Gédalge; e no do tratamento harmônico e melódico, ao fato de Rabaud ter sido contemporâneo dos impressionistas. Isso é particularmente sensível no elaborado balé do ato III, que precede a cena capital da ópera: a da apresentação de Mârouf a Saamchedine, que combina em doses exatas humor e lirismo, sensualidade e paródia do estilo sério das óperas de gosto oriental.

O libreto de *L'Appel de la Mer* (1924) foi escrito pelo próprio Rabaud a partir da peça do irlandês John Millington Synge. A mãe de uma família de pescadores da ilha de Aran já perdeu para o mar cinco de seus filhos. Apesar de suas súplicas, o último não resiste ao chamado do mar e, durante uma tempestade, se afoga. A mãe chora diante dos farrapos da roupa do rapaz, a única coisa que os outros pescadores conseguem lhe trazer. A rudeza verista dessa ópera em um ato exige tratamento bem diverso, e a música é austera, despojada, sem entretanto perder em capacidade de evocação poética (a ORTF transmitiu *O Apelo do Mar* duas vezes, em 1953 e 1959, e conserva as gravações).

Quanto a *Rolande et le Mauvais Garçon* (Opéra, maio de 1934), o libreto de Nepoty combina a fantasia de *Mârouf* com a amargura do *Apelo do Mar*. A princesa Rolande apaixona-se por um trovador mau-caráter que aparece na corte de seu marido. Esse quase marginal, visivelmente decalcado na figura de François Villon, o maior poeta francês da Idade Média, torna-se seu amante. O príncipe os surpreende, manda prendê-los numa torre e entrega-se a uma vida de libertinagem para consolar-se da traição da mulher. Mas a orgia só faz aumentar seu sofrimento, e ele decide dar-lhes a liberdade e o seu perdão. Os três, entretanto, estão profundamente marcados pelo que aconteceu e não conseguirão voltar ao que eram antes. A ambiguidade do texto, em que o sarcasmo e a melancolia se misturam, exige um tratamento musical de grande variedade. O Prelúdio do ato II, com seu solo de oboé; a canção de Turgis, uma dama da corte, no ato II; a farândola que é dançada na cena da festa do IV; a canção dos soldados bêbados ou a cena entre o príncipe e seu pagem, no V, são alguns dos melhores momentos dessa estimulante partitura, vítima de um esquecimento imerecido.

Nos arquivos da ORTF, há ainda um registro do *Jeu de l'Amour et du Hasard*, que se baseia na comédia de Marivaux.

## Omer Letorey

Além de música incidental para diversas peças representadas no Théâtre-Français, Letorey (1873-1938) compôs a ópera *Le Sicilien ou l'Amour Peintre* (Opéra-Comique, 1930), cujo libreto adaptou de situações extraídas de diversas comédias de Molière e, segundo uma crítica da época, "não está isenta nem de finura nem de movimento". Poderemos conhecê-la quando forem liberadas as gravações de 1956, 1958 e 1966 existentes nos arquivos da ORTF.

## Marie-Joseph Canteloube de Malaret

Aluno de D'Indy na Schola Cantorum, Canteloube (1879-1957) é, na virada do século, o mais importante pesquisador francês de música folclórica. O material que compilou nos diversos volumes dedicados às canções do Auvergne, do Quercy, do Languedoc, da Touraine e do País Basco impregna suas obras tanto orquestrais quanto vocais. *Le Mas* (A Fazenda), estreada na Ópera de Paris em abril de 1929, conta a história de Jan, que volta à propriedade de seus pais, no Quercy, após longa ausência. Apesar do reencontro com Marie, a namoradinha de infância, que ainda o ama, ele só pensa em retornar a Paris; mas quando está para cumprir esse desígnio, a voz poderosa da terra, o canto sedutor das estações que se sucedem o hipnotiza, e ele não consegue ir embora. O campo é a personagem principal de *Le Mas*, e é o seu tema que se ouve todo o tempo, na abertura, nas danças camponesas, no acompanhamento orquestral em que estão sempre presentes o assobio do vento, o cantarolar da fonte, o ruído da chuva. Existe a gravação pirata (MRF) de uma transmissão da Radio France feita em 1963.

*Vercingétorix*, estreada na Ópera em 20 de junho de 1933, é de estilo totalmente diferente, retornando ao modelo romântico do *grand opéra*; mas utiliza as antigas melodias do Auvergne para retratar a grandeza e o espírito de sacrifício do herói gaulês que lutou contra os romanos e foi derrotado, em 52 a.C., na batalha de Alésia. *Vercingétorix* tem importância histórica: foi a primeira vez que, na orquestra de uma ópera, se empregaram as *ondes Martenot,* o instrumento eletrônico inventado em 1928 pelo engenheiro e músico Maurice Martenot – e que viria a ser amplamente utilizado, posteriormente, por compositores como Olivier Messiaen ou Marcel Landowski.

## Antoine Mariotte

O processo que lhe foi movido pelo editor de Richard Strauss fez com que a *Salomé* de Mariotte (1875-1944), usando o texto de Oscar Wilde e estreada com sucesso em Lyon (1904), só pudesse ser cantada na Ópera de Paris em 1919. É evidente que ela empalidece diante da *Salomé* alemã, um dos pontos altos da arte lírica nos primeiros anos do século XX; ainda assim, trechos como a cena dos Nazarenos ou o monólogo final são de grande efeito dramático. A dança da princesa, entretanto, é um balé convencional, que nada tem a ver com a feroz sensualidade dos sete véus straussianos.

Mas Mariotte tem dons apreciáveis de colorista e de caracterizador de personagem, como o demonstram a orquestração enérgica e o nervoso desenho de personagem em *Esther*, sobre o tema bíblico, com libreto de André Dumas e Charles Leconte, levada à cena na Ópera em 28 de abril de 1925. Truculenta, grandalhona, na medida do desmesurado humor de François Rabelais, é *Gargântua*, que desconcertou o público do Opéra-Comique em 13 de fevereiro de 1935. Apesar de alguns trechos arrastados, não faltam cenas bem-realizadas, em que se percebe a influência do *Falstaff* verdiano: a mais famosa delas é a do nascimento da personagem título, ao som de um moteto que mistura o tema do *Adeste Fideles* ao da *Marselhesa,* e vai crescendo, engrossando, à medida que vem ao mundo o gigante saído da imaginação do grande escritor do século XVI.

## Marcel Labey

A única ópera de Labey (1875-1968) é *Bérengère*, que recebeu o primeiro prêmio do Concours de la Ville de Paris em 1921 e foi estreada no Havre, em 1925. O Prelúdio do ato II ficou no repertório de concertos sinfônicos franceses. O libreto é da esposa do compositor, Mme Sohy-Labey, como ele discípula de D'Indy e autora da ópera *L'Esclave Couronnée*, representada em Mulhouse, em 1947, com razoável sucesso. Não se sabe a data do registro de *Bérengère* guardado nos arquivos da ORTF.

## Max d'Ollone

Num artigo escrito para *Le Ménestrel* em 1932, D'Ollone (1875-1959) definia o que tentara fazer em suas óperas: "Rejeito o sistema wagneriano porque, se o público, hoje, se afasta do teatro lírico, é por culpa dos compositores, que negligenciam as vozes em proveito da orquestra e a melodia em proveito da sinfonia, só oferecendo à platéia monótonos recitativos que a faz ter saudades das árias e cavatinas das óperas antigas. Se a multidão gosta de Wagner, é porque Wagner é menos sistemático ou, melhor dizendo, é menos wagneriano do que seus epígonos; a prova disso é que as páginas de sua obra que mais envelheceram são aquelas em que aplica ao pé da letra as suas teorias". Romântico assumido, nacionalista convicto, D'Ollone aplica essas idéias em *Le Retour* (1912), *Les Uns et les Autres* (1922), *L'Arlequin* (1924) e, principalmente, em *La Samaritaine* (Opéra, 1937), sua partitura mais cuidada. Dela ficou, no repertório de canto coral, um *Pater Noster* para barítono com sugestivo acompanhamento do coro *a cappella*. No catálogo da ORTF, existe o registro de *Georges Dandin*, baseado na comédia de Molière.

## Henri Février

Aluno de Massenet, Fauré e Xavier Leroux, Février (1875-1957) foi também muito influenciado por André Messager, seu professor e amigo pessoal. O resultado dessa formação eclética foi uma atração pelo Verismo temperada pelos fortes elementos simbolistas de que suas óperas estão impregnadas. Depois de *Le Roi Aveugle* (Opéra-Comique, 1906), obteve grande sucesso com *Monna Vanna* (Opéra, 1909), baseada na peça de Maeterlinck, partitura muito bem escrita que, de forma alguma, faz má figura ao lado das óperas de Debussy e Dukas sobre textos desse mesmo dramaturgo. Em *Aphrodite* (1914), captou bem a atmosfera pesadamente erótica do romance de Pierre Louÿs, numa linha que lembra o ato I da *Thaïs*. Sucesso menor tiveram *Gismonda* (1919), *La Damnation de Blanche-Fleur* (1920) e *La Femme Nue* (1929); mas são partituras que possuem também suas qualidades. Seu filho Jacques foi um brilhante pianista e professor: Ravel o escolheu para estrear, na França, o *Concerto para a Mão Esquerda*.

## Jean Nouguès

*Quo Vadis?*, que Henri Cain extraiu do romance histórico de Henryk Sienkiewicz, segue o modelo estrutural do *Prometeu* de Fauré mas, do ponto de vista melódico, filia-se a Saint Saëns e Massenet. É curioso que uma ópera que, ao estrear, em 9 de fevereiro de 1909, foi aclamadíssima, hoje esteja tão completamente esquecida. Os únicos trechos disponíveis, gravados entre 1910-1912 por M. Ragon e Mattia Batistini, em complemento ao álbum MRF da gravação pirata do *Roi Arthus* de Chausson, mostram que ela teria seu público, se revivida hoje. Uma mistura de *grand-opéra* e verismo, de orientalismo e influência impressionista tinge as anteriores *Thamyris* (1904) e *La Mort de Tintagiles* (1905), bem como as posteriores *L'Auberge Rouge* (1910), *La Vendetta* (1911), *L'Aiglon*, usando o texto da peça de Edmond Rostand, e *Le Scarabée Bleu* (1931) – mas nenhuma delas teve fortuna igual. Nouguès (1875-1932) é, em todo caso, um nome a se investigar.

## Raoul Laparra

Aluno de Massenet, Gédalge e Fauré, Laparra (1876-1943) foi um brilhante crítico de música no jornal *Le Matin*, até 1937, data em que abandonou o jornalismo para dedicar-se apenas à composição. Antes disso, tinha feito sua primeira experiência dramática com o conto de fadas *Peau d'Âne* (1899). Sempre atraído pela Espanha, de onde vinha sua família, obteve seu maior sucesso com *La Habanera*, sombrio dramalhão em um ato estreado no Opéra-Comique em 26 de fevereiro de 1908.

Enciumado com o namoro de seu irmão Pedro com a bela Pilar, por quem está apaixonado, Ramón mata-o no dia em que eles vão se casar. Mas quando tenta seduzir a moça, o fantasma do irmão aparece e leva-a consigo, deixando o assassino presa de uma crise de loucura. O tema da habanera que Pilar estava dançando no momento do crime transforma-se, através de variações que o tornam cada vez mais lúgubre, no motivo do remorso de Ramón. Quando divulgadas, as gravações de 1956 e 1958, da ORTF, ajudarão certamente a reavaliar essa partitura curiosa.

Também estreadas no Ópera-Comique, *La Jota* (26.4.1911) não teve a mesma sorte; e *Le Joueur de Viole* (1925), cujo tema é o poder consolador da arte, foi mais feliz, em especial na espontaneidade das danças e canções populares que Laparra insere na partitura. *Las Toreras* (1929) e principalmente *L'Illustre Fregona* (16.2.1931), extraído de uma das *Novelas Exemplares* de Cervantes, são duas endiabradas *zarzuelas* (o estilo espanhol de opereta), cheias de graça e alegria. Laparra morreu durante a II Guerra Mundial, num bombardeio nos arredores de Paris.

## Paul Émile Ladmirault

A música folclórica bretã é uma presença constante na obra de Ladmirault (1877-1944), aluno de Gédalge e Fauré que, aos dezesseis anos, em Nantes, já tinha feito representar um *Gilles de Retz* (cujo papel principal foi cantado pelo amador Arthur Bernède, o futuro romancista). A paixão pela Bretanha, para onde Ladmirault se retirou, após fracassar no concurso para o Prix de Rome, transparece em suas sinfonias; no poema sinfônico *Brocéliande au Matin*; na *Rhapsodie Gaëlique*, para piano a quatro mãos; na música incidental para o *Tristan et Iseult*, de Joseph Bédier; na ópera *Myrdhin* (1902), da qual extraiu a *Suite Bretonne*; e no balé *La Prêtresse de Koridwen*, muito bem recebido no Opéra em 1926. A linguagem musical de Ladmirault, clara e despojada, demonstra predileção pelo estilo modal.

## Gabriel Dupont

Aluno de Massenet, Gédalge e Widor, Dupont (1878-1914) foi um dos premiados, em 1903, no concurso para óperas em um ato instituído pela editora milanesa Sonzogno (o mesmo que revelara a *Cavalleria Rusticana* de Mascagni em 1890). Ele recebeu 50 000 liras por *La Cabrera*, drama verista com libreto de Henri Cain, estreado em 17 de maio de 1904 no Opéra-Comique. Além de *La Glu* (Cannes, 1910), adaptada de uma peça muito popular de Jean Richepin, e de *La Farce du Cuvier* (Opéra-Comique, 1912), baseada na comédia medieval, escreveu *Antar* (1913), um *grand-opéra* orientalista no estilo pós-romântico de seu mestre Massenet; mas a guerra impediu que ele a visse no palco. Quando *Antar* foi montada postumamente, no Théâtre de l'Opéra, em 14 de março de 1921, teve muito boa acolhida. Em 1946, essa partitura grandiosa, mas de retórica bem dosada, e orquestrada com mão de mestre, foi reencenada com sucesso. Esta, porém, parece ter sido a última vez que apresentaram uma obra de inegáveis qualidades.

## Jean Cras

Cras (1879-1932) foi colega de Mariotte e de Albert Roussel como oficial da Marinha; o mar desempenha, por isso, papel muito importante em *Polyphème*, estreada no Opéra-Comique em 31 de dezembro de 1922. Seu erro talvez tenha sido musicar diretamente o poema dramático de Albert Samain, cuja ação é praticamente nula; além disso, o texto, em rígidos alexandrinos, gera um recitativo salmodiado que cai, com freqüência, na monotonia. Ainda assim, o coro das ninfas das águas e dos bosques, ou a cena final, em que Polifemo, externando sua dor diante da visão de Galatéia adormecida, que nunca poderá possuir, deixa-se arrastar pelos golfinhos de

Netuno para o fundo do mar, têm um efetivo clima poético e real força dramática. O arquivo da ORTF possui um registro de 1953.

## Gabriel Grovlez

Além dos balés *Maïmouna* (1921) e *La Princesse au Jardin* (1941), ambos encomendados pelo corpo de baile da Ópera, Grovlez (1879-1944) escreveu para o palco as operetas *Le Marquis de Carabas* e *Coeur de Rubis*, muito espirituosas, às vezes reencenadas hoje ainda.

## Philippe Gaubert

Virtuose da flauta, premiado desde os quinze anos de idade, Gaubert (1879/1941) foi um talentoso regente, tendo dirigido a estréia parisiense da *Turandot* de Puccini, da *Elektra* e do *Cavaleiro da Rosa* de Richard Strauss. Suas duas óperas, *Sonia* (Nantes, 1913) e *Naïla* (Opéra, 1927), tiveram um sucesso de estima. Mas sua grande contribuição para o palco foi na área da dança, com os balés *Philotis* (1914), *Fresques* (1923) e *Alexandre le Grand* (1937); este último foi montado mais de cinqüenta vezes em dois anos. Gaubert morreu repentinamente, em 8 de julho de 1941, dois dias depois de *Le Chevalier et la Demoiselle*, coreografado por Serge Lifar, ter sido um estrondoso sucesso no Opéra.

## Paul Le Flem

Bretão como Ropartz, Le Flem (1881-1983) evocou musicalmente as paisagens de sua região natal. Mas seu tom é leve e bem-humorado em *Aucassin et Nicolette* (1923), tirada do *fabliau* medieval, e em *La Magicienne et la Mer*, de 1947. Sua melhor ópera é a comédia *Le Rossignol de Saint-Malô*, com libreto muito divertido de Gandrey-Réty, em que o canto noturno do rouxinol ajuda uma esposa jovem e maliciosa a enganar o marido mais velho e ranzinza. O selo Marco Polo possui uma antologia de peças orquestrais desse compositor. No catálogo da ORTF, há registros de transmissões radiofônicas de *Aucassin* (s.d.), *La Clairière des Fées* (1963), *La Magicienne de la Mer* (1955 e 1962), *La Maudite* (1967 e 1971).

## Michel-Maurice Lévy

Wagnerita tardio, Levy (1883-1965) utilizou aplicadamente o sistema do mestre em *Le Cloître* (Opéra-Comique, 1926), baseada no austero drama de Verhaeren sobre as intrigas e rivalidades dentro de um mosteiro, e que tem a originalidade de contar apenas com vozes masculinas (como se fosse um *Diálogo das Carmelitas* às avessas). A comédia *Dolorès* foi prejudicada pelo fato de só ter sido estreada em 1952, vinte e cinco anos depois de composta, num momento em que seu estilo antiquado não atraía mais o público. Ainda assim, há nos arquivos da ORTF registros do *Claustro* (1955 e 1963), da *Dolorès* (1957) e de um *D'Artagnan* (1965), comédia livremente inspirada em Dumas.

## Francis Bousquet

O Verismo era a cartilha seguida por Bousquet (1890-1942) nos tempos de *Sarati le Terrible* (Opéra-Comique, 1928), baseada no romance de Jean Vigneau e hoje esquecida. O mesmo não aconteceu com *Mon Oncle Benjamin*, com libreto de Georges Ricou adaptado do delicioso romance humorístico de Claude Tillier. Sua mistura de realismo e fantasia e a colorida reconstituição que oferece do final do século XVIII fazem com que essa ópera, que deliciou a platéia do Opéra-Comique em 1942, ainda volte à cena de vez em quando. É o caso típico de uma partitura que mereceria a divulgação via disco.

Como é muito difícil o controle rigoroso do que está disponível em gravação pirata, fique claro que alguns dos registros da ORTF aqui mencionados, copiados diretamente do rádio durante uma transmissão, podem estar circulando num dos muitos selos independentes que fazem esse tipo de comercialização semiclandestina.

# Século XX:
# De Debussy ao *Grupo dos Seis*

# O Início do Século XX

O ultra-romantismo wagneriano levou a seus limites extremos não só o poder de expressão emocional da música mas também do próprio material com que a música era feita. A partir de *Tristão e Isolda*, os compositores pós-românticos – Gustav Mahler e Richard Strauss, Franz Schreker e Alexander von Zemlinsky, Arnold Schoenberg e Alban Berg na fase inicial, expressionista, de suas carreiras – estenderam de tal forma as fronteiras da tonalidade que ela praticamente deixou de ter um significado real. Ou seja, o ouvido do público começou a acostumar-se com novos sons, a aceitar como normais acordes que, anteriormente, teriam sido considerados dissonantes. É claro que este é um fenômeno comum a todas as épocas: a cada nova descoberta correspondeu, ao longo de toda a História da Música, uma fase de aclimatação do público ao idioma novo. Mas em nenhum momento essa exposição aos "sons novos" parece ter sido tão radical quanto na virada do século XIX para o XX, num período que, *grosso modo*, vai de 1890 até meados da década de 20. Basta pensar na contemporaneidade de obras que se enraizam na tradição ou, ao contrário, projetam-se deliberadamente para o futuro.

Tomemos, por exemplo, o ano de 1894. Nele, foram compostas obras estilisticamente tão opostas quanto a *Sinfonia n. 2 "Ressurreição"*, de Mahler, e a *Thaïs*, de Massenet; o *Prélude à l'Après-midi d'un Faune*, de Debussy, e as sonatas para clarineta e violino de Brahms; o *Also sprach Zarathustra*, de Richard Strauss, o *Concerto para Piano*, de Skriábin e o *Prélude à la porte heroïque du ciel*, de Erik Satie. Essa virada de século é, portanto, em toda a História da Música, uma das fases de embate mais violento entre tradição e inovação, desse fermento surgindo todas as vanguardas contemporâneas.

No plano harmônico, o cromatismo exacerbado de *Tristão* chega à beira da dissolução da tonalidade; mas esse passo só será efetivamente dado no início do século XX – o próprio Wagner, parecendo perceber o caminho inevitável a que seria levado, se prosseguisse nesse rumo, recua, nas obras subseqüentes, para uma linguagem mais resolutamente tonal. Mas a técnica wagneriana da *Unendliche Melodie* – a "melodia infinita", em que modulações constantes retardam a volta à tonalidade tomada como ponto de partida, impedindo assim a resolução que sempre foi a base do sistema tonal – destrói a tradicional simetria do desenho melódico; conseqüência adicional disso é que o ritmo também se torna fluido e indefinido.

Por outro lado, além da revolução wagneriana, o Ocidente começa também, a partir de 1870, a se sentir atraído pelas pesquisas da escola russa. Já mencionamos o interesse muito grande que compositores como Liszt ou Chabrier tinham pelos compositores eslavos. E uma das principais pontes para o contato do Oeste europeu com as realizações vindas da

Rússia será Claude Debussy, que, em 1879, trabalhou como pianista para Nadiêjda Filarétovna von Meck, a aristocrata que tinha sido a protetora de Tchaikóvski.

Estudando partituras trazidas de Moscou e São Petersburgo, os músicos ocidentais encantam-se com o uso da escala de tons inteiros ou de tons e semitons alternados; com as primeiras experiências politonais de Aleksandr Dargomýjski na *Fantasia sobre Temas Finlandeses*; com a total liberdade de Módest Mússorgski em relação às regras convencionais da harmonia ou da declamação operística; com os processos modais herdados da antiga música litúrgica eslava, de origem bizantina; ou com o emprego da escala pentatônica, típica da música folclórica oriental.

Já no final do Romantismo, experimentos com combinações harmônicas inesperadas tinham começado a aparecer em obras tardias de compositores de estilo ainda fundamentalmente ligado ao do pleno século XIX, mas donos de uma liberdade de pensamento que os levava a ousar e a transgredir. É o caso das peças escritas pelo visionário Franz Liszt no fim da vida: *Nuages Gris*, *La Lugubre Gondola* ou a *Bagatela sem Tonalidade* já são nitidamente pré-impressionistas. A "Ave Maria" dos *Quattro Pezzi Sacri*, de Giuseppe Verdi, baseia-se em uma "escala enigmática" (dó, ré bemol, mi, fá sustenido, sol sustenido, si, dó) que é de efeito virtualmente atonal. E em músicos tão diferentes quanto Dvořák e César Franck, Chausson, Duparc ou Max Reger observa-se um insistente cromatismo – a modulação constante de uma tonalidade para outra – que dá à música um caráter perpetuamente cambiante e tonalmente instável.

Era o clima ideal para o surgimento de uma personalidade revolucionária que, apanhando todas essas idéias no ar, as tratasse com radical liberdade, sintetizando-as, oferecendo delas uma visão organizada e, com isso, influenciando profundamente toda uma geração de músicos depois dele. Essa figura seria Claude Debussy.

# Claude-Achille Debussy

A obra de Debussy (1862-1914) tem, para a História da Música, uma importância toda especial. Não só pelo uso em si que ele fez dos elementos novos que estavam aparecendo na música ocidental mas, principalmente, pela maneira como os empregou, fazendo desenvolver-se uma nova mentalidade em relação ao fenômeno da criação musical.

Durante o século XIX, os compositores tinham estado freqüentemente preocupados com os valores extramusicais, o que explica o aparecimento dos gêneros românticos de música programática, dos quais o poema sinfônico é o mais típico. De modo geral, pode-se dizer que, para o artista romântico, a música é menos uma linguagem em si do que um veículo e um símbolo auditivo para as suas idéias e emoções. Debussy não deixa, em uma certa medida, de estar ainda ligado às idéias literárias e pictóricas. Peças como *La Mer*, *Ibéria* ou *Trois Nocturnes* são herdeiras da tradição do poema sinfônico lisztiano. Mas já se começa a perceber, em sua obra, um fenômeno que terá grande importância na criação musical do século XX: o interesse intenso pelo som enquanto tal, pela exploração de timbres, dissonâncias, seqüências de acordes flutuantes sem resolução, não tanto pelo que possam expressar em termos de emoções ou de referência a dados exteriores à música, e sim pelo que significam por si mesmos, enquanto efeitos abstratos de colorido sonoro. Nesse sentido, não é nem um pouco exata a classificação de sua música como "impressionista", que foi feita por se ter comparado a leveza, claridade e transparência que há nela com a dos quadros dessa escola de pintura, contemporânea dele.

O primeiro a percebê-lo foi Edward Lockspeiser em seu *Debussy: his Life and Mind*, contribuição fundamental para o estudo de sua obra. Desde então, vem ganhando corpo, entre os musicólogos, a condenação dessa que William Austin chama de "a primeira e a maior das etiquetas duvidosas da música moderna, introduzida por jornalistas apressados em despertar a curiosidade de seus leitores" (*Music in the XXth Century*). O próprio compositor não gostava desse rótulo. Falando de *Images*, escrevia, em 1908, a seu editor Durand: "Tento fazer algo de novo, *realidades* por assim dizer, isso que os imbecis chamam de 'impressionismo' ".

Para William Austin,

a etiqueta de "impressionismo" induz a erro se é tomada com a implicação de que Debussy buscava deliberadamente um paralelo musical com as técnicas ou atmosferas dos pintores impressionistas. As transcendentais inovações de Cézanne, sua liberdade de composição para distorcer a perspectiva, e a liberdade de cor de Gauguin a serviço de uma composição expressiva em vez da representação fiel da realidade, correspondem às inovações de Debussy tão bem quanto a liberdade que Monet conseguiu com sua clareza linear. Mas a palavra induz a erro se se quer com ela dizer que, para a música de Debussy, as associações pictóricas têm importância maior do que para a música de Couperin, Bach, Mozart ou Wagner.

Só que, hoje em dia, infelizmente, parece tarde para tentar cancelar o uso de uma classificação que já está por demais consagrada.

Na verdade, parece-me mais justo vincular Debussy à tendência literária de seu tempo na qual encontrou maiores fontes de inspiração: o Simbolismo. As relações existentes entre ele e os poetas dessa tendência são muitas. Nenhum outro compositor soube traduzir musicalmente os poemas simbolistas com tanta fidelidade, não só nas numerosas canções que eles lhe inspiraram como também nos *Prelúdios* para piano, numa peça como *L'Après Midi d'un Faune*, inspirada em Stéphane Mallarmé, ou em sua única ópera acabada.

Debussy freqüentou assiduamente o salão de Mallarmé, na década de 1890, e foi amigo íntimo de um de seus discípulos, Pierre Louÿs, de quem musicou as sensuais *Chansons de Bilitis*. Outro amigo pessoal foi Henri de Régnier que, na juventude, aderira entusiasticamente ao movimento simbolista. E é conhecida a paixão que ele tinha pela obra do americano Edgar Allan Poe, um dos escritores que os simbolistas reclamavam como seu patrono e precursor.

A escola simbolista tem como predecessores, na fase final do Romantismo, Gérard de Nerval e Charles Baudelaire. Numa primeira geração, seus representantes mais típicos são Paul Verlaine e Arthur Rimbaud. Depois, Stéphane Mallarmé, Jean Moréas, Maurice Maeterlinck, Georges Rodenbach e Émile Verhaeren. Mais jovens são Paul St.-Pol Roux, Édouard Dujardin, o americano Stuart Merrill (que escrevia em francês), Francis Viélé-Griffin e Paul Valéry. Escritores mais distantes, como André Gide ou Paul Claudel, ainda estarão, em algumas de suas obras, sob forte influxo das idéias simbolistas.

Os poetas ligados a essa tendência reagiam ao mecanicismo da doutrina positivista e aos excessos do Realismo, predominantes na literatura da época. Retomando e aprofundando a visão romântica do Artista como um profeta e um iluminado, postulavam a sua condição de intérprete de uma simbologia universal, de idéias que se manifestariam através da aparência sensível dos objetos de que se compõe a realidade – pensamento idealista de caráter nitidamente neoplatônico. As relações misteriosas entre o exterior (o mundo físico) e o interior (o espírito) seriam apreendidas não pela razão lógica, que lhes parecia falível, mas pela intuição sensível e emocional, que tem formas mais sutis e imperceptíveis de captar a realidade. Essa recusa do discurso lógico leva a um subjetivismo profundo, que se traduz por uma concepção mística da vida, um constante exercício da imaginação e da fantasia, e uma enorme atração pelas doutrinas esotéricas que, na transição entre os séculos XIX e XX, difundiam-se amplamente em toda a Europa.

É uma literatura de esteticismo rebuscado, que vira as costas a tudo o que lhe parece prosaico, vulgar e quotidiano, e se encastela numa torre de marfim de temática rarefeita, totalmente apolítica e – ao contrário dos realistas – desvinculada da preocupação com as causas sociais. É uma arte voltada para a procura do significado mágico e secreto dos seres e das coisas, constantemente envolta numa melancolia que tende para a morbidez – elemento que tem em comum com os neo-românticos decadentistas, como Jules Laforgue ou Joris-Karl Huysmans. Poesia assim tem de expressar-se, necessariamente, através de uma linguagem ornamentada, exótica, preciosista, na qual as palavras, não raro, são escolhidas mais em função de sua sonoridade do que de seu significado (o alemão Arno Holz chega a escrever poemas com palavras inventadas, que não significam nada, usadas apenas para criar efeitos sonoros abstratos).

Os simbolistas buscam sistematicamente a sinestesia – a correspondência entre as sensações: o som das cores, a cor dos sabores, o odor das palavras –, o que leva Rimbaud a escrever o seu famoso *Sonnet des Voyelles*: "A noir, E blanc, I rouge, U vert, O bleu: voyelles..." Numa poesia a esse ponto subjetiva, que perscruta o que há de mais impalpável e inexprimível, as idéias devem ser mais sugeridas do que expressas, já que o que está sendo dito há de passar pelo crivo não da razão mas da intuição. E as coisas importam não pelo que são externamente, mas pelo que escondem em seu interior. E isso leva ao hermetismo, ao uso freqüente da elipse, da metáfora insólita, do desvio sintático. A metrificação tradicional é, muitas vezes, abandonada em favor do verso livre, do poema em prosa, da pontuação que obedece a critérios rítmicos e não sintáticos. Ou então o verso metrificado desaparece totalmente, para deixar às palavras a liberdade de formar grupos novos e inesperados de sentido. São freqüentes também as pesquisas de disposição gráfica das palavras ou de aproveitamento expressivo do papel em branco, como no revolucionário poema *Un Coup de Dés Jamais n'Abolira le Hasard*, de Mallarmé.

Sendo um tipo de literatura muito voltado para os aspectos sonoros da produção poética, o Simbolismo terá, em todos os níveis, influência muito grande sobre os músicos. Mas o inverso também é verdade: simbolistas e decadentistas, como já tivemos a oportunidade de assinalar, sentem-se fascinados pelo mundo mítico de Wagner, a quem proclamam precursor. E o seu conceito do drama lírico como uma *Gesamtkunstwerk* (obra de arte total) vai exercer enorme impacto sobre o teatro simbolista, em especial o de Maeterlinck, de onde Debussy tirará seu principal trabalho para o palco.

Um compositor como Debussy, preocupado em criar musicalmente com o que os sons têm de mais intrínseco, sem dar maior peso aos elementos extramusicais, tinha de estar muito afinado com os princípios básicos formulados pelos simbolistas. A poesia deve, antes de mais nada, ser um tecido de sons e ritmos verbais: "De la musique avant toute chose", como pedia Verlaine em sua *Art Poétique*. Música antes de mais nada. O significado das palavras pode ser secundário e, até mesmo, no limite, dispensável; em conseqüência disso, as idéias, as emoções e as sensações devem ser sugeridas de forma tênue e indireta, em vez de serem descritas ou mostradas. "Acho que não deveria haver nada, a não ser a *alusão*", afirmava Mallarmé. "A contemplação dos objetos, a imagem instantânea dos sonhos que provocam – é nisso que reside a canção. Os parnasianos tomam o objeto como um todo e o expõem diante de nossos olhos; assim, tiram dele o mistério, privam nossa mente desse prazer refinado que é o de pensar que estamos criando". Também na música de Debussy, mesmo quando o ponto de partida é uma referência pictórica – como em *La mer* – ou literária – como no *Prélude à l'Après-midi d'un Faune* –, o resultado nunca é descritivo (como nos poemas sinfônicos de Liszt) e, sim, evocativo. Ou seja, preocupado em *sugerir* estados de espírito indefiníveis, suscitados pela contemplação de uma paisagem ou pela situação a que o poema se referiu. É por isso que os títulos de seus *Prelúdios*, ele os coloca no final da peça, como se eles fossem um *afterthought*.

Essa forma de conceber o fenômeno musical, nós a perceberemos até mesmo no modo instigante e renovador como Debussy trata o gênero musical narrativo por excelência, que é a ópera.

A primeira experiência dramática de Debussy foi o oratório *L'Enfant Prodigue*, de 1884, escrito para o Prix de Rome. Não se trata de uma obra-prima: a música foi composta no prazo extremamente curto de três semanas, sobre um libreto muito tolo, de tema bíblico, de E. Guinand. E o jovem compositor, que já tivera dois de seus projetos de cantata recusados, parecia disposto, dessa vez, a agradar ao júri, pois faz várias concessões ao estilo melódico de Gounod, Delibes e Massenet. São muito poucos os elementos que deixam perceber o músico original em que ele se converterá mais tarde: a escolha de algumas tonalidades raras, de si maior ou fá sustenido maior; a orquestração límpida e translúcida; uma ou outra harmonia menos comum.

Na revisão feita entre 1907-1908, a pedido de seu editor, Debussy praticamente reescreveu o quarto e o quinto dos nove movimentos. Mas deixou inalterada a ária de Lia, "Azaël! pourquoi m'as-tu quittée?", muito popular até hoje em recitais de canto, e em que é gritante o decalque massenetiano. Mesmo depois de reescrita, a dança de estilo oriental (quarto movimento), com seu *piccolo* e pandeiro, ainda lembra muito a *Lakmé*, que fazia grande sucesso na época. E o trio final, "Gloire à toi, Seigneur!", para atingir o tom apoteótico a que se propõe, precisaria de texturas sonoras mais espessas; mas não havia um coro disponível naquele momento. Restam, entretanto, alguns momentos mais pessoais, como o Prelúdio, com cordas divididas, e arabescos para harpas e madeiras precursores da maturidade.

Embora se trate de um oratório, *O Filho Pródigo* pode e costuma ser encenado como uma pequena ópera. Além da antiga gravação de Roger Cottret (La Voix de son Maître), existe também a mais recente, de Gary Bertini, no selo Orfeo.

"Ficarás surpreso com a amplitude dramática de certas cenas, pelas quais eu mesmo não esperava". Estas foram as palavras de Paul Dukas a Vincent d'Indy, numa carta de 1º de outubro de 1893, depois de ter ouvido Debussy executar, ao piano, trechos do *Rodrigue et Chimène* que estava compondo. "Além disso, tudo soa perfeitamente natural. E cada uma das cenas tem um refinamento harmônico que relembra as suas primeiras canções". Já o libreto, dizia Dukas, "é totalmente sem interesse, uma mixórdia parnasiana misturada com barbarismos espanhóis".

Não se sabe ao certo porque Claude-Achille, em geral tão cuidadoso com os textos que musicava, aceitou essa versão dos *Cantares del mio Cid* pretensiosamente redigida, uns dez anos antes, por Catulle Mendès, para o compositor Émile Pessard. Naquela época, o projeto tivera de ser engavetado diante dos protestos de Louis Gallet, que assinara com o Théâtre de l'Opéra o contrato de um *Cid* a ser musicado por Massenet. Ao se decidir, em 1890, a trabalhar sobre o libreto de Mendès, Debussy modificou o título para evitar a confusão com a ópera de seu antigo professor de Composição, pelo qual sempre teve grande estima.

*Rodrigue et Chimène* foi abandonada, em 1893, decerto porque o estilo de ópera em que resultaria deixara de interessar ao compositor. O material que ficara pronto, entretanto, tinha condições de ser editado. Para que se tivesse uma idéia dessa primeira experiência operística de Debussy, foi feito, a partir do final da década de 80, um vasto trabalho musicológico.

George Beck completou as seções desaparecidas do libreto. Richard Langham Smith, especializado em estudos debussystas, montou a partitura e imitou o seu estilo ao compor algumas passagens de ligação, suprindo páginas que faltavam na redução para piano. E o compositor russo Édison Denísov, falecido em 1997, encarregou-se da orquestração. Assim preparada, *Rodrigue et Chimène* estreou, em 14 de maio de 1993, na Ópera de Lyon, regida por Ken Nagano, numa produção de Georges Lavaudant e Jean-Paul Vergier. Esse espetáculo foi gravado e lançado pelo selo Erato.

Em artigo publicado na revista inglesa *Opera*, de maio de 1993, Langham Smith descreveu as condições em que a ópera fora reconstituída e analisou suas características principais. A seu ver, Dukas tinha razão em frisar a naturalidade do diálogo e em compará-lo ao estilo das primeiras canções de Debussy. Não só um dos temas da ópera é idêntico ao de *Spleen*, nas *Ariettes Oubliées*, como também a escrita vocal é semelhante à que fora usada para os poemas de Verlaine na década de 1880.

O texto é tratado em estilo silábico, mas, com muito mais freqüência do que no *Pelléas*, expande-se em cantilenas generosamente líricas, que traem a influência de Massenet. É o caso das flutuantes melodias do dueto de amor com que se encerra a primeira cena do ato II: nele é abandonado o ritmo de conversação e há muitas repetições de palavras, um recurso que não será mais utilizado no futuro. Igualmente melodioso é o monólogo de Chimena, no ato III, em que ela relembra os tempos desanuviados em que amava despreocupadamente Rodrigo, sem se amargurar com o fato de que, agora, ele é o assassino de seu pai. "Esta é a ópera que, se tivesse sido concluída, teria encerrado a primeira fase da obra de Debussy", concluiu Langham Smith. "E, no que se refere à escrita vocal, seria, de certa forma, a mais gratificante delas."

Prenúncios do *Pelléas*, porém, são comuns. O tema nas harpas e trompas que acompanha o cântico de Rodrigo e Chimena à beleza da noite, no ato I, será literalmente retomado, mais tarde, na cena em que Pelléas e Mélisande conversam à beira do poço. Ousadas harmonias cromáticas, normais mais tarde, já aparecem quando os irmãos de Rodrigo, Hernán e Bermudo, jogam xadrez. Esta seqüência, aliás, prefigura o que está para acontecer com o Cid: quando o cavalo negro come a rainha branca, a melodia na orquestra descreve toda a angústia de Rodrigo por ter de se separar da noiva, cujo pai matou em duelo.

Escreve Langham Smith:

> Outro aspecto da música de Debussy do fim da década de 1880 também é desenvolvido em *Rodrigue et Chimène*: o tom quase religioso de *La Damoiselle Élue*, a cantata baseada no poema de Dante Gabriel Rossetti, em que, tomando muitos elementos de empréstimo ao *Parsifal*, ele desenvolveu uma linguagem modal radiosamente orquestrada para cordas divididas.

Passagens de estilo lento e processional, com uma série de quatro acordes repetidos, aparecem tanto na introdução da *Damoiselle* quanto nos trechos do *Rodrigue* que têm conotações religiosas: no ato I, a oração de Chimène diante da estátua da Virgem; e no II, a cena em que o pai de Rodrigue, disfarçado de mendigo, vem pedir a seus filhos que vinguem a ofensa recebida de Don Gómez.

Linguagem musical semelhante à do início da *Damoiselle* acompanha ainda a oferta de caridade cristã, cantada em uníssono, que os irmãos fazem ao mendigo: "Venez, venez, je vous le dis, Jésus vous ouvre son paradis...". Mas, com habilidade, Debussy tece nessa melodia comentários harmônicos progressivamente inquietantes, à medida que Don Diègue recusa a hospitalidade, repetindo, como em uma ladainha, que deseja apenas "la charité, seigneurs, la charité!" E a cena cresce até uma aterrorizante conclusão quando ele revela que lhes veio pedir a cabeça do conde Don Gómez. É como se assistíssemos ao rascunho das cenas mais poderosas do *Pelléas*. Este deve ser um daqueles momentos cuja "amplitude dramática" foi admirada por Dukas.

Para o palco, Debussy compôs ainda vários balés:

*L'Après-midi d'un Faune* (1892-1894), a que já nos referimos;
*Khamma* (1911), de tema egípcio, que abandonou por considerá-lo insatisfatório, e que foi orquestrado por Charles Koechlin para uma apresentação no Opéra-Comique em 1947;
*Jeux* (1912), encomendado por Diáguiliev para Nijinski, e que tem como tema um namoro durante uma partida de tênis;
e *La Boîte à Joujoux* (1913), uma obra-prima de leve humor, dedicada à sua filha.

Escreveu também a música de cena para *Le Roi Lear* (1904-1906). Mais importante do que uma simples música incidental é a partitura que acompanha *Le Martyre de Saint-Sébastien*, um melodrama cujo texto foi escrito, num francês super-ornamentado, pelo poeta italiano Gabriele d'Annunzio, por encomenda da atriz e bailarina Ida Rubinstein, que o criou no Théâtre du Châtelet em 22 de maio de 1911. Trata-se de uma das obras que mais justificam o vínculo que propusemos estabelecer entre Debussy e o Simbolismo. O poder sugestivo, alusivo da música traduz os ambíguos e indefiníveis sentimentos da personagem título, dividida entre a fé cristã e a tentação do paganismo, muito melhor do que o sobrecarregado poema de D'Annunzio. Numa entrevista concedida à época da estréia, Debussy dizia orar, nessa partitura, "como um panteísta, como um artista que se comove diante do misterioso espetáculo da natureza, e não como um fiel que pratique os ritos de um culto determinado".

Em 1893, no Théâtre de l'Oeuvre, de Aurélien Lugné-Poë – principal baluarte da reação simbolista ao extremo naturalismo das montagens de André Antoine no Théâtre Libre –, Debussy assistiu à peça *Pelléas et Mélisande*, do dramaturgo belga Maurice Maeterlinck (1862-1949). As personagens desse drama, mais símbolos do que seres reais, sonâmbulos que parecem estar vagando por uma terra estranha, fascinaram-no de saída. Era o momento em que hesitava em musicar uma *Légende de Tristan* que lhe era oferecida por Catulle Mendès, devido à identidade temática com a ópera de Wagner, do qual, após uma fase inicial de admiração beirando a idolatria, começava agora a tentar tomar distância (embora a influência do compositor vá permanecer marcante até o fim de sua vida).

Atraiu-o imensamente a história da misteriosa Mélisande, vinda não se sabe de onde, encontrada perdida na floresta por Golaud, filho de Arkël, o velho rei cego de Allemonde, um país imaginário. Apesar da sensível diferença de idade, Golaud casa-se com ela e leva-a para o castelo da família, onde a moça conhece Pelléas, seu irmão mais novo. A tragédia é inevitável: o amor nasce entre os dois jovens, embora a princípio ambos tentem resistir a ele. Vendo surgir e crescer a paixão entre esses dois seres de sensibilidade tão semelhante, Golaud, enlouquecido pelo ciúme, acaba matando-os.

Debussy não foi o único a ser atraído pelo drama de Maeterlinck. Ela inspirou também a suite orquestral de Jan Sibelius (1905), uma espécie de "reminiscência de leitura"; e o alentado poema sinfônico da fase expressionista de Arnold Schoenberg (1903). Antes deles, em 1898, Gabriel Fauré já escrevera, a convite da atriz inglesa Mrs. Patrick Campbell, a música incidental para a apresentação da peça em Londres – encomenda que lhe foi passada depois que Debussy se recusou a aceitá-la, por não querer "queimar" a sua opera com uma suite sinfônica.

O libreto de Mendès, ele não tinha querido musicar porque o tema era o mesmo da ópera de Wagner. Mas, curiosamente, o que seduziu Debussy, na peça de Maeterlinck, foi justamente a sua afinidade com uma obra pela qual sempre tivera um mal resolvido misto de atração e rejeição. O *Tristão* é a matriz narrativa de que o *Pelléas* procede: é também a história de uma mulher dividida entre um homem mais jovem, a quem ama, e um homem mais velho, a quem está ligada pelo casamento. Já tivemos, de resto, a ocasião de nos referir à freqüência com que, nessa virada de século, a mesma situação básica é retomada em óperas de Mascagni (*Parisina*), Zandonai (*Francesca da Rimini*), Montemezzi (*L'Amore di Tre Rè*), Respighi (*La Fiamma*), Chausson (*Le Roi Arthus*) e outros. Mas, para Debussy, a peça do simbolista belga tinha a vantagem de aproximar-se do modelo alemão sem ser tão abertamente tributária dele quanto o texto de Mendès; e também de ter um tom alusivo, sem explosões dramáticas, que vinha de encontro à necessidade que sentia de recusar a inflamada retórica bayreuthiana.

Outro ponto de contato entre dramaturgo e compositor era a anglofilia, que se traduzia na mútua atração por Shakespeare, os poetas e pintores pré-rafaelitas e Edgar Allan Poe. Assim como Debussy tinha-se inspirado em Dante Gabriel Rossetti para a cantata *La Damoiselle Élue* (1888), Maeterlinck era fascinado pela pintura de sir Edward Burne-Jones e Walter Crane – a ponto de pedir a Lucien Jusseaume e Eugène Ronsin que, para a es-

tréia da ópera tirada de seu *Pelléas*, se baseassem nos quadros desses artistas para desenhar os cenários. Uma tela como *Love in the ruins*, de Burne-Jones, corresponde muito exatamente à desolada paisagem e ao amor sem esperança evocados na peça. E o nome de Mélisande deriva, muito provavelmente, do da princesa Bellisant, personagem do conto de fadas *Valentine and Orson*, que Maeterlinck conhecia através da tradução inglesa das *Household Stories*, dos irmãos Grimm, ilustrada por Crane. Nesse volume, por sinal, o dramaturgo encontrou a história de Rapunzel, que lhe sugeriu o episódio da peça em que Mélisande deixa cair seus cabelos sobre o rosto de Pelléas. E não podemos tampouco nos esquecer da origem inglesa do nome desta última personagem: ele vem dos *Idylls of the King*, de lord Alfred Tennyson. Um dos episódios que Tennyson conta em seu poema narrativo, tendo ido buscá-lo na *Morte d'Arthur* de Thomas Mallory, é o do infeliz triângulo amoroso entre sir Pelleas, lady Ettarre e sir Gawaine, semelhante ao da peça.

*Pelléas*, de resto, não foi o primeiro texto de Maeterlinck a despertar o interesse de Debussy. Em 1891, ele já tinha querido transformar em ópera *La Princesse Maleine* (1889), desistindo ao saber que o dramaturgo já a prometera a Vincent d'Indy – que nunca chegou a musicá-la. Em *Por que Escrevi Pelléas* – artigo de abril de 1902 incluído em *Monsieur Croche e Outros Ensaios sobre Música* –, Debussy conta:

> O drama de Pelléas, que, apesar de sua atmosfera de sonho, contém muito mais humanidade do que os pretensos "documentos sobre a vida", pareceu-me convir admiravelmente ao que eu queria fazer. Há nele uma linguagem evocadora cuja sensibilidade podia encontrar prolongamento na música e no cenário orquestral.

Diante disso, em agosto de 1893, Claude-Achille pediu ao poeta Henri de Régnier, amigo do dramaturgo belga, que lhe escrevesse pedindo a autorização para começar a trabalhar com seu texto, o que lhe foi concedido.

Alguns trechos já estavam compostos quando, em novembro, Debussy teve um primeiro e animador contato com o escritor, a quem foi visitar em Gand. Numa carta a Chausson, contou:

Na verdade, não posso te repetir o que ele me disse. Vi Maeterlinck, com quem passei um dia inteiro em Gand; a princípio, agiu como uma donzela a quem estivessem apresentando o seu primeiro marido. Depois, degelou e tornou-se encantador: falou-me de teatro de uma forma absolutamente notável. A propósito do *Pelléas*, deu-me toda a autorização para que faça cortes, e até me indicou alguns bem grandes e muito úteis! Agora, quanto à música, diz que não entende nada e escuta uma sinfonia de Beethoven como um cego visitando um museu. Na verdade, é um sujeito muito simpático, que fala das coisas que descobre com uma grande simplicidade de espírito. Num momento em que eu estava lhe agradecendo por confiar-me o *Pelléas*, chegou a fazer todo o possível para convencer-me de que era ele que deveria ser-me grato por ter querido musicá-lo! Como tenho uma opinião diametralmente oposta, tive de usar de toda a diplomacia, com a qual a Natureza não me aquinhoou.

Não sabemos que cortes Maeterlinck sugeriu, mas possivelmente, entre eles, estavam as cenas que Debussy não musicou: I,1; II,4; III,1 e V,1.

Apesar desse início auspicioso, o processo de composição foi longo e penoso, e a preparação da estréia foi marcada por uma série de incidentes muito desagradáveis. Na primavera de 1895, Debussy declarou já ter pronta a partitura. A partir daí, começaria um interminável processo de revisões, que se prolongaria até a véspera da estréia e prosseguiria, periodicamente, até o fim de sua vida. Em *Les Ambitions de Claude-Achille*, artigo publicado na *Revue Musicale* de 1º.5.1926, seu amigo, o musicólogo Maurice Emmanuel, escreveu:

> Ao elaborar o *Pelléas*, sua única preocupação era assegurar-lhe toda a perfeição possível; e isso, antes de mais nada, para satisfazer a si próprio. Para isso, erigia-se em impiedoso censor de si próprio e considerava nada ter conseguido se sua consciência de artista não se sentisse em paz. [...] Não se tratava de vã inquietação do espírito nem de uma marca de incertezas doentias, mas da busca apaixonada e incansável da expressão justa: ele não assistia a uma representação do *Pelléas* sem ali achar a ocasião de modificar alguma coisa. [...] Pode-se dizer que só a morte tornou definitivo o texto orquestral do *Pelléas et Mélisande*.

Em outubro de 1899 – época do casamento de Debussy com Rosalie Texier, jovem costureira originária de Bichain, na região de Yonne –, ficou pronta a partitura em redução para piano. A essa altura, André Messager – o compositor de operetas, que era também um regente excepcional, com muita sensibilidade para o estilo contemporâneo – já estava tentando convencer Albert Carré a encená-la no Théâtre de l'Opéra-Comique. Mas só em maio de 1901, depois de uma leitura feita em casa de Messager, em que Debussy tocou a partitura ao piano cantando todos os papéis, Carré deixou-se persuadir, assinando o compromisso de incluir o *Pelléas* na temporada do ano seguinte. Debussy, porém, fazia a orquestração muito lentamente, com intermináveis retoques, o que atrasava os ensaios, deixando Messager desesperado.

Conta Messager em *Les Premières Représentations de Pelléas:*

> Com a primeira leitura de orquestra começou a série de dias sombrios e de ensaios desencorajadores. Debussy tinha tido a idéia generosa mas desastrada de encomendar a cópia das partes de orquestra a um colega pouco afortunado, que era um copista medíocre e um músico um tanto primário. Sua caligrafia era desoladora; sua educação musical não lhe permitia perceber harmonias inusitadas, e os erros de cópia se espalhavam pelas partes de orquestra com uma abundância desconcertante. [...] Foi necessário dedicar três ou quatro ensaios só às correções.

E, como já tinha acontecido antes com Chabrier, os músicos do Comique – "essa matilha odiosa", como dizia Debussy – rebelaram-se contra uma partitura que consideravam demasiado difícil. Os cantores também reclamaram da falta de oportunidade para o canto virtuosístico – e, nesses casos, uma vez mais, foi Messager quem, incansavelmente, defendeu a música de Debussy, contornando todos os obstáculos.

"Mas um problema novo surgiria com a questão das mudanças de cenário", conta o maestro, e acrescenta:

> O palco do Opéra-Comique, aparentemente tão amplo, só permite movimentações insuficientes, pois suas coxias são tão apertadas que é impossível manobrar, através delas, um chassis que seja; e era necessário operar, em média, três transformações rápidas por cena. [...] Além disso, para interligar os diversos quadros, Debussy escrevera trechos orquestrais de duração insuficiente. Ele resmungou, blasfemou mas pôs-se a trabalhar e, todo dia, eu tinha de ir lhe arrancar as folhas que escrevera entre um ensaio e outro, pois foi assim que compôs os admiráveis interlúdios que comentam a ação de maneira tão comovente.

Messager não conseguiu, porém, impedir o incidente pior. Maeterlinck esperava que o papel de Mélisande fosse oferecido à sua amante, a soprano Georgette Leblanc, e ficou furioso ao saber que o autor convidara Mary Garden, a criadora da *Louise*. Alegou irregularidades na assinatura do contrato de direitos autorais e escreveu ao *Figaro*, em 14 de abril, acusando Debussy de ter desvirtuado a sua peça, fazendo "cortes absurdos e arbitrários que a tornaram ininteligível". Mas não conseguiu demovê-lo de sua escolha.

A situação era duplamente delicada, pois Marguerite Guirard, amante de Carré, também ambicionava o papel e fazia cenas a Mary Garden, cada vez que cruzava com ela no saguão do teatro, durante os ensaios. Em *Opera Anecdotes*, deliciosa coletânea de casos pitorescos do mundo da lírica, Ethan Mordden compilou o relato de todos os aborrecimentos que, nos dias anteriores à estréia, Debussy e Mary Garden tiveram de suportar. Entre eles, o constrangimento do dia do ensaio geral em que, ao ver Mary Garden entrar no teatro, Marguerite lhe disparou, de supetão: "Que é que você veio fazer aqui?" – "Ensaiar Mélisande", respondeu a outra. – "Pois eu vou te ensinar quem é que manda aqui!" – "Se você fizer isso, certamente vai sair ganhando", disse, imperturbável, Mary Garden, passando por ela e indo para o palco, enquanto Marguerite ficava babando de fúria no saguão.

Tudo isso despertou a curiosidade do público parisiense, formando cabalas pró e contra o *Pelléas*. O ensaio geral, em 27 de abril de 1902, foi turbulento, exatamente como seria, onze anos mais tarde, a primeira apresentação do *Sacre du Printemps*, de Stravinski. E a conspiração para o fracasso da ópera foi agravada pela distribuição, à entrada do teatro, de um "programme du spectacle" que fazia da ação uma sinopse satírica (embora nunca se tivesse podido comprová-lo, Mary Garden afirma categoricamente, em suas memórias, que o próprio Maeterlinck foi o autor do texto, não hesitando em desmoralizar a sua peça para sabotar a estréia).

A maior parte do público, vinda para sabotar o acontecimento, ria, vaiava, assobiava, fazia piadas.

Diz Messager:

> O *petit père* da cena entre Golaud e seu filho Yniold desencadeava tempestades de risos e brados de indignação. À minha direita, na primeira fila, uma senhora gorda, que pertencia indiretamente ao mundo do teatro e vinha sempre aos ensaios gerais, onde se destacava por sua feiura e sua má vontade, fazia-se notar por seus protestos indignados e seus gritinhos de galinha d'água assustada. Vejo-a ainda, retorcendo-se em sua poltrona, como um batel na tempestade, erguendo os bracinhos gorduchos e gritando: "Oh!... *petit père*... *petit père*... é de morrer de rir!... chega...chega!".

Mas a elite intelectual presente – músicos como Charles Bordes, Dukas ou André Caplet, poetas como Régnier, Louÿs, Valéry ou Paul Toulet – reconheceu estar diante de um fato de importância histórica. Essa minoria, através de declarações e artigos publicados nos jornais, preparou fervorosamente o público para o que ia assistir. Com isso, a acolhida à estréia, em 30 de abril, sem ser entusiástica, foi bem mais respeitosa. A curiosidade e as resenhas favoráveis fizeram com que, nas récitas subseqüentes, a platéia fosse aumentando. Numa carta de 21 de maio a Messager – que, depois da estréia, tivera de ir cumprir compromissos em Londres, onde era o titular do Covent Garden, deixando Henri Busser em seu lugar –, Debussy conta que, na sétima récita, o teatro lotou. E em 9 de junho, alegra-se ao relatar que a bilheteria rendera 7 400 francos, soma considerável para a época. Isso não impediu que o público, embora continuasse afluindo ao teatro, reagisse com perplexidade – o que acontece, ainda hoje, com muitos "opera freaks" curtidos numa dieta de ópera romântica italiana, e que agem com estranheza diante do drama lírico de Debussy.

Escreve René Leibowitz em *Les Fantômes de l'Opéra*:

> Não se pode dizer que a estréia do *Pelléas* tenha sido um fracasso, como foi o caso da *Carmen*, da *Traviata* e da *Bohème*, para só citar algumas óperas que, desde então, alinharam-se entre as mais tocadas do repertório. [...] O caso do *Pelléas* é totalmente diferente. O escândalo do início foi, sobretudo, o resultado da confrontação aguda entre partidários e adversários; e mesmo que seja possível dizer que estes últimos estavam em maioria, deve-se acrescentar também que foram os primeiros que conseguiram impor a obra, de modo a que ela pudesse cumprir "tranqüilamente" o número de representações originalmente previsto pela direção do Opéra-Comique. Desde então, o destino da ópera de Debussy parece decidido: foi aceita de uma vez por todas; constitui (pelo menos teoricamente) um elemento permanente dentro do repertório, e mesmo quem não a aprecia muito, raramente ousa declarar abertamente a sua falta de entusiasmo."

Continua Leibowitz:

Por outro lado, *Pelléas* ainda não é, e nunca foi, o que se chama de "uma ópera de sucesso", e sua permanência no repertório é mais virtual, ou latente, do que real. Hoje em dia, é mais representada do que antes; mas ainda é preciso fazer um esforço para que se imponha ao público. Paradoxalmente, desde o fim da II Guerra, *Pelléas* foi gravada uma meia dúzia de vezes, o que é uma espécie de recorde, fazendo-a rivalizar, nesse campo, com as óperas mais "populares".

Escritas em 1972, as palavras de René Leibowitz correspondem, ainda hoje, à realidade. Para uma ópera que ainda desnorteia tanto o espectador, *Pelléas et Mélisande* tem uma variada carreira em discos. São os seguintes os registros comerciais existentes:

Roger Desormière (EMI, 1941), Irène Joachim/ Jacques Janssen;
Ernest Ansermet (Decca, 1952), Suzanne Danco/Pierre Mollet;
Jean Fournet (Philips, 1953), Janine Micheau/ Camille Mauranne;
Herbert von Karajan (Cetra, 1954), Elisabeth Schwarzkopf/Ernst Häfliger;
André Cluytens (EMI, 1956), Victoria de los Angeles/Janssen;
Désiré Ingelbrecht (Barclay/Montaigne, 1962), Micheline Granchet/ Janssen;
Ingelbrecht (ORTF, 1963), Granchet/Mauranne;
Ansermet (Decca, 1964), Erna Spoorenberg/ Mauranne;
Pierre Boulez (CBS, 1969), Elisabeth Söderström/ George Shirley;
Lorin Maazel (GOP, 1969), Jeannette Pilou/ Henri Guy;
Rafael Kubelík (Orfeo, 1971), Helen Donath/ Nicolai Gedda;
Serge Baudo (Eurodisc, 1978), Michèle Command/Claude Dormoy;
Von Karajan (EMI, 1978), Frederica von Stade/ Richard Stilwell;
Armin Jordan (Erato, 1979), Rachel Yakar/Eric Tappy;
John Carewe (Harmonia Mundi, 1988), Eliane Manchet/Malcolm Walker;
Charles Dutoit (Decca, 1990), Colette Alliot-Lugaz/Didier Henry;
Claudio Abbado (DG, 1992), Maria Ewing/ François Le Roux;
Jean-Claude Casadesus (Naxos, 1996), Mireille Delunsch/Gérard Théruel.

Além disso, nos arquivos da ORTF há a gravação de nove transmissões da Radio France, feitas entre 1952 e 1973. Existe um precioso reprocessamento de "Mes longs cheveux descendent", em que Mary Garden é acompanhada ao piano pelo próprio Debussy; essa antiguidade de 1904 foi reprensada em 1988 pela EMI. Maazel rege também a versão ao vivo com A. Martino/T. Rovetta, do selo Great Opera Performances (1963).

Em vídeo, a TV a cabo já exibiu no Brasil a belíssima montagem de Louis Erlo para a Ópera de Lion (1985), regida por John Eliot Gardiner. O encenador ambienta a ópera na época em que foi composta, o que faz com que ela reflita o universo físico e mental de Debussy e Maeterlinck. E em 1994, foi lançado em videodisco o espetáculo regido por Boulez na Welsh National Opera.

A célebre conversa que Debussy teve, em outubro de 1889, com Ernest Guiraud, sobre a arte lírica – presenciada por Maurice Emmanuel, que a transcreveu e, mais tarde, a publicou em seu *Pelléas et Mélisande* – contém elementos fundamentais para que compreendamos a relação do compositor com o pensamento e a sensibilidade simbolistas, bem como o que se propôs realizar na única ópera que chegou a terminar. Lendo a transcrição dessa conversa, percebe-se por que a peça de Maeterlinck lhe pareceu corresponder tão perfeitamente ao que andava buscando. Vale a pena citá-la integralmente:

Declarou Debussy a seu mestre Guiraud:

Entre Wagner e Mozart a diferença é quase exterior à música. E é aí que reside a novidade: Wagner tende a aproximar-se da palavra falada ou, melhor dizendo, pretende aproximar-se dela ao tratar a voz muito *vocalmente*. Tem uma maneira de declamar que não é nem o recitativo à italiana nem a ária lírica: acrescenta as palavras a uma sinfonia contínua, subordinando ao mesmo tempo essa sinfonia às palavras. Não o suficiente, entretanto. Suas obras só realizam parcialmente os princípios, por ele declarados, da necessidade dessa subordinação; faltou-lhe audácia para aplicá-los. Tem demasiada precisão e minúcia; não deixa espaço algum para o subentendido. É muito comovente, mas é muito compacto. E *canta-se* com demasiada freqüência. Deve-se cantar apenas em alguns pontos...

– Donde se segue, interrompe Guiraud, que o senhor é um wagneriano liberal?

– Não me sinto tentado a imitar o que admiro em Wagner. Concebo uma forma dramática diferente: nela, a música começaria onde a palavra é impotente para se expressar. A música é feita para o inexprimível. Gostaria que ela parecesse sair da sombra e, em alguns instantes, para ela voltasse, e que a sua presença sempre fosse discreta.

– Que poeta, pergunta Guiraud, poderá lhe fornecer um poema?

– Aquele que, dizendo as coisas pela metade, me permitirá fundir o meu sonho com o seu; que conceberá personagens cuja história e localização serão intemporais e universais; que não me imporá despoticamente *a cena por fazer* e me deixará livre, aqui e ali, para ser mais artista do que ele e complementar sua obra. Mas que ele nada tema. Não repetirei os erros do teatro lírico, em que a música predomina insolentemente, em que a poesia é relegada a um segundo plano, sufocada por roupagens musicais demasiado pesadas: no teatro lírico, *canta-se* demais. Deve-se *cantar* quando valer a pena e poupar os acentos patéticos. Deve haver diferenças na energia da expressão. É necessário, em alguns pontos, pintar camafeus e contentar-se com os meios-tons. Nada deve retardar a marcha do drama: qualquer desenvolvimento musical não-exigido pelas palavras é um erro. Sem contar que um desenvolvimento musical, por menos prolongado que seja, é incapaz de competir com a mobilidade das palavras. Sonho com poemas que não me condenem a perpetrar atos longos e pesados, que me forneçam cenas móveis, em lugares e com caráter diversificados; em que as personagens não discutam, mas submetam-se à vida e ao destino.

Em cada ponto desse texto está patente a conflituosa atração de Debussy pelos dramas líricos de Wagner, com seus "atos longos e pesados"; sobretudo no que se refere ao uso da orquestra como a portadora essencial da emoção, e a uma estrutura que elimina a divisão em números e cria um tecido musical contínuo através do arioso permanente e de interlúdios que unam uma cena à outra.

Mas quando Debussy começa a trabalhar no *Pelléas*, se essa influência se manifesta, é de forma negativa, no cuidado com que evita escrever *à la manière de Wagner*.

Escreve a Chausson, em 6 de setembro de 1892, referindo-se à cena do ato IV em que Pelléas e Mélisande confessam um ao outro seu amor:

> Cantei vitória cedo demais. Depois de uma noite em claro, daquelas que são boas conselheiras, tive de confessar a mim mesmo que não era nada daquilo. Ficou parecendo com o dueto do sr. Fulano, ou seja lá quem for. E o fantasma de Klingsor, aliás R. Wagner, ficava aparecendo por trás de cada compasso. Por isso, rasguei tudo e saí à cata de uma quimicazinha de frases mais pessoais [...]: fui procurar a música por trás de todos os véus que ela acumula, até mesmo para os seus devotos mais ardentes. [...] Usei, espontaneamente, aliás, de um meio que me parece bem raro, isto é, *do silêncio* (não ria) *como meio de expressão*.

O que é a afirmação de um princípio anti-retórico muito caro aos simbolistas e que se situa no extremo oposto ao da expressão ultra-enfática das emoções que há em Wagner.

Compare-se, por exemplo, o dueto de amor do ato II do *Tristão* – modelo ditatorialmente seguido por tantos operistas dessa fase – com a cena do ato IV mencionada na carta a Chausson. Enquanto Wagner desencadeia um dos mais tórridos vendavais orquestrais jamais escritos, para descrever a paixão em termos que beiram o surto psicótico, Debussy opta pela mais total discrição, o pudor absoluto. A conversa entre os amantes é velada, a meias palavras, e a confissão amorosa passa quase despercebida. Quando Pelléas diz a Mélisande: "Não sabes por que é necessário que eu me afaste? Não sabes que é porque eu te amo?", ela se limita a responder baixinho: "Eu te amo também". Os caminhos escolhidos por ambos os artistas para expressar o mesmo sentimento – de um lado os gritos histéricos "Tristan! Isolde! Geliebter!", do outro a contenção total – definem claramente a essência oposta de sua dramaturgia: o desejo simbolista de sugerir apenas, reagindo à exacerbação emotiva do período precedente.

O tema pré-rafaelita do silêncio como a forma privilegiada de confessar o amor – constante em Rossetti – é, de resto, uma das pedras de toque da dramaturgia de Maeterlinck no *Pelléas*: está presente não só na forma discreta como os amantes se declaram, mas em tudo aquilo que deixa de ser dito (Golaud escreve a seu irmão, sobre a jovem esposa: "Não sei sua idade, nem quem ela é, nem de onde vem e nem ouso interrogá-la..."). E é de impressionante efeito dramático, quando Mélisande agoniza, no ato V, a entrada das "servas do castelo, que se alinham em silêncio contra a parede e esperam". No final da peça, há uma porção de perguntas que ficarão para sempre sem resposta.

A influência de Wagner, contudo, continua a existir em certos procedimentos harmônicos, no uso de temas recorrentes e na exclusão de todos os elementos de escrita que sejam puramente decorativos. William Austin afirma que só um compositor perfeitamente familiarizado com o famoso primeiro acorde dissonante do Prelúdio ao ato I do *Tristão* poderia ter escrito o início do *Après-midi d'un Faune*. Essa mesma observação é válida para diversos trechos do *Pelléas* em que comparecem alguns típicos maneirismos wagnerianos: os finais bruscos de ato, por exemplo – e nesse sentido, a coda do ato I contém uma clara reminiscência dos últimos compassos do ato I da *Valquíria*.

Mas como acontecia com os compositores anteriores a 1880, esta é uma influência que só se exerce a nível técnico, e só se revela a um atento exame da partitura, pois, do ponto de vista de suas sonoridades, a música de Debussy é inconfundivelmente pessoal, sem absolutamente nada que lembre a de Wagner – excetuados trechos como o acima mencionado, que são minoritários –, ao contrário do que acontecia com *Le Roi Arthus, Fervaal* ou *Gwendoline*.

Essa capacidade de metabolizar as aquisições externas, integrando-as perfeitamente à sua própria linguagem, vale também para todos os outros elementos que concorreram na formação do estilo de Claude-Achille Debussy:

– O melodismo de Massenet, preponderante em obras de juventude como *L'Enfant Prodigue*, e que deixa ainda suas marcas no sentimentalismo de Arkël. O velho rei pressente a tragédia iminente sem nada poder fazer para impedi-la. O fato de ele ser uma personagem de um outro tempo dá significado especial à permanência, dentro do *Pelléas*, de um estilo melódico típico de seus primórdios como compositor.

– A música russa: em canções anteriores a 1884, já aparecem traços característicos da escrita de Borodin: seqüências de acordes de terças e nonas, sugestões do modalismo litúrgico eslavo. Debussy entrara em contato com ele, na Rússia, durante sua viagem de 1897. Nos restaurantes de Moscou, ouvira muita música cigana. Em 1889, seguiu atentamente os concertos regidos por Rímski-Kórsakov na Exposição Universal. E durante as férias de 1893, passadas com Chausson em Lugano, estudou em suas minúcias a partitura do *Borís Godunóv*, que Saint-Saëns trouxera de Moscou em 1874, e que eles tinham conseguido emprestada através de Jules de Brayer, redator da *Revue Wagnérienne*. Depois do arioso permanente do *Ouro do Reno*, o recitativo melódico de Dargomýjski e Mússorgski, moldado sobre o ritmo natural da prosódia russa, é a influência mais importante sobre o estilo debussysta de declamação, a ponto de Charles Bordes ter dito que *"Pelléas* é neto de *Borís"*. A admiração por Mússorgski vai ao ponto de Debussy citar, no interlúdio entre as duas primeiras cenas do ato I, um desenho rítmico que se ouve, no *Borís*, ao iniciar-se o quadro passado na cela do monge Pímen. Mas, uma vez mais, a "prova do ouvido" demonstra que, entre esses dois compositores, há apenas uma semelhança de ideal estético e não de idioma musical.

– A música oriental: durante a Exposição Universal, Debussy ficou fascinado com o *gamelang*, a orquestra folclórica javanesa, de instrumentos de corda, madeira e percussão, que lhe abriu a possibilidade de exploração da escala pentatônica, das combinações de efeitos percussivos exóticos e dos ritmos mais fluidos e irregulares do Oriente.

– A obra de Erik Satie (1866-1925): ele conhecera no Conservatório, em 1879, o excêntrico compositor dos *Embryons Desséchés* ou das *Pièces en Forme de Poire*, cujo verdadeiro nome era Alfred Eric Leslie. As seqüências de acordes de nona das *Sarabandes*, os ritmos irregulares e as cadeias de acordes de quarta das *Gymnopédies*, a escrita das *Gnossiennes* (de que Debussy orquestrou as de nº 1 e 3), nas quais Satie elimina as barras de divisão de compasso para dar à música mais fluidez, deixaram marcas nas composições do início de sua carreira. E Claude-Achille impressionava-se muito com a recusa das convenções, a iconoclastia, o ascetismo estético de Satie, de quem, com freqüência, citava a frase: "A orquestra não deve fazer caretas quando uma personagem entra em cena. Por acaso as árvores do cenário fazem essas caretas?" Comentário revolucionário numa fase de idolatria do sinfonismo wagneriano, que consideraria escandaloso e sacrílego comparar o acompanhamento orquestral a um mero pano de fundo.

Dissolvidas e assimiladas as influências, encontrada a forma de integrá-las a um discurso que é dos mais pessoais em toda a História da Música, *Pelléas et Mélisande* surge, porém, como uma ópera francesa por excelência, um monumento a toda a tradição lírica gaulesa, cujas características, ao contrário do que possa parecer, ela não renega. Na verdade as moderniza, sintetiza-as e organiza-as de uma maneira extremamente clara:

i. Em primeiro lugar, a preocupação com a declamação clara e espontânea do texto, um traço que remonta a Lully e a Rameau e que, na França, é diretamente herdado do ideal do *recitar cantando* da Escola Florentina. O texto em prosa de Maeterlinck foi musicado diretamente, quase sem modificações. Debussy cortou apenas as cenas I,1; II,4: III,1 e V,1 e eliminou, ou acrescentou, uma palavra aqui, outra ali. Em termos dramáticos, resguardadas as diferenças pessoais, é um trabalho comparável ao de Mússorgski com *O Casamento* (1864), de Nikolai Gógol; ao de Mascagni com o *Guglielmo Ratcliff* (1895), de Heinrich Heine; ao de Richard Strauss com a *Salomé* (1905), de Oscar Wilde; ou ao de Alban Berg com o *Wozzeck* (1925), de Georg Büchner – esta é a fase em que os compositores, recorrendo diretamente a um texto teatral de elevada qualidade literária, têm interesse em construir sua declamação de uma forma que preserve a compreensão das palavras.

A maior parte do tempo, a música do *Pelléas* é o que Donald Jay Grout chama de "um véu iridescente que cobre o texto: o fundo orquestral é indistinto, evanescente, quase a sugestão de um som mais do que o próprio som" – de novo uma forma de descrever a partitura que a vincula a uma característica fundamental da poesia simbolista. Essa discrição do comentário orquestral dá à linha vocal a liberdade de aderir completamente às inflexões da fala. O ritmo das frases é totalmente independente das divisões de compasso e não está mais articulado, como na ópera tradicional, à pulsação da orquestra: uma flui sem submissão alguma à outra, o que exige do intérprete uma segurança muito grande na emissão do texto, já que não pode contar com a orquestra para lhe fornecer pontos de referência rítmicos.

A extensão do registro dos cantores é limitada, sem exigir extremos de agudo ou grave, para não interferir na naturalidade dessa emissão, que deve ter um tom de conversa. A orquestra, ao acompanhar o canto, nunca se eleva em fortíssimos que exijam do cantor maior volume vocal, para não comprometer a espontaneidade do diálogo. Os intervalos são breves e, com freqüência, as palavras são salmodiadas sobre uma única nota. Para sentir o quanto essa é uma característica tipicamente francesa, basta comparar a linha de canto da *mélodie*, a canção sobre texto poético, à do *lied* alemão ou à da *art-song* inglesa; ou os recitativos operísticos de Lully e Rameau aos de Cavalli ou Haendel; e os de Berlioz ou Bizet aos ariosos de Wagner ou do Verdi maduro.

ii. A tendência a concentrar o interesse musical fora das cenas cantadas, isto é, nas pausas da ação, em que se pode fruir a música sem a preocupação de estar atento ao desenvolvimento do drama. Nos séculos XVII e XVIII, essa função era desempenhada pelos *divertissements* e pelas sinfonias descritivas, musicalmente muito elaborados, enquanto a parte teatral era conduzida num estilo de arioso sóbrio, com acompanhamento orquestral também bastante contido. No século XIX, embora os românticos tenham dado desenvolvimento luxurioso à parte vocal, esse papel continuou, de certa maneira, a incumbir aos obrigatórios balés. No *Pelléas* – uma das raras óperas francesas em que *não há* balé –, esse papel cabe aos interlúdios, únicos momentos em que a orquestra desdobra efetivamente todos os seus recursos sonoros. Além de formarem a trama contínua que assegura a cada ato a sua unidade estrutural e tonal, esses interlúdios têm também a função dramática de resumir o que aconteceu e de preparar o espectador para o que se passará em seguida.

iii. A preferência por ações dramáticas objetivas, comedidas, verossímeis, fugindo tanto do passionalismo italiano quanto da tendência alemã à especulação metafísica ou ao culto do sobrenatural. Essa característica, comum a todas as fases da ópera francesa, acentua-se no período simbolista, que recusa os grandes efeitos retóricos, marca registrada do Romantismo. O *Pelléas* de Maeterlinck, com sua ambientação vaga – o reino fictício de Allemonde, palavra formada pelo alemão *alle*, "todo", e o francês *monde*, "mundo", é um lugar qualquer, universal – e com suas personagens de identificação imprecisa, correspondia muito bem ao desejo de Debussy de encontrar uma forma de expressão equilibrada, alusiva, sem excessos. E a música oferece-nos o exatíssimo equivalente sonoro para o tipo de narrativa do dramaturgo.

Durante as cenas cantadas, como já foi dito, a orquestra raramente é usada em bloco: os instrumentos aparecem muito em solo ou em pequenas combinações camerísticas. São evitados os instrumentos dobrados; as cordas tocam, a maior parte do tempo, em surdina e divididas; os metais são usados com extrema parcimônia e os naipes instrumentais são sempre escritos na região onde possam soar menos forçados. A sistemática recusa da ênfase faz com que, *em toda a partitura*, haja apenas *quatro* fortissimos.

Eis alguns exemplos da sutileza com que é usado o comentário orquestral. Na cena em que Mélisande perde o anel na fonte, à borda da qual está sentada, essa queda é sugerida por um glissando da harpa solista acompanhada em *pianissimo* por uma nota sustentada dos violinos. No começo da terceira cena do ato I, o oboé solista toca o tema de Mélisande, enquanto duas flautas no registro grave, uma trompa em surdina e a metade dos violoncelos mantêm a harmonia; ao mesmo tempo, os violinos e as violas, divididos em seis partes e sincopados para não encobrir o oboé, emolduram o conjunto com um tema em contraponto.

Efeitos assim, de rendilhado sonoro, criam uma partitura com texturas de extrema clareza e de uma contida elegância, no extremo oposto ao do hipertrofiado sinfonismo póswagneriano de contemporâneos como Gustav Mahler, Richard Strauss ou Paul Dukas. Aliás, foi Strauss quem, depois de assistir a uma apresentação do *Pelléas*, disse ter tido a impressão de estar vendo um ensaio, em que os cantores marcavam o texto em vez de cantar (se compararmos o estilo do *Pelléas* ao da *Salomé*, é fácil compreender a perplexidade do compositor alemão).

No sentido da economia de recursos, da sobriedade em retratar os estados de ânimo, o texto de Maeterlinck e a música de Debussy aderem um à outra com perfeição. Assim como a ação da peça se situa em um espaço e tempo indefinidos, a música também move-se fora do sistema de composição até então conhecido. Maeterlinck dá as costas aos princípios tradicionais de definição de lugar, tempo e caracterização biográfica das personagens. Ninguém sabe de onde veio Mélisande e que experiências traumáticas são as que diz ter tido antes.

Em outra peça de Maeterlinck, *Ariane et Barbe Bleue*, musicada por Dukas, de que falaremos mais adiante, viremos a saber que ela foi, no passado, uma das mulheres encerradas por Barba-Azul em seu calabouço. Embora isso seja apenas uma curiosidade, de forma alguma indispensável para a compreensão do *Pelléas*, dispor dessa informação dá certo sentido a alguns detalhes da ação. O desejo de Mélisande, no ato I, de perder a coroa, que provavelmente lhe foi dada por Barba Azul, pode simbolizar a vontade de esquecer um passado traumatizante. Ao mesmo tempo, a desastrada união com Golaud – que tem traços físicos e de caráter que o aparentam a seu predecessor – pode corresponder a um movimento duplo de atração e repulsa.

Debussy também rejeita a tradição operística ao escrever uma espécie de "anti-ópera" em que os cantores não têm nenhuma grande oportunidade virtuosística de cantar, e devem ser muito mais atores do que artistas de belcanto. Uma "antiópera" em que os "acontecimentos" musicais realmente importantes ocorrem fora das cenas cantadas. Por outro lado, entretanto, o vínculo com a tradição não é totalmente rompido, porque essa ação nebulosa e indefinida situa-se num quadro de cenários objetivamente descritos, de relações familiares convencionais, com seres humanos que, apesar de todo o mistério que os envolve, são reais e exprimem sentimentos verdadeiros e, num certo sentido, até operisticamente "convencionais": amor, ciúme, violência, dor e compaixão.

Vincent d'Indy foi o primeiro a percebê-lo ao afirmar, num artigo escrito em junho de 1902 para o jornal belga *L'Orient*: "O compositor simplesmente sentiu e exprimiu sentimentos humanos e sofrimentos humanos em termos humanos, apesar da aparência externa de que as personagens vivam num sonho misterioso". Dessa forma, portanto, realismo e irrealidade equilibram-se de uma forma extremamente inovadora.

Cartaz de G. Rochegrosse para a primeira apresentação de *Pelléas et Mélisande* no Opéra, em 1902.

Cenário de Henry Moore para uma apresentação do *Pelléas et Mélisande*, de Debussy, no Festival de Spoletto.

As liberdades tomadas em relação às mais sólidas tradições operísticas revelam-se, sobretudo, na ambigüidade da escolha das tessituras vocais. Pelléas é escrito em clave de sol, o que indicaria um papel para tenor (é o caso de George Shirley na versão Boulez, Ernst Häfliger na Von Karajan ao vivo, ou Eric Tappy na Armin Jordan); mas as notas graves muito freqüentes fazem com que deva ser cantado por um barítono agudo. É, de resto, um papel típico para o que a escola francesa de canto chama de "barítono Martin", em homenagem a Jean-Blaise Martin (1768-1837), que tinha um timbre muito claro e uma extensão de dó a lá. Jacques Jansen, o Pelléas de Desormière e Cluytens, e Camille Mauranne, que o fez com Fournet, Ingelbrecht e Ansermet, tinham esse tipo de voz, hoje um tanto rara. Richard Stilwell não é um autêntico Martin mas, no álbum com Von Karajan, consegue aproximar-se bem do colorido que ela exige.

Mélisande é basicamente um soprano lírico, mas há exigências típicas de lírico *spinto* em certos trechos. O papel, em disco, demonstra poder ser cantado por um típico soprano lírico (Irène Joachim/Desormières), um soprano dramático (Elisabeth Söderström/Boulez), e até um meio-soprano agudo (Frederica von Stade/Von Karajan ou Maria Ewing/Abbado). Golaud é um barítono, mas pode também ser feito por um baixo cantante como Donald McIntyre (Boulez) ou José van Dam (Von Karajan e o vídeo de Lyon).

Em todo caso, nenhum dos intérpretes deve usar sua voz de forma estentórea, pois isso haveria de contradizer o caráter intimista da linha de canto. Pelléas, por exemplo, situa-se, em termos de extensão, dentro da área coberta pela voz do *Heldentenor*, o tenor heróico wagneriano; mas um cantor assim aparelhado, como Jon Vickers ou Peter Hoffmann, seria totalmente inadequado para o papel. Para interpretar a ópera convenientemente, em suma – e essa é uma qualidade que se requer também de quem faz o repertório barroco francês do século XVII –, os cantores têm de pensar muito mais em termos de representação teatral do que de execução operística propriamente dita.

Um outro aspecto em que o *Pelléas* foge à tradição: Debussy não se preocupa em estabelecer diferenças entre as personagens através de seus estilos de canto, como era prática comum no século XIX. Os mesmos procedimentos servem, indiscriminadamente, para todas as personagens. Em sua *L'Histoire de l'Opéra*, Leibowitz mostra como, no início do ato V – quando Arkël, Golaud e o médico assistem à agonia de Mélisande –, os três exprimem-se de forma muito parecida (decerto porque estão experimentando o mesmo sentimento de dor). Para frases como "Un oiseau n'en serait pas mort", do médico; "On dirait que son âme a froid pour toujours", de Arkël; ou "J'ai tué sans raison", de Golaud, um músico do final do século XIX teria procurado soluções melódicas e harmônicas contrastantes, que individualizassem os sentimentos dos três homens. Debussy, porém, usa moldes idênticos, como se fizesse questão de "desconstruir" o vocabulário lírico edificado desde a arte clássica.

Outro sinal desse afastamento da tradição é a ausência de cenas de conjunto que, de resto, tinham começado a cair em desuso desde 1890, com o Verismo. No *Pelléas* não há duetos, no sentido tradicional do termo, e sim diálogos em que as vozes se alternam, como no teatro falado, levando às últimas conseqüências o que já fora experimentado, na Rússia, pelo Dargomýjski do *Convidado de Pedra* ou o Mússorgski do *Casamento*. Um dos raríssimos momentos em que as vozes de Pelléas e Mélisande se juntam é no final da cena do ato IV em que são surpreendidos por Golaud; mas o uníssono sobre a palavra *toute* não tem cadência e dura apenas dois compassos.

Debussy elimina, além disso, quase todas as repetições de palavras, muito freqüentes no texto de Maeterlinck, para fugir a um clichê da escrita operística tradicional. É justamente essa sobriedade que permite ao discurso musical assumir uma vida e uma variedade extraordinárias. Mas sobriedade, evidentemente, não implica ausência de emoção nem de tensão dramática.

A declaração de amor do ato IV é um exemplo acabado da arte de criar um clima tenso através da forma reprimida como os sentimentos se expressam. E a cena 4 do ato III, em que Golaud faz Yniold, o filho que teve de seu primeiro casamento, espionar a mulher e o irmão olhando-os pela janela, sugere, de maneira insuportável, o terror do menino em ver-se assim exposto a um perigo que nem sequer compreende, e o desespero masoquista do adulto que se atormenta com o que acredita ser a prova da traição. O efeito é tão forte que, para a estréia, o Inspetor dos Teatros, Henri Roujon, chocado com a cena, exigiu que fossem feitos nela diversos cortes, depois reincorporados à partitura.

Até mesmo no plano melódico há momentos em que essa sobriedade cede lugar a breves expansões líricas, confirmando o comentário de Romain Rolland, em seu romance *Jean Christophe*, de que "às vezes o Massenet que dormita no coração de cada francês desperta e derrama o seu lirismo". É o caso da cena em que Mélisande, soltando os cabelos, deixa-os cair como uma cascata dourada sobre o rosto de Pelléas, um instante de sutil sensualidade. E é particularmente verdade em relação a Arkël, que a idade e a doença tornam mais vulnerável e propenso ao sentimentalismo.

Cada vez que o velho rei exprime o carinho e a compaixão que sente por Mélisande, ou sua impotência diante da tragédia que se avizinha, as melodias que emprega mostram nitidamente que, apesar de suas inovações, Debussy não deixa também de estar inserido numa linhagem de melodismo francês que remonta a Massenet, Bizet e Gounod.

A extrema singularidade de *Pelléas et Mélisande* – que fez com que René Leibowitz a chamasse de "o *no man's land* da arte lírica", a "terra de ninguém" onde nenhum outro compositor aventurou-se depois de Claude-Achille – talvez explique a incapacidade do próprio Debussy de escrever outra ópera depois dela. Não que tivesse deixado de tentar. Diversos projetos passearam por sua escrivaninha nos anos seguintes:

*Les Uns et les Autres*, inspirada em poemas de *Jadis et Naguère*, de Paul Verlaine;
*Le Chevalier d'Or*, pantomima rosa-cruz de uma certa Mme Forain;
*La Tentation de Saint-Antoine*, baseada no conto de Gustave Flaubert;
*La Fille de Pasiphæ*, libreto original do conde Balbiani;
e diversos roteiros que lhe foram propostos por seu amigo, o poeta Pierre Louÿs – *Cendrelune, Le Voyage de Pausole, Aphrodite* e *Daphnis et Khloé*.

Mas Debussy não conseguiu decidir-se por nenhum deles. Os dois libretos que o ocuparam por mais tempo, ambos extraídos de contos de seu bem-amado Edgar Allan Poe, foram *Le Diable dans le Beffroi* (O Diabo no Campanário), de que ficou apenas um caderno de esboços, e *La Chute de la Maison Usher* (A Queda da Casa de Usher), que ficou inacabada.

Desta última, houve duas tentativas de edição. A de Juan Allende-Blin (1976), transmitida pela Hessischer Rundfunk, a rádio de Frankfurt, em dezembro de 1977, sob a regência de Eliahu Inbal, foi encenada na Ópera de Berlim, em 5 de outubro de 1979, conduzida por Jesús López-Cobos, e publicada em 1979 pelas Éditions Jaubert. A segunda, de Carolyn Abbate e Robert Kyr, foi montada em 25 de fevereiro de 1977 no Jonathan Edward College, da Universidade de Yale, sob a regência de William Harwood; dela, existe um registro em disco.

Em *Debussy e Poe*, Arthur Rosenblatt Nestróvsky explica por que as duas foram unanimemente mal recebidas pelo público e pela crítica:

> Ambas incorrem no mesmo erro de tomar rascunhos por esboços finais; isto é, ambas reproduzem os fragmentos de Debussy como realizações mais ou menos completas de porções da obra, prontas para serem orquestradas quando, na verdade, a maioria deles parece lembretes ou memorandos musicais, anotações breves apenas para manter o compositor na trilha certa. É extremamente improvável que um compositor tão cuidadoso e consciente dos movimentos de cena quanto Debussy pudesse ter dedicado não mais do que seis compassos – em tempo rápido e marcados *accellerando* – para a morte do irmão, a fuga do amigo, a aparição da lua e a queda da casa de Usher!

Numa carta a um amigo, o próprio Debussy perguntara: "O que é possível escrever, depois do *Pelléas*?" Esta ópera representa, então, uma espécie de conclusão artística que esgota todas as possibilidades de evolução futura? De um ponto de vista global ela, de fato, permanece como um insólito monumento isolado e irrepetível. Mas não podemos deixar de registrar o impacto enorme de Debussy sobre seus contemporâneos.

No capítulo sobre os compositores menos conhecidos da passagem do século, já nos referimos a essa influência sobre obras fundamentais como *Le Coeur du Moulin*. Mais adiante, veremos como ela se reflete em Dukas, Ravel, Roussel, Ibert e, principalmente, em *Les Dialogues des Carmélites*, de Francis Poulenc.

Fora da França, em maior ou menor grau, *Pelléas et Mélisande* deixa a sua marca em óperas tão diferentes quanto *Die ferne Klang* (O Som Distante), de Franz Schreker; *La Vida Breve*, de Manuel de Falla; *A Village Romeo and Juliet*, de Frederick Delius; *Hugh the Drover*, de Ralph Vaughan Williams; *Rei Rogério*, de Karol Szymanowski; *Eros e Psiquê*, de Ludomir Różicky; ou *Cyrano de Bergerac*, de Franco Alfano.

E em anos recentes, ainda que suas sonoridades em nada se assemelhem às do *Pelléas*, óperas como o *Montségur*, de Marcel Landowski; as duas *Les Liaisons Dangereuses*, a do francês Claude Prey e a do americano Conrad Susa, ambas extraídas do romance de Choderlos de Laclos; ou *La Celestina*, que Maurice Ohana tirou da clássica peça espanhola de Fernando Rojas, têm seu débito para com o estilo debussysta de declamação, de orquestração ou de continuidade musical obtida através de interlúdios.

# Paul Dukas

Foi ao assistir, em 1899, à peça *Ariane et Barbe Bleue*, de Maurice Maeterlinck, que Dukas (1865-1935) identificou nela o tema para uma ópera, pelo qual vinha há tempos procurando. Já fizera, antes, duas tentativas de escrever para o teatro. De *Horn et Rimenhild* (1892), sobre seu próprio libreto, chegou a escrever apenas o primeiro ato, que destruiu por estar insatisfeito com a música; e abandonou *L'Arbre de Science* (1899), ao decidir-se pela peça de Maeterlinck. Na época em que deu início a esse trabalho, já era o autor de algumas das peças a que deve, hoje, sua fama internacional: a música de cena para o *Polyeucte* de Corneille (1892), a *Sinfonia em Dó Maior* (1897) e o poema sinfônico *O Aprendiz de Feiticeiro* (1897), popularizado por Walt Disney em seu desenho animado *Fantasia*.

O processo de composição foi longo (1899-1907), laborioso e interrompido duas vezes pela elaboração de peças para teclado dedicadas ao pianista Edmond Risler, e que estão entre suas melhores produções: a *Sonata em Si Bemol Maior* (1900) e as *Variações, Interlúdio e Final sobre um Tema de Rameau* (1903). Estreada finalmente no Théâtre de l'Opéra-Comique, em 10 de maio de 1907, *Ariadne e Barba-Azul* fez um tal sucesso que valeu a Dukas o convite para ser professor no Conservatório; e, em 1910, a nomeação como Inspetor do Ensino Musical nos conservatórios de província. Para o palco, ele escreveria ainda, em 1912, o balé *La Péri*, aclamado pelos admiradores de dança ao estrear, no Théâtre du Châtelet, com Natália Trukhanova.

A partir de 1918, entretanto, entraria numa aguda crise criativa. Embora continuasse a compor, destruía progressivamente tudo o que escrevia: a *Sinfonia nº 2*, uma sonata para violino e piano, o poema sinfônico *Le Fil de la Parque*, os balés *Le Sang de la Méduse* e *Variations Choréographiques*, e sua segunda ópera, *Le Nouveau Monde*, partituras que chegaram a ficar inteiramente prontas. Dessa fase, sobraram apenas duas peças curtas de grande beleza: *La Plainte au Loin du Faune*, encomendada em 1902 para uma homenagem coletiva a Debussy; e uma canção de 1924 sobre um soneto de Ronsard, que é uma pequenina jóia. E essas duas só escaparam porque estavam em mãos de outras pessoas no momento em que ele começou a atirar ao fogo tudo o que escrevia.

As razões para essa atitude nunca ficaram bem explicadas. Dukas não era um neurastênico como Henri Duparc. Vivia muito feliz com a mulher, com quem se casara em 1919. Levava uma vida tranqüila, sem dificuldades econômicas e profissionalmente muito ativa: além de ser um respeitado professor, foi um musicólogo de alto nível, autor da edição crítica de várias obras de Beethoven, dos *Goûts Réunis* de Couperin, e dos *Ezercizi per il Clavicęmbalo* de Domenico Scarlatti. Insegurança, excesso de autocrítica talvez expliquem esse gesto destruidor, bem como a consciência de que estava sendo deixado para trás por uma vanguarda com a qual não tinha afinidades e cujo caminho não lhe interessava trilhar. A única ópera que nos legou, em todo caso, sintetiza muito bem as suas qualidades como dramaturgo.

A destruição pelo próprio Dukas, junto com suas partituras, de todas as cartas e rascunhos da fase de composição dessa ópera, dificulta que se reconstitua a sua longa gestação. Mas sabe-se que a colaboração com Maeterlinck foi tranqüila pois, mirando-se decerto no exemplo do *Pelléas*, Dukas tomou de saída a precaução de oferecer o papel título a Mlle Leblanc. Na verdade, deve ter sido isso o que encorajou Maeterlinck a transferir para ele direitos que já se comprometera a ceder ao norueguês Edvard Grieg (que, não os tendo conseguido, dedicou-se ao projeto de um *Olav Trygvasson*, sobre o poema épico de seu país, que nunca chegaria a terminar).

Georgette Leblanc era muito bonita e tinha boa presença no palco, apesar de um estilo antiquado de representação, com trejeitos e posturas de uma sensualidade estudada. Mas sua voz era apenas razoável e, a julgar pelos testemunhos da época, dificilmente teria condições de enfrentar adequadamente a pesada tessitura do papel de Ariadne. Ainda assim, cativou o público, principalmente o masculino, com suas poses provocantes – que nem tinham muito a ver com a personagem –, a ponto de, na época, ter-se formado uma espécie de "fã clube", *Les Chevaliers d'Ariane*, um grupo de jovens apaixonados que a seguia por toda parte aonde fosse, o que ajudou muito a promover a ópera.

A escolha de um texto teatral em prosa, em vez de um libreto convencional versificado, prende-se a uma convicção deliberada de Dukas. Em 1900, ao lado de escritores como Henri Bataille, Henri de Régnier ou Edmond Haraucourt, e de compositores como Ravel e Debussy, ele respondeu a uma enquete proposta pela revista Musica: "Qual é o texto ideal para ser musicado: boa poesia, má poesia, verso livre ou prosa?" Dukas foi categórico ao afirmar: "só a prosa se presta à música teatral". Na sua opinião,

poemas não podem ser musicados. Pode-se dar um acompanhamento às palavras mas, enquanto a primeira idéia sugere uma fusão, a segunda refere-se apenas a um paralelismo. [...] Poesia e música não se misturam, nunca se fundem. [...] Quanto a mim, pratico o que prego e nunca adaptei melodias a um único poema.

A canção baseada em Ronsard será a única exceção e, ainda assim, nela, as divisões das frases do texto e as suas inflexões são tratadas como se ele tivesse sido escrito em prosa.

Embora nunca tenha tido o prestígio do *Pelléas* – talvez porque seja de realização vocal muito difícil – *Ariane et Barbe Bleue* foi bastante executada entre 1910 e 1930, e teve representações periódicas nos últimos trinta anos: a versão de concerto regida por Tony Aubin (1968), que existe em discos pirata (MRF); uma celebrada montagem de Rolf Liebermann, na Ópera de Paris, na temporada de 1975-1976, com Grace Bumbry no papel título; e a encenação da Ópera de Monte Carlo, em 1984, regida por Armin Jordan, de que existe uma boa gravação comercial (Erato). Há ainda, nos arquivos da ORTF, a gravação de duas transmissões da Radio France, de 1962 e 1965.

Como Debussy, Dukas teve de fazer alguns cortes e compressões na peça de Maeterlinck. Esta conta a história do sexto casamento de Barba-Azul. Ao ser trazida para o seu castelo, Ariadne, a nova mulher, está disposta a elucidar o mistério do que aconteceu às cinco esposas anteriores. O marido dá-lhe de presente seis chaves de prata, que ela poderá usar à vontade; e uma de ouro que nunca deverá ser utilizada. Mais do que depressa, Ariadne abre as seis primeiras portas e encontra cofres com seis tipos de pedras preciosas: ametistas, safiras, pérolas, esmeraldas, rubis e diamantes – e a estes últimos celebra numa ária em que fala da paixão dos homens pela luz.

Depois, apesar das advertências de sua ama, não resiste à curiosidade e abre a sétima porta. Ouve então vozes vindo de um subterrâneo. Barba-Azul a surpreende e quer puni-la, mas é impedido pelos camponeses de sua propriedade, revoltados com a submissão em que ele os mantém. Ariadne desce ao subterrâneo, encontra e liberta as cinco mulheres que a precederam e faz com que se enfeitem com flores e jóias. Barba-Azul volta com seu regimento de mouros, mas os camponeses os derrotam e, amarrando o tirano, entregam-no às suas vítimas. Em vez de quererem libertar-se, porém, as cinco mulheres o desamarram e cobrem-no de carinhos. Depois de tentar inutilmente convencer uma a uma a ir embora, Ariadne, desorientada, parte sozinha.

Comentando o significado da peça, Dukas escreveu, no Prefácio à sua ópera:

> No fundo, ninguém quer ser realmente livre. A libertação é muito dolorosa, porque implica o desconhecido; e é por isso que o homem (e a mulher) costumam preferir a escravidão, a que já estão acostumados, à terrível incerteza que vem com o "peso da liberdade". Além disso, uma pessoa não pode libertar a outra: será melhor se ela puder libertar a si mesma. Não somente é melhor como é a única solução possível. E essas pobres mulheres o provam a Ariadne, que acredita que o mundo inteiro clama por liberdade quando, na verdade, ele está interessado é apenas em bem-estar. Depois que as liberta de seu cativeiro, Ariadne é traída por elas, que preferem o seu tirano coberto de jóias (um tirano, sob certos aspectos, até simpático), como se isso fosse a coisa mais acertada a fazer. Mas, encarada do ponto de vista de Ariadne – e esquecendo um pouco as suas colegas, que agem como marionetes –, essa recusa da liberdade assume um caráter bem patético, semelhante ao que acontece quando um ser superior, que se acredite indispensável, descobre que o seu auto-sacrifício heróico não é necessário, e que uma solução medíocre é suficiente para os medíocres.

Essa análise, já tingida de um existencialismo *avant la lettre* – e que poderia ter sido escrita a respeito do protagonista do *Guercoeur* de Magnard –, mostra terem sido os significados simbólicos da peça, aplicáveis, de forma muito ampla, a diversos contextos, o que mais atraiu Dukas. Um simbolismo que já começa na escolha do nome para a protagonista, reminiscente da lenda do labirinto de Creta: essa idealista surge como um Teseu de saias que enfrenta o perigo na tentativa de libertar as mulheres prisioneiras das garras do Minotauro/Barba-Azul. Em sua apresentação do álbum Erato, o musicólogo Harry Halbreich comenta:

> Embora Dukas tenha assinalado que, para ele, Ariadne não correspondia a nenhuma ideologia feminina, ela aparece, para nós, hoje, tanto em seu comportamento quanto em seus objetivos, como uma representante precoce do movimento de libertação das mulheres. Precoce e prematura, pois ainda não é nem compreendida nem seguida.

Foi, portanto, a complexidade simbólica da peça de Maeterlinck o que animou Dukas a transformá-la numa ópera, apesar de seus óbvios problemas: é demasiado estática e de tom muito empolado; há desequilíbrio nos papéis e excessiva uniformidade vocal. Ariadne fica em cena todo o tempo e é responsável pela maior parte das falas. É um papel massacrante, escrito para *mezzo* agudo, mas com exigências de soprano dramático (por exemplo, na ária dos diamantes), o que reduz muito o número de cantoras em condições de fazê-lo. No repertório do início do século XX, equipara-se à *Elektra*, de Richard Strauss, ou à Renata do *Anjo de Fogo*, de Prokófiev, em termos de dificuldade vocal.

Das onze personagens, sete são mulheres (uma delas é uma personagem muda); dos quatro homens, três fazem entradas episódicas; quanto a Barba-Azul, seu papel no ato I é muito pequeno, ele não aparece no II e, ao voltar à cena no III, nada tem para dizer. Mas Dukas consegue revestir esse drama desigual e prolixo com uma música que faz com que todos esses problemas passem para segundo plano – desde que se disponha, é claro, de uma soprano em condições de enfrentar o árduo papel título.

Pode-se sentir, na ópera, alguns traços da influência de Debussy, de quem Dukas era amigo pessoal: no gosto por certas seqüências de acordes deixados em suspensão; no uso da escala de tons inteiros; ou na forma de orquestrar determinadas passagens. E há uma homenagem deliberada ao *Pelléas* no ato II: a citação do tema de Mélisande, quando esta aparece. Ela é uma das mulheres mantidas presas por Barba-Azul; o tempo passado no cativeiro, em seu castelo, é a experiência traumatizante de que não quer falar, no início do *Pelléas*, quando se encontra com Golaud.

Mas, ao contrário da ópera de Debussy, a escrita vocal da *Ariane* é bastante pesada, requerendo vozes extensas. E a estrutura sinfônica está mais próxima do *Guercoeur* ou do *Roi Arthus* do que do *Pelléas*. A orquestração é extremamente elaborada: metais e percussões são muito explorados, com um brilhantismo que revela a familiaridade com os trabalhos de Rímski-Kórsakov; mas, ao mesmo tempo, preserva uma clareza, no uso individual de cada naipe, que é tipicamente francesa.

Dukas não é um melodista excepcional: são relativamente raros, em sua obra, temas envolventes como o do *Aprendiz de Feiticeiro* ou o do primeiro movimento da *Sinfonia*. Os motivos empregados na ópera são bonitos, mas tendem a diferenciar-se pouco um do outro. O que o distingue, como compositor, é a capacidade de dar a essas melodias um tratamento sinfônico eloqüente, seja pelo processo cíclico, que deriva dos ensinamentos franckistas, seja pelo sistema de repetição por intermédio de variações, inspirado no modelo da ópera russa. Percebe-se, também, na estrutura contínua e no uso de temas recorrentes, certa simpatia pelas técnicas wagnerianas, sem que se possa, por isso, situar Dukas no âmbito dos wagneritas militantes. Trata-se de influências externas bem integradas a uma linguagem pessoal, cujo traço mais marcante é o sólido senso de arquitetura musical, sobretudo no que se refere à armação e à relação entre as tonalidades.

No ensaio *On Paul Dukas and his Only Opera*, que acompanha a gravação da MRF, J. Detemmermann mostra o rigoroso arcabouço tonal sobre o qual a ópera é construída. No ato I, o Prelúdio ("Les mystères du château") e a cena inicial são em fá sustenido maior. Essa tonalidade é o ponto de partida para o longo arco formado pela seqüência da abertura das portas, que saindo do si maior (as ametistas), passa por lá sustenido maior (as safiras), dó maior (as pérolas), ré maior (as esmeraldas) e si sustenido maior (os rubis), para voltar ao fá sustenido maior com o monólogo dos diamantes e a cena final. Esses detalhes técnicos ficam restritos ao especialista, é claro; mas ao leigo de ouvido sensível não passa despercebida a organicidade da escrita.

No ato II, a descida ao subterrâneo é em mi sustenido menor, relativa da tonalidade de sol sustenido maior, ela própria enarmônica com a tonalidade de fá sustenido maior com que o ato I se encerrou, trazendo a promessa da libertação das prisioneiras. A entrada da luz no subterrâneo é descrita com uma radiosa tonalidade de dó maior; o final do ato, em que a liberdade está próxima, é em si maior, subdominante do fá sustenido maior, que se referia à mesma idéia no fim do ato I. Mas todo o ato III, em que se retorna à situação do ponto de partida, é no fá sustenido menor com que a ópera se iniciou: a submissão aceita é, portanto, representada, em menor, pela mesma tonalidade com que se simboliza, em maior, o anseio de liberdade.

Esse tipo de organização da partitura despertou grande entusiasmo em Arnold Schoenberg e Alban Berg. Quando *Ariane* foi estreada em Viena, em 1908, ambos mandaram a Dukas um telegrama muito elogioso. Se nos lembrarmos de que Berg, partindo da experiência que Franz Schreker faria, em 1912, com *Der ferne Klang* (O Som Distante) – semelhante à de Magnard na *Bérénice* –, iria também trabalhar, no *Wozzeck*, com uma estrutura de cenas construídas, cada uma delas, sobre uma determinada forma fixa instrumental, compreenderemos por que demonstrou tanto interesse por um drama concebido, em termos harmônicos, como uma arquitetura de partes inter-relacionadas.

Há momentos notáveis na partitura. A cena das portas que revelam as pedras preciosas, além da evolução tonal já demonstrada, constrói-se com seis variações sobre o mesmo tema, cada uma delas ostentando um colorido orquestral que visa a sugerir o matiz da pedra a que se refere. Neste trecho, Dukas inspira-se numa ópera que admirava muito: a *Salomé* (1905), de Richard Strauss, em que a orquestração cambiante descreve as riquezas que Herodes oferece à princesa para que ela desista de lhe pedir, em prêmio por sua dança, a cabeça de Jokanaan (a admiração, de resto, era recíproca: Strauss tinha, pela *Ariane*, estima diametralmente oposta a seu desinteresse pelo *Pelléas*; e programou-a várias vezes, nos teatros de ópera onde era regente). Essa cena antecipa igual efeito, que será usado por Béla Bartók na seqüência da abertura das portas em sua única ópera, A *Kékszakállú Herceg Vara* (O Castelo do Duque Barba-Azul, 1911), que também faz abordagem muito original da mesma história.

Logo depois do monólogo "Ô mes clairs diamants", ao abrir-se a sétima porta, Ariadne ouve, vindo das profundezas do subterrâneo, o cântico das "cinco moças de Orlamonde", sobre uma antiga melodia folclórica (Dukas a encontrara citada no segundo movimento de uma peça que lhe foi dedicada: a *Sinfonia n. 2*, de seu amigo Vincent d'Indy). Nesse cântico, as ex-mulheres de Barba-Azul contam como têm tentado inutilmente fugir da prisão. O tema começa *grave e misterioso*, secundado apenas pelas cordas e, a cada repetição um tom mais alto, ganha em brilho e intensidade, até ser acompanhado por toda a orquestra. Dukas via esse cântico como o nó focal de toda a ópera, tanto que redigiu dele mais de vinte versões diferentes, antes de chegar à que considerou definitiva.

O ponto culminante do ato II é aquele em que Ariadne, quebrando o vitral que tampa a janela do subterrâneo, inunda-o com um jorro de sol, ao som de um radioso *fortissimo* de toda a orquestra (Bartók vai inspirar-se nesse recurso, em seu *Castelo*, no momento em que Judite abre a porta que lhe permite descortinar todos os domínios do Duque). Depois de um empolgante monólogo de Ariadne embriagada pela luz – "toda a janela desaba, e as chamas enovelam-se em minhas mãos e em meus cabelos" –, a música se acalma e a orquestra descreve o que as prisioneiras, pela primeira vez em muitos anos, estão vendo lá fora: o mar, o céu, os pássaros, um camponês que passa com o seu rebanho, o campanário que marca o meio-dia.

E a cena se encerra com uma versão triunfal do cântico das moças de Orlamonde, quando elas saem do subterrâneo. É de um belo efeito também a coda com que se encerra o ato III, no momento em que Ariadne, desarvorada, vai embora: são recapitulados todos os temas ouvidos durante a ópera como se, naqueles últimos minutos, a personagem repassasse na cabeça tudo o que viveu ali; e fecha-se o círculo estrutural com a mesma tonalidade do início.

Na produção da virada do século, a ópera de Dukas constitui o ponto de confluência de características tipicamente francesas: a elevação dos sentimentos, a elegância expressiva, o controle das emoções e o domínio da linguagem. Esse equilíbrio justifica o comentário elogioso de Paul Valéry após ouvi-la:

> Encontro em Paul Dukas o que sempre admirei em outros: a definitiva ruptura com o trivial. Dukas sabe que o mais belo dom a nós concedido por uma graça inesperada nunca deve ser aceito – por mais precioso que nos possa parecer – senão como um empréstimo, e que devemos sempre lutar para elevar esse dom do destino à dignidade de um refletido produto da inteligência. "Grande arte" nada mais é do que aquilo que satisfaz a todas as exigências do espírito e que não negligencia o uso de cada uma das mais diversas potencialidades que estão dentro da alma.

# Gabriel Fauré

Atraído, desde muito cedo, pelo teatro lírico, Fauré (1845-1924) fez, a partir de 1875, vários projetos de ópera, sem conseguir decidir-se por nenhum. Chegou a escrever um sexteto para *Barnabé*, um *opéra-comique* que não foi em frente; e planejou um *Mazeppa* que, como a ópera homônima de Tchaikóvski, deveria basear-se em *Poltava*, o poema narrativo de Aleksandr Púshkin, mas nem chegou a começar a compor a música. Nessa época, ele freqüentava os elegantes saraus de uma amiga, a princesa de Scey-Montbéliard (mais tarde de Polignac), famosa mecenas parisiense. Em 1890, vendo as dificuldades com que ele se debatia, a princesa resolveu fazer planos por ele.

Encomendou ao poeta Albert Samain – autor de textos em que Fauré já se baseara para muitas de suas canções – um libreto de tema místico intitulado *La tentation de Bouddha*. Mas o músico nem sequer leu até o fim as 750 estrofes que Samain chegou a escrever. Interessou-se, ao contrário, pela sinopse que Verlaine lhe apresentou de *L'Hôpital Watteau: commedia dell'arte*, uma fantasmagoria de sabor decadentista, em que as personagens de seus *Poèmes Saturniens* reapareciam, morrendo de hemoptise, em quartos de hospital. Mas o poeta, àquela altura, já estava tão alquebrado pelo alcoolismo que essa idéia nunca foi além da sinopse.

Anos antes, Fauré já escrevera *La Naissance de Vénus*, uma "scène mythologique" para solistas, coro e orquestra, com texto de Paul Collin. E, entre 1888-1919, contribuiu com a música incidental para várias montagens teatrais:

*Calígula*, um drama em versos de Alexandre Dumas pai;

estréia londrina do *Pelléas et Mélisande*, de Maeterlinck, da qual extraiu, em seguida, a suite que se converteu em uma de suas obras mais freqüentemente executadas em concertos sinfônicos;

*Shylock*, uma adaptação do *Mercador de Veneza*, de Shakespeare;

*Le Voile du Bonheur*, "moralité" escrita pelo jornalista e político Georges Clémenceau, no estilo de *chinoiserie* que, na época, era muito popular;

*Masques et Bergamasques*, *divertissement* de René Fauchois, inspirado nos poemas de Verlaine.

Mas o que realmente decidiu Fauré a fazer uma experiência lírica séria foi o sucesso da música incidental que lhe encomendaram, em 1900, para o Festival das Arenas de Béziers, um vasto anfiteatro romano onde, anualmente, eram encenadas peças de tema antigo ou mitológico. O espetáculo daquele ano era uma *tragédie lyrique* de Jean Lorrain e André-Ferdinand Hérold, intitulada *Prométhée*, um longo texto falado com acompanhamento orquestral contínuo, alguns trechos cantados e cenas corais. Na forma original, como foi concebida para execução ao ar livre, a partitura exigia grande orquestra, duas bandas militares dispostas em pontos opostos do espaço cênico e uma "cortina" de quinze harpas que se estendia diante de todo o palco. Como era de proporções inexequíveis num teatro normal, essa partitura foi reorquestrada, em 1912, por Roger Ducasse, que usou a formação sinfônica convencional. Trechos dessa versão revista, acoplados a fragmentos do *Calígula*, existem no selo Erato, gravados por Roger Norrington. Nos arquivos da ORTF, existem gravações de programas da Radio France, de 1960 e 1973, com transmissões integrais do *Prometeu*.

*Prometeu* combina, de forma muito feliz, as habituais sutilezas camerísticas do estilo de Fauré com o tom grandioso de uma música que se destina a ser tocada num grande espaço aberto, para um público de 10 mil pessoas, de todas as camadas sociais. Em 30 de agosto de 1900, logo após assistir à estréia, Saint-Saëns, ex-professor de piano do compositor, escreveu a seu editor, Auguste Durand:

> Por mais favorável que eu seja ao autor do *Prometeu*, não poderia deixar de temer pelo que aconteceria à amplitude e à grandeza do tema; mas garanto-lhe que ele nada deixa a desejar; não conheço ninguém que seja capaz de atingir tal nobreza melódica, tal simplicidade numa obra de contornos severos – e isso sem excetuar o próprio autor destas linhas.

A escrita vocal do *Prometeu*, oscilando entre o recitativo e o arioso, além de inscrever-se numa nobre tradição clássica francesa, já contém em germe as características do canto da *Pénélope*, a única ópera que Fauré haveria de compor. Há, em especial, dois números muito bem-sucedidos. O primeiro deles é o Prelúdio, construído sobre uma série de motivos que reaparecem no corpo da obra: o da personagem título, nas cordas graves; uma fanfarra que representa os deuses do Olimpo; o tema da Esperança da Humanidade, extremamente lírico, que se superpõe ao de Prometeu; o do fogo roubado aos deuses, que é uma escala cromática ascendente; e, finalmente, o do castigo de Prometeu, que é uma variante muito torturada do primeiro tema.

O segundo é o coro das Oceânidas, as ninfas marinhas que, respondendo ao apelo de Pandora, mulher do herói, transportam-na até o topo do Cáucaso, onde ele está acorrentado, para que o casal se reveja. Após uma introdução nas cordas, com a marca inconfundível do estilo de Fauré, grande compositor de canções poéticas, o clarinete expõe o tema do castigo, que leva à entrada do coro "Des ruisseaux et des sources claires". Este começa muito sereno e, depois, vai num crescendo, com um efeito cumulativo empolgante.

A técnica wagneriana do *leitmotiv* está na base da partitura. A associação de alguns temas básicos com as personagens e situações principais gera uma gravidade que espantou os ouvintes da época. Eles estavam habituados ao idioma sutil e em pequena escala de Fauré e não esperavam que ele fosse capaz de estruturas tão amplas (pareciam, na verdade, ter-se esquecido de que a força da escrita coral do *Prometeu* já tinha sido claramente antecipada no *Requiem*).

Foi a soprano wagneriana Lucienne Bréval quem, em fevereiro de 1907, aproximou Fauré do jovem poeta e dramaturgo René Fauchois, que lhe propôs um libreto sobre a história de Ulisses e Penélope. Fauchois é, hoje, mais lembrado como o autor de *Boudu sauvé des eaux*, que fez grande escândalo, na época, pela franqueza com que satirizava a alta burguesia. Filmada em 1932 por Jean Renoir, a peça teve um *remake* americano em 1986: *Um Vagabundo na Alta Roda*, dirigido por Paul Mazurski. Outro filme a adaptar *Boudu* muito livremente foi *Teorema* (1969), de Pier Paolo Pasolini.

A proposta do tema mitológico interessou a Fauré por tratar-se de uma história simples, com uma personagem feminina forte que lhe dava a chance – como escreveu à sua mulher – de "expressar sentimentos humanos com acentos mais do que humanos, se isso é possível". Na escolha desse tema – a celebração da felicidade conjugal num registro não épico, mas de resolução das esperanças e dúvidas num clima de segura felicidade doméstica –, alguns dos biógrafos de Fauré quiseram ver, porém, um reflexo dos problemas pessoais do compositor. Antes de se casar, ele tinha sido amante de Emma Bardac, a inspiradora do ciclo *La bonne chanson* que, mais tarde, casou-se com

Debussy. E é sabido que, por trás da fachada decorosa de seu casamento, havia freqüentes envolvimentos com outras mulheres. Em *Gabriel Fauré: sa Vie à travers ses Lettres*, Jean-Michel Nectoux cita uma carta comovente que ele escreveu à esposa, três semanas antes de morrer, desculpando-se pela vida pouco gratificante que ela levou ao seu lado, com pesados encargos familiares e sem jamais se queixar.

Fauchois soube, decerto, como atingir a sensibilidade de Fauré, falando-lhe de um libreto cujo ato central não teria ação exterior: apenas um questionamento interior das possibilidades de reaproximação entre a mulher por longo tempo negligenciada e o marido que, sob disfarce, já chegou ao palácio. Fauré aceitou prontamente o libreto, que o dramaturgo lhe ofereceu durante um jantar, para só depois descobrir que o texto ainda tinha de ser escrito.

O fato de ter assumido, em 1905, a direção do Conservatório de Paris, e de só poder trabalhar na ópera durante as férias de verão, fez com que Fauré demorasse muito a terminar *Pénélope*. Iniciada em abril de 1907, ela só ficou pronta em 31 de agosto de 1912, quando foi programada para a Ópera de Monte Carlo. Mas as dificuldades estavam só no começo e provinham de uma única fonte: Raoul Gunsbourg, o diretor do teatro. Escrevia Fauré à sua mulher, em 24 de fevereiro de 1913:

> Acho que ele não compreende a minha obra, sua maneira de dizer, a todo instante, "é uma ópera clássica!" dissimula, na verdade, um desprezo sem limites! Sua última invenção foi a de querer modificar o final, substituindo o tom sereno por muito brilho e barulho.

Na verdade, Gunsbourg tinha veleidades de ser compositor. Escrevia óperas muito medíocres que, depois, fazia revisar e orquestrar por Léon Jéhin, o regente titular do teatro. Sabotou o quanto pôde a ópera de Fauré, temendo – e com razão – que ela viesse a empanar o sucesso de sua *Venise*, que estrearia logo depois. Com isso, apesar dos belos cenários monumentais de Antoine Visconti, a primeira récita, em 4 de março de 1913, não foi muito satisfatória.

Foi só no Théâtre des Champs Élysées, em 10 de maio, interpretada por Lucienne Bréval e Lucien Muratore, que ela recebeu triunfal acolhida do público parisiense. A montagem era belíssima, graças aos cenários de Ker-Xavier Roussel, membro do grupo *Nabis* (o movimento pós-impressionista liderado por Pierre Bonnard e Édouard Vuillard, que, por volta de 1890, propôs-se a renovar a pintura francesa). Desde então, *Pénélope* tem sido bem recebida nas raras ocasiões em que é reencenada. O que não significa que tenha conquistado lugar permanente no repertório. Na Ópera de Paris, só entrou em 1943, devido à campanha em seu favor feita pelo encenador Jacques Rouché, que a dirigiu. Mas desapareceu inteiramente da programação depois de 1949. Régine Crespin cantou-a de forma maravilhosa em teatros de província, e gravou-a em 1956, com Désiré Ingelbrecht (Discoreale-INA, remasterizada em 1991 pela Rodolphe). Jean Fournet transformou-a num sucesso em um festival, na Holanda, em 1963. A BBC fez dela, em 1973, uma transmissão radiofônica, regida por Lloyd Jones, que existia em gravação pirata (MRF). Os arquivos da ORTF têm seis gravações de *Pénélope* feitas entre 1948 e 1974, entre elas as de Ingelbrecht e Fournet, e a celebrada remontagem parisiense de 1974, regida por Paul Paray. A única gravação comercial é a do selo Erato, feita em 1980 por Charles Dutoit: nela, Jessye Norman é uma intérprete excepcional do papel título.

Apesar do profundo conhecimento que Fauchois tinha da *Odisséia*, seu livro de cabeceira – o que o leva a traduzir literalmente, por exemplo, os versos 480-487 do canto XVII, na ária de Penélope "Les dieux ouraniens" (ato I, cena 5) –, o tratamento que dá ao libreto é mais fiel à letra do que ao espírito homérico. O episódio do retorno de Ulisses é tratado segundo as normas do teatro de tema histórico à la Edmond de Rostand, muito em moda na época. Ou seja, a visão é a da moral burguesa nos primeiros anos do século XX. E a poesia ostenta todos os clichês do "genre noble", cheio de metáforas altissonantes e inversões de palavras, como o atesta a ária de Eumée, "Sur l'épaule des monts", no início do ato II.

Nas cartas à sua mulher, Fauré não esconde que se embaraça com os versos intermináveis de "ce sacré poète de René Fauchois", que "não se lembrou de que a música encomprida terrivelmente os versos, e o que se lê em dois minutos leva três vezes mais tempo, pelo menos, para ser cantado". A comparação da partitura com o libreto completo, publicado em 1913 pelas Éditions Heugel, mostra que Fauré fez nele modificações drásticas: cortou longos trechos, corrigiu as sonoridades de alguns versos muito duros, transpôs parágrafos inteiros e redistribuiu falas entre as personagens. Mas houve convenções teatrais que nem com boa vontade conseguiu engolir.

Na carta de 4 de agosto de 1911, desabafa com a mulher, em relação às "piores exigências do teatro" que identificava no grande dueto de amor do ato II:

> A situação teatral é o que há de inverossímil. Tenho de fazer um grande esforço para tornar convincente a música cantada por uma mulher que deixa de reconhecer o marido apenas porque ele botou uma barba postiça.

No *Ritorno d'Ulisse in Patria*, que escrevera para Monteverdi, Giacomo Badoaro fez o herói ser transformado em velho por Minerva, como está no canto XIX de *Homero*. Mas nos tempos de realismo cênico da virada de século, os elementos fantásticos da épica clássica não estavam mais na moda. Não resta, portanto, outro recurso a Fauchois senão fazer com que Ulisses chegue a Ítaca à noite. E o dueto se situa não no interior do palácio, mas no topo de uma colina, à beira-mar, onde o lusco-fusco dificulta a identificação. É terrivelmente artificial.

As deficiências do libreto – e que compositor não teve de enfrentá-las? – não excluem, entretanto, páginas bem-sucedidas, como os monólogos de Penélope, "escritos numa bela língua, desprovida de pieguice" (carta de 25.9.1907), narrando "uma ação simples e cheia de dignidade" (carta de 1.10.1909). No nível formal, *Pénélope* revela sensível influência do modelo wagneriano, "porque não existe outro melhor", no dizer do próprio Fauré (carta de 16.8.1907). Mas ele criticava, na ópera pós-wagneriana, a excessiva importância atribuída à orquestra em detrimento da linha vocal (foi ele quem disse, da *Salomé*, de Richard Strauss, que parecia "um poema sinfônico com o acréscimo de vozes") e tenta fugir disso.

Na linha de canto – de que já demonstrara ser um mestre, nas setenta canções publicadas até aquela data – tenta, portanto, uma síntese de todos os recursos então disponíveis, do recitativo mais severo ao *cantabile* mais elaborado. Mas não há números fechados de estrutura autocontida. Os únicos a que se pode dar esse nome são o "Coro das Fiandeiras", no início, e o "Hino a Zeus", no final – e, assim mesmo, com uma explicação lógica pois, dentro da história, trata-se de momentos em que as personagens estão realmente "cantando".

As cantilenas são breves e interrompem, ocasionalmente, o fluxo do recitativo melódico, quando determinada passagem do texto exige maior ênfase lírica ou dramática. O discurso lírico pode, assim, assumir formas muito variadas. Ora é um diálogo em recitativo, entrecortado por curtos trechos *cantabile*, de acordo com as frases do texto que se quer frisar – como na confrontação de Penélope com os pretendentes à sua mão, que invadiram o palácio (ato I). Ora é uma cena que se inicia com o recitativo e, ao sabor das emoções que vão crescendo, converte-se em arioso, para culminar numa microária: é o caso do monólogo "C'est sur ce banc, devant cette colonne", em que a rainha relembra o esposo distante.

Quanto às breves árias de Ulisses, "Épouse chérie" e "Toute la nuit sans bruit", elas têm a forma de canção precedida por uma introdução orquestral que faz as vezes do recitativo com que, na primeira fase do Romantismo, iniciava-se tradicionalmente uma grande ária. Aliás, em Fauré, a distinção entre ária e arioso é muito fluida: um converte-se na outra com muita facilidade, seguindo as oscilações emocionais expressas pelo texto. E isso é permitido pela metrificação irregular de Fauchois, o que dá até mesmo às cantilenas uma flexibilidade próxima à da declamação de teatro falado.

Essa linha vocal de grande variedade desenvolve-se contra um fundo instrumental muito elaborado, confiado a uma orquestra de grandes proporções. Os *leitmotive* comparecem, para caracterizar não só personagens mas também objetos de valor simbólico: a espada, o arco, a tapeçaria. Mas o fazem de forma bem pessoal; são tratados como se fossem temas de uma obra instrumental, fazendo-se com eles – ou às vezes com fragmentos deles – variações, associações ou superposições que não têm, necessariamente, relação direta com o que está sendo cantado (ao contrário do que acontece no sistema wagneriano).

Na carta de 16 de agosto de 1907, em que contava ter optado pelo sistema wagneriano, Fauré explicava o seu método de trabalho:

> Procuro todos os meios de modificar esses temas, tirando deles os efeitos mais variados, seja usando-os integralmente, seja fragmentando-os [...]. Em suma, preparo fichas que me servirão durante a composição da obra ou, se você preferir, faço *estudos* como os que se preparam antes de pintar um quadro.

O resultado, no nível instrumental, é muito elaborado, em especial nos trechos em que as irrupções da orquestra assumem o papel de expressar emoções para as quais, naquele dado momento, as palavras parecem inadequadas ou insuficientes.

Na cena 8 do ato I, por exemplo, o desespero de Penélope, pressionada pelos pretendentes a decidir-se por um deles, é sugerido por sete compassos: neles, o seu tema conjuga-se às notas finais de um outro motivo, o do amor que sente pelo marido; e ambos são combinados com a frase ascendente que representa Ulisses – o que sintetiza muito bem as emoções que a rainha está experimentando naquele instante. A maestria da escrita orquestral de Fauré fica comprovada numa página como o Prelúdio ao ato I, que opõe o tema lírico e triste de Penélope ao de Ulisses, luminoso, sereno, com um vigoroso desenho de cordas ascendentes exposto pelos metais contra um fundo de cordas.

Como é comum, nas obras do fim da carreira de Fauré, a harmonia tende a ser "elíptica", isto é, quando a melodia se desloca para uma área tonal remota, as etapas intermediárias estão implícitas, mais do que claramente enunciadas. Os limites da tonalidade são expandidos ao máximo, sem serem rompidos. Saint-Saëns, que tinha demonstrado tanto interesse por *Prométhée*, ficou seriamente decepcionado com os novos rumos tomados por seu antigo aluno. Porém, os modernos ouvintes que se afeiçoaram às últimas canções ou obras de câmara de Fauré hão de identificar, nesta ópera, as características fundamentais de sua linguagem madura.

E, no entanto, *Pénélope* suscitou diversas discussões críticas devido, justamente, à forma como foi instrumentada. Em outubro de 1912, como o trabalho estava avançando muito lentamente, Fauré percebeu que não conseguiria aprontá-lo a tempo. Pediu então a ajuda do jovem compositor Ferdinand Pécoud, ex-aluno de Vincent d'Indy que, sob a sua supervisão, fez a orquestração, da metade do ato II em diante. Foi o suficiente para que se contestasse a validade da partitura, esquecendo-se de que não era a primeira vez que isso acontecia: o próprio Debussy, que também orquestrava muito devagar, pedira o auxílio de André Caplet para terminar *Le Martyre de Saint-Sébastien* dentro do prazo.

Em 1949, ao preparar *Pénélope* para uma apresentação na Ópera de Paris, o regente Désiré Ingelbrecht julgou-se no direito de revisá-la, alegando que as circunstâncias em que fora instrumentada a tinham deixado demasiado monocrômica e sombria. Essa atitude é típica da mentalidade e gosto de uma geração de maestros formada sob a influência de orquestradores brilhantes como Rímski-Kórsakov, Richard Strauss, Debussy, Ravel, Dukas ou Stravinski. Para eles, o estilo de escrita instrumental de Fauré parecia embaçado e sem brilho.

Na verdade, Fauré – no que foi escrupulosamente seguido por Pécoud, a ponto de não se sentir diferença substancial entre as páginas instrumentadas por um ou outro – trabalha primordialmente com as cordas, reservando as intervenções do amplo efetivo de madeiras e metais para momentos de maior impacto; ou para trechos em que deseja obter efeitos exóticos, como as cenas de dança, de sabor oriental.

No artigo de introdução à gravação Dutoit, no selo Erato – onde é restabelecida a instrumentação original de Fauré/Pécoud –, Jean-Michel Nectoux afirma:

> Atacar a orquestração da *Pénélope* significa recusar o próprio Fauré, pois sua sobriedade não se deve a uma incapacidade real e sim a uma atitude estética bem refletida. Está claro que a noção de timbre não está entre os componentes do pensamento musical de Fauré. Como os compositores da época barroca, ele concebia a sua música em termos abstratos [...]. Se admirava a *Dança Macabra*, de Saint-Saëns, o balé *Daphnis et Chloé*, de Ravel, ou a *Thamar*, de Balákirev, era porque nelas os efeitos de timbre lhe pareciam justificados pelas necessidades dramáticas.

E Nectoux acrescenta:

Para Fauré, é o pensamento musical que vem em primeiro lugar, estando os efeitos orquestrais subordinados a ele – ou seja, a qualidade essencial da orquestração será a sua discrição e simplicidade. Esse classicismo profundo, que contrasta singularmente com a audácia de suas concepções harmônicas, é um dos dados principais de sua estética, pois Fauré quer, antes de mais nada, exprimir os sentimentos mais elevados com os meios mais simples, para, com isso, atingir a carne nua da emoção. A *Pénélope* de Fauré surge, desse modo, como o último exemplo de *tragédie lyrique* francesa, na linha de Lully, Rameau, Gluck e do Berlioz dos *Troyens* [...]. Numa época em que triunfavam o expressionismo de Richard Strauss, o verismo italiano e os suntuosos espetáculos de balé de Serguei Diáguilev, não podemos deixar de saudar a probidade artística de uma música na qual, durante toda a sua vida, Fauré desenvolveu, sem concessões, os seus próprios ideais e concepções artísticas.

# MAURICE RAVEL

Embora tivesse iniciado projetos maiores – *Intérieurs*, baseado numa peça de Maurice Maeterlinck, e *La Cloche Engloutie* (*O Sino Submerso*), do drama de Gerhardt Hauptmann que, mais tarde, seria musicado por Ottorino Respighi – Ravel (1875-1937) só chegaria a escrever duas pequenas óperas em um ato, mas que ficariam como dois dos exemplos mais originais da produção lírica francesa no início do século.

No verão de 1907, logo após ter terminado a *Rapsodie Espagnole* e as *Histoires Naturelles* – bem-humorado ciclo de canções sobre poemas de Jules Renard, que falam de animais –, Ravel começou a musicar, quase integralmente, uma peça de Franc-Nohain (pseudônimo de Maurice Legrand) intitulada *L'Heure Espagnole*. Curiosamente, ela parece sintetizar as duas obras precedentes, na medida em que combina o ambiente ibérico de uma com o tom irônico da outra. Mas a ópera só veria a cena em 19 de maio de 1911, no Théâtre de l'Opéra-Comique, onde seria estreada num programa duplo, juntamente com a *Thérèse* de Massenet. Não se consegue imaginar combinação mais exdrúxula: o romantismo tardio de um e o modernismo do outro parecem água e azeite.

A demora em fazer encenar *A Hora Espanhola* deveu-se à morte do pai do compositor, Joseph Ravel, o que o abalou muito. Mas também às hesitações de Albert Carré, o diretor do teatro, às suas dúvidas sobre a oportunidade de montar uma ópera que considerava "licenciosa". Numa carta de 11 de junho de 1907 à sua amiga Ida Godebska, Ravel diria: "Isso não me espanta nem um pouco, conhecendo o nosso nobre diretor e seus rígidos padrões morais" – alusão maldosa ao comportamento pessoal de Carré que, todo mundo sabia, estava longe de ser impecável. Mas o diretor do Comique tinha também, provavelmente, consciência dos riscos que corria pondo em cartaz uma ópera pequena, difícil de cantar, tocar e montar, escrita num estilo com o qual o público não estava familiarizado.

A reação dos espectadores, no que se refere à música, não deixou de ser um tanto perplexa; mas a comicidade do libreto e a vivacidade com que Ravel o trabalhou não demoraram a conquistar boa parte do público. As gravações comerciais de Ernest Ansermet (Decca), André Cluytens (EMI), Lorin Maazel (DG) e Armin Jordan (Erato); os álbuns piratas de Bruno Maderna/Susanne Danco (Bongiovanni) e Jean Fournet/Kraus-Berganza-Bruscantini (Legendary); e o vídeo do Festival de Glyndebourne permitem o contato com essa pequena obra-prima. E demonstram que não é nada difícil deixar-se seduzir por ela.

Escreveu Ravel a Mme Godebska em 17 de maio de 1911:

> O que tentei fazer foi muito ambicioso: insuflar vida nova na ópera bufa italiana. Para isso, a língua francesa tem, mais do que qualquer outra, acentos e inflexões

que se adaptam às entonações da frase musical. [...] Eu quis expressar a ironia através da música, antes de mais nada; através da harmonia, do ritmo e da orquestração e não, como na opereta, de acrobacias vocais arbitrárias e ridículas. [...] A orquestra moderna pareceu-me perfeitamente indicada para sublinhar e exagerar os efeitos cômicos.

Do ponto de vista da linha vocal – em que "os cantores devem declamar mais do que cantar, no estilo *quasi-parlando* do recitativo bufo italiano", como o próprio Ravel explica nas *Notas à Interpretação* que precedem a partitura –, há visíveis reminiscências do recitativo seco das óperas cômicas de Donizetti e Rossini, dois autores que ele admirava muito. Mas a influência mais forte, reivindicada pelo próprio Ravel, é a do *Casamento*, de Módest Mússorgski, músico que o fascinava. Além de fazer, em 1922, a pedido de Serge Koussevitzky, a célebre orquestração dos *Quadros de uma Exposição*, obrigatória nos programas de concertos sinfônicos atuais, foi no estilo do arioso dessa ópera, moldada nos ritmos da frase falada, que Ravel já tinha-se inspirado ao escrever as *Histoires Naturelles*.

Em carta de 21 de julho de 1911 a seu editor, Robert d'Harcourt, ele demonstrara grande interesse em orquestrar e editar o *Casamento*, deixado incompleto por Mússorgski. E segundo depoimento de Stravinski, foi Ravel quem fez o arranjo – provavelmente para conjunto de câmara – com que essa ópera cômica, baseada na peça de Gógol, foi cantada, em abril de 1923, no salão de Mme Renée Dubost, presidenta da *Société des Amis de la Revue Musicale*. Uma comparação da partitura russa com a da *Heure Espagnole* demonstra o débito, em termos de linha vocal, com as experiências de seu predecessor. A escolha dos registros, entretanto, evidencia o cuidado com os diversos coloridos que os timbres darão ao severo recitativo, tornando-o mais variado. Além de um soprano e um tenor líricos (Concepción e Gonzalve), há um baixo bufo (o velho banqueiro don Íñigo Gómez), um barítono *Martin* (Ramiro, o muleteiro que, na estréia, foi cantado por Jean Périer, o criador de Pelléas) e um *trial* (o relojoeiro Torquemada). [O nome desse último registro deriva do de Antoine Trial, tenor do século XVIII, e designa a voz aguda, metálica e anasalada própria para papéis característicos de natureza cômica (é como se fosse a versão bufa do tenor alemão apropriado para papéis como o Mime do *Anel* ou o Herodes da *Salomé*). Jean Giraudeau, o intérprete de Torquemada na gravação Maazel, é um exemplo perfeito de *trial*.]

Concepción, casada com o velho relojoeiro Torquemada, pretende aproveitar a saída de seu marido, que vai acertar os relógios municipais, para ter um encontro galante com o poeta Gonzalve. Mas, na hora em que Torquemada está para sair, aparece o muleteiro Ramiro trazendo um relógio para consertar, e o velho lhe pede que o espere voltar – o que atrapalha os planos da jovem esposa infiel. Para afastar da loja o cliente inoportuno, Concepción pede-lhe que transporte um pesado relógio de pêndulo catalão com que quer decorar seu quarto, mas que o marido idoso não tem forças para carregar. Ramiro, tímido e desajeitado com as mulheres, o faz mais que depressa, contente em ter com que se ocupar enquanto espera. Mas Gonzalve, quando chega, parece mais interessado em declamar seus poemas do que em satisfazer os apressados desejos da amante. E a coisa se complica ainda mais ao surgir o banqueiro don Íñigo Gómez, que também lança olhares cobiçosos sobre a mulher do relojoeiro.

Para não cruzar com Gómez, Gonzalve esconde-se dentro do outro relógio catalão, e Concepción, dizendo a Ramiro ter mudado de idéia, pede-lhe que o transporte para seu quarto, trocando-o pelo que acabara de levar para lá. Segue-se uma série de qüiproquós, baseados na repetição do carreto ora de um dos relógios ora do outro para o quarto, até que Concepción, impressionada com a força física e a resistência de Ramiro, dá-se conta de que está visando o alvo errado. Deixa os dois relógios na loja, com seus aborrecidos pretendentes dentro, e leva o muleteiro para o quarto. Quando Torquemada volta, encontra os dois homens entalados dentro dos relógios. Para justificar sua presença, ambos são obrigados a dizer que os examinavam porque estavam pensando em comprá-los. E a ópera termina com um irônico quinteto com a (anti)moral da história – de que falaremos daqui a pouco.

Gonzalve, dentre as personagens, é o único que canta realmente: é a forma de sugerir o quanto o poeta, que perambula pelas nuvens, destaca-se do mundo prosaico, de mera declamação, em que vivem os outros. Isso cria efeitos hilariantes na cena em que, não percebendo a urgência de Concepción em experimentar com ele prazeres mais materiais, Gonzalve perde-se em devaneios, tirando de cada palavra que ela lhe diz sugestões para sonetos, madrigais, canções e serenatas. Ravel serve-se dessa cena para zombar das convenções da ópera tradicional. Quando está para terminar a sua canção de entrada, "Enfin revient le jour si doux", basta Concepción pronunciar o seu nome – marcado *passionément*, na partitura – para que o poeta (como era costumeiro na ópera barroca) se lance a uma seção *da capo* de sua ária; e vê-lo recomeçar com toda aquela cantoria é uma verdadeira ducha de água fria na urgência amorosa da moça.

Se a linha vocal é de aparente simplicidade, a escrita instrumental é extremamente complexa. As cordas, por exemplo, têm oscilações constantes de andamento, efeitos inesperados de *glissando* e bruscas alternâncias de passagens tocadas *con arco* ou em *pizzicato*. Ravel tem um modo muito pessoal de utilizar os motivos recorrentes. Os temas associados a Ramiro, don Íñigo, Gonzalve e Concepción não são rigorosamente iguais melodicamente, a cada vez que reaparecem; mas conservam semelhanças entre si do ponto de vista do contorno melódico e do padrão rítmico. Seguindo a voga do espanholismo, muito forte em sua época, e de que é um dos mais típicos representantes, o compositor usa torneados melódicos de sabor ibérico em trechos como o arioso de Concepción, "Oh! la pitoyable aventure", em que ela se lamenta da forma como seus planos amorosos foram por água abaixo. Ou no quinteto final, que tem a forma de uma habanera. Mas é um ritmo de valsa, de forte propulsão rítmica, que Ravel emprega no arioso com que don Íñigo tenta seduzir a bela mulher do relojoeiro.

O trecho orquestral que mais evidencia seu virtuosismo de escrita é, sem dúvida alguma, a introdução à ópera que, segundo o testemunho de seu amigo, o musicólogo Roland Manuel, foi reaproveitada de *Olympia*, um balé baseado no conto de Hoffmann sobre o homem que se apaixona por uma boneca, e que Ravel abandonara pela metade. Ouve-se, nas madeiras, um suave tema marcado *assez lent*. Depois, a música desenvolve-se devagar, sobre uma trama de sons de relógios e dos brinquedos mecânicos vendidos na loja de Torquemada.

Ao executante do sarrussofone – um instrumento de metal, de palheta dupla, semelhante ao contrafagote, que deve seu nome ao francês Sarrus, que o inventou em 1856 – Ravel pede, em suas *Notas à Interpretação*, que imite o som do galo mecânico "retirando a palheta e tocando o ritmo marcado *fortissimo* o mais alto possível, sem se preocupar com as notas". Para marcar o ritmo intrincado desse trecho, o compositor usa três relógios. Eles começam a bater, no primeiro tempo forte do compasso em que entram, a 40, 100 e 232 tic-tacs por minuto, respectivamente – o que significa que, a cada dezoito semínimas, isto é, de quinze em quinze segundos, os tic-tacs desencontrados coincidem, formando uma batida em uníssono, para depois desencontrarem-se de novo. "Caos estruturado" é o nome que Roger Nichols, biógrafo do compositor, dá a esse padrão rítmico ao mesmo tempo desorganizado e matematicamente concebido. É contra essa trama que o resto da orquestra move-se com absoluta liberdade.

Essa introdução, para criar o ambiente da relojoaria antes que a ação se inicie, dura apenas uns poucos minutos (e em algumas gravações, vem tão baixinho que é necessário aumentar o volume do aparelho de som para percebê-la). Mas é uma das páginas mais rigorosamente elaboradas em toda a obra de Ravel. E esse procedimento prenuncia técnicas polirrítmicas que, décadas mais tarde, serão utilizadas por Olivier Messiaen em obras como a *Sinfonia Turangalîla* ou a *Chronocromie*.

O ponto culminante da partitura é o quinteto final, o único momento em que todas as personagens cantam de fato. O modelo em que Ravel se inspirou é, obviamente, o da fuga final do *Falstaff*, de Verdi, que também apresenta uma "moral" – a célebre "Tutto nel mondo è burla!" – a ser deduzida da comédia a que se acabou de assistir. No fim da *Heure Espagnole*, depois de uma breve pantomima, em que todos tentam ceder ao outro a vez de começar, as personagens se apresentam cerimoniosamente ao público:

*Gonzalve* – Un financier...
*Don Íñigo* – ... et un poète;
*Concepción* – un époux ridicule...
*Torquemada* – ... et une femme coquette...

Depois, todos eles vão retomando, em eco, os versos enunciados pelo poeta:

*Gonzalve* – ...qui se servent, dans leurs discours,
de vers tantôt longs, tantôt courts,
au rythme qui se casse,
à la rime cocasse...

Obviamente o ritmo do canto arrasta-se nos "versos ora longos", acelera-se no "ora curtos", e os saltos de intervalo sugerem "o ritmo que se quebra e as rimas extravagantes". Nesse ponto, é o muleteiro quem entra com a irônica frase que evoca a estilizada ambientação ibérica da comédia:

*Ramire* – ...avec un peu d'Espagne autour.

A frase de Ramiro, "com um pouco de Espanha em torno", é repetida pelos outros, em cânon, como se fosse a *stretta* de uma fuga, retomada um tom abaixo à entrada de cada personagem; até que, chegado o momento de don Íñigo repetir a frase, ela atingiu um ré grave inalcançável até mesmo para seu registro de baixo profundo... e a nota tem de ser dada pelo sarrussofone! Essa é uma demonstração clara do tipo de humor "com meios exclusivamente musicais" que, em sua carta a Mme Godebska, Ravel propunha-se a pôr em prática. Segue-se a lição final, tirada pela mulher coquete:

*Concepción* – C'est la morale de Boccace:
entre tous les amants seul amant efficace,
il arrive un moment, dans les déduits de l'amour,
où le muletier a son tour!

(É a moral de Boccacio: único amante eficiente entre todos os amantes, chega uma hora, nos desvãos do amor, em que o muleteiro tem a sua vez!) Todos se revezam em vocalises sobre a melodia cantada pelo soprano – a que a alternância de versos de 8, 12, 13 (6 + 7) e 8 sílabas confere um desenho rítmico extremamente sinuoso –, até que, em uníssono, o último verso da estrofe é repetido, introduzindo uma triunfal coda para a orquestra, em que o ritmo da *habanera* é vigorosamente marcado pelo tímpano.

*L'Heure Espagnole* suscitou reações desencontradas da crítica. Henri Ghéon considerou a escrita orquestral demasiado pesada e "wagneriana" para um assunto típico de *opéra-comique* (opinião que, a nossos ouvidos, hoje, soa descabida). Pierre Lalo disse que a instrumentação era atraente mas o estilo vocal fazia pensar "no *Pelléas* tocado em um gramofone com a velocidade reduzida" (o que pensaria ele do *Sprechgesang*, o tipo de declamação que, pouco tempo depois, estaria sendo experimentado pela vanguarda da Segunda Escola de Viena?). "Talvez *L'Heure Espagnole* nunca chegue a ser uma ópera de agrado geral", comenta Ernest Newman em sua *História das Grandes Óperas e de seus Compositores*.

É impossível levá-la numa língua que não seja a francesa. É mais própria para um pequeno teatro, que ofereça maior intimidade, do que para os amplos teatros líricos de nossas grandes cidades. Deve ser encenada de modo mais imaginativo do que realista, pois até as personagens humanas têm um pouco da encantadora irrealidade do mundo de títeres em que vivem e que Ravel descreveu, de maneira tão deliciosa, com sua orquestra. Nunca o compositor força a nota em ponto algum; ao contrário, para alguns espectadores ele talvez trate alguns trechos de maneira demasiado sutil. Numa época que desfruta os seus prazeres impetuosamente, e até mesmo com uma certa vulgaridade, Ravel parece propor um retorno ao século XVIII, século mais bem-educado, quando a aristocracia dava o tom da vida social em todos os países europeus [...]. Ele não deseja que o espectador faça mais do que sorrir de seus bonecos de engonço e, se for possível, com um sorriso tão discreto e à flor dos lábios quanto o do próprio compositor.

A partir de 1920, Ravel começou a trabalhar num libreto que lhe tinha sido sugerido, desde 1918, pela romancista Gabrielle Sidonie Colette (1873-1954). Em *L'Enfant et les Sortilèges*, os móveis, objetos e brinquedos do quarto e os animais do jardim, na casa de um menino travesso, rebelam-se contra a sua crueldade e desobediência, até o momento em que decidem perdoá-lo porque, apesar de estar com a mão ferida, ele se preocupou em ajudar um esquilo que se tinha machucado.

O processo de composição foi difícil e Ravel destruiu vários dos esboços que fizera para a ópera. O trabalho só se acelerou a partir de 1924, quando Raoul Gunsbourg encomendou o espetáculo para a temporada do ano seguinte, na Ópera de Monte Carlo, onde ela foi estreada em 25 de março de 1925. A primeira apresentação em Paris foi no Opéra-Comique, em 1º de fevereiro de 1926. Essa segunda ópera de Ravel existe em gravações de Ernest Ansermet (Decca), Ernest Bour (EMI), Lorin Maazel (DG), André Previn (London), Armin Jordan (Erato) e Alain Lombard (Valois/ Auvidis); e num vídeo do Festival de Glyndebourne. Outro interessante documento em vídeo é o espetáculo do Balé da Holanda, coreografado pelo tcheco Jiří Kylian, usando como trilha sonora a gravação de Maazel.

A colaboração com Colette tinha sido penosa e, em parte, explica a demora para a ópera ficar pronta. Embora o compositor e a libretista tivessem características artísticas comuns – refinamento estilístico derivado da afinidade com o Classicismo; desprezo pelas formas grandiosas; gosto pelas soluções formais inesperadas –, no plano pessoal revelaram-se personalidades incompatíveis. Ravel não fazia a menor questão de encontrar-se pessoalmente com Colette; passava longos períodos sem lhe dar notícias do andamento do trabalho; depois, de repente, bombardeava-a impacientemente com pedidos de mudanças de detalhe nos versos.

No "Esboço Autobiográfico" que, em 1928, já sofrendo do tumor cerebral de que morreria, Ravel ditou a seu amigo Roland-Manuel – esboço este que foi publicado pela *Revue Musicale*, em 1938, após sua morte –, o compositor explica o que pretendera fazer com sua segunda ópera:

> A ênfase de *L'Enfant et les Sortilèges* está na melodia, aliada ao assunto que escolhi tratar à maneira das comédias musicais americanas. O libreto de Mme Colette me permitiu essa liberdade no tratamento do conto de fadas. A linha vocal é que é a coisa importante. Embora a orquestra não rejeite o virtuosismo, ela é de importância secundária.

De fato, a linha vocal é muito mais trabalhada e *cantabile* do que na *Hora Espanhola*, mesmo porque, tendo um número muito maior de personagens a caracterizar, Ravel precisava de recursos expressivos mais variados, do recitativo sóbrio ao canto ornamentado. Ao falar em "à maneira da comédia musical americana", Ravel queria referir-se a uma estrutura de números fechados, tratados em estilos diferentes, apoiados num uso seletivo, de acordo com a natureza de cada um deles, dos instrumentos pertencentes a uma orquestra de enormes proporções. É ao pastiche que, a maior parte do tempo, esses números recorrem. As poltronas, que protestam contra o descuido com que o menino as trata, entoam um dueto calcado na música cortesã do século XVIII, época a que pertence o seu estilo decorativo. A chaleira dança ao som de um *ragtime*; e a xícara de porcelana chinesa canta um fox-trot em cuja letra há palavras francesas que sugerem a sonoridade das línguas orientais (incluindo uma cômica referência a Sessue Hayakawa, o ator de cinema nipo-americano que, naquela época, fazia muito sucesso em papéis do tipo Fu Man-chu). A aparição da Princesa recria lindamente o clima dos grandes balés românticos à la Tchaikóvski. Já a cena dos gatos faz a paródia do típico dueto de amor da ópera oitocentista, com todos os miados-coloratura a que se tem direito. E no canto do rouxinol, os intervalos de sétima já prenunciam procedimentos que Messiaen empregará, mais tarde, em seu *Catalogue des Oiseaux*, para reproduzir o canto dos pássaros.

Mas toda essa diversidade de estilos integra-se numa estrutura de conjunto extremamente orgânica, graças ao colorido peculiar da mágica orquestração raveliana, unificando o que, de outra maneira, poderia ter permanecido fragmentário. A instrumentação é ainda mais rica e virtuosística do que em *L'Heure Espagnole*: é o grande Ravel de *La Valse* ou de *Ma Mère l'Oye* que ouvimos aqui. E a maestria do compositor culmina no *fugato* final, em que voltam os oboés ouvidos na introdução, e o seu tema em mi menor, modulado para um esplendoroso sol maior, reforça a idéia de que a crueldade e a rebeldia foram, finalmente, domesticadas e transfiguradas pelo amor.

# Albert Roussel

Quando pediram a Albert Charles Paul Marie Roussel (1869-1937) que se descrevesse, ele disse: "Sou um Debussy formado na escola do contraponto". E sua obra está, de fato, na confluência do Impressionismo, que impregna peças como o balé *Le Festin de l'Araignée* (1912), e dos ensinamentos da Schola Cantorum, onde se formara. Acrescentem-se a esses elementos o influxo posterior do Neoclassicismo stravinskiano, de que há marcas na estrutura e na sólida base rítmica de suas últimas sinfonias, em especial a empolgante n. 3. A produção de Roussel equilibra-se elegantemente entre a aceitação do que há de melhor no academicismo e a exploração de aquisições novas: jogos com a instabilidade tonal que lhe vem, ao mesmo tempo, via o Impressionismo e o cromatismo exacerbado de César Franck; o uso de modos orientais, o emprego das combinações polirrítmicas e, até mesmo, em alguns momentos, um interesse fugidio pelo jazz, como o que se observa em Ravel ou Milhaud.

Durante o serviço militar na Marinha, Roussel visitou o Oriente, ao qual retornou, em 1909, logo depois de se casar, num cruzeiro de quatro meses que o levou à Índia, Ceilão, Cingapura e Indochina. Nessas duas viagens, familiarizou-se com os procedimentos de escrita da música indiana, que inspiraram uma obras de grande porte, de tom exótico: o tríptico *Évocations op. 15* (1910-1911), para vozes e orquestra, sobre poema de D. Calvocoressi. Uma das obras-primas de seu autor, essa combinação de poema sinfônico e cantata é de grande importância para compreender o espírito de sua principal ópera. No selo EMI, há uma excelente gravação regida por Michel Plasson, com Gedda-van Dam-Stutzman.

Em 1918, Jacques Rouché, ex-administrador do Théâtre des Arts – onde o *Festin de l'Araignée* estreara com grande sucesso –, assumiu a direção da Ópera de Paris. E Roussel foi o primeiro compositor a quem encomendou um novo espetáculo para esse teatro. Nessa época, Roussel estava trabalhando num libreto que Jean-Louis Vaudoyer extraíra de *Roi Tobol*, o romance picaresco de A. Beaunier. Embora, nas cartas à sua mulher, demonstrasse muito interesse por esse projeto, abandonou-o repentinamente, em favor de um outro, e não mais o retomou (a música já escrita para *Tobol* seria reaproveitada na *Sinfonia nº 2*). Preferiu inspirar-se na profunda impressão que lhe causara, em 1909, a visita às ruínas da cidade-Estado indiana de Tchitor, perto de Udeypur, em companhia de um inglês que conhecera durante a viagem: Ramsay MacDonald que, mais tarde, haveria de ser primeiro-ministro da Grã-Bretanha.

Para o libreto, recorreu ao orientalista Louis Laloy, que encontrou, no livro de Théodore Pavie, *La légende de Padmani, reine de Tchitor*, a história dessa soberana legendária do século XIII, filha do rei do Ceilão, tal como fora contada por dois antigos cronistas: o poeta muçulmano Malik Mohamed-Djaici (séc. XVI) e o historiador indiano Djatmal. *Padmâvati*, estreada no Palais Garnier, em 1º de junho de 1923, com Ketty Lapeyrette no papel título, conta a história da esposa de Ratan-Sen, rei de Tchitor. A cidade foi cercada pelas tropas de Alauddin, o sultão mongol de Délhi, atraído pela descrição da embriagadora beleza da rainha, que lhe fora feita por um brâmane renegado vindo daquela cidade.

Alauddin pede um encontro com Ratan-Sen e diz-lhe estar disposto a poupar a cidade se lhe for entregue a sua esposa. Embora horrorizado com a proposta, Ratan-Sen inclina-se a aceitar, pois assim poderá salvar a vida de seus súditos inocentes. Mas, quando comunica essa decisão a Padmâvati, esta se rebela e, como o marido tenta forçá-la, toma de um punhal e mata-o. Tendo feito isso, prepara-se para executar o ritual funerário e imolar-se na pira junto com o corpo do amado. Durante a cerimônia, seis divindades fantasmagóricas que, na verdade, são emanações do deus Shiva, invocadas pelos sacerdotes, vêm testar a sua força de vontade, tentando inutilmente demovê-la de seu propósito. São elas os dois demônios negros Kali e Durga e as quatro filhas brancas de Shiva: Prithivi, Parvati, Uma e Gauri. Usam de todos os artifícios mas, tendo fracassado, convertem-se alegremente nos Apsâras, seres benfazejos que preparam Ratan-Sen e Padmâvati para entrarem juntos no paraíso de Indra.

Escreve Laloy no Prefácio a seu libreto:

> *Padmâvati* é uma ópera-balé, forma que se distingue da ópera comum, pelo fato de a dança desempenhar nela um papel tão importante quanto o canto e, em vez de intervir apenas sob a forma de *divertissement*, estar constantemente vinculada à ação. Portanto, em nossa peça, não apenas as canções e a dança, mas também o coro têm um papel muito importante. Recorremos, além disso, àqueles efeitos cênicos que nossos ancestrais chamavam de *le merveilleux* e que, para eles, era uma das partes essenciais da ópera.

Essas palavras, portanto, situam a obra de Roussel dentro de uma tradição clássica que remonta a Lully e Rameau, em que eram preponderantes o balé entrelaçado à ação e os efeitos obtidos através da maquinaria de palco.

Este foi o projeto mais ambicioso de Roussel, o que ele levou mais tempo para terminar, e para o qual escreveu algumas de suas páginas mais intensas que, inclusive, compensam a falta de dramaticidade de um libreto escrito por um não-profissional de teatro. Para ele, diz o conde de Harewood em *Kobbé o Livro Completo da Ópera*:

> o drama reside mais num poderoso tema global do que na expressão de uma situação imediata, de um antagonismo ou de um incidente violento; o tratamento dos caracteres não é primordial: o que se deve admirar é a habilidade com a qual organiza a sua obra, seja no longo movimento de abertura, com suas procissões e mensageiros, seja nas amplas seqüências dançadas dos dois atos ou no *quasi-finale* do ato I, que funciona como uma espécie de poslúdio, ou de uma reflexão sobre a ação principal.

Harewood compara os nobres monólogos de Padmâvati aos de Dido, nos *Troianos*, de Berlioz. Esta aproximação é particularmente válida para o momento, no ato II, cena 2, em que a rainha evoca os tempos felizes de sua chegada a Tchitor e a ventura dos anos que viveu com Ratan-Sen. Pode-se lamentar que o final, quando Alauddin chega ao templo e depara apenas com os cadáveres do rei e de sua esposa, não tenha a força que seria de se esperar depois de uma seqüência impressionante como a dos coros fúnebres. Mas a ópera é notável pelos muitos trechos exuberantes em que a ação dançada funde-se com a cantada; por seu estilo harmônico complexo e refinadíssimo; e pela propriedade com que Roussel assimila as fórmulas exóticas da música oriental, fazendo com que sejam não apenas um elemento decorativo superposto, mas parte intrínseca da ação narrada. Entre os artifícios de música hindu integrados à partitura, um em especial é muito interessante: a figuração nas cordas, em forma de glissando, antes da pantomima com que se inicia a preparação da cerimônia fúnebre, no ato III, cena 3. Esses acordes imitam os arpejos com que, antes de começar seu recital, o tocador de *sitar* chama a atenção de seu auditório (o leitor poderá observar isso, por exemplo, nas gravações das *ragas* clássicas de seu país, feitas pelo sitarista indiano Ravi Shankar). Ressalta também, durante a cerimônia fúnebre, a utilização de fórmulas encantatórias hinduístas: a sílaba Om, que representa a trindade de Brahma, Vishnu e Shiva, seguida das palavras que designam os sete mundos celestiais: "bhur, bhuvah, svah, mahah, djanah, tupas, satyam".

Numa nota autobiográfica escrita no fim da vida, Roussel mostrou considerar *Padmâvati* um divisor de águas de toda a sua obra. Após ter reconhecido que a primeira fase (1898-1913) é fortemente marcada pelo impressionismo, ele diz:

> Com *Padmâvati* [...] começa um período de transição ao qual se ligam o poema sinfônico *Pour une Fête de Printemps* e a *Sinfonia nº 2 em Si Bemol*. O estilo se transforma, os encadeamentos harmônicos tornam-se mais audaciosos e mais ásperos, a atmosfera debussysta desaparece completamente, e o caminho novo que o autor põe-se a trilhar, ainda tateando o terreno, é ao mesmo tempo objeto de críticas violentas e aprovações calorosas.

De fato, depois dessa ópera, Roussel parece ter encontrado definitivamente o seu idioma pessoal: o da *Suite em Fá*, o do *Salmo 80*, o da *Sinfonia nº 3* – uma das maiores realizações desse gênero no século XX. *Padmâvati*, com suas páginas sinfônicas (os dois prelúdios e a música de balé), vastas páginas corais e até mesmo trechos camerísticos (os intermezzos dançados pelas escravas no ato I, em que ele usou uma melopéia árabe ouvida em Toggurt), faz também uma ampla síntese de sua obra até então. Ao dedicá-la à sua mulher, disse desejar que "ela fosse a mais perfeita de todas as partituras que escrevi até aqui".

Para uma ópera que os teatros franceses têm negligenciado relativamente, *Padmâvati* teve a sorte de ser bem servida pelo disco: além de um notável registro pirata do Coliseum de Londres (MRF, 1969), regido por Jean Martinon, há uma ótima gravação comercial realizada por Michel Plasson (EMI, 1983) no Capitole de Toulouse. Nos arquivos da ORTF, há também três registros diferentes de programas radiofônicos transmitidos em 1961, 1969 e 1971 – com prováveis cópias pirata circulando na Europa.

Além dos balés *Bacchus et Ariane* e *Æneas*, em que emprega extensamente o coro, Roussel também escreveu para o palco *La Naissance de la Lyre* (1925), com libreto de Théodore de Reinach baseado nos *Ichneutae* (Os Mastins), de Sófocles. As escalas modais helênicas são empregadas nesse melodrama com acompanhamento musical contínuo, misturando fala e canto – segundo o modelo do *Prométhée* de Fauré –, que conta a história de como Hermes, tendo roubado os bois de Apolo, fabrica a lira com o casco de uma tartaruga e a oferece de presente a seu irado irmão, para obter que este o perdoe.

As danças das ninfas e dos sátiros; a canção de Hermes, na gruta de Kyllenê, acompanhando-se pela primeira vez com o instrumento que acaba de inventar; ou a serena grandeza da cena final bastariam para justificar que se salve essa peça do esquecimento. Em sua biografia de Roussel, Basil Deane chama a atenção para a semelhança do *Nascimento da Lira* com a *Perséphone*, de Stravinski e André Gide, que é de 1934.

*Le Testament de Tante Caroline* era, originalmente, uma ópera bufa em três atos, com libreto de Nino (pseudônimo de Michel Véber), que colaborará também com Jacques Ibert. Como a estréia, em Olomouc, na Tchecoslováquia (11.3.1937), foi recebida com muita frieza, o próprio Roussel concordou, pouco antes de morrer, em que Marcel Mihailovici preparasse uma revisão, sob a forma de opereta em um ato. Como ela teve melhor sorte no Opéra-Comique (11.3.1937), é nessa forma que vem sendo apresentada.

Tia Caroline, desprezada pela família devido à vida livre que leva, morre legando sua enorme fortuna à sobrinha que tiver um herdeiro do sexo masculino até um ano após seu desaparecimento. As duas mais novas, fúteis e vaidosas, fazem de tudo, inutilmente, para atender a essa condição. É a mais velha, uma solteirona ingênua e caridosa, quem herda todo o dinheiro ao descobrir o filho natural que tivera, no passado, com um namorado que a família não lhe permitira desposar – pois o rapaz é o atual motorista do médico de uma de suas irmãs.

René Dumesnil tem toda a razão ao dizer que a musica é melhor do que o texto, de um sentimentalismo piegas e fora de moda; mas deve-se considerar a inferioridade do libreto de Mihailovici em relação ao de Nino, famoso por suas tiradas ferinas. Além disso, a partitura, pensada para uma ópera bufa com recitativos, não cabe na frágil moldura de uma opereta com números bem curtos e diálogos falados abundantes. Sem um retorno à versão original, diz Deane, será impossível um julgamento justo. Os dois registros (1961 e 1966) de que se dispõe no acervo da ORTF são da versão opereta. De 1937 para cá, nunca surgiu quem se interessasse por fazer dela uma edição crítica retornando aos manuscritos.

# Reynaldo Hahn

Nascido em Caracas, de pai alemão e mãe venezuelana, Hahn (1875-1947) só se naturalizou francês em 1913, embora morasse em Paris desde os três anos de idade. Ainda pequeno, sua voz muito pura tornou-o conhecido nos salões elegantes, cujos saraus sua abastada família freqüentava. Começou a compor precocemente: as primeiras peças do ciclo *Chansons Grises*, publicado em 1890, datam de 1887, quando tinha doze anos. E aos quinze, recebeu de Alphonse Daudet a encomenda da música incidental para a peça *L'obstacle*.

Melodista naturalmente dotado para a música vocal, ele próprio reconhecia não ter grande interesse pela composição instrumental: "uma única coisa me obceca – a relação entre música e literatura". Isso fez com que esse aluno de Massenet –, estimadíssimo pelo mestre, que sempre o convidava a compartilhar as suas refeições no Conservatório –, se voltasse desde cedo para a *mélodie*. Deixou 125 canções e, nas mais famosas delas – *L'Heure Exquise* ou *Si mes Vers Avaient des Ailes* – consegue a perfeita junção das palavras com o canto. Tinha talento também para a ópera de tema cômico. Compôs *L'île du rêve* (1898), um "idílio polinésio" baseado em Pierre Loti; *La Carmélite* e a opereta *Brummel*, ambas de 1902; *Nausicaa* e *La Fête Triomphale*, as duas de 1919; e principalmente a shakespeariana *Le Marchand de Venise* (1935), que, remontada em Portland, em março de 1997, sob a regência de Mark Trautman, foi muito elogiada pela crítica americana.

Segundo seu aluno e biógrafo Pierre Petit,

> Reynaldo Hahn foi o eco sonoro dessa franja refinada da sociedade francesa que vivia entre os salões e os cenáculos, ao abrigo das dificuldades materiais, e cuja maior preocupação era, antes de mais nada, nesses primeiros anos de nosso século, buscar as pequenas emoções de que toda arte, nesses períodos de decadência, é pródiga. [...] Os anos que precedem a I Guerra Mundial constituem, para (Hahn), a ocasião de mergulhar no universo ao mesmo tempo decadente, sofisticado e um pouco doentio das pequenas "capelas" artísticas anteriores a 1914.

Desse período, destaca-se a ligação com Marcel Proust, um dos maiores escritores de seu tempo, que o tomou como modelo para duas das personagens de *Jean Santeuil*: o músico Henri de Réveillon e o marquês de Poitiers, que, como ele, tem o hábito de cantar sem tirar o cigarro do canto dos lábios. Mesmo depois de encerrado o seu caso, que durou dois anos, Reynaldo e Marcel permaneceram amigos até o fim da vida.

De resto, ninguém melhor do que o autor de *A la Recherche du Temps Perdu* para retratar o ambiente fechado e exclusivista desses cenáculos, opondo o salão aristocrático e rarefeito dos Guermantes às pretensões intelectuais da burguesa Mme Verdurin. São os salões para os quais Hahn produzia suas elegantes canções e peças para piano. Mas a peça em que melhor se afirma a mistura de sofisticação, leveza e bom humor, que é sua marca registrada, é *Ciboulette*, um *opéra-comique* estreado triunfalmente no Théâtre des Variétés, em 7 de abril de 1923. Dele há duas versões realizadas por Cyril Diederichs na Ópera de Monte Carlo: o álbum gravado em 1982 para a EMI, com Mesplé/Gedda/Van Dam, e o vídeo da montagem de 1985, com Host/Jansen/Normand.

Um de seus libretistas, o amigo de infância Robert de Flers – que ao ser nomeado, em 1921, diretor do *Figaro*, o levara para o jornal, onde ele se tornou um crítico de música de penetrante sensibilidade – era um aplaudido autor de comédias. Em parceria com André de Caillavet, Flers escreveu *vaudevilles* que são encenados até hoje. O mais famoso produto da dupla Flers e Caillavet, *Fleur de Cactus*, em versão modernizada, transformou-se, na década de 70, num filme de sucesso estrelado por Ingrid Bergman. Pois foi Flers quem propôs a Hahn musicar um libreto que escrevera com Francis de Croisset.

É a história ingênua e cheia de inverossimilhanças de Ciboulette, vendedora de legumes no mercado de Les Halles, que se torna uma cantora famosa quando o compositor Olivier descobre que ela tem uma bela voz. No final, a moça casa-se com seu amigo Antonin, feirante como ela e que, segundo as profecias da velha mère Pingret, haveria de ser seu esposo. Por mais tola que seja a história, o texto de Flers e Croisset é vivo, ágil e oferece ao compositor bons pretextos para números cheios de graça.

Uma personagem interessante é o veterano boêmio Duparquet: é esse amigo de Antonin que apresenta Ciboulette a Olivier; e ele se orgulha de contar a todo mundo que, na juventude, foi o modelo de Henri Murger para o Rodolphe das *Scènes de la Vie de Bohème*, o nostálgico romance autobiográfico em que se basearam as duas *Bohèmes*, de Puccini e de Leoncavallo. Trechos como os *couplets* de Ciboulette, "Y a des femmes qui font la folie" (ato I, cena 2); seu dueto com Antonin, "Les parents, quand on est bébé"; ou a cena do ato III, "C'est le moment inévitable de la chanson", que culmina numa valsa contagiante, são de deliciosa invenção melódica e rítmica.

São páginas típicas de um músico que dizia: "Quando componho, quero que todas as minhas palhetas sejam claras e puras e que, em minha música, reine esse equilíbrio misterioso que impede os corpos de serem arrastados para o fundo da água". E quando lhe perguntaram porque dava preferência a comédias, respondeu: "Deve-se, a todo custo, evitar o peso e o tédio. Quem disse que as Musas usam óculos?" Esse é um lema que vale para toda uma linhagem de músicos franceses, de Grétry a Offenbach, de Chabrier a Cocteau.

Também *Mozart*, de que existe, no selo Musidisc, uma transmissão radiofônica regida por Pierre-Michel Leconte, ilustra a arte leve e sofisticada de Hahn. O espirituoso libreto de Sacha Guitry, o mestre das comédias em estilo *boulevardier*, evoca o período passado por Wolfgang Amadeus em Paris em março de 1778; mas o faz com toda a liberdade, mais preocupado em imaginar suas aventuras galantes com as *demoiselles* da sociedade aristocrática do que em reconstituir a verdade histórica. O amplo espaço aberto ao diálogo falado faz de *Mozart* mais um musical do que propriamente uma ópera. A partitura, como não podia deixar de ser, faz habilidosos pastiches do estilo mozartiano, que ele conhecia profundamente – ficou famosa a produção do *Don Giovanni* que regeu, no Festival de Salzburgo de 1906, ao lado de Mahler e R. Strauss, para comemorar o Sesquicentenário de Mozart.

*Ô Mon Bel Inconnu* (Ó Meu Belo Desconhecido, 1933), título que se refere ao fato de os protagonistas da história se conhecerem através de um anúncio, na seção "Corações Solitários" do jornal, foi sua segunda colaboração com Guitry. O título da opereta é também o de um trio para sopranos, a página mais famosa da obra, em que se afirma o dom do compositor para a espontaneidade melódica. Jean Brebion fez uma gravação para a Musidisc, com Lina Dachary e Dominique Tirmont.

Hahn recusou-se a sair da França durante a II Guerra Mundial, apesar do risco que corria, pois era judeu por parte de pai. Terminada a guerra, foi nomeado diretor do Opéra de Paris, cargo que ocupou até sua morte. Era também um excelente professor e uma de suas alunas foi Bidu Sayão. Numa entrevista concedida em 1992 a Voytek Matushevski, e publicada pelo *Opera Quarterly*, a cantora contou como o conheceu em 1924, em Nice, onde Hahn se preparava para reger, no Théâtre des Variétés, um *Don Giovanni* que seria dirigido pelo tenor polonês Jean de Reszke – na época o professor de canto da brasileira. Bidu deixou, nessa entrevista, o testemunho entusiástico das qualidades didáticas de Hahn. E a antológica gravação de *Si mes Vers Avaient des Ailes*, que fez em maio de 1950 (relançada pela Sony, no Brasil, em 1996), reflete, segundo suas palavras, as instruções muito precisas que recebeu do próprio compositor.

Eis a lista de gravações de obras de Reynaldo Hahn existentes no acervo da ORTF, que poderão vir a ser comercializadas um dia: *Brummel* (s/d), *La Carmélite* (1948) e *Le Temps d'Aimer* (1965), sete versões diferentes de *Ciboulette* transmitidas entre 1947 e 1964, cinco de *Malvina* (1955-1969), três de *Mozart* (1959-1973) e duas de *O mon Bel Inconnu* (1971 e 1973).

# André Messager

Personalidade musical curiosa a de Messager (1853-1929): regente excepcional, homem de grande cultura, tinha um sexto sentido inato para reconhecer, na produção da vanguarda de seu tempo, as obras de real valor (foi ele quem regeu, como já vimos, as estréias de *Louise* e de *Pelléas et Mélisande*, no Opéra-Comique). Mas, como compositor, tinha plena consciência de suas limitações e afinidades naturais; por isso, dedicou-se exclusivamente ao gênero ligeiro, tornando-se um excelente autor de balés, *óperas-comiques* e operetas. Mais curioso ainda: esse aluno de composição de Saint-Saëns tinha estudado na École Louis Niedermeyer – onde foi colega de Fauré, com quem estreitou duradoura amizade –, preparando-se para uma carreira de organista. E foi no domínio da música sacra, tocando na igreja de Sainte-Marie des Batignolles, que se iniciou profissionalmente.

Uma reviravolta súbita ocorreu, entretanto, em 1878, quando seu balé *Fleur d'Oranger*, aceito pelo Théâtre des Folies Bergères, tornou-se um instantâneo sucesso. As encomendas de música ligeira que choveram sobre ele animaram-no a abandonar o órgão e dedicar-se à opereta. Pôde, inclusive, casar-se, no final de 1883, com uma moça da alta burguesia do Havre. O pai da noiva, que hesitava em entregá-la a um mero compositorzinho, calou a boca diante da verdadeira fortuna que André ganhara, naquele mesmo ano, com sua opereta *François les Bas Bleus*. Relata seu biógrafo Maurice Tassart:

> A cerimônia contou com a presença de Fauré, que, encarregado do órgão, permitiu-se o malicioso prazer de improvisar sobre alguns temas extraídos das obras muito profanas de seu jovem confrade e amigo.

Nos anos seguintes, deliciosas operetas, óperas cômicas e balés jorraram da pena de Messager. As mais importantes são *La Fauvette du Temple* (1885); o balé *Les Deux Pigeons* que, estreado no Opéra em 1886, até hoje é reprisado com freqüência; *Le Bourgeois de Calais* (1893);

*Madame Chrysanthème* (1893), do romance de Pierre Loti, fonte de inspiração para David Belasco, autor da peça de onde Puccini tirou a *Madame Butterfly*;
*Véronique* (1898), *Fortunio* (1907); *Monsieur Beaucaire* (1919), de que Maggie Teyte tornou famosa a cena pastoral "Philomel";
*L'Amour Masqué* (1923), comédia musical do ator, dramaturgo e cineasta Sacha Guitry, estrelada por sua mulher, Yvonne, e onde Messager utiliza com muito refinamento ritmos de tango e fox-trot;
*Passionément* (1926) e *Coup de Roulis* (1928), notáveis pela hábil inserção, no gênero ligeiro, de recursos de escrita da música séria pós-impressionista.

Escreveu Fauré:

Não há muitos exemplos, na História da Música, de uma cultura tão completa, de uma ciência tão aprofundada que consinta aplicar suas qualidades a formas reputadas, não se sabe bem por que, secundárias. De quantas obras-primas esse preconceito não nos terá privado? E é aí que se revela a delicadeza de pensamento de Messager, é aí que o seu ecletismo surge como uma invejável diretriz artística. Ter ousado ser apenas terno, refinado, espirituoso, exprimir apenas a galanteria das paixões, ter ousado sorrir num momento em que os outros só pensavam em chorar, eis uma audácia bem curiosa para nosso tempo.

Paralelamente a essa coragem em assumir, sem preconceitos, o lado alegre e descontraído de seu temperamento, existe, porém, em Messager, um lado seriíssimo, de animador cultural, a que a vida musical francesa da virada do século deve muito. Regente titular do Opéra-Comique (1898-1903) e do Covent Garden, de Londres (1901-1907), ele foi também, de 1907 a 1913, diretor, juntamente com Albert Broussan, do Théâtre de l'Opéra de Paris. Durante sua gestão, o conservador repertório do Palais Garnier abriu suas portas a obras novas de Debussy, Fauré, Saint-Saëns e Dukas, a partituras antes negligenciadas de Lalo e Chabrier, a novidades como a *Salomé*, de Richard Strauss, cuja estréia francesa ele próprio fez questão de reger.

Messager teve, em especial, papel importantíssimo como divulgador da obra de Wagner na França. Regeu a estréia de *Parsifal* e, em junho de 1911, promoveu a primeira integral parisiense do *Anel*: três ciclos consecutivos, dirigidos por Felix Weingartner, Arthur Nikisch e ele mesmo (o crítico Gustave Samazeuilh, militante wagnerita, não hesitou em afirmar que o dele foi o mais interessante). Os fervorosos adeptos de Wagner concediam, assim, seu perdão pelo "sacrilégio" que cometera, a primeira vez que peregrinara à Verde Colina, ao escrever os *Souvenirs de Bayreuth*, uma coleção de quadrilhas e galopes para piano a quatro mãos, sobre temas do *Tristão* e do *Anel* (quem se horrorizava de vê-lo converter em música de salão os sacrossantos *leitmotive* do Mestre não percebia que essa era a sua maneira mais sincera e despretensiosa de demonstrar o entusiasmo por aquela música).

Durante a Primeira Guerra Mundial Messager fez, também, com a Orchestre de la Société des Concerts, uma turnê de quarenta recitais pelos Estados Unidos, arrecadando fundos para a ajuda às vítimas do conflito, e fazendo os americanos ouvirem o que havia de mais moderno na música francesa. Da mesma forma, em 1924, trabalhando com os Ballets Russes, de Serguei Diáguiliev, descortinou aos franceses tesouros inestimáveis da escola russa.

Das muitas partituras que deixou, basta determo-nos sobre duas das mais significativas que, por terem uma densidade de ópera, justificam a inclusão de Messager neste volume. A elas o leitor pode ter fácil acesso através de gravações relativamente recentes: *Véronique*, com Jean-Claude Hartemann (Pathé-Marconi/EMI, 1970), Pierre Dervaux (Decca, anos 60), ou Jules Gressier (Pathé, trechos, da década de 50); e *Fortunio*, de que há a documentação, no selo Erato, de uma montagem da Ópera de Lyon regida por John Eliot Gardiner.

Mas existem também gravações de *La Basoche*, que seu biógrafo, Henri Février, chamou de "a última grande ópera cômica francesa" (Tony Aubin/Nadine Sautereau, Camille Mauranne, 1960 – Musidisc);

*Monsieur Beaucaire* (trechos, com Jules Gressier/Martha Angelici, Michel Dens – Pathé; e integral, com Gressier/Lina Dachary, Willy Clément, 1958 – Musidisc coleção *Gaîté Lyrique*);

*Isoline* (Gressier, Musidisc/*Gaîté Lyrique*, década de 60);

*Coup de Roulis* (Marcel Caniven, 1963, Musidisc/*Gaîté Lyrique*); e de *Passionément* (Jean-Paul Kreder, 1964, Musidisc/*Gaîté Lyrique*, incluindo trechos de *Les P'tites Michu*: esta última é uma curiosa opereta escrita em 1926, com libreto de Albert Willemetez e Michel Hennequin, em que Messager faz uma hábil utilização de ritmos de jazz e de melodias populares).

Além disso, a coleção "Belle Époque" do selo EMI Classics possui um álbum de dois CDs com trechos de *Véronique*, *M. Beaucaire* e *Les P'tites Michu*, regidos por J. Gressier, que se constitui numa verdadeira antologia das grandes vozes francesas da opereta e do *opéra-comique*: Camille Mauranne, Martha Angelici, Michel Roux, Liliane Berton.

O libreto de Albert Vanloo e Georges Duval para *Véronique*, estreada no Opéra-

Comique em 10 de dezembro de 1898, reconstitui de forma muito colorida a época de Luís Felipe. É uma evocação semelhante à dos romances libertinos de Paul de Koch; ou à das gravuras de Paul Gavarni (pseudônimo de Sulpice Guillaume Chevalier), ilustrador do *Charivari*, jornal satírico em que também colaborava Honoré Daumier: em suas páginas, ele fazia o retrato impiedoso dos costumes da burguesia, dos estudantes e da vida boêmia. Comenta Tassart:

> Ali estão todas as personagens: o bom burguês cornudo, sua esposa coquete, o jovem dândi crivado de dívidas, a ingênua que não o é tanto assim, a mulher enérgica, determinada e um tantinho biruta, os empregados embrulhões, as sedutoras costureirinhas.

A personagem central é Hélène de Solanges, que está noiva do visconde Florestan de Valaincourt, num casamento arranjado pela família. Um dia, no elegante *Temple de Flore*, ela ouve uma conversa de Florestan com a dona da flora, Agathe de Coquenard, sua ex-amante. Ele lhe diz que vai se casar com Hélène, a quem ainda não foi apresentado, apenas porque seu tio o está pressionando, ameaçando deixar que seja preso por dívidas caso não aceite essa união. Para testar o rapaz, Hélène e sua tia, a abilolada Ermerance de Champ d'Azur, disfarçam-se como as criadas Véronique e Estelle, e vão, em companhia de Agathe, seu marido Coquenard e Florestan, a uma festa no campo: o casamento de Séraphin e Denise, ex-empregados da família Solanges. É claro que Florestan, sem ter a menor idéia de quem ela é, apaixona-se por Véronique e, por causa dela, desiste do casamento com Hélène – o que provoca a ira de seu tio. Ao saber que o rapaz foi preso porque a ama, Hélène paga as suas dívidas e o põe em liberdade. Embora a princípio ele não goste da brincadeira de que foi vítima, a paixão acaba vencendo.

Igualmente divertida é *Fortunio*, com libreto dos *boulevardiers* Flers e Caillavet, baseado em *Le Chandelier*, de Alfred de Musset. Na estréia, em 5 de junho de 1907, além da soprano Marguerite Carré, a temperamental mulher do diretor do teatro, que tinha sugerido o tema a Messager, havia no elenco Jean Périer e o barítono Hector Dufranne, o primeiro Golaud. O papel título, que o compositor idealizara como um *trouser-role* – como o Cherubino das *Bodas de Fígaro*, ou o Octaviano do *Cavaleiro da Rosa* –, destinava-se, a princípio, à *mezzo* Geneviève Vix. No entanto, por insistência de Flers, que alegava o risco da inverossimilhança, ele foi transposto para tenor, e revelou Ferdinand Francell, destinado a fazer brilhante carreira como cantor de opereta.

Jacqueline é casada com o sexagenário tabelião maître André e, por tédio e desejo de aventura, deixa-se cortejar pelo militar Clavaroche. Mas apaixona-se de verdade pelo jovem Fortunio, que veio do interior para ser aprendiz de seu marido. Enciumado, Clavaroche tenta atraí-lo para uma armadilha, usando um bilhete falso em que Jacqueline supostamente o convida para um encontro galante. Mas ela descobre a tempo a trama, confessa seu amor a Fortunio e o esconde de modo que seu marido não possa encontrá-lo, ao tentar surpreendê-los. Este chega, em companhia de Clavaroche e, constrangidos por encontrá-la sozinha, pedem-lhe desculpas e retiram-se de seus aposentos – não sem que, antes, seu marido lhe recomende que feche bem a porta; o que ela faz prazerosamente, ficando trancada a sete chaves dentro do quarto... com Fortunio.

Em ambas as partituras, Messager demonstra uma inata originalidade para o desenho melódico efervescente, que cola ao ouvido à primeira audição; para a combinação de multicoloridos timbres orquestrais e a judiciosa integração, à música ligeira, das aquisições harmônicas de seu tempo. Influências de Offenbach, de Chabrier e de Gilbert e Sullivan, que ele conhecera em Londres, são visíveis, mas muito bem integradas a um estilo pessoal. Páginas como o "Duo de l'escarpolette", da *Véronique*, ou o dueto "Vous me demandez une rose", do *Beaucaire*, mostram como é difícil classificar Messager no domínio convencional da opereta, ao lado de compositores como Lecocq, Hervé ou Planquette. Da mesma forma que Chabrier ou Reynaldo Hahn, esse grande regente e homem de teatro tem um refinamento de escrita que o leva a incorporar, na tradição bufa de Offenbach, elementos característicos da música de Saint-Saëns, Massenet ou de seu amigo Fauré. Tem razão o seu biógrafo Benoît Duteurtre ao dizer: "Essa música, que algumas pessoas apressadamente declaram 'obsoleta', é daquele tipo de que a gente gosta cada vez mais, à medida que a escuta."

Sinal da grande popularidade de Messager em seu país é o número de registros existentes, nos arquivos da ORTF, de programas com transmissões de obras suas: *L'Amour Masqué* (1971), *Béatrice* (1957), *Les Bourgeois de Calais* (1946), *La Fauvette du Temple* (1956), *Madame Chrysanthème* (1956), *Sappho* (1958), quatro versões diferentes de *La Basoche* (1958-1963), quatro de *La Béarnaise* (1960-1972), quatro de *Coups de Roulis* (1959-1969), três de *Les Dragons de l'Impératrice* (1949-1970), seis de *Fortunio* (1949-1974), duas de *Isoline* (1955 e 1969), sete de *M. Beaucaire* (1947-1970), sete de *Passionément* (1948-1971), duas de *La Petite Fonctionnaire* (1948 e 1967), cinco de *Les P'tites Michu* (1953-1971) e seis de *Véronique* (1952-1973).

# Georges Enesco

Enesco declarou, uma vez, a respeito de sua ópera:

> Sempre pensei que, bem-sucedida ou frustrada, cada existência tem sua aventura, seu drama secreto. Minha motivação, meu drama e minha aventura cabem em três sílabas que Sófocles tornou famosas: Oe-di-pe. Não sou eu quem dirá se *Oedipe* é ou não a mais bem-acabada de minhas obras. O que posso garantir, com toda a certeza, é que, de todas, é a mais querida. Nela, coloquei-me inteiro, a ponto de, em alguns momentos, identificar-me com o herói. Não quis fazer de meu Édipo um deus, mas um ser de carne e osso, como você ou eu. Se algumas das inflexões que lhe emprestei comoveram as pessoas foi, eu acho, porque elas reconheceram em seu lamento um eco fraternal.

Tais palavras definem a importância e o significado de *Oedipe* no conjunto da obra, infelizmente ainda mal reconhecida, de Georges Enesco (1881-1955), virtuose do violino que foi também pianista, regente, compositor, professor notável – o mais famoso de seus alunos foi Yehudi Menuhin – e o incansável organizador da vida musical de sua Romênia natal. A gravação de *Édipo*, feita por Lawrence Foster em Monte Carlo, em agosto de 1989, para o selo EMI, veio preencher uma lacuna, permitindo o acesso ao original dessa obra monumental do início do século. Antes disso – já que os arquivos da ORTF ainda não autorizaram a comercialização da transmissão da Radio France, de 1955 –, a única forma de conhecê-la era através da gravação romena de Brediceanu (Electrecord, 1964), de difícil obtenção. A inclusão, aqui, desta obra de autor estrangeiro, justifica-se – como no caso da *Vestal*, de Spontini – pelo fato de ter sido escrita para a França, com um libreto nessa língua e dentro de um contexto cultural tipicamente francês.

*Oedipe*, cuja composição estendeu-se por vinte e seis anos, é a síntese grandiosa de todas as pesquisas e ambições artísticas que percorreram a carreira de Enesco. Síntese, de resto, é a palavra mais adequada para falar desse músico, corporificação estética da posição singular ocupada por seu país, enclave de cultura latina em pleno domínio eslavo, mas também, por proximidade territorial, herdeiro de toda uma tradição helênica e bizantina de que o seu rico folclore é um dos mais belos repositórios. Síntese que está presente também em sua eclética formação, pois tendo trazido de seu país todo um substrato popular moldavo – que comparece no que escreve desde as juvenis *Rapsódias* romenas, muito estimadas pelo público de concertos sinfônico –, Enesco o combina com o classicismo alemão, descoberto em Viena através de Johannes Brahms, e com as influências complementares recebidas, em Paris, de seus professores de Composição: o neo-romantismo de Jules Massenet e as idéias mais modernas de Gabriel Fauré – em cujas aulas foi colega de Maurice Ravel. Em nenhuma de suas obras essa convergência e fusão de elementos manifesta-se melhor do que na ópera, ao mesmo tempo profundamente romena e européia, em que ele explora um dos mitos fundamentais da cultura do Ocidente. Foi a sua única ópera, embora, na década de 20, ele pensasse em escrever uma outra, sobre o herói nacional romeno Meoterul Manole.

A primeira vez que veio a Enesco a idéia de transformar o *Édipo Rei*, de Sófocles, em uma drama lírico, foi em 1909, ao assisti-lo, na Comédie Française, interpretado pelo famoso ator Jean Mounet-Sully. Os primeiros esboços musicais datam de 1º de janeiro de 1910, numa época em que ainda não dispunha de libretista – que só encontraria no fim do ano, ao assistir, no Opéra-Comique, em 30 de novembro, à estréia do *Macbeth*, de Ernest Bloch (de que falaremos mais adiante).

O magistral trabalho de condensação da peça de Shakespeare feito por Edmond Fleg animou Enesco a convidá-lo para escrever um libreto baseado na tragédia grega. Mas só em 1913 Fleg entregou-lhe uma primeira redação do texto, em duas longas partes, previsto para ser representado, como os *Troianos*, de Berlioz, em duas noites subseqüentes. O pedido de Enesco de que o reduzisse às dimensões de uma única noite retardou o início da composição. E ela foi, de início, muito lenta e fragmentária, em função do trabalho a serviço de causas humanitárias desenvolvido pelo compositor durante a I Guerra Mundial – o que incluiu um famoso concerto beneficente que regeu, em 27 de dezembro de 1917, no qual Bucareste ouviu pela primeira vez (e com muito atraso), a *Sinfonia nº 9*, de Beethoven.

A composição da ópera foi retomada sistematicamente a partir de 1921, ano do *Quarteto nº 1*, que tinha passado por mais de vinte redações sucessivas, e da gigantesca *Sinfonia nº 3*, com coros. Em 19 de novembro de 1922, Enesco executou a redução para piano em casa de sua futura esposa, a princesa Maria Cantacuzène e, em abril do ano seguinte, obteve grande sucesso ao reapresentá-la na École Normale de Musique, em Paris. Iniciada a orquestração, divulgou aos poucos algumas de suas páginas, para testar a reação do público: em março de 1924, regeu a *Danse des Bergers* e a *Danse des Femmes Thébaines* nos Concerts Colonnes. Um ano depois, no mesmo local, tocou o Interlúdio do ato II. Mas a instrumentação só ficou pronta em 27 de abril de 1931. Nesse meio tempo, ele escrevera a *Sonata para Piano Op. 24 nº 1* (1924) e uma de suas peças mais importantes, a *Sonata em Fá Sustenido Menor para Violino e Piano "Em Estilo Romeno"* (1926), ambas ostentando estreitos vínculos musicais com a ópera.

O meticuloso processo de revisão a que Enesco submeteu a partitura fez com que a estréia, no Théâtre de l'Opéra, fosse adiada até 13 de março de 1936. A interpretação de André Pernet no papel título e a regência entusiasmada de Philippe Gaubert aliaram-se à música para garantir o sucesso do espetáculo. Somente as dificuldades de execução e encenação explicam, portanto, que o Palais Garnier nunca mais tenha remontado ópera tão bem recebida pelo público e pela crítica.

A transmissão radiofônica de 20 de maio de 1955, a que me referi, foi feita em homenagem ao autor, morto duas semanas antes. Em 6 de março de 1956, Fleg ainda pôde assistir à montagem do Théâtre de la Monnaie, em Bruxelas; e alguns teatros alemães a levaram, ocasionalmente. Paris só reviu *Oedipe* em 1963, cantada em romeno, durante a turnê da Ópera de Bucareste. A ópera tinha demorado muito a chegar à pátria de Enesco: só em 22 de setembro de 1958 fora cantada ali pela primeira vez. Mas o teatro de Bucareste é o único a ainda encená-la com regularidade.

Em seu libreto, Fleg quis abranger todas as etapas do mito edipiano. O ato III corresponde ao *Édipo Rei*, a parte da história abordada por Sacchini, Leoncavallo ou Stravinski nas óperas baseadas em Sófocles; e o IV, ao *Édipo em Colona*. Os dois primeiros, entretanto, mergulhando nas raízes da lenda, tratam de antecedentes que, em sua primeira peça, o dramaturgo grego apenas evoca indiretamente.

No ato I, o adivinho Tirésias adverte a Laios, rei de Tebas, que ele será castigado por ter desobedecido a proibição de Apolo de que tivesse descendência: o filho que teve com Jocasta um dia matará o pai e se casará com a mãe. Horrorizado, Laios o entrega a um Pastor, que deverá abandoná-lo no desfiladeiro de Kitheron. No ato II, Édipo, já adulto, está em Corinto, no palácio de Políbio e Merope, a quem o Pastor, sem coragem de deixar que o bebê morresse, o entregou para adoção. Tendo acabado de conhecer a profecia sobre seu destino, Édipo quer deixar a cidade, para não expor ao perigo aqueles que acredita serem seus pais. Ele não aceita submeter-se passivamente aos desígnios absurdos do Destino e tenta fugir deles.

Nos dois últimos quadros do ato II, Édipo encontra Laios, na encruzilhada de três estradas, perto de Tebas, é desafiado gratuitamente pelo velho rei e mata-o em legítima defesa. Mais adiante, encontra-se com a Esfinge, decifra seu enigma e, por ter libertado a cidade desse flagelo, é triunfalmente recebido em Tebas, onde lhe oferecem o trono e a mão de Jocasta, a rainha viúva. Daí em diante, os atos III e IV seguem de perto as tragédias de Sófocles.

A forma do libreto permite a Enesco trabalhar a ópera como uma vasta estrutura sinfônica em quatro movimentos que, partindo de um prologo estático, passa por dois atos centrais de ação intensa, muito movimentada, para desaguar na catarse do ato IV. Nele, o herói, tendo acertado as contas com o seu destino, encontra finalmente a paz.

Fleg faz, no texto de Sófocles, algumas modificações significativas. Desde o início, Édipo está decidido a lutar, com todas as suas forças, contra o destino a que foi condenado pela crueldade e o cinismo dos deuses. É por legítima defesa que, na encruzilhada, mata o velho que tenta atropelá-lo com sua carruagem, e não por arrogância, como está no texto grego, onde ele se recusa a ceder o passo a um desconhecido. O enigma da Esfinge, sobre o animal que anda sucessivamente em quatro, dois e três pés – o Homem, nas diversas fases de sua vida –, é substituído pela questão: "Nomme quelqu'un ou nomme quelque chose qui soit plus grand que le Destin!". A resposta de Édipo decifra o enigma, mas introduz nele uma nuance fundamental: "L'homme! L'homme est plus fort que le Destin!". Mais forte, não maior, aí está toda a diferença.

Finalmente, Fleg devolve a visão a Édipo, nos instantes finais da tragédia: ao desaparecer no bosque das Eumênides, é com uma visão clara de sua experiência humana que ele se transfigura na morte, certo de ter vencido, tanto quanto possível, a batalha contra o destino. No entanto, os elementos originais desse texto, terminado uns vinte anos antes da música, convivem com traços um tanto envelhecidos. Sem ser tão palavroso quanto o de René Fauchois para a *Pénélope*, de Fauré, o libreto de Fleg tem uma empostação neo-romântica, da mesma matriz que as peças em versos de Edmond Rostand, em alguns pontos francamente datada.

Mas a música de Enesco passa essas limitações para segundo plano. O estilo de canto é de grande variedade, indo de um recitativo próximo ao *Sprechgesang* à cantilena mais trabalhada. Os registros vocais também cobrem palheta muito ampla, do baixo barítono (Édipo) ao barítono agudo (Teseu), passando pelo barítono grave (Tirésias). As vozes femininas vão do soprano lírico (Antígone) ao contralto (a Esfinge, um papel curto mas dificílimo), passando por mezzos claramente diferenciados: Merope, mais matronal, tem tons escuros; Jocasta, ainda jovem, exibe muita sensualidade na voz.

Um cromatismo extremamente ágil, tornado ainda mais móvel pela contaminação dos modos orientais e por uma rítmica complexa e sutil, que coloca o compositor na esteira da influência debussysta, dá à partitura um colorido inconfundível. Reforçado pelo sabor forte de suas melodias de inspiração folclórica: quando o Pastor toma a sua flauta, é a *doïna* romena que ressoa, a melopéia elegíaca do *cîntec lung*, cuja origem está na vizinha Trácia, pátria de Orfeu. Enesco consegue, assim, ao tratar o tema grego, ser ao mesmo tempo fiel às suas raízes nacionais e ao ambiente em que a história se desenrola. E se utiliza uma técnica vanguardista como os quartos de tom, o faz lembrando-se de que esse procedimento já existia, instintivamente, na arte ancestral dos *lâutari*, os trovadores de seu país.

A arte da escrita orquestral evidencia-se desde o curto Prelúdio ao ato I, iniciado, no contrafagote, com o sombrio motivo do Destino, de perfil modal ascendente, semelhante ao do tema principal da *Sonata em Fá Sustenido Menor*. Dele saem, em rápida sucessão, os demais *leitmotive* da ópera – o do Parricídio, o da Vitória do Homem, o de Jocasta –, que desfilam, contrapostos a outras melodias, de matriz diferente: a da Esfinge, a do Pastor (a *doïna* na flauta). Com pouco mais de cinqüenta compassos, esta é uma página de extrema densidade.

O estilo modal dos cânticos festivos, celebrando o nascimento do menino no ato I, lembra o Fauré da *Pénélope*. Sua doce alegria contrasta com a tensão introduzida pela chegada de Tirésias, levando o ato a um final muito tenso, que se prolonga, no início do ato II, com a cena entre Édipo e Merope, sua mãe adotiva. Mais adiante, quando o herói chega à encruzilhada, a oração do Pastor a "Hécate aux trois visages", de sabor fortemente folclórico, e o angustiado monólogo do protagonista, "Où suis-je?... le corbeau crie... morne carrefour de ma vie", preparam a brutal concisão da passagem em que, para não ser esmagado pela carruagem, ele ataca Laios e o mata.

Vem então um dos momentos capitais da ópera: o encontro com a Esfinge, cuja estranheza é realçada pelo uso dos quartos de tom (é a primeira vez que eles aparecem na partitura). Essa cena é precedida por um interlúdio que o compositor romeno Mihail Jora chamou de "a melhor representação musical de um pesadelo". E é Harry Halbreich quem, em sua apresentação do álbum EMI, chama a atenção para o efeito criado pela melodia vitoriosamente diatônica que Édipo usa para proclamar a solução do enigma: ela contrasta com a morbidez dos tortuosos cromatismos que, até então, caracterizavam o canto da Esfinge.

"No momento em que Édipo, decifrando o enigma, desmantela a armadilha que lhe fora montada pela Esfinge", escreveu Enesco, "foi preciso, com a música, ir além daquilo que as palavras podem sugerir, criar um estado de tensão quase insuportável. A Esfinge sente a morte aproximar-se e urra como uma fera encurralada pelo caçador. Tive de inventar esse grito, imaginar o inimaginável. Ao depor a caneta, no final dessa cena, tinha a impressão de que ia ficar louco".

De tensão sem pausa é todo o ato III que, em estilo declamatório muito sóbrio, faz crescer a sensação de horror, desde as lamentações iniciais do povo tebano, assolado pela peste, até o momento em que Édipo percebe bruscamente a verdade (nesse ponto, na gravação da Ópera de Bucareste, de 1963, um tiro de revólver era disparado no poço da orquestra, para sublinhar o seu choque). Depois disso, o desespero do monólogo de Édipo que acabou de vazar os próprios olhos, "J'étais déjà coupable avant d'avoir vécu", é contrabalançado pela doçura da presença de Antígone, cujas líricas linhas vocais já prenunciam o apaziguamento que virá na etapa final.

Precedido por um Prelúdio em 9/8, em que Halbreich identifica "uma atmosfera próxima à do ato III do *Parsifal*", o clima tranqüilo do ato IV é rompido pela aparição de Creonte com o pedido de que Édipo volte ao trono para salvar Tebas do caos. Ao fracassar em sua oferta, ele o cobre de insultos, numa dura altercação que só se interrompe quando Teseu e os sábios doutores atenienses vêm em defesa de Édipo. Agora, o velho sabe que é inocente e que, lutando com todas as forças contra a armadilha infernal montada pelos deuses, venceu o seu destino.

Num final extaticamente apoteótico, ao som da frase das Eumênides, "Heureux celui dont l'âme est pure: la paix sur lui!", ele desaparece na luz que emana do bosque sagrado enquanto a orquestra, descrevendo a paz finalmente conquistada, fecha o ciclo de sua vida ao retomar, desta vez em maior, a tonalidade de sol menor com que a ópera tinha começado.

# Outros Nomes

## Bloch, Emmanuel, Aubert, Ducasse

Nessa fase pós-impressionista, há outros compositores cuja obra está infelizmente negligenciada, e que também merecem ser consignados, à espera de que chegue o momento de serem resgatados do esquecimento:

## Ernest Bloch

Lembrado, hoje em dia, por suas peças instrumentais de inspiração judaica – a mais famosa delas é *Schelomo* (1916), para violoncelo e orquestra, muito freqüente no repertório de concertos sinfônicos –, Bloch (1880-1959), suíço instalado na França. escreveu uma única ópera: *Macbeth*, com libreto de Edmond Fleg baseado na tragédia de Shakespeare, estreada no Opéra-Comique em 30 de novembro de 1910. Embora muito bem recebida pelo público, foi inexplicavelmente retirada de cartaz após algumas récitas (a primeira recriação, depois disso, foi em março de 1938, no San Carlo de Nápoles; desde então, têm sido raríssimas suas reapresentações). Desiludido, Bloch trocou a França pelos Estados Unidos e, embora tenha produzido obra camerística e sinfônica extensa, nunca mais tentou o gênero lírico. *Jezebel*, também com libreto de seu amigo Fleg, ficou inacabada.

O libretista era muito hábil, capaz de condensar em poucas cenas a peça de Shakespeare, conservando sua forma original e usando, tanto quanto possível, os versos do poeta inglês, vertidos para o francês com grande plasticidade. A música de Bloch, a essa altura de sua evolução, é muito influenciada pela de Debussy. A linha vocal tem um estilo declamatório claramente decalcado no do *Pelléas*, e o tecido harmônico do acompanhamento orquestral é bastante complexo. Mas a fixação que ele tem no uso de seqüências muito longas de acordes de sétima maior com a quinta aumentada torna alguns trechos um tanto monótonos. *Macbeth* é uma das óperas que ainda esperam pela divulgação discográfica: tenho notícia apenas da existência da gravação de um programa da Radio France, de 1966, conservada nos arquivos da ORTF e ainda não liberada para comercialização.

## Maurice Emmanuel

As pesquisas de Emmanuel (1862-1938) sobre a música modal grega, que culminaram em sua tese de doutorado na Sorbonne, *Un Essai sur l'Orchestique Grecque*, foram o resultado dos ensinamentos de Louis Bourgault-Decoudray, seu professor no Conservatório. Emmanuel fez uma primeira aplicação do modalismo em *Prométhée*, cujo ato I foi apresentado nos *Concerts Lamoureux*, em versão de concerto, no início de 1914. Mas a Primeira Guerra impediu a encenação, e a ópera está inédita até hoje.

Em junho de 1929, o Théâtre de l'Opéra montou *Salamine*, com libreto de Théodore de Reinach, baseada nos *Persas* de Ésquilo. Nela, o uso dos modos antigos corresponde ao desejo de buscar uma alternativa para o sistema maior-menor com que a música ocidental vinha há séculos sendo praticada. O modelo seguido para evocar a vitória da frota grega, comandada por Temístocles, em 480 a.C., contra as forças invasoras de Xerxes I, é o do *Prométhée* de Gabriel Fauré, fazendo alternar canto e fala e usando acompanhamento orquestral contínuo e números corais freqüentes. Dentre os melodramas, têm muita força os comentários do corifeu, a que a música dá uma ênfase toda especial; o sonho premonitório da rainha; e a narrativa do mensageiro que vem trazer notícias da desastrosa batalha. Página coral de grande efeito, antes desse monólogo, é a que descreve o temor crescente do povo, ansioso por saber o que aconteceu aos exércitos de Xerxes.

No ato II, a aparição do espectro de Dario é de grande nobreza. No III, a volta do rei, derrotado pelos gregos, os insultos da multidão, o lamento do soberano vencido e o cântico fúnebre que acompanha o enterro de Atossa, sua mãe, combinam a grandeza épica com uma dimensão dolorosamente humana. As gravações de duas transmissões radiofônicas de *Salamine*, de 1958 e 1969, estão conservadas nos arquivos da ORTF.

## Louis-François Aubert

A bela voz de soprano que Aubert (1877-1968) tinha, quando criança, fez com que Fauré – mais tarde seu professor de Composição no Conservatório – o escolhesse, em 1888, para estrear o solo do "Pie Jesu", no *Requiem*. A influência de Fauré e de Debussy é muito visível em suas canções, peças para piano, poemas sinfônicos e, especialmente, na ópera *La Forêt Bleue*. Escrita em 1904 e cantada com muito sucesso nos Estados Unidos em 1911, só em 1924 foi aceita pelo Opéra-Comique.

O encanto de um libreto em que Jacques Chenevière reúne, em torno da figura do Pequeno Polegar, personagens dos contos mais famosos de Charles Perrault, encontra na música de Aubert, de uma delicada poesia, sua tradução exata. A partitura, que usa os procedimentos mais modernos sem fazer concessões aos modismos de época, "não adquiriu", no dizer de René Dumesnil, "ruga alguma, passado meio século, tal qual o rosto da Bela Adormecida em seu sonho de cem anos". Três transmissões radiofônicas de *La Forêt Bleue* foram feitas em 1954, 1957 e 1961 – resta esperar que um dia uma delas seja divulgada comercialmente.

## Roger Ducasse

Autor de poemas sinfônicos habilmente escritos – *Le Jardin de Marguerite* (1905), *Ulysse et les Sirènes* (1937) – Ducasse (1873-1954) foi aluno de Gédalge e Fauré e, em 1935, sucedeu Dukas como professor de Composição no Conservatório. Fez sua primeira experiência para o palco, em 1913, com um *Orphée* encomendado por Ida Rubinstein, estreado em São Petersburgo no ano seguinte, mas só encenado em Paris em 1926. Trata-se de obra muito original: um mimodrama com acompanhamento de orquestra e de um coro que canta sem palavras.

O amor pela sua Gasconha natal, compartilhado pelo libretista e amigo Raymond Escholier, seu conterrâneo, explicam a felicidade de tom de *Cantegril*, cuja personagem é um fanfarrão, de caráter bem popular, em torno do qual giram episódios que retratam costumes e tradições regionais. O bom humor do texto e a rica substância musical da partitura fizeram com que a estréia, em 6 de fevereiro de 1931, no Opéra-Comique, fosse um triunfo: houve dezoito récitas seguidas, com casa cheia, naquele ano. Posteriormente, as dificuldades de montagem de uma ópera muito trabalhosa fizeram com que desaparecesse do repertório de um teatro que passava por problemas financeiros crescentes; e hoje, ela engrossa a lista das obras-primas imerecidamente no ostracismo. Nem mesmo nos arquivos da ORTF encontra-se referência a ela.

# Na Encruzilhada das Novas Tendências: O *Grupo dos Seis*

A música de quase todas as óperas modernas até aqui analisadas apresenta elementos inovadores em relação à tradição, mas sem traumas excessivos e – à exceção, talvez, de *Pelléas* – sem a intenção explícita de propor mudanças radicais na ordem estabelecida. O que não significa que a música, nessa passagem de século, tenha sido sempre conservadora. Os compositores que dominaram esse período com freqüência desejaram, conscientemente, renovar o gênero operístico, a ponto de terem provocado o afastamento do chamado grande público, perplexo diante de certos recursos novos que estavam sendo utilizados e rompiam com seus hábitos estratificados de audição (fenômeno que, em parte, já se começa a observar com *Pelléas*).

Na verdade, a maior parte do que esses compositores escreveram soa, hoje, muito menos radical do que na época de sua concepção pois, com o passar do tempo, o ouvido do público vai se acomodando àquilo que, num primeiro contato, lhe pareceu insólito. A *Sagração da Primavera*, de Stravinski, causou escândalo ao estrear, em 29 de maio de 1913. Hoje, porém, já não é mais tão inóspita a nossos ouvidos, sobretudo se comparada a obras posteriores, de assimilação bem mais árdua.

Mas é nesse início de século que surgirá a ruptura entre o músico e seu público, que, especialmente no domínio da ópera, só tenderá a aumentar com o tempo. Enquanto, nos séculos XVIII e XIX, todos queriam ouvir óperas novas, hoje, quase todos os freqüentadores dos teatros líricos preferem voltar às obras do passado, pois estas lhes parecem mais gratificantes do ponto de vista do prazer da audição. E os programadores das grandes casas de espetáculos internacionais, muito freqüentemente dominadas por comissões diretoras que dependem de subvenções de ricos patrocinadores, cujo gosto é conservador – como é o caso de um teatro como o Metropolitan Opera House, de Nova York –, são muito cautelosos quanto à inclusão de títulos contemporâneos em suas temporadas. O regente James Levine admitiu certa vez, em entrevista à *Opera News*, que teria muito mais liberdade para compor seus programas se trabalhasse na Ópera de Santa Fé, do que sendo o diretor artístico do Met. Uma das poucas óperas radicalmente novas deste século a ter sido mais ou menos aceita pelo público é o *Wozzeck*, de Alban Berg que, em 1995, fez setenta anos: ela foi composta em 1925. E, ainda assim, quando encenada, nem sempre garante casa cheia.

Em linhas muito gerais, o desenvolvimento da música ocidental, a partir dos primeiros anos do século XX, pode ser sintetizado da seguinte maneira: um primeiro período, que vai até 1930, mais ou menos, é caracterizado por experimentações variadas com todos os elementos da composição e, em especial, com o ritmo – Stravinski ou Roussel são casos típicos; – mas voltados sobretudo para uma radical extensão do conceito clássico de tonalidade e chegando, no caso da Segunda Escola de Viena e de seus seguidores, à sua total eliminação. Depois de 1930, manifestam-se duas tendências principais, opostas e complementares:

– a primeira é a da reconciliação com a tonalidade, numa linguagem musical moderna, em que há um uso moderado das dissonâncias mais extremas, mas sem perder de todo o contato com a tradição, pois aos compositores interessa a comunicação imediata de sua mensagem ao público. Os músicos que tomaram essa direção partem do legado pósromântico, orientando-se para um neoclassicismo revitalizado por conquistas harmônicas, rítmicas e de desenho melódico feitas durante o início do século.

– a segunda é a da substituição da tonalidade por outros sistemas e ordens, em grande parte derivados dos princípios elaborados pelos músicos da II Escola de Viena, na década de 20. Esses compositores ainda conservam alguns elementos da música tradicional, mesmo que, em certas manifestações mais extremadas, pareçam ter rompido totalmente com o passado e com o conceito de que a música deve ser uma linguagem de comunicação sensível com o público mais amplo possível (as raízes do tipo de realização estética que eles propõem remontam, de resto, ao individualismo de Wagner, que dizia estar compondo a "música do Futuro" para um público que, um dia, seria capaz de compreendê-lo; é música, portanto, que tem de ser gradualmente assimilada, em vez de suscitar no ouvinte adesão emocional à primeira audição).

Na verdade, essas duas tendências, que para efeito puramente didático mantivemos separadas, interagem uma com a outra e estão freqüentemente sujeitas a experimentos de todo tipo, com o timbre, o ritmo ou a forma, além de sofrerem ocasionais influências de elementos externos ao campo específico da música erudita ocidental (técnicas de composição importadas do Oriente, da África, ou do domínio afro-americano, como o *jazz*; ou da música folclórica e/ou popular das mais diversas procedências). Em anos recentes, o desenvolvimento dos recursos eletrônicos abriu à música erudita, e à ópera em particular, possibilidades completamente novas, algumas das quais estão, ainda hoje, em pleno processo de exploração. Mas este deixa de ser o objetivo deste volume, já que o desenvolvimento paralelo da ópera contemporânea, na Europa e na América, constituirá o tema de estudo em separado.

Na França, típicos representantes da primeira tendência a que nos referimos são os músicos que, na década de 20, serão conhecidos como o Grupo dos Seis. Alguns deles exploram a politonalidade, a polirritmia e agressivas dissonâncias sem chegar a romper com o sistema tonal; outros prosseguem conscientemente na trilha pós-impressionista.

Embora tenham passado à História da Música como Les Six, eles nunca tinham pensado em formar um grupo. Foi o crítico Henri Collet quem, em 16 de janeiro de 1920, comentando um concerto de que tinham participado, escreveu, no jornal *Comoedia*, um artigo intitulado *Les Cinq Russes et les Six Français*, comparando-os aos compositores nacionalistas que, no século anterior, tinham-se reunido em torno de Mily Balákirev. Contou mais tarde Darius Milhaud:

> De maneira absolutamente arbitrária ele escolhera seis nomes, os de Auric, Durey, Honegger, Poulenc, Tailleferre e o meu, apenas porque nos conhecíamos, éramos amigos e figurávamos nos mesmos programas.

A isso Honegger acrescentou, mais tarde, numa entrevista radiofônica dada ao crítico Bernard Gavoty: "Nessa lista ele poderia ter incluído também Jacques Ibert, Roland-Manuel, Claude Delvincourt ou Jean Wiener, com quem estávamos sempre em contato".

Seja como for, a etiqueta pegou e, como um "grupo" – por mais efêmero que ele possa ter sido na prática –, entraram para os anais da História da Música os nomes de Louis Durey (1888-1979), Arthur Honegger (1892-1955), Darius Milhaud (1892-1974), Germaine Tailleferre (1892-1983), Francis Poulenc (1899-1963) e Georges Auric (1899-1983). Reunidos antes de mais nada pela amizade, eles tinham também – como o crítico Vladímir Stássov, dos Cinco Russos que Collet tomara por modelo – uma espécie de mentor, que lhes servia de traço de união: o poeta, dramaturgo, cineasta e animador cultural Jean Cocteau (1889-1963).

Além de inspirá-los com suas idéias e de escrever libretos para eles, Cocteau foi o autor do manifesto *Le Coq et l'Arlequin*, de 1920, em que eram condenados a arte alemã – à exceção de Bach –, o Romantismo e o Impressionismo, em favor da expressão simples e direta de Erik Satie e Igor Stravinski, e de uma ironia que sabotasse qualquer tentativa de grandiloqüência ou seriedade excessiva. A recusa do lirismo contida nessas propostas levou os Seis à utilização de temas prosaicos, tirados do quotidiano: as *Machines Agricoles* (1919), de Darius Milhaud, por exemplo, escritas para voz e sete instrumentos, usam anúncios extraídos de um catálogo de ferramentas.

Além disso, adeptos que eram da vida boêmia, e freqüentadores assíduos do cabaré *Le Boeuf sur le Toit* – que Milhaud imortalizou num balé estreado em 21 de fevereiro de 1920 –, os Seis introduziram, em suas obras, o tom pitoresco e descontraído das irreverentes canções de "café-concerto" (que, em outro contexto, encontraremos também, na mesma época, nas obras de inspiração política de Kurt Weill, Hanns Eisler ou Paul Dessau, colaboradores do dramaturgo Bertolt Brecht).

Essas e outras "ousadias", como a de superpor ritmos e tonalidades diferentes, não tardariam a suscitar contra eles a ira do *establishment* conservador. Em carta de novembro de 1920, o veterano Saint-Saëns, então com oitenta e cinco anos, criticou escandalizado o seu colega Gabriel Pierné, por ele ter aceitado reger, no dia 24 do mês anterior, a estréia da suite sinfônica que Milhaud extraíra de sua música incidental para o *Protée* de Paul Claudel.

> Vejo com desgosto que você abre a porta a aberrações, impondo-as ao povo revoltado. Vários instrumentos tocando em tons diferentes não produzem música e sim uma terrível algazarra.

Como grupo, os Seis duraram muito pouco. Sua única obra coletiva – da qual Durey não participou –, foi o balé *Les Mariés de la Tour Eiffel*, com roteiro de Jean Cocteau, escrito para o Ballet Suédois, de Rolf de Maré, e estreado no Théâtre des Champs Élysées em 18 de junho de 1821. Parece demasiado severa, entretanto, a avaliação do musicólogo Claude Samuel que, no *Panorama da Arte Musical Contemporânea*, afirma:

Infelizmente, o Grupo dos Seis não deu à luz o músico revolucionário que Cocteau evocava em seus manifestos, e as contribuições dessa "nouvelle vague" limitaram-se à defesa de Erik Satie e ao amor pelo *music hall*. Considerado nessa perspectiva, o Grupo dos Seis aparece como um "incidente" menor: os jogos encantadores do *Boeuf sur le Toit* e as flechas de curto alcance de Jean Cocteau promovidos à linhagem lisonjeira de uma estética musical.

Para colocar a contribuição dos Seis numa dimensão mais justa, recorramos a Éveline Hurard-Viltard, cuja análise, em *Le Groupe des Six ou Le Matin d'un Jour de Fête*, vale a pena citar mais extensamente:

> Depois de ter dito tudo sobre a disparidade entre os Seis e as suas obras, torna-se possível definir o que foi a sua reforma e o que trouxeram à música francesa do pós-guerra. Para começar, dotaram a orquestra de uma sonoridade absolutamente insólita e que permitiu revalorizar a melodia, à qual pretendiam devolver o lugar de honra. Mostrando que os recursos da tonalidade ainda não se tinham esgotado, conceberam uma escrita harmônica adequada ao seu estilo, de modo a fazer com que essa melodia se destacasse. Graças a eles, a música reencontrou uma estrutura rítmica e o enriquecimento da percussão permitiu-lhes dar uma dimensão nova ao universo sonoro [...].
>
> O delicado problema da ópera recebeu deles uma das únicas soluções possíveis. Sua prosódia separa-se completamente da que existia antes e a maneira como resolveram essa questão espinhosa fez progredir a beleza da melodia e a clareza do texto. Como disse Paul Collaert, "a contribuição dos Seis representa uma evolução geral da música francesa rumo ao despojamento, à renúncia a um refinamento excessivo, à busca das formas simples, à concisão".

Hurard-Viltard cita ainda Jean Roy, que, em seu livro sobre Poulenc, dizia:

> O único músico de vanguarda no Grupo dos Seis foi Darius Milhaud: só ele criou para si mesmo um vocabulário, só ele explorou sistematicamente os recursos da politonalidade e, se tivesse querido, poderia ter registrado as suas experiências em um tratado de composição. Em Auric e Poulenc, a modernidade não está no vocabulário e sim no espírito, na escolha dos textos e temas, e na adequação do estilo a esses temas.

E a autora acrescenta:

> Os Seis são responsáveis por numerosas inovações: a primeira forma aberta que – oh sacrilégio! – era uma canção usando como texto uma receita de coquetel; os primeiros coros falados, o primeiro trecho para recitante e solo de percussão, a primeira experiência moderna de estereofonia – com fontes sonoras disseminadas pelos quatro cantos da sala –, as primeiras obras utilizando a técnica do *jazz*. Nascidos em uma época de superabun-

dância sonora e expressiva, compreenderam, sozinhos e muito jovens, que lhes era necessário o voto de pobreza. Para eles, como mais tarde para Saint-Exupéry, uma obra de arte está perfeita não quando nada mais há a acrescentar, mas quando nada mais há a retirar. Limpando as linhas e as formas, conseguiram depurar a expressão: redescobriram o poder trágico de uma lágrima no canto dos olhos, cem vezes mais comovente do que um longo discurso.

Nenhuma obra corresponde mais a essa definição do que a *Voz Humana* de Poulenc-Cocteau. Conclui a autora:

> É por isso que se pode dizer, sem exagero, que os Seis presidiram ao nascimento de uma sensibilidade nova. Para atingir tal objetivo, tinham de dedicar-se a uma tarefa de despojamento que não deixa de lado domínio algum da criação artística, o que explica existir neles uma vontade de ser sóbrio tanto nos aspectos técnicos menos importantes quanto nas diversas indicações estéticas fundamentais.

Dos seis, Auric foi o único a não escrever óperas (se excluirmos uma *Reine de Coeur* iniciada aos vinte anos, cujo manuscrito ele destruiu). Compôs vários balés, que segundo Antoine Goléa "são verdadeiras obras de teatro, porque ele os trata como óperas em que a dança ocupa o lugar do canto": *Les Fâcheux, Les Matelots* e *La Pastorale*, para os Ballets Russes de Diáguiliev e, mais tarde, *Le Peintre et son Modèle*, *Phèdre* e *Chemin de lumière*, de um tom vivamente trágico. E notabilizou-se como um dos maiores compositores franceses de música para cinema, produzindo verdadeiros modelos do gênero: *À Nous la Liberté*, de René Clair, *La Symphonie Pastorale*, de Jean Delannoy, *Moulin Rouge*, de John Huston e, para Cocteau, *Le Sang du Poète*, *L'Éternel Retour*, *La Belle et la Bête*, *Les Parents Terribles* e *Orphée*.

Paul Landormy, em *La Musique Française après Debussy*, credita-lhe algumas operetas: *Sous le Masque* (1923), com libreto de Louis Laloy; *Les Oiseaux* (1928), trazendo para a Paris de seu tempo a ação da comédia de Aristófanes; e *Sans Façons*, de 1929. Todas elas, porém, tiveram carreira efêmera, "possivelmente porque sua tendência à sátira fazia-o ter mão pesada para esse gênero".

Durey tem uma abundante produção vocal, que inclui cantatas sobre textos de Maiakóvski e Mao Tsé-Tung, e a harmonização de cantos de trabalho para corais de amadores, escritas após sua entusiástica adesão ao Partido Comunista Francês, em 1936. Mas apenas um drama lírico, *L'Occasion* (1928), sobre um conto de Merrimée.

Quanto a Tailleferre, sua produção para o palco é considerável mas, como o resto de sua obra, tem sido, infelizmente, subestimada: a opereta *Dolorès* (1950), a sátira lírica *Il Était un Petit Navire* (1951), o musical *Parfums* (1951), a ópera cômica *Parisiana* (1955), a ópera *La Petite Sirène* (1958), baseada no conto de Hans Christian Andersen, a ópera bufa *Mémoires d'une Bergère* (1959) e a ópera de câmara *Le Maître* (1959). Da *Sereiazinha* (1960, 1961) e de *Era uma Vez um Naviozinho* (1951), há registros nos arquivos da ORTF.

Mais permanente e de maior impacto sobre a História do gênero na França foi a produção lírica de Honegger, Milhaud e Poulenc.

# Arthur Honegger

É de Claude Samuel a comparação famosa entre dois dos maiores membros do *Grupo dos Seis*: "Milhaud é um poeta e Honegger, um tribuno. Milhaud só se preocupa com a sua inspiração, Honegger pensa em seu público; Milhaud ama as cigarras de sua Provença natal, enquanto Honegger prefere os estádios e os carros de corrida. A conseqüência é que Milhaud dá o melhor de si mesmo na música pura, e Honegger precisa de um *assunto*".

O próprio compositor – nascido no Havre, para onde a sua família emigrara, mas de origem suíça – parecia ter certeza disso. Num depoimento a seu biógrafo, o também compositor Marcel Landowski, reconheceu:

> Desde que possa tomar como referência um pretexto literário ou visual, o trabalho torna-se muito mais fácil para mim. O meu sonho seria compor apenas óperas.

Isso explica o fato de as obras destinadas ao palco serem, dentro de sua ampla produção, justamente as mais marcantes.

O humanismo de Arthur Honegger (1892-1955), sua preocupação com a condição humana – que o conduziram a traçar grandes afrescos líricos em que se reflete, com intensidade trágica, a visão pessimista que tem da vida – fizeram com que sempre desejasse compor uma música séria, consistente, mas acessível a qualquer tipo de público. Objetivo que lhe trouxe dissabores e frustração pois, apesar dos elogios que recebia dentro do cenáculo de intelectuais em que evoluía, e da promessa de uma glória póstuma – hoje real e crescente –, ele sofria com a dificuldade de fazer-se aceitar por aqueles a quem endereçava o que compunha: "O que é desanimador para o músico", disse a Landowski, "é a certeza de que sua obra não será ouvida nem compreendida como ele a concebeu e tentou exprimir".

Dos membros do *Grupo dos Seis*, é o que mais se revolta contra a sociedade de seu tempo; e o que mais se preocupa em fazer de sua música um veículo para a discussão de idéias. O espírito de independência de Honegger evidencia-se pelo fato de que, na mesma época em que os Seis estreavam o frívolo balé *Les Mariés de la Tour Eiffel*, ele fazia cantar pela primeira vez uma obra que difere dele como a água do vinho: o "salmo sinfônico" *Le Roi David*.

O poeta suíço René Morax escrevera o texto para a reinauguração do Théâtre du Jorat, uma grande casa de espetáculos populares construída em Mezières, no cantão de Vaud, a pouco mais de dez quilômetros de Lausanne. Fechado desde a I Guerra, o teatro pudera ser reaberto graças à ajuda de um mecenas, o industrial Werner Reinhardt, de Winterthur. Mas o prazo disponível era muito curto e, por isso, tanto Gustave Doret, o colaborador habitual de Morax, quanto Ígor Stravinski, tinham recusado escrever a música. Honegger, cujo nome foi sugerido ao poeta pelo maestro Ernest

Ansermet, aceitou; mas o que o preocupava era o pequeno número de instrumentistas de que poderia dispor. "Aja como se fosse você quem tivesse desejado escrever para esse conjunto restrito", aconselhou Stravinski. "Foi uma das melhores lições de composição que recebi", afirmava Honegger.

A peça de Morax, estreada em 13 de junho de 1921 sob a regência do compositor, era muito longa: o espetáculo durava quatro horas. Na versão de Lyon, em 21 de janeiro de 1923, o texto já tinha sido drasticamente condensado e confiado a um narrador; os seis solistas originais tinham sido reduzidos a três e, em vez de drama, O Rei Davi era chamado de "salmo sinfônico". Nesse mesmo ano, Honegger reescreveu a partitura para grande orquestra, apresentando-a primeiro em Winterthur (23 de dezembro), e depois, em 14 de maio de 1924, em Paris. Nessa forma, que pode também ser encenada, o oratório existe gravado por Maurice Abravanel (Vanguard), Serge Baudo (Accord), Ernest Ansermet (Decca), Charles Dutoit (Erato) e Jean-Claude Casadesus (EMI). A ORTF tem a gravação de um programa da Radio France de 1971. Documento essencial, no catálogo Telefunken, é a gravação do próprio Honegger, de 1953, em que o organista é o compositor Maurice Duruflé.

Extremamente original e forte, a partitura conjuga, com habilidade, instantes de grande lirismo a páginas de escrita voluntariamente despojada e arcaizante, cujos traços de instrumentação remetem ao primitivismo da ambientação bíblica: por exemplo, o uso exclusivo de sopros em certas passagens. São freqüentes, entretanto, os ritmos abruptos, de tom stravinskiano, que dão à música um sabor agressivamente modernista. Ao rigor da escrita e da arquitetura sonora, Honegger une, portanto, o vigor da expressão dramática. É interessante, por sinal, a forma como faz com que o texto falado assuma a função que, no Barroco, era desempenhada pelo recitativo seco para interligar números cantados. Aos que criticaram a aparente ausência de unidade de estilo, o músico respondeu ter procurado voluntariamente estabelecer o contraste entre os judeus e os filisteus. Mas a preocupação não é apenas decorativa. "Para mim", dizia Honegger, "toda a parte judia arcaica é tratada numa linguagem rude e colorida, enquanto as alusões à vinda de Cristo, como os *Aleluias* e o *Coral*, inserem-se na tradição protestante de Bach que, para mim, é o representante da música do Cristianismo".

Dentro desse afresco bíblico, de religiosidade grave e desadornada, destacam-se alguns trechos especialmente fortes: o salmo "L'Éternel est ma Lumière Infinie", com que o povo escolhido pede a ajuda de Deus contra a ameaça do exército filisteu; a invocação do rei Saul à feiticeira de Endor – "Par le feu et par l'eau" –, que faz aparecer a sombra do profeta Samuel; e principalmente, na segunda parte, a cena da dança de Davi, ungido rei, diante da arca da Aliança. Esta última é uma verdadeira minicantata para solistas, coro e orquestra, que se encerra com a previsão, por um Anjo, do nascimento de um herdeiro, Salomão, "dont le nom sera le plus grand de la terre", e com um imponente Aleluia polifônico, cantado pelo coro dos anjos.

O Honegger do *Roi David* ainda não superou inteiramente as influências de Debussy, Fauré ou Florent Schmitt; mas para cada episódio, ou para descrever cada personagem, usa com grande propriedade recursos que vão do tonal ao modal ou atonal, das melodias sinuosamente voluptuosas aos ritmos violentamente escandidos. Essa técnica dá resultados muito fortes na cena final, da morte de Davi, em que os vocalises do Aleluia superpõem-se ao coral. O conhecimento desta peça há de se enriquecer consideravelmente com as detalhadas análises feitas por Jean Roy e Richard Langham Smith no folheto que acompanha a gravação Casadesus, feita ao vivo na Basílica de Saint-Denis, em 18 e 19 de junho de 1992.

No *Roi David* como na *Judith*, escrita quatro anos depois, também sobre um texto de Morax, a inspiração bíblica serve para espelhar as grandes tensões políticas e sociais contemporâneas. Em ambas, concebidas pouco depois do fim da I Guerra Mundial, existe a esperança final; mas o que predomina é a sensação de que, diante da ameaça do absurdo representado pela guerra, o que importa é agir – ainda que através da violência, como o faz Judite ao seduzir e matar Holofernes –, para assegurar a paz. *Judith* também foi estreada em Mézières, em 11 de junho de 1925, mas sob a forma de oratório (essa é a versão que existe gravada, no selo Vanguard, sob a regência de Maurice Abravanel). Com ela, aconteceu o inverso que à obra precedente: o compositor converteu-a numa ópera, substituindo a narração por recitativos, e assim reapresentando-a em Monte Carlo, em 13 de fevereiro de 1926. Dessa versão, a ORTF tem um registro transmitido pela Radio France em 1964.

O idioma da *Judith* é basicamente tonal, embora explore a zona das harmonias dissonantes, chegando às vezes à politonalidade, com cordas superpostas em registros diferentes. O canto, declamado sobre ritmos incisivos, tem linhas contrapontísticas que se movem de modo cromático, com grande emprego de figuras em *ostinato* constituindo-se, assim, numa espécie de versão mais ríspida do tipo de arioso de *Pelléas* e de certas óperas pós-impressionistas. A oração de Judite, na cena 3, é um dos melhores exemplos dessa técnica. O coro forma um fundo impressionante para o canto solista em trechos como o cântico fúnebre da cena 4; e tem participação decisiva na imponente fuga final "Gloire au Dieu tout-puissant, Jéhovah des armées". Honegger não tenta imitar a antiga música judaica, mas as freqüentes passagens modais dão um toque orientalizante a trechos como o da festa no acampamento assírio – interrompida, de forma muito eficaz, pela sugestão da morte de Holofernes, fora de cena; – ou o do doce "Cântico das Virgens", cuja melodia sugere a inocência das velhas canções folclóricas.

A obra seguinte, *Antigone*, com texto de Jean Cocteau livremente adaptado da tragédia de Sófocles, estreou no Théâtre de la Monnaie, em Bruxelas em 28 de dezembro de 1927 (por coincidência, o mesmo ano do *Oedipus Rex*, de Stravinski, cujo libreto também é de Cocteau, a partir de Sófocles). Mas a partitura de Honegger tem menos a ver com os ritmos marcados do russo do que com as dissonâncias de Strauss na *Salomé* e com a inexorável marcha da ação rumo a um desenlace violento.

Em 1927, Honegger reformulou a música incidental que escrevera cinco anos antes, para uma encenação do texto de Cocteau. Em função disso, *Antigone* ficou com uma forma concentradamente sinfônica, sem árias, balés ou qualquer outro elemento decorativo. As linhas vocais, de que são eliminadas todas as repetições de palavras, desenvolvem-se mediante um recitativo rigorosamente moldado no ritmo da fala. Mas um aspecto insólito da declamação é a prática de colocar sempre a primeira sílaba no tempo forte do compasso, em vez de considerá-la uma anacruze – a nota que se realiza no tempo fraco, no início da frase musical –, como de hábito na prosódia francesa, onde a maioria das palavras é oxítona. Isso resulta numa acentuação rítmica muito enfática e expressiva, em que frases como "j'ai toujours voulu me mesurer à mon destin" são de um rendimento dramático insólito. No caso deste verso, um ritmo de

∪–/∪–/∪∪–/∪∪∪∪–/∪,

em vez do previsível

∪∪–/∪–/∪∪∪–/∪∪∪–/,

tem sobre o público francófono um desconcertante efeito de estranhamento, criando a sensação dúbia de compreender o texto mas quase como se ele estivesse sendo declamado no original grego.

Um texto seco e direto, como o de Cocteau, convida a um acompanhamento orquestral duro, dissonante, com grande predominância de efeitos discursivos. *Antigone*, em certos aspectos, aproxima-se muito de experiências análogas com textos trágicos gregos, que serão feitas na Alemanha por Carl Orff, a partir das traduções de Friedrich Hölderlin (*Antigonae*, 1949; *Oedipus der Tyrann*, 1959; *Prometheus*, 1968). Mas têm a vantagem de possuir muito maior variedade de tom e riqueza de inspiração. As transmissões radiofônicas de 1960 e 1966, preservadas pelos arquivos da ORTF, são as únicas gravações de *Antigone* de que tenho notícia.

A lenda do filho de Júpiter e Antíope que, com a beleza da música extraída da lira que lhe fora dada por Apolo, fazia com que as pedras se movimentassem e se organizassem em construções harmoniosas, daí dando origem à arquitetura, foi o tema de *Amphion*, seu trabalho seguinte para o palco. Desta vez, trata-se não de uma ópera, mas de um melodrama, sobre o poema de Paul Valéry, recitado na Ópera de Paris em 23 de junho de 1931. No ano seguinte, numa conferência sobre a obra, Valéry afirmaria ter querido criar a ligação indissolúvel entre texto e música, e ter encontrado em Honegger o parceiro ideal para isso. O poeta dizia ter "evitado deliberadamente a mistura caótica de danças, pantomimas, cânticos e trechos sinfônicos que teria destruído a unidade dramática". A música de Honegger, de uma austeridade clássica, adapta-se perfeitamente ao poema, emoldurando-o com propriedade. Mas o tom severo dessa composição fez com que não fosse apreciada pelo público, sendo muito raras as suas reprises no palco. Ainda assim, a Radio France a transmitiu três vezes, em 1964, 1966 e 1971 e o selo Timpani tem uma gravação feita por Jean-François Antonioli, em 1995, na Romênia.

Duas operetas formam, no início dos anos 30, um interlúdio descontraído, e sem maior relevância no conjunto da obra de Honegger. Ao escrever o libreto de *Les Aventures du Roi Pausole*, Albert Willemetz não tenta, de forma alguma, atenuar os aspectos escandalosos do romance erótico de Pierre Louÿs em que se baseia – a ponto de Jeremy Sams afirmar, no *Viking Opera Guide*, que se trata do "libreto mais sujo da História da Ópera". Por causa disso, e também porque a montagem foi muito requintada, este foi um dos maiores sucessos de público de Honegger: estreando na Gaîté Lyrique em 12 de dezembro de 1930, atingiu o número recorde quase quinhentas récitas.

A música, entretanto, é sóbria e de bom gosto. Numa entrevista aos jornais, o compositor assim a descrevia:

> Minha partitura, sólida mas de um gênero amável, evolui num estilo mozartiano, alegre, vivo, ágil, melodioso. Deixo de lado aqui, evidentemente, meu sistema de declamação com elocução rápida e ataque nos tempos fortes. Retorno à prosódia vocal convencional, com seus apoios nas notas agudas, e suas sílabas mudas que vêm ao fim de oito compassos, quando a gente as espera e já não as compreende mais.

Além de uma gravação da Radio France, de 1971, que já circulou em discos pirata, há do *Rei Pausolo*, no selo Musiques Suisses, o registro de Mario Venzago (1996).

O mesmo espírito preside a *La Belle de Moudon*. Mas, dessa vez, trata-se de uma comédia de seu amigo Morax, para ser encenada no teatrinho do Jorat, em Mézières (30.5.1931), e o músico tem de se conformar às condições ali existentes, que conhece muito bem. O resultado é uma estranha opereta escrita para piano, pequeno conjunto de sopros e coro *a cappella*, mas com um estilo sereno e rústico que reflete o frescor da natureza no Vaudois. São dois trabalhos ligeiros, que o distraem, que lhe servem como uma pausa para tomar fôlego antes daquela que será a sua maior produção teatral.

O texto do oratório cênico *Jeanne d'Arc au Bûcher* é do poeta Paul Claudel, muito ligado ao Grupo dos Seis. Ao ser nomeado embaixador da França no Brasil em 1917, ele tinha convidado Darius Milhaud a seguir para o Rio de Janeiro como seu secretário; e ambos também colaboraram mais de uma vez em obras para o palco, como veremos mais adiante, no capítulo dedicado à obra desse compositor. *Joana d'Arc na Fogueira* representa o ponto máximo de maturação das experiências com modelos clássicos combinados com a forma da ópera-oratório. Aqui, esse processo assume aspecto extremamente original: "Vemos o oratório protestante transbordar seus limites e aspirar ao *status* de ópera", afirma Jeremy Sams na fonte citada. "É como se a *Paixão de São Mateus* se encontrasse com *Tristão e Isolda*".

A idéia da criação dessa obra foi dada ao compositor por Ida Rubinstein, a atriz e bailarina para quem já tinham sido compostos o *Martyre de Saint-Sébastien*, de Debussy, e o *Boléro*, de Ravel. Mme Rubinstein participara da estréia de *Amphion* e criara, em 11 de maio de 1934, o balé-melodrama *Sémiramis*, com música de Honegger. Fascinada pelos estudos que, na época, a Sorbonne fazia sobre os *mystères*, os autos religiosos medievais que misturavam texto falado e cantado, foi ela quem convenceu Claudel a elaborar o texto do oratório inspirando-se nesses antigos modelos teatrais. O próprio Honegger explicou:

> *Joana d'Arc* participa de uma forma de teatro musical que não é a ópera propriamente dita e, sim, a síntese de todos os elementos do espetáculo em torno de um texto falado.

A primeira apresentação, em Basiléia, em 12 de maio de 1938, com Ida Rubinstein e o tenor Jean Périer (o primeiro Pelléas), foi em forma de concerto e ainda sem o Prólogo. Este só foi acrescentado na encenação de Zurique, em 13 de junho de 1942. Conheço seis gravações dessa obra:

Antigo registro belga de L. de Voght (La Voix de son Maître), com M. Dugard no papel título;

Do organista J.-M. Cochereau (FY), com M. Chaney;

Serge Baudo (Supraphon), com Nelly Bourgeaud e Michel Favory;

Duas realizadas pela atriz russo-americana Vera Zorina: uma no original francês, com Raymond Gérôme e Eugene Ormandy; a outra cantada em inglês, com Alec Clunes e Seiji Ozawa (ambas para o selo CBS);

Ozawa (Philips), com Marthe Keller e Georges Wilson;

S. Heinrich (Koch Schwann), feita na Polônia.

A elas acrescentem-se duas transmissões da Radio France, de 1948 e 1974, preservadas nos arquivos da ORTF.

Em *Joana d'Arc na Fogueira*, Claudel utiliza um procedimento de origem cinematográfica que retomará, mais tarde, no *Livro de Cristóvão Colombo*, escrito para Milhaud: o do *flash back* ou *retour em arrière*, como é chamado na terminologia francesa. Amarrada à fogueira, Joana lê, nos instantes que precedem a imolação, o livro de sua vida, que lhe é trazido do céu por São Domingos. Claudel o escolheu porque ele foi o fundador da ordem religiosa que entregou a Donzela de Orleãs em Rouen aos inimigos ingleses. Cheio de vergonha, ele vem pedir desculpas a ela pela mancha que seus irmãos deixaram em sua batina branca e em seu casaco negro, mácula que "nem as ervas mais poderosas serão suficientes para apagar".

A vida de Joana é passada em revista através de dez episódios que a contam de trás para diante, começando com a farsa judiciária, em Rouen, e terminando no momento em que a pastorinha de Domrémy ouve as vozes do céu, ordenando-lhe que deixe o sossego da vida no campo e encabece o exército francês contra os invasores ingleses. Ao longo desse balanço, Joana vai-se tornando consciente da espantosa missão que lhe fora confiada por Deus. E também das reservas de força interior que lhe permitiram não só realizar todos aqueles atos heróicos como também aceitar serenamente o martírio em praça pública, com a conivência dos compatriotas a quem quis salvar. Na profunda solidão em que se encontra, atada à sua fogueira, vai corajosamente ao encontro de sua redenção.

As vozes da terra a condenaram, mas as vozes do céu lhe lembram que ela soube reunir o trigo do Norte ao vinho do Sul. Enquanto as chamas erguem-se à sua volta, ela diz, acompanhada pelo coro: "Há sempre a Alegria que é mais forte – há o Amor que é mais forte – há Deus que é mais forte"; para concluir, ao som de uma melodia perturbadoramente simples: "Não há maior amor do que dar nossa vida pelos que amamos". Escrito pouco tempo antes da instalação, em Vichy, do governo colaboracionista do marechal Pétain, o oratório tem acentos proféticos. Deixa claro que não eram coisas do passado as jogadas sórdidas com que a França era retalhada e servida em pasto a seus inimigos. Mas acena com a esperança, o espírito de resistência, a capacidade de ressurgir do fogo de um desastre.

Há, em *Jeanne d'Arc au Bûcher*, um dos grandes exemplos do perfeito entendimento entre músico e poeta, comparável a casos clássicos como o de Mozart/Da Ponte, Verdi/Boito ou R. Strauss/von Hofmannsthal. Poucos textos solicitam tanto a música como o que Claudel escreveu para Honegger. Na própria antítese que oferece entre a voz falada de Joana e São Domingos e a cantada das demais personagens, já há a sugestão de uma alternância de grandes possibilidades expressivas.

Escreve Harry Halbreich (citado por Olivier Bernager em um artigo para *Le Monde de la Musique*):

> A fogueira de Rouen situa-se na junção entre a mais extrema solidão do martírio e a redenção estendida a todos aqueles pelos quais Joana se sacrifica. Ao mesmo tempo truculento, místico e popular, não rejeitando nem sequer o trocadilho mais grosseiro para, no instante seguinte, elevar-se ao sublime, o poema, verdadeira catedral [...], é mais do que um prodigioso apoio para a música: é um roteiro completo, no sentido cinematográfico do termo, único nesse gênero na História da Música.

Dizia o compositor na entrevista concedida a Bernard Gavoty:

> Toda uma atmosfera é criada pelo texto. A partitura já está toda ali: basta que o músico siga as visões do poe-

ta para vesti-las com a sua música. Basta ouvir Claudel lendo o seu poema. Chego a dizer que ele lê com uma tal força criadora que, aos olhos de qualquer pessoa que tenha um pouco de fantasia, ergue-se o relevo musical com precisão e clareza.

Melhor homenagem não poderia ser prestada a um libretista.

A escrita de Honegger é de extrema variedade: vai da ilustração musical realista – onomatopéias, fanfarras, sons de sinos, utilização parodística do *jazz* ou da canção popular – às expansões líricas misturando voz falada, canto solista, coro misto ou infantil, gritos, declamação ritmada, coro falado ou a *bocca chiusa*. Da simplicidade deliberada do canto folclórico passa-se à polifonia complexa, com a inclusão de efeitos sonoros especiais: o melhor deles é, no fim do Prólogo, o aterrador gemido de Yblis, o demônio, gritando de solidão e desespero no fundo do Inferno – e isso é obtido com lancinantes chicotadas emitidas pelas Ondes Martenot, de som fantasmagórico. Do arcaismo estrito na instrumentação passa-se ao colorido orquestral mais rico. Às vozes que se soltam em linhas independentes e entrecruzadas, seguem-se densos aglomerados de acordes corais sobre melismas reiterados.

Todos esses elementos heterogêneos compõem, como as pecinhas de um gigantesco mosaico, o destino de Joana que, feito de sofrimento, morte e redenção, é o de cada ser humano. A forma como os seus tons divergentes se harmonizam é o aspecto mais impressionante dessa partitura multiforme. A cena em que Joana é julgada pelos animais é de profunda ironia: o juiz é o Porcus (o verdadeiro juiz era o bispo Cauchon, cujo nome pronuncia-se da mesma forma que *cochon*, "porco"); o advogado de defesa é o Asinus; os jurados são cordeirinhos que só sabem fazer bééé e concordam com tudo o que lhes dizem. Essa caricatura deliberadamente grotesca contrasta com o sublime final em que, já envolta pelo fogo, a santa guerreira transfigura-se e prepara-se para ser recebida no Paraíso por suas padroeiras, Santa Catarina e Santa Margarida, cujas vozes ouvia, no campo, em Domrémy, incitando-a à sua missão.

A cena do Jogo de Cartas, na qual os aristocratas franceses, tendo por parceiras a Cobiça, a Luxúria, a Estupidez e a Morte, vendem Joana aos ingleses, tem o tom das alegorias medievais. A esse momento de sátira ácida e irreverente opõe-se o realismo de cunho popular, mas intensamente lírico, da seqüência em que a multidão, ao som da melodia folclórica do *carillon de Laon*, segue pela estrada em direção a Reims, exultando com a idéia de assistir à coroação de um rei francês. Essa cena contém uma vinheta que sabe ser, ao mesmo tempo, terna e engraçada: o encontro de Heurtebise com a Mère des Tonneaux, duas personagens do folclore provençal, que representam a proverbial sabedoria e arte de viver do povo.

Em *Jeanne d'Arc au Bûcher*, Honnegger realiza uma brilhante síntese de todas as suas experiências dramáticas anteriores. O disparate que poderia resultar da união de elementos tão divergentes cede diante de uma miraculosa coesão dramática e de uma mão leve e desenvolta, que permite a Honegger passar sem dificuldade do ingênuo ao sublime. Ela tem a "unidade dentro da variedade" de que falava o crítico Aloys Mooser, na época da estréia – qualidade rara que compartilha com pouquíssimas obras-primas da arte lírica, como a *Flauta mágica* ou a *Carmen*.

Os dois trabalhos seguintes para o palco foram o resultado surpreendente da harmoniosa colaboração entre dois artistas muito amigos, mas de sensibilidade diametralmente oposta: o sério e anguloso Honegger e o leve e elegante Jacques Ibert – cuja obra individual será estudada mais adiante. Juntos, produziram *L'Aiglon* (Monte Carlo, 11.3.1937) e a opereta *Les Petites Cardinal* (Paris, 20.2.1938). Esta última, com libreto de Willemetz, é uma partitura bem construída, de artesanato seguro, baseada numa novela de Ludovic Halévy ambientada na escola de balé da Ópera de Paris, no século passado, jogando maliciosamente com todas as situações a que a beleza e graça das *souris* do corpo de baile as expõe. O único registro existente é o de uma transmissão da Radio France, de 1948.

O primeiro fruto da colaboração, porém, é um trabalho de alto nível, que merece mais detida consideração. *O Filhote da Águia* é o Duque de Reichstadt, o infeliz filho do segundo casamento de Napoleão, que morreu muito novo, no palácio de Schönbrunn, na Áustria, onde estava recluso desde a queda de seu pai. O libreto de Henri Cain baseia-se no drama em versos de Edmond Rostand (1900), um dos maiores sucessos de Sarah Bernhardt. E o papel, na ópera, foi concebido para a meio-soprano Fanny Heldry, ela também uma excelente atriz. Não se sabe, ao certo, o que cada um dos compositores escreveu, pois eles conseguiram uma unidade de estilo muito grande. Acredita-se que os atos I e V são de Ibert, o IV de Honegger e que o II e III tenham sido escritos a quatro mãos. Quando lhe perguntaram isso, Ibert respondeu: "A divisão de trabalho foi muito equilibrada. Um escreveu os sustenidos e o outro, os bemóis".

A gravação de Paul Dervaux, com Geori Boué no papel principal (selo Bourg, 1956); a versão da Radio France de 1963, que circulava em discos pirata; e o vídeo da montagem parisiense de 1987, com Greenwald, Lafont, Vassar/Tamayo, demonstram tratar-se de uma ópera deliberadamente convencional, com grandes números fechados. Ela foi assim concebida como uma forma de resgatar tradições básicas que, no fim da década de 30, a maré de vanguarda arriscava de fazer perderem-se.

Um tratamento extremamente melancólico é dado à história do príncipe que vive, em sua prisão dourada, à sombra das glórias e desastres do pai, sentindo-se um joguete do primeiro-ministro austríaco Metternich, mero peão em suas manobras políticas. As cenas de efeito – o baile de máscaras; a tentativa do Aiglon de reunir tropas em Wagram, para libertá-lo, e que, na realidade, não passa de uma ilusão febril de doente – são dramáticamente tensas. Mas os grandes momentos são os de desalento, em especial a cena da morte do duque, em que ele se lembra de canções folclóricas de uma pátria que só conheceu em criança e nunca mais viu.

Durante a Segunda Guerra Mundial, ao ser criado em Lyon o *Chantier Orchestral*, agrupando músicos desempregados, foi *Jeanne d'Arc au Bûcher* que o regente Hubert d'Auriol escolheu para, ao longo de 1941, apresentar em quarenta cidades da França livre, como uma exortação à resistência. Logo depois da guerra, teve também enorme impacto a montagem do cineasta italiano Roberto Rossellini, em que o papel de Joana era feito por sua mulher, a atriz Ingrid Bergman (que, por sinal, interpretou também a santa francesa na superprodução de Cecil B. de Mille, sem relação com o oratório). Cumpria-se, assim, o objetivo de Honegger:

> Sempre desejei escrever música que fosse compreensível para as massas mas que estivesse, ao mesmo tempo, mil léguas distante da banalidade, de modo que pudesse atrair também os verdadeiros amigos da música. [...] Não se deve ceder ao gosto do público, mas este também não deve ser deixado nas trevas.

Para efeito de documentação, registremos também que Honegger é o autor de várias obras dramáticas escritas para o rádio, aqui citadas com a data de sua primeira transmissão:

*Les Douze Coups de Minuit*, auto radiofônico para coro e orquestra de câmara; Paris, 27 de dezembro de 1933;

*Radio Panoramique*, para tenor, soprano, órgão, quinteto de cordas, conjuntos de sopros e percussão; Genebra, 4 de março de 1935, estreado em concerto em Paris, 19 de outubro de 1935;

*Christophe Colomb*, oratório radiofônico para atores, dois tenores, coro e orquestra; Lausanne, 17 de abril de 1940; existe dele, no selo Mode, a gravação regida por Charles Peltz;

*Nicolas de Flue*, oratório com libreto de Denis de Rougemont, estreado em Solothurn, na Suíça, em 26 de outubro de 1940, e encenado em Neuchâtel, em 31 de maio de 1941;

*Les Battements du Monde*, para coro feminino, infantil e orquestra; Lausanne, 18 de maio de 1944;

*Saint François d'Assise*, para narrador, barítono, coro e orquestra Lausanne, 3 de dezembro de 1949.

São palavras do compositor citadas por seu biógrafo, Marcel Landowski:

> Minha regra como artista transformou-se em um conselho que sempre dou a meus alunos. Se seu desenho, melódico ou rítmico, é preciso e se impõe ao ouvido, as dissonâncias que o acompanham nunca espantarão o ouvinte. O que o assusta é ter de mergulhar num pântano sonoro cujas margens não percebe, e no qual se afunda rapidamente. É aí que ele se aborrece e pára de escutar. Pode-se, até deve-se falar ao grande público sem

concessões, mas também sem obscuridade. É por isso que um grande número de obras minhas atingiu os ouvidos da multidão. Ao dizer isso, estou pensando no *Roi David*, na *Judith*, na *Danse des Morts*, em *Jeanne au Bûcher*.

Palavras que poderiam dar matéria de reflexão a determinados músicos que não sabem explicar por que o público se afastou deles.

# Darius Milhaud

A crítica que se faz a Milhaud (1892-1974) é a mesma que já se fez tantas vezes a outros contemporâneos seus – o tcheco Bohuslav Martinu, o russo Dmítri Shostakóvitch, o brasileiro Heitor Villa-Lobos – cuja generosidade de inspiração e facilidade de escrita resultaram numa produção que, por ser muito copiosa, é forçosamente desigual. O que lhe reserva – como de resto a esses outros compositores de nosso século – um lugar de destaque na História da Música é o fato de que o número de acertos é muito superior ao de erros. Partituras descoloridas e monótonas como a do *Concerto para Viola* são, na verdade, minoria dentro de um catálogo gigantesco, que ostenta mais de quatrocentos títulos.

De Milhaud, já se disse também que não tinha unidade de estilo. Será isso um pecado num artista cuja curiosidade o levou a tentar todos os gêneros e a assimilar todas as influências? A da tradição francesa que, partindo de Couperin e Rameau, chega a Debussy e Satie, passando por Bizet e Chabrier. A do folclore de sua Provença natal em *La Cheminée du Roi René* (1939). A da música negra americana no balé *La Création du Monde* (1923), a das colônias francesas no *Bal Martiniquais* (1945). A da América Latina nas *Saudades do Brasil* (1921), ciclo de peças para piano que é uma espécie de nostálgico diário dos tempos em que, como secretário de Paul Claudel, trabalhou na embaixada da França, no Rio de Janeiro (1917-1918). Já não se fazem mais embaixadas como antigamente!

A diversidade estilística é inevitável num compositor que tentou de tudo. Milhaud escreveu peças para percussão e orquestra (1930), gaita de boca (1942), marimba e vibrafone (1949). Antecipou as experiências do próprio George Gershwin com o jazz e o blues sinfônicos. Fez originais combinações timbrísticas numa peça como a *Sinfonia Concertante* (1929), para trompete, trompa, fagote e contrabaixo. E demonstrou sua monumental habilidade contrapontística ao escrever dois quartetos, os de nº 14 e 15, que podem ser tocados separadamente, ou juntos, formando um octeto. A mesma diversidade observa-se nas 21 óperas que compôs, divididas em três tipos básicos: peças curtas, de tom satírico, freqüentemente com um clima onírico ou surrealista; óperas-oratório inspiradas em tragédias gregas, temas bíblicos ou históricos; e óperas heróicas, de tom épico e retórico.

A originalidade que Milhaud teria ao longo de sua carreira já se faz sentir, de resto, desde seu primeiro trabalho para o palco. *La Brebis Égarée* (A Ovelha Desgarrada), *roman musical* adaptado da peça de Francis Jammes, foi escrita entre 1910-1915, mas estreada apenas em 10 de dezembro de 1923, quando seu autor já era um nome consagrado. Ao público do Opéra-Comique, tantos anos depois da *Louise*, de Charpentier, ainda chocou o prosaismo deliberado de tema e linguagem, num libreto em que o homem canta um monólogo sobre os horários da estrada de ferro, e a mulher lamenta-se por causa de seus sapatos gastos que, na verdade, são o símbolo de seu cansaço com uma vida vazia e sem esperanças.

Na história de Françoise – que abandona marido e filhos para ir viver uma curta experiência de paixão e liberdade com Pierre, seu amante, mas depois, doente e cheia de sentimento de culpa, volta para casa – há a "poetização do banal", como dizia o crítico Paul Collaer. A peça de Jammes antecipa os escritos de Guillaume Apollinaire, Paul Reverdy, Jean Cocteau ou Max Jacob, que trarão à poesia elementos voluntariamente prosaicos, extraídos do quotidiano.

Em sua biografia do compositor, Collaer comenta a *Brebis Égarée*:

> A linguagem, nesta primeira obra, já é tão nova e pessoal quanto as idéias. Reconhece-se, desde o início, um estilo que será muito característico: longas melodias, abundantes e generosas, que se entrecruzam com facilidade e clareza, respeitando uma grande austeridade no encadeamento das partes; o desprezo pelos "enchimentos" ou pelo que é excessivo; o amor pelos elementos essenciais; uma bela densidade do som sem que ele seja demasiado espesso; acordes largos, harmoniosos, em que são freqüentes as superposições de quartas. E, como característica muito típica dessa ópera, aqueles baixos muito graves, pesados, maciços, que já anunciam os *Poèmes de Claudel*, de 1917.

Palavras que poderão, de um modo geral, ser aplicadas a toda a obra subseqüente para o palco, onde essas características básicas se mantêm. Escreve Éveline Hurard-Viltard:

> Os vinte quadros da *Brebis* se encadeiam como numa fotonovela. Nem é preciso dizer que a partitura não tem árias com vocalises nem dós de peito. Pelo contrário: o recitativo é contínuo, como em *Pelléas*; mas não é, em momento algum, cansativo, graças ao lirismo caloroso que é o segredo de Milhaud. A primeira obra lírica do Grupo dos Seis terá, portanto, nascido da pena de um rapaz de vinte anos, que não tivera contato algum com Paris e, da música moderna, só conhecia o que se podia ouvir em sua provinciana Marselha, ou seja, muito pouco.

Isso vem, uma vez mais, contradizer a opinião geral de que o espírito dos Seis não tinha raízes, nem significado, nem realidade. Da *Ovelha Desgarrada* existe, nos arquivos da ORTF, a gravação de um programa da ORTF de 1962, possivelmente disponível, na Europa, em discos pirata.

Se há uma estética operística típica do Grupo dos Seis é pelas duas óperas seguintes de Milhaud – *Les Malheurs d'Orphée* e *Le Pauvre Matelot* – que ela é representada. O libreto de Armand Lunel para *As Desventuras de Orfeu*, estreada em 7 de maio de 1926, no Théâtre de la Monnaie, em Bruxelas, situa numa aldeia provençal a ação dessa *complainte* (lamento) em três atos, cujo tema remonta às origens mesmas da ópera. Declarou Milhaud:

> Quis fazer algo humano, cuja grandeza viria da sobriedade da ação dramática e da pureza sonora da música [...]. O que temos aqui não é um Orfeu de teatro: não se trata de um herói, mas de um homem comum, que sempre viveu perto de nós.

O Orfeu da ópera de Milhaud/Lunel é um curandeiro de aldeia, casado com a cigana Eurídice, com quem foi morar na montanha, onde trata dos animais. Seus carinhos e o afeto dos animais, porém, não impedem sua mulher de adoecer e morrer. As três irmãs de Eurídice, achando que ele é o culpado pela sua morte, vêm vingá-la: ferem Orfeu e, na agonia, ele estende os braços para o espectro da amada, acreditando que ela está vindo buscá-lo.

Essa ópera de câmara, acompanhada por um conjunto de apenas treze instrumentos solistas, está cheia de achados expressivos: no início do ato I, a delicadeza tonal da melodia com que Orfeu declara seu amor por Eurídice, e que contrasta com a canção politonal dos operários, que falam de sua profissão; a marcha fúnebre em ritmo binário, marcada pelas percussões, que acompanha Eurídice desde a sua primeira aparição, já prenunciando o seu fim trágico; a passagem da escrita contrapontística politonal intrincada para uma melodia límpida, nota contra nota, quando os operários, ao virem advertir Orfeu dos perigos que ele e sua mulher estão correndo, vivendo tão isolados ali na montanha, se expressam de forma a poderem ser facilmente compreendidos; ou o ritmo de canção de ninar com que Orfeu recebe serenamente a propria morte, com as palavras: "J'aime mon malheur; c'est tout ce qui m'est resté sur cette terre" (Amo a minha desventura; foi tudo o que me sobrou nesta terra).

Não há árias nem vocalises; mas também não há recitativo estritamente moldado no ritmo da fala. As personagens exprimem-se numa cantilena permanente, que abre grande espaço a melodias extremamente líricas mas, ao mesmo tempo, preocupa-se em fazer com que todas as palavras sejam inteligíveis. *Les Malheurs d'Orphée* parece querer demonstrar aos detratores do Grupo dos Seis que é possível escrever uma ópera fiel aos seus princípios de "desromantização" sem ter de recorrer às formas populares, aos *temps de java* da música de cabaré, que eram vistos com tanta desconfiança pelos tradicionalistas.

Já *O Pobre Marujo*, com libreto de Jean Cocteau (Opéra-Comique, 16.12.1927), vem demonstrar justamente o contrário: que uma ópera pode ser séria mesmo usando os tão criticados ritmos de valsinha de botequim do cais do porto ou as melodias de canção de marinheiro. A intriga, baseada na canção folclórica em que se conta a história do *brave marin* que volta para casa, desconcertou o público da estréia por seu tom brutalmente direto.

Para testar a fidelidade da esposa, que lhe prometera esperar por ele, o marujo não se dá a reconhecer. Mas, na conversa com ela, não resiste à tentação de lhe contar que é rico e de mostrar-lhe o ouro que acumulou em muitos anos de viagem. Apesar de dar-se conta da semelhança que o forasteiro tem com marido, a mulher está tão perdida no sonho de viver feliz com o homem que ama, quando ele voltar, que decide matar e roubar o desconhecido. Mergulhada em sua idéia fixa, em momento algum perceberá o seu engano (tratamento diferente, em clave de reflexão existencialista, foi dado a esse mesmo tema por Albert Camus, em sua peça *Le Malentendu*).

O libretista oferece assim ao compositor dois níveis psicológicos, o da realidade e o do sonho, que lhe permitem uma rica exploração musical. Através de melodias simples, canções de marinheiro, danças de cabaré, temas de sabor folclórico, Milhaud consegue traduzir a esperança cega que a mulher tem em ainda poder ser feliz ao lado do marido, e o carinho que sentem por ela todos os que a cercam. Cada personagem tem uma forma própria de se expressar. A mulher, que nega a realidade, usa melopéias folclóricas conhecidas ou inventadas sobre moldes populares, cujo traçado sinuoso sugere muito bem o mundo da lua em que vive. O pai, realista, desiludido, prosaico, usa um recitativo seco muito próximo da fala. O marinheiro e seu melhor amigo, ambos apaixonados pela mulher, cantam longas melodias muito líricas. Com recursos simples, Milhaud escreve uma de suas obras mais vivas e espontâneas para o palco.

O selo Adès tem a gravação dos *Malheurs d'Orphée* (1957) regidos pelo autor, com Jacqueline Brumaire e Jean Demigny; no ASV, há a versão de Robert Ziegler (1990), com um elenco inglês tendo à frente Anna Steiger; nos arquivos da ORTF, há a gravação de cinco programas transmitidos entre 1949–1966. No álbum Adès do *Orphée*, há também *Le Pauvre Matelot* com Jacqueline Brumaire e Jean Giraudeau. Em 1966, a Radio France fez dele uma transmissão radiofônica que pode ser localizada em discos pirata.

A concisão, que já era um traço característico das obras dessa fase, será levada ao extremo nos *opéras-minute* produzidos no fim da década de 20. Em 1927, Paul Hindemith tinha pedido a Milhaud que escrevesse, para o Festival de Baden-Baden, uma ópera de câmara do menor tamanho possível. O compositor o pegou pela palavra, mandando-lhe *L'Enlèvement d'Europe*, que dura nove minutos. Para poder fazer de partitura tão lacônica pelo menos a primeira parte de um espetáculo, o editor Hertzka, da Universal, sugeriu que ela encabeçasse uma trilogia.

As óperas-minuto correspondem ao irreverente espírito vanguardista que, na década de 20, fazia os termos mais banais da linguagem coloquial serem introduzidos na poesia; promovia objetos comuns do quotidiano à dignidade de obra de arte (em seus *ready-made*, Marcel Duchamp prega, por exemplo, uma roda de bicicleta num banquinho de cozinha); e dava tratamento iconoclasta aos ícones mais sérios e intocáveis da tradição (os bigodes que Salvador Dali pinta na Gioconda). As três óperas em um ato, de tom altamente satírico, desmistificam o sacrossanto respeito que a cultura ocidental, e a francesa em particular, sempre teve pela mitologia grega. Os libretos são do embaixador Henri Hoppenot, amigo de

Claudel. Esse homem de extensa cultura humanística clássica diverte-se em zombar de temas reverentemente usados pela dramaturgia e a pintura clássicas.

Em *L'Enlèvement d'Europe* (9 min.), Júpiter, disfarçado de touro, descarta-se de Pergamon, noivo de Europa, para poder ficar com a moça. *L'Abandon d'Ariane* (10 min.) passa-se na ilha de Naxos, onde Dionísio engana Teseu, fazendo com que parta com Fedra e deixe para ele Ariadne, a irmã caçula mais bonita. E na *Délivrance de Thésée* (8 min.), depois de Fedra e Hipólito terem encontrado o final trágico descrito por Racine em sua célebre tragédia, Teseu consola-se com a idéia de que terá para si a jovem e desejável Arícia, namorada de seu filho – e de que, como o título da ópera indica, ficou livre da mulher e do filho, ambos chatos e depressivos. O tema do homem mais velho e experiente seduzido pelos encantos da adolescente apetitosa percorre e unifica sensualmente os três libretos.

*O Rapto de Europa* foi cantado em Baden-Baden, em 17 de julho de 1927, num extravagante programa múltiplo que incluía *Die Prinzessin auf der Erbse* (A Princesa Deitada na Ervilha), conto de fadas de Ernst Toch; *Hin und Zurück* (Ida e Volta), comédia realista de Paul Hindemith; e *Aufstieg und Fall der Stadt Mahagonny* (Ascensão e Queda da Cidade de Mahagonny), a sátira política de Kurt Weill e Bertolt Brecht. O tríptico de Milhaud foi integralmente executado, pela primeira vez, em 20 de abril de 1928, na Ópera de Wiesbaden.

Essas três miniaturas possuem árias, cenas de conjuntos, coros, mas tão aceleradas que a noção de tempo se altera, criando o senso de irrealidade. É como se estivéssemos passando um vídeo, apertando, no controle remoto, a tecla de *fast forward*. Elas estão cheias de detalhes hilariantes: o coro em ritmo de tango que, na segunda ópera, comenta o logro em que Teseu caiu ao trocar Ariadne por Fedra; ou a paródia de tocata monteverdiana, no final dessa partitura, quando Dionísio leva Ariadne ao topo de um rochedo e mostra-lhe, no céu, o lugar onde ela será transformada em constelação.

Os comentários do coro, de um modo geral, são pura gozação, esculhambando com a seriedade das situações vividas pelas personagens. A melhor brincadeira com os tesouros do Classicismo francês está na *Libertação de Teseu*. Um dos trechos mais célebres da *Phèdre* de Racine, dissecado por todo professor de literatura que se dê o respeito, é o longo monólogo em que Théramène, o sentencioso preceptor de Hipólito, vem anunciar que este morreu devorado pelo monstro que Posêidon fez sair do mar. Na ópera de Milhaud, nem bem o velho se instala no centro do palco e ataca o primeiro verso da sua interminável tirada – "À peine nous sortions..." –, e Teseu já atalha: "Je connais... finis vite". Sua impaciência espelha, decerto, a de muitos franceses a quem, na escola, impuseram a leitura dos clássicos. O selo Arion lançou, em 1983, a gravação destas diminutas obras-primas, com os Ensembles Ars Nova e Jean Laforge regidos por Sirnossian. No Koch Schwann, há o de K.A. Rickenbacher com a Cappella Cracoviensis. Antes disso, circulava em versão pirata uma transmissão da Radio France, de 1964.

O extremo bom humor e irreverência com que, nos *opéras-minutes*, Milhaud trata a mitologia, contrasta com a densidade trágica e a violência da abordagem que Claudel e ele tinham dado a essa mesma temática, entre 1913 e 1922, nas três cantatas cênicas baseadas na *Orestíada*, de Sófocles. *Agamemnon* foi escrita em 1913, mas cantada em versão de concerto apenas em 16 de abril de 1927. Apresentada primeiro em concerto (15.6.1919), *Les Choéphores* foi encenada em Bruxelas, em 27 de março de 1935. Quanto a *Les Euménides*, embora composta em 1922, ela teve de esperar até 27 de novembro de 1927 para ser executada em Antuérpia, num concerto transmitido pela Rádio de Bruxelas. A primeira apresentação completa de *L'Orestie* deu-se em Berlim, em 5 de maio de 1963.

Foi no Rio de Janeiro que Milhaud, trabalhando nas *Coéforas* (As Portadoras de Libações), dedicou-se mais sistematicamente a explorar as possibilidades do politonalismo. Conta ele:

> Passei a examinar todas as combinações de duas claves superpostas e a estudar os acordes assim produzidos. Estudei também os efeitos de sua inversão [...]. Eles satisfaziam meus ouvidos ainda mais do que os normais, pois um acorde politonal é sutilmente mais doce e, ao

mesmo tempo, de uma maior agressividade. Construí a música para as *Coéforas* com base nessa pesquisa e dei a meu manuscrito o subtítulo de *Variações Harmônicas*. Para cada estrofe e antistrofe, na verdade, estabeleci, em muitos casos, uma linha definida de pesquisa harmônica, aplicando às seqüências de acordes a técnica usada para as variações. A parte essencial da música, entretanto, permaneceu a linha harmônica geral. Mesmo ao estudar acordes contendo doze notas, usei-os apenas para sustentar uma melodia diatônica.

É essa duplicidade de caráter que dá à música da segunda parte da *Orestíada*, a mais impressionante das três, o seu tom muito particular, como se pode verificar através da espetacular gravação de Leonard Bernstein, feita para o selo CBS e relançada em CD pela Sony. Ou da versão de Igor Markhevitch (DG). Mas nas *Coéforas* há uma novidade ainda mais forte para o seu tempo: duas das seções do texto, os *Présages* e as *Exhortations*, que se referem ao planejamento do assassinato de Clitemnestra por seu filho Orestes, são tão "selvagens e canibais" que, segundo o próprio Milhaud, "não se prestavam à música". Ocorreu-lhe, então, escrever coros falados, com marcação rítmica e acompanhamento de percussão, cujo efeito é simplesmente devastador. Ele repetiria essa experiência, mais adiante, no pequeno oratório *La Mort du Tyran*, para coro falado e conjunto de percussões; e esse procedimento influenciaria músicos tão diversos quanto o Stravinski de *Les Noces* e o Carl Orff dos *Trionfi*.

Do tríptico, apenas *As Eumênides* é inteiramente cantada, num estilo muito aparentado ao da *Antigone* de Honegger. Em *Agamênon*, há também a alternância de trechos cantados e falados, embora sem a marcação rítmica e o acompanhamento percussivo selvagem das *Coéforas*. E a música só começa quando Clitemnestra sai do palácio para enfrentar os anciãos. O final das *Eumênides* tem um plano politonal complexo, demonstrando que Milhaud já estava começando a conceber a politonalidade melodicamente. No entanto, suas diferenças individuais e o fato de terem sido concebidas ao longo de doze anos, não impedem essas três partituras de terem uma unidade formal e estilística razoavelmente grande. Este é um tríptico que ainda está à espera de um registro fonográfico integral à altura de sua importância.

Todas as obras de Milhaud para o palco, das décadas de 10/20, têm em comum o fato de serem curtas, densas, escritas para conjuntos instrumentais reduzidos, com poucas personagens e, à exceção da *Orestíada*, por possuírem conteúdo satírico ou amargo tom de humor negro, associável a movimentos contemporâneos de vanguarda, como o Dadaísmo ou o Surrealismo. A esse grupo pertence também a comédia *Esther de Carpentras*, escrita em 1925, mas só estreada em 1º de fevereiro de 1938. Trata-se de uma versão bufa, muito irreverente, da história bíblica de Ester e Mardoqueu, ambientada na Provença da época em que o compositor era adolescente. Destaca-se pela agilidade de seus concertatos cômicos, de uma factura que remete a Offenbach; e pelas brilhantes cenas corais, de caráter popular, no ato II. A Radio France a transmitiu duas vezes, em 1961 e 1965; estes são os únicos registros de que tenho notícia.

De proporções diametralmente opostas, concebidas numa escala grandiosa e com uma empostação épica de que já se podia perceber o embrião na *Orestíada*, serão as ambiciosas criações cênicas da década de 30 em diante. A estada de Milhaud no Brasil explica a sua atração pela temática e pelos recursos musicais do Novo Mundo, que se traduzirão nos três grandes painéis da chamada "trilogia latino-americana":

*Le Livre de Christophe Colomb*, com libreto de Claudel, encenado em Berlim em 5 de maio de 1930, e apresentado em Paris em 1936, numa versão de concerto;

*Maximilien*, baseado no drama de Franz Werfel, estreado em Paris em 4 de janeiro de 1932;

*Bolivar*, adaptado da peça de Jules Supervielle, encenado em Paris em 10 de maio de 1950.

Houve quem pretendesse ver, no monumental *Christophe Colomb*, em 27 cenas, uma tentativa de reviver a tradição do *grand-opéra* francês. A estrutura da obra, seu clima espiritual, a intervenção de papéis falados que se entremeiam aos cantados colocam-no, entretanto, dentro da linhagem contemporânea da ópera-oratório, cujas origens remontam a raízes bem mais antigas, as dos *mystères* e *sacre rappresentazioni* da Idade Média e do período Protobarroco. Alguns dos exemplos desse gênero, no século XX, são a *Jeanne d'Arc au Bûcher*, de Honegger, o *Oedipus Rex*, de Stravinski, a *Antigona*, de Carl Orff, a *Penthesilea*, de Othmar Schoeck, ou a *Atlántida*, de Manuel de Falla.

No *Christophe Colomb*, retornam procedimentos técnicos já utilizados na *Orestíada*, embora sem o mesmo tom violento: coro falado ou ritmado; e a politonalidade mais complexa contrastando com linhas melódicas despojadas, numa tentativa de fusão do espírito barroco de inventividade exuberante com o equilibrado rigor do Neoclassicismo. Mas se, na *Orestíada*, a concepção é camerística, aqui ela apresenta escala gigantesca: a obra exige dez personagens, 35 outras partes solistas saindo do coro, três recitantes e um enorme efetivo instrumental, além de bailarinos, mímicos e filmes que ampliam as imagens formadas pelos atores no palco, freqüentemente em *tableaux vivants* estáticos. É a típica aplicação do conceito claudeliano de *théâtre total*, procedente do *Gesamtkunstwerk* (obra de arte total) wagneriano e que, em sua obra falada, o poeta põe em prática numa peça como *Le Soulier de Satin* (O Sapatinho de Cetim).

O drama de Claudel é de estilo épico-alegórico, superpondo, em níveis diferentes do palco, os planos da realidade, da memória e do sonho, através dos quais reconstitui os episódios da aventura de Colombo em busca do Novo Mundo, dando uma interpretação mística ao que vê como uma missão civilizatória de cristianização dos pagãos e difusão do Cristianismo. Este é o aspecto mais envelhecido e discutível do poema, sobretudo em vista do processo de reavaliação do significado do Descobrimento que ocorreu com as comemorações, em 1992, de seu V Centenário: a tentativa de canonização de Colombo, dentro de uma mentalidade colonialista e de hegemonia cristã, é ingênua e superada.

Por outro lado, o libreto é também criticável por ser a obra de um Claudel em declínio, que transforma achados em maneirismos: por exemplo, a leitura do livro da vida de Colombo, já usada na *Jeanne d'Arc*, e a técnica de não contar a história cronologicamente. O poeta multiplica cacoetes de linguagem, abusa de citações bíblicas fora de contexto, e retoma temas, imagens, situações e recursos técnicos do *Soulier*, também de ambientação espanhola e conteúdo alegórico, onde tais elementos tinham muito mais vigor e novidade.

Os diversos quadros são interligados pelos comentários do Narrador – cujo estilo de declamação procede da *Orestíada* – ou por interlúdios corais cantados ou recitados. A politonalidade é largamente usada: na cena intitulada "Irruption des Colombes", há a combinação de camadas melódica, rítmica e harmonicamente independentes, que mantêm autonomia de timbre, embora a orquestração, muito transparente, as unifique num jorro sonoro coerente. O contraste é essencial para o impacto dramático. As cenas, em geral curtas, são unidades autocontidas, que flutuam entre dissonâncias ásperas e melodias diatônicas simples, declamação despojada e intervenções maciças da orquestra e do coro. O princípio de alternância faz com que a cenas caóticas, de ação intensa, sigam-se outras de serena reflexão.

O ato I termina com o motim a bordo do *Santa Maria* e a visão da terra que surge, ao longe, ao som de um *Sanctus* de dimensões grandiosas. A segunda parte relata as perseguições de que o herói foi vítima – sem se referir ao fato de que culpados por elas foram seu autoritarismo e as arbitrariedades que cometeu como governador da ilha de Hispaniola (o atual Haiti); – e faz-nos retornar à mísera taverna de Valladolid, onde a ação se iniciara, mostrando-nos a personagem velha, pobre e desiludida. No final da ópera, um Aleluia imponente acompanha o epílogo simbólico, em que a rainha Isabel de Castela, montada numa mula – o último bem que restara ao navegador, e que este lhe dera de presente –, entra no reino dos Céus pisando em um tapete em que está desenhado o mapa da América.

Na estréia, a ópera foi muito criticada pela ruptura de tom que havia entre a primeira parte, mais realista e "popular", e a segunda, cuja atmosfera é de meditação mística. O próprio Milhaud parece ter acolhido essa crítica, pois remanejou a partitura, transformando-a em abundante música de cena para uma peça essencialmente falada, que Jean-Louis Barrault estreou, em 1953, no Mai de Bordeaux, e que, nesse mesmo ano, foi apresentada, com grande sucesso, no Théâtre de Marigny, regida por Pierre Boulez, tendo Barrault e sua mulher, Madeleine Renaud, como narradores. Desse espetáculo, existe uma gravação pirata no selo MRF; e da transmissão radiofônica de 1956, regida por Manuel Rosenthal, há um álbum comercial lançado em 1986 pela Montaigne. Foi essa versão revista a reapresentada, em janeiro de 1990, na Ópera de Montpellier, pelo Atelier du Rhin, dirigido por Pierre Barrat (não foi possível confirmar se desse espetáculo existem registros pirata de áudio e/ou vídeo). A única apresentação francesa da versão de 1930, de que tenho notícia, foi a da Ópera de Marselha, em outubro de 1984; mas retornar ao formato original não garantiu ao espetáculo sucesso maior do que o da criação.

Grande parte da música do *Colomb* apóia-se em harmonias politonais, dissonâncias livres nascendo da superposição de motivos em tonalidades diferentes. Com exceção das cenas mais longas, o procedimento é, em geral, o seguinte: introduzido um tema, ele é repetido enquanto outros temas lhe são acrescentados, cada um deles continuando a ser tratado da mesma forma iterativa, em *ostinato*. Obviamente, os diversos planos harmônicos são mantidos separados pelo emprego de timbres instrumentais contrastantes; além disso, o efeito de harmonia estática, que é produzido pela dissonância complexa e contínua, é compensado pela vitalidade e variedade dos esquemas rítmicos, típicos da música de Milhaud. E esse tipo de construção cria uma sensação constante de monumentalidade. Quando a longa dissonância finalmente se resolve, ao encerrar-se uma seção com um simples acorde, a intensidade do efeito obtido amplifica-se consideravelmente. Um dos momentos mais interessantes, nesse sentido, é a cena do motim, no fim da primeira parte, em que, depois do clímax obtido com quatro tonalidades diferentes no coro e quatro na orquestra (sete ao todo, pois uma delas aparece em dois dos motivos superpostos), o conjunto resolve-se numa grande tríade final de si bemol maior.

Escreveu Paul Collaer:

Em *Christophe Colomb*, há todo o Milhaud. É a síntese de tudo o que ele elaborou anteriormente e de toda a sensibilidade expressa em seus outros dramas. *Christophe Colomb* representa a sua súmula musical.

As técnicas desenvolvidas e plenamente dominadas até ali reaparecem no *Maximilien*, cuja personagem título é o arquiduque austríaco Maximiliano de Habsburgo, imposto por Napoleão III, em 1862, como imperador do México, destronado e fuzilado, em 1867, pelo levante de Benito Juárez. O grau de estilização supera, aqui, o de suas óperas precedentes: ação, melodia, ritmo, tudo é tratado de modo ritualístico, o que entra em choque com o caráter realista de um libreto baseado em fatos reais, e explica a dificuldade do público de sintonizar com a obra. Até mesmo os hinos sacros e as marchas militares são concebidos, dentro de uma abordagem sistematicamente antinaturalista e simbólica, mais como partes de um esquema de relações tonais de preocupações formalistas do que como uma tentativa de representar acontecimentos reconhecíveis no plano da realidade.

Menos hierática é *Bolivar*, a mais bem-sucedida das obras escritas no período em que Milhaud, por ser judeu, teve de fugir à perseguição anti-semita na França ocupada, refugiando-se nos Estados Unidos, onde ensinou, no Mills College, da Califórnia, entre 1940 e 1947. Muito bem recebida pelo público americano, teve, porém, apenas um *succès d'estime* ao ser cantada em Paris, em 1950 (Milhaud tinha voltado para seu país em 1947, assumindo a cadeira de professor de Composição no Conservatório de Paris). Apresentação mais satisfatória foi a de 25 de abril de 1953, no San Carlo, de Nápoles, com o mesmo elenco da estréia.

Monumentalidade e dissonâncias são menos evidentes na *Médée*, composta contemporaneamente à trilogia latino-americana e estreada em Antuérpia em 7 de outubro de 1939. O interesse do compositor, dessa vez, concentra-se nos aspectos líricos da trama. Particularmente expressivas são as linhas vocais longas, lentas e cheias de melismas confiadas ao soprano que faz Creusa, vítima da crueldade de Medéia – e que se chocam com as aspereza do recitativo melódico muito anguloso da feiticeira. O momento dramaticamente mais

Esboço de Fernand Léger para uma apresentação parisiense do *Bolivar*, de Darius Milhaud, em 1950.

poderoso é o dos rituais mágicos com que a protagonista se prepara para vingar-se de Jasão matando os próprios filhos. Nesta ópera, como nas da trilogia, há uma caracterização muito atenta das personagens; mas, estilisticamente, Milhaud afasta-se do caráter revolucionário das óperas escritas sob o influxo do "espírito dos Seis".

Dessas três obras, existem apenas registros radiofônicos preservados no acervo da ORTF: os de *Maxilien* são de 1962 e 1972; os de *Bolivar*, de 1955 e 1962; os de *Médée*, de 1949 e 1964. Não possuo informação quanto à possível disponibilidade em discos não comerciais.

Essa tendência estilística confirma-se em *David*, cujos cinco atos e doze quadros, sobre libreto de Armand Lunel, exigem quarenta e três cantores, dois coros mistos, bailarinos e uma orquestra enorme. Escrita para o Festival do Rei Davi, em Israel, a ópera foi primeiramente encenada no Scala de Milão, em 2 de janeiro de 1954, e só em 1º de junho cantada em Jerusalém – mas em versão de concerto. Cheia de páginas de inegável lirismo é, tanto quanto o *Colomb*, uma súmula do desenvolvimento operístico de Milhaud, na qual todos os seus elementos estilísticos aparecem como que transfigurados.

*David* oferece, entretanto, alguns traços originais, como o de colocar, ao lado do coro dos hebreus, que comenta a ação, um "coro de israelenses de 1954": faz-se assim a analogia entre a situação atual e a do passado, equacionando-se a criação, por Davi, do Reino dos Judeus, com a fundação do Estado de Israel. *David* e a trilogia latino-americana estabelecem, para a era contemporânea, um padrão de espetáculo em grandes proporções, na confluência das tradições do oratório cênico com o *grand-opéra* oitocentista, que terá seus seguidores em Werner Egk (*Alkestis, Peer Gynt*), Boris Blacher (*Die Zaubergeige*), Frank Martin (*Le Vin Herbé*) ou Gottfried von Einem (*Dantons Tod*). Não se sabe precisar a data do registro radiofônico preservado no acervo da ORTF, única documentação em áudio existente dessa ópera.

Já a *Mère Coupable*, que Madeleine Milhaud, por sugestão da editora Ricordi, adaptou da peça de Beaumarchais – a terceira e menos conhecida do ciclo que tem por personagens Fígaro e a família Almaviva –, foi um fracasso ao estrear, no Grand Théâtre de Genebra, em 13 de junho de 1966. Seria de se desejar que a ORTF autorizasse a comercialização do programa de 1967 em que esta ópera foi apresentada pela Radio France, para que fosse possível reavaliar – sem os preconceitos do público da época, certamente influenciado pelo fato de Milhaud estar-se aventurando na seara de antecessores ilustres como Mozart, Paisiello e Rossini – o trabalho que Milhaud realizou com esse *drame moral*, a que Beaumarchais, numa alusão à célebre comédia de Molière, deu o subtítulo de *L'Autre Tartuffe*.

É uma peça amarga, cuja ação situa-se no fim de 1790, muitos anos depois dos acontecimentos narrados no *Mariage de Figaro*. As personagens, que ali conhecemos jovens e fogosas, estão envelhecidas, desiludidas, carcomidas pela idade e pela rotina. É Fígaro quem, uma vez mais, salva fielmente sua patroa da chantagem a que quer submetê-la um certo major Bégearss, agiota irlandês, ex-secretário de embaixada do conde. A intriga gira em torno da ameaça de revelação de um pecado de amor que a Condessa cometeu no passado e conseguiu esconder do marido, na época ausente: um filho bastardo que teve com... Cherubino, sim, o adolescente que, nas *Bodas*, já lhe fazia corte tão apaixonada. Enviado para o exército logo depois dessa aventura, o rapaz morreu numa batalha e nem chegou a saber que tivera um filho com a condessa.

Convenhamos que o assunto não parece ter muito a ver com a personalidade artística de Milhaud; mas o ostracismo em que a partitura caiu logo após a estréia impede um julgamento desapaixonado. Não conheço a música e só posso contar com a opinião de Barbara Kelly que, no *Viking Guide of Opera*, afirma:

> A série de intrigas monótona e complicada não é aliviada pela música de Milhaud, que estabelece pouco contraste entre as personagens e tem poucos momentos líricos. Freqüentes mudanças de modo criam a fluidez tonal típica de seu estilo de fim de carreira.

Mencionemos ainda outros trabalhos cênicos desse músico prolífico:

Trilogia *Jeux d'Enfants* (1932-1937), de óperas infantis de câmara, constituída por *À propos de Bottes, Un Petit Peu de Musique* e *Un Petit Peu d'Exercices*, numa linha que as aparenta com trabalhos análogos, para crianças, de Paul Hindemith (*Kinderstadt*) e Benjamin Britten (*Let's Make an Opera*);

Oratório *Saint-Louis, Roi de France*, com texto de Claudel, escrito entre 1970-1971, e cantado pela primeira vez no Teatro Municipal do Rio de Janeiro, em 14 de abril de 1972, em lembrança dos tempos em que ambos trabalhavam no Brasil;

Revisão livre do *Jeu de Robin et de Marion*, a comédia pastoral escrita em 1284 por Adam de la Halle, representada em 28 de outubro de 1951, no Festival de Wiesbaden.

Variedade e versatilidade são as palavras chave para descrever a obra operística de Milhaud. Variedade na escolha de seus libretistas (de Hoppenot a Claudel), no tamanho de suas óperas (de 9 min a quase 4 h), na escolha do tema (mitologia, história, *fait divers*) e no leque estilístico, que vai do tom folclórico singelamente diatônico ao politonalismo mais elaborado, passando pela selvageria de escrita das *Coéforas*. Versatilidade estribada em sua crença de que o compositor deve ser capaz de escrever em todos os estilos, dependendo do que lhe solicitam, e de que, para cada projeto, deve haver uma solução individual (convicção que não é o único a ter: ele a compartilha com um mestre como Richard Strauss, por exemplo). Milhaud foi freqüentemente acusado de compor apressadamente e de não ter autocrítica mas, se excetuarmos a eventual insensibilidade com que reage, às vezes, ao problema do equilíbrio de texturas, escrevendo de forma um pouco empastada, seu artesanato era soberbo e é muito importante o que conseguiu em termos de realização musical e dramática.

# Francis Poulenc

No capítulo da biografia de Poulenc (1899-1963) em que estuda o seu estilo, Henri Hell afirma:

> Se fosse necessário qualificar com uma só palavra a música de Francis Poulenc, *natural* seria a que deveríamos utilizar. A naturalidade preside, desde o início, ao contínuo desenvolvimento dessa obra variada e múltipla. Eis um músico nato – tantos outros poderiam ter sido engenheiros ou arquitetos e, no entanto, optaram por *transformar-se* em músicos –, destinado à música desde a infância e que, sem nada perder do frescor primitivo de seus dons, sem petrificá-los, reforça-os e os desenvolve; um músico nato que, extremamente consciente de suas limitações, sem as ultrapassar, amplia-as constantemente.

A análise é muito justa: a quem considerava Poulenc apenas um daqueles típicos compositores franceses graciosos, elegantes, mais espontâneo do que refletido, dotado de um descontraído gosto pela ironia, ele surpreende com obras da maturidade, em que sabe ser forte na expressão, rigoroso na construção, humano no pensamento. É um músico, como diz Claude Samuel, "que nunca esteve preocupado em acompanhar as revoluções da escrita, mas também nunca deixou-se intimidar por elas". Ser *moderno* nem passa pela cabeça de um artista que, pouco antes de morrer, dizia, em tom de brincadeira: "Se tivesse vinte anos hoje, talvez gostasse de experimentar a aventura serial". Mas é com absoluta desenvoltura que pode se dar ao luxo de recorrer aos mais diversos recursos do idioma contemporâneo, se isso convier às suas necessidades expressivas.

As influências estão ali, para todo mundo ver: a do Stravinski da *Sagração* na *Rhapsodie Nègre* ou na *Sonata a Quatro Mãos*; a de Erik Satie nos *Mouvements Perpétuels*; a de Mússorgski na forma como modela seus recitativos; a de Debussy no colorido da orquestração ou na forma geral dos *Dialogues des Carmélites*; a dos cravistas do século XVIII, ou de Ravel e Prokófiev, nas peças para piano; a de Chabrier – cuja obra estudou em um livro brilhante, publicado em 1961 –, nas muitas canções, um dos setores mais originais de sua produção. Mas o tom pessoal, inconfundível, aparece muito cedo, já no *Bestiaire* de 1919, sobre textos de Apollinaire, um de seus poetas favoritos.

Essa capacidade de assimilar influências, traduzindo-as numa linguagem extremamente individual, foi logo identificada pela crítica mais atenta. Em 1924, logo após a vitoriosa estréia de seu balé *Les Biches*, Boris de Schloezer escrevia:

> Poulenc não é um imitador, pois, se toma seu bem onde o encontra, apropria-se realmente dele, torna-o seu. Esses elementos heterogêneos, ele não os amalgama nem dissimula mas, de forma cândida e sincera, filtra-os através de sua própria personalidade, o que faz com que adquiram um caráter comum, bem particular. Não há como se enganar ao ouvir essa música: é Poulenc!

Curiosamente, palavras quase idênticas eram adotadas pelo amigo Arthur Honegger, companheiro no Grupo dos Seis, num artigo para a revista *Comoedia*:

A personalidade de Francis Poulenc afirma-se cada vez mais como a de um músico integral. O dom já se manifestara desde as suas primeiras páginas e, progressivamente, a sua técnica se afirmou, sem que, com isso, o lado espontâneo de sua inspiração se tivesse ressecado. O sentimento harmônico se desenvolveu e atinge, hoje, uma plenitude saborosa, que lhe confere indiscutível originalidade. As influências de Chabrier, de Stravinski e Satie, que sofreu no início da carreira, foram assimiladas (como sempre acontece quando existe uma seiva verdadeira) e estão, agora, tão bem fundidas no conjunto de suas qualidades pessoais que é impossível percebê-las enquanto, a cada instante, um contorno melódico, um encadeamento harmônico faz-nos dizer: *"C'est très Poulenc!"*

E se esse estilo individual se definiu tão depressa, é porque Poulenc é o tipo de artista que se deixa primordialmente guiar por uma infalível intuição – o que, nele, equivale ao "primado da melodia, clareza e sutileza harmônica, senso de medida, gosto pela obra bem acabada" (Cl. Samuel). Afirma Henri Hell:

> Numa época de música cerebral, para não dizer escolástica, de músicos ansiosos com o futuro de sua arte, cada vez mais preocupados com problemas técnicos e convencidos de que o maior deles é o desgaste da linguagem tradicional, Poulenc é um músico para quem o instinto é a única regra áurea. Renovação da técnica? Teorias abstratas? Nada é mais estranho à sua natureza. Para ele, a música não se resolve com combinações matemáticas. Nenhuma de suas obras é redutível a um quadro analítico. [...] Atribui-se a Picasso a frase: "Eu não procuro, acho". Da mesma forma, Poulenc não procura, acha. [...] Poulenc teve o dom de conseguir, de saída, essa semelhança consigo mesmo, a que outros só chegam com dificuldade, após anos e anos de hesitações, e acertos e erros mais ou menos fecundos. Mas, nem por isso, tornou-se o prisioneiro de uma fórmula. Se soube, desde cedo, quais seriam as constantes de seu estilo, soube também, conservando a espontaneidade e a segurança de um artesanato cada vez mais consciente, expandir plenamente esse estilo, enriquecendo-o, dando-lhe profundidade e amplitude.

Todas essas características são típicas de quem admitia ter, como homem e como artista, uma personalidade contraditória e dualística. Certa vez, com seu peculiar senso de humor, Poulenc disse:

> Se uma senhora do Kamtchatka me escrevesse perguntando como eu sou, eu lhe mandaria meu retrato ao piano desenhado por Cocteau, meu retrato feito por Bérard, a partitura do *Bal Masqué* e a dos *Motets Pour un Temps de Pénitence*, e acho que aí ela teria uma idéia muito exata de quem é Poulenc-Jano.

Essa comparação de si mesmo com o deus romano bifronte, cujos dois rostos olham ao mesmo tempo para o passado e o futuro, explica-se em quem, desde suas origens, estava sob o influxo de forças muito divergentes.

Francis – em quem os amigos identificavam *du moine et du voyou* (um pouco de monge e um pouco de vagabundo) – era o filho de Émile Poulenc, o dono da multinacional Rhône-Poulenc, de produtos farmacêuticos, católico fervoroso, de estrito conservadorismo político. Sua mãe e primeira professora de música era a pianista Jenny Royer, mulher de cabeça muito aberta, que lhe incutiu, desde pequeno, o amor não só pelas obras de Mozart, Couperin ou Chopin, mas também pela *adorable mauvaise musique* – o que, em suas composições, vai-se traduzir na constância em que aparece um descontraído tom *cabaretier*.

À influência de Jenny virá somar-se a do irmão dela, o tio Marcel: os dois conspiraram para que, em vez de ser mandado à austera Schola Cantorum, de Vincent d'Indy, como queria o pai, Francis fosse estudar com o pianista catalão Ricardo Viñes e, mais tarde, com o compositor Charles Koechlin – e os dois o fizeram descobrir Debussy e Satie, Stravinski e Schönberg. Os resultados desses arejados estudos já se fazem sentir na *Rhapsodie Nègre*, para barítono e conjunto de câmara, que Poulenc compôs em 1917, aos dezoito anos de idade – um *succès de scandale*, como não podia deixar de ser.

São bem claras as fases da obra de Francis Poulenc. Depois de um período imaturo, em que ainda há obras mal definidas, como as *Promenades* para piano ou o ciclo dos *Poèmes de Ronsard* (1924-1925), sua primeira peça importante é o balé *Les Biches*, erótico e de impertinente elegância, inaugurando um período em que o lirismo contrabalança a ironia ácida, o aparente gosto pela provocação. A morte de um amigo, o compositor e crítico Pierre-Octave Ferroud, num acidente de carro, em 17 de agosto de 1936, o leva a fazer sua primeira peregrinação ao santuário de Rocamadour, no Auvergne, em companhia do barítono Pierre Bernac. O resultado são as etéreas *Litanies à la Vierge Noire de Rocamadour* (1936), para coro e órgão, marcando o despertar de um sentimento religioso que será fundamental em sua obra – Poulenc é um dos grandes autores de música sacra deste século.

Nessa nova fase, o desenho linear do início é substituído por melodias mais sinuosas, de emoção intensa mas comedida, e por uma elaboração harmônica muito sutil mas que não cai nos excessos do preciosismo. Essa gravidade nova transparece no ciclo de canções *Tel Jour, Telle Nuit* (1937), ou no *Concerto para Órgão*, de 1938.

Com *Les Animaux Modèles*, terminados em 1941, entramos na plena maturidade: e é aí que estão as suas três óperas, testemunho do absoluto domínio da expressão que, a essa altura, ele atingira.

Embora escrito em 1903, *Les Mamelles de Tirésias*, de Guillaume Apollinaire, "drama surrealista para estimular a procriação num tempo de declínio demográfico", só foi representado em 1917, no Théâtre René-Maubel, dirigido e interpretado pelo ator Marcel Herrand. Nessa época, Satie e Georges Auric recusaram-se a escrever a música de cena para ele, por considerá-lo demasiado descosido; e quem acabou se encarregando disso foi uma perfeita desconhecida, a diletante Mme Germaine Albert-Birot.

Pois foi justamente esse aspecto invertebrado do texto, em que a rigor nem intriga existe, o que atraiu Poulenc: se não há ação cênica, a música pode reinar soberana; e é por meios estritamente musicais que as intenções do poema terão de realizar-se. À fantasia, à verve, à inventividade das palavras deve responder a da música. Se estudarmos atentamente a obra anterior de Poulenc – a cantata *Bal Masqué*, de 1932, sobre poemas de Max Jacob, por exemplo –, veremos que ela já demonstra o quanto ele estava propenso a trabalhar nessa clave fantasiosa e delirante. O público do Opéra-Comique, entretanto, despreparado para tanta novidade, recebeu com vaias e protestos cada uma das récitas dessa ópera, composta durante 1944, e estreada em 3 de junho de 1947, em comemoração ao retorno, do exílio americano, de seu amigo Darius Milhaud, a quem a partitura fora dedicada. Nem os cenários e guarda-roupa de Erté, nem a revelação da soprano Denise Duval, que desempenharia papel fundamental na obra de Poulenc daí para a frente, amenizaram as reações contrárias. Foi preciso esperar pela reprise de 1972, com René Auphan e Jean Giraudeau, na montagem endiabrada de Louis Ducreux, regida por Jean-Claude Hartemann, para que o público do Comique fizesse finalmente justiça a essa obra-prima. A essa altura, porém, ela já tinha sido reconhecida como tal fora da França: basta dizer que foi um dos títulos escolhidos pelo Metropolitan Opera House para comemorar seu centenário de fundação.

Não é fácil fazer a sinopse de uma ópera com entrecho tão descosido e que, para começar, passa-se "em Zanzibar, em algum ponto entre Nice e Cannes". Há um fio narrativo central muito genérico: rebelando-se contra a dominação masculina e proclamando sua vontade de alistar-se no exército, Thérèse renuncia à condição feminina. Abrindo o corpete do vestido, liberta-se dos seios, representados por dois balões, e os faz estourar com a chama de um isqueiro. A partir desse momento, diz ela, passará a chamar-se Tirésias – nome da personagem mitológica que foi sucessivamente homem e mulher.

O marido de Thérèse/Tirésias acha que ela foi assassinada pelo homem que encontra em seu lugar, convoca um gendarme para investigar o crime, depois conforma-se com a situação e, já que a mulher não lhe dará mais filhos, decide tê-los por conta própria. É, de saída, bem-sucedido: na primeira ninhada, tem logo quarenta mil. Ao gendarme, que o recrimina por aumentar repentinamente a população de Zanzibar, e lhe pergunta como pretende alimentar toda aquela prole, propõe que busquem a resposta com uma cartomante.

Nesta, o marido reconhece Thérèse, de novo mulher mas ainda com o peito chato, o que lhe parece uma tremenda desvantagem. Numa ária de texto bem malicioso, "Qu'importe, viens cueillir la fraise" (Que importância isso tem? Vem colher o moranguinho), a Thérèse/cartomante o convence de que isso não é tão grave assim, e eles se reconciliam, dançando uma voluptuosa valsa lenta. Mesmo assim, o marido vai comprar outros balões, que Thérèse solta de novo no céu estrelado, enquanto o coro canta a moral da história:

"Écoutez, ô Français, les leçons de la guerre, et faites des enfants, vous qui n'en faisiez guère" (Escutem, franceses, as lições da guerra, e façam filhos, vocês que andavam não fazendo nenhum).

Ao longo desse esqueleto de ação, ocorrem diversos outros episódios que podem ou não ter relação com o resto da história: a amigável briga entre os parceiros de jogo Lacouf e Presto, que duelam e se matam alegremente (mas depois reaparecem, como se nada tivesse acontecido); a gavota grotesca dançada por seis casais, diante do pano de boca do palco, no início do ato II; ou a conversa com o jornalista que vem entrevistar o marido sobre sua inédita proeza como pai (mãe?) de quarenta mil recém-nascidos.

Tudo isso, na realidade, é secundário. Ao ouvinte das *Mamelles de Tirésias*, o conselho que se pode dar é o mesmo que Thérèse dá a seu marido: "Que importância isso tem? Venha colher os moranguinhos". Venha deliciar-se com um fluxo contínuo de melodia sem tempos mortos, com o virtuosismo de Poulenc, que sabe combinar as formas mais diversas – canções, ágeis rondós, cenas corais, valsas e polcas, e até mesmo o pastiche de danças antigas como a pavana e a gavota –, sem que se crie um só instante de monotonia. Indo da brincadeira mais franca à total seriedade – por exemplo, o Prólogo, cantado pelo diretor do teatro, que vem explicar ao público: "Je vous apporte une pièce dont le but est de réformer les moeurs" (Trago-lhes uma peça cujo objetivo é reformar os costumes) –, a partitura está, todo o tempo, impregnada de uma singular poesia, fruto da facilidade de Poulenc em sintonizar com a linguagem e o clima insólito dos textos de Apollinaire.

Há lirismo sem pieguice, humor sem vulgaridade, comicidade sem apelar para efeitos fáceis ou exagerados como distorções do ritmo ou uso de dissonâncias. Na verdade, um choque humorístico muito eficiente nasce do contraste entre a gratuidade do texto e o lirismo da música. Quanto mais aquele é absurdo, mais esta é séria: as árias do marido, por exemplo, ou o coral "Vous qui pleurez, en voyant la pièce" (Vocês que estão chorando ao ver a peça), no fim do ato I, têm versos absolutamente ridículos, emoldurados por uma música melodiosa, de uma beleza grave e solene. Contrastes, de resto, são uma regra básica da composição: à polca saborosa que marca a entrada de Lacouf e Presto, segue-se o coro que lamenta sua morte simulada, cujo acompanhamento lembra o das antigas canções do séc. XVI; ao irônico dueto do marido com o gendarme, que o toma por uma mulher e tenta cortejá-lo, responde o coro final do ato I, deliberadamente pomposo; e assim por diante.

Escreve Henri Hell:

> É ao caráter sério da música que *Les Mamelles* devem seu caráter humano. É verdade que Thérèse, seu marido e os comparsas que os cercam são fantoches: mas por mais fantoches que sejam, têm um coração cujas batidas são perceptíveis.

Nesse sentido, uma comparação interessante pode ser feita entre esta ópera e *L'Heure Espagnole*, de Ravel, cujos bonecos de engonço também acabam adquirindo uma peculiar humanidade. E prossegue Henri Hell:

> Se *Les Mamelles* parecem ter sido escritas, antes de mais nada, com o coração do músico, numa espécie de movimento instintivo, nem por isso a obra deixa de ser regida pela mais lúcida inteligência. É ela que preserva essa música alegre, de uma verve refinada e vigorosa, da frivolidade ou da vulgaridade. É ela que dá à obra o seu estilo. De dimensões restritas e perfeitamente harmoniosas, esta ópera mobiliza, com tato e o mais fino gosto, todos os recursos musicais de Poulenc. Existe, nela, um raro exemplo da completa adequação do músico a seu assunto e do soberano domínio da matéria musical.

Dessa joiazinha inscrita na linhagem de Ravel e da *Étoile*, de Chabrier, existe, no selo Angel/EMI-Voix de son Maître, a gravação de André Cluytens, com Denise Duval e Jean Giraudeau. E os arquivos da ORTF possuem duas gravações, de 1961 e 1963, de transmissões da Radio France.

Em 1947, o padre Pierre Brückberger e o cineasta Philippe Agostini encomendaram ao romancista Georges Bernanos os diálogos para um roteiro extraído da novela *Die Letzte am Schafott* (A Última no Cadafalso), da alemã Gertrude von Le Fort. Escrito em 1931, esse romance passava-se em um convento do Carmelo durante a Revolução Francesa. A escritora católica Le Fort inspirara-se num fato real: a execução, em 17 de julho de 1794, de dezesseis carmelitas do convento de Compiègne que, mais tarde, seriam beatificadas pelo papa Pio X. A fonte para suas pesquisas fora a *Relation du Martyre de Compiègne*, redigida pela única sobrevivente, madre Marie de l'Incarnation, uma das personagens da história. Mas a novelista acrescentou uma criação sua: a irmã Blanche de l'Agonie du Christ,

> nascida do profundo horror que me inspirava um tempo em que já caía sobre a Alemanha a sombra de um pressentimento que apontava para o futuro, e que se ergueu diante de mim como a encarnação da angústia mortal trazida pelo sentimento de que um período inteiro estava chegando ao fim.

O trabalho de Bernanos, considerado muito prolixo, foi recusado (chegou a ser utilizado, no fim da década de 50, quando o filme foi finalmente realizado; mas em versão bem condensada). Bernanos morreu no ano seguinte. Ao encontrar o texto entre seus papéis, o escritor Albert Béguin, seu executor testamentário, teve a idéia de levá-lo à cena. *Les Dialogues des Carmélites*, encenado em 1949, no Théâtre Hébertôt, por Marcelle Tassencourt, tornou-se, curiosamente, muito mais popular do que qualquer um de seus romances.

Mesmo que, na origem, tivesse saído da imaginação de Gertrude von Le Fort a história da tímida e insegura Blanche de La Force que, para fugir do medo que tem de tudo, refugia-se no convento das carmelitas de Compiègne, Bernanos apropriou-se dela de uma forma muito pessoal. Na verdade, nada há de mais típico desse escritor católico do que o tema do medo, da insegurança, do estranhamento diante da realidade. É o tema que permeia romances sombrios e torturados como *Le Journal d'un Curé de Campagne* ou *L'Histoire de Mouchette*. Ou o tema da Comunhão dos Santos, que se traduz na frase com que Bernanos resume o significado do destino de Blanche: "Não se morre cada um por si, mas uns pelos outros e, até mesmo, uns no lugar dos outros". Tendo tido a chance de escapar, Blanche supera o medo e aceita a catarse do martírio na guilhotina, ao lado de suas companheiras de congregação:

Em 1953, o Scala de Milão entrou em contato com Poulenc, por intermédio de Valcarenghi, o diretor da Editora Ricordi, propondo-lhe que escrevesse um balé sobre Santa Margarida de Cortona. A idéia não interessou ao compositor que, em conversa com Valcarenghi, lamentou: "Ah, se pelo menos eu tivesse um libreto de ópera!". Ao que o outro lhe perguntou: "Já pensou nos *Diálogos das Carmelitas*, de Bernanos?" Poulenc não respondeu de imediato; mas conta, em carta a Bernac: "Eu me revejo num café da Piazza Navona, numa clara manhã de março de 1953, devorando o drama de Bernanos e repetindo, a cada cena: 'Mas é claro que foi feito para mim. Foi feito para mim'."

Dias depois, Valcarenghi recebeu um telegrama: "Combinado. Com entusiasmo". Já em agosto, no trem que o levava de Paris a um fim de semana em casa de amigos, em Brives, Poulenc selecionou as cenas que utilizaria no libreto. E, no dia 22, comunicou a Bernac: "As *Carmelitas* já começaram. Não durmo mais (literalmente)".

O processo de composição foi apaixonado e, ao mesmo tempo, muito penoso. Poulenc envolveu-se com as personagens do drama como se as conhecesse pessoalmente, sofrendo com o que lhes acontecia: "Você me daria um enorme prazer se viesse jantar comigo", escreveu de Cannes, a Henri Hell, em 14 de fevereiro de 1954, "pois estou horrivelmente triste". A razão é que acabara de escrever a aterradora cena 4 do ato I, em que Mme de Croissy, a velha priora, morre desesperada, tendo a visão do altar profanado, da capela devastada.

> Você verá que a atmosfera é terrível. Acho que as pessoas ficarão com os cabelos em pé. [...] Eu mesmo não me acreditava capaz de escrever uma obra desse tom. Agradeço a Deus por tê-lo conseguido, apesar do que isso está significando de sofrimento. E depois disso, quero ver as pessoas dizerem *le charmant Poulenc*.

As coisas se complicaram, em agosto de 1954, quando o escritor inglês Emmet Lavery, a quem pertenciam os direitos de adaptação teatral do romance de Von Le Fort, tentou embargar seu trabalho. Foram necessárias muitas semanas de negociações, durante as quais a composição foi interrompida, até que se chegasse a uma solução. Em *Tout l'Opéra* – a versão francesa do *Kobbé*, na qual baseou-se a tradução brasileira citada na Bibliografia deste livro –, a autoria do libreto é creditada a Lavery, "d'après un drame de Georges Bernanos"; mas este é apenas um artifício jurídico para obter dele o consentimento, pois não houve qualquer interferência sua no texto.

Tudo isso deixou Poulenc tão esgotado que, em novembro, chegou a fazer três semanas de sonoterapia na clínica de repouso de seu amigo dr. Maillard, em Hay-les-Roses: "Eu não conseguia dormir mais do que duas horas por noite", conta à sua amiga Marthe Bosredon. Finalmente, em 27 de agosto de 1955, do Hôtel Majestic em Cannes, escreveu a Marthe que ia oferecer um cibório à Virgem Negra do santuário de Rocamadour, de quem era devoto, em agradecimento por ter podido terminar *Les Carmélites*.

Poulenc fez questão de que a ópera fosse cantada em tradução italiana – pois considerava essencial a perfeita compreensão do texto – quando ela foi estreada no Scala, em 26 de janeiro de 1957, sob a regência de Nino Sanzogno. Foi um espetáculo suntuoso, em estilo *grand-opéra*, com belíssimos cenários de Georges Wakhévitch. Margherita Wallmann dirigia um elenco fabuloso, em que havia Virginia Zeani (Blanche), Gianna Pederzini (Croissy), Leyla Gencer (Mme Lidoine, a nova priora), Giliola Frazzoni (mère Marie) e Eugenia Ratti (soeur Constance). O selo Legendary Records tinha, em discos pirata, a documentação dessa estréia. Não tenho notícia de que tenham sido remasterizados em CD.

Esse gosto pelo grandioso contrastou com o ascetismo da primeira apresentação parisiense, em 21 de junho, a que Pierre Dervaux deu uma leitura mais intimista, numa linha psicológica de grande fidelidade ao espírito da obra. O selo Angel tem a gravação com o elenco da estréia francesa: Denise Duval, para quem tinha sido escrito o papel de Blanche, Denise Scharley, Régine Crespin, Rita Gorr e Liliane Berton. Mais recentemente, saiu o registro da montagem da Ópera de Lyon, regida por Kent Nagano (Virgin Classics).

Em vídeo, existem os espetáculos:

Ópera de Sidney, com Richard Bonynge, em que Joan Sutherland faz uma surpreendente Mme Lidoine;

Metropolitan de Nova York, encenado por John Dexter e regido por Manuel Rosenthal, em que Jessie Norman faz Mme Lidoine, e Régine Crespin, a criadora desse papel, faz uma extraordinária Mme de Croissy (a cena de sua morte é, literalmente, de arrepiar os cabelos);

Remontagem da produção de Dexter, em 1994, desta vez com Helga Dernesch e Teresa Stratas como as duas prioras, sob a regência de Nagano. Os três espetáculos, como queria Poulenc, são cantados em tradução inglesa.

O desafio que Poulenc se propôs – o de escrever uma ópera sobre uma peça cujo tema é essencialmente filosófico; em que a paixão amorosa, motor essencial dos dramas líricos, não tem lugar; em que há quase só personagens femininas, enclausuradas no mais austero dos cenários – assemelha-se ao que foi enfrentado por Dukas na *Ariane et Barbe Bleue*, Leos Janácek em *Da Casa dos Mortos*, ou Benjamin Britten em *Billy Budd*. Por outro lado, para um músico como ele, dotado de instintivo senso teatral e animado por um sincero sentimento religioso, *Les Dialogues* oferecem qualidade literária inegável, virtudes dramáticas já comprovadas no palco e um texto que, exatamente por sua nudez, permite à música prolongá-lo e enriquecê-lo com ressonâncias novas.

Nesse sentido, a mais complexa experiência operística de Poulenc assemelha-se muito à de Debussy com *Pelléas*. Como ele, tendo escolhido uma peça em que a ação exterior é quase inexistente, seu primeiro objetivo é fazer com que as palavras de Bernanos sejam *ouvidas em música*, pois sabe que é através da poesia nelas contida que o espectador atingirá o cerne do drama, que se desenrola não no palco mas no coração das personagens (daí a insistência em que a ópera fosse cantada em tradução, para que o público entendesse claramente o que estava sendo dito; e a escolha de um recitativo melódico muito próximo do de Debussy, que põe a nu cada vocábulo, e permite que o canto chegue com muita clareza ao espectador).

A forma é exatamente a do *Pelléas*: três atos, cada um com quatro cenas. A continuidade sinfônica é assegurada pelos interlúdios, que costuram uma cena na outra dando textura contínua a cada ato. Não há árias nem qualquer outro tipo de número de estrutura tradicional. Apenas uma declamação que segue fielmente a dinâmica do texto de Bernanos, conservado tão integralmente quanto possível. Os cortes indispensáveis foram tão hábeis que, depois da estréia, Albert Béguin lhe escreveu:

> Encontro *todo* o Bernanos em sua apresentação e, se não soubesse que o senhor precisou sacrificar muitas falas, tenho a impressão de que nem o teria percebido.

O estilo vocal é de uma flexibilidade, de uma liberdade rítmica que coloca os *Diálogos* na ilustre companhia dos poucos criadores que realmente atingiram o ideal do *recitar cantando*, formulado em Florença pelos criadores da ópera. Poulenc, nesta partitura, coloca-se lado a lado com o Monteverdi da *Incoronazione di Poppea*, o Gluck da *Iphigénie en Tauride*, o Mússorgski do *Borís Godunóv*, o Wagner do *Ouro do Reno*, o Verdi do *Falstaff*, o Debussy do *Pelléas*, o Richard Strauss do *Cavaleiro da Rosa*, o Berg do *Wozzeck*. Todos esses compositores têm em comum o fato de estarem musicando um grande texto literário, o que os preocupava em não privar o ouvinte de, juntamente com a música, fruir a intrínseca beleza das palavras.

Não se deve, entretanto, pensar que a escolha desse tipo de declamação signifique uma atenuação da importância das vozes ou de seu papel de destaque. Ao contrário: elas têm a primazia, no conjunto da partitura. A elas são confiados, em primeiro lugar, os temas melódicos, antes que a orquestra os retome e desenvolva. E o colorido do canto é muito nuançado graças à escolha de diversas gradações de registro: o soprano lírico de Blanche, o soprano ligeiro de Constance, o soprano dramático de mère Lidoine; o *mezzo* grave de mère Croissy, o contralto de mère Marie – formando uma variada palheta vocal.

Uma tendência comum na ópera póswagneriana – a de empregar enormes orquestras que se fragmentam, a cada instante, em pequenos conjuntos camerísticos, em função do clima emocional que se deseja criar – comparece aqui também. Transparente de modo a não sufocar as tessituras vocais, discreta sem ser neutra, de uma sensualidade timbrística que se deve à riqueza do emprego dos instrumentos de sopro, a orquestração dos *Diálogos* os insere na linhagem do *Pelléas* e da *Ariane*, do *Rosenkavalier* e da *Daphne*, de *L'Enfant et les Sortilèges* e do *Prométhée* – todas elas óperas em que a utilização de gigantescos efetivos instrumentais não acarreta a submersão das vozes sob a orquestra.

Mas o espírito de reserva, de humildade quase, em relação ao texto de Bernanos faz com que, como no *Pelléas*, as expansões orquestrais mais efusivas sejam reservadas aos interlúdios, que formam um *afterthought* àquilo que se acabou de ver, ou sugerem musicalmente a atmosfera do quadro que precedem. A discrição com que são trabalhadas as cenas cantadas, a clave intimista com que se desenvolve esse drama interiorizado não eliminam, porém, a emoção mais intensa – haja vista a tensão intolerável que Poulenc alcança na cena da morte da priora (as sombras que pesam sobre a cena 2 do ato I, em que Blanche é recebida pela primeira vez por Mme de Croissy, já contêm, aliás, o presságio desse desenlace trágico).

Se a uma certa crítica pareceu que o *charmant Poulenc* carecia do fôlego épico necessário para tratar esse tema, o desmentido está na poderosa cena final, da subida ao cadafalso. Enquanto as carmelitas entoam em coro o *Salve Regina*, a multidão, em contracanto, emite vogais soltas ou acompanha o seu canto *a bocca chiusa*. À medida que as vozes das freiras vão se calando, emudecidas pelo ritmo dissimétrico da percussão, que representa a queda da lâmina da guilhotina, o cântico à Mãe de Deus vai decrescendo. Quando só resta a jovem irmã Constance no patíbulo, ela vê, de repente, Blanche no meio da multidão.

Apavorada pela exigência que mère Marie fizera de que todas as freiras pronunciem o voto de martírio, Blanche conseguira fugir do convento e, disfarçada de camponesa, retornara à mansão devastada dos La Force. Mas uma força maior do que ela a impele a ir à Place de la Grève, onde assiste, aterrorizada, à execução de todas as suas amigas. Constance hesita um pouco ao vê-la, depois segue para a guilhotina, cantando com voz firme. Vendo sua serenidade, Blanche se decide, sobe os degraus –

ela é a "última no cadafalso" de que fala o título do livro de Von Le Fort – e, entoando os versos finais do *Veni Creator Spiritus*, vai rumo à transfiguração. É um dos finais mais impressionantes de toda a História da Ópera.

Não são poucas as páginas em que essa mesma grandeza é atingida com meios muito singelos. Ela está presente na segunda parte de II,1, geralmente cantada diante do pano de boca fechado, quando Blanche e Constance vêm enfeitar com flores o túmulo de Mme de Croissy, e se interrogam sobre o mistério da morte. Resplandece no longo discurso, de naturalidade espantosa, com que Mme Lidoine, ao assumir seu cargo, recomenda às freiras que nunca se esqueçam de que seu dever primordial é rezar. Ou em duas cenas opostas e complementares: a II,3, em que o Chevalier de La Force, irmão de Blanche, vai ao convento tentar convencê-la de que não deve permanecer na clausura apenas como uma forma de ludibriar o medo que tem de tudo; e a III,3, na prisão da Conciergerie, em que Lidoine, num monólogo cuja linha melódica é de uma amplitude e pureza admiráveis, exorta suas freiras a se prepararem para o martírio.

Dois temas constantemente utilizados, e que Poulenc retoma de obras anteriores – o de Blanche, que pertencia ao "Agnus Dei" da *Missa a Capella*; e o de Mme de Croissy, vindo do *Concerto para Órgão* –, asseguram a unidade formal da partitura, pois a eles se reportam, ou deles decorrem, de alguma forma, as outras melodias. Nada melhor, porém, para explicar a unidade de emoção que *Les Dialogues* suscitam, do que as palavras endereçadas a Poulenc, após a estréia no Scala, por mons. Daniel Pézeril, confessor e amigo íntimo de Bernanos: "Bernanos lhe teria dito: obrigado por ter ampliado, com sua música, o sentido de minhas palavras, e por ter reinventado o mistério da ascensão de Blanche".

Maria Callas era a intérprete em quem pensava Hervé Dugardin, diretor da filial parisiense da Casa Ricordi, ao sugerir a Poulenc que musicasse o monodrama *La voix humaine*, que Jean Cocteau escrevera em 1932 para Berthe Bovy. Mas, obviamente, foi para Denise Duval, "minha intérprete única em todos os sentidos do termo", que ele compôs sua terceira e última ópera. Poulenc declarou a *Les Lettres Françaises*, dias antes da estréia:

> Por um curioso mistério, só ao cabo de quarenta anos de amizade colaborei com Cocteau. Acho que eu precisava de muita experiência para respeitar a perfeita construção da *Voz Humana* que, musicalmente, deve ser o contrário da improvisação.

De fato, à exceção dos três poemas de *Cocardes*, em 1919, ele só tinha musicado o ciclo *Plain-Chant*; e, em 1961, voltaria ao Cocteau da "cena lírica" *La Dame de Monte Carlo*, monólogo melancólico e sarcástico concebido, como não podia deixar de ser, para Mlle Duval, que o estreou sob a regência de Georges Prêtre.

O processo de elaboração da *Voz Humana* não foi menos doloroso do que o dos *Dialogues* e, desta vez, por uma circunstância pessoal: Poulenc estava sob o impacto da perda recente de seu amante. O jovem Lucien Roubert já se encontrava na fase terminal de uma doença incurável quando ele estava terminando de escrever a ópera anterior. Como Denise também passava por uma crise sentimental semelhante à da personagem, "nós dois chorávamos juntos", conta o compositor, "e essa *Voz Humana* acabou se transformando no diário de nossos sofrimentos".

No folheto de introdução à gravação da ópera, no disco do selo Harmonia Mundi, Renaud Machart escreve:

> O monodrama lírico é relativamente incomum: o primeiro em que se pensa, é claro, é o *Erwartung*, de Schönberg. Mas é preciso ir buscar mais para trás, em Monteverdi, que Poulenc venerava, e ao qual o prefácio dos *Diálogos* rende homenagem explícita. *A voz* é uma espécie de *Ariadne abandonada* contemporânea, só que sem rochedo ou mar infinito: o cenário, agora, é um quarto "sombrio e azulado", um banheiro "branco e bem iluminado" e um telefone, objeto de todas as solidões e de todos os discursos amorosos contemporâneos.

Sozinha em seu quarto, a Mulher fala ao telefone com o amante, que a abandonou para casar-se com outra. De forma incoerente, angustiada, fazendo um esforço para reconquistá-lo em que nem ela mesma acredita, evoca os dias felizes do passado. Mente sobre seu desespero atual, agarra-se a qualquer farrapo de esperança. Esconde e depois revela, em meias

Apresentação de *Les Mamelles de Tirésias*, de Francis Poulenc, no Théâtre de l'Opéra-Comique, em 1972; em cena Jean Giraudoux, Reine Auphan e Michel Roux; os cenários e figurinos são de Jean-Denis Malclès; a direção de Louis Ducreux.

Cena da estréia de *Les Dialogues des Carmélites*, de Francis Poulenc (ato III, quadro 4), no Scala de Milão, em 26 de janeiro de 1957.

palavras, a tentativa fracassada de suicídio da noite anterior. Descabela-se, admite sua dor e, depois, subitamente, se acalma. E quando o amante desliga, cai desfalecida sobre o leito.

O texto da *Voz Humana* é ainda mais descarnado do que o dos *Dialogues*: nenhuma ação, uma só personagem falando a alguém que não se vê, mas cujo perfil desenha-se aos poucos, diante de nossos olhos, através de suas palavras. Quarenta minutos de frases prosaicas, destrambelhadas, às vezes inacabadas, entrecortadas de gritos e sussurros e, o mais importante, ao longo das quais o essencial nunca é dito: que ela quer lhe pedir, lhe suplicar, lhe implorar que não a deixe. Decerto foi isso o que seduziu Poulenc: ter de expressar musicalmente o que as palavras dissimulam.

Para um melodista nato como ele, há a limitação de não poder espraiar-se em cantilenas, ou escrever um elaborado acompanhamento sinfônico, pois os segmentos do texto são curtos, ofegantes, a todo momento interrompidos para que a mulher ouça o que o homem lhe está dizendo do outro lado do telefone. Para dar unidade a essa colcha de retalhos, Poulenc agiu, portanto, como já fizera antes: confiou no texto, deixou-se guiar pela rigorosa seqüência de "fases" – a das lembranças, a das mentiras, a da chantagem com a história do cachorrinho que está com saudade do dono sumido, a do suicídio frustrado – com que Cocteau articula a sua peça. Para cada uma delas, Poulenc elaborou segmentos melódicos com personalidade própria, e que são fundidos numa mesma atmosfera pesada, doentia, de lirismo amargurado. Um deles, em especial – o da fase em que Ela conta ao amante que tentou se suicidar – foi descrito pelo autor, em carta a Pierre Bernac, como "um ritmo de valsa triste no estilo de Sibelius".

A prosódia, numa obra como esta, desempenha papel ainda mais importante do que nas precedentes. A exatidão com que Poulenc converteu em recitativo os ritmos da frase falada suscitou o comentário de Cocteau: "Meu querido François, você fixou, de uma vez por todas, a maneira de *dizer* o meu texto". Mas para que esse texto chegue, em toda a sua nudez, ao espectador, é preciso que a orquestração – sem ser ascética, pois é a ela que incumbe sugerir tudo o que as palavras deixam de dizer – não o submerja. Uma vez mais, a técnica da fragmentação do efetivo instrumental em sucessivos conjuntos menores, de natureza camerística, realiza maravilhas desde que, logo no início da ópera, ouve-se pela primeira vez a campainha do telefone, representada pelo xilofone. Escreve Henri Hell:

> A orquestração, de uma sensualidade sonora refinada e discreta, longe de ser estática, move-se sem cessar. O músico exprime perfeitamente o clima terno e violento, apaixonado e cruel, sentimental e sensual desse longo monólogo. Dando à peça de Cocteau uma dimensão nova, enriquecendo-a com ressonâncias inéditas, a música faz esquecer que *La Voix Humaine* é um *tour de force* de composição e a humaniza, confere-lhe um lancinante tom patético.

Denise Duval criou a ópera, sob a regência de Georges Prêtre, em 6 de fevereiro de 1959, no Opéra-Comique (a Radio France tem o registro desse espetáculo em seus arquivos). E em 18 de fevereiro de 1959, eles a levaram ao Piccola Scala, em Milão. Em ambos os casos, tanto o público quanto os críticos renderam-se de imediato ao impacto emocional dessa "partitura de uma humanidade profunda pois, se a palavra *humano* já está no título da obra, humanidade é a própria substância da música" (René Dumesnil em *Le Monde*). A apresentação no Festival de Glyndebourne, em 30 de agosto de 1960, sob a batuta de sir John Pritchard, consolidou definitivamente o prestígio da solista como uma grande estrela internacional.

Denise Duval correspondia perfeitamente – como se pode verificar na gravação que fez com Prêtre, para o selo Angel/EMI-Voix de son Maître – à descrição feita por Poulenc, nas instruções inscritas na primeira página da partitura: "O papel único da *Voz Humana* deve ser interpretado por uma mulher jovem e elegante. Não se trata de uma mulher velha abandonada pelo amante". Assim a descreveu Bernard Gavoty, na resenha da estréia que fez para o jornal *Le Figaro*:

> Sozinha em seu quarto deserto, girando de um lado para o outro como uma fera enjaulada na prisão de sua dor, com um casaco vermelho jogado sobre a camisola, mal desperta de seu pesadelo, os olhos esregalados diante da aproximação do inevitável, patética e maravilhosamente simples, Denise Duval encontrou o papel de sua vida!

A própria Denise assim explicava a emoção profunda que a ópera suscita no público: "As pessoas sempre amarão, sempre sofrerão, vão sempre chorar e se suicidar: o que dá à *Voz Humana* sua eternidade é o fato de que a dor está em toda parte."

Além da versão Duval/Prêtre, existem as seguintes gravações da *Voz Humana*:

Chandos, 1981, Carole Farley/José Serebrier com a Orquestra de Adelaide (nesse ano, os mesmos intérpretes gravaram, para a Decca, o vídeo-disco com a Orquestra de Câmara Escocesa);

Erato, 1990, CD e laserdisc, Julia Migenes-Johnson/Prêtre;

Harmonia Mundi, 1993, Françoise Pollet/J.-C. Casadesus; (SNE, 1995), Pauline e Jean-Eudes Vaillancourt.

Existe ainda o vídeo de uma encenação em Gênova, em janeiro de 1993, com Renata Scotto/ Bareza (cantora que esteve no Rio fazendo o papel em 1997). Da peça de Cocteau – cuja comparação com a ópera é muito interessante – há um filme da década de 30, com Berthe Bovy, a criadora do papel. Igualmente fascinante é a interpretação de Anna Magnani em *La Voce Umana*, filmada em 1948 por Roberto Rossellini, em que o monólogo de Cocteau foi roteirizado por Federico Fellini.

Em 1987, fui convidado pelo maestro Jamil Maluf, titular da Orquestra Jovem de São Paulo (hoje Experimental de Repertório), a traduzir *A Voz Humana* para o português. Ela foi encenada por Iacov Hilel, no auditório do Museu de Arte de São Paulo (MASP), tendo Céline Imbert como solista. A Rádio Cultura fez a gravação de uma das récitas. Existe ainda um vídeo privado, feito por Hilel: embora de imagem precária, é uma documentação preciosa do trabalho de Celine, e da experiência – rara entre nós – de se cantar ópera traduzida (no caso, como desejava o próprio compositor). Essa tradução foi remontada pelo próprio Hilel, em maio de 1994, com a soprano Rachel Barcha, durante o Festival de Teatro do Sesc. Nessa ocasião, a ópera foi apresentada na redução para voz e piano. Para o programa desse espetáculo, redigi, a pedido dos organizadores, o seguinte texto:

Traduzir *La Voix Humaine*, de Francis Poulenc, correspondeu a um antigo desejo: o de demonstrar a viabilidade da ópera cantada em português. Tenho plena consciência do que se perde, na tradução, no que se refere à estreita relação que o compositor estabelece entre sua música e as sonoridades da língua em que o libreto é originalmente escrito. Mas estou convencido de que o que se tem a ganhar, quando o espectador, no teatro, entende o texto da ópera a que está assistindo, compensa essa perda, pois sua interação com o espetáculo é muito mais profunda. Tive pessoalmente essa experiência ao ouvir o *Anel* wagneriano na brilhante versão inglesa de Andrew Porter; ou ao assistir, na Ópera de Lyon, ao *Wozzeck*, de Alban Berg, magistralmente traduzido para o francês por Henri Spaak.

A tradução da *Voz Humana* não foi tarefa fácil. À dificuldade normal de encontrar segmentos de frase que se encaixassem na música vieram somar-se dois outros problemas. O primeiro era a diferença de acentuação entre o francês, em que predominam as oxítonas, e o português, de tônicas muito mais variadas – o que obrigou, com freqüência, o desdobramento de notas para cobrir as sílabas átonas que sobravam nos fins de frase. Nesse trabalho, veio em meu socorro a paciência de um amigo de longa data, o maestro Luiz Fernando Malheiro, que me ajudou a solucionar os problemas de escrita musical.

A segunda dificuldade referia-se ao estilo do texto de Jean Cocteau. *A Voz Humana* é uma conversa ao telefone e tem, portanto, uma empostação absolutamente coloquial. Cocteau reproduz com perfeição os ritmos entrecortados, dissimétricos da frase falada, e Poulenc encontra um tipo de recitativo que traduz de forma extremamente natural a irregularidade desses ritmos. Não se tratava, portanto, de apenas verter de uma língua para a outra, mas também de encontrar, no português, uma forma de dizer que soasse verdadeira, sem parecer língua escrita. Uma jovem espectadora me disse, após a estréia, ter ficado chocada com o uso da expressão "como eu sou boba!", que lhe pareceu deslocada num libreto de ópera. "Falando ao telefone com seu namorado", eu lhe perguntei, "será que você diria: Ó, meu Deus, quão tola eu sou!?"

A originalidade de Poulenc está justamente em ter sabido trazer para o palco lírico, com enorme força, a linguagem do dia-a-dia, expressando de forma descarnadamente verdadeira a dor dos sentimentos mais comuns, em que cada espectador pode reconhecer-se. A conseqüência foi que, muitas vezes, tendo encontrado a frase que se encaixava perfeitamente na melodia, Luís e eu tivemos de abandoná-la, porque soava falso, e partir em busca de outra solução.

Em todas as noites em que a ópera foi apresentada no auditório do MASP, a reação do público foi a mesma. A princípio estranhava o texto cantado em português, as pessoas se remexiam na cadeira, incomodadas, não conseguiam reprimir um risinho ao achar ridículas determinadas passagens. Depois, identificando-se aos poucos com a Mulher que, diante de seus olhos, sofre por ter perdido o seu amor – quem, nesta vida, já não passou por isso? –, iam aos poucos se calando, concentrando-se e, no fim, não eram raros os que dissimulavam uma lágrima comovida, quando não lhes acontecia de soluçar desavergonhadamente.

Um episódio ocorrido durante o ensaio geral veio reforçar meu argumento de que, a despeito do que se perde, há muito a ganhar com a tradução. Estava lá a costureira, que viera tirar as medidas para a camisola que Celine usaria durante o espetáculo. Como o ensaio precisava começar, ela se dispôs a assisti-lo e a terminar seu trabalho depois. No fim da ópera, essa senhora – pessoa simples mas muito sensível – estava em prantos: e a mim, que estava na cadeira ao seu lado, disse ter-se emocionado muito com a história. Por quê? Unicamente porque *entendera* o que estava sendo cantado e pudera seguir a ação. Se tivesse ouvido a ópera em francês, ela lhe teria entrado por uma orelha e saído pela outra. Com toda a razão teria achado aquela cantoria uma tremenda chatice, perdendo assim a chance de viver uma experiência estética e emotiva de grande valor, inédita para ela. Aquela senhora é, para mim, o mais irrespondível argumento a favor de ópera traduzida.

# Jacques Ibert

Os seis diziam que Collet poderia ter incluído Ibert (1890-1962) em seu grupo, pois tinham com ele estreitas relações de amizade; em especial Honegger, de quem foi colega de estudos e com quem escreveu, em colaboração, óperas já analisadas no capítulo dedicado ao autor da *Joana d'Arc na Fogueira*. Hoje, Ibert é mais conhecido por sua música sinfônica, na qual se destaca o poema sinfônico *Escales* (1924), inspirado num cruzeiro que fez pelo Mediterrâneo, em 1918, durante o serviço militar na Marinha.

Aluno de Gédalge e de Fauré, Jacques Ibert foi diretor da Académie de Rome de 1937 a 1955 e administrador conjunto da Ópera de Paris e do Théâtre de l'Opéra-Comique entre 1955 e 1957. Em sua obra, ele combina, com bastante felicidade, os climas e técnicas tanto do Impressionismo quanto do Neoclassicismo, com harmonias muito variadas e colorido orquestral muito rico. Nesse ponto, aliás, difere do relativo ascetismo orquestral dos Seis – pelo menos em seu período inicial –, orientando-se para o sensualismo sonoro que caracteriza pós-impressionistas como Florent Schmitt ou Charles Koechlin. Mas o que tem de muito semelhante com seus jovens amigos compositores é o gosto pelo senso de humor irreverente, que se manifesta tanto em uma peça instrumental como o *Divertissement* (1930) – versão compacta da música incidental escrita para a comédia *Le Chapeau de Paille d'Italie*, de Georges Feydeau –, quanto em sua obra cênica mais famosa, a farsa em um ato *Angélique*.

Estreada em 28 de abril de 1927, no Théâtre Bériza, essa ópera tem libreto de Nino, popular autor de comédias ligeiras. Baseia-se livremente na lenda medieval do diabo Belfagor (que, em 1923, tinha também inspirado o italiano Ottorino Respighi). O pobre-diabo, mandado à terra com a missão de casar-se com uma humana e descobrir por que a maioria dos casamentos fracassa, passa por uma série de atribulações. Mas a versão de Nino prefere centrar-se nos infortúnios de Boniface, casado com Angélique que, apesar do nome, é uma megera cujo temperamento insuportável o torna muito infeliz. Aconselhado por um amigo, ele a põe à venda; mas todos os compradores a devolvem, pouco depois, por não terem agüentado conviver com ela.

Entre estes está Belfagor, que a traz de volta dizendo: "Inferno de verdade foi o que o meu reino virou depois que a levei para lá" (situação que ecoa a de outra comédia muito engraçada, *O Diabo e Kátia*, de Antonín Dvořák). No fim, Boniface reconcilia-se com Angélique, e esta lhe promete solenemente que, daí em diante, será uma esposa exemplar. Mas, minutos depois de o pano ter baixado, o marido reaparece no proscênio, esbaforido, avisando aos espectadores que a sua mulher continua à venda.

Para essa historiazinha inconseqüente, mas cheia de bons pretextos para o humor, Ibert escreve uma música cintilante, de concisão epigramática. De modo muito pessoal, utiliza recursos tomados de empréstimo a toda a tradição bufa: os galopes de Rossini; a técnica offenbachiana do *refrain* ou da cena de conjunto cômica, parodiando os clichês da ópera séria; certas melodias muito ligeiras que fazem pensar em autores de opereta, como Lecocq ou Planquette, mas que ele mistura com acordes politonais ou melodias dissonantes, inteiramente desusadas no domínio da comédia ligeira. *Angélique*, que até hoje faz muito sucesso na França, renova, nos termos do espírito do século XX, os procedimentos oitocentistas da peça na confluência do *opéra-comique* com a opereta – ou seja, de tom bem leve mas com uma música que tem certa substância e inventividade. Prova de sua nunca desmentida popularidade são as seis gravações, feitas entre 1945 e 1973, de que a ORTF dispõe em seus arquivos: ela sempre foi um dos títulos mais requisitados pelo público para reprise.

A comédia é o campo predileto de Ibert: a ela dedicou *Le Roi d'Yvetôt* (1930), a ópera bufa *Gonzague* (1935), a opereta *Les Petites Cardinal* (1938), em colaboração com Honegger; e *Barbebleue*, ópera radiofônica transmitida pela primeira vez em Lausanne em 10 de outubro de 1943. Sua única experiência de ópera séria é *L'Aiglon*, a que já nos referimos no capítulo sobre Honegger.

Semi-séria, também com libreto de Nino, baseado em Jules Laforgue, é *Persée et Andromède*, estreada em 15 de maio de 1929. A gravação pirata de Eugène Bigot, a partir de uma transmissão da ORTF, de 1963, demonstra ser esta uma das realizações mais interessantes do pós-impressionismo, com um arioso que resvala freqüentemente para um generoso vocalismo, e desenvolve-se livremente sobre as linhas de uma orquestração opulenta, de sonoridades que lembram ora Poulenc, ora Debussy, ora Ravel.

Mas a veia leviana não é a única em que se exprime, de forma convincente, um músico que, entre as suas obras mais importantes, tem uma densa versão da *Balada do Cárcere de Reading*, de Oscar Wilde. Também para o palco são os balés *Diane de Poitiers*, encomendado por Ida Rubinstein, e *Le Chevalier Errant*, ambos retomando o procedimento de Roussel, no *Æneas*, de fazer amplo uso do coro.

Escreve seu biógrafo Gérard Michel:

> Ibert, que era favorável à liberdade artística, à sinceridade e espontaneidade, em vez de preocupações com a moda ou a defesa de pontos de vista ideológicos não pode ser considerado nem vanguardista nem acadêmico. Sua música não tem idade, refletindo juventude, exuberância, clareza e sensibilidade. Parece mais destinada à celebração do que ao entretenimento, sendo, além disso, cuidadosamente construída, polida e racional, bem de acordo com a natureza cartesiana de seu autor.

Um ponto de vista que coincide com o de Claude Samuel:

> Jacques Ibert é geralmente considerado o perfeito representante de uma tradição tipicamente francesa, definida pela clareza, elegância e distinção das escrita, tradição que se pretendeu identificar em especial nas obras de "divertimento" desse compositor. Certamente Ibert é excelente nesse repertório, cheio de verve e humor. Mas aquele a quem Aloys Mooser chamava de "um espirituoso comerciante de frivolidades" possui uma dupla personalidade: o autor de *Angélique* recusa, com razão, o domínio exclusivo do divertimento; e a profundidade, a nobreza de sua inspiração revelam-se principalmente em uma obra notável como é o seu *Quarteto de Cordas*.

Em muitas de suas páginas, *Persée et Andromède* confirma esse julgamento.

# HENRI SAUGUET

Ao iniciar a carreira de compositor, Henri-Pierre Poupard adotou o sobrenome da mãe, por considerá-lo mais eufônico. Aluno de Canteloube e de Koechlin, Sauguet (1901-1989) aproximou-se, ainda nos tempos de Conservatório, de Erik Satie. E em homenagem a ele, chamou de École d'Arcueil – do nome do subúrbio onde morava seu inspirador –, o grupo que formou com os compositores menores Henri Clicquet Pleyel e Maxime Jacob (este último, ao tomar as ordens religiosas, adotou o nome de dom Clément Jacob e dedicou-se exclusivamente à música sacra, numa linha reminiscente de don Lorenzo Perosi). Ao grupo pertencia também o regente Roger Désormières (1898-1963), grande defensor da música contemporânea, responsável pela criação de *La Mort du Tyran*, de Milhaud, *Les Animaux Modèles*, o balé de Poulenc, a *Sinfonia n. 1* de Henri Dutilleux, e *Le Soleil des Eaux*, a peça que revelou o estreante Pierre Boulez.

Os membros da Escola de Arcueil não tinham nenhum princípio programático. Apenas admiravam a sobriedade de expressão de Satie e o tomavam por modelo. O próprio Sauguet gostava de chamar-se de "músico amador" e, em declarações a seu biógrafo Marcel Schneider, disse:

> Durante a minha juventude, dividida entre a música e o comércio familiar de malhas, aprendi a dedicar todas as minhas horas vagas à música, e ela tornou-se, para mim, uma recompensa e um prazer. Conservei, entretanto, uma mentalidade de amador que me preserva, creio eu, de toda deformação profissional.

Essa "mentalidade de amador" é, decerto, a responsável por uma certa indisciplina e por algumas redundâncias de escrita. Mas seu lado positivo é o frescor da inspiração e a permanente curiosidade de Sauguet quanto a todas as formas de expressão, da música de câmara à ópera – e até mesmo a música concreta, com que fez uma experiência, em 1951, elaborando a série dos *Aspects Sentimentaux* nos estúdios do Groupe de Recherches de Musique Concrète, da Rádio e Televisão Francesas.

"Sauguet é, antes de mais nada, um autor lírico que se apraz em desenvolver melodias de um desenho perfeito, apoiadas numa melodia simples", diz Jacques Bourgeois no *Panorama da Arte Musical Contemporânea*. "A sua música é deliberadamente consonante e delicadamente tingida de romantismo". Isso é muito claro nas inúmeras canções que escreveu sobre textos de Rilke, Heine, Baudelaire e Mallarmé, e também em seus balés. O mais famoso deles é *Les Forains* (Os Saltimbancos), de 1945, com roteiro de Boris Kochno; mas *La Dame aux Camélias* (1959) tem também suas inegáveis qualidades. Mas está claro também nas obras líricas, onde encontramos a sua vocação inata: nas óperas cômicas *Le Plumet du Colonel* (24.4.1924) e *La Contrebasse* (1932), baseada num conto de

Tchekhov, em que é muito forte o conteúdo de sátira social; mas também em sua ópera séria mais ambiciosa.

*La Chartreuse de Parme*, em que Sauguet trabalhou de 1927 a 1936, estreou no Opéra de Paris em 16 de março de 1939. O libreto de Armand Lunel comprimiu o volumoso romance de Stendhal, *A Cartuxa de Parma*, reduzindo-o ao entrelaçamento das relações entre Fabrice del Dongo; sua tia, a Condessa Gina; o conde Mosca, amante desta; o general Conti e sua filha Clélia. O início é um tanto ligeiro e superficial; depois, a ópera eleva-se, gradualmente, a uma expressão dramática intensa. Os duetos de amor de Clélia e Fabrice são especialmente bem escritos; e o sexteto do ato II, que retoma o estilo das grandes cenas de conjunto verdianas, demonstra o desejo que tinha Sauguet de revitalizar a ópera centrada no brilho da vocalidade. Concorrem para isso a música deliberadamente tonal, de apelo muito direto, e a transparência da orquestração. Trata-se de título que, se resgatado em disco, conquistaria facilmente um público amplo. Seria, portanto, de se desejar que a ORTF permitisse a comercialização de uma das duas gravações, de 1949 e 1958, que possui em seu acervo.

*La gageure imprévue* (A Aposta Imprevista, 4.7.1944), adaptada da *comédie sérieuse* do setecentista Michel Sedaine, e *Les caprices de Marianne* (20.7.1954), da comédia sentimental de Alfred de Musset, confirmam essa tendência a atualizar as formas clássico-românticas. Dessa última, o selo Solstice possui a cópia de uma transmissão da Radio France, regida por Manuel Rosenthal, com Andrée Esposito, Camille Mauranne e Michel Sénéchal.

Além da *Chartreuse*, são as seguintes as gravações de óperas de Sauguet existentes nos arquivos da ORTF: cinco versões dos *Caprices de Marianne* produzidas entre 1956 e 1966; uma *Contrebasse* de 1960; duas versões da *Gageure Imprévue*, uma de 1946 e a outra sem registro da data; e três versões do *Plumet du Colonel* apresentadas entre 1961 e 1972.

Em seus *Études* (1927), assim Darius Milhaud julgava o seu contemporâneo:

> Em Sauguet, a música é um sexto sentido. Uma facilidade melódica de inesgotável fluxo substitui, para nosso contentamento, as combinações mais eruditas dos mais célebres contrapontistas. Sauguet é um intuitivo, e sua intuição é guiada pelo instinto, pela perspicácia de sua inteligência e pela segurança de seu gosto. Essa espécie de elegância natural é a mesma que um jogador de tênis deve possuir. A sua música tem raça, como os gatos siameses. Às suas qualidades desportivas, une-se um coração terno, que se assusta com as locomotivas ou as máquinas agrícolas

– referência auto-irônica à temática iconoclasta dos Seis, naqueles dias de polêmica –,

> mas gosta do mar, dos barcos, dos marinheiros, de seus pompons encarnados, das fitas em suas boinas emolduradas com conchas.

E Aloys Mooser, citado por Claude Samuel, acrescenta:

> Boa moça, popularesca e um nadinha vulgar, a musa de Henri Sauguet não se preocupa com coisa alguma e não esquenta a cabeça com problemas metafísicos. Mostrando um fôlego bem curto, por isso mesmo entrega-se de bom grado a intermináveis confidências sentimentais e a graciosos requebrados, ao longo de um discurso eloquente e brilhante, mas feito de compartimentos laboriosamente inter-relacionados.

# Em Torno do *Grupo dos Seis*

Delvincourt, Migot, Martelli, Rivier, Delannoy, Bondeville

Além de Jacques Ibert e Henri Sauguet, outros compositores independentes, contemporâneos de *Les Six,* que tiveram com eles eventuais relações de amizade ou de trabalho, e sofreram, em maior ou menor grau, sua influência, devem ser mencionados:

## Claude Delvincourt

Aluno de Henri Busser e Charles Widor, Delvincourt (1888-1954) dedicou-se energicamente à composição e ao ensino musical, apesar do ferimento que, durante a I Guerra Mundial, deixou-o aleijado e fez com que perdesse um olho. Dirigiu os conservatórios de Paris e de Versalhes. Para o palco, além de balés, escreveu a farsa *La Femme à Barbe* (2.6.1938) e *Lucifer.* Inicialmente destinada a Ida Rubinstein, esta última, cheia de lirismo, decalcada nos *mystères* medievais, teria um sucesso muito grande ao estrear, no Opéra, em 8 de dezembro de 1948, graças à sua concisão e originalidade harmônica. Das duas há registros nos arquivos da ORTF, à espera de comercialização. Delvincourt morreu num acidente de automóvel perto de Orbetello, na província italiana de Grosseto.

## Georges Migot

Artista polivalente, Migot (1891-1976) foi também pintor, expondo várias vezes entre 1917 e 1923, e poeta, autor do texto de suas próprias canções. Aluno de Widor, Gédalge e D'Indy, seu estilo severo é o resultado da influência desse último mestre e das teorias esotéricas pelas quais sentia-se atraído. Sua escrita é modal, às vezes com inflexões arcaicas, e seu idioma harmônico é deliberadamente diatônico. Obtém, através de insólitas combinações de colorido orquestral, efeitos sutis em *Le Rossignol en Amour* (1937), *Cantate d'Amour* (1950) e *La Sulamite* (1970), das quais é também o autor do libreto.

## Henri Martelli

Aluno de Widor e Caussade, foi um importante animador da vida musical francesa: secretário da Sociedade Nacional de Música, de 1945 a 1967, presidiu também à seção francesa da Sociedade Internacional para a Música Contemporânea, de 1953 a 1973. Martelli (1895-1980) tentou recriar, através de modernas técnicas de escrita, o espírito e a forma da antiga música francesa, em *La Chanson de Roland* (1923, revista em 1967) e no *opéra-comique* radiofônico *Le Major Cravachon*, transmitido a primeira vez pela Radio France, em 14 de junho de 1959 e reapresentado, devido a seu sucesso, em 1965 e 1971. Gravações em fita documentam todas essas transmissões.

## Jean Rivier

Combina, em sua obra, elementos formais neoclássicos com uma música de tons expressionistas, muito próxima à de Roussel e Honegger. Rivier (1896-1976) foi assistente de Milhaud, revezando-se com ele no ensino de Composição, no Conservatório. Compôs uma única ópera, *La Vénitienne* (8.7.1937), que se caracteriza por um uso compacto e contínuo da orquestra. É o autor de sete imponentes sinfonias, escritas entre 1933 e 1962. Cinco gravações de transmissões da *Veneziana*, feitas entre 1950 e 1972, estão conservadas nos arquivos da ORTF.

## Marcel Delannoy

Este compositor escandalizou boa parte do público, em 21 de fevereiro de 1927, com a violência de sua ópera *Poirier de Misère*, uma "lenda flamenga" musicada no estilo dissonante e irrequieto de seu professor, Arthur Honegger, cujas preocupações sociais e filosóficas compartilhava. Ao ser transmitida pela ORTF em 1952 e 1961, porém, ela já encontrou acolhida mais favorável.

Em 1930, Delannoy (1898-1962) estreou um balé original, *Le Fou de la Dame*, em que o canto mistura-se ao comentário instrumental. Menos impacto tiveram a comédia *Ginevra* (1942) e o conto de fadas *Puck* (1949), baseado em Shakespeare. Mas é muito leve e graciosa a ópera radiofônica *Arlequin Radiophile*, transmitida pela primeira vez em 1 de abril de 1946.

Os arquivos da ORTF possuem registros de transmissão do oratório-cênico *Abraham et l'Ange* (1960), quatro versões do *Fou de la Dame* (entre 1948-1973), cinco versões de *Ginevra* (entre 1948-1968) e cinco da comédia *Philippine* (entre 1955-1967).

## Emmanuel de Bondeville

Aluno de Jean Déré, Bondeville (1898-1989) exerceu diversos cargos administrativos, entre os quais o de diretor da Radio da Torre Eiffel (1935-1949), da Ópera de Monte Carlo (1945-1949) e da Ópera de Paris (1952-1970). *L'École des Maris*, baseada na comédia de Molière, estreou em 19 de junho de 1935 no Opéra-Comique, onde foi várias vezes reprisada. Sua ópera mais importante é *Madame Bovary*, do romance de Gustave Flaubert, criada no Opéra em 1º de junho de 1951. Dela, diz René Dumesnil:

> É uma das obras mais significativas da atualidade, não porque nela seu autor tenha pretendido inovar, mas porque oferece a demonstração de que a sinceridade – unida, é claro, ao talento – ainda é a forma mais segura de um artista provar a sua originalidade.

A encenação mais recente dessa ópera, em 1973, confirmou esse parecer.

Em 8 de março de 1974, Bondeville estreou, no Théâtre des Arts, de sua Rouen natal, *Antoine et Cléopâtre*, um *grand-opéra* em que usou a tradução do texto de Shakespeare feita por François-Victor Hugo. Para esse espetáculo, a direção do teatro não mediu esforços, entregando-o à encenadora Margherita Wallmann e ao cenógrafo Jacques Dupont, com resultados suntuosos. "A música, evitando tanto os clichês tradicionais quanto os cacoetes modernistas, permanece tonal, mas modula com sutileza e fluidez", descreveu Jean Mistler em *L'Aurore* (12.4.1974). E a isso Antoine Goléa acrescentou: "A escrita é de grande variedade e esconde ousadias que, sem se exporem brutalmente, condicionam a força expressiva do conjunto" (*Lyrica*, março, 1974). Foi muito elogiada ainda a forma como Bondeville escreve para as vozes, acomodando-as a uma orquestração pesada, mas que não as encobre.

Quatro gravações da *École des Maris* (feitas entre 1952 e 1971) e quatro de *Madame Bovary* (feitas entre 1953 e 1973) estão conservadas nos arquivos da ORTF. É possível que alguma delas circule na Europa em discos ou fitas piratas.

# Tradição e Ecletismo

## Tomasi, Françaix, Barraud, Arrieu

Há quatro autores cujas obras estrearam em datas que os colocam fora dos limites estabelecidos por este trabalho: são eles Henri Tomasi, Jean Françaix, Henri Barraud e Claude Arrieu – esta última uma das raras compositoras a terem uma generosa produção operística. A inclusão dos quatro neste volume justifica-se, porém, pelo fato de terem uma linguagem eclética, tradicionalista – às vezes acusada mesmo de ser passadista –, em todo caso ligada a uma estética cujos fundamentos estão nos primeiros anos do século.

Mesmo quando não se distanciam das pesquisas contemporâneas, mantendo com elas uma relação de respeito, interesse e intercâmbio, eles continuam a praticar uma escrita tonal que corresponde à sua sensibilidade. Não recusam, porém, na medida em que isso convém às suas necessidades expressivas, procedimentos novos: cromatismo, dissonância, atonalismo, serialismo. Mas o fazem incorporando esses recursos a seu idioma basicamente diatônico. Inserem-se na mesma linhagem de um Richard Strauss, por exemplo: sem se preocupar com a obrigatoriedade de ser modernos, passam de um estilo a outro, lançam mão das mais variadas formas de compor, em função do argumento que querem musicar.

## Henri Tomasi

Grand Prix de la Musique Française em 1952, um dos compositores mais fecundos de sua geração, Tomasi (1901-1978) foi um neo-impressionista fascinado por paisagens exóticas, do Saara ou do Camboja, da Córsega ou do Taiti, que evocou em sua vasta produção de concerto: os poemas sinfônicos *Tam-tam* (1931), *Vocero* (1932) e *Chant pour le Vietnam* (1969); os *Chants Laotiens* para voz grave e orquestra (1934); a *Symphonie du Tiers Monde* (1967), "à la mémoire d'Hector Berlioz". No catálogo nacional, havia uma gravação de seu *Concerto para Trompete*, tocado por Winton Marsalis. Mas foi com a música para o palco, ao qual dedicou treze títulos dos gêneros mais diversos, que deu o melhor de si mesmo.

A crise mística que sofreu, em 1941, no momento mais sombrio da Segunda Guerra, decidiu Tomasi a ingressar na vida monástica. Passou um período na abadia de La Sainte-Baume, onde compôs sua primeira ópera, *Don Juan de Mañara*, baseada na peça de Czeslaw Milosz. Esse drama, para o qual escrevera a música incidental em 1935, o impressionara muito pela abordagem mística que o poeta lituano-polonês deu à figura do sedutor, que aspira à castidade, embora seja perseguido pela luxúria, e abandona a vida dissipada convencido por um monge, que lhe diz: "Meu filho, se soubesses que coisas o Homem é capaz de dizer a Deus quando a sua carne se faz grito, o grito de Deus que adora a si mesmo!"

Esta obra, em que o desejo é encarado como um impulso para o Absoluto representado pela divindade, em que os êxtases sensuais de Don Juan lembram São João da Cruz e Santa Teresa de Avila, é tida como "uma das óperas mais importantes da segunda metade do século XX" por Frédéric Ducros. Ele assim a descreve: "É tingida de uma austeridade, um rigor, uma grandeza espanhola, à maneira das telas do sevilhano Zurbarán" (*Les Opéras d'Henri Tomasi, Musicien Appassionato et Méditatif* em *Théâtre Lyrique Français* de D. Pistone). Transmitida em 1952 pela Radio de Paris, que o autor dirigira de 1930 a 1936, subiu à cena pela primeira vez em Munique, na versão alemã, em 29 de março de 1956. Além da gravação da estréia, os arquivos da ORTF possuem três outros registros de transmissão, de 1954, 1958 e 1969).

*L'Atlantide*, com libreto de François Didelot, é de estilo diametralmente oposto: um sensual *opéra-ballet* sobre a história, contada no popular romance de Pierre Benoît, do explorador que, no deserto africano, apaixona-se por uma mulher misteriosa, Antinéa, que reina sobre os remanescentes do império outrora tragado pelas águas do oceano. Estreada em Mulhouse em 16 de fevereiro de 1954, *A Atlântida* foi a ópera mais popular de Tomasi, encenada mais de cem vezes em toda a França. Muito original é a idéia de confiar o papel da rainha a uma dançarina, pois essa figura silenciosa é, muito provavelmente, apenas um produto da imaginação do explorador, obcecado com a busca da Atlântida. Essa ópera foi transmitida duas vezes pela Radio France, em 1954 e 1965, e os arquivos da ORTF conservam essas gravações.

Sampiero d'Ornano foi um guerrilheiro corso que lutou contra a dominação da ilha pela República de Gênova, antes de ela ter sido anexada pela França. Para Tomasi, filho de uma família pobre marselhesa, que teve de trabalhar desde os quatorze anos para pagar os estudos musicais, D'Ornano é um símbolo da luta do fraco contra o forte, e da fé na justiça e na verdade. Necessariamente influenciada pelo receituário verista, *Sampiero Corso*, com libreto de René Cuttoli (Bordeaux, 6.5.1956) é fruto do humanismo que fez Tomasi engajar-se profundamente, por exemplo, na denúncia da intervenção americana no Vietnã. Um dia, provavelmente, teremos acesso às duas gravações radiofônicas dessa ópera, de 1956 e 1968.

O mesmo sentimento humanitário anima o afresco grandioso de *Le Triomphe de Jeanne*, estreado em Paris, sob a forma de oratório, em 7 de outubro de 1957. Joana d'Arc, no texto de Tomasi e Philippe Soupault, representa o triunfo da mulher sobre as próprias limitações de sua condição feminina, sobre a rotina, o conformismo e o ceticismo. "Ela se torna o que nenhuma mulher antes dela ousara ser", escreve Soupault no Prefácio ao libreto, "uma vitoriosa, uma heroína que vence as dúvidas dos homens políticos, a covardia dos resignados, a brutalidade e a ironia dos guerreiros profissionais".

O *drame lyrique* divide-se em três partes: *Vie, Mort, Réhabilitation*. A terceira segue de perto os autos do processo de reabilitação que levaram à canonização de Santa Joana: o bispo de Beauvais, o juiz Cauchon, o general inglês Warwick, o Grande Inquisidor, o rei Carlos VII são julgados por sua vez. A música, muito direta, com orquestração colorida, segue as inflexões do texto, num recitativo flexível. A cena final, em que o povo, tendo finalmente compreendido o horror do martírio de Joana, vem pedir ao futuro que lhe faça justiça, é de grande intensidade dramática.

Sem a mesma pureza de linhas de *Don Juan de Mañara* ou o sopro épico do *Triomphe*, o poema de Albert Bonheur *François d'Assise, le Petit Pauvre* (Paris, 30.12.1960, versão de concerto da Radio France) tem um fervor a que responde naturalmente a religiosidade de Tomasi. Essa nova ópera é o resultado não de uma fase de fé, como a de La Sainte-Baume, mas de dúvida, desencadeada após a descoberta, em 1945, das atrocidades nos campos de concentração nazista. Musicar o texto ingênuo de Bonheur parece ter feito parte do processo de debate interior de um intelectual que se perguntava como Deus podia ter permitido tamanha crueldade. "Era preciso que eu o fizesse, contra tudo e contra todos", escreveu Tomasi a seu amigo Jean Molinetti, que criticara a pobreza do texto. A partitura, apesar disso, recebeu o Grand Prix Musical de la Ville de Paris em 1960.

*Princesse Pauline* (Opéra-Comique, 22.6.1962) corresponde à necessidade de distensão após tantas obras pesadas. F. Didelot evoca um episódio na vida de Paulina Borghese, a irmã de Napoleão, apelidada "Notre Dame des Colifichets" ("Nossa Senhora das Bugigangas"). *Opéra-mascarade* passado durante o Carnaval, em Nice, reata com as praxes românticas ao tratar a verdade histórica com total liberdade. A partitura fica a meio caminho entre a malícia da opereta e o tom sentimental comum no *opéra-comique* clássico. A estréia foi transmitida pela Radio France, que conserva, em seus arquivos, essa gravação.

*Le Silence de la Mer*, ópera de câmara com libreto do próprio compositor, tem dimensões ascéticas: é escrita para barítono e dois atores. Cantada em concerto em Paris (26.2.1962) foi encenada pela primeira vez em Toulouse (3.4.1964). A novela de Vercors descreve o misto de atração e repulsa nas relações entre um casal de irmãos franceses e Werner von Ebrennac, o oficial a quem são obrigados, pelas autoridades de ocupação, a dar alojamento. Ele é alemão mas, como o nome indica, de longínqua origem francesa, e simboliza não só a tradição humanista germânica contra a barbárie do III Reich, como a necessidade de uma aliança entre povos rivais, de que já se falava intensamente na década de 60.

Embora, num plano emocional e intelectual profundo, os irmãos sintam-se identificados com o homem, a situação absurda criada pela guerra os impede de comunicar-se com o militar. Durante todo o tempo em que o hospedam em sua casa, recusam-se a falar com ele – embora no final já o façam a contragosto. É por isso que os dois irmãos falam, quando conversam entre si, e só o barítono canta, no interminável solilóquio de quem defende uma causa que não pode ser perdida. Na escolha desse texto de conteúdo pacifista está inteirinho o intelectual que, em sua sinfonia de 1967, homenageou a emergência do Terceiro Mundo. Há, nos arquivos da ORTF, gravações de 1963, 1964 e 1971.

*Le Colibri*, comédia de Didelot (Paris, 20.8.1961) também tem proporções camerísticas. *Ulysse ou Le Beau Périple* (Mulhouse, 22.1.1965) é uma cantata cênica a partir de *La Naissance de l'Odysée*, de Jean Giono, que Tomasi chamou de "brincadeira literária e musical". São exercícios de estilo que o preparam para a próxima realização de maior fôlego, a comédia *L'elixir du réverend père Gaucher* (Toulouse, 3.4.1964), em que Léon Bancal fez uma respeitosa adaptação do conto de Alphonse Daudet. Este é um escritor pelo qual Tomasi tinha o maior apreço, a ponto de dedicar-lhe outras partituras cênicas não-operísticas: *La Chèvre de M. Seguin*, para soprano, baixo, narrador e coro infantil (Paris, 17.3.1964) e *Deux Ballades en Prose* (Paris, 4.5.1966), para solistas, narrador, coro feminino e conjunto de câmara. Impressionismo e realismo, bem como a inspiração de origem folclórica, para recriar a ambientação provençal, conjugam-se nessas obras que têm em comum a afinidade de Tomasi com o autor das *Cartas de Meu Moinho*.

Deve-se ainda mencionar *L'Éloge de la Folie*, em que Henri Devillez adaptou o texto de Erasmo de Roterdam num "jogo satírico, sinfônico e coreográfico" cujo modelo – diferenças estilísticas postas de lado – é a *Carmina Burana* de Carl Orff. *O Elogio da Loucura* foi transmitido, a primeira vez, pela Radio Monte Carlo (11.6.1968). Como experiente homem de rádio, Tomasi dava muita importância a esse meio como divulgador da arte lírica. Em *Autobiographie au Magnétophone*, longa entrevista recolhida por seu filho Claude, em julho do ano seguinte, e citada por D. Pistone em *Théâtre Lyrique Français*, ele diz:

> *O Elogio da Loucura* reflete a evolução por que passei. Filosoficamente, é o absurdo, a barbárie – não creio em mais nada, não tenho esperança no ser humano! O final do *Elogio* é o desencadeamento de uma "caça ao homem", a perseguição desenfreada da sabedoria pelos tolos, exacerbados por seus urros de dor até o paroxismo mais extremo. Durante cinco minutos, exatamente, é a dança macabra da perseguição até o suplício: Goya, policiais das SS, racismo, *napalm*!

Suas preocupações filosóficas manifestam-se no novo projeto de ópera em que estava trabalhando – o *Hamlet*, de Shakespeare –, quando morreu, em 13 de janeiro de 1971. O reconhecimento da relevância de sua produção multiforme, entretanto, foi lento: só em 1988 *Don Juan de Mañara* chegou ao palco do Opéra de Paris.

Outros registros conservados nos arquivos da ORTF: *Le Colibri* (1962), *L'Elixir du*

*Père Gaucher* (1964), *L'Éloge de la Folie* (1967), *François d'Assise* (1960), *Ulysse* (1966, 1967, 1971).

## Jean Françaix

Se Tomasi demorou mas acabou chegando ao Opéra, o mesmo não se pode dizer de Françaix (nascimento 1912) que, ao completar 75 anos, comentava: "Já me encenaram em Bordeaux, Rouen, Fontainebleau, até mesmo em Stuttgart. Mas em Paris, nada. Aqui, não estou na moda. Graças a Deus!"

A linguagem tradicionalista por que Françaix optou, e que o coloca dentro do âmbito de influência do Grupo dos Seis, é a razão para que a vanguarda radical o considere o suprassumo da irrelevância. E para que se torça o nariz à leveza de escrita com que constrói seus balés e peças instrumentais, abertamente desdenhados pelas gerações de músicos do pós-guerra. Mas até mesmo os críticos mais severos reconhecem que, nas óperas, de que é também libretista, Françaix põe um estilo muito próprio a serviço de um material elaborado com riqueza de nuances.

*Le Diable Boîteux*, do conto de Lesage, foi escrita em 1937, mas a guerra impediu-a de ter mais do que uma récita privada em casa da princesa de Polignac. Essa partitura muito compacta, para duas vozes masculinas e quatorze instrumentos, foi apresentada no Festival de Veneza, em 1950, e gravada para o selo Vega com o autor e o tenor Hugues Cuénod. Depois veio *L'Apostrophe* (1940), inspirada em Balzac, comédia amarga na qual "combinam-se", no dizer de seu biógrafo Marc Lanjean, "o ácido e o açúcar".

Se Françaix já era hostilizado pela vanguarda, a cruel paródia de música contemporânea que fez em *Paris à Nous Deux* (Conservatório Americano de Fontainebleau, 1954), tirada da comédia de France Laroche, não melhorou em nada suas relações com o *establishment* dodecafônico. As melhores óperas de Françaix são *La Main de Gloire* (Grand Théâtre de Bordeaux, 1950) e *La Princesse de Clèves* (Théâtre des Arts, de Rouen, 11.12.1965).

*La Main de Gloire* baseia-se na história, contada por Gérard de Nerval, do cavaleiro que tem uma mão mágica, com a qual consegue realizar proezas extraordinárias, até o momento em que ela se volta contra ele. É um *grand-opéra* suntuoso, que requer recursos dispendiosos de encenação.

Na *Princesa de Clèves*, a forma do *opéra-comique* assegura clima intimista ao drama vivido pelas personagens do célebre romance de análise psicológica, escrito em 1678 por Marie-Madeleine Pioche de la Vergne, Mme de Lafayette. Perturbada pelos sentimentos que nutre em relação ao duque de Nemours, a princesa de Clèves, por um excesso de honestidade, os confessa a seu marido, com quem até então mantinha uma união bem-sucedida. Não sabe, porém, que está sendo ouvida às escondidas pelo jovem a quem ama. Como este não guarda para si o segredo do que presenciou, ambos sentem-se traídos um pelo outro. O príncipe, abalado pelo que a mulher lhe revelou, morre pouco depois, devastado pela tristeza. E Mme de Clèves, cheia de remorso pelo sofrimento que involuntariamente lhe infligiu, castiga-se recusando o amor que Nemours lhe oferece.

Nada há de menos operístico do que essa claustrofóbica história de conflito entre sentimento e razão, totalmente desprovida de ação externa. E no entanto, numa partitura neoclássica de extrema dignidade, Françaix faz uma recriação muito precisa dos costumes cortesãos do século XVII, com suas elaboradas regras de comportamento e a carga de culpa criada pela religiosidade jansenista, impregnada pela sufocante idéia da predestinação. Para unificar os monólogos, Françaix faz com que uma atriz, representando Mme de La Fayette, leia trechos de ligação do romance.

Dizia ele, em 7.12.1965, ao *Paris-Normandie*:

> O texto falado é constantemente apoiado pela música. A orquestra comenta e sublinha a atmosfera do que ela evoca, e os cantores intervêem nos momentos psicológicos. Pensei em fazer teatro completo, espetáculo total: texto falado, música, dança, cenários e guarda-roupa unindo-se equilibradamente para chegar a um aristocrático humanismo.

O rendimento teatral dessa obra aparentemente difícil confirmou-se, em 23 de maio de 1977, quando foi encenada no Festival de

Schwetzingen, perto de Stuttgart, para comemorar os setenta e cinco anos do compositor. Como os espetáculos desse festival costumam ser filmados, é provável que o vídeo exista.

São os seguintes os registros de óperas de Françaix conservados nos arquivos da ORTF: *L'Apostrophe* (1953 e 1958), *Le Diable Boîteux* (1960), *La Main de Gloire* (1959 e 1962), *Paris à Nous Deux* (1957) e *La Princesse de Clèves* (1965).

## Henri Barraud

As preferências pessoais de Barraud (1900-1997) nunca o impediram, enquanto responsável pela programação erudita da ORTF (1944-1948) e diretor da emissora (1948-1966), de dar destaque a jovens criadores. Foi o primeiro a fazer ouvir no rádio obras de Xenakis e Boulez, e a organizar, ainda durante a guerra, uma ousada audição integral da obra de Stravinski, que as autoridades de ocupação tinham colocado nas lista dos autores de "música degenerada". Sua curiosidade por todos os estilos faz com que amalgame, em sua própria escrita, recursos provindos das mais diversas fontes, dos grandes gestos pós-românticos ao gosto pelas experimentações polirrítmicas stravinskianas; da polifonia antiga a um uso moderado da dissonância que o liga a Roussel.

No Brasil, o criador do programa *Regards sur la musique*, famoso pelo rigor das análises que fazia das obras apresentadas, é conhecido por seu livro *Para Compreender as Músicas de Hoje*, editada em 1968 pela Editora Perspectiva, um guia conciso e objetivo para o leigo interessado em iniciar-se nas linguagens musicais de nosso tempo.

Grandes textos literários inspiraram as cantatas e oratórios de Barraud: *Trois Lettres de Mme de Sévigné* (1938), *Le Mystère des Saints Innocents* (1946), do poema de Charles Péguy, *Une Saison en Enfer* (1972), baseada em Arthur Rimbaud, ou *La Divine Comédie* (1972), usando trechos do poema de Dante. Era de se esperar, portanto, que desde cedo ele fosse atraído pelo teatro. Após organizar, em 1937, uma famosa temporada lírica na Comédie des Champs-Elysées onde, além de títulos de repertório, fez estrear *Philippine*, de Delannoy, e *La Vénitienne*, de Rivier, Barraud pôs-se a elaborar sua primeira ópera, usando um clássico do teatro medieval, adaptado por Georges Cohen.

*La Farce de Maître Pathelin* (Opéra-Comique, 1938) é seguida de *Numance* (Opéra, 1952), condensada por Salvador de Madariaga da tragédia em que Cervantes relata a resistência de uma cidade ibérica à ocupação romana. Depois vem *Lavinia*, ópera bufa que Felicien Marceau adaptou, para o Festival de Aix-en-Provence (1961), de sua comédia de ambientação mitológica *La Maman d'Enée*. O croata Radovan Ivsic é o autor da fantasia surrealista *Le Roi Gardogane* (Bordeaux, 1978), uma amarga reflexão sobre o desejo ilimitado de poder.

O próprio Barraud comprimiu, às dimensões de um libreto viável de *tragédie lyrique*, o caudaloso texto de *Tête d'Or*, a primeira peça de Paul Claudel (a estréia foi no Théâtre des Champs Elysées, em 1985). E em 1971, ele teria convertido *Le Diable et le bon Dieu* numa ópera, se Jean-Paul Sartre não se tivesse oposto formalmente ao projeto. A música que já estava escrita foi aproveitada na *Ouverture pour un Opéra Interdit*.

As comédias têm ritmo ágil – diálogo falado no *Pathelin*, com formato de *opéra-comique*; recitativo muito dinâmico na *Lavinia*, com o modelo bufo italiano –, a orquestra apresenta, em geral, dimensões clássicas, com instrumentação transparente (a revisão de 1980 da farsa, por exemplo, opta por uma orquestra de câmara). Já as *tragédies lyriques* usam efetivos grandiosos: o de *Tête d'Or* é ainda mais imponente do que o de *Numance*. Esta, em compensação, tem escrita mais cerrada, tecnicamente mais difícil, e com uma participação muito ativa do coro, encarnando a personagem coletiva, o povo da cidade sitiada.

Entre esses dois grupos, *Gordogane* tem uma feição toda especial, visto ser uma fantasia, que se desenrola na terra de ninguém entre a realidade e o sonho. A escrita caricatural e camerística do ambicioso rei, cuja sede de poder não tem limites, contrasta com as sensuais melodias do Cavaleiro que o combate e da fada Joline, por quem o paladino é ajudado. Essa figura encantadora, interpretada por uma bailarina, é uma criação muito original, proveniente do mundo do *opéra-ballet*. Embora Joline ame o Cavaleiro e o apoie em sua luta, as dimensões em que vivem são incompatíveis, e ela desaparece cada vez que o jovem aproxima-se dela – o que permite delicados efeitos cênicos.

Nas óperas de Barraud, o acompanhamento orquestral sempre sabe reconhecer a primazia da voz, calando-se em momentos climáticos, ou limitando-se a um comentário muito sóbrio. Em *Numance*, quando a Morte fala – e seu estilo lembra muito o da música eclesiástica – Barraud usa uma figura rítmica que é uma verdadeira idéia fixa: uma série de semibreves acentuadas seguidas de uma longa fermata.

A linha vocal varia de acordo com o tema. É muito *cantabile*, com a forma de números fechados, no *Pathelin*, que é um *opéra-comique*. Tem em *Lavinia* a plasticidade do recitativo de Ravel na *Hora Espanhola*. Nas tragédias, a declamação respeita estritamente as regras da prosódia francesa, fiel a uma tradição que vem desde Lully, passando por Debussy (e naturalmente, a influência indireta do recitativo melódico de Mússorgski).

*Pathelin* é mais tonal, com a presença de modalismos medievais que comparecem também na cantata *Le Testament de Villon*. Pela aspereza de seu tema, *Numance* é a mais dissonante, numa linha que lembra a de *Friedenstag*, de R. Strauss. O cromatismo é a forma de que Barraud lança mão, no *Rei Gordogane*, para sugerir os diferentes mundos habitados pelas personagens. Além disso, as revisões constantes – duas versões para *Pathelin*, dois finais alternativos para *Lavinia*, diversos retoques em *Tête d'Or* – evidenciam a preocupação em oferecer ao público partituras acessíveis e comunicativas.

Em 1987, Pascal Pistone e Paule de Prat afirmavam, em *Henry Barraud et le théâtre lyrique*: "Não nos esqueçamos de que Barraud recriminava Wagner por ter afastado a ópera de seu curso natural e militou pelo retorno à real simplicidade da ação e da música. Ilustrou essa concepção em suas obras cômicas, cujo sucesso atesta o quanto foi bem-sucedido: a segunda versão da *Farsa de Mestre Pathelin* foi encenada mais de vinte vezes e, quando *Lavinia* foi levada, em tradução alemã, no Festival de Kiel, o autor foi chamado dezessete vezes ao palco para agradecer os aplausos. Desejemos, pois, que *Tête d'Or*, estreada apenas em versão de concerto, conheça logo a criação cênica" (em *Théâtre Lyrique Français*, de D. Pistone). Até o encerramento deste volume, porém, não havia a informação de que tal encenação houvesse acontecido.

No arquivo da ORTF, há três gravações da *Farce de Maître Pathelin* (1955, 1958 e 1970), uma de *Lavinia* (1962) e quatro de *Numance* (1953, 1963, 1965 e 1972).

## Claude Arrieu

Ter colaborado com Pierre Schaeffer em seu laboratório de pesquisas eletroacústicas não interferiu no estilo de Arrieu (1903-1990), aluna de Dukas e Roger-Ducasse. Ela escreve de maneira elegante e bem-humorada, com uma clareza de linhas que a situa, juntamente com Françaix, como herdeira de Poulenc. A música vocal ocupa parte importante em sua obra. Além das cantatas *Sept Poèmes d'Amour en Guerre* (1946), com textos de Paul Eluard, e *Frédéric général*, que lhe valeu a primeira atribuição do prêmio Italia (Veneza, 1949), Claude Arrieu é a autora de doze trabalhos para o palco:

Cinco óperas bufas de estilo italiano: *Cadet Roussel* (Marseille, 2.10.1953), com André de la Tourrasse, baseada em Jean Limozin; *La Princesse de Babylone* (Reims, 3.3.1960), com Pierre Dominique, baseada em Voltaire; *La Cabine Téléphonique* (Tours, 5.3.1977), com Michel Vaucaire; *Balthazar ou Le Mort Vivant* (inédita), com P. Dominique; e *Un Clavier pour un Autre* (Avignon, 3.4.1971), com Jean Tardieu;

Um *opéra-comique*: *Les Deux Rendez-vous* (Radio France, 22.6.1951), com Pierre Bertin, baseado em Gérard de Nerval;

Duas óperas: *Cymbéline* (Radio France, 31.3.1974), com Maurice Jacquemont e Jacques Tournier, baseada em Shakespeare; e *Barberine* (inédita), adaptada da peça de Musset;

A ópera radiofônica *La Coquille à Plantes* (Radio France, 1944), com Pierre Schaeffer; a opereta infantil *Le Chapeau à Musique*

(Radio France, 1954), com La Tourrasse e Pierre Dumaine; e duas "imageries lyriques": *Noé* (Strasbourg, 20.1.1950), da peça de André Obey; e *Amour de Don Perlimplin avec Bélise en son Jardin* (Tours, 1.3.1980), da peça de Federico García Lorca, traduzida por Jean Camp. Duas dessas partituras, *Cimbelino* e *Don Perlimplin*, são a ampliação da música de cena originalmente escrita para a apresentação dessas peças.

Como Barraud, Arrieu procura adaptar seu estilo ao do libreto, ao espírito e atmosfera da obra literária, cujo texto preocupa-se em fazer ouvir com clareza, dotando-o, para isso, de linhas vocais e instrumentais transparentes. Com isso, as peças sérias têm escrita mais moderna e as cômicas são fiéis à tradição, conservando números fechados intercalados por recitativos ou diálogos. O fato de ter sido funcionária da Radiodifusão Nacional fez também com que Arrieu desse muita importância à ópera radiofônica, que chamou de "art musical total", por oposição ao conceito wagneriano de "obra de arte total".

Numa entrevista de 1944 a Françoise Masset, ela assim descreveu *La Coquille à Planètes*:

Tratava-se, partindo da astrologia e dos doze signos do zodíaco, de estudar as possibilidades da ópera no rádio. *A Concha de Planetas* é uma espécie de *Regador Regado* da ópera radiofônica.

[Ela se refere ao filminho dos irmãos Lumière, de 1896, em que um menino põe o pé sobre a mangueira com que um velho está regando o jardim, tirando-o bruscamente quando este vai verificar por que a água parou, para que ele fique todo molhado. *L'Arroseur Arrosé* é tido como a primeira experiência de filme de ficção.] E continua:

É uma peça muito complicada, de um estilo hoje inteiramente superado; mas gosto dela porque fez pesquisas sobre sonoridades e uso de instrumentos que serviram de ponto de partida para muitos jovens interessados no rádio como meio de difusão musical. Ela abriu muitas portas a futuros realizadores.

Quanto à ópera cômica, é em Chabrier que ela vai buscar inspiração, proclamando, como Poulenc, que o autor da *Etoile* "aboliu a hieraquização dos gêneros e deu carta de nobreza à ópera bufa". No programa de estréia da *Princesse de Babylone*, o musicólogo Emile Vuillermoz constatava que

Claude Arrieu sente-se particularmente à vontade no terreno da comédia, pois nele pode pôr em prática o dom recusado pela natureza aos artistas de sua geração: o do bom-humor musical natural e espontâneo.

De fato, numa época marcada por uma visão trágica da condição humana, e por pesquisas de vanguarda que podem aceitar a sátira mas excluem o humor, são raros os compositores, fora da opereta e do teatro musical, que ainda praticam a ópera cômica.

Mais originais ainda são as *imageries lyriques*, assim chamadas pelo caráter de conto de fadas que têm. A primeira delas baseia-se na peça de André Obey a que Arrieu assistiu, em 1931, no Théâtre du Vieux Colombier, com Pierre Fresnay no papel de Noé. O tipo de *parlé-chanté* que utilizou, para preservar a inteligibilidade das palavras, foi comparado ao *Sprechgesang* da Escola de Viena. Mas, na entrevista a F. Masset, ela diz que não conhecia o *Wozzeck* na época em que compôs *Noé*. E, de fato, por seu perfil melódico, esse recitativo quase arioso aproxima-se mais do *Pelléas* e do *Diálogo das Carmelitas*.

A preocupação em não fazer submergir o texto sob um dilúvio sonoro é também responsável pela forma como usa a orquestra. Ela é um espelho na qual o libreto se reflete, traduzindo suas mínimas inflexões, com uma função rítmica importante nas obras cômicas. Mas tem sempre limpidez, recusa da grandiloqüência e só se permite expansões maiores quando não corre o risco de interferir na linha vocal – ponto em que é muito fiel à lição debussysta. O crítico Jacques Doucelin dizia, aliás, a respeito de *Don Perlimplin*, que "o jardim de Beliza às vezes murmura como a floresta do *Pelléas*" (*Le Figaro*, 4.3.1980).

Doucelin frisava ainda a independência de espírito de uma compositora que "sempre teve a coragem de confiar em seu instinto, nunca cedendo aos ditames da moda" e "não acredita nos computadores e, sim, no artesanato musical". Descrição apropriada para uma artista que gosta de citar Poulenc ao justificar porque não segue os modismos: "Ainda há lugar para a música nova que se contenta em repetir os acordes dos outros", dizia ele em carta de novembro de 1942 a seu amigo André Schaeffner. Afinal, não foi o próprio Schoenberg quem disse: "Ainda há muita música boa a ser escrita em dó maior"? E se pensarmos na tendência atual à reconciliação com o diatonismo, à forma como a mais jovem geração de compositores busca no neotonalismo a saída para o impasse de um serialismo que acaba por morder a própria cauda, veremos que nada há de retrógrado nas opções dos músicos abordados neste capítulo. Pelo contrário, talvez eles estivessem apenas antecipando um rumo a tomar. "Torniamo all'antico, sarà più moderno", já dizia Verdi no século passado. Mas essa já é outra história. E assunto para outro volume.

# BIBLIOGRAFIA

ADAM, Klaus (1983). *Djamileh*, no folheto da gravação Lamberto Gardelli, selo Orfeo C 174 881A.

ANTHONY, James R. *et al.* (1986). *The New Grove French Baroque Masters*, Londres, Macmillan (em especial os capítulos de Anthony: "Jean-Baptiste Lully" e Graham, Sadler: "Jean-Philippe Rameau").

AUSTIN, William (1984). *La Música en el Siglo XX*, trad. José María Triana (dois volumes), Madri, Taurus.

BALLOLA, Giovanni Carli (1987). *"Iphigénie en Tauride" di Niccolò Piccinni*, no folheto da gravação Donato Renzetti, selo Fonit/Cetra CDC32.

BARBIER, Patrick (1987). *La Vie Quotidienne à l'Opéra au Temps de Rossini et de Balzac*, Paris, Hachette.

_____ . (1993). *História dos Castrados*, tradução de Raquel Ramalhete, Rio de Janeiro, Nova Fronteira.

BARTH-PURRMANN, Guido (1990). *Antonio Salieri: "Les Danaïdes"*, no folheto da gravação Lorenzo Gelmetti, selo EMI CDS 7.54073.

BARZUN, Jacques (1969). *Berlioz and the Romantic Century*, Nova York, Columbia University Press.

BEAUSSANT, Philippe (junho de 1993). "André Campra, le Musicien du Soleil", in *Le Monde de la Musique* n. 167, Paris, Le Monde Éditions.

BENNETT, S. W. (s.d.). *Honegger: "Judith"*, no folheto da gravação Maurice Abravanel, selo Vanguard 90.384, s.d.

BERLIOZ, Hector (1969). *Mémoires*, em dois volumes, Paris, Garnier-Flammarion.

BERNAGER, Olivier (fevereiro de 1994). "Jeanne la Muse" in *Le Monde de la Musique* n. 174, Paris, Le Monde Éditions.

BERNAY, Corentin (1981). *Ernest Chausson*, no folheto da gravação Lionel Friend do *Roi Arthus*, MRF 179-S.

BERTELÉ, Antonio *et al.* (1979). *L'Opéra, dictionnaire chronologique de 1597 à nos jours*, trad. Sophie Gherardi, edição atualizada por Jean-Pierre Tardif, Paris, Ramsay/Livre de Poche.

BLANCHARD, Roger e De Candé, Roland (1986). *Dieux et divas de l'Opéra: 1. Des origines au Romantisme; 2. De 1820 à 1850*, Paris, Plon.

BOUVET, Charles (1930). *Spontini*, Londres, Rieder.

BRAUNBEHRENS, Volkmar (1989). *Salieri, ein Musiker im Schatten Mozarts* (Salieri, um Músico à Sombra de Mozart), Munique, Laaber-Verlag.

BROWN, Bruce Allan (1991). *Gluck and Opéra-Comique*, no folheto da gravação John Eliot Gardiner de *Les Pèlerins de la Mecque*, selo Erato 2292-45516-2.

BRUNEL, Pierre e Wolff, Stéphane (1988). *A Ópera*, edição brasileira dirigida por Bruno Furlanetto, Rio de Janeiro, Salamandra.

BUCARELLI, Mauro (1995). *Aquile imperiali e fuochi sacri*, no folheto da gravação Riccardo Muti da *Vestal*, selo Sony S3K 66357.

BUDDEN, Julian (1991). *Gounod's "Faust" over the years*, no folheto da gravação Michel Plasson, selo EMI 7542282/4.

CAIRNS, David (1969). *"Les Troyens": history and character of the work*, no folheto da gravação Colin Davis, selo Philips 6709.002.

_____ . (1972). *The Romantic Cult of the Artist-Hero*, no folheto da gravação Colin Davis de *Benvenuto Cellini*, Philips 416 955-2.

_____. (1989). *Berlioz: the Making of an Artist*, Londres, Deutsch.

CHARLTON, David (1986). *Grétry and the Growth of Opéra-Comique*, Nova York, Cambridge University Press.

_____. (1988). *On the Nature of Grand-Opera*, cf. Kemp, Ian (1988).

CLARSON-LEACH, Robert (1987). *Berlioz*, Londres, Omnibus Press, coleção "The Ilustrated Lives of the Great Composers".

CLAUDE, Samuel (1995). *Rodrigue et Chimène*, no folheto da gravação Kent Nagano, selo Erato Musifrance 4509-98502-2.

COLLAER, Paul (1947). *Darius Milhaud*, Paris, Richard Massé.

CONDÉ, Gérard (junho de 1990). "Massenet, serviteur des voix", in *Opéra International* n. 137, Paris, Éditions YTRA-SARL.

_____. (1983). *Manon*, no folheto da gravação Michel Plasson, selo EMI 1731413.

_____. (1992). *Jules Massenet: Cléopâtre*, no folheto da gravação Patrick Fournillier, selo Kock Schwann.

_____. (1993). *Jules Massenet: Grisélidis*, no folheto da gravação Patrick Fournillier, selo Koch Schwann 3.1270-2.Y8.

_____. (agosto de 1994). "Étienne Marcel", in *Opéra International* n. 182, Paris, Éditions YTRA-SARL.

Cooper, Martin (1949). *Opéra-Comique*, Londres, Max Parish.

_____. (1974). *French Music from the Death of Berlioz to the Death of Fauré*, Londres, Oxford University Press.

CROLL, Gerhard (1986). *Glucks Musikdrama "Paris und Helena"*, no folheto da gravação Lothar Zagrosek, selo Orfeo C118842H.

CUMMINGS, David (ed.) (1997). *The Random House Encyclopedic Dictionary of Classical Music*, Nova York, Random House.

DAURIAC, Lionel (1913). *Meyerbeer*, Paris, Librairie Plon.

DAVIES, Laurence (1970). *César Franck and his Circle*, Londres, Barrie & Jenkins.

_____. (1973). *Franck*, coleção Master Musicians, Londres, J. M. Dent & Sons.

DEAN, Winton (1978). *Bizet*, coleção Master Musicians, Londres, J. M. Dent & Sons.

_____. (1982). *French Opera* no volume 8 da New Oxford History of Music: The Age of Beethoven, 1790-1830, Londres, Oxford University Press.

DEANE, Basil (1961). *Albert Roussel*, Londres, Barrie & Rockliff.

_____. (1965). *Cherubini*, Londres, Oxford University Press.

DEBUSSY, Claude-Achille (1989). *Monsieur Croche e Outros Ensaios sobre Música*, trad. Raquel Ramalhete, Rio de Janeiro, Editora Nova Fronteira.

DELAGE, Roger (1982). *Chabrier, Iconographie Musicale*, Paris, Éditions Minkoff et Lattès.

_____. (1984). *L'Étoile*, no folheto da gravação John Eliot Gardiner, selo EMI 2700863.

_____. (fev.-abril de 1994). *Centenaire Chabrier*, série de artigos nos n. 177-179 da revista *Opéra International*, Paris.

_____. (março de 1994). *Chabrier Roi Malgré Lui?*, no n. 402 da revista *Diapason*, Paris.

DEMUTH, Norman (1951). *Vincent d'Indy, Champion of Classicism*, Londres, Rockliff.

DETEMMERMAN, J. (1980). *Hamlet*, no folheto da gravação Anthony Hose, selo MRF 69-S.

_____. (1979). *On Paul Dukas and His Only Opera*, no folheto da gravação Tony Aubin da *Ariane et Barbe Bleue*, selo MRF 154.

DONINGTON, Robert (1981). *The Rise of Opera*, Londres, Faber & Faber.

_____. (1978). *The Opera*, Nova York, Harcourt Brace Jovanovich Inc.

DOWNES, Edward (1973). *Milhaud: "Les Choéfores"*, no folheto da gravação Leonard Bernstein, selo Columbia AMS 6396.

DRUILHE, Pierre (1955). *Monsigny*, Paris, La Colombe.

DUMESNIL, René (1953). *Histoire Illustrée du Théâtre Lyrique*, Paris, Librairie Plon.

EMMANUEL, Maurice (1950). *"Pelléas et Mélisande" de Debussy: Étude et Analyse*, Paris, Mellotée.

_____. (1 de maio de 1926). "Les Ambitions de Claude-Achille" in *Revue Musicale*, número especial dedicado a *La Jeunesse de Debussy*.

Ewen, David (1966). *The Complete Book of 20th Century Music*, Englewood Cliffs, New Jersey, Prentice-Hall Inc.

_____. (1966). *Great Composers 1300-1900: a Biographical and Critical Guide*, Nova York, The H. W. Wilson Co.

FAUQUET, Joël-Marie (1992). *Namouna*, no folheto da gravação David Robertson, selo Valois/ Auvidis V4677.

FINSCHER, Ludwig (1982). *Aubers "La Muette de Portici" und die Anfänge der Grand-Opéra*, in Schläder, Jürgen & Quandt, Reinhold (orgs.), *Festschrift Heinz Becker*, Munique, Laaber-Verlag.

FOURNIER, Jacques (1994). *Entre le Joug de l'Érotisme et l'Aspiration à la Sainteté*, no folheto da gravação Valiéry Guérguiev da *Hérodiade*, de Massenet, selo Sony S2K 66 847.

FULCHER, Jane (1988). *Le Grand-Opéra en France: un Art Politique (1820/1870)*, Paris, Belin.

GALLOIS, Jean (1987). *Ernest Chausson: "Le Roi Arthus"*, no folheto da gravação Armin Jordan, selo Erato 75271.

———. (1994). *Ernest Chausson*, Paris, Fayard.

———. (1992). *Vincent d'Indy: Oeuvres Symphoniques*, no folheto da gravação Theodor Guschlbauer, selo Valois/Auvidis 4686.

GAMMOND, Peter (1986). *Offenbach*, Londres, Omnibus Press, coleção "The Ilustrated Lives of the Great Composers".

GIAMI-LÉVI, Philip (abril de 1994). "Alceste, la Voix de Gluck" in *Opéra International*, Paris, YTRA-SARL.

GILLE, Patrick (junho de 1990). "L'Univers Sonore de Massenet" in *Opéra International* n. 137, Paris, Éditions YTRA-SARL.

GOURDEL, Georges (1970). *Debussy*, Paris, Classiques Hachette.

GILDER, Eric e Porter, June (1978). *The Dictionary of Composers and their music*, Nova York, Paddington Press.

GOLDRON, Romain (1966). *Splendeur de la Musique Baroque*, coleção Histoire Illustrée de la Musique, Lausanne, Éditions Rencontre.

GRAYSON, David A. (1989). *The Opera: Genesis and Sources* in Nichols, Roger e Langham Smith, Richard (1989).

GROUT, Donald Jay (1965). *A Short History of Opera*, Nova York, Columbia University Press.

HALBREICH, Harry (1988). "Guercoeur" in *Universalia 1988: les Événements, les Hommes, les Problèmes*, Paris, Enciclopedia Universalis.

———. (1985). *Chabrier, Génie Inconnu et Malchanceux*, no folheto da gravação Charles Dutoit de *Le Roi Malgré Lui*, selo Erato 751623.

———. (1982). *L'Enfant Prodigue*, no folheto da gravação Gary Bertini, selo Orfeo C012821A.

———. (1986). *Paul Dukas et Son Opéra "Ariane et Barbe Bleue"*, no folheto da gravação Armin Jordan, selo Erato 2292-45663-2.

———. (1990). *Oedipe*, no folheto da gravação Lawrence Foster, selo EMI CDS7540112.

HALÉVY, Ludovic e Meilhac, Henri (1987). *Carmen*, libreto da ópera de Bizet, trad. de Andrea Soccorso, comentários de Blas Cortes e Fernando Pires, 12º volume da coleção *Óperas Imortais*, Lisboa, Editorial Notícias.

HARDING, James (1970). *Massenet*, Londres, Dent.

HARNONCOURT, Nikolaus (1987). *French Opera at the Time of Lully*, no folheto da gravação de *Castor e Pollux*, selo Teldec 8.350482B.

HELL, Henri (1978). *Francis Poulenc, Musicien Français*, Paris, Fayard.

HERLIN, Denis (1991). *La Voix Humaine*, no folheto da gravação Migenes-Johnson/Prêtre, selo Erato 2292-45651-2.

HERVEY, Arthur (1978). *Alfred Bruneau*, Londres, John Lane.

HEYER, J. H. et al. (1989). *Jean-Baptiste Lully and the Music of the French Baroque*, Nova York, Cambridge University Press.

HITCHCOCK, H. Wiley (1984). *"Médée" par Monsieur Charpentier*, no folheto da gravação William Christie, selo Harmonia Mundi HMC 113941.

———. (1990). *Molière/Charpentier: "Le Malade Imaginaire"*, no folheto da gravação William Christie, selo Harmonia Mundi 901336.

———. (1990). *Marc-Antoine Charpentier*, Londres, Oxford University Press.

HOLDEN, Amanda; Kenyon, Nicholas e Walsh, Stephen (1993). *The Viking Opera Guide*, Londres, Viking.

HOLMES, Paul (1989). *Debussy*, Londres, Omnibus Press, coleção "The Ilustrated Lives of the Great Composers".

HONEGGER, Marc et al. (1988). *Diccionario de la Música, los Hombres y sus Obras*, edição espanhola dirigida por Tomás Marco, Madri, Espasa-Calpe.

HURARD-VILTARD, Éveline (1987). *Le Groupe des Six ou Le Matin d'un Jour de Fête*, Paris, Méridiens Klincksieck, 1987.

ISHERWOOD, R. M. (1973). *Music in the Service of the King: France in the XVII$^{th}$ Century*, Cornell University Press.

JARDILLIER, Robert (1927). *Pelléas*, Paris, Éditions Claude Aveline.

KALOSYNATOS, Teletarchis (1975). *Cherubini, a Biographical Note*, no folheto da gravação Oliviero de Fabritiis da *Lodoïska*, selo MRF C-02.

KAUFMANN, Thomas (1974). *Spontini and "Fernando Cortez"*, no folheto da gravação Lovro von Matačić, selo MRF 104.

KAYE, Michael (1996). *An Appreciation of the Early Sources*, no folheto da gravação Kent Nagano de *Les Contes d'Hoffmann*, selo Erato 0630-14330-2.

KELKEL, Manfred (1984). *Naturalisme, Vérisme et Réalisme dans l'Opéra, de 1890 à 1930*, Paris, Librairie Philosophique J. Vrin.

KEMP, Ian (1988). *Hector Berlioz: Les Troyens*, coleção Cambridge Opera Handbooks, Nova York, Cambridge University Press.

KOBBÉ, Gustave (1991). *O Livro Completo da Ópera*, trad. Clóvis Marques, Rio de Janeiro, Jorge Zahar Editor.

KRACAUER, Siegfried (1937). *Jacques Offenbach und das Paris seines Zeit* (Jacques Offenbach e a Paris de seu tempo), Amsterdã, Elzevir.

KRAUSE, Ernst (1985). *Musik als Dienerin der Dichtung* (*A Música a Serviço da Poesia*), no folheto da gravação John Eliot Gardiner da *Iphigénie en Tauride*, selo Philips 416 148-2.

LABIE, Jean-François (1990). *Le Roi d'Ys*, no folheto da gravação Armin Jordan, selo Erato 2292 45015-2.

LANDORMY, Paul (1943). *La Musique Française après Debussy*, Paris, Gallimard.

LANDOWSKI, Marcel (1957). *Honegger*, Paris, Éditions du Seuil.

LANG, Paul Henry (1983). *La Experiencia de la Ópera*, trad. Juan M. Toffolo, Madri, Alianza Editorial.

LANGEAN, Marc (1961). *Jean Françaix, Musicien Français*, Paris, Contact.

Langham Smith, Richard (maio de 1993). "Debussy's 'Other Opera'", in *Opera*, Londres.

_____. (1993). *Le Roi David*, no folheto da gravação Jean-Claude Casadesus, selo EMI Classics CDC7. 54793.2

LEIBOWITZ, René (1957). *Histoire de l'Opéra*, Paris, Éditions Buchet Chastel.

_____. (1972). *Les Fantômes de l'Opéra, Essais sur l'Art Lyrique*, Paris, Gallimard.

LOCKSPEISER, Edward (1986). *Debussy*, trad. Caterina d'Amico, Milão, Rusconi.

MACHART, Renaud (1993). *La Voix Humaine*, no folheto da gravação Jean-Claude Casadesus, selo Harmonia Mundi 901474.

MACDONALD, Hugh (1982). *Berlioz*, coleção Master Musicians, Londres, J. M. Dent & Sons Ltd.

_____. (1989). *Grandest of the Grand*, no folheto da gravação Antonio de Almeida de *La Juive*, de Halévy, selo Philips 420 190-1.

_____. (1993). "Le Sujet me Paraît Grandiose, Magnifique et Profondément Émouvant": Berlioz et *Les Troyens*", no folheto da gravação Charles Dutoit, Decca 443 693-2.

MANUEL, Roland (1914). *Maurice Ravel et son Oeuvre*, Paris, Durand et fils éditeur.

MARTIN, George (1979). *The Opera Companion to XXth Century Opera*, Nova York, Dodd Mead & Co.

MASSIN, Brigitte e Jean *et al.* (1985). *Histoire de la Musique Occidentale*, Paris, Fayard/Messidor-Temps Actuel.

MATHIEU-ROSAY, Jean (1987). *Ils ont Gouverné la France: Chronologie des Souverains et des Chefs d'État de 457 à nos Jours*, Alleur (Bélgica), Marabout.

MATUSHEVSKI, Voytek (1996). "Bidu Sayão: the Last Pupil of Jean de Reszke", in *Opera Quarterly* vol. 12 n. 2.

MESSAGER, André (maio de 1926). "Les Premières Représentations de *Pelléas*", in *La Revue Musicale*, número especial dedicado a *La Jeunesse de Debussy*, Paris, Éditions de la Nouvelle Revue Française.

MICHEL, Gérard (1976). *Jacques Ibert*, no folheto da gravação Louis Frémaux da *Symphonie Marine*, selo EMI ASDF3176.

MILHAUD, Darius (1927). *Études*, Paris, Claude Aveline chez A. Delpeuch.

MILLIOT, Sylvette e De La Gorce, Jérôme (1991). *Marin Marais*, Paris, Fayard.

MONGRÉDIEN, Jean (1985). *Variations sur un Thème: Masaniello,* in Arndt, Michael & Walter, Michael (org.), *Jahrbuch für Opernforschung*, Munique, Laaber-Verlag.

MORDDEN, Ethan (1985). *Opera Anecdotes*, Nova York, Oxford University Press.

MÜLLER, Christa (1990). *Spontini und Seine "Olympie"*, no folheto da gravação Gerd Albrecht, selo Orfeo C137-862 H.

NECTOUX, Jean-Michel (1972). *Gabriel Fauré*, Paris, Éditions du Seuil.

_____. (1981). *Pénélope*, no folheto da gravação Charles Dutoit, selo Erato STU 71 386.

_____. (1984). *Gabriel Fauré: his Life through his Letters*, trad. J. A. Underwood, Londres, Marion Boyars.

NESTROVSKI, Arthur Rosenblatt (1986). *Debussy e Poe*, Porto Alegre, L&PM Editores.

NEWMAN, Ernest (1952). *Histórias das Grandes Óperas e de seus Compositores*, trad. Antônio Ruas (5 vol.), Porto Alegre, Editora Globo.

NICHOLS, Roger (1977). *Ravel*, coleção Master Musicians, Londres, J. M. Dent & Sons Ltd.

_____. (1990). *Pelléas et Mélisande*, no folheto da gravação Charles Dutoit, selo Decca, 430 502-2.

NICHOLS, Roger e Langham Smith, Richard (1989). *Claude Debussy: Pelléas et Mélisande*, coleção Cambridge Opera Handbooks, Nova York, Cambridge University Press.

NOSKE, Frits (1970). *French Song from Berlioz to Duparc: the Origin and Development of the Mélodie*; trad. Rita Benton, Nova York, Dover Publications Inc.

OLIVER, Michael (agosto de 1993). "Amadeus Was Wrong", in *Classic CD* n. 40, Somerset, Future Publishing.

ORREY, Leslie (1972). *A Concise History of Opera*, Londres, Thames & Hudson.

PALÉSIEUX, Nikolaus de (1992). *O Segredo dos Antigos*, no folheto da gravação Riccardo Muti da *Iphigénie en Tauride*, de Gluck, selo Sony 758.126-7 (edição nacional).

PANAGAKOS, Aristoteles (1975). *Cherubini, the Revolution and "Lodoïska"*, no folheto da gravação Oliviero de Fabritiis, selo MRF/C-02.

――――. (1971). *Cherubini and "Anacréon"*, no folheto da gravação Eliahu Inbal, selo MRF/C-01.

PENDLE, Karin (1979). *Eugène Scribe and French Opera of the Nineteenth Century*, Nova York, Ann Arbor.

PETIT, Pierre (1970). *Ravel*, Paris, Classiques Hachette.

――――. (1982). *Ciboulette*, no folheto da gravação Cyril Diederich, selo EMI 749873-2.

PISTONE, Danièle *et al.* (1987). *Le Théâtre Lyrique Français 1945-1985*, Paris, Librairie Honoré Champion Éditeur.

PORTER, Andrew (1997). *The Best of Hahn*, in "Opera", vol. 48, n. 1, janeiro, Londres, Jackson-Rudd & Associates.

POUPET, Michel (1985). *Trials and Tribulations of a Score*, trad. Elisabeth Carol, no folheto da gravação Georges Prêtre de *La Jolie Fille de Perth*, de Bizet, selo EMI DSC3989.

POURVOYEUR, Robert (1988). *En Quête des "Vrais" Contes*, no folheto da gravação Sylvain Cambreling dos *Contes d'Hoffmann*, selo EMI.

POYET, Jean-Claude (1990). *Pelléas et Mélisande*, no folheto da gravação Charles Dutoit, selo Decca, 430.502-2.

PROENÇA Filho, Domício (1969). *Estilos de Época na Literatura*, Rio de Janeiro, Editora Liceu.

REBATET, Lucien (1969). *Une Histoire de la Musique: de l'Origine à nos Jours*, coleção Bouquins, Paris, Robert Laffont.

REITZ, Frederik (1994). *Alfred Bruneau*, no folheto da gravação James Lockhart e trechos orquestrais, selo Marco Polo 8.223498.

ROBERT, Frédéric (1990). *Les Huguenots*, no folheto da gravação Cyril Diederichs, selo Erato, 2292-45027-2.

ROSENTHAL, Harold e Warrack, John (1979). *The Concise Oxford Dictionary of Opera*, Londres, Oxford University Press.

ROY, Jean (1993). *Le Roi David*, no folheto da gravação Jean-Claude Casadesus, selo EMI Classics CDC7.54793.2.

RUSHTON, Julian (1988). *A Música Clássica*, trad. Clóvis Marques, Rio de Janeiro, Jorge Zahar Editor.

SAMUEL, Claude (1964). *Panorama da Arte Musical Contemporânea*, trad. João de Freitas Branco, Lisboa, Editorial Estudos Cor, Ltda.

SARTORI, Claudio *et al.* (1959). *Dizionario Ricordi della Musica e dei Musicisti*, Milão, Ricordi.

SCHERER, Barrymore Laurence (1978). *De Profundis Ambroise Thomas*, no folheto da gravação Antonio de Almeida de *Mignon*, selo CBS 34590.

SCHNEIDER, Louis (1926). *Massenet*, Paris, Eugène Fasquelle Éditeur.

SCHNEIDER, Marcel (1959). *Henri Sauguet*, Paris, Éditions Ventadour.

SCHUMANN, Karl (1992). *Der Napoleon der Grossen Oper: Gasparo Spontini – die Oper "La Vestale" als musikdramatischer Inbegriff des Empire-Stils* (O Napoleão do *Grand-opéra*: Gasparo Spontini – a ópera "La Vestale" como a encarnação do estilo Império), no folheto da gravação Gustav Kuhn, selo Orfeo C256922H.

SEGALINI, Sergio (1991). *La Coloratura dell'Esotico* no folheto da gravação Carlo Piantini de *Lakmé*, selo Nuova Era 7096/97.

SLONIMSKY, Nicholas (1988). *The Concise Baker's Biographical Dictionary of Musicians*, Nova York, Schirmer Books.

STROBEL, Heinrich (1952). *Claude Debussy*, trad. André Coeuroy, Paris, Éditions Le Bon Plaisir/ Plon, 1952.

SZELL, Georg (fevereiro de 1971) declarações à revista *Gramophone*, Londres, General Gramophone Publications Ltd.

SZERSNOVICZ, Patrick (junho de 1993). "Carmen: la Scène Capitale", in *Le Monde de la Musique* n. 167, Paris, Le Monde Éditions.

TASSART, Maurice (s.d.). *André Messager: "Véronique"*, no folheto da gravação Jean-Claude Hartemann, Pathé-Marconi/EMI 2C.061. 10175/6.

――――. (1975). *Un Opéra-comique de la Grande Époque: "Zémire et Azor"*, no folheto da gravação Edgard Doneux, EMI/La Voix de son Maître, C167-12881/2.

TELLER Ratner, Sabina (1992). *Camille Saint-Saëns: Henry VIII*, no folheto da gravação Alain Guingal, Le Chant du Monde LDC 278 1083/ 85.

TOZZI, Lorenzo (1990). *Lodoïska*, no folheto da gravação Riccardo Muti, selo Sony.

TRANCHEFORT, François-René (1976). *L'Opéra: 1. d'Orféo à Tristan; 2. de Tristan à nos Jours*, coleção Inédit Musique, Paris, Éditions du Seuil.

TUBEUF, André (1984). *Fra Diavolo*, no folheto da gravação Marc Soustrot, selo EMI/Voix de son Maître (reeditado em 1993 pela EMI Classics 7.54810.2).

VANLOO, Albert (1917). *Sur le Plateau: Souvenirs d'un Librettiste*, Paris, Librairie Ollendorf.

VIGNAL, Marc et al. (1988). *Dictionnaire de la Musique Française*, coleção Références, Paris, Larousse.
WARRACK, John e West, Ewan (1992). *The Oxford Dictionary of Opera*, Londres, Oxford University Press.
WEAVER, William (1972). *The Man who Wrote Hoffmann*, no folheto da gravação Richard Bonynge dos *Contos de Hoffmann*, selo London OSA13106.
_____ . (1969). *In Defense of "Lakmé"*, no folheto da gravação Bonynge, selo Decca OSA 1391.
WEINSTOCK, Herbert (1969). *Notes on "La Vestale"*, no folheto da gravação Fernando Previtali, MRF-53.

HISTÓRIA DA ÓPERA

- *A Ópera Alemã*
- *A Ópera Barroca Italiana*
- *A Ópera Clássica Italiana*
- *A Ópera Inglesa*
- *A Ópera Italiana após 1870*
- *A Ópera na França*
- *A Ópera na Rússia*
- *A Ópera nos Estados Unidos*
- *A Ópera Romântica Italiana*
- *A Ópera Tcheca*
- *As Óperas de Richard Strauss*

Impresso nas oficinas
da Yangraf Impressão e Acabamento
em outubro de 2009